반값주택의 이론과 정책

이념은 자유시장, 방법은 시장원리

반값주택의 이론과 정책

-토지임대부 건물분양주택의 근거와 방안-

이대환 지음

인간사랑

땅은 임대, 집은 소유
내집은 영구 반값(전세가격)
사유재산제와 시장경제의 원리
부동산 문제의 근본 해법
시장경제의 효율과 형평성
세금 없는 자유시장
희년 토지경제의 소개

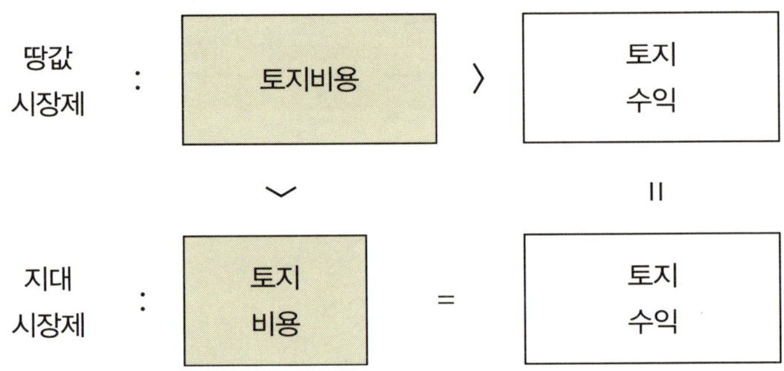

■ 책을 쓰면서

최근 우리 사회는 아파트 가격이 급등하여 사회문제가 되었고, 이에 한 대안으로 정치권에서 토지임대부 건물분양방식이라는 이른바 '반값아파트' 정책이 나왔습니다. 이에 따른 사회적 분위기는 소위 반값아파트 정책을 두고 여론이 분분합니다. 특히 학계와 언론계, 그리고 시민단체를 중심으로 논의되는 내용을 보면, 반값아파트 정책은 ① 반값이라는 가격의 실체와 ② 그 실현 가능성에 대한 의문이 제기되고 있습니다. 반값의 실체는 반값이 분양가격의 반값인지, 시가의 반값인지, 용적률 조정과 같이 원가를 낮추어서 반값인지 등에 의문을 풀지 못하고 있습니다. 그리고 실현 가능성에 대한 의문은 아파트를 지어서 반값으로 공급하려면 결국 정부의 재정부담이 문제라는 지적이 많은 것입니다. 그리고 ③ 이러한 논의는 아직 이론적 검증이 전무한 상태에서 실무적 검토도 제대로 한 적 없이 정치적 여론과 일부의 성급한 판단 등에 의해 잘못 이해되고 논쟁이 되고 있는 실정입니다.

최근 대두된 이른바 반값아파트(또는 분양가 대폭인하) 정책에 대하여 진보적인 시민단체는 "반값아파트는 '땅과 건물 중 반쪽만을 주고 가격을 반값이다' 라고 하는 정치적 술수"라고 비난하고, 또 어느 보수적인 시민단체는 "소유가격과 임대가격은 궁극적으로 같은 값인데 이를 속이고 반값이라고 하는 것은 일종의 사기극이다"라고 악평을 하기도 합니다. 물론 이러한 반응은 반값아파트 정책을 직접 낸 정치권을 비롯하여 학자와 전문가, 정책가, 국민들도 함께 가지는 토지시장의 일반적 오류들입니다.

이에 대하여 필자는 먼저 이렇게 말하고 싶습니다. 이런 주장들은 "토지시장을 제대로 이해하면 부끄러워 해야 할 오해와 착각들"이라고 말입니다. 다시 말하면 이런 진술들은 부동산시장에서 팔고 사는 땅과 땅값에 대한 시장의 기본 성질을 잘 모르거나, 알아도 사실과 반대로 생각한 오해에서 나온 것이라는 뜻입니다. 우리가 토지시장을 바로 알면 주택은 지금 가격의 반값 정도인 전세가격으로 내 집을 소유하고, 지금과 같은 주거의 자유를 누리며, 재산권 행사도 할 수 있는 방안을 찾을 수 있습니다. 정부 또한 재정부담을 그다지 걱정하지 않고서도 바로 시행할 수 있습니다. 또 부동산 가격은 지금 가격의 반값 정도여야 부동산 문제는 물론 이에 따른 각종 경제문제를 함께 해결을 할 수 있다는 것입니다.

필자는 이러한 견해를 뒷받침해 주는 증거 둘을 말할 수가 있습니다. 하나는 땅값이 포함된 현실적 주택시장의 가격이 [매매가격 > 전세가격]이라는 것입니다. 다른 하나는 이론적 부동산시장에서 땅값이 포함된 주택가격은 [$P = R/(i-g)$]이 일반 현상이라는 것입니다. 이는 연체이자를 포함한 토지의 소유비용이 미래에 땅값이 커지는 g로 인하여 매년 토지의 사용수익보다 2배가 될 만큼 커져 있다는 뜻입니다(거품을 말하는 것이 아니고 정상가격으로). 다시 말하면 수익률 5% 사회에서 일반 자본은 5원의 가치(수익)를 쓰기 위하여 100원을 투자하면 되지만(100×5% = 5원), 미래에 커지는 가치 g가 2.5%인 부동산 투자는 같은 5원의 가치를 쓰기 위하여 초기에 그 2배인 200원의 투자를 해야 비로소 가능하다는 뜻입니다[200 × (5% − 2.5%) = 5원].

이렇게 볼 때 주택가격은 항상 전세가격이어야 주택시장은 균형이 성립하고 경제성을 가지게 됩니다. 그러나 전세가격보다 높은 주택가격, 곧 지금의 소유가격은 시장 자체가 불균형가격이기 때문에 계속하여 문제가 발생합니다. 그런데 우리가 부동산시장을 바로 알면 전세가격 또는 그 이하로 전과 다름이 없는(오히려 더 나은) 주거혜택을 누리면서 사는 방법이 있습니다.

그래서 지금 우리가 도입을 검토 중인 반값아파트 정책은 부동산 문제를 근본에서 해결하는 안으로 아주 획기적인 방안이 될 것입니다. 하지만 우리는 이러한 반값주택에 대한 이론적 근거와 실무적 타당성을 제대로 제시하지도 못하고 있고, 일부 주창자들에 의하여 조급하게 제안된 측면이 있습니다. 정책입안자 역시 외국의 토지임대제 사례에만 의존하여 실무에서 소극적으로 논의되고 있는 실정입니다. 이에 학계를 비롯한 국민들은 익숙해 있던 '토지소유제'에서 '토지임대제'라는 생소한 방법의 등장에 대하여 의문이 많다는 반응입니다.

이 책은 이러한 관점에서 지금의 논의 중인 반값주택의 정책에 대한 여러 가지 이론적 근거를 제시하고 실무적 검토로 의문들을 풀기 위하여 내었습니다. 이 책의 일부 내용은 필자가 2005년 부동산시장의 일반 성질을 규명하기 위하여 쓴 『부동산시장의 과학과 미신』(문예미학사)을 토대로 하고, 이에 반값인 토지임대제를 정책에서 도입하고 실시하는 방안을 찾아보는 내용입니다.

제1편은 부동산 문제의 뿌리가 무엇인지를 밝히고 반값아파트 정책이 나올 수 있는 땅값과 부동산시장의 원리를 과학적으로 이해하는 부분입니다. 1편은 2005년 필자가 출간한 『부동산시장의 과학과 미신』의 내용(1~5장)을 수정 · 보완하는 정도입니다.

제2편은 매입가격은 반값 또는 연체이자를 포함한 토지비용이 지금의 절반 수준밖에 들지 않는 부동산 정책을 실시하기 위하여 부

동산시장의 각종 현안문제와 구현된 정책들을 소개하고 검토하며, 지대시장제의 도입과 실시방안에 대한 내용을 다루고 있습니다.

제3편은 희년법 소개로 성경의 토지시장은 시장가치에 따른 임대제이며, 이 제도로 완전한 사유재산제와 자유시장경제가 성립하는 것을 언급하고 있습니다. 성경이 말하는 토지경제는 일부 성경 토지운동가(조지스트)들의 오해처럼 정부원리(세금과 규제)로 운영하는 것이 아니고 시장원리로 해결한다는 것입니다.

아무쪼록 부족한 사람이 쓴 책이지만 독자들이 책을 읽고 반값(전세가격)으로 영구 내집을 가질 수 있는 근거와 가능성을 알아보는 데에 도움이 되셨으면 합니다.

끝으로 이 책의 출판을 허락하신 하나님과 도서출판 인간사랑에 감사를 올립니다.

2007년 3월 봄을 맞으며

이대환

추천사

이대환 형제의 책을 추천합니다

저가 이대환 형제와 마치 형제같이 사귀어 온 세월은 어언 20년이 가깝습니다. 저는 그동안 이대환 형제의 성서와 토지법에 관한 끈질긴 관심과 연구에 감탄하여 왔습니다. 이대환 형제의 이 분야에 대한 관심은 마치 수도자가 도를 닦는 마음과 같이 한결같고 흔들림이 없었습니다. 이런 마음가짐을 일컬어 사명감이라 부를 수 있겠습니다.

이대환 형제는 조국 한반도의 토지경제를 성서의 가르침 위에 터를 세우겠다는 열정을 품고 연구에 연구를 거듭해 오며 그간에도 어려운 환경 속에서도 개인적인 손실을 무릅 쓰고 여러 번에 걸쳐 연구의 결과를 책자로 논문으로 발표한 바 있습니다. 그런데 이번에는 그간의 토지경제에 대한 연구결과들을 집대성하여 짜임새가 뛰어난 책을 저술하여 출간하게 되었습니다.

나는 이 책이 나오기 전에 원고를 일차 읽어보고 그 충실한 내용에 감동을 받았습니다. 그리고 신학자도 아니요 목회자도 아닌 처지에 성서와 토지란 하나의 주제를 두고 이렇게나 열심히, 그리고 철저히 파고들어 이론을 세우고 대안(代案, Alternative)을 모색하는 그 정성과 열정에 경의를 표하게 되었습니다.

우리 모두가 느끼고 있는 바와 같이 이 땅의 토지문제는 심각하다 못해 나라의 기반을 흔들 만큼 문제가 커지고 있습니다. 이런 현실에 대한 유일하고 확실한 대안은 성경의 가르침으로 돌아가는 길입니다. 그런 점에서 이대환 형제는 황무지에서 길을 닦는 사람과 같습니다. 길 없는 황무지에 길을 닦아나가는 개척자입니다. 바라기는 보다 많은 분들이 저자의 글을 읽고 이 나라의 장래, 특히 통일한국 시대의 장래에 토지경제를 위시한 모든 부문 부문이 성경의 가르침을 따르는 일에 우리의 눈이 열리게 되기를 바라며 추천사에 대신합니다.

2007년 4 월 5일

두레마을

김 진 홍

차 례

책을 내면서 5

추천사 9

일러두기 18

1편 부동산 문제의 뿌리 : 반값주택의 이론적 근거

1장 부동산시장의 수수께끼 27

1. 반값아파트의 수수께끼 28
2. 시장은 선하다 32
3. 서울 강남의 33평 새 아파트는 1억 원이다 39
4. 부동산의 소유는 선인가? 악인가? 43
5. 1주택과 다주택, 그리고 양도소득세 46
6. 부동산 보유세, 그 본질은? 51
7. 부동산시장의 오해과 곡해 : 부동산 문제, 코에 걸면 코걸이 귀에 걸면 귀걸이 55
8. 투기꾼과 몰수꾼, 그리고 무소유주의자 61
9. 땅값과 경기불황 68
10. 부동산 가격하락정책은 경제를 더 침체하게 한다 71
11. 지금의 경제체제, 그리고 제3의 길 77

2장 토지의 경제적 이해 81

1. 경제에서 땅이란 82
2. 부동산, 땅과 집은 물과 기름보다 더 다르다 85
3. 땅은 생존의 필수재이다 87
4. 땅은 만들 수 없다 89
5. 땅과 토지 개량물의 구분 91
6. 땅은 소비할 수 없다 94
7. 땅은 가치가 커진다 96
8. 땅은 상품이 아니다 98
9. 땅값은 영원히 소득물이 아닌 헛값이다 101
10. 땅값은 경제가치를 초월한 값이다 104

3장 토지생산의 이해 107

1. 땅은 스스로 생산한다 108
2. 임금은 사람이 일한 만큼이다 114
3. 이자는 자본이 일한 만큼이다 116
4. 지대는 땅이 일한 만큼이다 118
5. 지대는 토지용역의 대가이다 120
6. 지대는 노동가치와 별개이다 122
7. 토지 자생물의 증명 125
8. 지대는 원래 내 것이 아니다 129

4장 땅값의 이해 131

1. 땅값은 생산비가 없다 132
2. 땅값은 미래 토지용역의 할인가이다 134
3. 땅값은 영구 미래가격이다 136
4. 땅(땅값)은 먹고 마셔도 줄지 않는다 138
5. 땅값은 사용할수록 커진다 140
6. 영구식권은 밥이 되지 않는다 142

7. 부동산시장, [소유비용 〉 사용수익]은 법칙이다 145
8. 부동산 땅값의 두 얼굴 :
지대성장은 경사로, 땅값 상승은 계단식 148
9. 땅값과 비슷한 주식과 선물(先物) 151
10. 땅값 상승과 부동산시장의 가격동향 155
11. 땅값 또는 부동산 가격에 대한 세 가지 패러다임 171

5장 땅값 헛값의 깊은 이해 175

1. 토지의 이론가격 : 소위 근본가격 176
2. 헛값이 되는 조건과 속성 184
3. 쌀, 차(車), 땅의 가치 흐름 비교 196
4. 성장 자본재의 상호 간 비교 201
5. 땅값 헛값의 증명 205
6. 그림으로 본 땅값과 지대의 흐름 226
7. 부동산 불로소득 다시 보기 237
8. 부동산 부자의 바른 이해 244
9. 땅값의 초과수요와 인플레이션 253
10. 토지시장에 대한 인간의 오해 :
토지시장의 겉보기와 속보기 261
11. 자본주의의 기본모순은 자본이득(capital gain)이다 281
12. 자본시장의 종말 283

2편 반값주택을 위한 정책 : 토지임대부 건물분양방식

6장 부동산 문제와 정책의 역사적 딜레마 291

1. 건국이념의 다물정신과 토지자유 292
2. 왕토사상과 토지제도 294
3. 농지개혁과 토지정책 298

4. 개발도상기의 부동산 문제와 정책의 딜레마 303
5. 최근 부동산 문제의 인식과 정책공방 313
6. 판교 아파트, 부당이득 16조 원의 실체 322
7. 아파트 원가공개와 거래제한의 정책논쟁 325
8. 최근 외국 부동산시장의 가격동향 327
9. 북한의 토지문제와 정책적 실패 331
10. 부동산정책의 딜레마, 그 해법은? 335

7장 부동산 문제의 근본 해법 337

1. '땅과 집'을 구분하자 338
2. '내 것 네 것' 을 인정하자 341
3. '있는 것 없는 것' 을 식별하자 345
4. 토지는 소유 대신 임대로 : 땅값 대신 지대로, 세금 대신 요금으로 347
5. 땅값은 토지증권으로 보상하자 349
6. 토지는 소유와 사용의 분리부터 352
7. 지대시장제 실시 원칙 : 실험을 통한 점진적 실시 355
8. 지대시장제의 경제적 효과 364
9. 지대공수에 따른 지대시장제의 오해 371
10. 지대공수에 대한 학계의 허구적 반론 : 허수아비 치기 377
11. 세금 없는 자유시장 380

8장 외국의 토지 공공임대제와 지대공수제의 검토 337

1. 이스라엘 토지제도와 임대제도 386
2. 싱가포르의 토지 및 주택정책 390
3. 스웨덴의 토지임대 396
4. 영국과 유럽식 토지임대 402
5. 미·일식 민간 토지임대 404
6. 중국과 홍콩의 저가선불식 토지임대 407

7. 외국 토지임대제의 시사점 410
8. 토지임대제를 위한 지대공수제의 소개 415
9. 조지스트와 토지가치세의 이해 418
10. 외국의 국공유지 공공임대와 세금정책의 한계 427
11. 토지임대제와 토지가치세의 정책 비교 :
토지가치세는 토지임대제로 가야 성공할 수 있다 439

9장 반값(전세가) 주택제도의 도입과 운영방안 Ⅰ 443

1. 반값주택의 증명 : 땅값과 집값은 반값이어야 한다 444
2. 땅값과 집값은 반값이 가능하다 448
3. 건축의 경우도 전세가격이 제값이다 451
4. 토지시장 및 부동산시장의 패러다임 비교 455
5. 전세가격으로 내집 갖기 461
6. 지대시장제에서 각 시행방식의 비교 471

10장 반값(전세가) 주택제도의 도입과 운영방안 Ⅱ 477

1. 지대시장제를 가정한 강남 아파트의 제값 계산 478
2. N지역 D사 아파트의 지대시장제를 가정한 가격분석 488
3. 지대시장제와 가격 흐름의 구체적 이해 494
4. 지대시장제 확대실시를 위한 토지증권제의 도입 508
5. 토지증권제의 문제점과 해결방안 513
6. 토지거래소의 필요성과 역할 532
7. 자유시장적 토지개혁을 위한 헌법 시안 541

11장 토지의 정부 공공임대와 시장임대의 비교 이해 545

1. 정부의 공공임대와 시장임대의 정책 비교 546
2. 토지임대부(반값아파트) 관련 법안의 검토 553
3. 지대시장제에 대한 의문과 해명 562
4. 토지 공공임대제와 지대시장제의 문답식 이해 584

3편 성경의 희년법과 토지임대시장

12장 희년법과 토지경제 605

1. 희년법과 토지제도를 소개하면서 606
2. 성경은 순수한 사유재산제와 시장경제가 원칙이다 609
3. 경제의 시작은 땅이 쉬는 것부터 613
4. 땅은 쉬면서도 생산한다 617
5. 토지 자생물은 공동체의 공경비로 사용한다 621
6. 땅과 몸의 거래는 시한부와 무르기로 한다 627
7. 땅은 소유와 거래를 영영 금한다 633
8. 땅과 몸이 자유하면 희년이 돌아온다 637

13장 희년법과 복음경제 639

1. 영구희년은 복음경제로 :
복음경제는 땅값과 몸값이 소멸한다 640
2. 땅을 찾는 예수 그리스도 644
3. 땅과 토지가치의 복음적 인식 651
4. 몸값과 땅값이 없는 시장사회 653
5. 희년법과 복음경제의 요약 655
6. 성경의 토지경제, 제대로 한 적이 없다 657
7. 미래를 향한 초막절과 토지희년 661
8. 무르기(代贖)를 통한 경제구원과 영혼구원 667
9. 토지 무르기의 오해와 뒤집힌 성경 번역 678

14장 희년법과 토지임대제의 실제 681

1. 정률 지대징수식 토지임대제 : 요셉의 이집트 토지법 682
2. 50년 사글세식 토지임대제 : 희년 토지법 686
3. 순수 토지임대제 : 포도원 토지 사용방식 689

4. 포도원 품꾼의 비유 : 임금 중심의 토지사용 691
5. 포도원 경작자의 비유 : 지대 중심의 토지사용 694
6. 포도원 토지경제의 평가 : 지대시장제의 실시 697
7. 희년법에 대한 조지스트들의 오해에 대하여 700
8. 희년법과 대속의 원리에 대한 논의를 원하는 분들에게 706

참고문헌 710
〈부록 1〉 가치의 실현과 헛값의 이해 712
〈부록 2〉 한국 조지스트들에 대한 공개 질문과 토론 요청 725
〈부록 3〉 대지임대부 분양주택 공급촉진을 위한 특별조치법안 738
〈뒷풀이〉 749

일러두기 1

토지소유제는 영구적 적자만 계속하는 제도

예외를 말할 수 없는 균형상태, 곧 정상시장을 가정하면 투자한 가치인 비용과 그 대가인 수익의 관계는 [비용(공급) = 수익(수요)]이어야 합니다. 이것이 경제에서 시장이 하는 중심 역할이며, 아담 스미스는 이를 '보이지 않는 손(invisible hand)'이라고 하여 시장경제를 이끌어 가는 원리로 보고 있습니다.

* 균형상태 : 엄정한 이론 전개를 위한 하나의 가정으로서 투자자가 어떤 투자를 선택하든 그 비용(희생)과 수익(대가)이 일치(=)하거나 이에 접근(≒)하는 성질을 가진 시장을 말함.

(1) 우리가 정상시장, 곧 균형(또는 균제)상태에서 은행의 돈을 빌려 정액성 자본(Pi = R)인 회사채를 구입한다고 합시다. 이 경우 회사채에서 벌어들인 순수익으로 은행이자를 갚을 수 있습니다(Pi : 이자, R : 수익, g : 원금변동률).

(2) 우리가 정상시장에서 은행의 돈을 빌려 감가성 자본인 자동차를 사서 운수사업을 한다고 하십시다. 그러면 운수사업에서 나온 순수익은 은행이자를 갚을 수 있습니다(Pi = R − Pg). 자동차 수익은 수익 총액에서 이자를 갚고도 감가상각비(감가상각충당금)만큼이 남게 되는데, 이것 역시 내가 늘 쓸 수 있는 가치물이고, 차를 새로 구입하는 데에 쓸 수 있습니다.

(3) 그러나 우리는 정상시장에서 은행의 돈을 빌려 성장성 토지(Pi = R + Pg)를 사서 그 토지의 순수익(지대)으로 이자를 갚아보

십시다. 그런데 토지 순수익은 은행이자를 영원히 다 갚을 수가 없는 것입니다. 여기서 'i = 2g'라면 토지수익은 돈 이자를 매년 절반밖에 갚지 못합니다(여기서 i는 이자율, g는 땅값 상승률). 그래서 이런 경우에 은행이자를 다 갚으려면 내가 사용하는 토지에 매년 Pg의 크기만큼 땅을 떼어내어 팔아야 갚을 수 있습니다. 이를 매년 계속하여 보셔요. 내가 가진 토지는 점점 작아지고, 결국 0으로 수렴하게(사라지게) 됩니다. 땅값의 상승률 g가 3%만 되어도 24년이면 은행이자를 갚고 난 땅은 절반으로 줄어듭니다. 대신 땅값만 2배가 커져서 원금의 크기만큼 남아 있습니다.

(4) (3)번 예가 비현실적이라면 이제 토지소유자가 10년이 지나서 땅을 팔게 된다고 하십시다. 그러면 소유자가 10년간 갚지 못한 은행의 연체이자를 땅값이 오른 Pg 총계로 갚을 수는 있습니다. 소유자는 10년간 적자로만 살다가 겨우 본전(비용 = 수익)을 뽑고 시장을 빠져나옵니다. 그러나 그 땅을 구입한 사람은 내가 당한 적자를 떠안고서 앞으로 내가 당했던 적자 행진을 다시 계속하게 됩니다.

우리가 겪고 있는 지금의 부동산 문제는 토지의 이러한 시장성질 때문에 발생하고 있습니다. 앞에서 언급한 'i = 2g'라는 조건에서 땅을 임대하는 지대시장제는 집값과 땅값의 매입가격과 연체이자를 포함한 주거비용은 영구 반값으로 낮아집니다. 그리고 부동산 문제는 그 자체로 해결되어 버립니다. 이 책은 이에 대한 내용을 규명하고 그 해법을 타진해 보는 내용입니다.

읽어두기 2

반값(전세가) 주택 소유의 장점들

도심에 한정된 주차장을 두고 그 주차장의 이용방안을 다음 세 가지로 생각해 보기로 합시다. 이 세 가지 방안 중 어느 것이 주차장 질서유지와 효율적 운영을 보장하는 방법일까요?

1. 주차장을 무료로 운영하는 방법이 있습니다. 그런데 이 방법은 공짜이기 때문에 선점자의 무단주차, 편법사용, 불공평한 이용이 많아지기 때문에 문제가 생길 것입니다.
2. 주차장을 사용하는 사람의 필요에 따라 쓰는 만큼 요금을 받습니다. 이렇게 하면 주차요금은 사용하는 만큼 내게 되고, 무단주차나 편법이용이 사라질 것입니다. 그래서 과거와 달리 병원과 대학은 이용자에게 주차요금을 받고 있습니다. ① 그런데 주차요금은 경제가 성장하거나 이용자가 많아지면 커집니다. 이것이 우리가 말하는 보편적 시장원리입니다.
3. 이번에는 주차장의 일정 면적을 분할하여 개인이 소유하도록 제도를 바꾸었다고 하십시다. 그러면 이번에는 ① 의 주차요금에 해당하는 사용료가 커지면서 ② 사용료가 아닌 주차장 가격도 함께 커집니다. 여기서 ①과 ②는 같은 비율로 커지므로 주차장 가격은 약 2배가 높아집니다. 시장에서 가격은 ① 이외에 ②의 가격이 발생합니다.

이 책은 세상의 경제질서는 1번과 3번의 방식이 아니라 2번이 되어야 한다는 것을 밝히고 있습니다. 다시 말하여 우리가 경제에서 땅과 땅이 주는 천연가치의 시장가격 메커니즘을 바로 알면 다음과 같은 장점을 가진 자유시장 경제제도를 찾아낼 수 있습니다.

첫째, 토지는 지금 가격의 반값에, 아파트는 전세가격 수준에서 내 것이 될 수 있습니다. 이 방안은 서민을 위한 시혜적 정책이 아니고 모든 사람에게 보편적으로 적용할 수 있는 시장원리가 될 것입니다.

둘째, 경제에서 만성적 고질병인 부동산 문제를 근본에서 해결할 수 있는 방안을 찾아낼 수 있습니다. 현대 경제학은 아직 스태그플레이션(stagflation), 곧 불황 속의 인플레이션 현상이 일어나는 것에 대한 원인규명을 제대로 하지 못하고 있습니다.

셋째, 부동산시장이 일으켜 왔던 과열과 불황, 초과수요와 인플레이션, 실업, 그리고 구조적 빈부격차가 상당수 해소될 것입니다(단, 주식, 선물, 외환시장의 불균형은 제외).

넷째, 장기로는 토지 임대료 수입이 공경비를 대신할 수 있기 때문에 내가 낼 세금도 거의 필요가 없는 사회가 도래할 수 있습니다.

다섯째, 지금까지 덮여 있거나 잘못 알고 있는 땅의 경제적 존재와 가치를 인정하는 사회가 도래합니다. 땅(자연)과 인간이 공존하는 경제사회를 이룩할 수 있습니다.

여섯째, 땅의 존재와 가치의 시장 균형작용으로 사회적 갈등과 양극화 현상이 현저하게 개선됩니다.

일곱째, 성경에 기록된 희년법과 토지 무르기, 그리고 예수 그리스도의 십자가 '대속(代贖, Redemption)'을 경제적으로 이해할 수 있습니다.

필자는 부족하고 흠이 많은 사람입니다. 그러나 부족하고 흠이 많은 사람이지만 이 책이 말하는 이같은 진술들은 틀림이 없는 사실입니다. 저는 이 사실을 세상에 알리려다가 본의 아니게 오랜 기간 곤경에 빠져 있습니다. 독자들에게 드릴 부탁의 말씀은 필자의 곤경을 해결하여 달라는 뜻이 아니고, 위의 세 가지 주차장 사용방안 중 어느 것이 질서유지와 효율성 보장에 가장 타당성이 있는 방안인지를 저의 책을 보시면서 객관적이고 과학적인 검증으로 판별하여 주시기를 바랍니다. 그래서 이 책이 주차장의 질서를 바로 잡고 우리의 삶의 질을 개선하는 데에 도움이 되었으면 좋겠습니다.

일러두기 3

용어의 정의

이 책에서는 반값주택, 땅값 헛값, 지대시장제 등으로 우리에게 생소한 단어를 부득이 사용하게 되어 다음과 같이 용어를 정의하기로 한다. 용어 정의는 이 책이 주장하는 헛값과 반값주택에 대한 엄격한 검증이 필요한 독자는 반드시 읽어야 하고, 일반 독자들은 전문용어에 너무 개의치 말고 넘어가도 좋을 것이다.

① **반값주택** : 이자율과 성장률이 2 : 1의 조건(i=2g) 인 부동산시장에서 이론가격은 a. 주택의 매입가격이 1/2, b. 연체이자를 포함한 주거비용도 영구 절반, c. 지속적 재투자를 가정한 연금수익마저 영구 적자에 세금 혜택을 포함하면 거의 절반에 가까운 현상과 d. 시장의 현실가격 역시 매입가격 대비 전세가격(또는 임대가격) 이 통상적으로 30%~70%까지 낮아져 있는 현상을 통칭하는 말이다. 여기서 '반값' 은 아파트, 단독주택, 상가, 빌딩, 토지 등 성장률 g가 있는 모든 부동산이 해당된다.

② **헛값** : 토지나 주택의 자본이득(capital gain) 중 매매 이외에는 사용가치로 실현되는 성질이 영원히 없는 것을 말한다. 좁은 의미로는 사용가치(수익, R) 를 초과하는 기회비용(Pi) 에 들어 있는 자본상승액(Pg) 을 말하고, 넓은 의미로는 자본의 원금을 포함한 가격이다. 상세한 것은 < 부록 1> 을 참고하기 바란다.

③ **땅값** : 지가, 미래에 발생할 지대수익의 자본가격(연금현가, 연금할인 합계) 을 말한다. 유사용어로는 토지의 소유가격, 매매가격, 자본가격 등으로 사용한다.

④ **집값** : 주택가격, ③의 땅값에 건물가격을 포함한 가격, ③과 같이 소유가격, 매매가격, 자본가격 등으로 사용한다.

⑤ **토지비용 또는 소유비용** : 땅값(③번)과 집값(④)에 대한 기회비용, 곧 땅값과 집값의 시장이자를 말한다. 이 용어는 토지비용, 소유비용, 자본비용 등으로 쓰이나 같은 개념이다. 이 책에서 부호는 Pi로 표시한다.

⑥ **토지수익 및 주거가치** : 토지(또는 주택)를 사용하여 누리는 효용 및 시장가치, 곧 지대나 주택의 시장 임대가격(임대료)을 말한다. 이 책에서 지대수익, 주거가치, 사용가치, 사용가격 등으로 부르고 있으나 같은 개념이다.

⑦ **지대** : 토지의 사용가치 또는 토지임대료를 말한다. 여기서 지대는 발생지대(자가지대)와 지급지대, 현재지대와 미래지대 등으로 사용한다. 이 책에서 부호는 R로 표시한다.

⑧ **지대시장(제)** : 토지의 시장임대료만 거래하는 순수 시장제도 및 시장임대제를 말한다. 주택(또는 전체 부동산)에서 땅은 시장가격 임대, 건물은 시장가격 소유로 하는 순수 시장제도를 말한다. 넓게는 정부나 공공기관이 주도하는 주택(또는 전체 부동산)이라도 시장가격에 따른 토지 임대와 건물 소유는 지대시장제에 포함한다.

⑨ **공공임대(제)** : 정부나 공공기관이 주도하여 시장가격보다 낮은 가격으로 토지나 주택을 임대하는 경우를 말한다. 물론 민간임대에서도 시장가격보다 낮은 임대로 장기간 계속하여 프리미엄이 발생하면 공공임대와 같은 가격 속성을 가질 수 있다. 따라서 시장임대와 공공임대의 구분은 시행 주체가 누구냐 하는 것보다 임대가격이 저가이냐 시장가격이냐 하는 것에 주안점을 두고 있다.

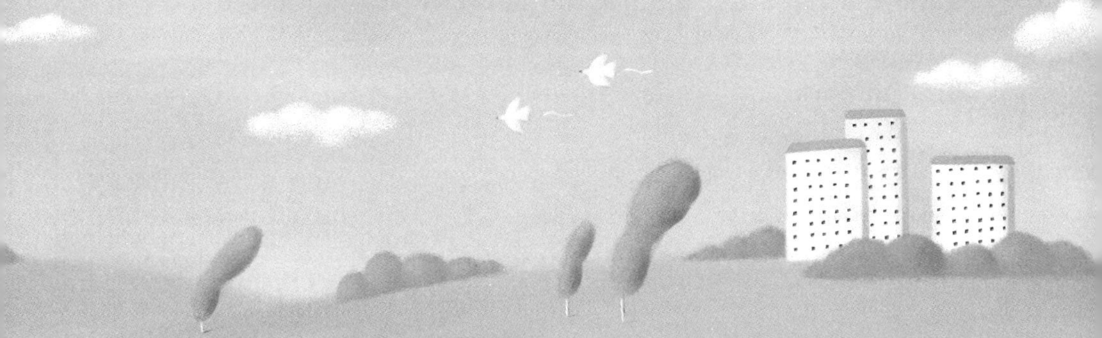

제1편

부동산 문제의 뿌리 : 반값주택의 이론적 근거

-부동산 문제는 [소유가격〉소유수익] 현상 때문에-

1편은 부동산 문제의 뿌리가 무엇인지를 밝히고 반값주택의 정책이 나올 수 있는 토지와 주택 등 부동산시장 전반에 대한 시장원리를 과학적으로 이해하는 부분이다.

1장

부동산시장의 수수께끼

1. 반값아파트의 수수께끼

이 책은 지금보다 가격이 절반인 반값주택에 대한 이론적 근거와 정책을 논하는 것이므로 먼저 이에 대한 이야기부터 시작한다. 우리는 최근 국회에서 입법 제안으로 논의되고 있는 이른바 반값아파트(또는 분양가 대폭인하) 정책에 대하여 다음 내용처럼 사람들이 풀지 못할 수수께끼 같은 의문들을 제기할 수 있다.

수수께끼 1 : 최근 반값아파트라는 부동산 정책을 낸 제안자들은 여당, 야당, 정부, 관련 기관을 막론하고 아직 반값아파트가 원가의 반값인지 시가의 반값인지에 대한 사실 규명도 없이 정치권과 특정 집단의 이해관계에 얽혀서 그 집단의 슬로건으로 사용되고 있다.

〈의문〉 만약 정치권이 말하는 반값아파트 정책이 원가나 분양가격이 지금의 반값이라면 부동산 문제는 원래 시가에서 발생하는 것인데 이를 어떻게 하는가 말이다. 부동산 문제는 가격급등과 불안정, 그리고 투기 등이 시가의 문제이지 분양원가의 문제인가 말이다.

수수께끼 2 : 경제정의를 부르짖는 어느 시민연대의 한 간부는 토지임대부 주택은 "땅은 임대, 건물은 소유로 하여 반값이면, 부동산에서 땅과 건물 중 그 하나인 절반(땅과 건물 중 하나)만을 주고 가격을 반값이라고 말하는 것"이라고 하면서 이 정책을 비판하고 있다.

〈의문〉 그런데 이 비판이야말로 사과의 반쪽과 온쪽의 구분도 하지 못함같이 부동산 가치에 대하여 온쪽과 반쪽을 식별하지 못하는 무지가 아닌가? 땅은 소유 대신 임대로, 미래가격보다 현재가치로만 거래하면 가치는 온쪽을 가지고(사용하고) 값만 소유가격의 반값 정도로 낮아지는 시장원리를 모르는 무지가 아닌가 말이다.

수수께끼 3 : 시장자유를 위하여 설립한 어느 단체의 수장은 토지시장에서 임대가격보다 2배 정도나 높고, 그 변화(성장추세)가 불안정하여 시장실패를 초래하는 토지의 자본가격(땅값 또는 집값)을 시장 임대가격보다 더 효율적이라는 오해를 하고 있다. 성장성 자본에서 소유가격(매매가격)과 사용가격(전세가격), 정부기능과 시장기능, 정부 임대와 시장 임대에 대한 개념 규정이나 이론적 검증도 없이 말이다.

〈의문〉 성장성 토지에서 임대가치보다 2배가 높은 집값(땅값 포함)은 주거가치로 실현되지 않으며, 주택은 궁극적으로 살기 위하여 존재하는 것인데 주거가치가 아닌 다른 가치도 있을 수 있는가? 토지와 주택은 소유시장만이 시장이고 균형가격이 성립하는 전세시장과 임대시장은 시장이 아닌가?

수수께끼 4 : 시장자유를 외치는 어느 시민단체도 "소유가격이나 임대가격은 궁극적으로 같은 값인데도 이를 속이고 반값이라고 한다"라고 하면서 반값아파트 정책을 정치적 술수 또는 사기극이라고 악평을 하기도 한다.

〈의문〉 이 악평은 한마디로 성장자본의 비용과 수익을 오해한 난센스가 아닌가? 원금이 일정한 정액자본의 소유가격과 성장자본의 전세가격, 같은 사용가격인 전세가격과 임대료는 같다고 말할 수 있지만, 어떻게 성장자본의 가치 흐름에서 원금이 커지는 소유가격과 임대료를 같다고 오해를 하고 있는가?

수수께끼 5 : 정부개입에 의한 토지정의, 그리고 토지수익 전액 세금 징수만를 외치다가 뒤늦게서야 토지의 공공 임대정책을 수용한 어느 단체의 리더와 조지스트들은 필자의 지대시장제(토지의 시장가격 임대제)는 사회주의 정책으로 오해를 받는다고 강하게 거부하여 왔고, 반값주택의 시장원리인 성장성 토지의 [소유비용 > 소유수익] 현상을 장기간 부정하여 왔다. 성장성 토지는 토지수익인 지대가 커지고 있으므로 초기에 '>'가 후기에는 '<'로 바뀐다는 착각으로 필자의 견해를 끈질기게 거부하다가 지금은 "이 현상은 부분적으로만 옳다"라고 하여 일반현상을 부분 현상으로 왜곡하고 있다.

〈의문〉 시장이 균형상태이든 균형상태가 아니든 시장가격은 성장성 토지의 땅값 상승액 때문에 사용수익은 그만큼 줄어들 수밖에 없지 않은가? 은행 이자율이 시장 이자율보다 높거나 낮다고 하여 시장 이자율을 부정하거나 "부분적으로 옳다"라는 말을 입에 담을 수 있는가? 어떻게 한평생 토지시장을 연구한 학자가 성장률 g가 있는 토지의 '$i > g$' 조건에서 [비용(Pi) > R(수익)] 현상을 장기간 부정만 해왔을까? 지금도 3% 미만의 예외로 97% 이상의 일반 현상(비용 > 수익)을 부정한 오류가 어떻게 그들 집단에서는 먹혀들고 있을까?

이러한 내용들이 이 책이 풀어보려는 반값주택에 대한 의문과 수수께끼들이다. 우리가 여기서 제시한 수수께끼를 풀면 부동산 문제의 과학과 미신이 밝혀지고, 부동산 문제를 해결하는 방안을 찾을 수 있으며, 이른바 반값주택의 현실성을 검증하는 과정이 될 수 있을 것이다.

2. 시장은 선하다

시장(市場)이란

우리는 경제생활에서 자본주의가 가지는 시장제도를 불신할 때가 있다. 시장은 너무 경쟁적인 것 같고, 때로는 시장을 통한 사기행각마저 있다. 시장은 이기적인 인간들이 자기 이익만을 추구하는 장소와 제도로 느껴지기도 한다. 특히 가진 자들이 시장을 통하여 더 많은 부를 축적하는 수단이 된다고 믿을 때, 시장에 대한 이러한 불신은 더 강하게 나타난다. 어쩌다가 경쟁에서 한번 밀려나면 때로는 비참하다고 할 만큼 어렵고 굴욕적인 생활을 해야 할 경우도 있다.

그러나 시장은 나쁜 것이 아니다. 시장은 농부가 쌀을 생산하고 어부가 고기를 잡아서 서로 교환하기 위하여 값을 매겨(가치를 평가하여) 팔고 사는 장소이고, 그렇게 교환하여 먹고 살도록 만든 사회제도이다. 이렇게 보면 시장은 가치를 교환하는 장소와 제도로 인간에게는 꼭 필요한 것이고, 자연스러운 생활수단이라고 할 수 있다. 이와 같이 시장제도는 경제생활에서 자연스럽게 탄생한 것이며, 자연법에 맞는다.

이러한 시장은 단순히 상품을 팔고 사는 장소만이 아니라 생산현장이나 경제생활 그 자체라고 할 수 있다. 노동자가 공장에서 일을 하고 그 대가로 임금을 받으면 공장이 시장이다. 공장은 일과 임금이 교환되는 장소이기 때문이다. 이와 같이 예금자가 돈을 예금하거나 채권자가 쌀을 빌려주고 그 대가로 이자를 받으면 그 장소도 역시 시장이라 할 수 있다.

교사가 학교에서 학생들을 가르치고 그 대가를 받으면 학교가 시장이다. 야구 경기장에서 박찬호 선수가 공을 던지고 돈을 벌면 야구장이 시장인 셈이다. 교회에서 목회자가 귀한 사역을 하고 교회로부터(또는 하느님으로부터) 받는 사례비는 그것이 노동임금과는 성격이 다르다고 할지 모르지만 경제적으로 보면 사역노동에 대한 대가이며 가치의 교환이다. 곧 목회자가 일을 하고 그 대가를 주고받는 교회도 시장에 포함된다.

그리고 자연상태에 있는 천연물을 원시 취득하는 장소도 시장으로 볼 수 있다. 산에서 산나물을 캐는 자, 바다에서 고기를 잡는 어부는 자기 노동과 수고를 산과 바다에서 행하고(지불하고) 있으며, 그 대가로 가치를 얻는다(교환한다). 이 경우 지불하는 노동(대가)보다 수확물이 적으면 장기적으로 이곳은 교환(생산)이 성립하지 않는다. 산과 들에서 행하는 천연물의 채취도 채취자의 일에 대한 정당한 값이 매겨지고, 그 값의 교환이 가능할 때 성립한다. 따라서 사람들이 평소에 거의 느끼지 못하는 부분이지만 이렇게 산나물이나 물고기 같은 천연물의 채취장도 시장이라 할 수 있다.

이와 같이 사람이 살아가는 데에 필요한 가치를 생산하고 값을 매기고 나누는 장소가 모두 시장이며, 이러한 매개체나 시스템을 '시장기구'라고 한다. 이렇게 보면 농장, 공장, 학교, 운동장, 심지어 교회까지 모두 시장이며, 시장기구의 범주에 들어 있다. 상품을 직접 파는 장소만 시장이 아니고 생산현장이나 산과 들의 자연물 채취장 자체도 시장이다. 팔고 사는 장소만이 시장이 아니라 생산하고 팔고 사는 경제적 시스템 전체가 시장인 셈이다.

그러므로 시장은 바로 인간이 생활하는 장소다. 시장은 ① 사람과 사람, ② 가치(A 물질)와 가치(B 서비스), ③ 사람과 가치(물질)가 서로 만나서 각각의 가치대로 값을 매기고 그 가치를 나누는 장소요, 환경이고, 제도이다. 시장은 사람과 사람, 물질과 물질, 사람과 물질이 각각 자기의 존재를 인정받는 곳이다.

따라서 시장은 자유로워야 하고, 모두 자기의 존재를 인정받아야 한다. 다시 말하여 시장이 자유로워야 우리의 생활도 비로소 자유롭다는 말이다. 그래서 자유로운 장소요 매개체인 시장은 좋은 것이다. 이것이 우리의 시장경제체제, 곧 자본주의이다. 시장과 교환은 생활의 수단이고 도구이다. 시장은 인간의 생활에서 각자의 필요에 따라 자생적으로 만들어진 자치의 조직이며 자연스러운 생활기구라고 할 수 있다.

사람은 시장에서 ①의 영역인 사람과 사람의 존재와 경제활동은 쉽게 인정한다. 그러나 ②의 관계인 물질의 존재와 ③ 그 물질과 사람 사이의 관계인 경제활동은 잘 인정하지 않는 오류를 범한다. 마르크스 이론을 중심으로 하는 사회주의자들은 사람의 생산활동만 인정하고 도구(자본)가 생산에 기여하는 몫(이자)을 인정하지 않는다. 자본주의 사회에서도 토지는 인공물과 다름이 없다고 보며, 땅이 낸 토지지대를 인공의 대가로 오해한다(이에 대해서는 뒤에 말한다).

그리고 사람이 시장과 시장기구에서 나타나는 문제를 보고 시장 자체를 불신하게 되면 그 사회는 시장 대신에 사람이 의도적으로 만든 조직이나 기구가 있어서 시장을 대리해야 한다. 농부가 생산한 쌀과 어부가 잡은 고기를 제삼자가 나서서 한곳에 모으고, 모은 쌀과 고기는 다시 가치와 양을 제삼자가 평가하며, 그 평가한 쌀과 고기는 가치대로 고르게 나누어야 한다. 이것이 가치의 사회적 배급제이며, 그 역할은 정부나 자치단체가 대신할 수밖에 없다. 이러한 경제체제를 보통 사회주의(또는 공산주의)라고 한다.

그런데 역사적으로 보면 사회주의, 곧 시장을 부정하거나 과소평가한 체제는 실패하였다고 볼 수 있다. 20세기 말에 있은 소련을 비롯한 유럽의 사회주의 국가들이 몰락한 사실이 그렇다. 시장제도는 인간의 자유에 기초한 자연조직에 가까우나 배급제도는 자유보다 목적과 이념이 더 강한 인위적 조직이다. 그래서 인위적 조직은 자연조직보다 효율성이 떨어져서 장기로 보면 실패한다. 그리고 사회주의는 가치의 평가, 생산 주체의 판단, 가치의 나눔에 대하여 인간과 특정 계층에게만 편중된 사고와 비과학적 이해로 빠지기 때문에 실패할 수밖에 없었다.

시장을 선호하는 사람의 보편적 사상은 생산한 쌀과 소비할 고기를 시장을 통하여 직접 바꾸는 것이 정부가 대신하여 주는 배급제보다 더 자유롭고 효율적이라는 것을 알고 있다. 아버지가 일터에서 번 돈이 가족들이 먹을 양식으로 바꾸어지는 과정은 시장제도를 이용하는 것이 가장 편리하다. 한 단위의 스포츠와 한 가락의 음악도 시장이 있어야 자유롭게 가치가 생산되고 매겨지며 배분된다. 이렇게 모든 사람과 상품은 각각 제값이 제대로 매겨지고 인정을 받아야 세상이 순리대로 돌아간다. 이와 같이 시장은 우리 생활에서 필요한 도구이며, 유익한 것(장소와 기구)이다. 그런데 이러한 시장이 없다면 그 역할은 경제활동의 당사자가 아닌 제삼자가 대신해야 한다. 곧 가치의 생산과 교환은 인위적 조직으로 정부나 조합이 경제 당사자들 사이에 끼여들기를 해야 가능하다는 뜻이다.

시장의 한계와 차선책의 정부

이와 같이 시장제는 생산자와 소비자 중간에 제삼자가 개입하여 교환을 대신하여 주는 배급제보다 훨씬 더 우수하다. 그러나 시장이라는 사회기구도 모든 것을 다 해결해 주는 만능은 아니다. 시장은 다음과 같은 한계가 있기 마련이다.

첫째, 시장은 윤리적으로 나쁜 것이 있다. 정상적 시장질서를 어기는 사기, 도둑, 불량상품의 생산, 유해식품의 공급, 매춘 등 비윤리적 부분을 말한다. 이들은 일일이 언급하지 않아도 독자들은 잘 알고 있을 것이다. 그래서 우리는 사회의 이러한 부정적 측면들은 시장이라는 제도나 기구가 잘못되어 일으키는 것으로 오해할 수가 있다. 간혹 사회주의를 동경하는 부류나 시장 불신론자들이 이러한 오해를 곧잘 하곤 한다. 그런데 이러한 비윤리적 요소는 시장이 나쁜 제도이기에 그런 것이 아니고, 시장에 참가하는 인간의 심사와 행동이 나쁜 관계로 발생하는 것이다. 곧 시장에서 나타난 비윤리문제는 시장제의 문제가 아니고 인간의 행동문제라는 것이다.

둘째, 시장은 윤리적으로 나쁘다고 할 수는 없지만 기능을 제대로 하지 못하는 것도 있다. 사회간접자본의 투자나 사회복지의 역할이 그렇다. 먼저 사회간접자본이란 철도, 항만, 도로, 공원, 각종 공공물의 건설과 운용을 통틀어서 말한다. 그런데 사회간접자본은 공공재의 특성으로 개인 대 개인은 평가와 거래가 어렵고 투자에도 목돈이 들어가기 때문에 개인이나 시장에 맡기기 어렵다. 그리고 사회간접자본과 국방, 경찰 등에 대한 공공재의 투자와 거래는 개인이 할 수 있다고 하더라도 개인이 하는 것은 비효율적인 경우가 많다. 환경보호를 위한 제도나 정책도 마찬가지이다.

그 다음 사회복지란 개인 사정으로 시장에 자유롭게 참가하지 못하는 자들에 대한 사회적 배려를 뜻한다. 노약자, 병자, 장애자, 실업자 등 그 당사자가 본의 아니게 경제적 기회를 놓쳤거나 정상생활이 불가능한 자가 있다면 이들의 고통과 문제는 시장이 해결하지 못한다. 그래서 이런 문제는 정부가 나서야 한다. 아니면 교회, 자선단체와 같은 비시장기구가 하는 편이 더 낫다. 이것 역시 독자들은 쉽게 이해할 것이다.

◪ 시장과 정부도 불가능한 것

그런데 경제활동에서 시장도 할 수 없고 정부도 도무지 어떻게 할 수 없는 대상이 있다. 이것은 경제생활에서 땅과 그 가치의 성질에 대한 이해와 관련된 것이다. 이것은 먼저 사람이 토지, 주택, 건물 등에서 경제활동에서 토지가치물에 대한 "네 것, 내 것"과 "있는 것, 없는 것"을 구분부터 해야 하는 과제이다.

앞에서 말한 시장과 정부는 실제로 있는 재화나 서비스에 대해서는 잘 하든 못 하든 어떤 정책을 펼 수가 있다. 그래서 시장기능이 가능한 것은 시장에 맡기고 시장이 제대로 할 수 없는 것은 차선책으로 정부가 대신하면 된다. 그러나 시장과 정부도 가치가 없거나 실물이 존재하지 않는 대상이 있다면 그 대상은 실체적 허구이기에 정부도 이에 대해서는 아무 것도 할 수가 없다. 그런데 우리 사회에서 이렇게 아무 것도 없는 실체적 허구가 실제로 있는 것처럼 보이는 것이 있다. 이것이 바로 땅과 그 유사품(주식과 선물)의 가격작용이다. 부동산시장의 숨겨진 비밀은 여기에 있다.

3. 서울 강남의 33평 새 아파트는 1억 원이다

강남 아파트의 시장가격(2003년 기준)

2003년은 서울의 강남을 비롯한 신도시 지역과 지방 곳곳의 아파트가 상당히 오른 해였다. 서울 강남구 도곡동 주공1차 아파트 13평형 가격이 2003년 9월 20일 기준으로 약 8억 2,000만 원이라고 한다. 그런데 이 아파트가 2001년 3월에는 2억 6,000만 원 정도에 불과하였으므로 1년 6개월 만에 3배 이상 오른 셈이다. 헐고 새로 지어야 사람이 살 수 있는 아파트, 이제 낡아서 못 쓰게 된 건물로 잔존가격이 있는 것이 아니라, 새 집을 지으려면 철거비용 때문에 오히려 마이너스 가격이 되는 아파트이다. 그런데 이 아파트의 값이 무려 8억 원을 넘고 있다. 이 아파트는 13평형이고 토지지분은 19.3평이라고 한다.

한편, 아파트 평수에서 33평형 정도라면 보통 "국민주택 규모(전용면적 25.7평 이하)"라고 하여 평범한 계층이 주거할 일반 주택이라 할 수 있을 것이다. 그런 강남의 아파트 1채가 통상적으로 7억 원! 그러면 이러한 값은 어떻게 발생하며, 그 값의 이면에 숨은 실체는 도대체 무엇일까?

이제 여기서 부동산 문제의 이해와 접근을 위하여 강남 아파트를 가장 싸게 또는 제값에 소유하고 주거할 수 있는 방법을 제시해 보고자

한다. 결론부터 말하면 강남 새 아파트 33평형 정도의 주거비는 현행대로 땅값을 지불한다면 구입가격은 적게 잡아도 6억 원이다. 그리고 강남 아파트 입주자는 소득수준에서 부담해야 할 연간 1,000만 원 정도의 일반 세금을 더 부담하면서 살아야 할 것이다.

그러나 부동산시장을 제대로 알면(가치대로만 지급하면) 새 아파트 33평형은 2003년 기준으로 1억 원만 지급하면 아파트를 소유하면서 살아갈 수가 있다. 물론 이 1억 원 아파트 가격 외에 별도로 토지사용료를 연간 1,000만 원 정도 내야 한다. 그러나 토지사용료 1,000만 원은 지금 이 아파트 거주자가 가계소득에서 지급해야 하는 세금 1,000만 원과 상쇄되기 때문에 사실상 낼 필요가 없어진다. 다시 말하여 강남 아파트 주인이 내는 토지사용료는 어차피 내야 하는 세금과 상계되어 소멸한다는 뜻이다. 2003년 기준을 2007년 가격으로 환산하여도 1억 원에 4년간의 물가상승률만 곱하면 되고, 그동안 여건변화와 주택의 고급화를 모두 감안하여도 강남 새 아파트 33평형은 1.5억 원이면 충분할 것이다. 이런 강남 아파트가 지금은 10억 원이 넘어서고 있다.

이렇게 6억 원에서 10억 원까지 가는 고가의 아파트를 1억 원에서 1.5억 원으로 낮추는 방법이 바로 토지시장에서 땅값은 없애고 지대만 두는 지대시장제(지대공수제, 시장토지임대제)이다. 그러나 지대시장제는 아직 처음 듣는 말이라 독자들이 생소할 것이므로 뒤에 상세하게 설명하겠다. 앞으로 사용할 지대시장제는 〈표 1-1〉과 같은 유사용어가 같이 사용될 것이다. 필자가 말하는 지대시장제와 기존의 땅값 중심의 시장제도는 패러다임이 전혀 다른 것으로 〈표 1-1〉과 같이 용어를 비교할 수 있다.

아무튼 강남 새 아파트 33평형은 현행대로 하면 2003년 기준으로 6억 원 구입가격에 1,000만 원의 세금을 내야 한다. 그러나 아파트 실제 가치인 제값대로만 거래하는 지대시장제로 하면 구입가격은 1억 원에

< 표 1-1> 부동산시장의 두 가지 패러다임과 관련 용어

용어	유사용어 또는 동일 개념	패러디임의 차이
지대시장제 (토지임대제)	토지의 공공 · 시장임대제, 사용가격제, 토지요금제, 지대공수제, 지대거래제	문제의 근본 해법, 가격은 지금의 시장 전세가 수준
땅값시장제 (토지소유제)	토지매매제, 소유시장제, 소유가격제, 토지거래제, 토지사유제, 토지상품제	문제의 근본 원인 가격은 약 2배가 높다

연간 토지사용료 1,000만 원만 별도로 부담하면 된다.

- 지대시장제 주거비 부담 :
  구입가격 1억 원 + 연간 토지사용료 약 1,000만 원
- 땅값시장제 주거비 부담 :
  구입가격 6억 원 + 연간 세금부담 약 1,000만 원

여기서 우리는 강남 새 아파트 한 채를 1억 원에 구입하면 될 것을 이보다 6배나 더 높은 6억 원에 구입해 살아야 함을 알 수 있다. 그러나 독자들이 땅값시장제와 지대시장제의 이러한 단순 비교가 어렵다면 다음 2편 10장에서 설명하는 강남 아파트 제값 계산의 내용을 상세하게 알아두어야 할 것이다.

- 실상 : 집값은 존재하는 가치이고, 땅값은 영구적으로 실현이 불가능한 미실현가치이다
  (땅값 헛값론 = 땅값 영구미실현가치론).

- 허상 : 집값은 존재하는 가치이고, 땅값도 사용과 매매로 언제인가 실현되는 가치이다
  (땅값 가치론 = 땅값 실현가치론).

4. 부동산의 소유는 선인가? 악인가?

내가 열심히 일하여 무엇을 만들거나 창조했다면 그것은 만든 자가 가지는 것이 순리일 것이다. 내가 일하여 내가 일한 만큼 번 것은 내 것이며 남이 일한 만큼 번 것은 남의 것이다. 그래서 내 것과 남의 것을 서로 바꾸어 써야 할 필요가 있을 때 이를 서로 바꾸어 사용하고 또 소비하게 된다. 여기서 내 것 네 것을 구분하는 것이 사유재산제도이며, 내 것과 네 것을 자유롭게 교환하는 장소를 시장, 그 시스템을 시장경제라고 한다. 그래서 우리 자본주의 사회는 사유재산제와 시장경제라는 두 제도가 경제의 기본 축을 이루고 있다.

그런데 우리는 부동산에 대해서는 생각이 다르다. 우리는 부동산을 많이 가진 자에게는 무엇인가 곱지 않은 시선을 가진다. 누가 부동산 부자라고 하면 우리는 대체로 그 사람을 보고 구두쇠, 사회에서 부당한 영향력을 행사하기 쉬운 자, 일하지 않고 돈을 번 불로소득자로 간주하기 쉽고, 심하면 불법과 파렴치한 투기꾼으로 보기도 한다. 우리의 의식에는 대체로 부동산 소유자는 부자로, 부동산이 없는 자는 서민이나 가난한 자로 각인되어 있다.

특히 최근(1993년 기준)에는 일부 지역에서 아파트 투기가 일고 값이 천정부지로 오르니 부동산 중에 주택을 많이 가진 다주택 소유자가 부도덕한 자로 지탄을 받는다. 다주택자는 자기의 거주주택 외에는 모두 임대시장에 공급하고 있어도 다주택 자체로 주택의 가수요자나 독점자가 되고, 시장가격 교란자로 몰리게 된다. 토지공개념제도 도입이 유행이었던 1990년 초기에는 토지를 많이 가진 자가 그렇게 몰렸다. 지금은 주택에서 한 가구가 많은 주택을 소유하게 되면 주택시장을 독점하여 집값과 임대료를 올리므로 나쁘다고 한다. 그래서 다주택 소유는 가수요로 인하여 무주택자가 상대적으로 불리하기 때문에 이를 규제해야 한다는 것이다.

그러면 다주택 보유가 과연 경제적으로 사회악만을 조장하는가? 아니면 선한 면은 없는가? 이에 대한 바른 답은 사회에서 다주택 보유가 주택의 수요자인가 공급자인가를 밝혀내야 한다. 물론 다주택 보유가 시장의 수요자 역할만 하고 독점현상을 초래한다면 이는 막아야 한다.

옷과 집의 다소유가 무엇이 다른가? 옷은 단기 대량생산이 가능하여 수요에 잘 적응하나 집은 단기 대량생산이 불가능하기에 수요증대에 따른 공급이 어렵다고 한다. 그러면 집의 가격문제는 장기로 발생하는 문제가 아니고 어느 날 갑자기 발생하는 문제인가? 장기로 발생하는 문제인데 수요에 공급이 감당하지를 못하고 늘 수요부족(가격상승)만 일어나고 있는가? 공급에는 같은 장기적 시간을 필요로 하는 건물인데 공장은 왜 가수요 현상이 없는가?

한편, 옷의 다소유는 소유자가 자원을 낭비하는 경향이 있다. 왜냐하면 소유자가 입을 옷은 한정되어 있고, 많이 가진 옷은 장롱에서 방치될 뿐이기 때문이다. 그러나 집의 다소유는 소유자가 그 집을 장롱에 넣어두는 것이 아니라 다른 사람이 그 집을 사용하도록 시장에 공급하고 있다. 곧 의복의 다소유는 자원의 낭비가 있으나 주택의 다소유는 자원의 낭비가 없다. 주택을 소유시장만 보면 다주택은 가수요의 원인일 수 있다. 그러나 임대시장을 보면 다주택은 그 반대로 공급이 되며, 어떤 면에서는 가수요가 아니라 가공급일 수도 있겠다. 곧 다주택 소유는 집값을 올리기도 하지만 임대료를 낮추는 기능도 엄연히 같이 하고 있다. 그런데 사회는 왜 주택의 다소유자를 투기자, 가수요자로 몰아서 죄악시하고 있는가?

토지사유제가 효율적이고 정당하다면 왜 토지거래에 가격규제와 거래규제가 덕지덕지 따라붙어야 하는가? 사유재산제에서 땅을 팔고 사면 왜 허가를 받아야 하고, 시장경제에서 집을 팔고 사는데 왜 가격을 허가받거나 신고해야 하며, 3년, 5년, 10년을 이사도 가지 못하게 묶어두어야 하는가? 이것은 혹시 부동산 공산주의(?), 아니면 최첨단 과학시대에 남아 있는 마지막 미신이자 원시적 경제제도는 아닌가?

5. 1주택과 다주택, 그리고 양도소득세

우리 사회는 주택의 소유에서 1가구 1주택 소유는 선하다고 보고 1가구 다주택 소유는 악하다고 보아 각종 제재와 불리한 조치를 취한다. 주택 소유자는 집을 팔 경우 고액의 양도소득세를 내야 한다. 2주택은 55%(양도세율 50%, 주민세는 양도세의 10%), 3주택 이상은 66%라는 초고율의 세율로 세금을 무차별 부과하고 있다. 그만큼 다주택 소유는 사회가 악이라고 보는 것이다. 그러면 다주택 소유가 사회에 이토록 해로움을 끼치는 것인가?

물론 과거에 보듯이 주택공급이 절대로 부족하던 시기에 이러한 말은 일리가 있다. 주택의 소유 자체가 시장에서 독점력이 있었기 때문이다. 그러나 오늘날 주택보급률이 100% 또는 100%를 넘어 120%까지 육박하는 선진사회에서 다주택 소유자가 독점적 지위를 가진다고 보는 것은 설득력이 있을까? 다주택 소유를 부당하다고 보는 것이 합리성이 있는가? 우리는 부동산시장과 다주택 소유에 대하여 언급을 하려면 다음과 같은 부동산시장의 기초를 먼저 알아야 할 것이다.

첫째, 다주택 소유자가 주택시장에서 주택의 공급자인가 수요자인가 하는 의문을 풀어야 한다. 만약 아파트 건설업자인 갑이 아파트 10채를 지어 그 아파트를 분양하지 않고 임대를 한다고 하자. 그러면 갑은 1가구 10주택 소유자이다. 이 사람은 1가구 다주택 소유가 분명하다. 그러나 이 사람은 분명히 주택시장에 아파트를 지어 공급한 공급자이지 수요자가 아니다. 갑은 아파트 임대업자인 것이다. 그러면 갑은 사정에 의하여 아파트 전부를 을에게 팔고 임대업을 양도하였다 하자. 그러면 그 주택을 구입한 을은 주택시장에서 다주택 소유자이기 때문에 투기자가 되는가?

다시 말하여 주택의 다소유가 주택시장에서 공급자인가 소유자인가? 다주택 소유자는 주택을 사서 임대하지 않고 그 집을 비워두는가? 구입이 수요이면 임대는 공급이 아닌가? 물론 다주택 소유는 구입시 일시적으로 주택의 수요자가 되기는 한다. 그러나 그것은 어디까지나 일시적 현상이고, 장기적으로는 주택을 임대시장에 내놓는 공급자가 아닌가? 임대업자의 다주택 소유와 일반 다주택 소유자의 다주택 소유의 경제적 차이는 어떻게 다른가?

이와 같이 우리는 주택보급률 100%가 넘은 사회에서 주택의 소유를 임대시장의 공급자로 보지 않고 수요자나 독점적 특권을 누리는 것으로만 보는 오류를 범하고 있다. 참고로 말하면 건설교통부의 부동산 통계자료를 보면 부동산 임대업자는 건설업자와 함께 부동산 사업자 및 공급자로 분류하고 있다. 그렇다면 다주택 소유자도 주택의 수요자라기보다 공급자가 더 합당한 것이다.

둘째, 주택의 보유에 대한 재산세는 그 성격을 제대로 알고 있는가? 다시 말하면 토지세의 본질과 소유자와 비소유자의 형평성을 제대로 알고 있는가? 또한 주택의 사용에 대한 소득세가 아니라 보유에 대한 외형만을 따라 일방적으로 매기는 보유세가 같은 소유자 간의 공평성을 가질 수 있는가? 5%의 이자율 사회에서 1억짜리 주택 두 채가 있다고 하자. 이 중 한 주택은 연간 임대수익(주거가치)이 원금의 4%이고 양도차익은 1%인 주택과 임대수익은 2%이고 양도차익은 3%인 두 주택 간에 현재와 같은 고율의 양도세율이 두 주택 간에 과세의 형평성을 유지할 수 있는가? 1억 원 예금자의 소득세와 1억 원 토지의 양도소득세는 어떤가?

셋째, 양도소득세는 세금인가, 사유재산 몰수인가? 이 문제는 이 책의 핵심 주제인데, 토지 양도차익이 실물이 있는 가치인가 아닌가 하는 것이다(이 주제는 뒤에 언급한다). 갑은 이제 사업계획상 아파트를 모두 팔고 다른 지역으로 임대사업의 지역을 옮기려고 한다. 그동안 발생한 아파트 임대소득은 소득세를 모두 물었다. 그런데 이 경우 1가구 다주택 소유이기 때문에 고율의 양도소득세를 물리면 그 세금은 무엇으로 내야 하는가?

같은 가격의 1가구 10주택 소유자가 그동안 집값이 2배 올랐고 양도소득세의 세율이 50%라고 하면 주택을 모두 매각할 경우 내야 하는 세금은 아파트 2.5채[2.5채 = (10채 가격 − 10채 원금) × 50%]가 된다. 그러면 이 2.5채의 가격을 세금으로 내고 나머지로 같은 가치의 주택 10채를 다시 짓거나 매입할 수 있는가? 물론 없다. 주택업자는 양도소득세를 내고 나면 같은 아파트를 7.5채밖에 사지 못한다. 이런 경제행위를 계속한다면 주택소유자는 세금을 내고 나면 소유 주택은 결국 0이 된다. 그런데 토지 양도차익과 같은 매매차익처럼 보이는 일반 상품에 대한 세금은 아무리 세금을 매겨도 이런 원금의 고갈현상은 발생하지 않는다. 그러나 토지에 매기는 매매차익세, 곧 양도소득세는 세금 그 자체가 재산의 원금을 고갈시키는 성질을 가진다. 이것이 과연 세금인가, 사유재산의 몰수가 아닌가?

넷째, 부동산시장에서 소유시장과 임대시장의 가격 메커니즘은 밝혀졌는가? 곧 주택의 시장법칙이라고 할 수 있는 [소유가격 > 전세가격]의 현상에 대한 시장 메커니즘을 제대로 이해하고 있는가 말이다. 곧 다주택 소유자는 높은 소유가격으로 주택을 구입하여 낮은 전세가격으로 집이 없는 자에게 임대하고 있다. 주택의 다소유자가 없으면 무주택자는 거주할 집이 없거나, 아니면 전세가격과 임대가격보다 더 높은 소유가격을 지불하면서 살아야 하는 것이 아닌가?

다섯째, 주택보급률 100%가 넘은 사회에서 1가구 다주택 중과세는 거래를 제약하거나 동결하여 사회적 비효율을 초래한다. 참고로 주택보급률이 120%가 넘은 선진국에서도 주택의 자가소유 비율은 60% 정도이다. 이는 단순 계산으로도 1가구 2주택이 보편적 현상이다. 우리나라 가구수가 총 1천 200만 가구라고 가정하고 모두 1가구 1주택 소유만을 고집한다고 하자. 그러면 이 경우 누가 사업에 실패하여 거액의 자금이 필요하거나 빚을 갚기 위하여 자기 집을 팔고자 할 경우 그 집을 누가 사려고 하겠는가? 집을 사준 사람은 1가구 다주택 소유자가 되어 사회적 지탄을 받아야 하고, 양도소득세로 사유재산 몰수까지 당하면서 말이다. 이렇게 하여 과연 부동산 문제가 해결될 수 있겠는가?

여섯째, 1가구 1주택 소유자는 3년 터울로 집을 사서 팔면 그때마다 양도차익을 남길 수가 있다. 1가구 1주택은 3년만 채우면 양도소득세를 매기지 않기 때문이다. 그러나 주택을 2, 3채 소유하여 20년 이상 장기로 임대시장에 주택을 공급해 온 다주택 소유자는 보유세를 추가(누진세와 종합부동산세)로 물어야 하고, 거기에 팔 때마다 양도소득세를 고율로 중과당하여야 한다. 이것이 과연 공평인가? 기준시가 6억 원짜리 고급주택은 거액의 양도차익이 발생하여도 1가구 1주택이면 비과세가 되고, 3채 소유의 집값 총액이 3억 원으로 고급주택의 반값에 불과해도 1가구 다주택이므로 고율의 보유세와 70%~82.5%의 양도소득세(주민세와 각종 부가세 포함)를 물어야 하는 것이다. 이것이 과연 이성을 가진 세금정책일 수 있는가?

지금 우리 부동산 제도는 1가구 1주택은 양도소득세가 없지만 1가구 2주택 이상은 고율의 양도소득세를 물어야 한다. 이 양도소득세 제도가 부동산 투기가 처음 발생한 1970년대에 투기 억제책으로 처음 입법이 되어 오늘날까지 사회의 불문률로 적용되고 있다. 그러나 지금의 보유세와 양도소득세는 그 세금을 소득이 아니라 자본에 매기는 자본과세라는 기본 모순 때문에 소유자에게는 악세가 된다. 물론 이러한 세법의 취지는 사회에서 1가구 1주택은 선하고 1가구 다주택은 악하다는 사회적 합의에서 나온 것이다. 그러면 이런 기본 모순을 가진 사회적 합의는 정당하며 앞으로도 계속하여 존속되어야 하는가?

6. 부동산 보유세, 그 본질은?

그러면 부동산 보유세는 어떠한가? 지금의 정부와 국회는 2003년부터 재산세 기준시가를 대폭 올렸고, 지금은 주택에 대하여 토지분과 건물분을 합산하여 세금을 인상하는 정책을 펴고 있다. 또 부동산 부자에게 매기는 세금으로 새로운 국세의 형태인 '종합부동산세'도 새로 만들었다. 대다수 부동산 관련 학자들은 보유세가 부동산 문제를 해결하는 가장 좋은 대안이라고 말하고 있다. 물론 이 말에 필자도 동감하며 늘 그렇게 주장하여 오고 있다. 부동산 문제를 바로(과학적으로) 이해하면 부동산 문제의 근본 해법은 보유세와 유사한 시장제의 운영에 있기 때문이다.

그런데 학계의 주장처럼 가장 좋은 대안이 부동산 보유세라면 지금 시행하는 재산세와 종합토지세 같은 각종의 보유세를 당장 인상하여 문제를 해결하면 될 것인데, 우리가 알다시피 왜 이를 쉽게 제도화하지 못하고 있는가 말이다. 아니 정부가 기존의 보유세 부담률을 현행 0.1%에서 1%까지 인상하겠다는 계획마저 제대로 시행하지 못하고 있을까?

우리는 이 문제에 대하여 대체로 정책 입안자들과 집행자들이 부동산 부자들이거나 아니면 부동산 부자들을 편들기 위하여 보유세 인상을 꺼린다고 생각하고 있다. 물론 팔이 안으로 굽기 때문에 정책가들이 부동산 부자들이라면 그런 측면도 있을 것이다. 그러나 이런 문제의 진단은 사실과 다르며, 있어도 그 현상은 문제의 본질에 비하면 빙산의 일각에 불과하다고 할 것이다. 따라서 지금 우리의 부동산 시장 이해에서는 그에 따른 보유세 정책은 다음과 같이 풀지 못하는 숙제가 남아 있다.

첫째, 우리는 토지보유세가 세금이 될 수 없는 단순한 시장성질을 모르고 있다. 토지보유세는 토지소유자에게 부과된 사용료이지 토지소유자 자신의 수익에서 부담하는 세금의 성질을 가지지 않는다. 토지에 보유세를 부과하면 토지보유세는 내는 세금보다 토지의 원금에 해당하는 재산가격이 먼저 떨어져 버린다. 세금은 기말에 내고 재산 손실은 기초에 당한다. 그래서 토지에 대한 보유세의 인상과 신설은 이론상 토지시장 신규 참가자(신매입자)에게 가격부담과 세금의 부담이 되지 않는다. 세금이 토지의 자본의 가격을 낮추어 구입자 부담은 그만큼 땅값이 낮아지기 때문이다.

그리고 현 소유자도 보유세는 자기 재산 가격을 하락시켜 재산손실을 본 후 부담하는 세금은 임대료를 무는 결과가 된다. 이는 부동산 임대시장에서 전세가 월세로 바뀌면 전세가격이 낮아지거나 없어지는 것과 같은 시장원리이다. 곧 보유세의 인상은 소유자에게 전세금을 반환할 것도 없이 자동 소멸시켜 버리고 월세만 인상하는 것과 같은 것이다. 그러나 우리는 토지에 부과하는 공과금이 세금인 줄 아는 무지에 빠져 있기 때문에 이런 수익과 자본, 세금과 재산하락의 손실에 대한 사실 관계도 모르고 있다.

둘째, 보유세 인상은 소유자에게 세금의 추가부담과 재산손실의 이중적 부담이 발생하여 세금저항이 강하게 발생한다. 우리는 보통 보유세를 인상하면 소유자가 단순히 세금만을 더 내는 것뿐이라고 생각한다. 그러나 소유한 땅과 재산에 대한 세금인상은 세금부담과 세금 외에 추가 손실이 이중으로 발생한다. 예를 들어서 예금에 대한 세금인상은 세금부담만 커진다. 그러나 보유세 인상은 세금부담을 더하는 것 외에 세금으로 인한 재산손실까지 입는다. 이자율이 5%일 경우 10원의 세금인상은 그 20배에 해당하는 200원의 재산손실이 일시에 발생한다. 이것이 세금의 자본화 효과이다. 그래서 보유세 인상은 세금저항이 다른 세금보다 더 강할 수밖에 없다.

예금에는 세금을 100%의 세율로 부과하여도 원금은 살아 있지만 토지는 세금을 100% 부과하면 원금 자체가 죽어버린다. 그러나 우리는 이러한 보유세의 시장성질을 잘 이해하지 못한다. 그래서 원금의 재산손실에 대한 이해가 없는 부동산의 보유세 인상과 신설은 그 자체가 무리한 제도이며 시행이 어렵다는 것이다.

셋째, 토지보유세의 전가문제이다. 전가란 갑에게 물린 세금을 을에게 떠넘기는 것을 말한다. 예를 들어서 구두에 대한 부가가치세를 구두 판매자에게 매기면 그 부담은 구두를 사는 사람이 물게 되는 것을 말한다. 이것이 세금의 전가이다. 이와 같이 부동산 보유세도 소유자에게 매긴 세금이 상품가격, 임대료, 기타 방법으로 다른 사람에게 전가되느냐 하는 것이다. 먼저 보유세 세율이 낮은 사회는 집값 대비 임대료 비율이 이자율보다 낮고, 보유세 세율이 높은 사회는 그 반대라는 것을 알아두자.

우선 건물분 보유세는 전가한다. 건물의 과세로 소유 수익이 줄면 당연히 건물의 시장공급이 줄게 된다. 그래서 건물의 보유세는 건물 임대료에 전가한다(토지는 보유세가 장기로 토지의 공급을 줄이지 못한다). 그러므로 이번에 정부가 도입한 종합부동산세는 건물까지 과세대상에 포함시켰는데, 이는 전가의 해악을 잘 모르고 취한 조치라고 할 수 있다.

넷째, 토지보유세는 기존의 소유자와 매입자, 그리고 자본가격과 사용가격에 따라 미치는 영향이 다르다. 현 토지소유자에게 보유세의 신설이나 인상은 세금부담과 재산손실의 이중부담을 진다고 했다. 여기에 임대료 수입에 대한 소득세와 부가가치세를 매기면 세금부담은 3중, 4중 부담이 된다. 그러나 토지에 매긴 보유세는 보유세 전액이 신매입자에게 세금이 아니라 임대료가 된다. 왜냐하면 보유세 세금의 자본 크기만큼 구입 땅값이 낮아지기 때문이다(세금의 자본화 효과). 임대료에 100% 세금을 징수하면 땅값은 '0'으로 떨어진다. 그래서 신매입자의 입장에서 보면 토지보유세는 전가하지 않는 것이 원칙이다.

그러나 토지 임대시장에서 임대료에 대한 차별적 세금은 임대료와 상품가격에 영향을 끼친다. 따라서 토지보유세 인상은 토지거래 가격인 자본가격에는 전가하지 않으나 생산요소 가격으로서의 세금은 전가한다고 보아야 한다. 특히 땅값과 집값을 통합과세하는 제도에서 현 소유자에 대한 세금 인상에서 이 현상은 뚜렷하게 나타난다.

7. 부동산시장의 오해와 곡해 : 부동산 문제, 코에 걸면 코걸이 귀에 걸면 귀걸이

땅에 대한 일반 오해

집은 사람이 인공적으로 지었고 땅은 자연이 자연상태로 사람에게 사용하게 준 것이다. 그래서 시장에서 땅은 자연물이고 집은 인공물이다. 기술이 개발되고 경제가 성장하면 땅은 시간 흐름으로 가치가 커지고 집은 시간 흐름으로 가치가 작아진다. 건물의 평당 건축비는 지역에 따라 차이가 없으나(수송비 관계로 약간의 차이는 있으나) 지은 건물의 매매가격은 지역에 따라 큰 차이를 보인다. 여기서 '지역'에 따라 값이 다르다고 할 경우 그 '지역'은 바로 땅을 말하며, 그 차이 나는 값은 땅값이 된다.

그런데 우리는 이렇게 상호 이질적 성질을 가진 '땅'과 '집'을 하나로 묶어서 "부동산"이라고 부르고 있다. 그래서 부동산 문제가 발생하면 그 원인과 해법은 사람마다 다르고 각계 각층의 이해관계에 따라 소리가 다양하지만, 그 다양한 목소리에도 불구하고 시원한 해법은 찾아보기 어렵다. 땅값이 문제가 되어 땅값을 잡으면(묶으면) 같이 잡혀버린 집값이 문제가 되고, 그래서 집값을 풀어주면 이제는 같이 매겨진 땅값도 같이 풀려버려서 말썽을 일으킨다. 경제에서 전혀 이질적 요소를 하나로 보니 땅을 잡으면 집이 묶여서 불편하게 되고, 그래서 집을 풀어주면 땅이 줄달음을 치면서 투기와 거품으로 온갖 추태를 부리게 된다.

과자는 수요가 늘면 값이 오를 것 같으나 상대적으로 생산이 많아져서 다시 제값으로 돌아오고, 장난감은 수요가 줄면 값이 폭락할 것 같으나 생산이 줄어들어 역시 제값으로 돌아온다. 그런데 땅은 그렇지 않다. 주식도 그렇지 않다. 땅은 값이 올라도 양을 조절할 수 없고 땅은 값이 내려도 양을 줄일 수 없다. 물론 땅은 값이 오르는 시기에는 거래량이 많아지고, 내리는 시기에는 거래량이 대폭 줄어든다. 그래서 겉보기에는 일반 상품과 같이 수요공급의 법칙이 작용하는 것 같다. 그러나 실상은 수요공급의 법칙인 양의 증감현상이 발생하는 것이 아니고 가격법칙인 가격만 작용하고 있다.

과자는 거래량이 많으려면 생산량이 늘어나야 하지만 땅은 거래량이 늘어나도 사회적 생산량이 늘어난 것은 아니다. 곧 땅은 수요와 가격의 변동만 현저하고 공급의 증감은 매우 둔하다. 그리고 땅은 가격이 수요공급의 법칙이 작용한다고 하더라도 이보다 더 강한 가격 변동의 성질을 가진 것이 있다. 이것이 자동차의 감가상각과 반대이지만 비슷한 가치의 성장에 따른 가격의 변동성이다.

그래서 땅은 문제가 발생하면 이렇게도 못하고 저렇게도 못하는 현상이 자주 발생한다. 이것이 흔히 말하는 부동산 문제의 "딜레마 현상"이다. 이러한 이유에서 사람들은 부동산 문제가 발생하면 목소리부터 커지지만, 그 소리의 실상은 토지시장의 성질을 잘 모르고 뱉어내는 독백이나 다름이 없다.

어느 한쪽은 부동산이 주로 부자의 재산이므로 세금을 많이 매기라고 강하게 주문한다. 그래서 투기자를 골라서 철퇴를 내리고, 부동산 과다 보유자에게는 중과세를 하고 심지어 수익 전액을 환수하라고 주장한다. 그러면 부동산 문제가 풀린다는 것이다. 이런 부류의 일부는 시장경제체제에서도 땅만은 국유화하는 것이 좋다고 말하기도 한다. 그러나 다른 한쪽은 이와 반대로 주택문제는 집을 많이 지어서 문제를 해결하라고 요구한다. 아니면 택지를 많이 공급하라고 한다. 또는 땅값 상승은 낮은 이자율 때문이므로 이자율을 올리라고 주문한다.

이렇게 하나의 현상에 대하여 그 처방은 다양하며, 서로가 문제를 두고 원인과 처방이 달라서 상극을 나타내기도 한다. 병은 하나인데 약은 천 가지 만 가지인 셈이다. 따라서 부동산 질병(문제)은 그 발병의 원인을 모르고 치료를 위한 특효약을 구하지도 못하고 있으니 처방을 두고 이렇게 저렇게 말들이 많은 것이다.

땅값과 집값의 상승에 대한 이상한 오해

우리는 2000년대 초반기(2002~2005년)에 우리나라 부동산 가격, 특히 아파트를 비롯한 주택가격이 많이 오른 것으로만 알고 있다. 이에 학자, 전문가, 정부 당국이 부동산에 대한 각종 통계를 보고 내린 분석마저도 그렇게 말하고 있다. 여기에 언론은 특성상 이런 수치를 실제보다 과장하여 보도하고 가격폭등과 거품이 틀림이 없다는 여론을 주도적으로 이끌어낸다.

우리가 보는 바도 집값 오름세는 놀랄 만하다. 내가 아는 강남 누구의 집은 1년 만에 두 배로 올랐는데, 공식 통계는 최고 오른 해가 20% 안팎(16~26%)에 불과하니 이런 통계를 가지고 내린 분석과 판단도 집값이 폭등현상이라고 하니 틀림이 없는 진실로 보인다. 그리고 집값이 폭등한 원인은 강남 거주자, 아니면 주로 부동산 부자들이 주택을 과다소유하거나 투기꾼들의 농간으로 규정짓고 이에 대한 철퇴가 문제의 우선적 해법이라고 생각하며 정책을 내게 된다.

그러나 실상은 그렇지 않다는 것이다. 부동산 가격의 장기통계는 최근 강남 집값의 상승현상이 이상폭등이라고 볼 수만은 없다. 오히려 강남을 비롯한 수도권 집값은 그동안 기초여건에도 부합하지 않을 만큼 이상하락 현상으로 장기간 정체하여 있다가 2000년대 전반기에 가서야 비로소 정상(또는 균형)을 향하여 이동 중에 있었다고 볼 수 있다.

그 이유는 매매차익을 누릴 수 없기 때문에 투기수요나 가수요가 없는(아주 적은) '전세가격'과 투기수요의 직접적 원인이 된다고 보는 '매매가격'의 장기추세를 추적하여 보면 바로 드러난다. 그런데 주택가격의 장기추세는 1986년부터 2002년까지 서울 아파트의 전세가격이 약 4.7배 오르고 매매가격은 3.08배 오른 것에 그쳤다. 여기서 동기간에 4.7배와 3.08배는 전세가격이 매매가격에 비하여 52.5%나 높은 것으로 너무 큰 격차라고 할 수 있다. 그래서 2003년 이후 상대적으로 낮은 아파트값이 강남과 수도권을 중심으로 먼저 오르고, 크게 올랐다. 주택가격이 먼저 오른 전세가격을 따라잡기 위해서 말이다.

이를 뒷받침하는 연구가 OECD가 조사 분석한 발표가 있다. 이 분석에 의하면 2005년까지 OECD 18개국 중 한국의 실질주택가격의 장기동향은 오히려 내려가는 국가로 보고되고 있다. OECD는 2006년 1월 23일 발표한 보고서(Recent House Price Developments : the Role of Fundamentals)에서 회원국 18개 국가에 대한 1970년부터 2005년까지 35년간 실질주택가격의 추이를 분석하였다. 여기서 2000년대 초반기 OECD 집값 동향은 14개국이 동반상승을 보이고 있는 반면 하향 안정세는 4개국인데, 그 국가는 일본, 독일, 스위스, 그리고 우리 한국이라는 것이다. 이러한 분석은 동기간 소득대비 집값 비율(PIR)과 전세가 대비 매매가 비율(PRR) 등을 가지고 내린 분석도 같은 결과로 나오고 있다.

이와 비슷한 보고는 국내 연구에서도 찾아볼 수 있다(손재영, 2003). 이 연구는 우리나라 실질주택가격은 1991년 대비 1996년까지 전국 주택이 60.1%, 서울이 64.5%, 수도권이 63.9% 수준이라는 것이다. 그만큼 주택가격이 내려갔다는 것이다. 소득 대비 주택가격(PIR) 역시 동기간 서울 16.4배, 수도권 13.8배에서 1996년에는 각각 6.7배와 5.6배로 하락하였다. 그렇지만 우리는 이런 연구를 눈여겨 보지 않는다. 물론 이 보고는 2003년 결과치라서 2004~2006년 통계가 빠졌지만, 이를 감안한 지금의 집값 역시 강남지역만이 조금 급등한 징후 외에는 별로 다르지 않다는 것이다. 이에 대한 근거는 6장의 <그림 6-2> 와 <그림 6-3> 의 내용을 참고하기 바란다.

그리고 우리가 유의해야 할 것은 동기간 실질주택가격이 하락하였다고 하여 주택가치가 떨어졌다고 판단하지는 말아야 하는 것이다. 그 이유는 주택가치는 현재의 사용가치를 대변한다고 볼 수 있는 전세가격에서 나타나고, 이 값은 동기간 떨어지지 않고 상승했기 때문이다. 토지소유제 사회에서 발생한 땅값은 영구적으로 실현되지 않는 사용가치(또는 주거가치)이고 미래가격이다. 그래서 땅값이 포함된 주택가격은 주택가치나 지대의 변동과 관련 없이 외부요인(세율, 이자율, 경제성장률 등)에 의하여 0~∞까지 값이 항상 변할 수 있는 성질을 가진다. 곧 우리나라에서 1990년대 내내 실질주택가격이 하락한 이유는 지대나 주택가치가 하락한 것이 아니고, 1990년대 초반 제도화한 토지공개념 법안들 때문에 허구가격인 매매가격이 떨어졌을 뿐이다.

그러므로 2000년대 초반 한국에서 아파트를 비롯한 집값이 많이 오르긴 하였으나 우리가 이것을 가지고 이상현상(폭등과 거품)이라고 하는 판단은 잘못이다. 그리고 이러한 이상폭등은 소수의 그릇된 행동(다주택자의 횡포, 투기꾼들의 횡포, 건설업자의 폭리) 때문으로 몰아붙이는 것 역시 잘못이다. 이렇게 가격상승에 대하여 이상현상이라고 말하는 사람들은 그동안 정상가격(전세가격)에 비하여 턱없이 낮았던 매매가격의 하락에 대해서도 이상현상이 있었다고 말했어야 한다. 부동산은 이렇게 실제 통계를 보고 내린 판단도 그 실체적 진실과는 다르거나 반대라는 사실을 알아두어야 할 것이다.

8. 투기꾼과 몰수꾼, 그리고 무소유주의자

부동산 투기꾼

2003년 9월, 대구의 한 주상복합 아파트 분양장소에는 사람이 몰려서 북새통이 벌어졌다. 이른바 대구 집값 상승의 1번지 수성구에 있는 한 아파트 분양현장의 상황을 말한다. 분양권 신청을 위하여 줄을 선 모습이 장사진이었고, 그 줄이 5차선 도로를 메워서 차가 다니지 못할 정도였다고 한다. 여기에는 서울에서 떳다방 아줌마도 몰려왔다는 소문이다.

떳다방 아줌마가 서울서 대구까지 왜 왔을까? 그들이 대구로 이사를 하려는 것도 아니고 대구에서 아파트를 임대하는 임대업자도 아니다. 이들은 분명히 투기꾼이다. 투기꾼은 집을 사용할 목적(주거 또는 임대)으로 사는 것이 아니고 단순하게 매매차익만을 남기려는 자들이다. 이들은 노력의 대가 없이 단기 매매차익을 노리는 자들이다. 이들은 부동산시장에 가수요를 일으켜 건전한 실수요를 방해한다. 아파트 가격에도 거품을 일으켜서 사회에 해악을 끼친다. 또 이 투기꾼들에게 빨려든 단기 매매차익은 그에 상응하는 실물이 없기에 사회에서 인플레이션이 일어나고, 그 인플레이션은 이 아파트 거래와 아무런 관계가 없는 다른 사람들이 당하게 된다. 투기꾼에 돌아간 단기 매매차익은 일반 국민이 인플레이션으로 그 값을 물어주어야 한다는 뜻이다. 그러므로 부동산 투기에 따른 매매차익은 시장을 통한 부의 간접적 착취에 해당한다. 이러한 투기는 투자가 아니라 오직 매매차익을 위하여 부정이나 편법도 주저하지 않는 시장의 극성파들이 하게 된다.

사유재산 몰수꾼

한편, 이러한 투기꾼과 달리 시장에서 또 다른 치우침의 극단이 있다. 이 극단의 부류는 땅이 원래 노동산물이 아니고 사유재산이 아니므로 정상적 소유자까지도 죄악시하거나 심지어 부도덕자로 내모는 사상을 가진 자들이다. 지금의 토지소유자에게 있는 사유토지에 수익 전액을 세금으로 거두고, 사실상 사유토지의 전부 또는 일부를 몰수하는 방법으로 부동산 문제를 해결하자고 한다.

이들은 현재의 토지소유자에게는 사용권만 주고 지대 전액을 세금으로 거두되 보상은 하지 말아야 한다고 주장한다. 이들은 토지소유 그 자체가 자연물에 대한 도적질과 같으므로 이에 대한 보상은 장물을 보상하는 것과 같이 부당하다는 것이다. 이들은 19세기 후반의 토지가치세론자(일명 토지단일세론자)인 헨리 조지(H. Georgy)의 주장을 액면 그대로 수용하는 자들이므로 이들을 보통 "조지스트"라고 한다(필자도 약 10여 년간은 조지 이론에 심취한 적이 있음). 조지스트들은 토지사유재산에는 지대 전액을 세금으로 거두고 보상은 하지 말아야 한다는 주의자들로, 사실상 사유토지를 무상으로 몰수하는 것과 같기 때문에 여기서 말하는 '몰수꾼'에 속한다고 볼 수 있다.

토지사유가 일반화된 사회에서 내가 힘들여 번 재산과 저축한 자금으로 땅을 샀는데 그 사유재산(또는 그 수익 전액)을 무상으로 몰수한다고 하니 이것 역시 너무 심하지 않는가? 투기꾼은 매매차익을 남기려고 뛰어다니고, 머리라도 굴리고, 혹시 있을지도 모르는 손실위험을 감수하면서 투자(투기)를 하여 사회의 부를 흡입하고 있다. 그러나 이 몰수론자들은 투기꾼처럼 머리도 굴리지 않고 남의 귀한 사유재산에 막대한 손실을 입히거나 일시에 없애버리는 결과를 만들려는 사람들이 아닌가 말이다. 그러므로 조지스트 근본주의자들은 토지소유자에게 토지소유 자체를 사회적 도둑이라고 규정한 그들의 주장에 못지 않게 그들 역시 실제로 사회적 강탈을 하려고 덤벼드는 무리들이라고 할 수 있다.

실제로 조지스트의 대부분은 토지생산물을 노동생산물이라고 우기는 노동가치설과 차액지대론을 문자 그대로 신봉하고 있다. 이들은 사회에서 동일한 토지, 곧 모든 토지에 비옥도(생산성)가 같다면 지대가 발생하지 않는다고 보거나 지주가 없다면 땅이 생산한 지대는 그 땅에서 생산한 노동자의 임금이 된다고 말한다. 이 주장은 토지의 자연력이 생산한 몫까지도 모두 노동력만이 생산했다고 하는 억지에 해당한다. 이는 남의 것(토지의 생산물)을 제 것(노동의 생산물)이라고 주장하는 것으로 사실상 토지가치에 대한 인간의 착취욕으로 도둑의 심보나 다름이 없다.

이러한 사상에는 넓게 보면 부동산 토지개발에서 발생한 개발이익이나 정상적 소유에서 발생한 양도차익까지 국가가 환수해야 한다고 하는 사상도 포함한다. 물론 이 경우는 초기의 투자원금은 소유를 인정하기 때문에 조지스트들의 전액 몰수 주장보다는 약하다. 그러나 양도차익은 소유자의 기회비용을 회수하지 못하게 몰수하는 것이고, 개발이익의 환수는 없는 가치에 세금을 매겨 토지의 개발과 무관한 신매입자나 사회 불특정 다수로부터 부를 정부로 이전시키는 것과 같다.

그러면 무소유주의자는

이 세상에서 소유를 부정하고 사는 부류들도 있다. 대개 자기 소유권의 땅과 집을 버리고 속세를 떠나서 사는 '무소유주의자'를 말한다. 그러면 무소유주의자들은 천연토지에 대하여 어떠한 사상을 가질까? 소유를 부정하고 공동체 생활만을 하는 인디언들에게도 생산물에 대하여 토지생산물의 인식이 있을까? 이들의 눈에 토지가치는 어떻게 보일까? 토지생산물이 사람이 생산한 노동가치로 보이지 않을까? 그들이 밥을 먹을 때 한 그릇의 밥에 담겨 있는 가치 중 인공의 대가와 토지 자연력의 대가를 구분하여 인정하고 있을까? 그리고 땅이 낸 가치는 상품이지만 땅은 상품이 될 수 없다는 것을 알고 있을까?

또 산속에서 깊은 참선으로 도를 깨우친 갑과 을은 자기들이 손수 지은 한 그릇의 밥에 들어 있는 천연토지의 공헌가치를 구체적으로 인정하고 있을까? 한 그릇의 밥이 식탁에 오르기까지 밥을 지은 '갑'과 반찬을 만든 '을'의 수고와 공헌만 알고, 보이지 않는 '병'의 실체, 곧 '땅'의 수고와 공헌을 인정하고 있는가 말이다. 아마도 그렇지 못할 것이다. 그들이 참선을 하고 있을 때는 병을 인정하고 있지만(종교적으로는 인정하고), 실제로 지은 밥을 나누고 먹는 경제활동에서는 이 사실을 까마득하게 모르고 있거나 실제로 그 몫을 어떻게 해야 하는지 모르며, 결국 그 가치의 존재를 부정하고 나설 것이다. 무소유자가 참선을 할 때는 야생의 산딸기를 땅(자연)이 낸 것으로 생각하지만, 그들이 그 산딸기를 실제로 채취한 후의 가치인식은 채취한 산딸기 전부가 사람(개인 또는 공동체)만이 낸 것으로 보게 되는 것이다. 내가 채취한 산딸기는 모두 내가 생산하였고, 그러므로 그 산딸기 전부가 내 것일 뿐 그 이상의 생각은 하지 않는다는 것이다.

이 말은 인디언이나 무소유자들이 무지하거나 탐욕적이라는 말이 아니고, 인간은 이러한 부류의 사람이라도 노동을 투입한 채취물 또는 생산물에 천연토지가 기여한 몫을 인정하지 않고 살고 있다는 것을 강조하여 말하고 싶은 것뿐이다.

땅에 대한 인간의 편견 : "주인 없는 천연토지에서 나의 노동으로 취한 산물은 모두 내 것이다"

앞에서 본 바와 같이 사람은 대체로 이렇게 생각한다. 그러면 이제 어느 정도 윤곽이 드러났다. 사람은 경제활동에서 극단의 위치에 있는 상습 투기꾼, 남의 귀한 사유재산을 세금으로 무상 몰수하려고 덤비는 몰수꾼, 그리고 집산체제에서의 공동체 구성원, 무소유주의자, 이들 중 어느 누구도 땅에 대한 이해 부족과 오해는 별로 다르지 않다. 이와 같이 땅이 낸 가치를 사람이 낸 가치로 생각하는 것은 인간의 공통된 특성이다. 땅은 주인이 없는 자연물이기 때문에 사람은 땅(자연)에 대한 이기심과 탐욕이 다른 어떤 것보다 강하게 작용하고 있다. 필자는 "이러한 사상과 행동이 바로 사람이 천연토지에 대하여 저지른 현실적 과오로 '경제적 원죄'에 가깝지 않을까?"라고 주제넘은 생각을 해보는 경우도 있다.

이 말은 필자가 독자나 어떤 특정 계층의 사람을 겨냥하여 하는 말이 아니다. 이 말은 모든 인류가 땅에 대해서는 너나 없이 토지관이 매우 잘못되어 있고, 탐욕적이며, 사실과 다르게 오해를 많이 하고 있다는 뜻이다. 그 양상은 투기꾼과 몰수꾼, 심지어 욕심이 전혀 없어 보이는 무소유주의자들까지도 토지 이기심은 비슷할 수 있다는 것이다.

이와 같이 땅에 대해서는 소유자와 비소유자 구분 없이 탐욕적이고, 실제 일어나는 경제적 현상을 오해하거나 곡해한다. 그래서 땅에 대한 문제, 곧 부동산 문제가 생기면 대책도 빗나가기 쉽다. 그리고 여기서 정책이 빗나가서 발생하는 경제적 책임은 정부나 어떤 특정 계층에 국한된 책임이 아니다. 그것은 사회 전체가 가져야 하는 공통책임이라는 것이다. 이 점에서 독자들은 오해 없기를 바란다.

① 사회주의 중심의 노동가치론은 토지가치(토지생산물)를 노동가치(노동생산물)라는 편견과 욕심을 가진 자들이 가진 억지이고 사상이다.
② 자본주의 중심의 투자가치론(한계가치론)은 토지가치를 투자에 대한 대가라는 편견과 탐욕을 품은 자들이 만든 오류이고 사상이다. 이들의 한 예가 토지개발에서 개발비를 초과하여 발생하는 가치까지 모두 투자자 자신의 몫으로 오해한다.
③ 토지에 대한 투기꾼은 정당한 노력 없이 부를 쟁취하려는 것으로, 사회적 부를 생산하여 취하는 것이 아니라 부를 흡입하여 편취하는 행동이다. 여기서 흡입이란 미래의 가치를 현재에, 타인의 부를 수평 이전의 벙법으로 생산은 없이 생산한 부만 취한 것을 말한다.
④ 토지수익에 대한 세금강화론이나 전액 세금론자는 수익이 아닌

자본에 세금을 매기는 것은 물론이고, 그 세금효과로 발생하는 정상적 소유에 대한 자본가격까지 무보상 재산몰수를 하겠다는 사상으로 정의롭지 못하다. 토지소유의 기회비용인 정상적 자본차익(개발이익과 양도차익)의 발생과 이러한 이익의 환수 역시 소유자에게는 자본과세로 인한 재산손실을 끼치며, 신매입자나 사회에 대해서는 헛값의 추가부담으로 정당하다고 볼 수 없다.

⑤ 토지소유의 부정론(무소유주의, 집산체제, 정부배급론) 역시 토지가치에 대해서는 사람 중심의 편향된 인식이 강하고 천연물을 인공물로 오해하기는 마찬가지이다.

이를 종합하면 사람은 개인과 집단 등 어떤 경우이든 땅에 대하여는 '내 것, 네 것'의 기초적 관계부터 잘못되어 있다. 이러한 사상이 우리가 시장에서 부동산 문제인 땅과 땅값, 그리고 지대의 시장작용을 거의 이해하지 못하고 하고 토지가치를 완전히 착각하게 만들어 버린 것이다.

9. 땅값과 경기불황

사람은 땅값에 투자된 원금이 그 토지의 사용으로 돈이자(은행이자, 투자의 기회비용)가 나오지 않는다는 현상을 잘 모른다. 다시 말하면 땅값 이자는 그 토지가 생산하는 지대수익보다 크며, 따라서 토지소유자의 투자수익은 투자된 비용보다 늘 작다는 뜻이다. 이를 말하여 주는 전형적인 예가 부동산시장은 구입가격보다 전세가격이 월등하게 낮다는 것에서 분명하게 나타난다. 주택을 기준하면 전세가격은 매매가격의 절반에 가까운 60%(40~70%) 정도가 일반적이다. 그래서 소유자는 수익에서 입게 되는 차액손실을 땅값의 상승액으로 대리보상을 받게 된다. 그러므로 개인은 땅값의 정상적(장기 평균적) 상승액이 기회비용이고 균형가격인 셈이다.

그러나 사회는 땅값 상승분이 지대가 아니며, 그 땅이 낸 지대를 초과한 초과가격이다. 그래서 사회는 불균형을 야기한다. 곧 시장은 초과수요가 발생한다. 따라서 땅값은 개인에게 돈 이자의 부족분만큼 땅값이 자꾸 커져야만 보상을 받고 균형이 되지만 사회는 불균형을 계속한다. 따라서 땅값 상승기의 땅값 상승액은 그동안 오르지 못한 값이 올라서 균형을 찾아가는 운동이고 소유자에게는 그동안 입은 손실을 보상받는 기회이지만, 사회는 가치물이 없는 초과수요 현상이 나타난다. 그러나 이런 경우 경제는 대체로 호경기가 되고 성장도 지속한다. 그러나 땅값은 헛값이기 때문에 사회적 불균형을 계속한다. 이 경우 땅값상승은 자본의 시장 속성으로 폭등하는 성질이 있다. 이것이 너무 심하면 소위 거품현상이 발생한다. 이때 정부의 시장개입이 없으면 땅값에서 발생한 거품은 꺼지면서 문제를 야기한다. 한 예로 최근 12년간 겪고 있는 일본의 경제불황은 주된 이유가 땅값의 급락 때문이었다. 그리고 1929년 세계 대공황은 주식에서 발생한 거품이 스스로 가라앉으면서 발생한 현상이다.

따라서 땅값이 급상승하는 경우, 대개 정부는 거래를 규제하거나 세금 강도를 높여서 시장에 개입하게 된다. 그러면 땅값은 정부개입에 대하여 영향을 받고, 이때 땅값이나 주식 같은 자본가격은 치명적 타격을 입게 된다. 그 현상이 거품의 일시적 붕괴, 정상 상승분의 상승 멈춤, 세금인상 등으로 인하여 자본가격인 땅값은 폭락현상까지 나타나게 된다. 이 경우 경제는 호경기와 반대 현상인 경기침체가 일어난다. 특히 보유세의 인상은 인상된 세금보다 세금이 입히는 재산가격 하락현상이 훨씬 더 크게 나타나기 때문에 경기침체가 강하게 나타난다.

우리나라에서 2004년의 경제는 수출호조, 물가안정, 환율안정 등 그 어느 시기보다 좋았던 조건이었음에도 불구하고 이상하게도 경제는 심각한 불황을 맞았다. 그 이유는 2003년 10월 30일(10 · 29 후속 조치) 발표한 특단의 거래규제와 세금인상 등의 부동산 특별조치 발표 때문이었다. 이 조치들은 2004년 내내 부동산 보유세 인상, 곧 종합부동산세 신설, 재산세의 토지건물분 통합과세, 양도소득세는 실거래 과세, 3주택 양도세 특별 중과세 등으로 경제에 강한 충격을 주었다. 이러한 조치들은 1990년 초 땅값 폭등이 일자 정부가 강도 높은 토지공개념 법안의 시행으로 5년 이상 경기불황을 지속한 때와 비슷한 양상이었다. 그리고 가까운 일본도 1992년 부동산시장의 각종 규제와 대출규제, 국세인 지가

세의 제정과 토지특별보유세의 입법 등으로 인하여 12년 이상 경기불황을 면하지 못하였다.

이 말은 필자가 토지시장에 정부가 개입하지 말라는 의미가 아니라, 땅값 그 자체는 올라도 문제이고 이를 인위적으로 내려도 문제라는 뜻이다. 곧 시장에 땅값이 있는 한 경제가 성장을 계속하려면 땅값이 오른 만큼 규제가 아니라 다시 오르도록 해주어야 하고(개인균형과 사회적 초과수요), 만약에 땅값의 성장을 멈추거나 내려가게 하여도 경제는 불균형이 발생하여 심한 고통을 주게 된다는 말이다. 땅값은 폭등에서 발생한 거품은 자동으로 꺼져도 세계 대공황과 같은 경제적 마비현상이 발생하고, 정부가 시장에 개입하여 거래규제, 세금인상, 이자율 조정 등을 하여도 그 불균형값은 장기적으로 분산되어 장기불황을 줄 뿐 그 고통을 없앨 수는 없다는 말이다.

거듭 말하지만 우리나라에서 1990년대 중반의 경제불황, 2004년의 경기불황, 그리고 일본의 1992년부터 발생한 12년의 장기불황 등은 모두 정부가 부동산시장에 개입한 이유로 온 것이다. 그러나 우리는 이러한 경제불황을 부동산 토지시장 외의 다른 요인에서 찾기에 바쁘다. 노동시장 불안과 임금인상, 기업 소유구조의 문제, 부실경영, 관치금융, 정경유착, 정치불안, 해외요인, 도덕적 해이, 과소비와 카드 남발 등으로 말이다. 아니면 부동산에서 발생한 거품이 꺼지면서 일으킨 것이라고 한다. 이 말들이 대체로 맞기는 하지만 정확한 원인진단에서 나온 것이 아니고 겉보기로 드러나는 문제의 증세만 가지고 말하는 것에 불과하다.

10. 부동산 가격하락정책은 경제를 더 침체하게 한다

* 이 글은 2004년 9월 9일 부동산 정책에 대하여 정부와 청와대에 건의한 내용이다.

부동산 가격과 경기불황을 직접 연관지어 설명한 귀한 학자가 있어서 소개합니다(경제학자들은 부동산 가격과 건축경기의 상관성만을 말함). 그러나 그분의 주장에서 부동산 가격하락정책이 경기불황의 타개책이라고 본 것은 오류이기에 이를 지적합니다. 정책에 참고하시기 바랍니다.

<김광수경제연구소> 김광수 소장은 지금까지 경제학자들이 거의 보지 못하는 부문을 일부분이나마 간파한 학자로 필자가 본 학자들 중 불과 몇 분이 되지 않는 귀한 분 같습니다. 그는 지금 우리나라 경기불황의 원인을 IT 버블과 부동산 투기 버블로 집약했는데, 이는 필자가 말하는 헛값의 꺼짐으로 인한 경기불황과 맥이 일치합니다(그가 말한 카드 버블은 실상이 과다부채나 과다소비이지 버블과는 다름). 그가 지적한 IT 버블이란 벤처기업과 코스닥 열풍으로 주식에서 발생했던 헛값을 뜻하며, 부동산 투기 버블은 평소에 필자가 늘 핵심 논제로 강조하는 땅값에서 발생한 헛값인 것입니다(이하 존칭 생략).

A. 현재 경제학자의 경기진단은 거의 모두가 실물경제에 의존하고 있다. 아니면 추상경제에 불과한 화폐금융 쪽에만 치우친다. 그러나 김소장은 경기불황의 원인을 시중에 있는 부동산 자금 140−180조 원에 대한 이자분 6.5조 원의 손실로 왔다는 지적을

하고 있다. 그는 앞으로 부동산 가격이 20% 정도 더 떨어져야 이 자금이 실물투자로 전환되어 경제가 산다고 주장하고 있다. 그가 말하는 부동산 투기자금의 크기는 자료를 보지 못하여 확실하지 않으나 이것과 연관되어 발생한 부동산 구입자금 때문에 내수침체가 왔다는 말은 일리가 있다. 부동산 땅값은 헛값이므로 실물경제에서 항상 이 값은 초과수요 아니면 과소수요를 주기적(또는 불규칙적)으로 반복하면서 거시경제에 불균형을 일으키고 있기 때문이다.

B. 경제학자들은 땅값의 가격 불균형을 거의 보지 못하는데 경영학자인 김소장은 보고 있다. 그러나 그는 부동산시장의 영구 불균형 현상인 [부동산 이자(매매가) > 부동산 수익(전세가)]의 시장 메커니즘은 아직 보지 못했고, 이 부문에서 발생한 일시적이고 거시적인 불균형만을 이해하고 있다.

그래서 김소장은 아직 주식과 땅값에 대한 이해가 부족하다. 그는 자본자산시장에서 잠시 있다가 사라질 일시적 버블은 알지만 실물경제에서 늘 존재하고 있는 영구적 불균형, 곧 영구 헛값은 모르고 있다. 이런 이해의 부족으로 그의 정책은 아직 편향적이며 무리수가 있다. 그것이 그가 말하는 해법으로, 부동산 가격이 앞으로 20% 정도가 더 떨어져야 경제가 산다는 주장을 한다. 여기에는 다음과 같은 점에서 무리가 있다.

첫째, 김소장은 앞으로 부동산 가격이 20% 더 떨어져야 투기자금이 투자로 전환된다는 주장이다. 물론 투기자금으로 투입된 부동산 땅값은 모두 헛값이므로 없애야 하고, 자금은 투기에서 투자로 돌려야 함이 마땅하다. 그러나 앞으로 그의 주장대로 부동산 가격이 20% 더 떨어지면 경제는 더 위축되고 지금 겪고 있는 불황의 기간도 그만큼 더 길어진다.

그 이유는 부동산 구입에 동원된 거액의 투기자금은 모두 헛값이고 실물이 없는 가격이기 때문이다. 이 값은 예를 들어서 코스닥 주가가 갑자기 5배로 뛰어 형성된 값처럼 그 값의 실체는 화폐만 있고 실물이 없다는 뜻이다. 부동산 땅값과 투기자금은 굳이 말하자면 실물자산이 아니라 금융자산에 해당한다. 이 값은 부동산 가격이 더 떨어진다고 하여 김소장의 주장처럼 실물투자로 바로 바뀔 수 있는 성질이 아니다. 그냥 금융자산으로만 있으면서 그 일부가 실물투자에 들락날락거릴 뿐, 전체의 큰 덩치는 실물이 없는 헛값 그대로 허공에 떠다니고 있는 것이다.

따라서 부동산 가격하락정책으로 부동산 가격을 떨어지게 하면 실물시장의 자금유통을 오히려 더 위축시키는 결과를 초래한다. 지금도 400조 원의 부동자금이 투자처를 찾지 못하는 것은 바로 이런 성질 때문이다. 따라서 김소장의 주장은 경제의 악인 투기, 버블, 헛값 등을 없애자는 견해로 근본에서 옳기는 하지만 이런 처방으로는 당면한 경기를 풀기보다 더 어렵게 할 뿐이다.

이런 정책의 오류는 경제불황기에 우리가 흔히 하고 있는 실수다. 1929년 세계 대공황을 맞은 미국 정부는 이자율을 인상하고 통화를 줄이는 등의 긴축정책을 구사하여 경제를 더 주눅들게 하였고, 우리나라도 1997년 IMF 위기에는 부양책을 써야 하는데 오히려 그 반대인 긴축정책을 펴서 경제를 일시에 수렁으로 몰고 갔다. 그런데 우리와 같은 성질의 위기를 맞은 말레이시아는 긴축정책이 아니라 외환의 통제를 통하여 통화부분을 위축시키지 않고 문제를 IMF 같은 외부 지원 없이 스스로 해결하였던 것이다.

이와 같이 지금 김소장의 처방은 인플레이션이 쓸모 없는 헛값이므로 없애야 한다는 주장이 타당하기는 하지만, 인플레이션의 급격한 제거는 '필립스의 연구'에서 보듯이 경기회복과 실업해소에는 역효과가 나는 것이다. 김소장의 처방은 이와 같이 무리가 있다.

둘째, 김소장은 부동산 버블을 과대 인식하였다. 부동산 땅값은 100% 헛값이므로 필자가 말하는 헛값은 김소장이 말하는 20%의 버블보다 절대값이 더 크다. 그럼에도 김소장의 버블은 과장되었다. 그것은 서울 강남과 충청도 일부 지역, 그것도 부동산 중 아파트 부문에서 발생한 버블에 대하여 전국적 일반 현상인 것처럼 확대 해석하고 그것을 모든 지역과 모든 부동산에 일괄 적용하려는 오류를 범했다. 최근(2002~2003년)에 우리나라는 전국적 규모의 부동산 버블이 생긴 적이 없다. 그리고 강남 아파트 역시 2003년까지의 가격통계는 지금까지 실질가치에서 오른 전세가격을 따라 빠르게 접근하는 현상일 뿐 그것을 거품이라고 단정할 수 없다.

다시 말하면 정부의 부동산 규제와 세금강화책은 버블이 없던 부동산에도 타격을 입혀서 김소장이 말하는 바와 같은 성질의 이자손실이 발생하여 버렸다는 것이다. 여기서 부동산 이자란 지대 이외의 땅값의 정상 상승분을 포함하는데, 이것이 10·29 정책으로 죽어버린 것이다. 그래서 지금은 내수부진과 투자위축이 강하게 일고 있다.

셋째, 김소장의 부동산 가격하락정책 주문은 부동산 소유자에게는 무책임한 발언을 하고 있는 셈이다. 만약에 버블이 저절로 꺼져서 입는 손실, 예를 들어 코스닥 주식에서 가격폭락으로 입은 손실은 시장참여자가 스스로 자초한 것이다. 따라서 이에 대한 정부의 직접적인 책임은 없다. 그러나 지금의 부동산 가격 동결은 정부의 직접적인 부동산시장의 개입정책으로 인한 것이다. 물론 강남 아파트와 같이 2억 원짜리가 갑자기 7억 원으로 부풀었고, 여기에 20% 정도가 버블이라면 그 정도는 폭락이 있어야 순리다. 이 정도는 버블이므로 정부의 시장개입이 없더라도 시장에서 자동으로 떨어지게 되어 있다.

그러나 투기나 버블과 전혀 상관이 없었던 전국의 대다수 부동산이 문제라는 것이다. 정부의 10 · 29 조치와 더불어 그동안 부동산 가격상승이 없는 지역까지 20%의 재산손실을 입어야 한다면(땅값 인하 및 동결정책으로 기회비용인 정상 성장분의 손실) 이는 정부의 책임이다. 정부의 시장개입으로 인한 손실이라는 말이다. 사유재산제 사회에서 정상적으로 소유하고 있고 투기와 버블에 대한 혐의가 없는 자들까지도 정부의 조치로 이렇게 홀대를 받거나 큰 손실을 감수해야 하는가 말이다. 공공필요로 도로를 개설할 경우, 정부가 사유지의 20%를 무상으로 몰수하는 것은 그 목적의 신성함에도 불구하고 방법은 부당하다. 이에는 정부가 사유토지 손실분은 보상을 하는 것이 원칙이다. 이와 같이 부동산 소유에 공익을 목적으로 세금을 매겨도 사유재산의 원금(사유재산)에 20%의 손실을 끼친다면 이는 부당하다고 볼 수 있다. 그러나 김소장은 이에 대한 언급이나 배려도 없이 부동산 가격은 무조건 20% 하락책을 펴라는 무책임한 주장을 하고 있다.

넷째, 만약에 김소장의 말대로 부동산 가격이 20%가 하락하여 경기가 살아난다면 이때 부동산 가격상승과 투기는 다시 살아난다. 주식시장에서 주식이 일시 폭락하였다가 다시 살아서 투기와 버블이 발생하듯이 부동산 땅값도 마찬가지이다. 그러면 지금의 시장불균형과 혼돈은 정부의 개입에도 불구하고 절대값만 약간 낮추어진 상태에서 다시 반복한다는 것이다.

C. 따라서 김소장은 경제학자들이 거의 보지 못하는 부문, 부동산 가격이 경기불황의 원인자임을 제대로 지적하고 있는 학자로 학계에서는 귀한 분이다. 그러나 땅값에서 영구적이고 고질적인 헛값을 모르고 일시적으로 발생하는 버블에만 관심이 집중되어 있어서 문제의 본질적 접근과 해결에는 미흡하다. 곧 그의 처방은 일시적 미봉책이지 근본 치유책이 될 수 없다.

결론은 김소장이 본 주식 버블과 부동산 버블에서 한 단계 더 나아가서 그 값이 영구 헛값임을 알아야 문제를 더 정확하게 진단하고 영구 해결책도 찾을 수 있는 것이다. 이와 같이 현재 학자들이 버블은 알고 있으나 헛값에 대해서는 개념 자체가 없는 실정이다.

_참고

헛값 : 사람이 가치로 쓰지 못하는 값이다. "헛값"은 현재 실물이 아니며, 미래에도 영구적으로 실물로 바뀌는 성질이 없는 "영구미실현가치" 또는 "영구미래격"이라는 뜻이다. 땅값 전액과 주식의 실물초과액이 여기에 속한다. 땅과 주식은 이 헛값 발생 때문에 투기가 발생하고, 이 헛값에 의한 시장불균형은 주기적 또는 불규칙적으로 반복되고 시장에서 소멸하지 않는다.

버블 : 거품(bubble)이란 말이며, 땅값과 주식에서 과열과 투기로 인하여 가격이 일시적(기형적 · 비이성적)으로 급등한 경우를 말한다. 이 값은 장기로 보면 소멸하는 성질을 가진다. 버블도 위에서 말하는 헛값에 포함되지만 버블은 일시적이고 소멸하는 성질이 있다는 점에서 영구한 가격인 헛값과는 다르다.

11. 지금의 경제체제, 그리고 제3의 길

2005년 어느 언론사가 우리 경제에서 체제 선택의 선호도를 묻는 여론조사를 해보니 사회민주주의 체제를 50.5%, 자유민주주의 체제를 49.5%가 지지하였다고 한다. 이 사실로 보면 우리나라에서도 경제체제의 선택은 어느 것이 낫다고 할 수 없을 정도로 편이 갈리고 있는 실정이며, 그에 따른 경제정책의 선택문제도 지지도의 비율만큼이나 서로 대립적이고 어렵다고 할 것이다.

경제체제에서 배급제를 채택한 순수 사회주의는 이미 소련의 해체와 동구권의 몰락으로 실패하였다. 이에 대하여 시장경제를 지향하는 순수 자본주의 역시 1929년 세계 대공황을 맞으면서 사회주의보다 먼저 실패하였다고 할 수 있다. 그래서 지금의 경제체제는 시장경제와 배급제를 혼합한 혼합경제 형태가 주를 이루고 있다.

그런데 이런 혼합경제체제 내에서도 경제는 시장과 정부 중 어느 쪽에 비중을 두느냐에 따라 양상으로 뚜렷하게 나타난다. 시장보다 정부의 기능을 더 중시하는 유럽형(사회민주주의)은 사회적 형평성과 복지비를 늘리기 위하여 세금과 규제가 심하며, 정부보다 시장기능을 중시하는 미국 일본형은 개인의 자율과 경쟁을 우선한다.

물론 이런 구분은 대체적인 것으로 나라마다 처한 경제의 특성은 각각 다르며, 또 한 나라에서도 집권하는 정당의 색채에 따라 성격은 다르다. 그러나 일반적으로 유럽형은 복지가 잘 되어 있어서 경제적으로 지나친 경쟁이 적고 사회적 위험이나 충격도 적다. 그러나 그 사회는 세금부담이 상대적으로 너무 크고 규제도 심하다. 그래서 사회는 근면성이 제한되고, 실업자가 자유시장체제보다 많으며(평균 실업률 10% 정도), 사회가 대체로 활력이 떨어진다. 반면에 미국 일본형은 정부의 규제보다 시장의 자유를 최대한 보장하는 쪽이고, 세금이 상대적으로 낮다. 그래서 실업률이 유럽형보다는 적은 편이다. 그러나 미국은 정부개입이 없으면 빈부격차가 심하게 나타나고, 정부는 재정부족으로 재정적자 또는 무역적자가 계속되며, 심지어 개인의 저축률이 0에 가까울 만큼 떨어지기도 한다. 곧 유럽형과 미국형은 다 같이 장점이 있지만 이에 못지 않게 단점들이 많다.

그런데 세계 경제는 이렇게 단점이 많은 양대 체제를 계속 유지하면서 체제경쟁만을 하면서 살아야 할까? 지금보다 더 낳은 경제 시스템은 없는 것인가? 그것이 있다면 그 길, 곧 제3의 길은 무엇인가? 엘빈 토플러가 말한 대로 정보화 사회의 도래가 제3의 길인가? 이것이 우리 인류가 21세기에 당면하고 있는 경제의 큰 '수수께끼' 라고 할 수 있다.

이 물음에서 필자는 이렇게 보고 싶다. 이념적 측면에서는 우리가 생산의 3요소인 토지, 노동, 자본 중에 지금까지 소홀하게 여겨왔던 토지를 중심에 두고 다시 보는 것이다. 그러면 사회주의는 생산의 3요소 중에 노동만 중시한 체제로 실패하였고, 자본주의 역시 말 그대로 자본만을 중시한 체제이므로 문제가 많았던 것이다. 그런데 양대 체제 공히 자연물인 토지를 대수롭지 않게 본 공통점이 있다.

그러므로 그 다음은 방법적 측면에서 토지가치를 바로 알고 거래하며, 가치물이 아닌 땅값(토지 유사품인 주식과 선물의 가격 포함)의 가격팽창으로 발생하는 문제, 곧 가치의 수평 이전에 따른 시장불균형과 사회적 불평등이나 비효율을 없애는 것이다. 이렇게 하면 지금까지 양대 체제가 가진 단점과 고민들을 동시에 해결할 수 있을 것이다. 이게 바로 시장에서 우리가 잘 모르고 있었던 땅값과 토지가치에 대한 해묵은 '수수께끼' 들을 풀어내는 것이라고 본다.

_참고

유럽식 사회민주주의 : 시장규제가 심하고 세금이 높다. 그래서 복지와 형평성은 나은 편이나 효율성이 떨어지고 실업자가 많다.

미국식 자유민주주의 : 토지와 주식시장이 폭등락하거나 불안하여 시장경제에 파장이 미친다. 그래서 정부가 개입하지 않으면 소득격차와 사회불안이 커지고 개입하게 되면 재정적자 등 부작용이 나게 된다.

- 두 체제 모두 땅값과 주가(가격상승분)가 실물가치가 아니라는 것에 대한 이해가 매우 부족하다.

2장

토지의 경제적 이해

1. 경제에서 땅이란

땅이란 무엇인가? 이 말은 인간이란 무엇인가 하는 질문과 같이 철학적이거나 막연하게 들릴 수 있다. 그러면 경제라는 범주를 좁혀서 "경제에서 땅이란 무엇인가"라는 질문은 던져보자. 경제에서 땅이란 사람이 농사를 짓거나 집을 지으면 그 농사와 집을 짓는 데 사용하는 터를 말한다. 이렇게 말하면 우리가 이해하기 매우 쉬운 듯 보인다. 그러나 땅이라고 할 경우 단순하게 농사를 짓는 사람과 농작물이 서 있는 흙이나 표면만을 말하는 것도 아니고, 흙 표면 위의 일정 공간만을 말하는 것도 아니다. 다시 말하여 경제에서 땅은 좀더 복합적이고, 미묘하며, 다양한 개념들이 필요하다.

경제에서 땅이란 보통 생산의 3요소인 토지, 노동, 자본으로 분류할 경우 토지에 분류된 부분을 말한다. 곧 땅이란 생산의 3요소에서 노동도 아니고 자본도 아닌 부분을 일컫는다. 그런데 노동은 인간의 몸(정신, 기능, 지식 등을 포함)이 생산에 공헌하는 부분이고, 자본은 생산된 물자나 기술이 재투자되는 부분이다. 이렇게 보면 토지는 사람의 노동이 아니고 재생산된 물자도 아닌 것이 생산에 공헌하는 부분이다. 이렇게 보면 땅이란 생산에 공헌하고 있는 땅의 자연력을 총칭하는 말이다.

따라서 경제에서 땅이란 눈에 보이는 흙, 아니면 막연한 부지나 공간만이 아니다. 땅이란 흙, 돌, 공기, 물, 햇볕, 인력(引力), 수력, 부력, 부지, 위치 등 자연력이 인간의 경제활동에 미치는 총체적 힘이고 에너지이다. 그러나 우리는 경제적 땅을 정의할 경우 정의에서부터 이미 상당한 개념적 혼동을 하게 된다.

① 정의에서 노동은 경제의 '활동'을 뜻하나 땅은 활동이 아니라 '존재'를 말한다. 다르게 말하면 노동이란 단어는 동적인 유량(flow)을 말하고 토지는 정적인 저량(stock)을 뜻하는 것이다. 여기서 유량과 저량은 차원이 다른 것이다. 이와 같이 정의에서 토지와 노동은 이미 차원과 격이 매우 다르다는 것이다. 정의에서부터 발생하는 이런 차원의 혼란은 경제의 가치분석에서 더 큰 개념적 혼란을 일으키며, 실제 경제에서 발생하는 분배문제를 풀지 못하는 수수께끼로 만드는 시발점이 되고 있다.

② 정의에서 자본은 물질의 복합체 또는 추상체이지만, 토지는 경제에서 사용되는 여러 물질 중 단일물이며 구체적 개체물이라는 것이다. 물론 토지는 자연력의 자본가격에 대한 총칭이므로 자본과 같은 추상체이기도 하다. 그러나 자본은 생산에 투여된 여러 생산도구(삽, 괭이, 기계)나 원료 등으로 재투자된 복합물질을 나타내지만, 토지는 자연력이라는 하나의 단일물질이라고 할 수 있다.

③ 토지와 자본은 범위를 정할 경우 '토지개량물'은 인공이 투입된 것이므로 인공자본이지 천연토지가 아니라는 것이다. 이는 인공이 투자된 자본이므로 자본의 영역에 포함해야 한다. 우리는 터 고르기 등과 같이 토목공사를 해놓은 개량물 부분을 토지 또는 토지의 영역으로 보기를 좋아한다. 그래서 경제분석과 의사결정에는 토지개발 부분뿐만 아니라 이와 별개인 천연토지까지 인공자본의 범주에 집어넣는 실수를 하는 것이다. 우리는 경제에서 인공물인 토지개량 부분을 천

연토지에 집어넣으면 결국 천연토지마저 자본의 범주에 다시 포함시키는 이중적 실수를 하게 된다.

④ 토지를 빈 그릇처럼 공간(space)으로 보는 것이다. 땅은 사람의 손이 가지 않으면 별 쓸모가 없는 것처럼 생각하는 것으로, 사람이 땅에 대한 그릇된 사고의 반영이다. 사람이 지은 건물은 그곳에 가재도구나 집기를 넣어두지 않으면 빈 공간일 수 있다. 그러나 땅은 원래부터 빈 공간이 아니다. 땅은 물과 공기, 햇볕, 인력, 부력 등이 가득 들어 있는 창고이다. 창고라도 인공창고와는 또 다르다. 인공창고는 끄집어내어 쓰고 채우지 않으면 빈 것이 된다. 그러나 이 창고는 사람이 아무리 끄집어내어 써도 결코 줄지 않는 영구 천연창고이다. 그래서 땅은 창고가 아니라 공장이다. 땅은 사람과 동식물의 먹거리, 온갖 에너지와 자원을 생산하거나 공급하고 보관하는 영구 자동공장이라는 뜻이다. 그런데 땅을 빈 집과 같은 개념인 공간이라고 보는 것은 얼토당토않는 말이다.

이외에도 우리가 경제에서 땅을 잘못 보거나 틀리게 알고 있는 것이 수도 없이 많다. 이에 대해서는 앞으로 이 책에서 자주 언급될 것이므로 여기서는 이 정도로 그친다.

2. 부동산, 땅과 집은 물과 기름보다 더 다르다

우리나라 민법에서 부동산이란 "토지와 그 정착물"이라고 의미규정하고 있다. 정착물이란 인간이 만든 건축물이나 구조물을 말한다. 우리의 일반 인식도 부동산이라 하면 땅, 주택, 상가 등으로 이해한다. 곧 부동산이란 땅과 집(건축물)이라는 복합자산을 말하는 것이다. 그리고 우리는 이러한 부동산 중에 건물이 없는 맨 땅이면 그것을 "땅"이라고 하고, 맨 땅 위에 건물이 지어져 있으면 그 전체를 "집(주택, 상가, 빌딩)"이라고 부른다. 건물이 지어져 있으면 그 부동산은 땅이 아니고 집이 되는 것이다. 곧 집이라는 개념에 땅이 흡수되어 버린다. 이러한 개념의 사용은 대다수 부동산 학자도 별로 다를 게 없다. 이것이 부동산을 알고 있는 우리의 일반적 인식이다.

그러나 부동산에 대한 이런 인식은 아주 잘못된 것이다. 그 이유는 땅과 집의 경제적 성격이 너무 판이하게 달라서 이를 하나로 보거나 같이 취급할 수 없다는 것이다. 땅과 집의 차이는 대강 보아도 다음과 같이 다르다.

① 집은 인공물이고 땅은 자연물이다.

② 집은 한시적이나 땅은 영구적이다.

③ 집은 해가 바뀔수록 고물이 되나 땅은 해가 바뀔수록 신품이 나온다.

④ 집은 지어서 양을 늘릴 수 있으나 땅은 만들어서 양을 늘릴 수가 없다.
⑤ 집은 기능이 일정하나 땅은 기능이 다양하고 무한정하다.
⑥ 집값은 경제성장에도 시간 흐름으로 값이 작아지나 땅값은 커진다.
⑦ 집값은 사용가치로 회수하나 땅값은 사용가치로 1원도 회수하지 못한다.
⑧ 집값은 실현 가능 가치이나 땅값은 실현 불가능한 가격으로 영구 미실현 가격이다.
⑨ 집은 인간보다 뒤에 있는 물질이고, 땅은 인간보다 먼저 있고 오래 있을 물질이다.
⑩ 집은 없어도 사람이 생존할 수 있지만 땅은 없으면 생존할 수 없다.

이 정도 말하면 우리는 땅과 집의 경제적 성질이 너무 다르다는 것을 대강 알 수 있을 것이다. 경제에서 땅과 집은 하나의 액체로 동질성이 있는 물과 기름의 차이보다 더 다르다. 같은 집을 살 경우 10년 전보다 거래액이 커지는 것은 실체가 집값이 아니고 땅값이라는 사실 말이다. 그러나 우리는 낡아서 헐어버리고 새로 지을 집터(헌집)를 사면서도 그 값을 "땅값"이라고 하지 않고 "집값"이라고 부르고 있다. 아직 잘 이해가 안 되겠지만, 2003년 기준으로 강남지역 새 아파트 33평의 실제가격은 1억 원 안팎인데 그 집을 7억 원까지 주고 살아야 하는 경제적 우둔이 이렇게 시작되고 있다.

3. 땅은 생존의 필수재이다

사람은 경제적으로 땅(지구)에 발을 딛고 살며, 땅이 갖고 있거나 주는 공기와 물을 마시면서 살고 있다. 사람은 경제활동에서 땅이 내는 열매와 채소를 먹고 살아야 하며, 땅 위에 지은 집에서 편하게 잠을 잘 수가 있다. 주거생활에 필수품인 주택은 땅이 없으면 지을 수가 없다.

태양이 주는 햇빛 에너지를 생명 에너지로 바꾸는 역할도 땅이 하고 있다. 하늘에서 내리는 단비도 땅의 기능인 온도 차이와 중력이 협동하여 만든 경제적 작품이다. 꽃이 피고 새가 노래하는 아름다운 금수강산도 땅이 있어서 가능하다.

일터로 나서게 하는 '아침'과 편히 쉴 '밤'의 차이도 땅이 하는 경제적 일이며, 봄과 여름의 4계절도 땅이 만든 경제적 역할이다. 해는 지구를 향하여 에너지를 내지만 해가 낸 빛을 생명체가 쓸 수 있는 에너지로 바꾸어 주는 역할은 모두 땅이 하고 있다.

고기는 물을 떠나 살 수 없고 사람은 사회를 떠나 살 수 없다. 그런데 사람과 고기는 다 같이 땅을 떠나서는 살아갈 수 없다. 사람은 '로빈슨 크로스'의 경우와 같이 사회를 떠나 무인도에서도 생존할 수는 있겠지만 땅을 떠나서는 생존할 수 없다.

이와 같이 경제생활에서 땅은 필수재이다. 내가 남의 집에 세를 들어 살고 있고, 그래서 나의 소유로 등기된 땅은 송곳 꽂을 만한 곳도 없다고 하더라도 나는 오늘도 땅을 사용하며 살고 있고, 땅이 주는 서비스를 얻거나 구입하여 그 혜택을 누리며 살고 있다.

그러나 우리는 이러한 땅에 대하여 다음과 같이 잘못 생각하고 있다. "농사를 짓고 살려면 땅이 필수재이지만 오늘날과 같은 산업화 시대나 서비스 시대에는 땅이 별로 필요 없다"라고 하거나 "공장은 장소보다 비치한 기계가 중요하며, 서비스업은 땅이 없어도 서비스를 제공하는 사람과 이를 받는 사람만 있으면 가능하다"라고 생각한다.

그런데 땅이 없는 학교가 있을 수 있고 사람이 발 디딜 장소가 없이 안마시술이라는 서비스를 할 수 있다는 말인가? 농업시대가 아닌 오늘날의 경제에서 땅의 중요성은 떨어진다는 것이나 서비스업은 땅이 필요 없다는 것은 매우 잘못된 생각이다. 결국 땅에 대한 우리의 이런 보편적 인식이 부동산 문제와 경제문제를 풀지 못하는 수수께끼로 만들고 만 것이라고 할 수 있다.

_참고

실상 : 농경시대, 공업시대, 산업화 시대, 정보화 시대 구분 없이
땅은 항상 필수재이다.

허구 : 농경시대는 땅이 필수적이었으나 오늘날과 같이 산업화된
도시생활이나 서비스 경제에서는 땅이 필수재가 아니다.

4. 땅은 만들 수 없다

"잉태하지 않은 아이를 낳지는 못한다."

"손가락에 불을 붙여서 하늘을 오르지는 못한다."

사람이 할 수 없는 불가항력의 사실에 대해서 우리는 종종 이런 표현을 쓰게 된다. 사람은 경제생활에서 할 수 있는 것이 있고 이 표현과 같이 할 수 없는 것이 있다. 우리가 시장에서 팔고 사는 상품 가운데 사람이 만들 수 있는 것이 있고 만들 수 없는 것이 있다.

여기서 만들 수 없는 것이 바로 땅이다. 물론 풀과 채소, 동물과 천연물(광물)도 사람이 만들지 못하며, 공기와 물도 사람이 만들기가 어렵다. 그러나 이것은 땅과 분리하여 채취하거나 소비할 수 있고, 그 생산에 사람이 끼어들기를 하여 생산량을 늘릴 수 있다. 그러나 땅은 그 생산과 존재에 사람이 끼어들기를 할 수가 없다. 땅은 사람의 노동과 노동이 투입된 개량물(논, 밭, 고르기를 한 택지)보다 먼저 있고 오래 있다. 사람이 행한 토지개량물은 한시적으로 있으나 천연의 땅은 영원하다. 그래서 사람은 이런 천연의 땅을 결코 만들지 못한다. 그러나 사람은 이렇게 생각한다. "사람이 땅의 양을 늘릴 수는 없으나 그 땅을 개량하여 가치를 증대시킬 수 있다. 이 경우 사람은 땅을 생산한 것이나 다를 바가 없다" 라고 말이다.

오늘날의 산업화는 물론 도시의 경제적 가치는 땅의 천연가치라기보다 가치의 거의 대다수가 인간이 만들거나 개량한 인공가치이다. 곧 사람의 입장에서만 보면 토목사업과 개발이 끝난 부지는 처음 천연상태가 가졌던 땅의 경제적 기능은 거의 없고 인간이 그 '부지(site)를 부지답게' 만든 인공의 땅이고 가치인 것이다"라고 말이다. 이는 경제에서 곡식을 생산한 주체는 땅이 아니라 오직 사람만이 한 것이다. 건물이 우뚝 서 있는 것도 오직 사람이 그렇게 지어서 서 있게 한 것뿐이다. 이렇게 되면 천연의 채취물도 모두 내가 생산한(채취한) 것이 된다. 곧 사람은 천연의 채소나 곡식, 사람이 지은 농산물, 서 있는 건물이 모두 사람의 노력과 공헌만 있고 땅의 기여도는 아무 것도 없는 것으로 되고 만다.

이런 생각은 땅이 인간을 품어주고 가치를 주어서 살게 하는 것이 아니라, 인간이 땅을 인위적으로 조작하고 경제적으로 변화시켜 살아간다는 생각이다. 경제생활에서 땅이 먼저이고 인간이 뒤에 있지만, 우리의 인식은 인간이 먼저이고 땅은 인간의 뒤에 있는 종속물에 불과한 것이다. 이러한 인식이 오늘날과 같이 땅을 팔고 사는 상품으로, 소유하고 지배하는 인간의 종속물로 여기게 된 필연적 과정이라 할 수 있다.

_참고

실상 : 사람은 땅을 생산하지 못한다. 땅은 사람보다 먼저 있고, 크고, 길며, 사람은 그 땅에 소속되어 있다(땅의 인간이다).

오류 : 사람은 땅을 개량하면 그 땅을 생산한 것과 같다. 지금 거래되고 있는 땅값이나 가치는 대개 이렇게 개량하여 나온 대가이다. 사람은 땅보다 크며, 땅은 사람에게 종속되어 있을 뿐이다(인간의 땅이다).

5. 땅과 토지 개량물의 구분

우리는 천연상태의 맨땅을 개간하여 논과 밭은 만들거나 토목공사로 '땅 고르기'를 한다. 그러면 그 땅은 쓰기에 편하고, 그래서 분명히 가치가 커진다. 같은 지역에서 자연상태로 있는 10평의 땅보다 개발한 한 2평의 토지가 효용이 더 클 수가 있다. 그래서 토지개발은 땅을 생산한 것이나 다름이 없다고 생각한다. 이것이 흔히 말하는 토지의 개량가치이다.

그러나 이런 토지개량은 사람이 지은 집이나 구축물과 같이 천연의 땅에 인간이 노동과 자본을 투입한 가치물에 불과할 뿐 땅을 추가로 만든 것은 아니다. 1억 원을 투입하여 개량한 추가적 땅은 1억 원을 들여 지은 건물과 같은 성질의 개량물이다. 그래서 토지개량물은 건축물과 같이 시간의 흐름으로 허물어지고 감가하는 성질을 가진다. 그러나 땅은 처음부터 있으며, 개량물처럼 시간 흐름으로 자신의 모습(천연성질)을 잃지 않는다. 우리가 건물을 보고 토지라고 할 수 없듯이 개량물 가치를 두고 토지가치라고 해서는 안 된다.

그리고 사람의 토지개량에는 처음부터 있던 천연의 땅도 인간의 개발에 같이 참여하였고 같이 가치를 증대시켰다고 보아야 한다. 천연의 땅에 개량으로 인공가치가 추가되면 그 천연의 땅은 개량 후에도 자기가 가진 공기와 햇볕은 가치가 추가된다. 그래서 사람이 땅에 도로를 내면 그 도로는 땅과 사람의 복합작품이라고 할 수 있다. 곧 천연가치인 땅에 인공가치인 토지와 자본(임금 포함)이 결합하여 도로가 된 것이다. 여기에는 처음의 땅보다 도로를 낸 후의 땅의 가치가 커진다는 뜻이 포함되어 있다. 따라서 인간의 토지개량에서 커진 가치는 두 가지 성질로 구분된다. 저량의 가격에서 자연가격인 땅값과 인공가격인 자본가격, 그리고 유량의 가격에서 천연 토지용역의 가치인 '지대'와 자본용역의 가치인 '이자'로 구분된다. 그래서 개발에는 저량요소인 땅과 자본, 유량요소인 지대와 이자가 동시에 커진다.

그러나 우리는 사람이 땅에 도로를 내었고 그로 인하여 커진 가치가 나오게 되므로 개발로 추가된 가치 또는 개발 후의 가치에 대한 전부를 사람만이 생산한 가치라고 믿는다. 예를 들어서 5%의 수익률 사회에서 1,000의 토지에 1,000의 자본, 총 2,000을 투입하여 토지를 개량하여 2,500의 저량가격이 나온다고 하자. 여기서 추가로 커진 자본가격 500 중 200은 토지의 기여분이고 300은 개량의 대가라면 이 값에 대한 우리의 실상과 오류는 다음과 같다. 곧 도로를 내기 전의 가치와 도로개설 후의 가치는 다음과 같이 구분된다.

_참고

실상

- 토지개량 전 : 천연토지와 인공자본은 별개로 존재하고
  수익을 냄

  천연토지 1,000 → 토지운영 수익 50

  인공자본 1,000 → 자본운영 수익 50

• 토지개량 후 : 천연토지와 인공자본이 복합물로 존재하고 수익을 냄
천연토지 1,200 → 토지수익 60
인공자본 1,300 → 자본수익 65

허상

• 토지개량 전 : 위의 내용과 같은 크기로 보나 그 가격은 모두 인간의 대가로 간주함

• 토지개량 후 : 토지자본 1,000 → 토지수익 50
인공자본 1,500 → 자본수익 75
(땅값 증가 200은 물론 토지수익 증대 10까지도 자본의 대가로 오해함)

6. 땅은 소비할 수 없다

쌀은 먹으면 먹은 만큼 양이 줄어든다. 쌀을 먹지 않고 떡을 만들면 쌀은 본래의 자기 모양과 성질이 변형되면서 쌀의 기능은 사라진다. 쌀은 먹지 않고 두기만 하여도 변질하며, 결국 썩어서 실체가 없어진다. 따라서 쌀은 사용과 시간 흐름으로 자기 자신(개체)을 잃고 소멸한다. 사람은 경제활동에서 이러한 쌀의 물리적 성질에 따라 생산하고 소비한다. 이것이 필자가 말하는 경제적 가치의 사용이고 소비이다.

자동차는 사람이 타면 탈수록 닳는다. 자동차는 타지 않고 그냥 두어도 시간 흐름으로 고물이 되어간다. 따라서 자동차도 쌀과 같이 사용과 시간 흐름으로 자신의 개체가 소멸한다. 이를 보통 '감가' 라고 하고, 이를 계산하여 장부에 반영하는 절차를 감가상각(depreciation)이라고 한다. 이와 같이 자동차도 사용과 시간 흐름으로 소비 · 소멸되는 물질이다.

사무, 정보, 음악, 경기, 영화 같은 용역(서비스) 부분도 생산과 동시에 소비 · 소멸한다. 노동과 서비스 같은 용역은 생산과 동시에 소비 · 소멸하는 일시재이다. 음악에 수반된 음반, 영화에 수반된 필름도 언제인가 소멸한다. 박물관의 골동품, 도서관의 책, 컴퓨터 정보저장 매체도 그 수명이 길기는 하나 영구물은 아니다. 이 세상에서 사람이 사용하는 경제가치는 거의 모든 것이 이런 성질을 가진다. 사용과 시간 흐름으로 소비 · 소멸한다는 것이다. 그리고 사람이 더 많이 사용하면 이에 비례하여 더 많이 닳고 빨리 소멸한다. 과속을 자주 하는 차량과 과다 사용하는 기계는 정상적으로 사용하는 것보다 더 빨리 마모된다.

그러나 땅은 그렇지 않다. 땅은 사용과 시간 흐름에도 그대로 있다. 금년에 꽃과 잎을 피게 하고 열매를 생산한 땅은 내년 봄에 다시 같은 일을 반복한다. 땅의 기능은 시간의 흐름으로 감소하지 않으며, 땅의 본질적 기능만 훼손하지 않으면 땅은 사용으로 감소하거나 닳지 않는다. 자동차는 쓰면 고물이 되고 소멸하지만 땅은 아무리 사용하여도 매년 신제품이 나온다. 건물의 높이는 한계가 있어서 너무 높게 지으면 하층 건물은 무게를 이기지 못한다. 그러나 땅은 건물을 아무리 높게 지어도 그 무게를 넉넉하게 감당한다. 그래서 땅의 기능은 땅의 천연질서에 맞추어 바르게만 사용하고 순응만 하면 인간의 추가 사용에 대하여 그 기능은 커지기만 한다. 곧 땅은 추가적 노동 투자와 집약적 투자의 증대로 기능이 커지는 속성을 갖고 있고, 결코 소비되거나 소멸하지 않는다.

7. 땅은 가치가 커진다

경제가 성장하면 임금이 늘어난다. 임금이 늘어나면 임금을 내는 사람의 몸값도 커진다. 통상의 몸값은 경제적으로 임금의 자본가격이다. 몸값이란 프로 야구 선수가 구단과 약속한 전속 계약금(일시불 가격, 이적료 등), 교통사고가 났을 경우 신체 손상에 대한 보상가 등이라고 보면 된다. 그런데 몸값은 현재에 있는 신체의 상품가격이라기보다 그 몸이 미래에 생산활동으로 발생시킬 임금을 지금 당겨서 일시불로 거래하는 경우의 가격이다. 그런데 경제가 성장하면 이러한 임금이 커지고, 임금이 커지면 몸값도 동반하여 커진다.

이와 같이 경제가 성장하면 지대도 커진다. 경제가 성장한다는 말은 단위당 임금과 지대가 커진다는 말과 같다. 이 경우 지대가 커지면 그 지대를 내는 땅값도 커진다. 땅값은 이자율과 세율의 시장간섭이 없으면 지대의 자본가격이기 때문에 지대가 커질 경우 반드시 커진다고 보아야 한다. 이 경우 땅값의 커짐은 가격이 오르내리는 수요공급의 법칙과는 별개이다.

다시 말하지만 땅은 소비·소멸하는 성질이 없으므로 영구재이다. 영구재는 경제가 성장하고 단위당 생산물이 커지는 것에 동반하여 자신의 가격도 커진다. 땅값이 성장한다는 말은 땅이 생산하는 가치가 커짐에 동반하여 땅값이 커진다는 말이다. 물론 땅도 일부 한정된 기능은 사용에 따라 감가하고 기능이 소멸할 수 있다. 농지가 산성화되기도 하고, 땅이 갖고 있는 철, 석탄, 석유 등의 한정된 자원은 채취로 소비되고 줄어든다. 또 자연은 공해로 가치가 줄어들 수 있다. 그러나 자동차의 공해 발생과 자동차의 가격은 무관하듯이 토지의 공해와 땅값은 일단 별개로 보아야 한다. 농지의 산성화로 인한 가치하락은 농지의 매입자가 이미 예상하고 고려한 값이 매겨진다. 그리고 산성화로 감가한 농지는 자연 상태로 두면 원래 생산력을 다시 회복하는 기능이 있다. 석유나 석탄 같은 고갈성 지하자원은 토지의 일부이기도 하지만 토지와 분리하여 채취할 수 있다는 점에서 여기서 말하는 토지는 아니다. 그것은 시한부 자본가격인 광업권 가격이다. 따라서 농지의 산성화나 땅과 분리될 수 있는 천연자원의 한시성으로 인하여 여기서 말하는 토지가치의 영원성이나 성장성을 부정할 수 없다.

강원도 태백시 사북읍은 석탄의 폐광으로 폐허가 되고 폐광 찌꺼기가 쌓여 있어서 쓸모없을 것 같은 땅이었지만, 그 지역에 고급 오락장(카지노)이 들어서고 고원 관광도시로 개발하니 지금은 땅값이 크게 올랐다. 폐광으로 못 쓰게 된 땅의 단위당 효용이 석탄을 캐던 과거보다 오히려 커져 있고 그 상승 폭도 크다. 땅이 가진 기능은 이렇게 전국의 경제성장과 특정 토지의 기술개발로 증대하고, 이때 땅이 생산하는 가치가 커지면 땅의 자본가격은 커진다고 할 수밖에 없다. 자동차의 기능이 감소하면 자동차의 자본가격이 감소하듯이 땅의 경제적 기능이 줄지 않고 증대하면 가치는 성장하는 것이다.

땅값은 세율로 인하여 가격이 내려가도 경제성장에 따른 토지가치는 커지고 있으므로 가격은 커진다고 보아야 한다.

8. 땅은 상품이 아니다

상품은 시장에서 팔고 사는 재화나 용역을 말한다. 여기에는 자기가 만든 재화를 팔지 않고 사용해도 시장에서 팔고 사는 상품과 같은 성질을 가진다. 그러나 여기서 땅은 시장에서 팔고 사는 재화나 용역을 생산하기는 해도 자기 자신은 재화나 용역의 실체가 아니다. 그런데 우리는 경제생활에서 땅이 재화나 용역을 내기는 하나 땅 자신은 재화와 용역이 아니라는 사실을 구분하지 못하고 살고 있다. 우리가 자동차라는 재화를 사용하여 다른 재화를 생산하듯이 땅도 그런 성질의 재화라고만 보는 것이다. 자동차를 타는 것은 자동차가 주는 용역의 사용이고, 땅의 사용도 땅이 주는 용역의 사용이라고 할 수 있다. 따라서 "자동차와 땅이 무엇이 다른가?"라고 하는 것이다. 여기서 재화와 재화에서 나오는 용역은 모두 상품이 틀림이 없다는 것이다. 그런데 필자가 왜 땅만은 상품이 아니라고 하는가?

사실 이 질문에 필자도 말문이 막힐 경우가 흔히 있다. 햇볕은 분명히 태양이 주는 용역가치이다. 그러나 우리는 태양을 직접 쓰지는 못한다. 다시 말하면 햇볕은 상품이 될 수 있으나 태양은 상품이 될 수 없는 것이다. 태양발전소를 지을 터는 햇볕이 잘 쪼이는 곳이 그렇지 않은 곳보다 가치가 높다. 그래서 태양발전소의 지대(사용료)는 햇볕이 잘 쪼이는 곳이 높다. 이것은 햇볕이라는 가치가 지대로 인식하고 계산한 값이며, 이 경우의 햇볕은 분명히 상품인 것이다.

그러나 그 햇볕을 내고 있는 태양과 햇볕을 받아들여서 가치를 내는 기능을 가진 땅은 상품이 아닌 것이다. 해와 땅은 햇볕을 경제적 가치로 만들어 주는 물체이지 자신은 햇볕이 아닌 것이다. 그래서 태양이 내는 햇볕은 상품(지대, 토지사용료)이나 햇볕을 내는 태양은 상품이 아니다. 이와 같이 땅이 내는 지대는 상품이나 지대를 내는 땅은 상품이 될 수 없는 것이다.

사람은 노동가치인 임금을 생산한다. 그럼에도 우리는 사람에 대해서는 상품이 아니라고 말한다. 아니 사람은 상품으로 보아서는 안 된다고 말한다. 그런데 사람의 몸값은 팔고 사면 그 몸값은 결국 상품가치로 변하는 시장성질이 있다. 야구 선수의 몸값은 몸값 자체가 야구 선구가 보여주는 야구의 서비스로 제공되어 가치로 회수된다는 뜻이다. 10년 계약한 야구 선수의 몸값은 10년 수명을 가진 자동차 가격과 성질이 같다. 그러나 신의 작품인 땅 또는 자연물의 가격인 땅값은 땅값 그 자체가 재화나 서비스로 바뀌는 성질이 없다. 땅과 땅값은 늘 그대로 있기만 하고, 수명이 한정되어 소멸하는 몸이나 몸값과 달리 땅의 실체는 다른 재화나 서비스로 바뀌는 성질이 없다. 땅도 몸처럼 한시적 존재물이면 상품이 될 수도 있다. 그러나 영구적 성징을 가진 땅은 몸과 달리 한시물이 아니다.

사람이 상품이 아니라는 말은 윤리적 측면에서만 보아도 수긍할 수 있다. 그러나 몸값은 경제적 측면에서 보면 시한부 자본인 광업권의 성질과 별로 다를 게 없다. 몸과 광산의 경제적 생산수명은 한시적이기 때문에 그 기간이 50년 정도면 같다는 뜻이다.

그런데 땅이 낸 물질은 상품이 분명하지만 땅 자신은 상품이 아니다. 이 말은 몸이 상품이 아니라는 말과 같이 윤리적인 의미가 아니라 윤리를 넘어서 경제적으로도 상품이 될 수 없다. 이러한 진술은 자연의 물리적 성질이며 과학적 사실이다. 이와 같이 상품이 될 수 있는 몸과 몸값도 윤리적 측면을 고려하여 상품으로 취급하지 않듯이 땅과 땅값은 물리적 성질 때문에 더욱 상품이 될 수 없는 것이다.

_참고

실상 : 몸값은 경제적으로 상품이 될 수 있지만 상품으로 취급하지 않는다. 그러나 땅값은 물리적으로 상품이 될 수 없기 때문에 상품이 아니다.

허상 : 몸은 상품이 되어서는 안 된다. 그러나 땅은 틀림이 없는 상품이다.

9. 땅값은 영원히 소득물이 아닌 헛값이다

땅값은 가치물이 아니며, 땅값 차익은 국민소득(GNP 또는 GDP) 도 아니고 앞으로 영원히 국민소득으로 바뀌지도 않는다. 국민소득은 앞에서 말했던 상품이나 상품의 구성분자로 요소가치인 지대, 임금, 이자(이윤 포함) 이다. 여기에 생산상품의 가치로 이전된 자본의 소모가치인 감가상각분이 포함된다. 그래서 가치물은 요소소득인 지대, 임금, 이자이거나 미래에 요소소득으로 바뀌는 물질이어야 한다. 사회에서 현재의 자본인 원료와 도구는 과거에 소득물(요소소득) 이었던 것이 소비되지 않고 남아 있거나 재투자된 것들이다. 이것은 과거에 이미 소득물이었고, 이 소득물은 앞으로 새로운 가치물로 바뀌는 성질이 있다.

국민순생산(순소득) = 지대 + 임금 + 이자
국민총생산(총소득) = 지대 + 임금 + 이자 + 감가상각비
국민 부(wealth) 의 총계 = 지대 + 임금 + 이자 + 감가상가비
+ 실물자본 총재고
사회가 쓸 수 있는 가치 총계 = 국민 부의 총계

그리고 광업권이나 특허권과 같이 생산과 취득에 투입한 비용이 없거나 있어도 그 비용을 초과한 가격이 있다. 이는 현재에 가치물은 없이 미리 지불한 사회적 선불자본으로 땅값과 유사하다. 그러나 이러한 선불자본은 지금은 투입된 요소소득이 없지만 미래에 시간경과로 요소소득이 실현된다.

그러나 땅값이나 그 매매차익은 이러한 요소소득으로 바뀌는 물리적 성질이나 경제적 현상이 없다. 땅값은 영원히 가치물(상품이나 요소소득)로 바뀌지 않는다. 다만, 땅은 경제활동을 통하여 지대라는 가치를 추가로 내고 있을 뿐이다. 그래서 땅값은 가치물이 아닌 헛값이고 땅이 내는 지대만 가치물이다.

헛값이란 "영원히 가치물이 아닌 대상물이나 현상에 대하여 헛되게 지불하는 값"이라는 뜻이다. 헛값이란 해와 달처럼 가치 있는 존재물이기는 하지만, 또 미래에 가치가 나오기는 하지만 현재의 실생활에서는 영원히 가치물(재화와 서비스)이 아닌 것에 대하여 지불하는 값을 말한다. 헛값은 인플레이션과 매우 유사하다. 인플레이션도 시장에서 값을 매겨서 거래를 하고 있고, 겉보기로는 그 값만큼 대상물이 있는 것처럼 보인다. 그러나 인플레이션은 그 값에 해당하는 구체적 실물이 없다. 이와 같이 땅값에도 영원히 토지생산물이 없다.

그렇지만 필자가 진술한 땅값 헛값이란 말은 아직 실감이 나지 않을 것이다. 다시 말하여 이 헛값은 팔고 사는 값이지만, 가치물은 존재하지 않으므로 거래는 있으나 실체가 없는 것으로 인플레이션과 성질이 비슷하다. 물론 인플레이션은 모든 상품에 구분 없이 붙어 있고 그 상품의 가치보다 큰 값을 말하지만, 여기서 말하는 헛값은 토지라는 특정물에 한정되어 붙여진 값을 말하고 있고, 토지시장에 들어 있는 허구가격만을 말한다.

우리는 경제생활에서 흔히 인플레이션을 상품의 가치라고 생각하기 쉽다. 3%의 인플레이션이 있는 사회에 3%의 임금 상승은 명목상의 상승이고, 실질적으로 3%에 해당하는 가계소득의 증가는 없다. 그러나 우리는 이렇게 임금에서 3% 커진 화폐가격을 임금이 커진 것으로 생각하기 쉽다. 이자율의 이해에서도 이자에는 인플레이션의 비율이 포함된 것을 모르면 우리가 받는 이자 전액이 모두 이자소득이라고만 이해하게 된다. 경제학에서는 이런 현상을 "화폐착각(money illusion)"이라고 한다.

이와 같이 땅값은 우리가 지불하는 가격이고 가치로 보인다. 그러나 실체는 그 값에 해당하는 가치나 실물이 존재하지 않는다. 우리의 눈에는 땅도 실물로 보이고, 땅이 생산한 재화와 서비스 같이 똑같은 가치물로 생각한다. 우리는 상품에서 인플레이션이 가치라고 생각하는 착각을 곧잘 하고 있다. 그런데 땅값 헛값을 가치물로 오해하는 것은 이러한 인플레이션의 화폐착각보다 더 심하고 완벽하게 착각현상을 일으킨다. 인플레이션이 헛값인 것은 경제학자가 다 알고 있지만 땅값이 인플레이션처럼 헛값이라는 사실은 대부분의 경제학자도 모르고 있다. 이 헛값에 대해서는 앞으로 충분히 설명할 예정이다.

10. 땅값은 경제가치를 초월한 값이다

지금 독자들은 땅값이 헛값이라는 말이 너무 기이하게 들릴 것이다. 지금까지 우리는 땅과 땅값은 시장경제에서 없어서는 안 될 당연한 값이고, 개인적으로도 재산목록 1호라고 할 만큼 중요시하던 값이다. 그런데 그러한 땅을 헛것이라고 하고 그 값을 헛값이라고 하니 말이 되는가 말이다.

물론 여기서 땅값이 헛값이라는 말은 땅이 가치가 없다는 말이 아니다. 땅값 헛값은 오히려 땅의 가치가 너무 크고 길기 때문이 사람이 감당하지 못하는 값이라는 뜻이다. 땅값은 인간이 먹고 마시고 쓰는 보편적 경제가치가 아니라, 이러한 경제가치를 초월한 가치이고, 경제적 가치와는 다른 차원의 가치물이고 가격이라는 말이다.

여기서 땅값이 헛값이라는 진술은 틀림이 없는 진리(불변현상)이다. 쌀 80kg들이 가마니에는 쌀 80kg만 담을 수 있다. 쌀 80kg들이 가마니에는 100kg의 쌀을 담을 수 없다. 땅값이 헛값이라는 말은 이와 같다. 땅은 사람에 비하여 그 존재가치가 너무 크고 넓고 길어서 사람이 소유하고 매매하는 상품이 될 수 없고, 땅값은 사람이 사용하는 생활의 용구로 장바구니에 담을 수 없다. 땅값을 상품으로 장바구니에 담으면 장바구니는 부풀거나 터져버리고, 설사 그 상품을 장바구니에 담아놓아도 인간은 결코 그 상품을 장바구니에서 꺼내어 쓸 수 없는 값이다.

그리고 땅값은 자연계를 대표하는 값이고, 이 자연계는 우리 인간이 만든 경제계보다 크다. 큰 그릇을 작은 그릇에 담을 수 없듯이 큰 자연계를 작은 경제계에 가둘 수 없다. 그래서 자연계를 대표하는 땅과 땅값은 경제적 가치물이 될 수 없는 것이다. 땅값은 오직 경제계 바깥에 존재하면서 경제계에 지대를 생산하여 공짜로 넣어줄 뿐 자신은 경제계 안으로 들어오지 않는다.

그러나 사람은 경제계에 집어넣어서 팔고 사는 노동임금과 경제계에 넣지 않고 팔고 사지도 않는 사람값의 관계는 쉽게 이해하는 데 비하여 경제계에 집어넣어서 팔고 사야 하는 토지지대와 팔고 사지 못하는 땅값의 관계는 거의 이해하지 못한다. 사람과 인공의 관계는 아는데 땅과 천연의 관계는 모르거나 무시하기 때문일 것이다.

3장

토지생산의 이해

1. 땅은 스스로 생산한다

사람들은 경제활동에서 토지가치를 자신의 임금이나 투자가치로 오해하고 있다. 따라서 독자들은 토지생산을 말하는 3장을 읽기 전에 다음과 같은 사실을 먼저 알아두는 것이 좋을 것이다.

손뼉치기와 토지의 생산

탁자 위에 왼손을 엎어놓고 손뼉치기 실험을 해본다. 왼손은 탁자에 엎은 채로 펴놓기만 하고(정지한 상태로 두고) 손뼉은 오른손으로만 치는 것이다. 그러면 손뼉치기에서 소리가 나는 원인행위는 오른손이 할 것이고, 소리는 양손이 부딪혀서 같이 날 것이다. 이 경우 손뼉치기에서 오른손은 능동적이고 왼손은 수동적이다. 이때 손뼉치기에서 소리를 내는 데 필요한 왼손과 오른손에 대한 각각의 경제적 공헌도를 생각해 보자.

첫째, 먼저 손뼉치기를 하기 전에 오른손은 왼손의 존재와 기능을 인정해야 한다. 그래야 오른손이 허공을 치지 않고 왼손을 쳐서 소리를 제대로 낼 수 있다. 왼손은 오른손이 있기 전에 독자적으로 존재하며, 오른손이 갖고 있는 피와 살, 그리고 뼈가 있다. 왼손은 오른손이 가진 모든 구성요소를 다 가지고 있다. 그리고 왼손은 머리로부터 지휘감독을 받고 있으며, 피가 흐르고 각종 신진대사를 하고 있다. 왼손은 오른손이 아니라도 어떤 물체가 부딪히면 소리가 나는 기본 성질과 기능을 모두 갖고 있다. 왼손은 이런 기능이 있기 때문에 오른손이 왼손을 치면 부딪혀서 소리가 나게 된다.

손뼉치기에서 오른손은 능동, 왼손은 수동의 역할을 할 뿐이고 다른 성질은 모두 같다. 여기서 손뼉치기의 왼손과 오른손의 관계는 경제생활에서의 땅과 사람의 관계에서도 같다. 땅은 경제활동에서 가만히 있어도 손뼉치기의 왼손과 같이 존재하고 있고, 자기 역할과 기능을 하고 있다.

둘째, 다음 오른손으로 왼손을 가볍게 쳐보자. 그러면 손뼉 소리는 가볍게 쳤으므로 작게 들린다. 이 경우 손뼉 소리는 왼손이 낸 것인가 아니면 오른손이 낸 것인가? 그 답은 왼손도 아니고, 그렇다고 오른손만이 홀로 낸 소리는 더더욱 아니다. 여기서 손뼉 소리는 왼손과 오른손의 합작품이다. 손뼉 소리를 낸 기여도를 오른손이 70%이고 왼손은 30%라고 하자. 그러면 손뼉치기의 가치 총계가 100이면 70의 가치는 오른손의 몫이고 30의 가치는 왼손의 몫이다.

여기서 손뼉치기의 왼손과 오른손의 관계는 경제활동의 생산과 분배에서 땅과 사람의 관계와 같이 보아야 한다. 이 생산관계는 농장, 공장, 상가, 사무실을 막론하고 어느 장소에서나 같은 관계를 가진다. 한 단위의 토지에서 사람이 생산한 총 생산물이 100이며, 이 100의 생산물 중 사람의 공헌도가 70이고 토지 자연력의 공헌도가 30이면 인공가치는

70이고 토지가치는 30인 것이다. 여기서 사람의 공헌도는 시장에서 평가되고 결정되는 인건비, 토지 이외의 자본비용을 합계한 것이다.

셋째, 그 다음 오른손으로 왼손을 더 강하게 쳐보자. 이 경우 손뼉소리는 더 크게 날 것이고, 경제적 가치의 생산도 더 큰 값이 나온다. 손뼉치기에서 오른손의 추가 기여로 총생산물이 커지면, 이 경우 정지해 있는 왼손의 기능도 동반하여 커진다. 이 경우도 손뼉치기에 공헌한 오른손의 가치는 투입한 오른손 가치의 총계이다. 나머지는 왼손이 손뼉치기에 공헌한 가치이며, 왼손의 몫이다. 이와 같이 단위당 투입강도를 더 크게 하면 할수록 생산물이 더 커지는 현상을 경제학에서는 "수확체증의 현상(법칙)"이라고 한다.

농업지구에서 공업지구, 공업지구에서 상가지구로 땅의 용도가 바뀌면서 땅과 사람의 경제적 관계, 곧 인공가치와 토지가치의 생산분배 관계도 이와 같다. 한 단위의 토지에서 건물을 1층, 2층, 3층으로 높게 지어도 땅의 자연력과 인간의 인공력에 따른 총생산 관계는 이와 같다.

넷째, 이제 오른손으로 왼손을 자기가 칠 수 있는 만큼 최대한 강하게 쳐보자. 그러면 오른손은 아프고 힘이 떨어지며, 더구나 왼손에 부딪혀서 상처가 날 것이다. 이것은 손뼉치기의 가치생산이 단위당 투입에 비하여 오히려 떨어지고, 심하면 소리를 낼 수 없게 된다. 이와 같이 단위당 투입을 더 크게 하면 할수록 단위당 생산이 줄어드는 현상을 경제학에서는 "수확체감의 현상(법칙)"이라고 한다.

다섯째, 손뼉치기에서 능동적 행위를 하는 오른손이 강도가 너무 커서 아프고 상처가 나면 왼손도 아프고 상처가 날 것이다. 그러나 여기서 오른손이 왼손을 치지 말고 손뼉치기의 대상을 땅으로 바꾸어 보자. 땅을 쳐서 소리를 내는 것이다. 그런데 땅은 사람이 오른손을 아무리 강하게 쳐도 힘이 빠지거나 상처가 나지 않을 것이다. 다시 말하여 땅은 오른손처럼 수확체감의 법칙이 그대로 작용하지 않는다. 땅의 경제적 기능은 이런 것이다. 땅은 일정 단위의 토지에 인공의 추가 투자에 대하여 무한한 기능으로 작동을 할 수 있다. 그래서 한 단위의 땅에 인공적 투자가 수확체감의 현상만 없다면 땅의 추가적 이용은 무한하다는 뜻이다. 곧 수확체감의 현상은 땅을 치는 오른손에서만 발생한다고 볼 수 있다.

물론 기술이 일정한 사회에서 토지기능의 무한정성은 인정하기 어렵다. 소리내기도 기계를 동원하거나 다이너마이트를 터뜨리면 땅이 마모될 수 있다. 그러나 땅은 인공물처럼 한정된 기능을 갖고 있다고 보기보다 무한하다고 할 만큼 매우 큰 기능을 가진다. 다이너마이트로 땅을 폭파하여도 땅의 경제적 존재와 본질적 기능은 파괴할 수 없다고 보아야 한다. 따라서 땅은 경제에서 사람이 사용하는 기술만 따라주면 수확체감의 법칙보다 수확체증의 법칙이 더 강하게 작용한다. 사람이 손 대신 도구나 기계로 땅을 강하게 치면 땅은 그 강도에도 불구하고 치는 기구가 망가지지 않는 한 무한에 가까운 기능(소리)을 발휘할 것이다.

우리가 말하는 경제발전이나 삶의 질에 대한 개선도 바로 이렇게 인간의 창의(추가 투자)와 추가적 투자활동에 대하여 땅의 자연력이 무한정한 기능으로 적응해 주기 때문에 가능한 것이다.

땅은 스스로 생산한다

땅의 경제적 역할은 인간에 대하여 늘 수동적 기능만 하고 있을까? 그렇지 않다. 한 평의 땅은 사람이 없어도 꽃을 피우고, 열매를 맺으며, 새를 날게 도와주고 노래를 부르게 한다. 한 단위의 땅은 사람이 없어도 채소와 열매를 생산한다. 땅은 숲을 만들고 동물을 부양한다. 땅은 석탄을 만들고 석유를 저장하고 있다. 땅은 금, 은, 동과 같은 각종 광물자원을 만들고, 인력, 수력, 부력, 양력과 같은 큰 힘을 갖고 있거나 내고 있다. 땅은 햇빛을 생명 에너지로 바꾸어 주며, 공기와 물을 순환하여 비를 오게 한다. 땅은 낮과 밤을 만들며, 봄과 여름의 계절을 있도록 한다. 태양계의 행성은 모두 태양이 내리쪼이는 곳이지만 사람이 사는 곳은 지구라는 땅이다. 태양계에서 금성은 너무 덥고 화성은 너무 추워 사람이 살지 못하지만(어렵지만), 지구는 사람이 살기에 알맞도록 땅이 뜨거운 태양열을 조정해 준다. 인간과 생명체에 있어서 태양 에너지가 꼭 필요하지만, 그 태양 에너지도 땅이 있어야 비로소 쓸모가 있는 가치로 변한다. 내가 발을 딛고 사는 한 평의 땅이 바로 그런 것이다.

내 발 밑에 있는 한 평의 땅은 지금도 태양 주위를 시속 108,000km의 속도로 달리고 있다. 달리면서 초속 500m의 빠른 속도로 팽이처럼 돌고 있다. 내 발 밑에 있는 한 평의 땅은 지금 이 시간에도 태양과 함께 우리가 한번도 가보지 않았던 미지의 우주공간으로 여행을 시켜주고 있다. 지금 내가 발을 딛고 있는 곳은 인간이 처음으로 도착한 우주의 어느 한 공간이다. 지구라는 자동차는 시속 108,000km의 속도로 달리고, 초속 500m의 빠르기로 뒹굴어도 땅은 그 지붕 위에 위험하게 서 있는 나를 안전하게 붙들어 주고 있다. 사람을 하늘로 날려보내지 않고 … 땅은 자기 몸체에 부착된 건물을 층수만큼 모두 넘어지지 않게 붙들어 주고 있다. 한 평의 땅은 육삼빌딩 63층에 수직으로 얹혀 있는 63평의 건물을 오늘도 거뜬하게 받치고 있고, 힘(인력)으로 붙들어 주고 있다. 내 허파에 들어 있는 산소는 땅이 가지고 있는 공기를 사용하는 것이다. 내 발밑의 땅은 내 몸뚱이의 무게를 항상 받쳐주고 있으며, 허공으로 날아가지 않게 붙들어 주고 있다. 땅은 내 몸에 물을 공급하고, 스스로 공기의 압력을 조절하여 나를 보호해 주고 있다.

이와 같이 땅이 가진 천연의 성질은 경제활동에서도 예외 없이 그대로 작용한다. 땅이 낸 곡식은(또는 땅에서 저절로 자란 곡식은) 사람이 노동하기 이전에도 이미 있었던 자연의 자가 생산물이다. 그래서 땅이 스스로 생산하는 힘은 그 땅에 사람의 노동이 가해지면 땅은 그 사람을 수용하고 활동을 동반하여 곡식을 더 크게 자라게 한다. 수력발전에서 전기는 이미 있는 물의 힘을 사람이 발전소를 지어서 이용하는 것이다. 물이 전기를 내는 에너지는 땅이 가진 물과 땅이 가진 인력(引力)의 합력(合力)이다. 여기에 사람의 노동과 자본(발전소 시설)이 함께 협동하여 전기를 얻고 만든다. 사람의 서비스업에도 땅은 함께 한다. 사람이 사람에게 행하는 서비스업도 그 서비스를 주고받는 사람들이 몸을 맡길 공간이 먼저 있어야 하고, 땅의 자연력이 내는 힘과 공기 등의 천연 서비스를 받고 있다는 전제로서만 가능하다는 뜻이다.

그러나 이 말은 땅의 자연과학적 현상을 말하는 것이 아니다. 철학이나 종교는 더욱 아니다. 이 진술은 어디까지나 땅의 경제활동, 곧 경제적 성질이나 가치를 말하며, 땅과 사람의 보편적 경제활동에서 일어나는 구체적 사회현상을 말한다.

2. 임금은 사람이 일한 만큼이다

우리가 직장에서 일을 하고 그 대가로 받는 임금은 어느 정도가 적당할까? 어려운 말이지만 경제학적 임금은 균형상태에서 노동 한 단위가 생산한 한계생산 가치만큼이다. 그런데 '균형상태'라는 말과 '한계생산'이라는 말은 우리가 이해하기 어렵다. 그러나 이 말은 알고 보면 간단하다. 임금이란 자기가 일한 만큼 받는 대가이고, 그 크기도 일을 한 만큼이라는 뜻이다. 이는 노동판에 일하는 막일꾼, 가정에 일시 고용된 파출부 아줌마, 사무직 근로자, 프로 야구 선수의 임금까지 어떤 경우이든 마찬가지이다. 그래서 시장가격에서 '균형'이란 말은 우리에게 어려운 개념이지만 쉽게 말하면 '정상상태'라는 뜻이고, '한계'란 말은 균형상태에서 팔고 사는 상품의 '최종 단가(단위가격)'라고 보면 될 것이다(엄밀한 뜻은 좀 다르지만). 균형과 한계는 경제학적 용어이나 쉽게 생각하여 정상이나 평균이라는 뜻으로 이해하면 그만이다.

그러면 이렇게 정의한 임금은 누가 어떻게 결정하느냐 하는 것이다. 그러나 이것도 걱정할 필요가 없다. 정상상태(시장이 경쟁적이고 균형적이라면)에서 임금은 시장이 결정한다. 곧 내가 받고자 하는 임금과 사용자가 주고자 하는 임금이 서로 합치될 때, 그것이 바로 그 사람의 일한 만큼의 대가라고 할 수 있다.

그리고 설사 우리가 받는 실제임금이 내가 일한 것보다 적거나 많다고 하더라도 정상임금이란 자기가 일한 만큼의 대가라는 사실을 누구도 부인하지 않을 것이다. 여기서 자기가 일한 것보다 더 적게 받으면 대가를 받는 자가 억울하고 더 많이 받아도 대가를 주는 자가 손해이므로 장기적으로 문제가 된다. 그러므로 정상임금은 어디까지나 사람이 일한 만큼의 몫이며, 그렇게 되어야 주는 자와 받는 자 양쪽 모두에게 손해가 없다. 그래서 이 거래는 장기적으로 존속한다. 이와 같이 임금이란 사람의 노동력이 생산에 공헌한 가치 또는 경제에 기여한 가치에 대한 대가인 것이다.

3. 이자는 자본이 일한 만큼이다

우리의 통상적 이해로는 이자란 돈을 빌린 것에 대한 대가라고 생각하기 쉽다. 그러나 사회적으로 이자란 자본이 생산에 기여한 대가이다. 빌린 돈이 생산을 한 것이 아니고 빌린 돈이 구매한 원료나 도구 등의 구체적 물질이 이자를 생산한다는 말이다. 따라서 이자란 기계나 비품 같은 생산도구, 원료, 재고상품 등에서 생산에 기여한 가치나 투입한 가치의 기간경과에 따른 보상액이다. 내가 남에게 돈을 빌려주었다면 그 빌려준 돈의 금액만큼 실물도구나 재료를 빌려준 것과 같고, 이자는 그 빌려준 도구와 재료가 생산한 대가인 셈이다.

한편, 이자와 비슷한 개념으로 이윤이 있다. 이윤이란 개인이 자기의 자본을 직접 생산활동에 사용한 대가이다. 남의 자본을 사용하면 이자가 발생하고, 자기의 자본을 사용하면 이윤이 발생한다. 그런데 이윤은 자기의 직접투자이므로 영업의 성패에 대한 위험부담이 있고, 영업능력에 따라 보수가 달라진다. 그래서 이자와 이윤은 영업성적에 따라 그 크기가 다르게 나타난다. 영업실적이 좋으면 이윤은 크고 실적이 낮으면 이윤도 적다. 또한 위험부담이 큰 기업은 평소의 이윤은 그만큼 더 높다. 그러나 경제를 거시적으로 보거나 장기로 보면 정상상태에서 이자와 이윤은 그 크기가 같다고 할 수 있다. 위험부담이 있는 기업은 이윤율이 더 높지만, 장기로 보면 위험에 대한 손해를 감수해야 하므로 높은 이윤은 그 위험을 담보하는 보험료일 뿐이고, 이를 감안한 가격은 이자와 같아지는 것이다. 자기 자본으로 사업을 하면 실제 이윤은 실적을 따라 들쭉날쭉하지만 투자자 개개인의 장기 평균이나 사회 전체의 공간 평균으로서의 이윤은 정상이자에 접근한다고 보아야 한다. 따라서 균형상태에서 이자와 이윤은 같은 것이다.

그러므로 이자란 자본이 생산에 공헌한 가치 또는 경제에 기여한 대가이다. 그 크기의 결정원리는 임금의 결정원리와 같이 시장이 한다. 이자란 균형상태 또는 정상상태에서 자본이 생산에 기여한 만큼의 대가이다.

4. 지대는 땅이 일한 만큼이다

임금은 사람의 노동력에 대한 대가이며, 그 크기는 노동이 생산에 공헌한 만큼이었다. 또한 이자는 자본의 생산력에 대한 대가이며, 그 크기는 자본이 생산에 공헌한 만큼이었다. 그러면 지대는 무엇이며 그 크기는 어떻게 결정되는 것인가? 지대도 임금이나 이자와 같이 토지의 자연력이 생산에 공헌한 가치이며, 그 크기는 토지가 생산에 기여한 대가이다.

임금은 노동력 요소인 사람의 육체적 힘, 지능, 지식, 기술 등 인간의 실체적 행동에서 나오는 경제적 가치이고, 이자는 자본의 물리적 힘, 가치, 효율 등 자본의 실체적 작동에서 나오는 경제적 가치이다. 이와 같이 지대는 땅과 자연이 가진 자연의 힘, 자원, 에너지 등 땅의 실체적 힘과 작용에서 나오는 경제적 가치이다. 따라서 생산의 요소를 토지, 노동, 자본의 3요소로 나눌 때 이 3요소가 생산한 지대, 임금, 이자의 합계가 생산의 총계이다. 지대가 발생하는 한 단위의 토지 위에 생산한 생산물 총계는 다음과 같이 요약된다.

임금 = 사람의 노동력이 일한 만큼

이자 = 자본의 생산력이 일한 만큼

지대 = 토지의 자연력이 일한 만큼

총생산 = 노동력이 일한 만큼 + 자본력이 일한 만큼
+ 자연력이 일한 만큼

총생산 = 임금 + 이자 + 지대

5. 지대는 토지용역의 대가이다

사람은 일터에서 다른 사람을 빌려 쓰면(고용하면) 그가 일한 만큼 사용료를 주어야 하는데 이것이 임금이다. 임금은 노동사용료란 뜻이다. 누가 일터에서 기계나 도구를 빌려 쓰면 그 사용한 가치만큼 사용료를 주어야 한다. 이 사용료에서 도구의 자기 소모분(감가상각비)을 제하면 궁극적으로 이자에 해당한다. 이와 같이 사람이 일을 하기 위하여 터를 잡고 그 땅을 쓰면 사용료를 내야 하는데 이것이 지대이다.

그런데 임금을 내는 노동력은 사람이 가진 자기의 몸이 낸 생산요소이고, 이자(또는 이윤)를 내는 자본력은 사람이 생산하여 가지고 있는 물(物)이 낸 생산요소이다. 곧 노동력과 자본력은 사람 자신이 몸이거나 자기의 것을 재투자한 것이다. 투자된 노동과 자본은 사유물이고 인공물이다. 그러나 자연력은 사람이 생산하여 가진 것이 아니고 자연이 스스로 가진 생산력이다. 그러므로 자연력은 사유물이 아니다.

우리가 토지 사유재산제 사회에 살면서 토지를 돈을 주고 사고 토지사용료를 지주에게 주었다고 하더라도 여기서 말하는 자연력은 사람의 행위나 가치거래와는 아무런 관련이 없다. 그 이유는 지대가 사람의 노농력 또는 사람의 소유물의 투자에서 나온 것이 아니고 자연력에서 나온 것이기 때문이다.

우리가 정상적인 생각을 하고 있다면 경제생활에서 각각의 생산요소에 대한 각각의 가치 정의와 정의된 가치의 묶음 부정하지 못할 것이다.

6. 지대는 노동가치와 별개이다

임금은 노동에서 나오고 이자는 자본에서 나온다. 노동에서 나오는 것은 노동가치이고 자본에서 나오는 것은 자본가치이다. 그런데 자본은 원래 노동생산물을 저축한 것을 재생산에 활용하는 것이다. 개인이 저축한 가격은 은행에 예금한 돈이지만, 이자를 생산하는 생산물의 몸체는 창고에 보관하고 있다가 투입되는 구체적 물자인 원료이고, 재생산 도우미로 생산과정에 투입된 도구들이다. 이러한 자본은 노동이 생산했던 축적물이므로 노동가치의 종속물이라고 할 수 있다. 물론 지대의 재투자분도 자본이지만 노동가치의 축적물은 아니다. 그러나 자본은 일단 노동가치의 축적물이라고 보자.

그러나 토지는 처음부터 노동생산물이 아니며, 투자의 후속물이 아니다. 땅은 인간의 노동과 자본투자보다 먼저 있고, 지금의 노동과 자본투자에 관계없이 스스로 있다. 그러므로 토지에서 생산된 지대는 노동가치나 자본투자 가치와 별개이다. 그럼에도 불구하고 대다수 사람들은 경제 현실에서 이러한 사실관계에 쉽게 동의하지 않는다. 사람은 보통 토지가 노동과 인공투자에 종속된 물질로 생각한다. 그 이유는 "생산은 노동이 있어야 한다"는 노동의 전제조건 때문이다. 이 전제조건이 틀린 것은 아니다. 그러나 이 말은 생산활동은 노동보다 땅이 먼저 있어야 한다는 선결조건을 무시하고 있다. 따라서 이 주장은 사람에게는 통할지 몰라도 땅과의 실제적 현상은 맞지 않는다. 이는 경제생활에서 사람과 땅을 공동적 실체로 보지 않고 인간 중심의 편에서만 본 일방적 주장이고 편견이다.

이런 편견에 빠져 있는 사상이 바로 "모든 가치는 노동투입에 의존하거나 비례한다"라고 생각하는 노동가치론이다. 이 사상은 고전학파 경제에서 시작하여 마르크스 경제이론을 주도한 학설이다. 아직도 진보적 학자나 지식인은 경제현상을 노동가치설의 입장에서 보는 부류가 많다. 물론 토지에 대한 자본의 투자가치론 역시 보수적 시장론자들에 의하여 강한 지지를 받고 있다. 토지는 자연물이므로 노동의 결과물도 아니고 투자의 결과물도 아닌데 이들은 토지에 대하여 서로 노동과 자본으로 반반씩 나누어 오해를 하고 있다. 이와 같이 노동투입에 비례하는 것은 임금이지 지대가 아니다. 토지의 지대는 인간의 노동보다 먼저 있기도 하고, 노동과 동반하면 노동과 동시에 활동하되 노동과는 분리되는 별개의 생산물이다.

생산의 선결조건은 노동보다 토지이다. 노동이 있어야 생산이 있을 수 있다면 이러한 노동보다 먼저 있고 반드시 있어야 하는 것이 바로 토지이다. 그리고 토지는 노동이 없이도 사람이 먹을 먹거리를 스스로 내고 있으며, 온갖 생명체를 인간의 생산활동과 관계없이 부양하고 있다. 이는 자본과 토지의 관계도 역시 같다. 자연계에서 가치의 궁극적 생산자는 땅이고 사람은 그 사용자이다. 사람은 자연계의 구성요소로 자연의 일부이고, 그래서 사람이 운영하는 경제계는 자연계에 예속되어 있다고 할 수 있다.

풀은 자연의 에너지를 소비하여 자란다. 사슴이 먹이로 뜯은 풀은 소비물이지 생산물이 아니다. 토끼가 물을 마셔도 생산이 아니라 소비이다. 사자가 양을 잡아먹어도 사자는 소비자이다. 이와 같이 우리는 자연계에서 가치물을 취한 자는 생산자가 아니라 소비자라고 한다. 그러면 사슴이 뜯은 풀, 토끼가 마시는 물, 사자에게 잡힌 양은 누가 생산한 것인가? 그것은 자연계의 땅이다. 땅이 이들이 소비할 각종 자원과 에너지를 생산한 것이다. 이와 같이 자연계에서 생산자는 가치의 존재와 생산에 능동적 행위를 한 자가 아니라 수동적 행위를 한 자이다.

그러나 경제계에서 유독 사람만이 토지에서 가치를 취한 경우 소비라고 하지 않고 생산이라고 하는 것이다. 경제활동에서 가치를 낸 땅은 무시되고 가치를 취한 사람만이 경제의 주체가 되는 것이다. 여기에서 사람은 땅이 낸 가치물(곡식, 채소, 동물)을 단순하게 취득한 것이 아니라 경작이나 사육으로 취득하면 땅은 더 무시당하게 된다. 그리고 공장, 기계, 컴퓨터 등을 이용하여 가치를 생산하면, 이런 경우 사람은 땅의 경제적 존재와 활동은 아예 없는 것으로 보기까지 한다. 이는 인간의 자기 편견이고 탐욕으로 인한 오해일 뿐 과학적 사실관계는 전혀 아니다.

7. 토지 자생물의 증명

사람은 보통 땅과 자연물질에 대하여 "노동이 없는 상태에서의 자연물은 소비할 수 없는 물질이므로 가치물이 아니다"라고 한다. 그 다음 사람이 가치(노동이나 자본)를 투입하면 그 생산물 가치는 모두 투입한 가치의 대가물이라고 하여 사람 중심의 가치사상을 가지게 된다. 이러한 사상적 바탕이 노동 중심의 공산주의 체제를 만들었고, 자본 중심의 자본주의 체제를 이끌고 있다.

그러나 경제활동에서(또는 생산활동에서) 토지는 인간의 노동과 자본투입에 대하여 같은 자격 같은 시각에 같이 존재하고 활동하는 활동체이고, 각자 별개의 개체로 생산에 협동하며 기여하고 있다. 그래서 토지, 노동, 자본은 경제활동에서 각자 별개로 존재하는 독립적 개체이다.

한 예를 들어보자. 한 마리에 1,000원인 병아리 10마리를 사서 5마리는 닭장에서 인공사육으로 키우고 나머지 5마리는 야산에서 야생상태로 키운다고 가정해 보자. 1년 후에 인공으로 사육한 닭 5마리와 야생상태의 닭 5마리를 모두 시장에 팔았을 때, 인공사육과 야생사육의 구분 없이 모두 마리당 1만 원으로 가격이 같다고 하자. 그런데 생산비에서 인공사육은 구입비, 사료비, 인건비 등 총비용이 마리당 8,000원이 소요되었고, 야생사육은 사료비와 관리비가 적게 들어서 구입비 1,000원 외 기타 비용이 마리당 3,000원밖에 들지 않았다고 하자. 이 경우 닭의 가격과 생산원가를 계산하면 다음과 같다.

인공사육한 닭의 순수익 1만 원 = 가격 5만 원 −
생산비 4만 원(5×8천 원)

야생사육한 닭의 순수익 3만 원 = 가격 5만 원 −
생산비 2만 원(5×4천 원)

발생한 지대(토지가치) 2만 원 = 야생 순수익 3만 원 −
인공 순수익 1만 원

이 계산을 보면 지대는 인공이 아니라 자연이 생산한 것이라는 인과관계가 분명하게 드러난다. 그리고 그 차이가 바로 자연력의 대표격인 토지의 지대로 계산되는 것이다. 사람들은 지금의 예가 비현실적이라고 할지 몰라도 이것은 엄연한 경제적 현실이다. 이런 계산은 사례별로 그 상대적 크기만 다를 뿐 항상 있다고 보아야 한다. 왜냐하면 생산의 3요소는 토지, 노동, 자본이며, 여기서 닭을 사육하는 데 투입한 노동과 자본이 생산비에 해당하므로 이 생산비를 차감한 가치는 당연히 자연이 생산한 가치이다. 곧 이 가치는 생산의 3요소 중 토지에 귀속되는 지대가 된다. 이 경우 총생산물이 생산비에 불과하거나 생산비 이하인 경우가 있는데, 이때 토지는 무지대 토지로 지대가 0이 된다. 이 경우에도 토지는 경제에서 필수적 생산요소이다.

그리고 토지생산의 수리적 증명은 다른 방법으로도 얼마든지 가능하다. 예를 들어서 경작한 채소와 천연 채소가 채취(수확)하기 직전의 시장가치로는 100원으로 동일하다고 하자. 그리고 경작 채소는 노동과 자본의 기여도가 100원이고, 천연 채소는 노동과 자본의 기여도가 전혀 없는 순수 천연상태라고 하자. 앞으로 채취에 투입할 인공비용은 경작 채소나 천연 채소가 같다고 보고 논의에서 제외시켜도 된다. 그러면 이 경우 경작 채소의 가치 100원은 모두 인공가치이고, 천연 채소 100원은 전액이 천연가치로 토지의 자생물 가치이다.

이런 예는 인공(경작)과 천연의 구분이 뚜렷하지 않은 일반 경제활동에서도 그대로 작용하고 존재한다. 다만 우리가 천연에 대하여 경제적 편견을 가지거나 자연의 몫은 배당이 필요없기에 굳이 가치 계산을 할 필요가 없어서 인식을 잘 하지 않거나 무딘 것뿐이다. 위치가 다른 두 지역에 같은 능력을 가진 사람이 동일한 투자와 경영을 하여도 어느 한 지역의 수익이 지속적으로 큰 차이를 보이는 경우가 많다. 이는 대개가 그 지역이 가진 토지의 천연 비옥도나 사회적 비옥도(환경구조)가 달라서 토지의 수익성이 다른 것이다. 농업에서 옥토와 박토, 공업과 상업에서 위치와 목에 따라 나는 차이가 바로 이것이다. 이것은 인공의 차이가 아니고 토지 자생물인 지대의 차이다.

이러한 차이는 인공물인 사람의 임금에서도 마찬가지이다. 임금도 토지와 같이 사람의 능력별로 차이가 난다는 말이다. 여기서 임금의 존재와 크기의 차이는 모두 노동자 자신의 공헌도의 차이에서 오듯이 토지생산물, 곧 지대의 존재와 크기의 차이도 모두 토지 자신의 공헌도에서 나는 것이다.

아무튼 생산활동에서 노동은 임금을 생산할 뿐이고 자본은 이자(또는 이윤)를 생산할 뿐이다. 이와 같이 토지는 토지 자신이 지대를 생산한다. 이런 점에서 생산의 3요소인 토지, 노동, 자본과 각각의 요소소득을 정리하면 다음과 같다.

- **노동** : 사람의 몸과 정신이 생산에 직접 공헌하는 활동이다. 노동은 유량(flow)이며, 저량(stock)은 사람 또는 사람의 몸이다.
- **토지** : 자연력이 생산에 공헌할 수 있는 힘과 에너지의 총체이다. 토지는 자연력의 저량을 말한다.
- **자본** : 생산된 물질이나 기술 중 재생산에 투자된 부분이다. 자본력의 저량을 말하며, 구체적으로 원료나 생산도구, 구입한 기술 등이다. 통상적 자본은 이에 대한 총칭이고 추상적 표현이다.
- **임금** : 생산의 '필수요소'인 노동용역이 생산한 것이다.
- **지대** : 생산의 '선결요소'인 토지용역이 생산한 것이다.
- **이자** : 생산의 '보조요소'인 자본용역이 생산한 것이다.

8. 지대는 원래 내 것이 아니다

우리 사회에서 별다른 생각 없이 일반 통념이 되어버린 '지대의 사유화'는 경제에서 사람이 풀지 못하는 두 가지 근본 문제를 갖고 있다. 하나는 경제생활에서 존재하는 자연력의 대가를 누구에게 지급했느냐 하는 것이다. 그리고 그 자연력의 정당한 수혜자가 누구인가 하는 것이다. 임금은 노동력 제공자에게 주는 것이고 이자도 노동가치의 저축물인 자본이므로 그 자본소유자에게 주는 것은 우리의 일반적 상식에 부합한다. 그러나 토지와 자연력은 본래부터 노동력에서 나온 것이 아니고 노동의 축적물(저축물)인 자본에서 나온 것도 아니므로 그 수혜자는 누구여야 하는가 말이다.

다른 하나는 그 지대가 누구의 것이든 이미 그 대가를 시장에서 땅값으로 지급하고 매입한 자에게는 지대의 수취를 부당하다고 할 수 없다는 것이다. 자본을 구입하면 자본이자를 수취하듯이 토지도 구입한 자가 그 이자에 해당하는 지대를 수취하는 것은 지극히 당연한 것이기 때문이다.

여기서 지대는 두 개의 진술이 서로 상충되거나 모순을 갖고 있다. 곧 자연이 낸 지대는 주인이 없다는 것과 그 지대는 토지구입자의 것이라는 두 명제가 서로 충돌하게 된다. 그런데 이러한 모순은 토지를 사유재산제로 이행한 초기 사회에만 발생하는 일시적 문제가 아니라, 그 문제는 사회에서 경제성장이나 기술개발과 더불어 지속되는 것이 더 큰 문제이다.

예를 들어서 사유토지에 노동과 자본을 투자하여 토지를 개발하면 그 가치는 본래보다 더 크게 커지는 성질을 가진다. 토지의 자연력은 양과 질에서 무한한 가능성이 있기 때문이다. 그래서 개발행위로 생산물이 커지면 투자된 노동과 자본의 커진 대가는 모두 사유재산이지만, 토지분만은 인간의 투자와 별개로 토지 자신의 자연력이 개발에 공헌한 대가로 추가 지대를 낸다. 이 경우도 초기의 지대처럼 주인이 없는 수익물이 나오는 것이다. 이 현상은 개발투자의 주체가 소유자, 정부, 이웃 등 누구가 되든 그 신분의 구분 없이 공통적으로 발생하는 문제이다. 그래서 토지사유제는 사회적으로 두고 두고 문제를 일으킨다. 지금도 논쟁이 그치지 않는 토지개발 이익에 대한 과세문제가 땅은 주인이 없기 때문에 발생하고 있다.

4장

땅값의 이해

인간의 생존과 경제활동에서 땅은 먼저 있어야 하고, 필수적으로 있어야 하는 물질이다. 노동은 땅이 있어야 가능하고, 자본의 사용과 그 이자의 발생도 땅이 있어야 할 수 있다. 이와 같이 노동과 자본은 모두 땅을 사용하여 생산을 한다. 사람은 생산활동에서 천연의 땅을 반드시 사용하고 있다. 그런데 땅은 사람이 만든 자본재와 달리 사용과 시간 흐름으로 닳지 않는다. 오히려 경제성장과 더불어 땅의 기능은 커진다. 그러면 이러한 성질을 가진 땅과 땅값이 과연 사람이 먹고, 입고, 자고, 쓰는 실제 가치인가? 4장은 이러한 땅의 값과 가치에 대하여 살펴보기로 한다.

1. 땅값은 생산비가 없다

땅값이란 땅의 가격이다. 그런데 이 땅값을 어떻게 계산할까? 자동차는 그 값을 매길 때 만들기 위해 투입한 값이 있다. 자동차는 이를 만들기 위하여 수고하는 공장 종업원들의 인건비, 자동차의 몸체를 구성하는 각종 재료비, 전기료, 수도료, 자동차 공장이 자동차 생산과 함께 소모되는 감가상각비 등이 들어간다. 이것이 자동차의 투입원가이다. 그리고 그 자동차 생산과 판매로 수익이 회수되는 시점까지 소요되는 시간경과에 대한 기회비용도 있는데, 이를 이익, 이윤 또는 이자라고 한다. 기회비용도 자동차 생산에 필요한 비용이라고 하면 이것까지도 기회원가로 생산원가인 셈이다(나머지는 초과이윤이다).

그러나 땅은 생산한 사실이 없어서 생산원가가 없다. 땅은 생산에 인건비가 들지 않고 재료비가 들지 않았다. 그래서 토지는 사유제가 아니면 매입에 투자된 비용도 없기 때문에 기간경과에 대한 기회비용도 인식할 필요가 없다.

여기서 주의할 것은 늘 강조하지만 토목공사나 토지개량비 같은 자본투입을 땅값의 구성요소로 보지 말아야 한다는 것이다. 이것은 1장에서 말한 대로 땅 위의 도로건설이나 집을 짓는 것과 같은 자본투자이지 땅 자신의 고유한 구성물질이 아니라고 했다. 그러므로 독자들은 투자 없는 순수 땅값과 인간의 투자를 필요로 한 토지개량비를 혼동하지 않기를 바란다. 흔히 있는 사실과 같이 사람이 땅 위에 투자를 해놓고 원래 있는 땅값 원금에 그 성장액까지 모두 투자에 대한 대가라고 우기지 말아야 한다.

땅은 사람의 인공투자가 있기 이전에 이미 있었고, 땅은 인공투자 후에도 인공투자물과는 별개로 존재한다. 토지개발에서 땅은 개발행위보다 먼저 있었고, 개발이 있으면 그 개발행위에 동반하여 별개로 값이 커진다. 자동차에서 엔진의 기능을 개량하면 그 효과는 엔진 하나에만 미치는 것이 아니고 자동차 부속 전체가 커지며, 심지어 자동차를 운행하는 운전기사에게도 미친다. 자동차 엔진을 개량하면 엔진의 개량에 직접 참여하지 않은 자동차 운전 기사의 임금도 커진다는 뜻이다. 토지개발에서 개발자인 인간과 땅의 관계도 이와 같다. 여기에 의문이 있으면 1장의 "부동산시장의 수수께끼"를 다시 보기 바란다.

아무튼 땅값은 생산비가 0이다. 그리고 토지개발비는 땅값이 아니고 자본이다.

땅값 ≠ 땅의 생산비(기간비용 포함) = 0

땅값 ≠ 토지개발비(토지조성원가)

자본 = 토지개발비(토지조성원가)

2. 땅값은 미래 토지용역의 할인가이다

그러면 생산비가 없는 땅값은 어떻게 계산해야 하나? 땅값은 누가 부르는 것이 값인가? 아니면 누가 주려고 하는 것이 값인가? 이상한 일이다. 그래서 우리가 땅값을 인식하고 계산하는 통상의 방법은 이렇다. 땅값은 투입한 가치가 아니라 그 땅에서 미래에 나올 가치를 보고 값을 매긴다. 이런 예를 들어보자. 우리가 1억 원의 연구비를 들여 10억 원의 가치를 가진 특허권을 취득하였다고 하자. 이 경우 특허권 개발에 투입한 투자비(생산비) 1억 원을 초과하는 9억 원은 어떻게 계산하는 것인가?

특허권 가격은 특허권 취득에 투자한 원가로 값이 매겨지는 것이 아니고, 그 특허권의 존속기간 동안 특허권의 소지로 벌어들일 수 있는 수익에 대한 자본가격이다. 특허권 가격 10억 원은 특허권이 벌어들일 수익에 대한 자본가격이며, 미래 특허권 용역(수익)에 대한 현재 시점의 할인가이다. 이자율이 5%이면 매년 100의 수익을 내는 자본가격은 2,000원이다. 원금이 2,000원이고 이자율이 5%이면 1년 후 100의 이자 수익을 낸다. 여기서 자본가격은 미래 수익을 현재 시점의 이자율로 나눈 연금 할인가이다. 10억 원 중 1억 원은 투입가격이고(투입된 가격의 미래가치) 나머지 9억 원은 미래가치이다. 투입한 1억 원은 현재의 실물가치로 미래에 생산될 가치 1억 원과 교환될 것이고, 나머지 9억 원은 미래의 생산물인 9억의 원리금과 교환될 가치이다. 그래서 특허권 사용기간이 소멸하면 그 값은 모두 소멸한다.

特許權 ············

특허권 10억 원 = 미래수익의 할인가 10억 원 =
투입가치 1억 원 + 미래가치 9억 원

이와 같이 땅값은 특허권의 9억 원과 같은 원리로 계산한다. 단, 특허권은 한시적 자산이므로 미래에 소멸하는 가치이고, 땅값은 영구적 자산으로 미래에도 영구적으로 작아지거나 소멸하지 않는 가치라는 것이 근본적으로 다르다.

앞에서 설명한 자동차와 여기서 말한 특허권도 다 같은 한시 자본가격이므로 시장에서 매겨지는 가격원리는 같다. 곧 그 자본이 생산할 미래가치의 현재 할인가라는 것이다.

資本價格 ············

자본가격 = 그 자본이 생산할 미래가치의 현재 할인가 =
생산원가 + 이윤(초과이윤 포함)

할인가 : 미래에 받을 가치를 지금 당겨받을 때 그 기간 이자를 감안하여 할인한 값이다. 1년 후의 100원을 현재 시점에서 받는다면 그 값은 이자율 5%를 감안할 때 95.24원(95.24) = 100/(1 + 0.05)이다. 할인가와 비슷한 용어는 현가(present value), 자본가격, 자본 환원가격, 미래가치 등이 있다.

3. 땅값은 영구 미래가격이다

땅값은 쌀로 비교하여 말하면 현재의 쌀(쌀값)이 아니고 미래에 생산되어 나올 쌀의 총가치에 대한 현재가격이다. 그러므로 땅값은 미래에 그 땅(논)을 사용하여 생산할 토지지분 쌀의 가치를 현재 시점의 이자율로 할인한 가격이다. 경제학이나 회계학에서는 이를 미래 연금의 현가합계라고 하며, 이것을 토지의 근본가격 또는 이론가격이라고 한다.

예를 들어 지금부터 구입할 땅이 1년 후 100단위(원, 수량)의 쌀이 생산되고, 이 쌀은 매년 100의 양을 계속 생산한다고 하자. 물론 여기서 쌀이란 임금과 이자(이윤)는 별개로 있으므로 이를 제외한 순수지대를 말한다. 그러면 1년 후의 쌀 100은 이자율이 5%일 경우, 현재가치로 할인하면 현재 95.24{$95.24 = 100/(1+0.05)^1$}이다. 그리고 2년 후의 쌀 100은 $(1 + 0.05)$의 승수만큼 나눈 값이다. 이렇게 하여 땅값 계산은 다음과 같다.

$$\text{땅값} = 100/(1 + 0.05)^1 + 100/(0.05)^2 + 100(1+0.05)^3 + 100(1+0.05)^n \cdots + \infty$$

$$P = R/(1 + i)^1 + 100/(1 + i)^2 + 100(1 + i)^3 + 100(1 + i)^n \cdots + \infty$$

* 참고 P : 땅값, R : 지대, i : 이자율

이 식은 영구연금 현가계산법에 따라 계산하면 P = R/i이고 땅값은 2,000(2,000 = 100/0.05)이다. 이는 은행에서 사용하는 일반 예금의 이자에 대한 원금계산법과 같다. 땅값은 예금의 원금에 해당하고 이자는 생산된 쌀, 곧 지대에 해당한다.

그러나 여기서 땅값과 예금 원금이 계산법은 같으나 그 값의 본질은 전혀 다르다. 예금 원금은 현재 쌀이라는 실물이 있고, 원금은 그 쌀의 대리물에 속한다. 그래서 이미 생산된 쌀을 은행에 예금하여 그 쌀이 재생산한 이자를 받는 것과 같다. 곧 예금 원금과 이자는 쌀을 생산한 사실이 있고, 그 쌀이 현재 사회적으로 존재하며, 다시 쌀을 생산하는 경제적 실체가 있다. 그래서 그 쌀이라는 실물을 대리하는 화폐가 있다.

그러나 땅값은 원금이 현재 있는 쌀이라는 실체적 대리물이 아니다. 땅값 원금은 미래에 나올 쌀에 대한 시간적 수취권에 불과하다. 다시 말하여 땅값 2,000은 예금의 원금과 같이 미래에 이자(또는 지대) 100을 내는 생산력이기는 하지만, 원금 2,000 그 자체는 현재의 쌀이거나 쌀을 대리하지 않는다. 현재의 2,000은 미래의 생산될 가치일 뿐이다. 그래서 예금 원금은 1년 후 2,100(원금 쌀 2,000 + 이자 쌀 100)의 쌀이 있지만 땅값은 1년 후에 이자에 해당하는 100의 쌀만 있을 뿐이다. 땅값 2,000은 쌀이 되지 않고 땅만 그대로 남아 있다. 같은 크기 2,000의 원금이라도 예금은 현재가치, 땅값은 미래가치로 서로 다르다. 이것이 경제에서 땅값과 예금의 근본 차이다.

따라서 땅값은 현재의 쌀이 아니라 미래의 쌀이고, 현재가치가 아니고 미래가치이다. 이 현상은 영구적이다. 땅값에 대한 이런 현상은 우리가 땅값을 바로 이해하는 데 꼭 필요한 것이며, 이 책의 핵심 주제이기도 하다.

4. 땅(땅값)은 먹고 마셔도 줄지 않는다

위의 예에서 보면 땅값과 땅이 생산한 쌀은 매우 다르다. 그 차이점은 대강 다음과 같다.

첫째, 땅은 쌀을 내기는 하지만 자신은 쌀이 되지 않는다.

둘째, 쌀은 지금 먹을 수 있는 가치이나 땅값은 지금 먹을 수 있는 가치가 아니다.

셋째, 땅이 내는 쌀은 먹으면 줄지만 쌀의 원금인 땅(땅값)은 결코 줄지 않는다.

여기서 땅과 쌀의 차이에 대한 세 가지 특징은 하나의 성질을 두고 서로 다르게 표현한 것이기도 하지만 각각은 별개로 시장의 독특한 성질이기도 하다.

예금의 원금과 이자의 관계는 여기서 말하는 땅값과 쌀의 관계와 외견상 같아 보인다. 그러나 다르다. 예금 원금은 실제로 존재하는 쌀의 대리물이다. 쌀은 원금이 한시물이고, 이자도 한시물이다. 곧 현재의 쌀 원금 2,000과 이자 100은 먹으면 쌀이라는 실체가 소멸하고 없다. 그리고 소멸한 자본(씨앗, 비료, 도구)에서 새로운 개체의 쌀이 다시 대체생산되는 과정을 반복한다. 쌀은 원금과 이자가 모두 현재 실물로 존재하고 그 실물은 먹으면 소멸하거나 다른 물체로 대체된다(쌀이 떡으로 변한 상태). 여기서 원금, 자본, 이자라는 용어들은 이러한 쌀의 성질에 대하여 붙인 다른 이름들이며, 추상적으로 존재한다.

자동차도 성질은 쌀과 크게 다를 바 없다. 자동차는 쓰면 쓸수록 이자(생산물)를 내면서 자신은 소멸한다. 쌀을 생산하는 농사용 자동차는 자동차가 마모되면서 자동차 자체(자동차값)가 쌀로 변한다.

그러나 땅은 그렇지 않다. 땅은 쌀을 내기만 하고 땅 자신은 쌀로 변하지 않으며, 소멸하는 성질이 없다. 변하는 성질은 현재도 없고 미래도 없고 영원히 없다. 그러므로 땅값은 먹을 수 없는 가치이다. 사람은 오직 땅이 내는 가치만 먹고 마시며, 땅 자신은 사용하지 못하며 사용으로 줄지 않는다.

5. 땅값은 사용할수록 커진다

바가지에 담은 물은 마시면 양이 줄어든다. 그러나 강물은 먹고 마셔도 양이 줄지 않는다. 강물은 계속 흘러서 사람의 수요에 공급을 계속한다는 뜻이다. 이런 현상은 바다도 마찬가지이다. 바다가 내는 해산물이나 소금은 사람이 채취하여도 또 자라고 생겨서 다시 채취할 수 있다. 바다를 이용한 배의 운행, 관광사업, 해저기지 건설과 이용 등도 모두 그러하다. 그런데 이러한 물리적 속성을 가진 바다는 인간의 기술개발에 따라서 단위당 효용가치가 커진다. 경제가 성장하여도 바다가 주는 일반적 효용가치는 커진다.

곧 바닷물의 단위당 효용가치가 기술개발과 경제성장으로 커지고, 이 경우 바닷물 단위당 가치가 커지면 그 자본가격인 바다의 가격도 반드시 커진다. 땅도 이와 같다. 땅과 바다는 경제학적으로 감가현상이 없으며, 영원히 있는 존재물이다. 땅이 내는 생산물은 아무리 채취하고 사용해도 그 가치는 다시 나오며, 그 생산물을 내는 땅은 면적이나 기능이 줄지 않는다. 이 성질은 고갈성 지하자원(석탄, 석유, 금광 등)이나 특정 토지에서 공해를 끼치는 예외적 상황 외에는 모든 토지가 같는 경제의 일반적 성질이다.

그런데 땅의 단위당 생산물은 기술개발과 경제성장으로 커진다. 땅의 단위당 생산물이 커지면 땅의 가격도 반드시 커진다. 인구가 일정한 사회에서 경제가 성장하면 사람 1단위당 또는 노동 1단위당 생산물은 커진다. 이와 동반하여 토지 1단위당 생산물도 커진다. 물론 경제가 성장하더라도 놀고 있는 사람과 노동에게는 생산물도 없고 생산물의 커짐도 없다. 땅 역시 경작되지 않는 토지는 생산물도 없고 생산물의 커짐도 없다. 또 경제가 5% 성장하여도 나의 임금은 3%밖에 오르지 않거나 그대로 있을 수도 있다. 그렇다고 하여 경제가 성장하면 사회적 평균임금이 커진다는 사실을 부정할 수는 없다.

이와 같이 경제가 5% 성장하면 각 토지의 개별지대는 성장률이 5%보다 높기도 하고 낮기도 하겠지만 평균적 지대는 반드시 커진다. 이와 같이 땅은 생산과 지대가 있는 한 경제가 성장하면 땅값은 반드시 커진다. 성장을 지속한 사회에서 모든 땅값의 통계는 그 사실을 수치로 보여주고 있다. 사회가 인플레이션이 계속되고 있더라도 땅값은 그것과 별개로 값이 커진다.

그러나 사람들은 경제가 성장하면 사람 단위당 가치나 노동의 단위당 가치는 커지는 것은 아는데 토지의 단위당 가치의 커짐에는 인식이 매우 둔하다. 이와는 달리 사람은 토지의 순생산이 없어서 가치의 커짐도 없는 땅에서 땅값이 커지는 것은 알고 있고, 가격이 급등하지 않고 정상적으로 커지면 그것을 이상하게 보지도 않는다. 이른바 지대가 0인 임야와 한계농지 등을 말한다. 이런 토지가 우리나라 전 국토의 50%가 넘는다. 우리는 전 국토의 절반이 넘는 면적에 장기로 토지생산이 0, 그래서 땅값도 0인 토지에서 땅값이 발생하고, 그 값은 계속하여 오르고 있어도 그 현상이 허구인 줄 모르는 것이다. 참으로 안타까운 일이다.

6. 영구식권은 밥이 되지 않는다

이번에는 식권을 생각하여 보자. 식권은 밥이 아니지만 그 식권은 밥과 교환되는 성질이 있다. 1회용 식권은 1회용 식사와 교환된다. 1년간 식사를 할 권리를 대표하는 식권이 있다면 이 식권은 1년분 식사와 점차적으로 교환된다. 이와 같이 10년 식권은 10년분 식사와 교환되고, 50년 식권은 50년분 식사, 100년 식권은 100년분 식사와 교환된다. 쌀, 기계, 자동차와 같이 인간이 만들거나 소비할 수 있는 물질은 그 수명이 시한부이다. 그래서 이를 대표하는 식권은 일시 또는 시간 흐름으로 식권(자본가격)이 밥(수익)과 교환되는 성질이 있다. 수명이 10년인 기계를 식당 주인에게 주고 그 기계의 생산활동 기간, 곧 수명대로 식사를 한다면 10년간 식사를 할 수 있다. 이 경우 기계를 대신하는 시한부 10년 증권도 마찬가지이다. 기계와 증권, 그리고 식사를 할 권리인 식권이 모두 일치한다. 따라서 한시식권은 식사의 수취권이지만 궁극적으로 식사물과 같다.

일시식권 = 식사(밥)
한시식권의 만기 원리금 = 식사물에 대한 만기까지의 가치총계
(식사물의 연금종가 합계)

그러나 영구식권은 식권이 내는 밥을 먹어도 밥과 식권이 바로 교환되지는 않는다. 여기에 영구식권은 먹고 또 먹어도 식권의 가격은 줄지 않고 그대로 있다. 만약에 식권이 밥과 교환되는 성질이 있으면 이미 영구식권이 될 수 없다. 식권이 수명이 있어서 시간 흐름으로 값이 줄어들고 소멸하기 때문이다. 따라서 영구식권은 영원히 식사와 교환되지 않는다. 영구식권은 식사를 내거나 주기는 하나 식권 자신은 식사와 교환되지 않는다.

그런데 이러한 식권이 미래에 식사가 질이 좋아지는 경우 식권은 값이 어떻게 될 것인가? 처음에는 질이 낮은 보리밥을 주고, 그 다음에는 질이 높은 쌀밥을 주고, 그 다음에는 고깃국을 주는 것을 약속하거나 실제 실현되는 식권이다. 그 다음에는 식사와 함께 음악이나 다른 서비스도 제공한다. 이 경우 식사의 질과 양이 좋아지면 그 식권의 가격도 커진다. 식사와 교환되지 않는 성질을 가진 식권가격이 식사의 질이 커짐에 따라 함께 커진다. 예를 들어서 시간이 갈수록 더 크고 우수한 새끼를 낳는 어미는 그 값이 커질 수밖에 없다. 따라서 이러한 현상은 물질계의 고유 성질이자 경제계의 기본 속성이다.

식사가 이제 경제성장과 함께 100에서 110, 130, 150, 200으로 커진다고 하자. 그러면 이 식사의 자본가격인 식권도 같은 비율로 커진다. 그 값은 이자율이 10%일 경우 단순계산법으로 1,000, 1,100, 1,300, 1,500, 2,000이라고 하자. 이 경우 사람이 먹을 수 있는 가치는 무엇이고 먹을 수 없는 가치는 무엇인가?

	1년	10년	20년	30년	40년
먹을 수 있는 가치(A : 실현가능가치) :	식사 100 →	110 →	130 →	150 →	200
먹을 수 없는 가치(B : 실현불능가치) :	식권 1,000 →	1,100 →	1,300 →	1,500 →	2,000

독자들은 이 예에서 무엇인가 감을 잡아야 할 것이다. 우리 경제에서 풀지 못하는 수수께끼가 바로 여기에 있다는 말이다. 인플레이션, 곧 물가상승이 왜 지속적으로 발생하고 있는 것인지, 시간이 갈수록 화폐가치는 왜 자꾸 떨어지는지, 열심히 일해도 가난을 벗어날 수 없는 현상, 놀고 있어도 부자가 되는 현상은 무엇 때문인지, 선진국 경제에서 왜 세금은 부담이 더 많아져야 하고, 실업은 왜 두고 두고 생기며, 불황과 공황은 반복하여 오는지를 말이다.

이 질문에 답부터 하면 이렇다. 위의 예에서 A는 먹을 수 있는 가치이나 B는 먹을 수 없는 가치라는 것이다. A시장은 존재하는 가치에 대한 시장이고, B시장은 존재하지 않는 허구시장이다. 이 현상은 일시적이 아니라 영구적이다. 경제에서 A는 실물가격 그 자체이기 때문에 값이 안정적이나 B는 실물이 없고 실물과 교환되는 관계도 없는 허구가격이기 때문에 늘 불안정적이라는 것이다. 구조적 빈부격차와 지속적 물가상승은 여기서 발생한다. 그래서 A는 투기가 없으나 B는 투기가 발생한다. A는 실물이므로 시장거래가 필요한 것이고, B는 거래 자체가 백해무익한 것으로 거래가 없어야 시장질서가 바로 잡힌다는 것이다. 곧 A는 선하고 B는 악하다.

여기서 말하는 식사는 토지를 사용하면 얻는 사용수익(임대료)에 해당하고, 식권은 이러한 수익을 내고 있는 땅 그 자체를 말한다.

7. 부동산시장, [소유비용 〉 사용수익]은 법칙이다

땅이나 집에 대한 주거가치나 사용수익은 임대료로 나타난다. 현재의 주거가치는 현재의 임대료이고 미래의 주거가치는 미래의 임대료이다. 균형상태를 가정한 주택 임대시장에서 임대료는 임차자와 임대자가 경쟁에 의하여 결정된다. 이 말은 되도록 많이 받고 싶은 임대자와 되도록 적게 주고 싶은 임차자 간에 밀고 당기는 흥정과 다른 거래 희망자들 간의 경쟁에 의하여 결정된 가격이 바로 실제 임대료 또는 이론적 균형 임대료인 것이다.

그런데 이렇게 결정한 임대료 대신 전세금일 경우도 있다. 전세금은 매기 사용료를 내는 대신 그 사용료(임대료)의 자본가격을 내고, 임대한 후 다시 받아가는 것이다. 우리가 전세로 집을 임대할 경우 그 전세금은 월세나 사글세가 아니라, 연간 부담할 평균 임대료의 자본가격이다. 여기서 말하는 전세금과 임대료의 관계는 예금이나 채권에서 원금과 이자의 크기가 결정되는 원리와 같다.

예금이자 = 예금수익 = 예금원금 × 이자율

예금원금 = 예금자본 = 이자수익 ÷ 이자율

임대료 수익 = 전세수익 = 사용수익 = 전세금 × 이자율
임대료 원금 = 임대료 자본가격 = 전세금 = 임대료 ÷ 이자율

그러나 땅이 포함되어 있는 부동산의 가격은 이러한 임대료와 자본가격의 등식관계가 좀 다르다. 땅값은 위의 등식에서 성장액이라는 변수 하나가 더 들어가야 한다는 말이다. 그래서 부동산시장은 소유가격이 전세가격보다 항상 높다. 다시 말하여 주택의 전세금이 1억 원이면 집값은 항상(예외는 있겠지만) 1억 원보다 높다는 것이다.

그래서 부동산 소유자는 매입한 집의 주거와 운영수익에서 투자의 기회비용인 은행의 예금이자도 회수하지 못하는 것이다. 이를 식으로 나타내어 전세가격과 소유가격을 비교하면 다음과 같다.

부동산 전세가격 = 기간 임대료 ÷ 이자율
부동산 전세이자 = 기간 임대료
부동산 소유가격 = 기간 임대료 ÷ 이자율 + 부동산 가격 기간 상승액 ÷ 이자율
부동산 소유이자 = 기간 임대료 + 부동산 가격 기간 상승액
[부동산 소유이자 > 부동산 사용수익(주거와 임대가치)]

그런데 부동산 소유시장에서 이 등식은 거의 영구적으로 지속되는 현상이며, 시장의 법칙이라고 할 만큼 자명한 것이다. 다만, 부동산의 보유세가 높은 경우에는 세금이 임대료에 전가되어 가격대비 이자율보다

임대료 요율이 높기 때문에 부동식은 [총임대료 > 부동산 가격 이자 > 세후 실질 임대료]가 된다.

이 현상은 우리가 평소에 알고 있는 통상적 부동산 이해와는 감각부터 다른 것이다. 우리는 부동산 소유자가 대체로 은행 예금자보다는 더 높은 수익(초과수익, 불로소득)을 얻는 것으로 알고 있다. 그러나 실상은 그렇지 않고 오히려 그 반대이다. 부동산 소유에서 사용수익은 보유비용보다 항상 작아서 소유로는 적자인 것이다. 그 이유가 어디에 있을까? 그 이유는 바로 부동산시장의 고질적 문제로 부각되고 있는 가격의 상승분에서 찾아야 한다.

부동산 가격은 성장성 땅값 때문에 항상 커지는 가격의 성질이 시장에 반영되어 이렇게 나타나고 있다. 따라서 부동산 가격의 정상적 상승분은 소유자의 초과소득이나 불로소득이 아니라는 것이다. 부동산의 정상적 가격 오름은 소유자에게 볼 때 기회비용의 보상이므로 정상인 셈이다.

그러나 우리는 부동산 보유자에게 부동산 상승액은 임대료와는 별개로 버는 초과소득이나 불로소득이라고 생각한다. 심지어 가격 급등기에는 이러한 상승액이 토지소유자에게는 거액의 목돈을 벌어주는 것으로 생각한다. 그러나 이는 오해다. 부동산 불로소득이란 가격 저점기에 부동산을 구입하여 급등기에 부동산을 처분하고 시장을 떠난 일부의 소수 소유자(주로 투기자와 행운자)에만 해당하는 말이다. 곧 부동산 불로소득은 ① 정상가격을 초과하는 가격급등, ② 저점 매입의 행운, 그리고 ③ 처분이라는 세 가지 조건이 성립하는 극소수의 경우에만 해당하고 대다수 일반 소유 사용자에게는 할 수 없는 말이다.

8. 부동산 땅값의 두 얼굴 :
지대성장은 경사로, 땅값 상승은 계단식

부동산의 가격 급등기에는 누구든지 부동산에 대한 관심이 높다. 부동산에서 큰 돈을 벌 기회가 있어서 투기도 성행한다. 이때 사람들은 간혹 이성을 상실하기도 하고, 사회는 가격급등에 대한 알레르기성 반응과 그 휴유증 등으로 경제는 심한 몸살까지 보이기도 한다. 왜 그럴까? 여기에는 우리가 풀지 못한 땅값의 수수께끼가 숨어 있다.

부동산 가격 상승분은 앞에서 말한 대로 영구식권의 식권가격과 같다. 그 값은 현재의 부동산 수익도 아니고 영원히 주거가치인 임대료나 사용수익이 되지 않는 헛값이다. 그러나 부동산의 정상가격 상승분은 부동산 보유자에게 다른 투자와 균형을 맞추어 줄 기회비용일 뿐이다. 그런데 이런 부동산 가격이 오르는 것도 균형적으로 오르면 큰 충격이 없을 것이다. 부동산 가격이 경제성장, 임금성장, 지대성장과 같거나 비슷하게 올라야 한다는 뜻이다. 그러나 부동산 가격은 항상 불균형 성장을 한다. 여기서 지대는 토지의 사용수익이 되지만 전세금 이자라고 보면 된다. 땅값의 상승과 그 임대료인 지대의 성장은 다음과 같은 성질을 가진다.

① 장기로 보면 동일 용도의 토지는 지대의 성장률과 땅값의 성장

률은 같다(접근한다).

② 단기로 보면 지대의 성장률과 땅값의 성장률은 늘 다르고 그 편차도 크다.

③ 지대는 성장시기가 경제성장과 동반하는 성질을 가지나 땅값은 시차가 난다.

④ 지대는 성장률 크기도 경제성장률과 동반하는 성질을 가지나 땅값은 편차가 크다.

⑤ 지대는 외부변수의 변화에 영향이 적으나 땅값은 영향이 크다.

이를 고층 건물에 오르는 통로에 비유한다면, 지대(임대료 사용수익)는 통로가 경사로식이고(에스컬레이터식) 땅값은 계단식(엘리베이터식)이다. 전자는 서서히 쉬지 않고 안정적으로 또는 경제성장률에 동반하여 균형적으로 오르나 후자는 정지해 있다가 어느 순간 갑자기 오르고 일시에 다 올라버린다.

이 말은 지대가 정상 성장을 하는 데 비하여 땅값은 불규칙 성장이나 주기적 성장을 반복한다고 볼 수 있다. 땅값은 경우에 따라서는 하락하기도 하고, 그래서 장기로는 보합세로 있다가 때가 되면 일시적으로 급등세를 보이는 경향이 강하다. 곧 땅값은 '장기 보합세와 단기 급등세', '균형과 불균형의 반복'이라는 주기적 시장성질을 가진다는 뜻이다.

그래서 지대는 고층 건물 오르기에 비교하면 1층에서 2층, 3층으로 쉬지 않고 오르고 있음에도 땅값은 1층에서 아직 움직이지도 않고 머물러 있거나 약간의 상승기미만 보이고 있다. 그러다가 지대가 3층까지 올라가면 땅값은 이제야 상당히 뒤처져 있다는 것을 알고 오르기 시작한다. 그런데 이 경우 땅값은 오르면서 지대가 있는 3층까지 단숨(단기)에 오르고, 심지어 3층을 추월하여 5층까지 수직상승을 하기도 한다. 그리고 땅값은 5층에서 다시 10년 15년을 제자리 걸음만 계속한다. 그러다가 지대가 7층에 있다는 것을 느낀 순간 다시 급부상하여 10층까지 단숨에 올라버린다.

더구나 이와는 별도로 토지는 개발로 인하여 서서히 커지는 지대마저 수익증대로 갑자기 커질 경우가 있다. 이 경우 절대값이 크고 체증적 성질을 가진 땅값은 더 걷잡을 수 없이 올라버려서 우리를 흥분하게 한다. 물론 모든 토지가 이렇게 되는 것은 아니지만 땅값은 시장의 근본에서 이런 성질을 갖고 있다. 토지시장에서 주기적으로 발생하는 가격변동은 지대나 임대료보다 땅값이 훨씬 더 심하다. 따라서 토지시장의 이런 특성 때문에 땅값이 갑자기 5층이나 10층으로 오르기 직전에 부동산을 매입한 사람은 행운을 잡게 된다. 이런 경우 매입자는 속된 표현으로 떼돈을 벌 수 있다. 1, 2층 가격에 매입하여 5층 가격에 팔거나(1, 2층 소유비용에 5층의 사용수익을 올리거나) 5, 6층 가격에 사서 9, 10층 가격으로 팔면 큰 불로소득을 취할 수 있다.

따라서 땅값은 이러한 두 얼굴의 시장 특성 때문에 땅값 또는 부동산 가격에 대한 우리의 연구와 해석도 주관에 따라 다르게 나타나며, 심지어 통계와 여론이 조작되기도 한다. 한 예로 부동산 통계는 같은 통계자료라도 연구자마다 기준연도를 어떻게 잡느냐에 따라 고무줄처럼 비교치가 커지거나 작아진다. 그래서 같은 자료에서 부동산 가격은 급등하는 것으로 보이기도 하고, 지극히 정상인 것으로 보이기도 한다. 그래서 같은 현상과 같은 자료를 두고 분석과 해석은 정반대로 나오거나 현저히 틀리게 되니 서로 다투기만 한다. 부동산 가격(땅값)은 장기로 보면 늘 정상이고 균형이지만, 단기로 보는 실제 가격은 늘 비정상적이고 불균형적으로 나타나기 때문이다.

9. 땅값과 비슷한 주식과 선물(先物)

주식시장에서 나타나는 [주가이자 〉 기업이익]

주식시장도 성장성 기업의 주식은 땅값과 같은 헛값이 발생하므로 이를 잠시 소개하고자 한다. 기업의 실수익은 기업이 생산한 부가가치 총계 중 다른 요소소득으로 분배하고 자본의 몫으로 남겨진 순이익뿐이다. 그리고 주가는 궁극적으로 이 순이익에 대한 영구 배당권 가격이다. 그런데 성장기업은 이 순이익이 커지는 기업을 말하므로 이 경우 주식 가격은 커지는 순이익을 동반하여 매년 커진다.

주식시장의 현실적 주가는 그때그때 시황을 따라 오르락내리락 또는 급등락을 반복하고 있겠지만 이러한 주가의 장기 평균가격은 반드시 커지게 된다. 이 경우 주식 매입자에게는 소유의 기회비용이 하나가 아니라 두 개의 요소로 구성된다. 하나는 매년 커지는 순이익(R)이고, 다른 하나는 이 순이익과 같이 커지는 주식성장액(Pg)이다. 그런데 전자는 가치를 실현한 참값이고 후자는 영구적으로 가치를 실현하지 못하는(기업의 순이익이 아니며 배당이 불가능한 것) 헛값이다.

한 예로 주식시장의 투자지표로 활용하는 주가 수익률(PER)은 '주가/순이익' 으로 표시한다. 그런데 그 기업의 주식 단위당 실수익의 비율은 '순이익/주가'가 된다. 따라서 기업의 주가 수익률과 실제 수익률은 분모와 분자를 바꾸어 이해해야 비로소 알 수 있다. 그런데 예금 이자율은 '이자/예금'이고 투자 수익률은 '수익/투자액'이듯이 수익률이면 수익이 분자이고 투자원금이 분모가 되어야 한다.

그러나 주식시장은 이렇게 수익률마저 분자와 분모가 뒤집어져 있고, 그 뒤집어진 비율을 즐겨 사용하고 있다. 따라서 이 뒤집어진 수익률에 따르면 기업은 성장성이 좋을수록 주가 수익률은 높고 그 반대일수록 주가 수익률은 낮다. 그러나 기업이 생산한 실제 수익률은 그 반대이다. 성장성 기업일수록 주주의 배당수익은 작아지는 것이다. 곧 우량기업의 주식투자는 배당이 더 적은 것이다. 이것이 주식시장의 아이러니이며, 경제문제의 근본 뿌리이다.

우리나라에서 1990년대 후반 벤처 열풍과 코스닥 주식에서 투기현상이 일어날 때 유명 벤처기업의 주가 수익률은 50이 넘은 경우가 허다하였다. 따라서 이런 주식의 주가 수익률이 50(50/1)이란 것은 기업의 수익률을 잘못 이해할 수 있는 분수이므로 분모와 분자를 서로 바꾸어 비율을 바로 잡으면 1/50이 된다. 주식에 100을 투자하여 회수하는 실제 수익은 2라는 것이다. 곧 주가의 진정한 수익률은 2%(1/50)에 불과한 것이다. 매입한 주가의 참 수익률은 2%이지만 우리는 그 2%를 '50'으로 오해하는 것이다. 이것이 헛값 이해의 한 단면이라고 할 수 있다.

1999년 당시의 시장 이자율이 10%에 가까웠으므로 벤처기업 주식투자자는 100원을 가지고 10원의 수익을 날 곳을 버리고 2원밖에 얻지 못하는 주식투자를 벤처 열풍을 따라서 광적으로 하고 있었던 것이다. 그래서 그 당시 정부의 지원정책을 틈타서 갑자기 부상한 대다수 벤처기업들은 주식시장만 헛값으로 부풀리고 많은 주식 투자자를 도산하게 한 후 사라져 버렸다.

이러한 모순은 일시적 바람이 일었던 벤처기업만이 아니고 거의 모든 주식에서 발생하는 주식시장의 일반 성질이다. 그래서 이렇게 주식시장에서 발생한 헛값이 미시경제에서는 시장 불균형과 빈부격차를 낳고, 거시경제에서 늘 인플레이션을 일으키며, 과수요와 저수요를 반복하고 있다. 아무튼 주식시장도 토지시장과 같은 [비용 > 수익]의 가격 불균형, 그래서 그 차액인 주식 상승액은 투기와 헛값이 지속적으로 발생하고 있다는 것을 지적하여 둔다.

> 비성장 기업 P = D/i, 주가이자(Pi) = 기업의 당기 순이익 또는 배당가능 이익(D)
>
> 성장기업 P = D/(i – g), 주가이자(Pi) = 기업이익(D) + 주식 성장액(Pg) [주가이자 > 기업이익], [이자율(i) > 1/PER(주가수익률)]

선물시장의 불균형 현상인 [총거래액 > 총실물액]

선물(futures)은 다음과 같은 이유로 가격이 실물과 무관하며, 시장에서 화폐만 팽창하게 하는 허구거래이다.

① 옛날부터 있던 선도(先渡)거래는 실물을 거래하나 최근에 생긴

선물(先物) 거래는 거래액의 98% 이상이 실물과 무관하다.

② 선도거래는 거래액이 실물(초기가격 또는 만기가격)보다 커지지 않으나 선물은 실물보다 거래수가 최소한 2배가 더 크고, 그 수는 원칙상 제한이 없어서 거래액이 실물보다 커진다.

③ 선물은 실물의 인도가 있으면 거래는 하나의 상품(실물)에 거래는 두 개가 된다.

④ 선물은 실물거래 없이 매매차익이 발생한다.

⑤ 선물은 원금거래 없이 매매차익이 발생한다.

⑥ 선물은 만기가격을 만기 전에 거래한다(일일정산).

⑦ 선물은 실물을 파는 시장이 아니고 가격만을 파는 허구거래이다.

따라서 선물은 '1물 1거래' 법칙이 성립하지 않으며, 시장은 [총거래액 > 총실물액]의 현상으로 사회에서는 인플레이션만 생산한다.

10. 땅값 상승과 부동산시장의 가격동향

장기로 경제가 성장하고 기술이 개발되는 사회에서 단위당 토지생산성과 이에 따른 땅값은 반드시 커진다. 그러나 우리는 땅값의 장기 가격동향을 보면서 오해의 투성이 속에서 살고 있다. 예를 들어서 지금의 땅값이 기준보다 높으냐 낮으냐 하는 문제, 소위 거품논쟁은 기준의 시점을 어느 시기로 잡느냐에 따라 편차가 매우 심하며, 심지어 높고 낮음이 실제와 반대로 나오기도 한다. 그래서 땅값의 연구결과나 여론의 형성, 곧 부동산투자가 다른 자산투자에 비하여 유리했다는 판단은 시점의 인위적 선택으로 조정(조작)이 가능하다.

땅값은 주기적으로 변동하므로 주기적 저점과 고점을 적절하게 선택하면 연구자가 의도한 대로 연구 결과물을 낼 수 있다는 말이다. 실제로 부동산 가격 상승기 조짐이 강했던 2002년에서 2005년까지의 부동산 가격에 대한 연구들은 대개가 땅값이 크게 올랐다는 연구결과를 내놓았다. 이 연구들은 땅값의 상승이 경제성장률, 물가상승률 등 다른 변수들과 비교하여 매우 높다는 것이다.

물론 이 시기는 땅값이 주기적 상승기이기 때문에 같은 시점의 다른 변수들보다 높게 나오기 마련이다. 여기에 더하여 연구자들은 땅값이 주기적으로 최저점기에 해당하던 1995년경의 가격을 기준시점으로 잡고 2002년이나 2003년의 가격을 비교하면 비교 시점의 땅값은 엄청나게 크게 오른 것으로 나타나게 된다. 그래서 땅값이 평균 상승치나 다른 변수보다 특이하게 올랐으니 강도 높은 대책을 세우라는 여론이 사회적 분위기를 주도하게 된다.

그러나 이러한 땅값은 비교시점을 땅값의 고점기였던 1991년의 가격을 기준시점으로 잡아보면 땅값의 상승률은 커지기는커녕 오히려 현저하게 떨어져 있고, 그래서 당시의 부동산 가격은 균형을 따라 가파른 상승추세를 보이고 있는 것뿐이다. 다른 변수들과 비교하여도 역시 실제의 느낌과 수치는 반대 현상임을 감지할 수 있다. 특히 2003년부터 급격하게 오른 강남권 지역의 아파트 값이 그러하였다.

땅값 추세에 대한 연구나 해석에서 이러한 변수 조정이 가능한 이유는 땅값이 시간 흐름으로 커지는 성장성 자산(자본)이고, 그 값은 실물가치가 아닌 헛값으로 성장에도 주기적이면서 그 주기가 매우 불규칙적이기 때문이다. 따라서 이러한 땅값의 불규칙적 변동성향을 알아야 땅값 상승의 본질은 우리의 통상적 이해와 차이가 있음을 알 수 있다. 땅값이 가진 이러한 두 얼굴의 실태를 실제 자료를 통하여 알아보기로 하자.

지가의 동향

(1) 공시지가의 상승경향

우리나라에서 경제개발과 땅값의 통계가 시작된 이래 지금까지 땅값은 계속하여 커지고 있다. 우선 연도별 가격변동의 편차가 작은 공시지가의 동향을 보자.

정부가 발표하는 공시지가는 세금과 정부의 매입시 토지보상에 대한 기준가격으로 평가한 가격이므로 시가는 아니며, 일반적으로 시가보다 낮다. 그러나 그 값의 변동추세는 주기적 불규칙성을 갖고 급변하는 시가보다는 공시지가가 신빙성이 높다. 정부의 의도만 순수하다면 공시지가는 시가보다 낮기는 하나 가격변동의 추세를 알아보는 지표로는 신빙성이 더 높다. 공시지가는 시가보다 주기적 가격편차가 적은 임료와 표준지 평균가격이 평가액이 되기 때문이다. 곧 공시지가는 시가보다 표준편차가 적다고 할 수 있다. 그러므로 공시지가는 토지의 생산력에 근거한 자본가격의 장기적 추세를 판단하는 데에는 불규칙적인 시가보다 오히려 나을 수 있다.

〈표 4-1〉 연도별 공시지가와 추정지가의 동향

연 도	필지수(천 필지)	면적(백만㎡)	공시지가(조 원)	추정지가(조 원)	비 고
1996	26,392.6	87,179.9	1,217.8	1,522.3	
1997	26,793.9	87,938.9	1,291.7	1,614.6	
1998	27,066.9	89,988.0	1,332.5	1,665.6	
1999	27,156.6	90,296.9	1,232.9	1,541.2	외환위기
2000	27,109.7	90,063.1	1,277.4	1,596.8	
2001	27,338.8	90,612.1	1,307.4	1,634.3	
2002	27,473.1	90,769.2	1,354.5	1,693.1	
2003	27,605.0	90,952.7	1,545.8	1,932.3	
2004	27,723.0	90,804.5	1,829.7	2,287.1	

자료 : 건설교통부(각 연도 1월 1일 기준, 공시지가 현실화율은 80% 가정)

< 표 4-1> 은 정부가 공식으로 집계한 공시지가에서 나타난 땅값은 1999년 IMF 경제위기를 당한 해를 제외하고는 지속적 상승을 보여주

고 있다. 전국의 땅값은 1994년 1월 1일 현재 공시지가로 약 1,730조 원이며, 이를 공시지가 현실화 비율을 80%로 가정하여 시가를 추정하면 약 2,280조 원이다. 이는 2003년 국민소득(GDP) 700조 원에 비하면 약 3배에 해당한다. 공시지가 현실화율을 70%로 보면 전국의 땅값은 약 2,614조 원이다.

이 표에 따르면 땅값은 지속적으로 커지고 있음을 보여주고 있다. 땅값의 이런 상승추세는 땅값에 대한 통계자료를 내지 않은 해방 이전에도 같은 현상이었다고 한다. 일제시대에 S재벌의 총수는 재벌이 되기 전에 경남 어느 지역의 논밭을 사서 그 시세차익으로 큰 부자가 된 사실이 있는데, 이는 땅값이 지금과 같은 경제개발이 본격화되지 않은 전통 농업사회에서도 상승하고 있었음을 보여주는 것이다.

물론 경제성장이 계속되는 시기에도 땅값의 실제 가격은 1990년대에 와서 10여 년간은 장기 보합세를 유지하였고, 심지어 하강하는 시기도 있었다. 그래서 땅값의 장기적 상승 경향은 반드시 맞는다고 할 수는 없다. 그러나 다음 자료 < 표 4-3> 에서 보듯이 토지의 실제 가치가 반영된 주택 임대가격(전세와 월세)은 경제성장이 마이너스이거나 혹심한 불황기인 시기를 제외하고는 지속적으로 커지고 있다. 곧 성장경제에서 토지의 사용가치는 반드시 커지며, 따라서 그 자본가격인 땅값도 반드시 커진다고 해야 하는 것이다.

(2) 시가의 상승경향

< 표 4-2> 는 경제성장률, 물가, 땅값의 시가에 관한 변동자료이다. 표에서 1998년은 외환위기라는 특수 사정 때문에 땅값이 내려갔고, GNP도 마이너스이다.

〈표 4-2〉 땅값 시가의 장기적 동향(%)

구분	GNP	생산자 물가	땅값		
			전국 평균	주요 도시	서울
1963-1969	9.9	11.2	24.8	49.3	55.1
1970-1978	9.1	15.1	23.4	27.7	27.5
1979-1989	7.9	7.4	14.4	17.3	16.5
1963-1997 평균	9.0	9.1	16.5	24.7	25.8
1990-1997	6.6	2.8	3.2	4.3	4.2
1998	-6.7	12.2	-13.7	-15.3	-16.5
1999-2004	6.5	1.3	3.4	3.7	4.3
1990-1904 평균	5.7(6.6)	2.8(2.1)	2.2(3.3)	2.8(4.0)	2.9(4.1)

자료 : 한국은행 경제통계연보, 건설교통부(한국토지공사) 지가동향 등
( )안은 외환위기를 겪은 1998년을 제외한 평균값

그리고 물가도 변칙적으로 올라서 12.2%나 급상승하였다. 그래서 장기추세의 판단에는 1988년 통계는 별도로 나타내었다. 그리고 1980년대 후반 땅값파동과 토지공개념 제도를 실시한 1992년 이후 최근 10년간은 땅값이 하락하거나 장기 안정세에 있었으므로 별도로 평균을 내어 보았다.

주택의 매매가격과 전세가격의 상승동향

부동산시장에서 매매가격은 소유가격에 해당하고 전세가격은 사용가격이라고 볼 수 있다. 사용가격은 사용가치로 실현되는 부동산 임대료나 사글세 가격(임대료 자본가격)이고, 전세가격은 소유가격과 같은

자본가격(비소멸성 부채)이기 때문에 엄밀히 말하여 사용가치로 실현이 되지 않는다. 그러나 전세가격의 이자에 해당하는 전세비용은 사용가치(임대가치)와 일치한다. 그래서 여기서는 순수 사용가격인 임대료와 사글세 가격보다 이해가 편하고 자료 대비가 쉬운 전세가격을 사용가격이라고 보자.

<표 4-3> 은 1986년부터 건설교통부가 의뢰하여 국민은행(구 주택은행)이 집계하여 온 주택의 매매가와 전세가의 가격동향이다. <표 4-3> 은 1986년 이후의 자료만 있어서 1960년대, 1970년대의 폭등한 부동산 가격의 동향을 거의 반영하지 못하는 한계가 있다. 특히 1991년부터 2004년까지는 정부의 강도 높은 시장개입과 외부요인으로 인하여 부동산 가격이 급락 또는 장기적 안정세였다는 것이다. 이 시기의 부동산 시장에 영향을 끼친 외부요인(비시장적 요인)은 1991년 토지공개념, 1998년 IMF 경제위기, 2003년 10 · 29 부동산 특별조치 등이다. 특히 최근의 10 · 29 조치는 다주택 양도소득세 중과세, 종합부동산세 신설, 토지 건물 합산과세, 보유세 기준시가의 대폭 인상, 각종 가격규제와 거래규제 등을 말한다. 이러한 조건을 감안한 것이지만 앞의 <표 4-3> 에서 보는 바와 같이 주택 역시 소유가격은 땅값의 동향과 거의 같다.

<표 4-3> 에서 나타난 부동산 가격의 일반적 현상은 장기적으로 상승추세에 있다는 것이다. 주택의 소유가격(매매가)은 외부요인 때문에 하락하기도 했지만, 주택의 주거가치를 나타내는 전세가격은 외환위기와 최근의 혹심한 불경기라는 특수 사정 외에는 계속 상승추세에 있다. 그 이유는 전세가격이 당시의 사용가치를 담보하는 가격이므로 소유가격보다 외부의 영향을 적게 받기 때문이다.

<표 4-3> 을 통해 다음과 같은 현상을 추론할 수 있다.

첫째, 부동산시장에서 현재 주거가치를 대변하는 전세가격은 지속

〈표 4-3〉 주택 매매가와 전세가의 동향(%)

연도	종합		단독		연립		아파트		비고
	매매	전세	매매	전세	매매	전세	매매	전세	
86	7.3*	5.9	7.3*	4.5	7.3	4.8	7.3*	7.6	
87	7.1	19.4	6.9	18.5	2.5	18.2	9.4	23.1	
88	13.2	13.2	10.2	13.4	14.0	11.8	20.0	13.3	땅값파동
89	14.6	17.5	11.6	14.7	18.0	21.8	20.2	22.3	〃
90	21.0	16.8	15.0	13.7	23.9	22.6	32.3	20.9	〃
평균	12.64	14.56	10.20	12.96	13.14	15.84	17.84	17.44	
91	−0.5	1.9	0.4	0.6	−0.4	4.2	−1.8	3.4	토지공개념
92	−5.0	7.5	−4.8	6.5	−5.7	9.6	−5.0	8.4	
93	−2.9	2.4	−3.2	1.6	−2.4	1.8	−2.7	3.8	
94	−0.1	4.6	−0.7	2.7	−0.1	5.5	0.7	6.7	
95	−0.2	3.6	−0.7	2.7	−0.2	4.4	0.7	4.7	
96	1.5	6.5	−0.2	3.2	0.5	5.4	3.5	10.2	
97	2.0	0.8	−0.6	−0.1	0.6	0.7	4.7	1.6	
평균	−0.74	3.90	−1.40	2.46	−1.10	4.51	0.01	5.54	
98	−12.4	−18.4	−11.2	−16.6	−11.8	−18.3	−13.6	−20.2	외환위기
99	3.4	16.8	−1.5	3.5	−1.9	15.3	8.5	26.7	
00	0.4	11.1	−1.4	8.2	0.8	13.4	1.4	12.2	
01	9.9	16.4	3.3	10.9	7.9	14.7	14.5	20.0	
02	16.4	10.1	7.8	8.0	10.7	6.7	22.8	12.2	
03	5.7	−1.4	0.8	−3.1	2.3	−2.3	9.6	−0.4	10·29조치
04	−2.1	−5.0	−3.6	−8.3	−5.5	−8.0	−0.6	−2.7	
평균	3.04	4.23	−0.83	0.37	0.36	3.07	6.09	6.83	
총평균	3.64	6.83	1.38	1.45	3.18	6.96	6.33	9.15	

자료 : 건설교통부, 국민은행
* 86년 주택 매매가는 지가를 기준함

적인 상승경향을 보여주고 있다.

둘째, 전세가격의 상승률이 매매가격의 상승률보다 크다. 전세가격은 단독주택을 제외하고 1986년부터 2004년까지 연평균 6% 이상 성장하였으나 소유가격은 같은 기간에 그 절반인 3% 정도 상승에 그쳤다. 이는 부동산의 사용가치는 경제성장에 동반하여 커지고 있으나 소유가격은 외부요인에 의하여 10년 이상 성장세가 하락하거나 정체되어 왔기 때문이다. 그래서 주택시장은 전세가격이 비정상적으로 올라서 앞으로 내리거나 아니면 매매가격이 전세가격을 따라 상승할 여지가 아직 남아 있다. 그동안 소유가격이 정부 규제(2003년 10·29 조치)로 오르지 못하였다고 보면, 땅값은 앞으로 전세가 상승률만큼 더 오를 가능성을 남겨두고 있다(이 분석은 2003년 기준으로 한 것이며, 2005년 8·31 조치 이전의 예상임).

경제지표와 부동산 가격의 비교

<표 4-4> 는 경제성장률, 채권수익률, 물가상승률 등의 변동지표와 부동산인 땅값과 집값의 장기 동향에 대한 비교표이다. 여기서도 부동산 가격은 외부의 특수요인인 토지공개념, 외환위기, 2003년 10·29 조치로 인하여 가격의 동향이 시장의 균형과는 거리가 있음을 감안하여야 한다. 그럼에도 불구하고 집값, 특히 전세가격은 경제성장률과 동반하여 변하거나 커지고 있으며, 다소 불규칙적이지만 땅값 역시 그러한 현상을 확인할 수 있다. 경제성장률은 1986년부터 2004년까지 1986~1990년 구간 평균이 9.5%, 1991~1997년 7%, 1998~2004년 4.6%로 점차 줄어들고 있다. 같은 기간에 부동산 가격의 상승폭도 줄어들고 있으며, 채권수익률도 1986년 12.8%에서 2004년은 4.7%까지 감소하였다.

<표 4-4> 를 통해서 다음과 같은 현상을 추론할 수 있다.

〈표 4-4〉 경제지표와 부동산 가격

연도	GDP	채권수익률*	소비자물가	지가상승률		주택가격(종합)		비고
				실제지가	공시지가	매매	전세	
86	11.0	12.8	2.8	7.3		7.3*	5.9	
87	11.0	12.6	3.0	14.7		7.1	19.4	
88	10.5	14.2	7.1	27.5		13.2	13.2	땅값파동
89	6.1	15.2	5.7	32.0		14.6	17.5	〃
90	9.0	16.5	8.6	20.6		21.0	16.8	〃
평균	9.52	14.26	5.44	20.42		12.64	14.56	
91	9.2	18.9	9.3	12.8		−0.5	1.9	토지공개념
92	5.4	16.2	6.2	−1.3		−5.0	7.5	
93	5.5	12.6	4.8	−7.4		−2.9	2.4	
94	8.3	12.9	6.3	−0.6		−0.1	4.6	
95	8.9	13.8	4.5	0.6		−0.2	3.6	
96	6.8	11.9	4.9	1.0		1.5	6.5	
97	5.0	13.4	4.4	0.3	6.1	2.0	0.8	
평균	7.01	14.24	5.77	0.77	6.1	−0.74	3.90	
98	−6.7	15.1	7.5	−13.6	3.2	−12.4	−18.4	외환위기
99	10.9	8.9	0.8	2.9	−7.5	3.4	16.8	
00	9.3	9.4	2.3	0.7	3.6	0.4	11.1	
01	3.8	7.1	4.1	1.3	2.3	9.9	16.4	
02	7.0	6.6	2.8	9.0	3.6	16.4	10.1	
03	3.1	5.4	3.5	3.4	14.1	5.7	−1.4	10·29조치
04	4.7	4.7	3.6	3.9	18.4	−2.1	−5.0	
평균	4.59	8.17	3.51	1.09	5.39	3.04	4.23	
총 평균	6.77	12.1	4.68	5.87	5.47	3.64	6.83	

자료 : 지가(한국토지공사), 주택가격(국민은행), 기타(한국은행)
* 채권수익률은 만기 3년 장외시장 수익률(AAA 등급), 86년분은 잠정 추계치

첫째, 주택가격, 특히 단기 사용가치의 자본가격에 해당하는 전세가격은 경제성장과 동반하여 성장한다는 것이다. 1986년부터 2004년까

지 경제의 평균성장은 6.8%이고, 전세가격 성장률도 6.8%이다. 외환위기로 경제성장률이 -6.8%이던 1998년도는 전세가격도 -18.4%로 마이너스 성장률을 보이고 있다. 내수부진으로 경기불황을 겪고 있는 2003년, 2004년도에도 전세가격은 마이너스를 보이고 있다. 동기간 외형상의 경제성장률은 수출의 급증현상으로 4.6% 성장을 보이고 있으나 국내 소비지출은 마이너스였으므로 이러한 심각한 내수부진이 전세가격에도 그대로 미친 것이다. 그러나 전체 기간을 보면 전세의 평균가격은 경제성장과 동반하며 성장하고 있다. 땅값 역시 전세가격과 같은 성질을 가지며, 이런 현상은 토지공개념과 10·29 조치와 같은 강한 외부 규제가 없었다면 더 확실하게 나타났을 것이다.

둘째, 부동산 가격 상승은 시장 이자율에 비교하여 보면 그 비중이 매우 크다는 것이다. 부동산 가격 상승률이 과거 30, 40년간 10% 이상 급등하였던 시대에 비하면 최근의 3%대의 상승률은 미미하다. 그러나 최근의 시장 이자율이 5% 정도인 것을 감안하면 주택가격의 연간 3% 이상의 지속적 상승은 그 비중으로 따져서 매우 큰 것이다. 주택투자에서 5% 이자율에 3% 이상의 가격상승은 투자된 자금 이자의 60%(3%/5%)를 사용수익 외에 상승분으로 얻을 수 있다는 것을 말한다. 특히 2001년에서 2003년 동안 주택가격은 연평균 10.7%의 상승률을 나타내고 있는데, 이는 예금이자의 2배가 넘는 금액을 일시에 얻을 수 있어서 그만큼 투기와 헛값을 일으키는 동인이 커졌다고 할 수 있다.

그리고 독자들은 이러한 주택가격의 지속적 상승경향이 주택의 장기 소유자에게 유리했다는 말은 아니므로 오해가 없기를 바란다. <표 4-4> 가 우리에게 알려주는 신호는 주택가격도 주택에 포함된 땅값 때문에 지속적으로 커진다는 것, 그리고 그 커짐으로 인하여 장기 소유자는 최소한 투자한 이자의 60% 정도를 사용가치에서 얻지 못하고 적자를 계속하고 있다는 뜻이다. 따라서 부동산 가격의 지속적 상승과 장기 소유자의 수지타산에 대한 판단은 우리의 통상적 이해와 오히려 반대 현상이라는 것이다.

셋째, 장기로 보면 집값과 물가, 그리고 이자율(채권수익률)의 변동은 동반한다는 것이다. < 표 4-4> 는 부동산 가격이 오르기 때문에 물가와 이자율이 오르는지, 아니면 그 반대 현상인지 단언할 수는 없다. 그러나 1970년대부터 최근까지 이들의 수치는 동반하여 변하고 있고 크기마저 같이 줄어들고 있다. 그런데 이자율은 장기로 자본의 수익률에 물가상승률이 포함된 것이므로 두 변수의 동반은 당연한 것이다. 그리고 이자율의 변동과 부동산 가격의 상관관계도 대체로 알고 있다. 이자율이 낮으면 부동산 가격이 오르고 높으면 그 반대라는 것 말이다. 그러면 여기서 물가와 부동산 가격의 상관관계에 대한 성질을 규명하는 것만이 과제로 남는다.

① 경제성장과 부동산 사용가치의 증대로 인한 사용수익의 증가는 원래 물가와는 상관이 없다(가치가 커지는 것과 오르는 것은 별개다).
② 그러나 이 사용수익에 동반하여 커지는 수익의 자본가격인 주택가격의 상승은 사용가치는 아니므로 사용가치와는 별개의 가격이다.
③ 장기 추세로 물가가 오르면 쌀값도 오른다. 감가성 자본으로 값이 작아지는 자동차 가격도 오르게 된다. 이때 물가상승에 따라 오르는 자동차의 가격은 가치물이 아니다. 주택의 건물도 감가성 자산이다. 그러므로 건물분의 가격상승 역시 가치물은 아니다.
④ 그리고 주택에서 건물은 감가상각비 회수 때문에 건물분 전세가격은 건물가격보다 높아야 한다. 다시 말하여 10년의 수명을 가

진 자동차의 가격보다 그 자동차의 10년 전세가격은 높아야 한다. 이는 자동차의 감가상각비 때문이며, 감가상각비가 소유기간에는 사용가치로 실현되고 만기에는 자본으로 재투입을 반복한다. 그러나 주택가격은 감가상각비가 포함된 전세가격보다 오히려 높다. 곧 전세가격보다 높은 주택가격의 차액은 감가상각비로 실현 회수될 건물가격이 아니며, 전액이 땅값에 해당하며, 사회적 가치물이 될 수 없다.

⑤ ①의 사용수익 증대에 따른 주택의 토지분 땅값 역시 전세가격과 같은 성질을 가진다. 땅값은 주택의 토지에 대한 영구 사용수익의 자본가격이므로 한시적 사용수익에 대한 전세가격보다 더 크고, 그 값은 가치물이 아니다. 이에 대해서도 뒤에 다시 설명할 것이다.

[소유가격 〉 사용가격]의 실태

아래의 < 표 4-5> 는 국민은행이 발표하는 '주택가격 동향' 자료에서 1998년 이후 2006년까지 나타난 아파트에서 매매가격에 대한 전세가격의 비율을 나타낸 표이다. < 표 4-5> 에 의하면 전세가격은 매매가격의 최저 50%에서 최고 70% 수준이다. 그런데 주택의 전세가격은 건물의 감가상각 효과로 순수 사용가치(이자)의 자본가격보다 크게 나타난다. 그리고 아파트는 일반(단독)주택보다 건물가격의 비중이 더 크므로 감가상각액이 포함된 전세가격이 차지하는 비율도 상대적으로 더 크다. 따라서 주택의 사용가치를 담보하는 전세가격의 비중은 [아파트 > 일반

주택 > 땅값]의 순서로 보아야 한다.

〈표 4-5〉 아파트 전세/매매가격 비율(%)

지역 연도	전 도시	서울			6개 광역시	21개 중소도시	수도권
			강북	강남			
1998	50.8	47.9	49.9	46.7	52.9	50.6	48.1
1999	59.4	56.5	60.2	54.2	62.1	58.5	57.8
2000	65.7	60.6	64.6	58.2	69.6	64.9	63.3
2001	68.9	63.4	69.2	59.8	72.3	68.9	66.4
2002	65.3	55.3	63.6	50.5	72.2	64.7	58.1
2003	60.5	50.1	57.5	44.5	66.9	68.3	52.6
2004	57.2	49.1	55.4	44.0	64.2	64.5	50.5
2005	57.1	48.4	54.6	43.1	63.7	63.5	50.7
2006	54.7	43.8	51.2	37.6	63.6	63.4	45.9
평균	59.96	52.79	58.47	48.73	65.28	63.03	54.82

자료 : 국민은행, 주택가격 동향(매년 12월 말 기준)

< 표 4-5> 에서 아파트를 기준으로 한 전세가격은 대체로 매매가격의 60% 정도이다. 그러면 아파트 외에 땅값이나 다른 부동산은 이보다 더 작을 수밖에 없으므로 전체 부동산시장의 [매매가격 > 전세가격] 현상은 필연적이다. 곧 주택시장은 < 표 5-5> 와 같이 [매매가(100%) > 전세가(60%)] 현상이 일반적이다. 그리고 균형상태를 가정하면 전세가격은 만기에 원금이 소멸하지 않기 때문에 원금이 소멸하는 사글세 가격보다 높다. 이와 같은 부동산 가격의 기본 성질과 그 실태를 종합하면 부동산시장은 [소유가격 > 전세가격 > 사글세 가격] 현상이 된다. 이 부등호는 시장의 법칙이라고 할 만큼 자명하게 나타난다.

이에 따라 주택의 소유자가 지불하는 비용은 소유가격에 대한 이자가 되고, 그 수익은 소유가격보다 낮은 전세가격에 대한 이자가 된다. 따

라서 부동산 보유수익은 [소유가격 이자 > 사용수익]이다. 여기서 전세가격은 [이자 = 임대료]이지만 원금이 부금의 형태로 포함된다고 본 것이므로 개념상 혼동이 없기를 바란다.

부동산 시장가격 : [소유가격 > 전세가격(원금회수) > 사글세 가격(원금 소멸 자본가격)]

부동산 운영수익 : [소유가격 이자 > 전세이자 > 임대료]

부동산시장의 가격실태에 대한 종합

<그림 4-1> 은 주택의 매매가격과 전세가격의 동향에 대한 <표 4-3> 의 자료를 지수로 하여 그림으로 나타낸 것이다. 이 그림에 의하면 1991년 토지공개념과 같은 강도 높은 정부 규제로 1991년부터 2001년까지의 매매가격은 제자리걸음이거나 하향추세였다. 그리고 1980년대 후반이나 2001년 이후는 갑자기 가파른 상승세를 보이고 있다. 그러나 단기 사용가치를 담보하는 전세가격은 외환위기를 겪은 1998년 외에 꾸준하게 평균적 상승을 계속하고 있음을 보여주고 있다. 이는 사용가격인 지대는 장기 균형적 상승, 자본가격인 땅값이나 주택가격은 장기 보합세와 단기 급등을 주기적(또는 불규칙적)으로 반복하는 현상임을 보여주

고 있다. 이 현상은 < 그림 4-1> 에 없는 1986년 이전의 통계에도 별반 다르지 않고, 분석자료에 나타나지 않은 2004년 이후의 부동산 가격 동향에도 성질은 비슷하다.

〈그림 4-1〉 주택 매매가와 전세가의 동향

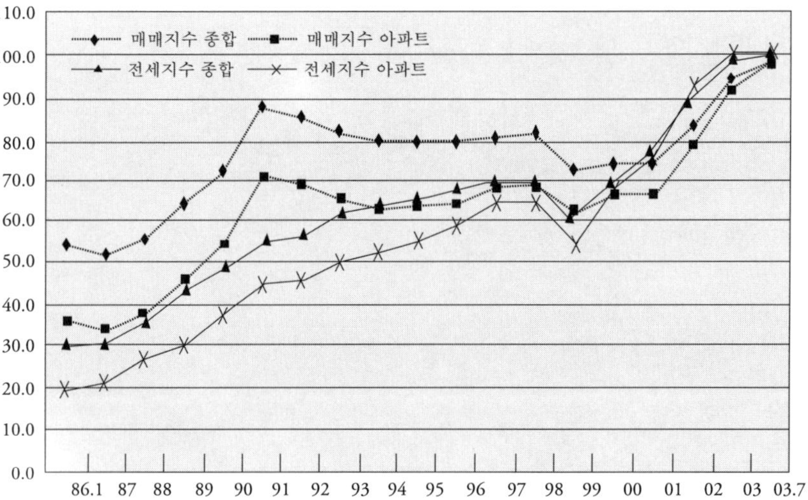

자료 : 국민은행(03년 11월, 지수=100)

그 다음 매매가격과 전세가격을 비교하면 전세가격은 1986년부터 2003년까지 18년간 아파트에서 약 4.5배, 종합(모든 주택) 으로는 3.3배가 올랐다. 그러나 매매가격은 아파트에서 3배, 종합으로는 2배가 올랐다. 18년간 전세가격 상승률이 매매가격 상승률보다 크므로 앞으로 매매가격은 더 오를 가능성이 있다. 곧 2003년 이후 집값이나 땅값의 상승은 사용가치를 대변하는 전세가의 상승에 비추어 볼 때 당연한 것이었다.

그럼에도 불구하고 학자의 연구, 일반 여론, 그리고 정부의 입장은 2003년 이후 부동산 가격 상승은 이상급등이라는 진단이나 분석만 나온다. 단기로 보면 급등현상이 맞지만 장기로 보면 이상급등이 아니고, 그동안 오르지 못한 값이 정상가격으로 돌아오는 과정이었다. 물론 땅값은 정상가격의 상승도 헛값이므로 문제는 있지만, 그래도 헛값의 개념은 모른 채 땅값의 정상 상승액을 이상급등으로만 보는 것이 더 문제인 것이다.

11. 땅값 또는 부동산 가격에 대한 세 가지 패러다임

지금까지 땅값이 포함된 부동산시장의 가격실태와 장기동향, 그리고 그 기본 성질을 실제 자료를 근거로 살펴보았다. 이제 이러한 실제적 자료에서 나타난 근거를 토대로 부동산시장의 급변 성질을 정리하여 보면 다음과 같다.

① 성장경제에서 부동산시장은 [자본가격 > 사용가격] 현상이라는 것이다.
② 성장경제에서 부동산시장은 장기로 값이 반드시 커진다는 것이다.
③ 성장경제에서 커지는 부동산 사용가치 외에 땅값, 주택가격 등은 모두 시장에서 상품의 물가상승과 같은 성질로 가치물이 아니라는 것이다(사글세는 가치물로 실현되고 소멸함).
④ 성장경제에서 지대(사용가격)는 경제성장에 따라 규칙적, 성장률에는 균형적으로 커지나 땅값은 성장률에 불규칙적이고 주기적으로 커져서 경제에 더 큰 충격을 주게 된다.
⑤ 이러한 땅값 동향과 이자율과 물가의 동향은 장기로 상호 동반하는 경향이 강하게 나타나고 있다.

그러나 우리는 땅값 또는 땅값이 포함된 주택과 부동산 가격에 대하여 다음과 같은 오해를 자주 하고 있다.

_일반인의 오해

인플레이션이 없다고 하더라도 성장경제나 기술이 증대하는 사회에서 토지가치와 땅값은 커질 수밖에 없다. 따라서 발전하는 사회에서 토지와 건물이 분리되지 않는 부동산 가격은 커질 수밖에 없다. 그러나 우리의 일반적 인식은 부동산 가격이 오르지 않거나 올라도 물가상승률 정도만 올라야 정상(또는 안정적)이라고 생각한다. 부동산시장에 대한 우리의 일반적 인식은 이렇게 실제 사실과는 다르다는 것이다. 우리는 부동산 가격 인식에서 값이 내리거나 정체하면 그것을 보고 소위 "하향 안정세"라는 판단을 하게 되는데 이것은 잘못이다.

_부동산 학자나 전문가의 오해

성장경제와 기술개발이 지속하는 사회에서 정부의 시장개입이 없으면(이자율, 세율, 규제 등이 없으면) 시간 흐름으로 토지가치, 땅값, 그리고 이 값이 포함된 주택이나 빌딩 등의 가격동향은 반드시 커진다. 부동산시장의 이러한 성질은 부동산 학자나 전문가라면 모두 인정하고 있다고 보아야 할 것이다. 그런데 이렇게 성장하는 부동산 가격을 인정하고 있어도 그 자본가격의 가치 흐름에 대한 이해는 그들의 성향에 따라 세 가지 형태로 달라진다.

첫째, 부동산시장은 [소유비용 = 소유수익]의 가치 흐름을 신봉하는 부류이다. 이는 "균형소득론"이라고 할 수 있다. 이 균형소득론은 부동산시장도 일반 시장처럼 시장이 균형적이라고 보고, 소유자의 소유비용과 수익은 일치(또는 수렴) 한다고 보는 주장이다. 이러한 주장은 주로 시장론자와 보수적 성향을 가진 집단에서 하고 있다.

둘째, [소유비용 < 소유수익]의 가치 흐름을 강하게 주장하는 부류이다. 이름하여 "불로소득론"이다. 불로소득론은 부동산시장이 가격의 지속적 상승경향으로 인하여 부동산, 특히 토지 소유가 다른 상품의 소유보다 유리하며, 불로소득의 발생이 일반적 현상이라고 보는 것이다. 이러한 주장은 정부론자와 진보적 성향을 가진 집단에서 하게 된다. 이 주장은 특히 토지 소유를 부정하는 조지스트의 '초과지대론(이자차액지대론)'에서 강하게 나타난다.

셋째, [소유비용 > 소유수익]의 가치 흐름을 일반적 현상으로 보는 것이다. 이것은 이름을 붙이면 "소유적자론"이 될 것이다. 이 견해는 필자가 밝히는 것으로 아직 잘 알려져 있지 않다. 이 견해는 현재 학자나 전문가는 물론이고 심지어 일반인들까지 강하게 부정하고 있는 것으로 아직까지 하나의 가설에 불과하다고 할 정도로 미약하다. 그러나 필자는 성장경제 성장토지에서 [소유비용 > 소유수익]의 현상과 이에 따른 "소유적자론"은 물질이 가진 기본 성질이자 과학이요, 경제적 불변현상으로 그 누구도 부정할 수 없다고 본다. 이에 대한 상세한 논의는 다음 5장에서 할 것이다.

5장

땅값 헛값의 깊은 이해

이 장은 땅값이 경제에서 허구가격, 곧 헛값이 되는 것에 대하여 의심이 있거나 좀더 깊은 이해를 필요로 하는 분들을 위하여 설명을 추가하는 내용이다. 5장은 수식과 도표 등을 이용한 검증부분이 있어서 내용이 다소 딱딱하고 어려울 것이다. 따라서 독자들은 5장을 읽지 말고 6장으로 바로 넘어가도 좋을 것이다. 그러나 여기서 땅값 헛값에 대한 불신이 계속되고 있다면 5장의 검증부분을 꼼꼼하게 읽기 바란다.

1. 토지의 이론가격 : 소위 근본가격

자본가격 이해를 위한 이론가격과 현실가격

경제학의 가격론에서 이론가격과 현실가격은 엄밀히 말하여 다르다. 이론가격이 균형가격이라고 보면 이 가격은 완전경쟁의 전제조건을 모두 만족시키는 가격이고 현실가격은 그렇지 못하기 때문이다. 그러나 우리가 실제 경험하고 있는 일반적 시장은 완전경쟁의 조건을 갖춘 이상적 시장인 것은 아니다. 시장은 거래가 발생하고 있고, 그 거래는 수요공급의 현상이 작용하며, 가격이 성립하는 일반적 성질만 있으면 된다는 뜻이다. 따라서 현실적 시장은 가격이 성립하는 성질이 시장의 정상기능인 일반적 균형에 접근하는 성질만 있으면 된다. 곧 시장은 완전경쟁이 조건을 갖추어야 기능을 하고, 가격이론은 이를 전제로만 이론을 펼 수 있는 것은 아니다. 더구나 현실의 시장을 설명하는 시장원리나 가격이론은 현실의 거래와 가격에 대한 일반적 법칙성을 규명하는 것이지, 완전경쟁을 전제조건으로 다루는 이념형의 시장이나 독점의 형태를 다루는 특수시장도 아니다.

가격의 일반이론은 이념형이나 특수시장이 아니라 어디까지나 현실시장에서 발생하는 시장의 일반적 성질을 규명하는 것이다. 그러므로 여기서는 이론가격과 현실가격의 절대값이 서로 다르다고 하더라도 양자 모두 재화나 서비스가 가진 물리적 성질과 시장 성질은 같다고 본다(이론가격 ≒ 현실가격). 자동차라는 재화와 미용이라는 서비스에서 이론가격과 현실가격은 그 결정에 영향을 주는 물리적 성질과 시장원리는 같다는 말이다. 땅값 또는 자본가격도 그 결정원리나 시장성질은 마찬가지다. 여기서 말하는 토지의 이론가격은 완전경쟁을 전제로 하는 균형가격이면서도, 한편으로는 현실시장에 발생하는 토지의 시장성질을 설명하는 데에도 그대로 적용할 수 있다. 따라서 필자가 말하는 토지자본의 이론가격은 엄밀성을 요구할 때는 완전경쟁에서만 성립하는 균형가격이지만, 시장의 일반적 성질을 말할 때에는 실제로 발생하고 있는 현실가격에도 그대로 통하는 것임을 먼저 밝혀두고자 한다.

땅값의 이론가격

땅값의 이론가격은 토지의 자본가격 또는 소유권 가격이다. 토지를 영구적으로 사용·임대함에 따른 예상수익의 범위가 지대이므로 땅값은 토지 소유에 부수한 제 비용(세금, 수수료 등)을 감안하지 않으면 영구지대수익에 따라 결정된다. 자본가격은 원래 부수적 비용을 제외한 순수가치의 저량가격이 원칙이기 때문이다. 토지소유권자는 미래의 지대순수익을 예상하고 현재가치로 환원한 자본가치 내에서 청약가격을 정한다. 경쟁적 토지시장에서 수요자는 예상 지대수익을 자본가격과 일치시키지 않을 수 없으므로 땅값은 모든 지대의 자본가격이 된다. 이를 소득자본화 방법(income-capitalization approach)에 따라 수식으로 나타내면 다음과 같다. 지대수익이 매년 일정하여 $R_1=R_n$으로 n을 무한대로 두면 땅값은 다음과 같다.

$$P = \frac{R_1}{(1+i)^1} + \frac{R_2}{(1+i)^2} + \frac{R_3}{(1+i)^3} \cdots\cdots + \frac{R_n}{(1+i)^n} \cdots + \cdots\cdots \quad (5-1, a)$$

(p : 연초 땅값, R : 연말 지대, i : 시장 이자율)

$$P = \sum_{n=1}^{\infty} R_1 \left(\frac{1}{1+i}\right)^n = \frac{R_1}{i}, \cdots (R_1 = R_n) \cdots\cdots\cdots\cdots\cdots\cdots \quad (5-1, b)$$

한편, 소유기간 n을 한시적 소유로 하면

$$P = \sum_{n=1}^{\infty} R_1 \left(\frac{1}{1+i}\right)^n = \frac{R_1}{i}, \cdots (R_1 = R_n) \cdots\cdots\cdots\cdots\cdots\cdots \quad (5-1, c)$$

(5-1, a), (5-1, b), (5-1, c)식은 크기와 성질이 모두 같다.

이 식은 예금이나 채권과 같이 원금과 이자가 일정한 수익에 적용하는 식이며, 이를 미래가치의 현가계산법(미래가치의 연금현가)이라고 하여 이론과 실무에서 가장 많이 사용하고 있는 일반적 계산식이다.

그런데 성장하는 경제에서 지대는 성장하는 속성이 있으므로 위의 식에서 성장률이 별도로 추가되어야 한다. 지대가 매년 g의 비율로 성장하면(지대는 2기부터 성장), $R_n = R_1(1+g)^{n-1}$이므로 $i > g$이면 땅값은 다음과 같다.

⊛⊛⊛ ············

$$P = \frac{1}{1+g} \sum_{n=1}^{\infty} R_1 \left(\frac{1+g}{1+i}\right)^n = R_1 \frac{1}{i-g} \cdots (i > g) \quad \cdots\cdots\cdots\cdots\cdots (5-2)$$

한편, (5－1, c) 식과 같이 소유기간 n을 한시적 소유로 보면

⊛⊛⊛ ············

$$P = \frac{1}{1+g} \sum_{n=1}^{n} R_1 \left(\frac{1+g}{1+i}\right)^n = P\left(\frac{1+g}{1+i}\right)^n \cdots (i > g) \quad \cdots\cdots\cdots\cdots (5-3)$$

위의 (5-2) 와 (5-3) 식에서 Σ가 붙어 있는 항은 등비를 가진 수열 형식이므로[1)]

⊛⊛⊛ ············

$$P = R_1[\{1-(1+g)^n + (1+i)^{-n}\}/(1-g)] + P(1+g)^n(1+i)^{-n} \cdots (5-4)$$

그래서 (5-2), (5-3), (5-4)는 n이 한시적이든 무한대이든 모두 같은 크기 같은 식이므로 다음과 같이 단순화할 수 있다.

---

1) (5－1) 식은 초항 a = R/(1+i), 등비 r = 1/(1+i) 인 등비수열의 계산식이고, (5－2) 식은 초항 a = R(1+g)/(1+i), r = (1+g)/(1+i) 의 등비수열의 계산식이다. 단, (5－2) 식은 R의 g가 n이 2기부터 등장하므로 등비수열의 합에서 1/(1+g) 을 곱해주어야 초기값 R이 바로 계산된다.

⊗⊗⊗ ⋯⋯⋯

$$P = R_1/(i-g) \cdots\cdots (5\text{-}5)$$

그러나 토지는 용도변경, 경제의 급성장, 외부효과, 토지투기 등으로 지대의 성장률이 급상승할 경우가 있다. 따라서 i < g의 조건에서 P는 우변이 1보다 큰 분수를 n승하게 되고 n이 무한대이므로 땅값은 이론적으로 ∞가 된다. 그리고 i = g의 조건에서 P는 0이 되거나 성립하지 않는다.

⊗⊗⊗ ⋯⋯⋯

$$P = \infty \cdots\cdots (i < g) \cdots\cdots (5\text{-}6)$$

$$P = 0 \text{ 또는 계산불능} \cdots\cdots (i = g) \cdots\cdots (5\text{-}7)$$

여기서 주목할 것은 위의 식에서 i < g이면 P가 무한대가 되고, g가 i에 한없이 가까워져서 i = g이면 식에서 분모가 0이 되어 P는 0이거나 계산이 불가능하다. 그리고 i > g이면 자본가격 P가 성립하기는 하나 이번에는 소득가격, 곧 기회비용과 수익의 등식인 $P_n \cdot i = R_n$의 관계가 성립하지 않는다. 따라서 땅값 P는 이러한 성질로 인하여 헛값이 되며, 토지의 시장기능을 저해하는 근본요인이 된다.

한편, 같은 자본가격이면서도 감가성 자본의 P는 시간 흐름으로 기능이 감소하기 때문에 그 가치 흐름도 성장성 자본과 반대 현상이 나타난다. 그래서 성장률 g 대신 감가율 d로 부호를 바꾸어 위의 식에 대입하여 보면 다음과 같다.

$$P = R_1 [\{1 - (1-d)^n (1+i)^{-n}\} / (i+d)] + P(1-d)^n (1+i)^{-n} \cdots \quad (5\text{–}8)$$

$$P = R_1 / (i+d) \cdots\cdots \quad (5\text{–}9)$$

자본재의 3유형과 가격의 기본 성질

자본은 현재의 가치를 소비하지 않고 미래에 수익을 얻기 위하여 투자한 경우에 그 원금에 대하여 부르는 이름이다. 예금을 하였을 경우 예금의 원금이 자본이며, 사업을 위하여 투자를 할 경우 투자의 원금이 자본이다. 그런데 이러한 자본의 가격은 미래에 자본의 실체의 크기가 변하는 성질에 따라서 정액성 자본재, 감가성 자본재, 성장성 자본재 이렇게 세 가지 유형으로 나누어 볼 수 있다. 미래에 초기 자본의 크기가 그대로 있으면 정액성 자본재, 작아지면 감가성 자본재, 커지면 성장성 자본재이다.

그런데 이러한 자본의 유형별 가격 흐름의 성질을 이해하는 것은 자본시장과 땅값 헛값을 이해하는 데에는 필수적이라고 할 만큼 중요하다. 예를 들어서 예금은 미래에도 원금이 일정하다. 쌀은 바로 소비할 단용 소비재로 재화의 실체가 소멸하는 자본이므로 다음에 말하는 감가성 자본과 같은 성질도 있지만 쌀 1가마를 빌려줄 경우, 5년 후에는 이자 쌀

외에 원금도 동일한 쌀 1가마를 받아야 하므로 역시 원금이 일정한 자본이다. 채권의 시가는 액면가와 다르지만 그 액면가는 만기에도 상환금액이고, 수시로 변하는 값도 평균값은 원금에 접근한다. 그러므로 채권도 원금이 일정한 자본의 범주에 들어간다. 따라서 예금과 채권 등의 금융상품과 쌀과 같은 단용 자본재는 모두 원금이 일정한 성질을 갖는 정액성 자본재의 범주에 속한다.

그러나 기계나 자동차는 미래에 원금의 크기나 기능이 떨어져서 값이 작아진다. 이것이 감가성 자본재이다. 그리고 토지와 주식은 일단 기한이 없는 영구자본이다. 여기에 미래에 수익이 커지는 성장성 토지와 성장성 기업의 주식은 원금도 수익과 같이 값이 커지는 성질이 있다. 그래서 이들은 성장성 자본재이다.

이러한 자본의 시간별 가치 흐름에서 1년도 가격은 P_1, n년 후 가격은 P_n, 그 자본이 생산한 1년도 수익은 R_1, n년 후 수익은 R_n이라고 하자(P는 기초가격, R은 기말가격이다). 이에 따른 자본의 3유형별로 가치 흐름을 정의하고 비교하면 다음과 같다.

정액성 자본재(예금, 채권, 쌀 자본) :

자본가격 $P_1 = P_n, P_n = P_1(1+0)^{n-1}, (P_1 = P_2 = P_3 = \cdots = P_n)$

소득가격 $R_1 = R_n, R_n = R_1(1+0)^{n-1}, (R_1 = R_2 = R_3 = \cdots = R_n)$

∴ [현재 원금 = 미래 원금, 1년도 수익 > n년도 수익]

감가성 자본재(기계, 자동차, 특허권) :

∴ 자본가격 $P_1 > P_n, P_n = P_1(1-d)^{n-1}, (P_1 > P_2 > P_3, > \cdots > P_n)$

소득가격 $R_1 > R_n, R_n = P_1(1-d)^{n-1}, (R_1 > R_2 > R_3 > \cdots > R_n)$

$\therefore$ [현재 원금 > 미래 원금, 1년도 수익 > n년도 수익]

성장성 자본재(토지, 주식) :

자본가격 $P_1 < P_n, P_n = P_1(1+g)^{n-1}, (P_1 < P_2 < P_3 < \cdots < P_n)$

$R_1 < R_n, R_n = R_1(1+g)^{n-1}, (R_1 < R_2 < R_3 < \cdots < R_n)$

$\therefore$ [현재 원금 < 미래 원금, 1년도 수익 < n년도 수익]

2. 헛값이 되는 조건과 속성

헛값의 세 가지 조건

땅값이 헛값이 되기 위해서는 다음과 같은 세 가지 조건이 동시에 갖추어져야 한다.

1 조건 : 헛값이 되려면 우선 시장에 거래되는 가격의 대상물이 생산된 사실이나 성질이 없어야 한다.

이 말은 거래되는 가격이 미래에 생산될 가치에 대한 현재의 자본액 또는 미래가치의 현재시점 할인가격이기는 하지만 현재에 그 생산활동이나 실체는 전혀 없는 그야말로 허구적 실체를 말한다. 이에는 투입가치가 없거나 투입비용과는 별개로 발생하는 토지, 주식, 선물의 가격이 해당한다. 여기에는 투자비용을 초과한 특허권, 광업권, 영업권 등도 포함된다. 그러나 특허권, 광업권, 영업권 등은 시한부 자본이기 때문에 다음에 말하는 헛값조건은 충족하지 못하므로 여기서 말하는 영구 허구물은 아니라는 것이다. 곧 시한부 자본은 그 실체가 실물이 아니거나 초과한 가격이라도 헛값은 아니다.

2 조건 : 거래되는 가격이 소비 · 소멸되는 사실과 성질이 없어야 한다.

미래가치에 대한 자본이나 현재 할인가는 존속기간이 한시적이면 그 가격은 점차로 소멸되면서 실물가치로 실현된다. 앞에서 설명한 것과 같이 1천만 원 원가(정상이윤 포함)로 생산된 자동차가 기능이나 운송능력이 3배가 향상되면 그 평가액이나 거래액도 역시 3배인 3천만 원이 될 것이다. 이 경우 초과액 2천만 원은 생산된 가치가 아니므로 구입 당시 현재에는 실물이 없다. 그러나 이 3천만 원의 자동차는 내용연수 10년 동안 실물가치로 모두 실현된다. 곧 3천만 원의 자본가격은 시간 흐름으로 투입가격이 모두 소비 소멸하고 그 대신 새로운 생산가치로 실현된다. 농장의 경운기는 그 자본 실체가 감가되어 경운기가 쌀의 가치로 변형 · 이전된다는 뜻이다. 이런 자본은 구입시 그 값이 실물을 크게 초과하여도 그 초과액은 헛값이 아니다. 1의 조건에 부합하는 특허권, 광업권 등은 2의 조건에서 실현되며, 그 성질은 실물 투자액보다 3배로 커진 자동차의 가격과도 같은 것이다. 그러나 실물을 초과한 토지, 주식, 선물은 적은 금액이라도 그 값은 소멸하지 않으며, 실물수익으로 변형 · 이전되는 성질이 없다.

3 조건 : 1의 조건과 2의 조건이 계속되면서 그 값도 계속하여 커지는 성질을 가지는 경우이다.

1과 2의 조건에 따른 가격이라도 한번 발생하여 더 이상 커지지 않고 영구적이고 그 수익이 일정한 성질을 가지면(커지거나 작아지지 않으면) 이는 일시성 헛값이다. 이는 원금이 가치로 실현되지는 않지만 자본의 실물수익이 원금의 시장이자와 영구적으로 일치한다. 곧 원금의 성장액이 영구 0이다. 성장하지 않는 토지의 매매가격과 성장과 비성장 구분없이 전세가격의 원금이 이에 해당한다. 이는 가격이 발생한 시점에 그 값에 해당하는 실물이 사회에 없기 때문에 한번의 초과수요는 발생하나 이 초과수요 현상이 더 이상 계속하여 발생하지는 않는다. 그리고 거래시 실물가치를 초과한 가격이라도 만기에 실물가치와 교환되는 가격은 헛값이 아니다. 선도거래가 그러하다. 그러나 토지와 주식은 계속하여 커지는 성질을 가지며, 선물은 실물과 교환되는 성질이 없다.

위에서 1, 2, 3의 조건을 동시에 만족하는 가격은 영구 헛값이다. 그런데 토지, 주식, 선물은 모두 이 조건을 동시에 만족한다. 단 선물은 영구물이거나 계속 커지는 물질이 아니지만 실물과 연계성이 0이고 거래수가 제한이 없는 가격이므로 그 거래액은 헛값이다. 따라서 헛값은 다음과 같은 세 가지 조건으로 요약할 수 있고, 이 세 가지 조건이 동시에 만족하면 그 가격은 반드시 헛값이 된다.

- 1조건 : 가격의 대상을 생산, 투자하지 못한다. 생산한 사실이 없다(비생산성, 생산불가).
- 2조건 : 가격의 대상을 사용, 소비하지 못한다. 소비할 방법이 없다(비소비성, 소비불가).
- 3조건 : 가격의 대상이 계속하여 커지는 성질을 가진다(성장성, 비실현성).

헛값의 세 가지 속성

시장에서 발생한 헛값은 실물이 없이 가격만 존재하므로 그 시장은 가공시장이고 거래는 허구거래이다. 그래서 실물과 달리 시장가격이 불안정하다. 헛값은 실물가격과 비교하여 다음과 같은 세 가지 특이한 성질을 갖는다. 그것은 땅값의 경우 그 땅이 실제 수익한 지대의 변동보다 ① '더 빨리', ② '더 크게', ③ '스스로' 발생하고 일시에 커지는 성질을 가진다. 이렇게 변하는 값 역시 모두 실물이 없으며, 미래에 실물과 교환되는 성질도 없기 때문에 허구적 현상일 뿐이다.

(1) 땅값은 '더 빨리' 발생한다

땅값은 지대보다 먼저 발생한다. 소득은 자본이, 이자는 원금이 먼저 있어야 발생한다. 지대는 곡식이 자라거나 땅을 사용하여 가치를 얻을 때 발생하므로 시간 흐름이 있어야 가능하다. 그러나 땅값은 현재의 가치활동이 아니고 미래에 발생할 가치가 현재에 미치는 가격일 뿐 현재의 시간 흐름이 필요하지 않다. 이는 예금에서 이자를 내려면 이자를 내기 전에 먼저 예금 원금이 투자되어 있고, 시간 흐름으로 그 원금이 생산한 가치에서 이자가 나오는 것과 이치가 같다.

지대는 시간 흐름이 멈춘 0의 시점에서는 발생하지 않으나 땅값은 경제활동, 곧 시간 흐름이 멈추거나 경제활동이 없는 0의 시점에서 발생한다. 쉽게 말하여 자본가격은 0시에 발생하고 소득가격은 0시 이후의 시간 흐름으로 발생한다. 이론적으로 표현하면 땅값은 시점가격이고 지대수익은 기간가격이다.

이러한 성질 때문에 땅값은 경제성장이 시작되면 먼저 커지고, 기술개발이 진행되면 땅값은 먼저 커진다. 성장과 개발에 따른 초과생산이 시작되면 생산이 완료되기 전에 그 초과생산의 자본가격이 일시에 모두 땅값으로 반영되어 버린다. 기술개발의 효과는 개발이 끝난 시점부터 지속하여 나올 가치이지만 땅값은 지금 시점에서 일시적으로 모두 올라버린다. 그 예로 10년 후에 특정 지역에 도로건설이나 도시개발이 예정되어 있을 경우 땅값은 10년 전에 이미 올라버린다. 주식도 어느 기업에서 3년 후 실적이 좋아질 것이라는 정보가 들어오면 주식가격은 그 정보가 현실로 실현될 경우가 아니라 정보가 있는 현 시점에 이미 올라버린다. 예상이 실현되는 시점에는 오히려 내리기도 한다. 실제로 존재하는 실물, 상품, 임대료, 서비스 등과 같은 가치물은 3년 후 또는 10년 후에 커지지만 땅값은 지금 바로 오르고, 크기도 미래의 예측치 100%가 (미래 기간의 이자율 크기의 할인만 하여서) 지금 모두 커져버린다.

(2) 땅값은 '더 크게' 커진다

경제가 장기로 3% 성장하면 이론적으로 임금과 지대도 장기로 3% 성장하고, 기술개발로 인한 생산의 증가가 2%가 늘어나면 소득은 2% 커진다. 그러나 땅값은 이러한 성장률보다 더 크게 커질 수 있다. 이자율 5%의 사회에서 100원의 지대에 대한 자본가격은 2,000이라고 하자. 그러나 100원의 지대가 앞으로 매년 3%씩 성장할 것이 예상되면 지대는 103, 106.1, 109.3으로 커진다. 그러나 땅값은 초기에 5,000으로 일시에 커져서 다시 그 값이 매년 3%씩 커진다. 이에 따라 1년도에 지대 100인 토지가 2년부터 매년 3%씩 성장한다고 보면 지대와 땅값은 다음과 같은 가격특성을 보인다.

연도	0년(일정)	1(성장)	2	3	4년	…	10년	11년(개발)	12년
지대	0	100	103	106.1	109.3	…	130	400	412
땅값	2,000[1)]	5,100[2)]	5,150	5304.5	19,260[3)]	…	25,000[4)]	25,750	26,523

1) 0년도 : 성장이 없고 지대가 매년 일정한 땅값 계산 2,000 = 100/0.05
2) 1년도 : 3% 성장을 가정한 땅값 계산 5,100 = 103/(0.05−0.03)
3) 4년도 : 11년도 개발가치가 미리 반영된 땅값 15,538
19,260 = 25,000/1.34(6년 현가율) + 112.6 × 5.45
(6년 성장연금 현가율)
4) 10년도 : 11년도 개발 후 첫 수익지대를 가정한 땅값 20,000 = 400/(0.05−0.03)

다음의 예에서 보면 실질수익인 지대는 2년 말에 3%(3/100) 커지는 데 비하여 땅값은 무려 255%(5,100/2,000)까지 일시에 올라버린다. 그것도 지대는 2년 말에 커지지만 땅값은 1년 말(또는 2년 초)에 이미 커져서 시간도 1년이 빠르다. 그러면서 지대와 같이 매년 3%씩 성장을 지속한다. 그리고 도로, 항만, 행정도시, 신도시 건설 등에서 보듯이 토지개발이 예정되면 땅값은 계획시점에서 이미 반영되어 버린다. 예에서 보면 11년도에 토지개발을 완공하여 개발가치를 내는 토지가 6년 빠른 4년도 말에 이미 땅값이 반영되어 버린다. 그것도 3년도에 비하여 무려 3.6배(19,260/5304.5)로 올라버렸다. 여기서도 땅값은 실물수익보다 '더 빨리' 커지고 '더 크게' 커지는 성질이 있음을 알 수 있다. 이와 같이 땅값과 주가는 원인변수의 변동에 비례적으로 변하지 않고 체증적(또는 체감적)으로 변한다. 이런 성질 때문에 주가는 폭등락을 반복하며, 땅값은 오를 때는 다른 실물의 변동폭에 비하여 폭등하는 성질을 가진다.

(3) 땅값은 '스스로' 커진다(변한다)

땅값은 지대의 자본가격이므로 지대와 관련하여 땅값이 커지는(변하는) 것이 맞다. 그러나 실제로는 한번 매겨진 땅값은 지대와 관계없이 자기 스스로의 힘으로 커진다. 땅값은 지대와 다르게 토지의 수요와 공급의 변동으로 값이 변하기도 하고 미래의 소문에 의하여 변하기도 한다. 주가가 기업의 이익과 관련하여 변하지만 실제로는 정치적 요인이나 다른 변동요인에 따라서 값이 오르내리기를 반복하는 것과 같은 이치이다.

땅값은 미래 지대의 자본가격이다. 그래서 지대가 없으면 이론적으로 땅값도 없다. 그러나 한번 발생한 땅값은 지대가 0이라도 존재하고, 그 땅값은 경제성장과 더불어 커지는 성질이 있다. 예를 들어서 우리나라 임야의 대부분은 생산물이나 지대생산이 장기적으로 0이다. 그리고 한계농지는 경작비용에 해당하는 임금과 이자는 발생할지 몰라도 이를 제외한 지대는 발생하지 않으므로 역시 0이다. 또한 그 현상이 일시적이지 않고 장기적이다. 깊은 산골에 위치한 임야는 짧아야 30년, 40년이고 길면 100년, 200년 후에도 특별한 예외(금광 발견)가 아니면 지대가 발생할 가능성이 거의 없는 곳도 있다. 혹시 있을 수 있는 금광의 발견, 곧 인간 노력을 통한 금광의 개발에도 땅값은 개발과 거래행위와는 전혀 관계가 없는 별개의 경제행위이다. 그럼에도 불구하고 땅값은 지금 매겨져 거래되고 있으며, 그 값은 경제성장과 물가상승을 따라 커지는 경향이 있다.

어떤 주택은 매매가격이 1억 원이고 전세가격은 7천만 원이다. 수익은 자본가격(매매가격)의 이자에 70%인 셈이다. 그러나 어떤 주택은 같은 매매가격 1억 원에 1천만 원의 전세가격이 있을 수 있다. 수익은 자본가격 이자의 10%에 불과한 것이다. 이와 같이 동일한 자본가격에 수익은 토지에 따라 7배나 차이가 나는 이유도 땅값은 수익과 연관성을 가지고 있더라도 현재의 수익이 아니라 미래의 수익에 대한 기대가격일 뿐이며, 수익과는 관련이 없는 땅 자신만의 값이기 때문이다.

아마 지금도 우리가 태평양 바다나 달의 일부를 일정 단위(백만 평)로 분할하여 등기를 하고 팔고 사게 하면 그 바다와 달은 거기서 나오는 수익과 아무 관련이 없이 값이 매겨지고, 그 값은 경제성장에 따라 상승하거나 변동할 것이다. 바다와 달은 사람의 접근이 용이한 땅보다는 성장과 변동의 폭이 적겠지만 발생한 값이 이러한 성질을 갖는 것은 분명하다. 땅값이 수익과 별개로 스스로 발생하거나 변동하는 것 말이다.

이와 같이 땅값은 지대, 임금 등의 실물변동보다 일시적으로 '더 빨리', '더 크게', '스스로' 변하는 시장속성을 갖고 있다. 일반적으로 땅값 변동에 가장 큰 영향을 끼치는 요인이 경제성장률(또는 단위생산성 증가율), 이자율, 그리고 세율이라는 3대 요인이다. 그런데 땅값은 이 세 가지 요인의 변동보다 먼저 변하고 더 크게 변한다. 그리고 이 3대 요인 중 발생지대의 변동은 실물의 수치인 경제성장률에만 영향을 받고 이자율 또는 세율과는 무관하다. 그러나 땅값은 실물생산보다 이자율과 세율의 변동에 강한 영향을 가진다. 이것이 땅값이 실물지대와는 별개이며, 스스로 변하는 성질이다. 여기에서 땅값은 변동의 폭이 일시에 더 커져서 폭등을 하거나 때로는 폭락을 하여 그 파장은 장기로 거시경제를 교란한다. 그래서 토지문제는 땅값이 있는 한 영영 풀지 못하며, 경제의 고질병을 일으키는 근본 인자이다.

헛값의 사회적 성질

토지와 주식에서 발생하는 매매차익을 우리는 보통 "불로소득"이라고 부른다. 그러나 우리가 통상적으로 말하고 있는 불로소득에도 세 가지 유형이 있다. 개인의 불로소득이 사회적으로도 소득이 커지는 가치 생산성 불로소득, 개인은 소득이나 사회적 소득은 0인 가치 이전성 불로소득, 그리고 이 둘 중 어느 쪽에도 속하지 않으며, 사회에서는 개인의 소득이면서 가치의 생산도 없고 가치의 이전도 없는 가치의 헛값성 불로소득이 있다.

헛값은 생산된 생산물에서 발생한 불로소득이 아니다. 이 책에서 땅값과 땅값차익은 헛값이라고 말하고 있다. 그러나 학자와 일반 사람들은 땅값차익을 보통 "불로소득(unearned income)"이라는 이름을 붙여서 부르기를 좋아한다. 곧 사람들은 땅값차익을 '불로(노력하지 않은)'라는 수식어 붙여서 '소득'이라고 부르고 있는 것이다. 그런데 이 소득이란 말은 오해의 여지가 많다. 토지를 팔 때 취득하는 양도소득이라는 말도 마찬가지이다. 땅값차익은 땅을 팔아서 이익을 얻은 개인은 분명하게 소득이 맞지만 사회에서는 그 소득에 해당하는 가치물이 없다. 그런데 우리가 일반적으로 알고 있는 불로소득은 가치물의 생산, 이전, 존재 여부에 따라서 다음과 같이 세 가지 형태로 나누어 볼 수 있다.

(1) 가치 생산성 불로소득(+게임)

불로소득은 말 그대로 노력하지 않고 번 행운의 큰 실물소득을 말한다. 길을 가다가 노다지를 발견하거나 등산을 하다가 10년 된 산삼을 캔 경우가 이에 해당한다. 그런데 이러한 불로소득은 그 취득 자체가 국민소득의 증대행위에 속한다. 이러한 불로소득의 발생기회는 많으면 많을수록 좋은 것이다. 이런 성질의 불로소득은 우리가 일하지 않고 번 소득이라고 하여 그 소득의 취득을 금하거나 제한할 이유가 없다. 오히려 적극 장려해야 할 일이다. 이런 경제행위는 국민소득을 증가시키는 경제의 생산활동이다. 그래서 가치 생산성 불로소득은 국민소득 집계에서 '+'가 되며, 이를 게임에 비유하면 '+' 게임에 해당한다.

(2) 가치 이전성 불로소득(0게임)

가치 이전성 불로소득은 흔히 있는 도박, 복권, 경품 등에서 발생한 개인의 소득이 여기에 해당한다. 가치 이전성 불로소득은 개인적으로는 소득이고, 사회적으로도 그 소득에 해당하는 실물이 있기는 하지만 그 값이 국민소득이 아닌 현상을 말한다. 가치 이전성 불로소득은 얻은 자만큼 잃은 자가 있다. 그래서 한 쪽은 소득이 +이나 다른 한 쪽은 소득이 -이다. 그리고 엄밀히 말하여 흔히 있는 일반 상품의 거래에도 작은 금액이지만 이러한 가치의 이전현상이 발생한다. 거래에서 효용가치보다 낮게 평가되거나 높게 거래된 경우 그 차액의 수혜자는 가치 이전성 불로소득을 누리게 된다. 도박과는 많이 다르지만 개인이 정부에 내는 강제성 세금, 사회복지를 위하여 스스로 내는 구제금과 자선금도 여기에 속한다. 가치 이전성 불로소득은 얻은 자에게 그 크기만큼 실물이 존재하고 있으므로 헛값이 아니다. 그러나 이러한 경제행위가 국민소득을 증가시킨 것은 아니기 때문에 국민소득 집계에서는 0이고 사회적 게임은 '0' 게임에 해당한다.

(3) 영구 헛값성 불로소득(−게임) = 팽창(거품) 가격성 헛값

이제 이 글의 핵심 주제인 가치의 헛값성 불로소득 문제이다. 누가 주식이나 땅을 사두었더니 일시 또는 시간경과로 정상이자를 초과한 값이 2배가 올랐고, 그 땅을 팔아서 2배의 매매차익을 올렸다. 이는 소유자 개인에게는 분명히 소득이며, 노력 없이(노력보다 큰) 번 수입이므로 불로소득이다. 그러나 이 땅값차익은 노다지나 산삼처럼 현존하는 가치물이 아니다. 도박이나 경품처럼 이전소득도 아니다. 도박은 딴 자가 있으면 잃은 자가 있고, 복권과 경품은 당첨자가 있으면 그 값은 공짜로 출연한 시장참가자(복권구입자)가 있다. 그러나 땅값차익은 실물소득도 아니고 누가 손해를 본 자도 없다. 땅값차익은 그 값을 복권구입자처럼 누가 공짜로 대어준 사람이 없다. 땅값을 2배로 주고 그 땅을 새로 산 사람도 자기가 거래하면서 정보를 속지 않는 한 정당한 시가대로 값을 주고 산 것이다. 매입자는 지금이라도 땅을 팔면 구입한 가격만큼 받을 수 있다.

그런데 이 땅값 매매차익은 사회적으로 사람이 지금 쓸 수 있는 국민소득도 아니고, 가치가 수평 이전된 이전소득도 아니다. 더구나 이 값은 앞으로도 국민소득으로 실현되는 성질이 없다. 그래서 국민소득의 집계에는 개인의 소득 총계에서 이 값을 차감(–)해 주어야 하며, 이러한 거래나 경제행위는 '–' 게임이 된다. 이 매매차익은 그 값에 해당하는 실물과 실체가 없다. 이 값은 현재도 없고 앞으로도 영원히 없다. 이것이 영원히 존재하지 않는 가치, 곧 헛값의 실상이다. 그래서 이 땅값차익은 실제 그 땅이 생산한 토지가치(지대)와는 별개로 존재하면서 경제에는 거품처럼 팽창하거나 작용하는 허구가격일 뿐이다.

이제 헛값의 속성을 정리하여 보면 땅값은 헛값의 3대 조건(비생산성, 비소멸성, 성장성), 헛값의 3대 속성(더 빨리, 더 크게, 스스로), 그리고 '–' 가격으로 헛값의 사회적(거시적) 성질까지 모두 갖추고 있다. 따라서 땅값은 일반 상품과는 출생 신분부터 다르며 시장성질도 판이하게 다르므로 경제에서는 누구나 부정할 수 없는 완전 헛값이 된다.

3. 쌀, 차(車), 땅의 가치 흐름 비교

균형상태에서 쌀의 현재가치인 시장가격과 미래의 기대가치를 반영한 자본가격은 크기가 같다. 이론적으로 쌀의 자본가격은 쌀 자본이 미래에 생산할 수익을 현재 시점의 이자율로 할인한 할인가이다. 이를 수식으로 표현하면 다음과 같다.

자본가격(L) = (A) 미래 n년간 생산가치의 현재 연금 할인가
(연금 현가) L : 사글세 가격

자본가격(P) = (A) 미래의 n년간 생산가치의 연금 할인가 + (B)
미래 n년 자본가격의 할인가 P : 소유 가격

균형상태에서 수익(이자)은 자본가격에 수익률(이자율)을 곱한 값이다. 그래서 자본가격은 수익(이자)을 이자율로 나눈 값이다. 연간 수익률 또는 이자율 5% 사회에서 자본가격 2,000의 수익은 100(100 = 2,000연 × 0.05)이다. 반대로 수익(이자) 100을 내는 자본가격은 2,000(2,000 = 100 × 0.05)이다. 자본가격은 자본의 소유가격이다. 소유가격에 대한 이자는 일반적으로 투자나 소유에 대한 기회비용이 된다.

기회비용이란 학문적인 용어로 하나의 선택을 위하여 포기할 수밖에 없는 다른 손실을 말한다. 공부를 하기 위하여 좋아하는 컴퓨터 게임을 포기해야 할 경우, 이때 포기한 컴퓨터 게임의 즐거움이 공부의 기회비용인 셈이다.

그래서 어떤 투자안에 대한 기회비용은 보통 그 자금을 위험이 없는 은행에 장기로 넣어둘 경우 발생하는 이자수익으로 잡는다. 투자를 하지 않고 은행에 넣어두면 이자를 받을 수 있지만 투자를 하면 이자를 받지 못하기 때문이다. 이 개념은 투자에서 단기성 상품인 쌀, 장기성 감가 자본재인 자동차, 그리고 장기성 성장 자본재인 땅과 주식 등 모든 자본에서 구분하지 않고 적용되는 일반 상식이다. 부동산시장의 전세가격도 그 이자가 비용이고 수익은 임차료가 된다.

그러나 이러한 상식에 도로 우리가 모르는 경제의 고질병인 가치함정이 숨겨져 있다. 5% 이자율 사회에서 쌀 2,000을 임대하면 연간 사용료는 100이다. 여기에는 기회비용인 소유비용과 그 대가인 사용수익이 일치한다. 그리고 현실적으로 보기 드물지만 쌀 2,000의 자본을 전세형태로 빌린다면 어떻게 될까? 이 경우 쌀 2,000의 전세금도 2,000이다. 여기서 전세금의 이자는 사용수익이라고 볼 경우 비용과 수익의 관계는 다음과 같다.

쌀 소유비용 = 쌀 사용수익

쌀 원금 × 이자율 = 쌀 전세금 × 이자율

쌀값 이자 2,000 × 0.05 = 쌀 전세금 2,000 × 0.05

[쌀 소유비용 100 = 쌀 사용수익 100]

그러나 차를 전세로 빌리면 어떻게 될까? 차는 시간 흐름으로 원금이 줄어드는 자본재이기 때문에 렌터카(rental car)의 임대료에는 소유비용인 이자 상당액에 자동차의 감가상각비가 추가로 포함되어야 한다. 그래야만 소모되고 없는 자본(투자 원금)을 회수할 수 있다. 그래서 렌터카의 임대료는 정액성 자본재인 채권의 대여이자보다 크다. 여기서 이자를 초과한 초과 임대료는 원래 자동차 원금의 감소분에 대한 충당분이므로 이를 수익에서 차감해야 한다. 따라서 자동차의 감가상각비를 200이라고 하고, 이러한 관계를 수식으로 나타내면 다음과 같다.

자동차 소유비용 < 자동차 사용수익
자동차 원금 × 이자율 < 자동차 전세금 × 이자율
자동차 소유이자 = 자동차 사용수익 − 자동차 감가상각충당금
차값 이자 2,000 × 0.05 = 자동차 사용수익 300 − 자동차 감가상각충당금 200
[자동차 소유비용 100 = 자동차 사용수익 100]

그런데 성장하는 땅이나 부동산은 빌리게 되면 위의 쌀과 차의 경우와 매우 다르다. 미래가치가 감가하는 자동차와 성장하는 땅은 자본의 가격 흐름이 전혀 다르거나 반대 현상이라는 말이다. 자동차의 사용수익은 은행이자보다 크고 그 큰 값은 원금의 감가상각 충당금이므로 다시 원금으로 돌려야 하는 값이다. 그러나 부동산의 사용수익은 은행이자보다 오히려 작게 나오며, 그 대신에 작은 값만큼 원금(자본가격) 자

신이 커진다. 부동산 가격의 연간 성장을 60이라고 하면 그 소유비용과 사용수익의 관계는 다음과 같다.

부동산 소유비용 > 부동산 사용수익
부동산 원금 × 이자율 > 부동산 사용수익(부동산 전세금 × 이자율)
부동산 소유이자 = 부동산 사용수익 + 부동산 가격 상승분
부동산 가격이자 2,000 × 0.05 = 부동산 사용수익 40 - 부동산 가격 상승분 60
[부동산 소유비용 100 > 부동산 사용수익 40]

그래서 이를 종합하여 쌀, 차, 땅의 가치 흐름을 비용과 수익만을 비교하면 다음과 같다.

정액성 자본재(쌀) : 비용(자본이자) = 수익(자본수익)
비용(쌀값이자) = 이자수익
감가성 자본재(차) : 비용(자본이자) < 수익(총수익), 총수익 중 감가상각비를 차감하면 비용(차값이자) = 차값수익(자본수익)
성장성 자본재(땅) : 비용(자본이자) > 수익(총수익), 땅값 성장은 생산물질이 아니므로

[비용(땅값이자) > 토지수익(총수익)]

이 식에서 성장성 자본재인 땅은 그 자본가격의 이자비용이 그 자본이 생산한 수익보다 크다. 그래서 차액의 손실은 자본성장으로 토지를 처분할 때 개인적으로 보상을 받기는 하지만, 사회적으로 보면 실제 수익이나 감가상각과 같이 생산된 실물이 아니다. 곧 성장성 자본액인 땅값과 주식은 투자비용을 수익이 보상하지 못한다. 따라서 수익으로 보상받지 못하는 값만큼 땅값 원금이 커져야 하고, 그 값은 투자자의 비용 보상분이지만 사회는 실물이 없거나 실물을 초과하는 값만 추가로 유입되고 있는 것이다.

우리가 경험하고 있는 바와 같이 주택시장에서 [주택가격 > 전세금]이 일반 현상이고, 주식시장에서 [주식이자 > 기업이익]도 일반 현상이다. 이는 땅값과 주식의 가격이 성장성 자산이기 때문에 발생하는 현상이며, 그 차액은 실물이 없는 헛값으로 사회적 초과수요만 발생시킨다.

4. 성장 자본재의 상호 간 비교

1천만 원짜리 자동차의 평균수익 또는 균형수익은 자동차 가격의 사회적 이자율이나 평균 이자율이다. 예를 들어서 5%의 이자율 사회에서 1천만 원짜리 자동차 소유자는 자동차를 수명(내용연수) 대로 굴리면 감가상각비를 제하고도 매년 50만 원의 수익을 올린다. 또 누가 같은 1천만 원의 자동차를 굴려서 그 2배 수익인 100만 원을 올리면 어떻게 될까? 이런 경우 차값은 1천만 원이지만 수익의 자본가격은 2천만 원이다. 이때 누가 이런 자동차 사업에 투자한다면 2천만 원을 투자하여야 할 것이다. 그래도 이 투자액은 자동차 사용으로 다 찾아 쓸 수 있다. 감가상각비는 내용연수 10년에 매년 10%라고 보면 총수익과 순수익은 다음과 같다.

1천만 원 × 이자율 0.05 = 순수익 50만 원 = 총수익 150만 원
– 감가상각 충당금 100만 원
2천만 원 × 이자율 0.05 = 순수익 100만 원 = 총수익 300만 원
– 감가상각 충당금 200만 원

1천만 원의 10년 만기 총수익 1,500만 원, 자본의 잔존가격 0
= 500만 원(순수익 50만 × 10년) + 1,000만
(감가상각충당금 100만×10년)
2천만 원의 10년 만기 총수익 3,000만 원, 자본의 잔존 가격 0
= 1,000만 원(순수익 100만 × 10년) + 2,000만
(감가충당금 200만 ×10년)
* 편의상 복리이자는 계산하지 않음

한편, 5% 이자율 사회에서 1천만 원짜리 쌀로 떡장사를 하면 연간 순수익(인건비와 기타 재료비 등 제외)은 50만 원이다. 50만 원을 이자율로 나누어 자본계산을 하여도 1천만 원(1천만 원 = 50만 원 ÷ 0.05)이다. 판매 대금을 모두 쌀로 받는다면 1년 후에는 원금 1천만 원의 쌀과 이자 쌀 50만 원, 총 1천50만 원의 쌀이 남는다. 또 어떤 떡장사는 떡맛이 남달리 좋아서 같은 1천만 원짜리 쌀로 떡장사를 하면 연간 150만 원의 순수익을 올리기도 한다. 영업비법이 평균보다 3배가 좋기 때문이다. 그러면 자본가격은 3천만 원(3천만 원 = 150만 원 ÷ 0.05)이다. 쌀값은 1천만 원이지만 그 자본가격은 3천만 원이다. 이 경우 쌀값을 초과한 자본액 2천만 원은 쌀 1천만 원보다 영원히 더 크다. 그래서 쌀보다 커진 자본가격이 다소 문제가 발생한다.

쌀과 같은 실물가격 또는 투입가격보다 커진 자본가격은 초과수요로 인하여 종종 큰 문제를 발생시키기도 한다. 16세기 말과 17세기 초에 유럽에서 발생한 '가격혁명'이 그 좋은 예이다. 이 당시 유럽사회는 약 3배에 가까운 인플레이션이 발생하여 경제적 소용돌이를 경험한 적이 있다. 신대륙의 개척과 함께 금광의 대량 발견으로 인하여 유럽은 미래

의 금생산에 대한 기대로 금광에 대한 자본가격이 일시에 대거 발생하였다. 그러나 이 자본가격은 미래가치이지 실물이 아니기 때문에 현재의 실물시장은 가공 구매력을 일으켜서 유럽 전체의 물가를 갑자기 3배나 올려버렸던 것이다. 이 예는 세계화라는 이름 아래 선물거래가 처음으로 대량 도입된 1990년대에도 있었다. 1992년 유럽의 통화위기나 1994년 남미의 위기, 1997년 아시아의 경제위기가 모두 이렇게 실물이 아닌 자본가격이 갑자기 커져서 온 것이다.

그러나 이렇게 갑자기 커진 자본가격이라도 그 성격이 시한부 자본이거나 그 가격이 항상 일정한 정액성 자본이면 일시적 문제이지 장기적 문제는 아니다. 이런 성질의 자본거래는 투입비용보다 월등하게 커진 특허권 등의 산업재산권, 저작권 등의 지적 재산권, 광업권과 어업권, 영업권, 그리고 스포츠 선수나 인기 연예인에 대한 전속 계약권 등에서도 발생한다. 그러나 이들은 장기적으로 보면 그 값은 시간경과로 소멸하는 소멸성 성장 자본재이거나 더 이상 커지지 않는 1회성 성장 자본재이기 때문에 별 문제가 없다는 것이다. 소멸성 자본은 만기에 가치 실현으로 1회성 성장 자본재는 [소유비용 = 사용수익]으로 균형이 성립하기 때문이다.

그러나 토지와 주식은 그 자본이 비소멸성 성장 자본재이며, 그 자본이 계속하여 커지기만 하고 소멸하는 성질은 없기 때문에 계속하여 문제가 되는 것이다.

- 소멸성 성장 자본재 : 초과수익을 내는 감가성 자본재(기계 자동차 등), 한시 자본인 특허권, 광업권, 영업권 등
- 1회성 성장 자본재 : 할증 사채권과 같이 액면가보다 높은 자본가격이 발생하나 더 이상 커지지 않고 일정한 가격의 자본재를

말한다.

- 지속적 성장 자본재 : 지금 커질 뿐만 아니라 시간 흐름에서 계속하여 커지는 성질을 말한다. 성장성 토지와 주식이 이에 해당한다. 헛값은 지속적으로 성장하는 자본재에서만 발생한다.

5. 땅값 헛값의 증명

(1) 증명 1 : 매매가와 전세가의 부등식에서 나타난 헛값

토지의 매입비용은 매입가에서 계산되고, 그 수익은 전세가나 사글세에서 나온다고 볼 수 있다. 물론 전세자의 비용은 전세가격에서 발생하고, 그 수익은 사용가치라고 볼 수도 있다. 한편 예금의 거래가(채권액)와 전세가(채무액)는 일치한다. 쌀의 거래가와 전세가, 곧 쌀을 일정 기간 보증금을 걸고 빌려 쓰고 동질의 쌀을 돌려주는 전세가(채무액)는 서로 일치한다. 그러나 자동차와 같은 감가성 자본재는 거래가보다 전세가가 더 크다. 그 이유는 자동차가 시간 흐름으로 감가하여서 사용기간이 지난 후는 원금이 감소한 차를 되돌려 받아야 하기 때문이다. 그런데 토지는 [매매가격 > 전세가격 > 사글세 원금]의 시장성질을 가지고 있다. 이를 정리하여 부등호로 표시하면 다음과 같다.

쌀 또는 예금 : [매매가격(채권) = 전세가격(채무)]
기계, 자동차 : [매매가격 < 전세가격]
토지와 주식 : [매매가격 > 전세가격]

토지의 사글세는 일정기간 토지의 미래수익이나 사용가치에 대한 할인가(현재 시점의 할인가격)이다. n년간의 사글세 가격은 아래 식과 같다. 그리고 일정 기간 토지의 전세는 토지의 미래수익이나 사용가치에 대한 보증금 또는 담보가격이다. 그래서 n기간의 전세가격은 n년간의 미래수익에 대한 할인가와 그 할인가의 반환을 담보하는 가격이 포함된다. 그 다음 토지의 소유가격은 n기간 미래수익의 할인가와 n년 후의 토지 소유가격에 대한 할인가의 합이다. 이를 수식으로 표현하면 다음과 같다.

사글세 가격 = (A) n년간의 토지수익의 할인가 = n년간 토지수익의 연금 현가

전세가격 = (A) n년간의 토지수익의 할인가 + (B) n년 후 반환할 보증금의 할인가

n년간 토지수익의 연금 현가 + n년에 반환할 전세 보증금의 현가

소유가격 = (A) n년간의 토지수익의 할인가 + (B)n년 후 반환할 보증금의 할인가 + (C) n년 후 땅값 성장액의 할인가

그런데 n년간 토지를 사용하여 실제로 얻을 수익은 A뿐이다. 그리고 특정 기간의 보증금은 일정하지만 토지는 시간의 흐름으로 값이 커진다고 보면 n년 후의 전세 보증금은 0년도 보증금보다 크다(실제는 기간 평균의 정액 보증금). 그리고 이 현상은 성장성 토지에서 영구적이다.

따라서 B는 전세기간 동안 한시적으로 발생한 영구 미실현가치이며, C는 영구적으로 발생한 영구 미실현가격이다. 곧 A보다 큰 가격 B와 C는 영구적으로 미실현될 가치이므로 사회에서는 영구 헛값이 된다.

이러한 자본의 성질별로 매매가격(P), 전세가격(J), 사글세 가격(L)의 크기를 5장 1번의 이론가격인 (5−1) 식에서 (5−8) 식을 응용하여 비교하면 다음과 같다.

• 정액성 자본재

$P = R_1[\{1-(1+i)^{-n}\}/i] + P(1+0)^n(1+i)^{-n}$ ……………… (5−1)

$J = R_1[\{1-(1+i)^{-n}\}/i] + J(1+0)^n(1+i)^{-n}$ ……………… (5−9)

$P = J$

• 감가성 자본재

$P = R_1[\{1-(1-d)^n(1+i)^{-n}\}/(i+d)] + P(1-d)^n(1+i)^{-n}$ ……… (5−8)

$J = R_1[\{1-(1-d)^n(1+i)^{-n}\}/(i+d)] + J(1+0)^n(1+i)^{-n}$ ………… (5−10)

$P < J$

• 성장성 자본재

$L = R_1[\{1-(1+g)^n(1+i)^{-n}\}/(i-g)]$ …………………… (5−11)

$J = R_1[\{1-(1+g)^n(1+i)^{-n}\}/(i-g)] + J(1+0)^n(1+i)^{-n}$ ……… (5−12)

$P = R_1[\{1-(1+g)^n(1+i)^{-n}\}/(i-g)] + P(1+g)^n(1+i)^{-n}$ …… 5−4)

$P > J > L$

이를 쉽게 표현하면 전세가격은 현재가치 R의 자본가격으로 J = R/i로 인식되고, 매매가격은 이 현재 자본가격 J에 미래가치와 성장률 g가 추가되어 P = R/(i-g)가 된다. 여기서 매매가격과 전세가격은 영구히 P > J이므로 그 차액은 헛값이 된다.

(2) 증명 2 : 수리적 증명

사람이 미래에 쓸 수 있는 가치를 U, 이 U에 대한 현재 시점의 할인가치 총계를 S라고 하자. 여기서 U는 사람이 매년 먹고, 입고, 자고, 즐길 수 있는 미래가치 또는 미래의 효용(效用)이다. 그리고 U는 매년 경제성장률 g의 비율만큼 커지고, S는 이 가치를 현재 시점에 할인한 자본가격으로 역시 U를 따라 g의 비율로 커진다.

U = 현재(기말) 또는 미래에 쓸 수 있는 가치
S = 미래의 U에 대한 현재(기초) 시점의 할인가격 합계, U를 생산할 자본가격

그러면 효용 U와 S는 매년 g의 비율로 커지므로 매기 $U(1+g)^n$, $S(1+g)^n$의 값을 가진다. 성장률 g가 3%이면 제1년 가치 U가 100일 때, 그 다음해는 103{103=100×(1+0.03}, 그 다음 3년째는 106.09{106.09 = 103(1+0.03)}이다. 그리고 1년 말 U가 100일 때, 이자율이 5%이면 0년

도(1년 초) S는 5,000이 된다고 하자. 그리고 S도 U가 커짐에 따라 같은 비율로 동반하여 상승한다. 그러면 U와 S는 매년 다음과 같은 비율로 커진다. 아래 표에서 작은 s는 S가 매년 커지는 값이다.

〈표 5-1〉 가치와 헛값의 시간 흐름

시간	0년	1년	2년	3년	4년	5년 …………… ∞
U	0	100	103	106.1	109.3	112.6 ………… ∞
S	5,000	5,150	5,304.5	5,463.6	5,627.5	5,796.4 ……… ∞
s	0	150	154.5	159.1	163.9	168.8 ………… ∞

그런데 위의 <표 5-1> 에서 사람이 쓸 수 있는 가치는 U뿐이므로 U가 아닌 S와 s는 사람이 쓸 수 있는 가치가 아니다. 이 현상은 앞으로 영구적이다. 그리고 만약에 시간이 지나서 g가 0이 되거나 S가 하락하여도 한번 발생한 S와 s가 U로 변하는 성질은 없다. 곧 U는 쓰는 가치, S는 영원히 쓰지 못하는 값이다. 여기서 S는 땅값, s는 땅값 평균 성장액, U는 토지수익으로 실질 생산물인 지대를 말한다.

곧 땅값 S는 인간이 쓸 수 있는 가치 U로 변하는 성질이 영원히 없으므로 헛값이다. 이 진술은 불변의 성질이고 진실에 속한다. 그러나 사람은 이런 경제적 현상을 거의 모르거나 알아도 S가 인간이 쓸 수 있는 가치로 잘못 생각하고 있고, 그렇게 행동하면서 살고 있다.

(3) 증명 3 : 가치 흐름의 방향으로 본 헛값

땅값은 자본과 소득의 관계에서 가치 흐름이 자동차 가격과 다르다. 다시 말하면 사람이 쓸 수 있는 가치와 쓸 수 없는 가치는 그 가치 흐름이 시간의 정상적 흐름과는 반대로 나타난다는 것이다.

경제, 사회에서 가치란 그 가치의 생성과 소멸이 과거(過)에서 현재(現), 현재에서 미래(未)로 흐르고 있고, 또 그렇게 흘러야 한다. 들짐승의 먹이가 되는 한 포기의 풀은 봄에 싹이 나고 여름에 자라며, 그 시간을 따라 자란 풀을 사슴이 뜯어먹는다. 사자의 먹이가 되는 사슴도 시간의 흐름으로 자라야만 사슴의 먹이가 된다. 모두 과거에서 현재로의 가치 흐름이다. 이것이 가치의 생산이다. 그리고 잡은 사슴도 먹으면 먹을수록 줄어든다. 시간이 흘러서 가치를 누린 만큼 그 가치의 양은 줄어든다. 이것은 현재에서 미래로 흐른다. 이것이 소비이고 사용이다.

이런 가치 흐름은 사람이 만든 자동차도 마찬가지이다. 자동차 부속들이 따로따로 있다가 시간의 흐름으로 서로 끼워져서 조립되고 뭉쳐져서 자동차의 본체를 만들고 제 기능을 낼 수 있다. 이것은 과거에서 현재로의 가치 흐름이다. 이것이 생산이다. 그리고 만들어진 자동차는 다시 시간 흐름으로 사용되면서 가치가 소모된다. 이것이 가치의 사용이고 소비다.

생산과 소비에서 시차의 구별이 어려운 서비스도 실상은 과거에서 현재로, 현재에서 미래로 흐른다. 의사의 치료는 현재의 환자에게 시간의 흐름을 함께 행하는 서비스이다. 우리가 산을 향하여 크게 외쳐보면 그 소리는 시간 흐름을 따라 소리가 나고(생산되고), 시간 흐름을 따라 우리에게 가치(소리)로 전달된다(소비된다). 그러므로 가치란 반드시 과거에서 현재, 현재에서 미래로 흘러간다. 이를 단순하게 표현하면 가치란 "과현미(過現未) 방향"으로 흐른다. 화살표로 표시하면 "과거 → 현재 → 미래"의 방향이란 뜻이다.

그리고 예외적이지만 이런 성질의 가치도 있다. 미래에 발생할 시한부 가치가 현재의 자본가격으로 인식되어 거래되기도 한다. 성경이 말하는 토지의 50년간 사글세 거래가격, 투입비용을 초과한 특허권, 광업권, 어업권 등의 한시적 무형재산의 가격, 프로 선수의 몸값과 같은 것이 여기에 해당한다. 이 가격은 현재 실제 투입한 가치가 없거나 투입한 가치를 초과하며, 또 그것을 미래가치의 자본가격으로 값을 매겨서 팔고 살 경우에 나타난다.

이들은 모두 거래가액(또는 평가액)이 한시 미래가치의 현재 할인가이다. 그래서 미래가치가 현재로 당겨오는 시간의 역류현상이 발생한다. 그러나 미래에서 현재로 발생한 가격이 더 이상 계속되지 않고 다시 U턴을 하여 시간 흐름으로 가치가 생산 · 소비되고 소멸한다. 곧 가치 흐름이 미래에서 현재 시점까지 왔다가 현재 시점에서 U자형 턴을 하여 다시 미래로 흘러가서 소멸한다. 광업권과 같은 한시자본은 그림으로 표현하면 "현재와 미래의 U자형 교차"방향이다.

그러나 토지는 영구 미래 생산물에 대한 현재 시점의 할인가이다. 그래서 그 값은 미래에서 현재로 당겨오고, 다시 현재에서 과거로 흘러간다. 현재의 땅값 1,000원은 누가 투입한 가치가 아니며, 미래에 생산될 기대가치가 현재 시점으로 당겨온 값이고, 또 그 값은 현재에서 과거로 흘러간다. 한번 발생한 땅값은 절대로 미래로 흘러서 소비 · 소멸되는 성질이 없다. 그래서 땅과 땅값은 가치 흐름이 "미현과(未現過) 방향"이며, 화살표로는 항상 "과거 → 현재 → 미래"의 방향이 된다. 그리고 땅값은 미래에서 현재로 흘러오기 때문에 그 가치를 누가 생산하거나 소비한 사실이 없고, 또 미래에 가도 그 가치를 누가 생산하거나 소비 · 소멸하지 못한다. 사람은 땅 그 자체를 생산 · 소비하는 것이 아니라 다만 땅이 생산한 가치만을 생산 · 소비할 뿐이다.

그러나 우리의 눈에는 토지가 과거에서 현재로 흘러온 자본재이고, 이 자본은 다시 미래에 지대를 생산하므로 땅값도 현재에서 미래로 가치가 시간과 함께 흐르고 있는 물질로 생각한다. 일반 생산물이나 자동차와 같이 말이다. 그리고 우리는 땅값의 가치 흐름을 실제와는 반대로 오해한다. 땅이 생산한 가치인 지대의 흐름과 땅 그 자체의 가치 흐름을 두고 방향을 혼동하는 것이다. 이는 가치의 착각현상이다. 땅값은 영원히 미래에서 현재로 당겨오고, 또 그 값은 광업권이나 어업권 같이 U턴도 없으며 과거로 흘러갈 뿐이다. 만약 토지가 미래로 흘러서 소비 · 소멸되는 성질이 있으면 우리는 생활에서 땅을 계속하여 창조해야만 생명을 유지하고 자손을 세상에 존속시킬 수 있다.

이를 종합하면 가치의 시간 흐름은 다음과 같다.

① **실물가치**(쌀, 자동차, 서비스) : 과거 → 현재 → 미래
② **한시적 미래가치**(특허권, 광업권 등) : 현재 ↔ 미래의 U턴형 교차
③ **영구적 미래가치**(토지, 주식, 선물) : 과거 ← 현재 ← 미래

①과 ②는 현재에 존재하는 가치 또는 미래에 실현 가능한 가치의 선불가격으로 소유와 거래가 모두 가능하다. 그러나 ③은 현실 경제에서는 영원히 그 값이 가격만 있고 그에 상응한 실물(재화나 서비스)이 존재하지 않는다. 또 그 가격이 가치로 결코 실현되지 않는다. 따라서 ①과 ②는 가치이고 ③은 가치가 아니다.

- **숨겨진 허구** : 땅값은 지대나 자동차와 같이 가치가 과거에서 현재로, 그리고 현재에서 미래로 흐른다(가치 흐름의 화살표는 과거 ← 현재 ← 미래). 따라서 땅값도 지대와 자동차 같이 그렇게 흐른다.
- **밝혀진 진실** : 땅값은 쓸 수 있는 가치와는 반대 방향인 미래에서 현재로, 그리고 현재에서 과거로 흘러간다(가치 흐름의 화살표는 과거 ← 현재 ← 미래).

(4) 증명 4 : 기하학적 성질 차이에서

땅값과 지대의 시간적 크기를 기하학적 그림으로 나타내면 두 값은 판이하게 성질이 다른 모습을 가진다. 지대 R은 0년도에 값이 없다. 그리고 지대 R은 매년 g의 비율로 커지면서도 시간 흐름(기초에서 기말)에서 발생하며, 숫자는 0에서 시작하여 매년 R의 전체 크기만큼이다. 지대는 이렇게 매년 0에서 시작하여 $R(1+g)^n$만큼 발생과 커짐을 반복한다. 그래서 n년 후의 지대 총합은 연금의 단순 합계가 되고, 이를 평면 그림으로 그리면 모양은 면적이 된다. <그림 5-1> 에서 총면적의 길이는 기간이고 높이는 매년 $R(1+g)^n$의 크기이다.

그러나 땅값 P는 0년도에 이미 있다. 땅값 P는 0년도에 이미 시작하되 시간 흐름 없이 갑자기 0보다 큰 수가 발생한다. 그리고 가격 P는 매년 g의 비율로 커지기는 하나 0부터 커지는 것이 아니라 전년도 전기 P에서 g의 비율만큼만 커진다. 그래서 n년 후의 총 크기는 P의 연금 합계가 아닌 단순 종가로 나타난다. 곧 현재의 P는 항상 전기의 P에 g의 비율만큼이 커지고 있을 뿐이다. 총 크기는 시점값이며, 높이는 0에서

〈그림 5-1〉 지대와 땅값의 그림 비교

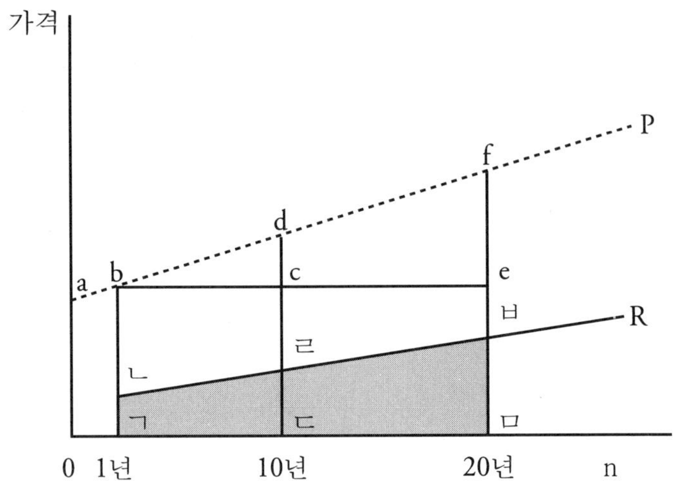

주) 지대(R) : 1~10년의 크기 ⇒ 면적 ㄱㄴㄷㄹ

1~20년의 크기 ⇒ 면적 ㄱㄴㅁㅂ

땅값(P) : 1~10년의 크기 ⇒ 수직선 cd

1~20년의 크기 ⇒ 수직선 ef

시작하는 것이 아니라 초기값 P에서 $P(1+g)^n$로 커지기만 한 값이다. 지대의 크기는 면적이지만 이 그림에서 땅값은 점 또는 선으로만 나타난다. 이와 같이 지대와 땅값은 가격의 발생시점이 다르고 생성과정과 성장의 성질이 전혀 다르다. 그래서 가격의 크기를 그림으로 그리면 그 모양과 성질이 판이하게 다르다.

여기서 면적은 사람이 사용할 수 있는 가치물이고, 점과 수직선은 가치물이 아니므로 사용할 수가 없다. 점은 면적의 위치, 선은 면적의 경계를 나타낼 뿐 면적인 가치물이 아니기 때문이다. 물론 여기서 말하는 면적은 쓰는 가치, 점과 선은 쓰지 못하는 값이라는 진술은 정의상의 문제이다. 그러나 그림에서 지대와 땅값은 시간과 모양의 기하학적 성질이 전혀 다르고, 땅값이 지대로 변하는 성질이 없는 한 둘은 같은 성질을 가질 수 없는 것은 분명하다. 그러나 다 같은 자본이라도 쌀은 P 자체가 R의 재투자분이며, 자동차 P는 R로 변하기 때문에 토지의 P와는 근본이 다르다.

(5) 증명 5 : i, g, t 요인과 가격변화의 성질에서

땅값은 그 자본공식 P = R/(i−g)에서 그 변수의 성질을 규명하여 보아도 알 수 있다. 여기서 땅값은 수익(R)이 일정하여도 가격(P)은 이자율(i)과 성장률(g)에 의하여 변하며, 이때 P는 지대(R), 생산원가(C), 효용(U)과는 관계없이 i, g의 변화만을 따라 단순하게 변한다. 이 경우 P는 i, g의 변화에는 비례적이지 않고 체증적 또는 체감적으로 변한다. 그리고 보유세율 t가 들어가도 그렇게 변한다.

첫째, 먼저 이자율과 땅값의 관계에서

P는 i가 변하면(커지거나 작아지면) 땅값은 자꾸 변한다. 그러나 쌀과 자동차의 자본가격 P는 i의 변화에 따라 다소 영향을 주지만, 기회비용(생산자 이윤)을 포함한 생산원가(C)가 있고, 효용(U)이 있어서 i의 변동을 따라 계속 변하거나 무한정 변하지는 않는다. 이러한 쌀과 자동차의 자본가격은 균형시장과 현실시장에서

균형시장 : P = C = U

현실시장 : P ≒ C ≒ U

를 유지하는 속성이 있고, i를 따라 변하여도 정상적 자본가격 $P = R/i$이면, P는 i에 비례적으로 변한다.

그러나 토지는 성장 자본가격 $P = R/(i-g)$이므로 i에 체증적(또는 체감적)으로 변한다.

둘째, 다음 성장률과 땅값의 관계는

$i > g$이면 P가 성립하지만, 위 i와 P의 이상 성질을 그대로 유지하고,

$i = g$이면 $P = 0$로 가격이 없어서 시장이 소멸하며,

$i < g$이면 P = '−'나 ∞가 되어 이론상 시장이 붕괴한다

(수리상 계산불능 상태).

그러나 쌀과 자동차 예금은 g가 없거나 −이기 때문에 이 현상이 땅값과는 전혀 다른 성질을 가진다.

셋째, 세율과 땅값의 관계에서도

t가 100%이면 R의 사적 가치가 0으로 가격 $P = 0$이 되어 땅값시장이 소멸한다. 그러나 예금은 이자에 t를 100% 부과하여도 $P = 0$이 아니고 원금이 그대로 남아 있다.

이와 같이 땅값은 가격 P가 자신의 가치나 존재와는 별개로 외부의 이자율, 성장률, 세율 등에 의하여 자꾸 변하므로 제값이 없으며, 이 경우 변화는 P가 '−', '0', '∞'까지 값이 발생하고, 0과 ∞사이에 있는 시장의 유한가격 역시 R로 변하는 성질이 없으므로 헛값이 된다.

(6) 땅과 자동차의 가치 흐름에 대한 구체적 비교

이제 땅값 헛값을 좀더 쉽게 이해하기 위하여 동일한 자본가격을 가진 땅과 자동차의 가치 흐름을 비교하여 보자. 먼저 앞에서도 예금이나 채권, 그리고 쌀과 같은 비내구성 물질은 투자하면 정액성 자본, 기계, 건물, 자동차 같은 내구성 물질은 감가성 자본, 토지와 주식은 성장성 자본이라고 하였다. 이러한 자본의 성질에 따른 투자의 원리금(원금과 이자)과 그 실현소득의 관계를 그림으로 표현하면 다음과 같다.

〈그림 5-2〉 자본의 성질별 가치 흐름 비교

정액성 자본 : 예금 원리금 $P(1+i)^n$ = ○ + ○ + ○ + ··· + ○ + $P_n = P_0$

감가성 자본 : 자동차 원리금 $P(1+i)^n$ = ○ + ○ + ○ + ··· + ○ + ≒0

성장성 자본 : 땅값 원리금 $P(1+i)^n$ = ○ + ○ + ○ + ··· + ○ + $P(1+g)^n > P_0$

○ : 사용가치(실현가치), □ : 투자 원리금, ■ : 미사용가치(미실현가격)

< 그림 5-2> 에서 보면 토지의 땅값 원리금만은 유달리 사용가치인 ○ 표의 크기가 다른 자본보다 유달리 작음을 한눈에 알 수 있다. 대신에 사람이 가치로 쓰지 못하는 표는 훨씬 더 커져 있다. 가치란 사용하여야 가치인데 땅은 이렇게 다른 자본재들과 비교하여 턱없이 작은 사용가치가 지속적으로 나오고 있을 뿐이다. 이제 장기로 사용하는 자동차와 토지의 가치 흐름을 수치로 비교하기 보자. 5%의 균형 시장이자율 사회에서 10년 정도의 수명(10년 후 60 정도의 잔존가치만 있는) 을 가진 자

동차 1,000과 영구적 수명을 가진 땅 1,000이 10년 후에 어떤 가치 흐름을 보일까? 편의상 이자율은 5%, 자동차는 매년 25% 정도 감가하고 땅은 매년 3% 정도 커진다고 보자. 이 조건에 부합하려면 자동차의 초기 수익은 300에서 시작하여 폐기하지 않는 한 0까지 작아지고(수렴하고), 토지는 20에서 시작하여 계속 커진다.

⊗⊗⊗

자동차 자본가격 1,000 = 300/(0.05+0.25) (감가성 자본가격 P = R/(i+d) → d는 감가율

토지의 자본가격 1,000 = 20/(0.05−0.03) (성장성 자본가격 P = R/(i−g) → g는 성장률

그러면 자동차 1,000의 값은 10년 후에 그 원리금에 해당하는 1,629원의 가치에서 자동차 잔존가치 56.3만을 남긴 전액을 실제 사용가치로 실현한다. 남은 잔존가치 56.3도 자동차의 사용을 포기하고 폐기처분하면 그 가치(고철 또는 재활용 가치)를 회수할 수 있다. 곧 자동차는 그 값을 본래의 사용 목적에 모두 사용할 수가 있다.

그러나 1,000의 땅은 전혀 그렇지 못하다. 10년 후 토지의 총 사용가치는 285만 실현하게 된다. 그 이유는 땅값이 매년 3%씩 커져서 10년 후의 땅값이 1,344로 커지고 있기 때문이다. 곧 땅값 성장액 344가 커진 크기만큼 토지의 사용가치를 실현하지 못하게 하는 결과가 된다. 자동차와 토지의 자본가격과 사용가치의 흐름을 구체적으로 비교하면 다음과 같다.

〈표 5-2〉 자동차의 가치 흐름(정률법)

연도(n)	0년	1년	2년	3년	4년	5년	6년	7년	8년	9년	10년
원리금	1,000	1,050	1,103	1,158	··	··	··	··	··	··	1,629
자본가격(P)	1,000	750	563	422	316	237	178	133	100	75	56*
사용가치(R)	0	300	225	169	127	95	71	53	40	30	23
감가충당금(D)	0	250	188	141	106	79	59	45	33	25	19
자본이자(Pi)	0	50	38	28	21	16	12	9	7	5	4

사용가치 총액 S(R의 감가연금 총액) 1,573 + 56 = 1,629, 소수 이하 반올림

$S = R_1\{(1+i)^n - (1-d)^n\}/(i+d)$, 잔존가치 56.3, ∴ 56.3 계산상 오차

* 잔존가치 56.3은 폐자원 재활용으로 별도 회수 가정

〈표 5-3〉 자동차의 가치 흐름(정액법)

연도(n)	0년	1년	2년	3년	4년	5년	6년	7년	8년	9년	10년
원리	1,000	1,050	1,103	1,158	··	··	··	··	··	··	1,629
자본가격(P)	1,000	900	800	700	600	500	400	300	200	100	0*
사용가치(R)	0	150	150	150	150	150	150	150	150	150	150

사용가치 총액 S = S'(R − D의 정액연금 총액) 629 + D 합계 1,000 = 1,629

$S' = R'_1\{(1+i)^n-1\}/i$, $R'_1 = 50(5\%) = R_150 - D\,100$

* 편의상 정액법과 잔존가격을 0으로 가정하여서 계산상 56.3의 오차 발생

〈표 5-4〉 토지의 가치 흐름

연도(n)	0년	1년	2년	3년	4년	5년	6년	7년	8년	9년	10년
원리금	1,000	1,050	1,103	1,158	··	··	··	··	··	··	1,629
자본가격(P)	1,000	1,030	1,061	1,093	··	··	··	··	··	··	1,344
사용가치(R)	0	2	21	21	22	23	23	24	25	25	26
땅값성장(G)	0	30	31	32	33	34	35	36	37	38	39
땅값이자(Pi)	0	50	52	53	55	56	58	60	61	63	65

사용가치 총액 S(R의 성장연금 총액) 285, $S = R_1\{(1+i)^n - (1+g)^n\}/(i-g)$

따라서 자동차는 10년간 본래의 목적과 용도에 사용한 가치가 1,629(사용가치 1572.6 + 폐자원 재활용 가치 56.3)가 되고 원래의 자동차는 0으로 소멸하고 없다. 이는 자동차 자본에 투자된 원금과 이자가 모두 실현되고 회수되었다는 뜻이다.

그러나 토지는 같은 10년간 본래의 목적과 용도에는 285밖에 사용한 것이 없다. 곧 땅값은 원금이 사용가치로 1원도 실현하거나 회수하지 못하였을 뿐만 아니라, 땅값 원금이 커지면서 그 커진 값은 사용가치가 오히려 순수 시장이자인 629보다도 더 적게 실현하고 있다. 같은 1,000의 자본으로 자동차는 1,629를 사용하고 땅은 285를 사용하여 같은 기간 같은 투자에서 자동차가 5.7배나 더 많은 가치를 얻었고, 땅은 그만큼 적게 얻었을 뿐이다. 그 이유는 땅값이 헛값이라 사용가치에는 전액이 허구가격으로만 작용하고 있기 때문이다.

(7) 땅과 건물의 복합자산 가치 흐름

성장경제에서 성장성 자본인 땅은 가치 흐름이 [토지비용 > 지대수익] 현상이다. 그런데 같은 부동산이지만 복합자산의 구성요소인 건물은 감가성 자본이므로 가치 흐름이 [자본비용 < 자본수익] 현상이다. 그래서 땅과 건물이 복합자산일 경우 우리의 눈에 나타나는 겉보기 현상은 부동산 가치 흐름이 [비용 > 수익]이 아니라 [비용 < 수익] 현상이 되는 것으로 오해할 수도 있다.

물론 부동산에서 복합자산인 전체 자산 중 감가성 자본인 건물의 수익 비중이 높다면 건물의 감가상각분이 수익으로 환원되는 비중이 크므로 당연히 초기에는 [총비용 < 총수익] 현상이 강하게 나타난다. 그러

나 이는 어디까지나 건물의 원금이 감가되면서 감가분이 수익으로 바뀐 현상 때문이고, 땅값의 가치 흐름의 성질인 [비용 > 수익] 현상이 [비용 < 수익]으로 전환된 것은 아니라는 것이다.

이에 대하여 <표 5-5> 로 설명하여 보자. <표 5-5> 는 편의상 위의 자동차에 대한 예를 건물로 바꾸어 복합자산의 가치 흐름을 추적하여 보기로 한다. 그러면 토지와 건물의 복합자산에 대한 가치 흐름은 위에서 자동차와 토지의 표를 합친 것과 같다. 따라서 토지와 건물의 복합자산은 감가성 자산의 수익 실현 때문에 전체로는 [비용 < 수익] 현상이 되기도 하지만, 그 수익 중 감가상각 충당금을 차감한 순수익은 역시 [비용(Pi) > 수익(R')] 현상이 불변의 성질임을 그대로 나타내 주고 있다.

〈표 5-5〉 복합자산인 토지와 건물의 가치 흐름

연도(n)	0년	1년	2년	3년	4년	5년	6년	7년	8년	9년	10년
원리금	2,000	2,100	2,205	2,315	··	··	··	··	··	··	3,258
건물가격	1,000	750	563	422	316	237	178	133	100	75	56*
토지가격	1,000	1,030	1,061	1,093	··	··	··	··	··	··	1,344
자본총계(P)	2,000	1,780	1,624	1,515	··	··	··	··	··	··	1,400
건물가치	0	300	225	169	127	95	71	53	40	30	23
토지가치	0	20	21	21	22	23	23	24	25	25	26
총사용가치(R)	0	320	246	190	149	118	94	77	65	55	49
감가충당금(D)	0	250	188	141	106	79	59	44	33	25	19
순잔액(R'=R-D)	0	70	58	49	43	39	35	33	32	30	30
땅값성장(G)	0	30	31	32	33	34	35	36	37	38	39
자본이자(Pi)*	0	100	89	81	76	73	70	69	69	68	69**

* 자본이자(Pi) > 순수익(R'), 1기 자본이자 100(Pi) = 70(R') + 30(G)
** 자본이자(Pi)는 9년도 68로 가장 작고, 10년부터 69로 다시 커지고 있음

(8) 땅값의 이자와 수익에 대한 연금의 가치 흐름

지금까지 매년 연속적으로 발생하는 땅값이자(연체이자 포함)와 지대수익의 크기를 비교하여 [토지비용 > 지대수익]의 현상을 확인하였다. 그러나 땅값이자는 일정하고 지대수익은 성장하고 있으므로 장기에 걸친 연금의 흐름은 어떤 성질을 가지는지 알아두어야 할 것이다. 그런데 연금의 흐름은 자본가격이 커지지 않는 ① 정액성 자본과 ② 감가성 자본, 그리고 성장성 수익의 자본가격이라도 수익기간이 한정된 ③ 사글세 자본가격과 ④ 전세가격 등은 n기간(만기)의 이자비용의 연금 총액과 그에 따른 수익의 연금 총액은 항상 일치하거나 오히려 수익 총액이 비용 총액보다 크다(①과 ④는 일치, ②와 ③은 수익이 비용보다 크다).

먼저 성장하는 토지가치 R의 연금에서 수익 기간이 한정된 한시 성장연금과 정액연금, 그리고 한시자본(사글세 원금) L의 원리금은 만기에 모두 일치한다. 정액이자와 성장수익의 초기 균형가격 P(또는 L)가 일치한다면, 두 값에 대한 연금의 흐름은(i와 g는 '$1 > i > g > 0$'의 조건에서) P가 미래 n년간 정액 수익에 대한 연금의 현재가격이므로

원금(P)의 n년 원리 합계 = n년 연금 현가(P) × 원금 종가율 $(1+i)^n$

= n년 연금(R) 총액 + 원금(P)

* 연금에서 현가(P)를 구하는 식은 5장 1번을 참고

한시 정액자본 원리 합계 $P(1+i)^n$ = 정액연금 $Pi\{(1+i)^n-1\}/i$

한시 성장자본 원리 합계 $L(1+i)^n$=성장연금 $R\{(1+i)^n-(1+g)^n\}/(i-g)$

$P = L$, $Pi_1 > R_1$, n기간 정액연금 총액 = n기간 성장연금 총액

이 식에서 사글세와 같이 만기에 P(또는 L)가 0이 되면, 수익이 일정한 정액이자와 수익이 커지는 성장수익의 연금 흐름은 자본 원금의 원리합계와 모두 일치함을 알 수가 있다. 그리고 만기에 일정한 원금(P=J)을 반환하는 전세가격의 연금 흐름은

원금 P의 n년 후 원리금 총액 = n년 후 이자 연금 총액 + 원금

전세 정액연금 : $J(1+i)^n = Pi\{(1+i)^n-1\}/i+J$

전세 성장연금 : $J'(1+i)^n = R\{(1+i)^n-(1+g)^n\}/(i-g)+J'$

$J = J', Pi_1 > R_1$, n기간 정액연금 총액 = n기간 성장연금 총액

이므로 전세의 이자와 수익은 n기에 정액연금과 성장연금이 일치한다. 그러나 성장하는 토지의 자본가격의 이자(비용)와 그 수익은 기간 n과 관계없이 계속 성장하는 자본가격이 수익으로 실현되지 않는 헛값(미실현) 현상으로 인하여 연금 총액이 항상 일치하지 않는다.

원금 P의 n년 후 원리금 총액 = n년 후 이자 연금 총액 + 원금

정액연금 : $P(1+i)^n = Pi\{(1+i)^n-1\}/i+P$

성장연금 : $P'(1+i)^n = R\{(1+i)^n-(1+g)n\}/(i-g) + P'(1+g)n$

$P = P' < P'(1+g)n, Pi_1 > R_1$, Pi의 연금 총액 > R의 연금 총액

이므로 지대수익 R의 연금 총액은 Pi 연금 총액보다 Pg의 n년간 성장액의 총 크기만큼 작다는 것을 알 수가 있다. 이 관계를 순수 연금의 흐름만으로 비교하면

토지이자 정액연금 총액 $I_s = Pi\{(1+i)^n-1\}/i$

지대수익 성장연금 총액 $R_s = R\{(1+i)^n - (1+g)\}^n / (i-g)$

땅값 상승액 $G_s = P\{(1+g)^n - 1\} = Pg\{(1+g)^n - 1\}/i$

$I_s = R_s + G_s$(성장가격 Pg의 연금 총액)

∴ 토지이자 연금 총액(I_s) > 지대수익 연금 총액(R_s),

△ 초기 $Pg\{(1+g)^n - 1\}/i$

이 식에서 양변의 연금 흐름은 땅값 P(P′)가 g의 비율로 커지고 있어서 지대수익 총액이 토지비용 총액보다 항상 Pg의 연금 총액만큼 작다. 그리고 R_s은 성장률 g가 추가되어 g가 없는 I_s보다 기간별로 성장하는 비율이 커지기는 하지만, 그 총액은 Pg의 연금 총액만큼은 항상 작다. 다만, I_s과 R_s의 비율은 P와 Pg의 부담이 없는 n이 ∞일 경우에 1에 접근한다. 여기서 시간이 갈수록 I_s와 R_s이 접근하여 격차가 줄어드는 이유는 수익의 연금과 그 수익의 원금은 그 성질이 근본적으로 다르기 때문이다. 이자비용과 지대수익의 연금은 누적적으로 커지지만, 원금은 일정하거나 변동하여도 수익의 누적 크기보다는 작다는 말이다. 가치 흐름에서 초기 생산물(Pi와 R)은 원금(P)에 비하여 아주 작지만, 시간이 지나면 연금은 i의 복리로 계속 커져서 원금의 크기보다 더 크게 된다. 토지의 원금은 g 또는 i보다 작으므로 연금 대 원금의 비율, 곧 $P/(1+i)^n$ 또는 $P(1+g)^n/(1+i)^n$의 비율은 시간 흐름으로 계속 작아진다. 쉽게 말하면 i가 5%일 때 원금 1억 원에 대한 초기 이자 500만 원은 5%에 불과하다. 그러나 매년 발생하는 이자 500만원을 쓰지 않고 재투자를 계속하면 70년 후 이자의 연금 총액은 21.76억 원이 된다. 그러면 이제는 원금이 연금에 비하여 5%(1억/21.76억 = 4.6%)로 크기로 떨어져서 반대 현상이 된다. 그러나 감가성 자본이나 사글세 자본이 아닌 한 연금은 아무리 커져도 원금과 원금 상승액을 보상(소멸)하지는 못한다. 그리고 원금의 성장성 때문에 성장연금의 총액은 정액연금의 총액보다 항상 작다. 곧 실물이 아닌 토지 원금은 연금(I_s와 R_s)이 원금(P와 Pg)을 영원히 보상하지 못하며, 가치를 실현하지 못한다. 자본의 유형별 연금 흐름은 다음과 같다.

정액성 자본 : 이자연금 총액 = 수익연금 총액

감가성 자본 : 이자연금 총액 < 수익연금 총액 → 차액은 감가상각비

성장성 사글세 자본 : 이자연금 총액 < 수익 연금총액 → 차액은 자본소멸액

성장성 전세 자본 : 이자연금 총액 = 수익연금 총액

성장성 토지소유 자본 : 이자연금 총액 > 수익연금 총액 → 차액은 자본상승액

자본원리금 > 수익연금 총액 → 차액은 원금과 자본상승 총액

소유비용 > 사용수익 → 차액은 매년 자본상승액

이와 같이 성장하는 토지는 현실적 n년도의 연금 흐름은 [토지 원리금 > 토지비용 연금총액(I_s) > 지대수익 연금총액(R_s)]의 관계이므로, 연체이자를 포함하여 매년 발생하는 [토지비용(Pi) > 토지수익(R)]의 부등식 현상과 그 차액 Pg의 가치 미실현성은 항상 변함이 없다.

6. 그림으로 본 땅값과 지대의 흐름

그림으로 본 이론가격과 현실가격

이제 우리가 땅값의 깊은 이해를 위하여 그 변동성향을 그림으로 보기로 보자. < 그림 5-3> 은 토지시장의 저량가격인 땅값의 성장과 변화를 나타낸 것이다. 땅값은 앞에서 보듯이 경제성장률, 이자율, 세율의 변동에 일시적으로 더 빨리, 더 크게, 스스로 변하는 성질이 있다. 또 토지는 장기재이고 순수 자본재이므로 시장성질은 장기적 측면에서 고려해야 하고, 땅값의 변동은 복잡한 요인을 모두 감안하여야 한다. 그래서 이런 요인을 모두 감안한 토지시장의 가격 흐름은 하나의 도표로 모두 나타내고 설명하기가 어렵다.

그리고 지대는 유량가격이고 땅값은 저량가격으로 값의 성격이 다르며, 유량은 면적의 크기이고 저량은 점의 크기이기에 지대와 땅값을 하나의 그림으로 나타내기도 기술적으로 곤란하다. 땅은 다른 상품과 달리 용도가 극히 다양하여 중도에서 용도변경으로 가격이 수시로 급변하기도 한다. 물론 토지를 매입한 후 추가 개발이 없다면 지대의 이자 초과액은 거의 발생하지 않으므로 무시해도 별 문제는 없을 것이다. 그러므로 그림에서 지대의 성장과 변동은 제외되었다. 따라서 그림에서 설

명하는 일반적 땅값의 변동성향은 이런 점을 참고하고 보아야 할 것이다.[2)]

< 그림 5-3> 에서 AC의 굵은 우상향 곡선은 땅값이 장기적 측면에서 일정률로 성장하는 것을 가정한 장기 균형 땅값선이다. 그리고 AB와 같은 우상향 직선(실제는 곡선)은 현실 땅값선이다. 현실적 땅값은 평소에도 성장은 하지만 그 추세는 저율 또는 안정적으로 성장하다가 일정기간이 지나면 단기간에 고율 또는 급격한 성장을 하게 된다. 땅값 변동은 장기적으로 보면 이런 추세가 주기적으로 반복하고 있다.

그러나 우리가 알고 있는 땅값의 통상적 이해는 이론가격이 아니라 항상 현실가격이다. 그림에서 굵은 점선(AB_2선)이 우리가 평소에 알고 있는 현실의 땅값선이다. 현실 가격선은 장기적으로 성장하기는 하지만 균형 땅값선을 기준하여 a, b, c, d의 점을 따라 상하로 들쭉날쭉하고 있다. 그림에서 qa, bc, de의 시기는 완만하게 상승하다가 ab, cd, ef의 시기는 급상승하고 있다. 우리나라에서 과거 1960년대 후반, 1970년대 후반, 그리고 1980년대 후반기에 걸쳐 10년 주기로 땅값이 급상승한 적이 있었는데, 그림은 이러한 땅값의 현실가격을 개괄적으로 보여주고 있다. 그리고 현실 가격선은 늘 상승만 하는 것이 아니라 경우에 따라 do의 경우와 같이 하강하기도 한다. do와 땅값의 하강기는 토지공개념 제동이 강하게 걸렸던 1990년 초반과 외환위기의 충격이 컸던 1990년대 후반에 경험한 바가 있다.

---

2) 경제에서 미시와 거시, 시간에서 장기와 단기는 다르다. 특히 토지시장은 미시(개별)와 거시(사회), 장기와 단기가 뚜렷하게 다른 차이를 가진다. 그래서 그림은 이러한 차이를 염두에 둔 것이지만 서로의 이질성 때문에 설명에는 한계가 있다.

〈그림 5-3〉 토지의 이론가격과 현실가격

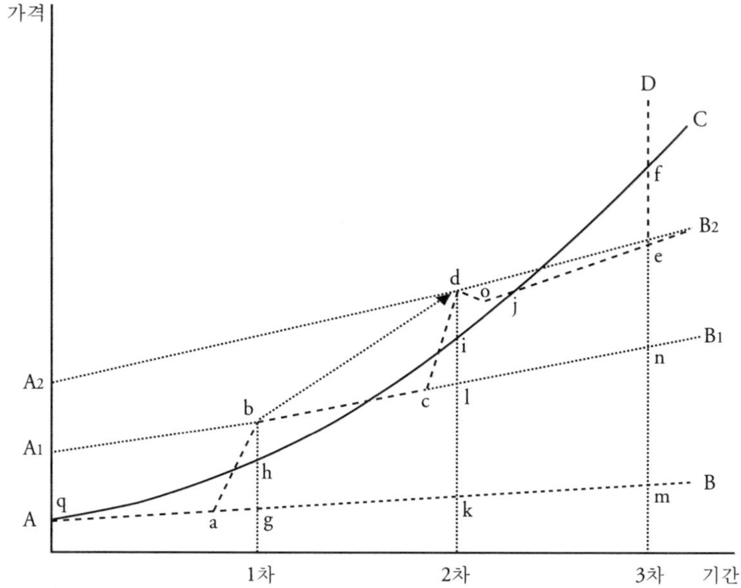

[그림 참고]
AC : 장기 균형 땅값선, AB (A_1B_1, A_2B_2) : 주기적 정체기 땅값선
AD : 장기 현실 땅값선, ad (cd, ef) :주기적 급등기 땅값선
< 1차 거래> qag : 안정가격선, qh : 균형가격, b : 매각가격
< 2차 거래> bcl : 안정가격선, hi : 균형가격, d : 매각가격
< 3차 거래> oje : 안정가격선, if : 균형가격, f : 매각가격

그림에서 보면 토지의 불로소득은 바로 땅값이 급상승하거나 균형이 새롭게 이동하는 시기에 단기적 가격차이로 발생한다. 그래서 지대이자차액은 토지의 용도변경과 같은 균형의 이동이나 특수한 상황에서 발생하고, 대부분의 토지불로소득은 토지를 매각한 경우에만 발생한다. < 그림 5-3> 에서 토지소유자의 기회비용인 매입지가의 원리금[3]은 1차

3) 그림에서 지대가 제외되어 있어서 여기서 말하는 땅값의 기회비용은 매입가의 이자에서 지대를 차감한 것이다.

거래기준으로 볼 경우 q에서 매입한 자는 h이다. 그래서 토지불로소득은 1차 거래기준으로 보면 bh(bh = b−h)가 된다. 그러나 소유자가 a의 가격에서 팔았다면 원리금을 회수하지 못하고 손실을 본다. 그리고 이러한 거래는 2차, 3차 거래에서도 같다.

이와 같이 땅값은 장기 균형 가격선, 주기적 안정 가격선, 그리고 주기적 급등 가격선 이 세 가지 추세를 반복하면서 들쭉날쭉하는 성질을 나타내고 있다. 여기서 토지의 매입자와 매각자는 각기 거래시점의 선택에 따라 서로 이득과 손실을 주고받는 제로섬 게임을 하고 있다.

<그림 5-3> 에서 땅값이 AB 선에서 A_1B_1, A_2B_2 선으로 수직 이동하는 경우 토지소유자 개인은 토지불로소득이 발생한다. 그러나 그 불로소득은 어디까지나 토지를 팔았을 경우에만 발생하며, 토지를 사용하거나 보유하는 대부분의 토지소유자는 이 값을 실현할 수 없다. 그리고 토지소유자가 토지를 팔아서 불로소득을 얻을 경우에도 그것은 개인적 실현일 뿐 사회적 측면에서는 실물이 아니며, 실현한 소득도 아니다.

그 다음 우리가 주의할 것은 토지 처분으로 토지소유자가 불로소득을 실현했더라도 이것은 균형가격을 오르내리는 가격차이로 토지소유자 간의 제로섬 게임(zero−sum game)이라는 것이다. 이는 토지가 경제활동에서 필수적 자본재이기 때문에 대다수 토지소유자는 투기를 목적으로 보유하는 것이 아니고 사용을 목적으로 보유한다고 볼 경우이다. <그림 5-3> 에서 1차 거래로 b의 가격에 토지를 매각한 자는 매입원가 h의 초과액인 bh(bh = b−h) 만큼 이득을 본다. 그러나 당해 토지를 매입한 자는 균형가격 h보다 높은 값을 지불하고 있다.[4)]

4) 이때 현실시장의 땅값 bh((bh=b−h)는 근본가격을 초과하는 거품가격(bubble price)이다. 만일 이 가격이 그림의 화살표 bd를 따라 이론가격보다

그리고 그림에서 이론가격과 현실가격의 구분 없이 초기 땅값 q보다 큰 금액은 땅값 성장액(3차 거래시점에서 Pg의 총액 = f－q)으로 토지를 처분했을 경우에만 얻을 수 있는 가격이다. 그러나 대부분의 토지소유자는 사용하고 있는 토지이므로 토지시장을 쉽게 떠날 수 없다. 그래서 토지소유자는 토지를 팔면 기회비용의 보상 또는 경우에 따라 불로소득까지 실현할 수 있음에도 불구하고 토지를 소유하면서 이 크기만큼 [토지비용 > 지대수익]의 연체이자를 계속 부담해야 한다. 그리고 이 크기는 소유자가 토지를 처분해도 사회적으로는 영구적 미실현가치로 헛값이며, 가공 구매력은 사회적 초과수요를 일으킨다. 그에 따른 경제는 거시적으로 인플레이션만을 일으킨다. 그림에서 말하는 땅값의 성질을 정리하면 다음과 같다.

- 땅값의 현실가격은 늘 이론가격(균형가격)과 일치하지 않으며, 이론가격보다 높거나 낮고 장기 평균으로 이론가격에 접근하는 성질을 가진다.
- 땅값은 팔지 않으면 불로소득을 얻을 수 없다. 사유토지의 대부분은 팔고 사는 상품성 토지가 아니고 사용을 목적으로 하는 자본재이며 사용성 토지이다.
- 토지를 팔아서 불로소득을 실현해도 그 불로소득의 상당수는 장기적으로 보면 토지거래자 간의 제로섬 게임이다.

●●• ──────

계속하여 높은 위치에서 성장하고, 그 값의 변화가 재정조건(arbitrage condition, b의 균형조건이 d인 경우)을 만족하면 이것이 소위 합리적 거품가격이다. 그리고 현실 땅값이 d에서 o로 하강하면 이는 땅값의 하락(가치 하락)이기보다 –거품가격, 곧 거품이 꺼지는 현상일 뿐이다.

- 단기에서 발생하는 사회적 불로소득은 토지의 용도변경과 같이 균형이 이동하는 경우이다.
- 장기로 보면 토지를 팔아서 불로소득을 실현한 사람은 토지시장을 영원히 떠난 탈퇴자의 경우이다. 토지가 생존과 생산의 필수재임을 감안하면 불로소득은 토지를 사용목적으로 사지 않고 투기 목적으로 매입한 투기자들이 여기에 해당한다.
- 토지는 불로소득을 실현해도 그 값은 개인의 화폐적 실현에 불과하고, 사회적으로는 실물이 없는 헛값이다. 곧 땅값에서 발생한 불로소득은 사회적 생산물인 소득이 아니며, 사회적 실물가치가 영원히 0인 헛값이다.

그리고 땅값은 용도나 개량이 급변하는 경우도 있다. 이때는 땅값이 새로운 균형점을 찾아서 이동하여 다시 일정 비율로 커지게 된다. 예를 들어서 하나의 토지가 농지에서 택지로, 택지가 다시 도시 중심의 상가지구로 용도가 바뀌는 경우에도 그 추세는 설명이 가능하다. 토지는 장기재이므로 시간이 지나면 용도가 변경될 수 있다. 이는 일반 상품시장에서 같은 상품이 일시에 어떤 여건의 변화로 효용이 폭증하거나 생산비가 격감하는 것과 같은 큰 변화라고 하겠다.

앞의 < 그림 5-3> 은 토지의 일반적 특성에 따른 장기적 변동 성질을 말하는 것이나 경우에 따라서 특정 토지의 용도 변경의 경우도 설명이 가능하다. 그림에서 보면 최하단의 땅값선 AB는 농지의 경우를 가정한 가격선(g)에 해당하고, A_1B_1는 농지가 주택지로 바뀐 가격선(g'), 그리고 A_2B_2는 택지가 다시 도시 중심의 상가지대로 바뀐 경우의 가격선(g'')이라고 보면 될 것이다.[5)]

이러한 땅값의 성장은 장기이든 단기이든 사회에서 일정한 안정 성장률이 있고, 그 안정 성장률에 따라 지대와 땅값이 같은 비율로 성장한다는 가정에 따른 것이다. 그리고 땅값의 단기와 장기의 안정적 성장가격은 일치하지 않는다. 땅값이 AB에서 A_1B_1(또는 A_2B_2)로 상승하는 경우도 균형의 이탈이 아니라, 토지의 용도변경과 같이 경제 여건의 변화로 가격이 이동한다는 것이다. 따라서 이러한 땅값은 이론상의 가격선이다. 토지의 용도변경과 가치변화에 대한 설명은 <그림 5-4>를 보기 바란다.

지대의 균형성장과 균형이동

다음의 <그림 5-4>는 토지시장의 유량가격인 토지비용과 지대수익의 가격 흐름을 나타낸 것이다. <그림 5-4>에서 아래의 굵은 실선(R)은 균형지대, 곧 정상 지대선이다. 편의상 직선으로 나타나 있으나 실제는 우상향 곡선이다. 그 위의 굵은 점선(Pi)은 땅값의 기회비용인 토지비용선이다. 지대선은 토지의 사용가치인 실물가치의 크기이고, 토지비용선은 헛값인 땅값이 일으킨 허구적 비용선이다. 그래서 그림에서 보는

5) 농지의 지대를 R, 택지의 지대를 R', 상가의 지대를 R''라고 하고, 그에 따른 각각의 땅값을 p, p', p''라고 하면, 여기서 장기 균형 땅값선 P(그림으로 AC선)는 p의 값들을 지수평균(또는 기하평균)으로 계산한 가격 개념이다. 그래서 토지의 용도가 변하면 단기 균형가격 R과 p는 수직 이동하지만 사회 전체적 장기 균형가격 P는 이 값들을 평균한 것이다.

〈그림 5-4〉 지대의 균형성장과 균형이동

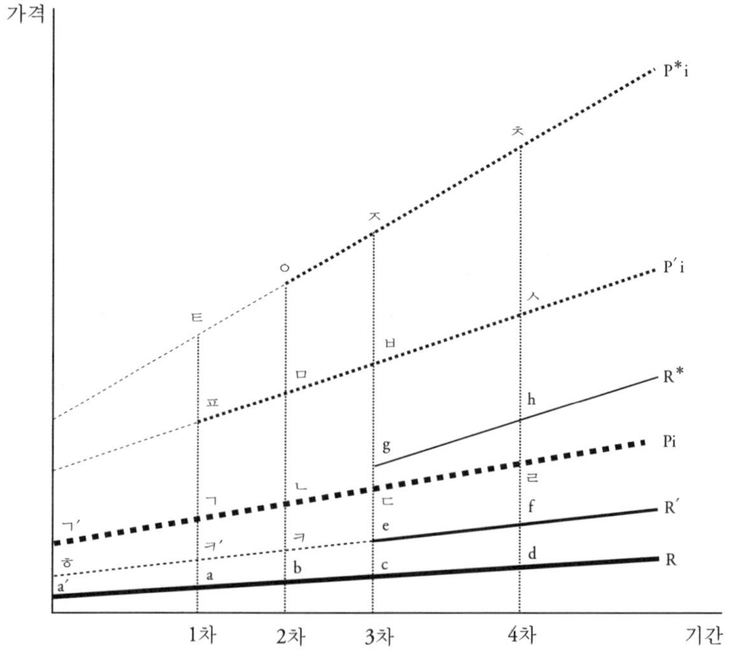

[그림 참고]
R : 균형 지대선, R′ : 균형이동 지대선, R*: 불균형 이동 지대선
Pi : 균형 토지비용선, P′i : 균형 이동 토지비용선
P*i : 불균형 토지비용선

바와 같이 지대선의 면적 크기를 초과하는 비용선의 면적은 실물이 아닌 가격으로 사람이 쓰지 못하는 헛값이 된다. 그리고 가는 실선 R'은 토지의 용도변경 등과 같은 요인으로 지대가 갑자기 급성장 또는 수직 성장하여 지대선이 2배로 이동하는 경우이고, 그에 따른 토지비용선은 P'i는 R'이 반영되어 역시 2배로 수직 이동한 것이다. 그리고 R*과 P*i의 관계는 지대가 더 크게 성장하고, 그 성장률도 정상 성장률보다는 커진 경우이다.

<그림 5-4> 와 같이 우상향하는 성질을 가진 지대와 땅값은 항상 토지비용이 지대보다 크고 [토지비용 > 토지수익] 현상이 강하게 나타난다는 것이다. 그림에서 보듯이 토지의 용도변경, 기능의 획기적 개선 등으로 지대가 급증하여도 그 성질은 지대의 총 수익이 토지의 총 비용을 초과하기는 극히 어렵거나 긴 시간이 걸린다. 그 이유는 그림에서 면적의 크기로 설명을 할 수 있다.

첫째, <그림 5-4> 에서 지대 R'선은 정상지대 R보다 2배로 커진 경우이지만, 그래도 이동한 후의 지대선은 정상 토지비용선(Pi) 보다 아래에 있다. 이 현상은 i> g인 한 영구적이라고 할 수 있다.

둘째, 첫째의 경우 토지비용선은 시간 당김 현상이 일어나 미리 반영된다. 그림에서 지대선(R')의 2배 성장기는 3차 거래시점이나 토지비용선(P'i)의 상승시점은 1차 거래시기에 이미 반영되고 있다. 예를 들어서 사유토지의 인근에 정부가 도로를 건설한다면 그 지역의 실질 혜택인 지대수익의 증대는 도로 건설 후에 발생하지만 땅값은 건설 전인 계획 초기에 이미 반영되어 상승하여 버리는 것이 그 대표적 현상이다.

셋째, 그리고 예외적으로 토지의 지대(R)가 정상적 토지비용선(Pi) 보다 커질 경우가 있을 수 있다. 충청도 어느 지역이 농지로 있다가 행정도시의 건설로 인하여 지대가 급성장하는 경우가 이에 해당한다. 그러나 이 경우도 급성장 초기와 특정 시기의 당해 지대(R*)에 대한 절대값은 외형상 같은 시기의 토지비용선(Pi) 보다 크게 나타나지만, 이 경우도 토지소유자의 [토지 총비용 < 토지 총수익]의 현상은 아니라는 것이다. 그 이유는 토지의 보유와 사용기간 동안 [토지비용 < 토지수익]의 현상에서 누적된 연체이자가 있기 때문이다. 곧 가공의 수치인 땅값의 상승분(Pg)이 실물인 지대의 성장에 큰 영향을 주면서 연체이자를 누적적으로 키우고만 있다.

그래서 그림에서 3차 거래시기에 지대(R*)가 급성장하여 정상 토지비용선(P*i)을 초과하지만 정상 초과지대는 4차 거래시기까지도 그 초과 면적의 크기(면적 cdgh)가 그동안의 연체이자의 총 크기(면적 a'd ㄱ' ㄹ)보다 작다는 것이다.

넷째, 정상 초과지대 R*의 경우도 토지비용을 보상받는 것은 상당한 기간이 걸린다. 그래서 일정 기간이 지나면 그에 따른 경제여건도 변하기 때문에 지대선 R*의 변화에는 토지비용선도 Pi가 아니라 신규 토지비용선 P*i로 변하는 것이 일반적이라고 보아야 할 것이다. 이때도 R*은 3차 시기에 성장하지만 P*i는 시간 당김으로 2차 시기에 이미 오를 수 있다.

이를 종합하면 토지시장은 지대의 성장액은 지대보다 절대값이 훨씬 큰 땅값과 땅값의 연체이자 성장액 때문에 지대가 토지비용을 초과하기는 어렵다는 것이다. 우선 균형성장 상태에서 토지수익은 토지비용보다 영원히 작다. 그리고 균형성장을 초과한 성장의 경우도 그림의 R'에서와 같이 지대수익이 토지비용보다 작은 경우가 많다. 그리고 아주 예외적이지만 토지개발이나 여건의 변화로 지대가 급성장하여 당해 지대가 당해 토지비용을 초과하더라도 소유기간 동안의 누적된 연체이자를 감안하면 지대 총수익은 토지 총비용보다 작고, 이것이 커지려면 상당한 기간이 소요된다는 것이다. 그래서 이런 경우 경제의 제반 여건도 함께 변하여 토지비용선 역시 새롭게 이동할 수밖에 없다.

그리고 더욱 분명한 것은 앞의 모든 경우를 막론하고도 [토지비용 > 지대수익]은 일반적 현상이라는 것이다. 다시 말하여 용도의 변경이나 극히 예외적 사항에서 [토지비용 < 토지수익] 현상이 발생하더라도 그 영향은 커진 지대가 다시 더 큰 땅값을 발생시켜 허구적 구매력을 내기 때문에 투자자 개인은 초과수익을 실현하더라도 사회적으로 보면 다

시 [토지비용 > 지대수익] 현상이 되어 있을 뿐이다.

그래서 < 그림 5-3> 과 < 그림 5-4> 를 종합하여 볼 때, 토지의 현실가격이 이론가격보다 크고 현실지대가 이론지대보다 커서 불로소득이 발생하여도 그 결과는 [토지 현실비용(P'i) > 토지 이론비용(Pi) > 현실지대(R') > 이론지대(R)]로, [토지비용 > 지대수익]이 일반적 현상이지, 토지 불로소득론자들의 주장처럼 [토지총비용 < 지대총수익]이 일반적 현상으로 바뀌는 것은 아니다. 그 근거는 이미 언급한 바와 같이 현실의 부동산 가격의 동향이 [부동산의 가격 > 전세금]의 현상임을 보아도 명백한 사실이다.

여기서 부동산 가격에 대한 이자는 비용이며 전세금에 대한 이자는 수익이므로 현실시장에서 균형의 새로운 이동이 없는 한, 비용이 수익보다 늘 크다는 뜻이며, 이 부등호가 바뀔 가능성은 거의 없다. 곧 일부의 주장, 특히 조지스트들의 주장인 지대이자 차액(초과지대)의 일반론은 근거 자체가 매우 희박하다. 그리고 장기적 측면에서 보면 토지불로소득은 토지의 소유자가 아니라 주기적 가격 급등기에 토지를 처분하고 토지시장을 영원히 떠난 자, 그것도 매입 원리금 초과액을 자본이득(capital gain)으로 실현한 자에 국한되며, 이것마저도 사회적 가치는 실현성이 없는 영구 미실현가치로 헛값이라는 것이다.

7. 부동산 불로소득 다시 보기

불로소득(unearned income)은 원래 대가 없이 공짜로 얻은 것 또는 정상의 대가보다 더 큰 소득을 취하게 된 경우를 말한다. 아주 넓은 의미로 불로소득은 예금의 이자와 같이 노동소득이 아닌 모든 자본소득을 말하기도 한다. 그러나 예금이나 자본에 대한 정상이자 상당액은 불로소득이라고 할 수 없다. 자본과 이자는 그 자체가 노동 결과물의 저축이나 재투자분과 관련된 것이다. 따라서 자본의 정상이자는 주로 노동과 무관한 소득을 의미하여 부르고 있는 불로소득의 범주에는 제외하는 것이 타당하다.

그러므로 여기서 말하는 불로소득은 정상 노동소득과 노동소득의 저축(투자)에 대한 정상 이자소득의 크기를 초과한 소득을 말한다. 이렇게 보면 불로소득은 정상상태에서 얻을 수 있는 소득보다 큰 소득이므로 초과소득(공짜 포함)이라고 하는 것이 더 정확할 것이다.

부동산 정상소득 = 부동산 매입이자 = (부동산 사용수익 + 부동산 정상적 상승액)

부동산 불로소득 = 부동산 초과소득 = 부동산 정상소득을 초과한 소득

그런데 이렇게 정의한 불로소득(정상 초과소득)은 개인의 측면에서만 본 것이고, 사회 거시적 측면에서 보면 불로소득은 그 종류에 따라 서로 다른 성질을 갖고 있다. 따라서 개인이 취득한 불로소득이라도 그 소득이 사회적 측면에서 유익성을 주는 소득인지 아닌지의 여부를 판별해야 한다. 곧 불로소득은 생산활동의 결과냐 아니냐 또는 국민소득에 포함되는 것인가 되지 않는가를 우선 식별해야 한다. 그러나 현대 경제학은 아직 이에 대한 구체적 접근이 없으며, 특히 여기서 말하고자 하는 "-소득(-불로소득)"은 기본 이해조차 없는 실정이다.

우선 불로소득이 국민소득(GNP 또는 NNP)에 포함되는 소득을 편의상 "+소득", 이러한 경제활동을 "+게임"이라고 하자. 그러면 개인에게 불로소득이 되기는 하지만 국민소득은 아니고 단순하게 소득이 수평적으로 이전만 하는 소득이 있는데, 이는 "0소득"이고 "0게임"이라고 할 수 있다.

그러나 개인에게는 불로소득이지만 사회에서 그 소득은 '+'소득도 아니고 '0'소득도 아닌 것이 있다. 이 소득은 우리가 소득이라고 부르고 있지만, 인플레이션과 같이 국민소득의 집계에는 개인이 얻은 소득을 차감하여야 실질소득이 바로 집계된다. 이런 부류의 미실현가격의 커짐은 "-소득"이며, 이러한 경제활동을 "-게임"이라고 하자.

'+' 불로소득(+게임) : 불로소득이 생산물인 것

'+'소득이란 산에 산나물을 캐러 갔다가 산삼을 캐거나 노다지를 발견한 경우 얻는 것과 같은 행운의 비정상적 소득을 말한다. 이런 경우의 불로소득은 노동과 투자에 비하여 월등하게 큰 값을 얻어서 횡재를 한 경우이다. 이외에 경제활동에서 보편적으로 얻을 수 있는 초과소득(상품 매매 초과이윤)의 경우도 그만큼 효용(후생)이 증가하고 국민소득에 포함되는 것이므로 의미상으로는 '+'불로소득에 속한다. 현실 경제에서 간혹 있을 수 있는 초과지대가 여기에 속한다.

그러나 경제생활에서 흔히 경험하는 일반 상품의 소액성 초과소득은 여기서 논의할 이유가 별로 없다. 이런 부류의 초과소득은 사회적으로 그 반대 현상인 적자소득도 있을 수 있으므로 사회적으로는 평균소득과 정상소득에 접근한다. 그러므로 여기서 말하는 불로소득은 산삼과 노다지의 취득 경우와 같이 예외적이고 비정상적인 경우에 얻는 거액의 불로소득만을 말한다.

그런데 이러한 '+'불로소득은 개인의 이익은 물론이고 사회도 개인이 얻은 소득만큼 덕이다. 산삼이나 노다지의 생산은 사람과 사회에 그 가격만큼 덕을 끼치는 가치이다. 이 소득은 부가가치의 생산이며 국민소득의 증대활동이다. 이와 같이 '+'불로소득은 인간의 효용을 증대시키고 삶의 질을 개선하는 실제가치이다. 그러므로 이러한 경제활동은 장려해야 할 일이지 죄악시하거나 금지할 이유는 없다. 이와 같은 '+'불로소득의 성질과 그 경제행위를 요약하면 다음과 같다.

- '+'불로소득은 정상소득을 크게 초과한 특별한 소득이다. 산삼 채취이나 노다지의 채굴과 같이 투입보다 월등하게 큰 가치를 생산(수확), 이동, 보관, 매매하는 구체적 경제행위에서 발생한다.
- 정보수집, 스포츠, 음악, 관광 등의 서비스 활동에도 이러한 불로소득이 발생할 수 있다. 인기 연예인, 프로 선수 등에도 정상소득

초과액인 '+' 불로소득이 발생한다.

- 이 행동(생산, 이동, 보관, 매매 등)은 가치의 창조활동이며, 그 크기만큼 인간에게 유익을 준다.
- 이 가치는 부가가치의 생산이며, 국민소득(GNP 또는 NNP)에 '+' 하는 가치이다.

'0'의 불로소득(0게임) : 불로소득이 수평적 이전 가치인 것

이것은 갑의 소득이 늘어난 만큼 을의 소득은 줄어들어 사회 전체의 총소득은 그대로인 경우를 말한다. 이를 두고 드로우(Lester C. Thurow)는 "0게임(zero-sum-game)"이라고 했다. 거시경제에서 이러한 '0' 소득은 도둑, 탈취, 도박, 복권, 경품, 세금 등에서 보듯이 다양하게 발생한다. 여기에는 도둑과 탈취, 도박의 경우처럼 범법행위도 있고, 복권과 경품의 경우처럼 합법행위도 있다. 같은 도박이라도 특별히 허가가 난 장소(카지노)의 도박은 범법은 아니다. 그리고 마르크스가 말하는 불변자본, 국민소득 통계상의 중간 생산물, 정부의 세금과 개인의 기부금과 같은 이전 지출, 자본의 감가상각 등도 생산이 아닌 가치 이전행위로 '0' 소득이며, '0' 게임에 해당한다.

그러나 이들은 경제에서 유통과 생활상 어쩔 수 없이 발생하는 필수행위이므로 여기서 말하는 불로소득과는 다르다. 또 사회적 범죄행위로 법이 금하고 있는 도둑, 탈취, 불법성 도박 등도 정상적 경제활동이 아니므로 제외한다. 그러면 여기서 말하는 '0' 게임은 법을 어긴 것은 아니지만 불로소득의 기회와 결과가 주로 사람의 사행심을 조장하는 것으로 사회적으로 바람직하다고 볼 수는 없는 합법적 도박이나 복권 같은 항목만 남는다.

- '0'의 불로소득은 쌀을 생산하는 것이 아니라, 생산한 쌀을 걸어놓고 서로 따먹기를 하는 행위에서 발생한다.
- 허가가 난 도박, 카지노, 경품, 복권과 경마, 경륜, 투우, 투견 등에서 돈을 걸어 따먹기를 하는 행위이다.
- 이 행동에서 발생한 불로소득은 가치의 창조활동이 아니고 가치의 이전(shift)행위이다.
- '0' 게임은 부가가치의 생산도 아니고 국민소득의 '+'도 아니다. 누가 소득을 얻은 만큼 상대는 소득을 잃기 때문에 사회 전체는 국민소득이 '0'이다.

이러한 경제행위는 부의 창조, 부가가치의 생산, 국민소득의 증대활동이 아니므로 가능하면 없애는 것이 좋다. 그러나 이러한 '0' 게임의 거래액은 불로소득은 그 대상물이 인간의 효용을 만족시키는 실물이므로 다음 말하는 '-' 소득과는 근본적으로 다르다.

'-' 불로소득(-게임) : 불로소득이 영구 헛값(영구비실물)인 것

마지막으로 개인은 불로소득이지만 사회적으로 보면 '+' 소득도 아니고 그렇다고 '0' 소득도 아닌 것이 있다. 이것이 성장성 자본에서 발생하는 땅값 성장액과 자본 성장액이다. 부동산 불로소득은 거의 대부분이 이 '–' 소득에 속한다. 이 자본 성장액은 개인에게 정상이자를 초과하여 불로소득일 경우도 있지만, 심지어 정상이자에 해당하는 정상소득마저도 불로소득으로 간주되어 사회적으로 지탄을 받는다. 물론 자본 상승액은 소유자의 정상소득(정상이자)분의 크기라도 그 실체는 국민소득이 아니므로 사회적 지탄을 받을 소지를 갖고 있다.

'–' 불로소득은 국민소득이 아니기 때문에 국민소득 집계에는 개인의 불로소득에 '–'를 해야 비로소 사회 총소득의 크기가 바로 잡힌다. 그렇다고 나의 '0' 소득처럼 딴 자가 있으면 잃은 자도 있는 '0' 게임과는 성질이 다르다. 도박과 복권은 시장참여자 중 갑이 소득을 얻으면 을은 갑이 얻은 크기만큼 소득을 잃게 된다. 그러나 부동산 불로소득은 시장참여자 갑(부동산 매각자)이 소득을 얻으면 같은 시장참여자 을(부동산 매입자)이 그 값만큼 잃은 것도 아니다. 그래서 '0' 소득과 '–' 소득은 양자 모두 국민소득이 아니므로 비슷한 점이 있기는 하지만 근본 성질은 전혀 다르다. '0' 소득은 실물부문이며, 얻은 자와 잃은 자가 분명하게 드러난다. 반면에 '–' 소득은 비실물 부문이고, 얻은 자는 있으나 그만큼 잃은 자가 없거나 분명하지 않다.

- 미래의 쌀이 현재의 시장에 들어와 쌀시장에서 커진 값이다.
- 개인이 벌은 자본이득(capital gain)이며, 땅 · 주식 · 화폐 · 선물 등의 매매차익을 말한다.
- 이 행동은 가치의 창조도 아니고, 가치의 이전도 아니다.
- 이 행동은 가치의 팽창(inflation)이고, 기존 가치에 대한 간접적 시장 착취액이다.

• 부가가치의 생산이 아니며, 국민소득은 개인이 벌은 소득에서 이 값을 '–' 해야 한다. (개인이 번 총소득에서 다의 소득인 자본 매매차익이나 평가차익을 디플레이터하여야 실질 국민소득이 비로소 바로 잡힌다.)

여기서 우리가 알아야 할 것은 '–' 소득이 개인의 입장에서 기회비용(정상이자)에 불과한 정상소득의 경우도 '+' 소득과 같은 국민소득이 아니며, '0'의 소득과 같이 존재하는 실물도 아니라는 것이다. 이것을 식별하는 것이 부동산 이해의 핵심이다. 이 '–' 소득은 필자가 말하고 있는 헛값이며, 기존의 경제학은 이 부문에 대하여 인플레이션을 제외하고는 아직 아무 것도 밝히지 못한 상태이다.

8. 부동산 부자의 바른 이해

부동산 소유자가 다른 소득자들보다 유리하거나 부자가 되는 이유는 무엇일까? 결론부터 말하면 부동산 소유자가 대다수 부자가 되는 이유는 '공짜의 행운'과 '적자의 불행' 때문이다. 전자는 토지시장이 불균형일 때 일시적으로 취하는 행운이고, 후자는 균형일 경우에도 은행의 이자처럼 늘 울며 겨자먹기로 취해야 하는 사용의 적자분과 통상적 소득에 해당한다. 땅값 투자액은 그 값의 예금이자에 해당하는 땅값 정상 상승액이 사회에서 소득물이 아니기에 쓸 수 없는 가치로만 존재하여 소유자는 강제성 이자저축만 계속하는 결과가 되기 때문이다.

성장성 부동산시장은 시장가격이 항상 [보유가격(매입가격) > 사용가격(전세가격)]이며, 이에 따른 소득가격은 [토지비용(매입이자) > 토지수익(임대수익)] 현상이다. 이 현상은 토지시장 또는 부동산시장이 가지는 고유한 시장법칙이다. 이 말은 정상상태에서 부동산 소유자의 실제 운영수익은 항상(예외 제외) 소유비용을 보상하지 못하며, 그 적자가 영구적이라는 것이다.

그러나 우리의 일반적 인식은 이와는 정반대다. 우리의 일반적 인식은 사회에서 토지소유자가 다른 계층보다 항상 유리하고, 더 큰 부를 누리는 것으로 알고 있다. 이와 같이 이론적으로는 토지소유자가 소유에서 영구 적자가 나지만 실제로 소유자가 다른 계층보다 더 부유하고 유리하다고 보는 것이다. 이와 같이 부동산 소유자가 소유에서는 늘 적자이면서도 현실적으로는 다른 소득자보다 더 유리하다고 느끼고 있고 또 부동산 소유자가 사실상 부자인 이유는 무엇 때문일까? 그 이유는 다음과 같이 비정상 원인과 정상적 원인으로 나누어 볼 수 있다.

비정상적 원인으로 인한 부동산 부자 (무임승차 = 공짜의 행운)

비정상적 원인으로 인한 부동산 부자는 토지가 천연물이므로 시장에서 무임승차의 기회(행운)를 누릴 수 있기 때문이다. 본래 무임승차란 남의 자동차를 공짜나 헐값으로 타는 경우를 말하지만, 부동산 무임승차는 주로 토지의 천연성질에서 파생되어 발생한다.

첫째, 부동산 소유시 선점취득 또는 선점성 개발에서 불로소득을 누린다. 이는 토지가 천연물이고 가치의 흐름도 천연력의 기여로 나오기 때문이다. 여기에는 우선 천연의 땅을 최초에 공짜로 점령, 차지하는 자들이 이 행운을 누린다. 이것은 선의의 토지 선점에서부터 전공을 세운 장수에게 국왕이 내리는 토지 하사품, 그리고 강탈, 전쟁으로 인한 몰수와 점유 등을 모두 포함한다. 이런 현상은 국유지의 헐값 불하와 같이 지금도 종종 발생하고 있다. 이는 토지가 본래 주인이 없는 천연물이기 때문에 그렇다.

그 다음 토지의 정상적 선점 사용에도 무임승차의 행운을 누린다. 예를 들어서 인디언과 같이 천연상태의 땅에 누가 집을 지었고 그로 인하여 그 집터를 일정기간 또는 영구적으로 사용할 권한을 사회(국가, 왕,

이웃)로부터 부여받았다고 하자. 이 경우 집을 지은 자는 100%의 토지 불로소득을 누리게 된다. 주인 없는 천연의 토지에 개인이 집을 지어 살고 있는 행위를 가지고 우리가 도덕성 문제를 따지기 어려우며, 더구나 사회가 그에게 건축과 개발에 대한 결과로 소유(영구 사용)를 인정하고 있다면 이 문제는 더욱 판단하기 어렵다. 이러한 선점의 부동산 불로소득은 토지의 배타적 사용에 따른 소득으로 불로소득의 시초이고, 토지의 사유제가 처음 시작하는 기초단계라고 할 수 있다.

둘째, 부동산 소유 후 무임승차나 헐값 승차의 기회를 얻는 경우이다. 전자를 보통 외부효과라고 하고 후자를 개발이익이라고 한다. 전자는 예를 들어서 나의 집을 오가는 통행로가 골목길밖에 없었으나 정부나 타인이 도로를 개설하여 나의 소유지에 통로가 저절로 좋아지고 토지효용이 갑자기 커져서 부동산 가격이 오른 경우다. 후자인 개발이익은 구입한 사유토지에 자신의 사적인 토지개량이나 용도변경 등으로 효용이 커지고 땅값이 크게 오른 경우이다. 이것이 개발비를 초과한 소위 개발이익이다.

이러한 무임승차는 부동산시장이 정상균형을 이탈하여 예외적으로 이동하는 현상에서 발생한다. 토지는 장기적 소유와 사용을 전제하는 자본재이고, 토지의 물리적 특성은 기술개량과 토지개발에 매우 가변적이다. 그래서 시간의 흐름으로 경제의 급성장, 산지가 아파트 지구로 바뀌는 용도변경, 인근의 타인 토지의 개발과 같은 외부효과, 투기적 거품효과 등으로 지대와 땅값이 급상승할 수 있다.

이런 시기에 부동산 소유자는 발빠른 행동으로 토지를 처분하고 토지시장을 떠나버린다면 큰 불로소득을 얻게 된다. 투기는 부동산의 이런 시장 특성에서 나오는 것이다. 그리고 이 경우 간혹 토지를 처분하지 않고 장기 보유하며 사용하여도 [토지비용 > 토지수익]의 일반 현상과는 반대 현상인 [토지비용 < 토지수익]으로 바뀌어 초과지대를 수취할 수 있다. 이것은 '+소득' 으로 그야말로 부동산에서 발생한 순수 불로소득인 셈이다.

그러나 이러한 경우도 소유자에게 불로소득이 되는지는 다음과 같은 경우를 확실하게 알아야 한다. 그래야 부동산 소유자에 대한 여론몰이식 마녀사냥을 피할 수 있다.

첫째, 소유 후의 무임승차(용도변경과 외부효과 등)는 비예측적인 경우에만 불로소득이 발생한다. 예측적인 용도변경과 외부효과는 소유자가 부동산을 매입할 때 이미 매입가격에 포함되어 있다는 뜻이다. 부동산 가격은 대개가 매입할 경우 미래의 개발기대나 예상가치를 고려하여 값이 매겨진다. 그래서 부동산 땅값은 늘 현재의 정상 생산력보다 크다. 이것은 시장에서 쉽게 관찰되는 [매입가격 > 전세가격]의 현상에서도 그 사실을 확인할 수 있다.

그러므로 일반적 예상치인 미래의 소유이익은 이미 현재의 땅값에 모두 들어 있고 지불했다는 뜻이다. 그래서 이러한 사전의 예상이 실현되는 도로 개설이나 아파트 지구 개발은 이미 불로소득이 아니다. 예를 들어서 고속철도 개통의 일반적 이점은 전국의 모든 토지에서 모두 발생하고 그 이점도 이미 전 국토에 모두 반영되어 있다. 다만 역세권과 같은 고속철도의 개설로 인한 특수 이익이 매입가격에 포함되지 않았다면 여기서 말하는 불로소득이 발생한다.

둘째, 이러한 현상은 어디까지나 토지시장의 개별적 현상 또는 일시적 현상이지 토지소유자 전체의 사회적 현상이거나 장기 지속적 현상은 아니라는 것이다. 무임승차의 기회(용도변경, 외부효과, 급상승)는 그야말로 운이 좋거나 주기적 변동기의 경우 발생하는 특이 현상이지 일반 현상은 아니다.

셋째, 이러한 무임승차의 경우도 부동산 시장법칙인 [토지비용 > 토지수익]의 보편적 현상을 뒤집는 것은 아니다. 그 이유는 이 경우 땅을 팔고 시장을 떠나는 구소유자는 토지 처분으로 불로소득을 누리지만, 신소유자는 신매입가격에 따른 [토지비용 > 토지수익]의 적자현상을 계속한다고 보아야 하는 것이다. 곧 부동산 소유자는 현재 부동산을 가진 자이지 부동산을 매각하고 시장을 떠난 자가 아닌 것이다.

넷째, 발생한 불로소득이라도 토지수익물이 아닌 초과 땅값은 헛값이라는 것이다. 초과 땅값은 개인의 자본이득일 뿐, 사회적으로는 존재하지 않는 가치물이다. 이는 가치의 팽창이며, 소득물이나 생산물이 아닌 허구가격이다.

다섯째, 그리고 극히 예외적으로 발생하는 초과지대와 이에 따른 [토지비용 < 토지수익]의 역현상도 그 금액이 토지 매입비용에 대한 정상 이자소득을 초과한 불로소득이 되기 위해서는 다음을 고려해야 한다.

① 현재의 초과지대가 과거의 누적적으로 발생해 온 소유비용의 적자 총액을 보상하려면 상당한 기간이 흘러야 하는데, 이러한 기간이 감안되었는지를 따져야 한다. 이것은 미래의 무임승차 기회로 땅값이 미리 상승한 시기(도로 개설 전)가 아니고 실제로 무임승차를 하여 초과지대를 얻는 기간(도로 개설 후)부터 시작된다. 그 다음 초과지대 시기부터 시작하여 그동안 누적된 적자의 총액을 앞으로 누적될 수익 총액이 보상하고, 소유기간 전체의 총비용보다 총수익이 커지는 기간은 상당한 기간이 지나야 하므로 이 경우 그 기간은 우리의 일반 인식보다 매우 긴 기간이 필요하다. 이는 앞의 < 그림 5-2> 에서 이미 설명하였다.

② 그 다음 ①의 보상기간을 지나서 실제로 발생하는 초과지대도

개인이나 지주의 측면에서 본 것이고, 이 경우에도 사회적 총수요와 총공급은 역시 [토지비용 > 토지수익]의 요인은 그대로 갖고 있다.

다시 말하면 성장성 토지에서 [토지비용 > 토지수익] 현상은 토지라는 실체의 구매력과 그에 따른 실물공급의 관계를 말하는 것이지, 지주의 주머니에 들어가는 화폐의 크기인 [토지의 화폐비용 < 토지의 화폐수익]을 말하는 것이 아니다. 곧 소유의 적자는 토지시장 자체를 말하는 것이지 지주시장을 말하는 것이 아니다. 여기서 우리는 시장의 주체를 혼동하지 말아야 한다. 성장경제에서 토지시장이 만든 땅값은 어떠한 경우에도 [토지비용(매매가) > 토지수익(전세가)] 현상은 불변의 법칙성을 갖는다.

이상과 같이 부동산 불로소득의 기회가 되는 선점취득과 무임승차는 모두 경제의 비정상적 원인에서 발생하는 것이며, 이런 부동산에서 발생하는 불로소득만이 실제로 소유자가 누리는 불로소득이다. 그러나 이는 어디까지나 일반 현상이 아니라 특수 현상이고, 예외적 조건에서 일어난다. 따라서 비정상적 원인에서 발생하는 부동산 부자는 다음 말하는 정상적 원인에서 발생하는 부동산 부자와 구분하여 이해해야 한다.

정상적 원인에서 발생하는 부동산 부자 (소비가 불가능한 강제저축 = 적자의 불행)

천연물인 땅에 대하여 선점(원시)취득과 무임승차에 따른 불로소득은 비정상 상태에서 발생한 것이고, 아래의 경우는 정상상태에서 발생하는 부동산 부자의 경우이다. 정상상태에서 부동산 소유자가 부자가 되는 이유는 다음 사유에 속한다.

첫째, 부동산 소유자가 부자가 되는 가장 큰 이유는 땅값 그 자체가 강제성 장기저축의 기능을 하기 때문이다. 땅값은 매년 커지는 땅값 상승액이 소비하지 못하는 가치로 늘 저축물과 같이 축적만 하고 있기 때문이다. 토지투자의 이자비용(기회비용)에 해당하는 땅값 상승액은 그것이 초과소득(불로소득)이 아닌 정상소득이라고 하여도 그 값은 소유기간 동안 실물로 배당, 실현, 소비되는 가치물이 되지 못한다. 그래서 소유자는 땅을 팔지 않는 한 어쩔 수 없이 그 상승액을 땅에 묻어두고 견뎌야 하는 강제저축이 되어 축적되고 있다. 그래서 토지소유자가 다른 소유자에 비하여 시간이 지나면 부자가 될 가능성이 높다. 우리가 경제생활에서 매년 커지는 값을 쓰지 않고(못하고) 저축만 한다면 시간이 흘러서 목돈이 되고 부자가 되는 것은 당연하다.

부동산 소유자가 이렇게 부자가 되는 이유는 부동산의 시장법칙인 [토지비용(매입이자) > 토지수익(사용수익)] 현상에서 밝혀진다. 곧 부동산 소유에는 필연적으로 비용보다 작은 수익이 나올 수밖에 없고, 그 차액만큼 부동산 정상 상승액이 발생하여 축적되고 있으므로 부동산 소유자는 장기로 부자가 되는 것이다.

우리가 1억 원을 예금하여 찾아 쓰지 않고 10년, 20년이 지난 다음 그 원금과 이자를 전액 회수한다고 생각하여 보라. 그 금액은 매년 복리이자로 계산되어 큰 금액이 된다. 우리나라에서 1980년 1억 원 예금자는 이 기간 평균 이자율을 13.5% 정도라고 하면 24년 후 지금 투자의 20배에 해당하는 20억 원이라는 큰 재산을 가지게 된다. 부동산은 가지고 있으면 언제인가 부자가 되는 이유가 바로 여기에 있다. 부동산 소유자에게는 이 20배의 금액이 은행 예금의 원리금과 같고, 개념상 인플레이션도 아닌 실제 재산이다. 또 사회적으로도 24년간 지속된 경제성장에 버금가는 과실물을 낼 수 있는 실제 토지의 생산력인 것이다. 또 이 20배의 금액은 같은 금액을 은행에 예금하였으면 예금자가 누릴 수 있는 가격이기 때문에 소유자의 특혜나 불로소득이 아니다.

그러나 우리의 눈에 보이는 20배의 값은 놀랄 만큼 엄청나고 큰 것이다. 그래서 우리의 눈에는 이것이 자동차(토지) 소유자가 자동차를 굴려서 벌고, 여기에 더하여 소득과는 별개로 자동차 값이 커져서 또 공돈이 추가로 20배나 얻은 큰 행운을 얻은 것처럼 보인다. 그리고 그 값이 자동차 사용과 같이 가치를 실현한 실제적 부로 보이고 재산으로 느껴지는 것이다. 그러나 땅값에서 커진 20배의 수치가 개인에게는 부와 재산이 분명하지만, 사회적으로 보면 영원히 가치로 실현되지 않는 헛값이라는 사실을 이제 독자들은 알고 있어야 할 것이다. 같은 1억 원을 주고 산 자동차와 땅이 각각 성능이 2배가 커져 2억 원이 되어도 자동차는 앞으로 가치가 실현되고 땅은 가치가 실현되지 않는다는 사실 말이다.

그러나 우리는 경제생활에서 이런 보편적 사실을 거의 모르고 살고 있다. 더구나 부동산 가격 상승기에는 그 상승의 폭이 ① 과거에 장기간 보합세로 있어서 오르지 못한 부분까지 일시에 올라버리고, 더구나 ② 미래에 오를 부분까지 미리 당겨서 매우 크게 올라버린다. 부동산 땅값 폭등기는 현재의 정상가격, 과거가격, 미래가격 이 세 가지 가격이 동시에 겹쳐서 커진다. 그래서 부동산 가격 폭등기에 우리가 느끼는 일반적 정서는 부동산 소유자가 엄청난 크기의 불로소득을 일시에 누리는 것으로 각인된다.

그러나 이 경우도 부동산 소유자는 보유에서 [토지비용(매입이자) > 토지수익(전세수익)]의 장기 적자와 강제저축 현상은 계속될 뿐이다.

이로 인하여 시장에서 장기 강제저축에 따른 이자 부담을 견디지 못하는 개인과 기업은 부동산을 처분할 수밖에 없다. 따라서 장기 강제저축에 따른 거액의 원리금 상승액은 항상 현재의 부동산 소유자가 누리는 것으로 보이게 된다. 그러나 이러한 인식은 부동산시장을 겉보기로 이해한 가치의 착각현상이다.

둘째, 토지소유자가 화폐성 자산 소유자나 다른 소득자보다 상대적으로 유리한 입장은 땅값이 거시경제가 일으키는 인플레이션 때문이다. 땅값 상승분은 소유자에게 정상소득분이라고 하더라도 국민소득이 아닌 헛값이기에 거시적 경제구조 내에서는 거품으로 들어 있는 부분이다. 그리고 이 현상은 경제에서 장기적이고 지속적인 점에서 고질적 문제이다. 일반적으로 인플레이션이 발생하면 재산소유자가 다른 소득자보다 시간 게임에서 유리한 경우가 많다. 그래서 불로소득이 발생하지 않는다고 보는 정상가격 또는 근본가격 구조(땅값 상승액 = 토지비용 − 토지수익) 에서도 토지소유자는 다른 계층보다 유리할 수 있다는 것이다. 물론 [토지비용 > 사용수익]의 장기적 불변현상을 감안하면 토지소유자는 땅을 팔지 않는 한 평소의 소득 크기는 다른 계층보다 늘 불리하다는 것도 함께 알고 있어야 한다. 부동산 소유자는 97% 이상이 소유에서 늘 손실만 보지만 그래도 부동산 소유자가 부자로 사회에 남게 되는 이유 말이다.

9. 땅값의 초과수요와 인플레이션

국민소득과 자본이득

토지소유자가 상대적으로 유리한 입장은 불로소득이 발생하지 않는다고 보는 균형시장과 근본가격 구조 내에서도 있을 수 있는 것이다. 그 이유는 개별 토지시장 자체가 근본가격 구조에서 [토지비용 > 토지수익]이라는 비용과 수익의 불균형 현상 때문이었다. 이것이 거시경제에서 지속적 불균형 현상을 일으켜 실물경제에 고통을 안겨주게 된다. 이것이 바로 경제의 초과수요와 인플레이션이다.

이 관계는 거시경제의 국민소득 모형에서 구체적으로 나타난다. 국민소득계정에서 국민 총생산[6]은 Y, 분배국민소득에서 생산의 3요소 소득에 해당하는 임금을 W, 이자를 K, 지대를 R이라고 하자. 지출국민소득에서는 소비를 C, 투자를 I라고 하자. 그러면 국민소득의 3면 등가법칙에 따른 등식은 다음와 같다.

---

6) 국민소득계정에서 국민총생산은 감가상각비를 포함한 GNP 개념이지만, 여기서는 감가상각비가 자본의 충당분이므로 이를 제외한 국민순생산(NNP)의 개념이다.

> 생산국민소득(Y) = 분배국민소득(W + K + R) = 지출국민소득(C + I)

그런데 이 플로 가격인 국민소득계정에서 스톡 가격, 곧 소득이 아닌 땅값 성장액과 이와 유사한 자본의 원금 성장액이 구매력을 행사하면서 거시경제에 들어온다. 이것이 바로 [토지비용 > 토지수익]의 원인자인 Pg의 자본이득(capital gain)이다. 그런데 이 Pg는 미시경제에서 토지소유자의 근본가격 구조에 들어 있는 균형소득이다. 그래서 분배국민소득과 지출국민소득은 장기적으로 생산물 Y보다 Pg만큼 크게 된다. 그래서 토지소유자의 분배 몫은 R과 Pg이다. 따라서 각 요소소득의 분배되는 실질소득은 Pg/Y만큼 작아지고 명목상의 분배소득과 지출국민소득은 상대적으로 커진다. 그래서 Pg가 국민소득계정에 그대로 영향을 미친다고 보면[7] 다음과 같다.

> 생산국민소득(Y) < 분배국민소득(W + K + R + Pg) = 지출국민소득(C + I + Pg)

---

7) 자본이득 Pg는 시장 속성상 땅값과 주가가 안정적일 때는 0으로 잠재 또는 소폭 상승하다가 상승 기회가 오면 일시적으로 대폭 상승한다(주가는 대폭 하락하기도 하고). 자본이득은 거시경제에 주기적, 간헐적, 불규칙적으로 값이 변하면서 영향을 미친다. 이러한 속성을 가진 자본이득을 장기 평균한 값이 여기서 말하는 이론상의 Pg이다.

예를 들어서 국민 총생산 Y는 100이고, 이의 구성요소인 임금 W는 70, 이자 K는 10, 지대 R은 20이라고 하자. 그런데 R의 분배자인 토지소유자의 균형 분배액은 R이 아니고 P의 기회비용인 Pg를 포함하여야 한다. 그래서 토지소유자(성장성 자본재 소유자 포함)에게는 국민 총생산물 Y가 아닌 자본이득 Pg를 생산물보다 초과하여 분배해야 한다. 따라서 각 생산요소에 분배되는 실질 분배비율은 각 요소의 실질 생산물의 비율과는 다르게 나타난다.

① 요소소득의 정상 분배율 = 요소소득/생산국민소득
= (W + K + R)/Y
② 요소소득의 실질 분배율 = (요소소득 + 자본이득)/생산국민소득
= {(W + K + R) + Pg}/(Y + Pg)

그래서 땅값의 균형 성장분, 곧 토지의 자본이득 Pg를 감안한 각 요소소득의 실질 분배율은 다르게 나타난다. 여기서 토지소유자가 아닌 임금소득자와 이자소득자의 실질소득은 줄어든다. 이제 토지의 성장액 Pg가 10이라고 하자. 그러면 Pg가 없는 정상 분배액과 Pg를 감안한 실질 분배액은 다음과 같다.

• 정상임금(W) = 70, 실질 임금(W′) = 63.6

• 정상지대(R) = 20, 실질 지대(R′) = 18.2

• 정상 토지이득(Pg) = 10, 실질 토지이득(Pg′) = 9.1

* 실질 임금 63.6 = 정상이자 70/(국민소득 100 + 땅값 정장액 10)

이렇게 실질 분배소득이 변한다. 여기서 임금소득자는 정상소득이 70이지만 토지소유자의 Pg를 기회비용으로 보상하여 준 후의 실질소득은 63.6으로 떨어져서 손실을 보고 있다. 그러나 이 비율대로 분배된다고 하여 반드시 토지소유자가 자본소득자보다 유리하다고 볼 수는 없다. 그 이유는 같은 가격으로 구입한 자본소유자(예금자)와 토지소유자의 실질 분배율(순소득/총소득)은 각자 Y/(Y + Pg)만큼 낮아져서 비율이 같기 때문이다.

그러나 토지는 시장에서 토지의 물리적 특성과 시장특성상 독점력을 가진다. 그리고 Pg는 소득이나 실물이 아니고 자본가격으로 소득보다 먼저 커지는 속성을 가지고 있다. 또한 먼저 커진 땅값은 잘 내려가지 않는 하방 경직성을 강하게 가진다. 그래서 토지소유자에게 분배되는 Pg는 시간적으로 우선하는 경향이 있다. 이때 사용자가 아닌 토지의 일시 소유자나 주식소유자는 재산을 자유롭게 처분할 수 있으므로 발빠르게 소유재산을 처분하여 Pg를 분배받는다. 그러면 국민소득 Y에 대한 각 요소소득의 실질 분배율은 Pg를 우선 분배하고 남은 잔액이 될 것이다.

③ 요소소득의 실질 분배율 = (Y−Pg) × (W + K + R)/Y

• 실질 임금 분배율 = (100−10) × 70/100 = 63(W′)

그래서 위의 식과 같이 국민소득 100에서 Pg 10을 우선 차감(분배)하고 나머지를 각 요소소득에 분배하는 것과 같다고 보면, 각 소득에 분배되는 정상소득과 토지이득을 분배한 후 잔여분 분배의 실질소득은 다음과 같다.

정상임금(W) = 70, 실질 임금(W′) = 63
정상이자(K) = 10, 실질 이자(K′) = 9
정상지대(R) = 20, 실질 지대(R′) = 18
정상 토지이득(Pg) = 10, 실질 토지이득(Pg′) = 10

따라서 이 경우 토지소유자는 투자비용 중 지대를 제외하고는 모두 보상받을 수 있고, 다른 요소소득자는 그 토지소유자가 보상받은 토지이득만큼 상대적으로 손실을 입는다.[8)]

그런데 국민소득의 분배에서 토지 성장액 Pg가 ②와 같이 모든 소득자에게 고른 영향을 끼치는지, ③과 같이 소유자에게만 유리한 영향을 주는지는 단언할 수 없다. 토지는 생존과 경제에서 필수재이고 대다수 토지는 매매보다 사용을 목적으로 소유하고 있다고 보면 미실현소득 Pg는 크기가 9.1이든 10이든 실제로 분배받지를 못하고 있으며, 분배의

8) 명목소득보다 실질소득이 하락한 비율은 (70−63)/70, 이자 (10−9)/10으로 공히 10%이지만, 토지 총수익 하락 율은 {30−(18+10)}/30에서 6.7%이므로 3.3%의 상대적 이익을 보고 있다.

시기도 다른 소득보다 오히려 늦다고 보아야 할 것이다. 그리고 거시경제에서는 모든 생산요소와 경제 외의 변수가 동시에 작용하여 상호 영향을 주고받기 때문에 토지만을 고려하여 전체의 경향을 일률적으로 판단할 수 없다. 그러나 Pg는 그 값의 실체가 실물이 아닌 사회적 허수임은 분명하다. 그러므로 거시적 측면을 고려한 국민소득론에서 보면 Pg는 실물에 대하여 장기적으로 가공 구매력만 행사하는 요체이므로 인플레이션의 요인이라고 볼 수밖에 없다.

그런데 인플레이션의 경우 토지와 같은 자본재 소유자가 임금소득자보다 상대적으로 유리하다는 것이 경제학의 통설이다. 따라서 토지소유자의 Pg가 미시에서는 개인의 투자에 대한 기회비용일 뿐이지만, 거시경제에서는 다른 요소소득자보다 상대적으로 유리한 것이다. 이렇게 볼 때 토지소유자가 다른 소득자보다 상대적으로 유리한 경우도 있지만, 이보다 더 뚜렷한 이점은 Pg가 일으키는 사회적 측면의 초과 구매력이다. 전자는 일시적이고 가시적이지만, 후자는 장기적이고 잠재적이다. 그래서 우리는 후자에 대하여 인식이 매우 둔하다.

거시적 불균형과 초과수요

한국은행 발표에 의하면 우리나라 광복 후 60년간 소비자 물가는 11만 배가 올랐다고 한다. 그 동안 쌀값은 약 55만 배, 소고기는 162만 배, 굴비는 620만 배가 올랐다고 한다. 이와 같이 물가는 계속 오른다. 왜 그럴까? 그리고 현대 경제학은 아직 스태그플레이션(stagflation), 곧 불황 속의 인플레이션 현상이 일어나는 것에 대한 원인규명을 하지 못하고 있다. 이것 역시 토지시장의 해묵은 수수께끼로 남아 있는 땅값이 답이다. 거시경제에서 땅값 상승분 Pg는 구매력을 가진다. 이 구매력은 화폐수요를 일으키며, 실물의 수요를 늘리고 금융의 담보가치를 높여서 금융의 수요도 늘어나게 한다. 그러나 Pg는 실물의 생산이나 공급이 아니다. 그래서 거시경제에서 당해 토지 생산물의 수요의 역할을 하는 구매력과 공급의 역할을 하는 토지 생산물은 상호 불균형을 이루고 있다.

토지 구매력 수요(토지비용 Pi) > 토지생산물 공급(토지수익 R)

이는 사회의 구매력이 Pg만큼 커진 것이므로 국민소득계정은 Pg의 수요로 인한 거시적 불균형 현상을 초래한다. 이 현상은 바로 사회적 초과수요 현상을 말한다.

국민소득계정 : [총수요(Y + Pg) > 총공급(Y)]
사회적 초과수요 = 총수요(Y + Pg) − 총공급(Y)

이 식은 땅값이나 주식가격 상승분 Pg가 경제에서 인플레이션을 일으키는 주요 원인자 역할을 하고 있음을 보여주고 있다. 이는 개별 토지시장과 주식시장의 근본 특성인 [토지(주식)비용 > 토지(배당)수익]

의 현상에서 거시경제로 파생된 것이다. 곧 땅값의 Pg는 거시경제에서도 불균형 인자이며, 초과수요 요인이라는 것이다. 거시경제에서 실물이 아닌 땅값의 발생과 커짐은 실물이 없는 화폐의 남발과 같은 것이다. 이 경우 토지소유자에게 돌아가는 Pg는 인플레이션의 결과물이 아니라 원인자의 기능을 하는 셈이다.

그러나 이러한 현상은 경제가 정상적이거나 토지시장에 정부의 개입이 없을 때를 가정한 것이다. 정부가 부동산 투기를 막기 위하여 토지시장의 규제와 세금을 강화하면 땅값 Pg는 급격히 위축되어 '0' 또는 '-'로 반전한다(이 현상은 거품이 꺼질 경우도 발생함). 이 경우 소유자는 또 막대한 자본손실과 기회비용에서 누적적자가 커진다. 이 경우 소유자에게는 구매력이 떨어져서 초과수요와는 반대 현상인 과소수요와 디플레이션 현상이 발생한다. 그리고 디플레이션이 아니면 인플레이션이 있으면서 불황과 실업이 발생하는 스태그플레이션이 계속된다. 2003년 정부의 10 · 29 부동산 조치와 그에 따른 2004년의 땅값 하락과 경기불황은 바로 이런 현상이다. 이런 사례는 과거의 영국은 물론이고 1990년대부터 지금까지 12년간 불황을 겪어온 일본도 마찬가지였다.

결론적으로 말하여 정상상태에서 부동산 소유자는 정상 자본이득 Pg가 소유에 대한 정상적 대가로 어쩔 수 없이 취하게 되는 값이지만 그 땅값 상승액이 헛값이기에 시장에서 인플레이션을 일으킨다. 결국 부동산 소유자는 땅값이 일으키는 인플레이션 때문에 장기로 볼 때 다른 화폐성 자산소유자보다 더 유리하다. 아니면 소유자는 자본손실, 과소수요, 디플레이션을 일으켜 경기를 후퇴시킨다. 이러한 현상은 부동산시장 자체가 가진 [토지비용 > 토지수익]의 불균형이 빚어내는 사회적 결과물로써 토지사유제가 있는 한 피할 수 없는 경제의 고질병이다.

10. 토지시장에 대한 인간의 오해 : 토지시장의 겉보기와 속보기

사람은 땅을 인간의 소유물로 여기고 상품이나 가치물로 보기 때문에 경제적 활동에서 작게는 10여 개, 크게는 30-40개 이상의 현상에 대하여 과학적 사실과 다르게 보거나 반대로 생각한다. 이것은 천문학에서 지동현상을 천동현상으로 오해하는 것과 같은 겉보기 이해이며 사물에 대한 착각현상이다.

◪ 유량가치에 대한 혼동

(1) 인공(노동)물과 자연물의 혼동

토지 생산물인 지대는 생산이나 수확에 노동을 투입한 후 나온 것이므로 노동의 결과물이기도 하고, 자연의 생산력이 생산에 공헌한 것이므로 토지활동의 결과물이기도 하다. 그래서 사람이 토지를 경작, 경영하거나 토지산물을 채취하여 수익물을 얻었을 때에 발생하는 지대는 누가 생산한 것인가 하는 논쟁이 지금까지 그치지를 않고 있다. 그런데 이 문제는 생산의 주체를 결정하고 생산된 생산물을 생산 주체별로 기여한 크기만큼 정당하게 분배하는 것과 직접 관련이 있다.

임금은 물론이고 지대와 이자도 반드시 노동이라는 인간의 육체적 또는 정신적 생산활동을 통하여 이루어진다. 그래서 시간적으로 보면 임금, 이자, 그리고 지대는 모두 노동 후에 나오는 결과물이다. 그러나 임금은 노동력이 생산한 것이고 이자는 자본력이 생산한 것이다. 그러므로 지대는 토지의 자연력이 생산한 것이다. 곧 지대는 자연물이다. 지대가 자연물이라는 것은 앞에서 상세하게 설명하였다.

경제활동에서 임금과 지대 등 요소소득은 모두 노동을 전제로 발생한다는 것은 사실이다. 그러나 자동차는 운전기사(노동)가 있어야 차가 운행(생산활동)을 한다고 하여 자동차 수익 전체를 운전기사의 노동가치라고만 하면 안 된다. 자동차 운행에는 운전기사만 있는 것이 아니고 엄연히 자동차도 존재하기 때문이다. 따라서 자동차 운행으로 번 수익은 기사와 자동차, 자동차와 기사의 합작물이다. 여기서 균형시장을 가정하여 수익을 서로 나눈다면 자동차 총수익에서 기사의 노동력에 해당하는 가치는 기사임금이고, 자동차의 임대료나 사용료는 자동차가 수익에 공헌한 크기로 그 몫은 자동차 주인의 것이다.

그러나 마르크스 사회주의자들이나 노동가치론자들은 이런 경우 자동차의 생산 공헌분마저 모두 운전기사의 노동가치로만 보았다. 이들은 자동차의 감가상각비만을 불변자본이라고 하여 인정하고 자동차가 생산에 기여한 공헌가치를 인정하지 않았다. 이는 자동차의 생산성을 인정하지 않은 것이므로 이런 판단은 자동차에 대한 노동의 편견에서 나온다. 그래서 이들은 자본의 생산성과 그에 따른 이자를 부인한다. 그 대신 자본이자를 노동에 편입시켜 노동가치를 생산력보다 크게 잡는다. 이러한 편견은 자동차라는 사물에 대하여 노동제공자인 인간의 탐욕에서 기인된 것이라고 할 수 있다.

이와 같이 지대도 노동이 필요하고 노동 후에 발생한 산물이기는 하나 지대가 노동의 공헌으로 생산된 가치는 아닌 것이다. 지대는 토지 자신의 자연력이 생산에 미친 경제적 힘의 크기이다. 그런데 자동차 사용료는 자동차를 만든 주인이 있고, 토지사용료인 지대는 본래부터 토지를 만든 주인이 없다. 그래서 지대에 대해서는 주인이 없기 때문에 그 산물에 대하여 사람의 주관에 따라 인공물로 간주하여 버린다. 노동가치론자들은 지대를 노동가치라고 하고 토지의 자본 투입론자들은 지대를 투입한 인공자본의 이자라고 우기게 된다. 경제에서 진보층과 보수층, 급진파와 수구파도 이렇게 하여 갈라진 것이다.

그러나 자동차의 운행수익 전부를 운전기사의 몫이라고 하지 않듯이 지대를 포함한 토지경작의 생산물 전체를 노동물로만 보거나 자본투입의 대가물로 보는 것은 잘못이다. 이는 마르크스주의자나 자본주의자들을 구분할 필요 없이 경제활동에서 땅이라는 사물의 존재와 활동을 무시한 결과가 빚어낸 인간집단의 공통된 실수이다.

(2) 현재가치와 미래가치의 혼동

토지의 지대는 현재 생산한(된) 현재가치이고, 땅값은 미래에 생산할(될) 영구 미래가치이다. 지대는 현재에 쓸 수 있는 가치이고, 땅값은 사람이 쓸 수 없는 영구 미래가치이다. 그러나 우리는 땅값을 그러한 미래가치를 현재 시점의 이자율로 할인한 현재가치로 생각하고 그렇게 규정하거나 정의하여 버린다. 우리는 토지의 이론가격인 땅값의 정의를 미래 지대수익을 이자율로 할인한 '현가(現價)'라고 한다. 여기서 현가라 미래가치를 현재가치로 표현한 값이라는 뜻이다. 그래서 지대는 현재의 존재하는 가치물, 땅값도 현재에 존재하는 가치물로 보고 경제적 의사결정에서 혼합하여 버린다. 지대 100과 땅값 100은 시장에서 등가인 것으로로 완전히 오해한다. 그래서 사람은 경제계에서 토지만 나오면 첫째 시간관에서 현재와 미래, 둘째 우주관에서 공간과 시간, 셋째 경제관에서 가치와 헛값을 식별하지 못한다.

(3) 비용과 잉여의 혼동

토지사유제 사회에서 지대는 개인의 입장에서 보면 비용이고 사회적 입장에서 보면 잉여이다. 토지사유제 사회에서 토지 매입과 사용에 투입된 몫은 매입자 개인의 입장에서 보면 틀림없는 비용이다. 그러나 사회적 입장에서 보면 지대는 개인의 매입이나 투자와는 아무 관계없이 별개로 존재하는 가치이다. 여기에는 다음과 같은 점을 알아야 한다.

첫째, 토지와 자본을 분리한 경우 토지의 매입에 관계되는 비용은 투입자본이 없기 때문에 비용이 아니다.

둘째, 토지매입은 자본거래이기 때문에 비용과 인과관계가 없다. 예를 들어서 공장을 가동하면 운영비가 발생하지만 공장의 매입과 처분에는 원칙적으로 비용이 들지 않는다. 거래에 들어가는 비용은 거래(수수료와 거래세)를 위한 비용이지 운영비가 아니다. 이 말은 병원에서 치료의 활동은 없이 병원의 거래비용만 들어가는 것과 같은 원리이다.

셋째, 토지는 자본의 자기 소모가 없어서 비용이 발생하지 않는다. 공장의 자본가격은 사용과 시간 흐름으로 가치가 감가하므로 비용이 들게 되지만 토지는 감가현상이 없기 때문에 원천적으로 비용이 들지 않는다.

넷째, 토지의 경작과 사용에도 그 경작과 사용에 투입한 비용은 임금과 이자(이윤)로 따로 있고, 이를 제외한 가치는 본래부터 비용의 성격이 아니다.

그러나 토지의 사유제 하에서 토지매입자의 입장에서 보면 매입가격은 사적 가치를 투입한 것이 분명하므로 그 투입금액에 대한 이자액은 공장 투자분의 이자(이윤)와 같이 비용(기회비용)이다. 그러나 사회적으로 보면 이 가치는 원본이 투자자의 희생이나 절제로 있는 것이 아니라 자연활동에서 본래부터 있는 존재물이므로 비용이 아니다. 지대의 비용화는 본래부터 존재하지 않는 비용을 사회제도가 인위적으로 만들어 놓은 것뿐이다. 따라서 지대는 개인의 입장에서 보면 비용이기도 하고 사회적 입장에서 보면 비용이 아닌 것이다.

그러나 우리는 지대를 무조건 개인 투자에 대한 비용이나 대가로만 알고 있고 자연이 인간에게 무상으로 준 잉여와 선물이라는 사실은 거의가 모르고 살고 있다. 알아도 그것은 옛날 수렵채취 시대 또는 농경시대에 있었고 오늘날 산업화 · 정보화 사회나 도시사회에서는 투자와 인간의 활동이 경제의 주축이기 때문에 과거와 같은 토지의 순수지대는 없다고 본다. 혹시 있어도 이는 비중이 매우 적기 때문에 무시해도 좋다는 것이다. 토지는 농경시대보다 산업화 시대, 농촌보다 도시에서 집약도가 더 높고 지대의 비중도 더 크게 발생하고 있는데 말이다.

(4) 요금과 세금의 혼동

지대의 공적 징수는 세금이기도 하고, 한편으로 전혀 세금이 아니기도 하다. 세금이란 내 것을 국가의 필요에 의하여 공경비로 내는 것이다. 따라서 내가 가진 사유재산에서 발생한 수익에 대한 공경비 납부는 분명한 세금이다(무보상 강제징수의 성질). 그러나 남의 것을 사용하고 사용료를 내면 세금이 아니다(가치의 자유 교환의 성질). 그런데 토지사유제 사회에서 토지 사유에 대한 지대 납부는 이 두 가지 성질을 동시에 가진다는 것이다.

만약에 토지수익에 대한 공적 징수가 0인 사회에서 땅값의 크기는 지대수익 전액에 대한 자본가격이다. 그런데 여기서 정부가 토지수익의 일부를 공적으로 징수하면 그 금액은 나의 사유재산 이자에 대한 공적 징수이므로 세금이다. 그러나 이 경우에도 실상은 세금이 아니다. 만약에 현재 지대 공적 징수가 0인 상태에서 지대를 징수하면 땅값은 그 징수액의 자본가격만큼 줄어든다. 그래서 토지의 신매입자는 미래수익을 공적 징수액만큼 실수익을 낮게 평가하기 때문에 그만큼 땅값이 낮게 매겨진다. 이 현상은 부동산시장에서 월세가격이 커지면 전세가격이 작아지는 것과 같은 원리이다. 그래서 토지수익에 대한 공적 징수는 다음과 같은 성질을 갖는다.

첫째, 땅값이 없는 사회에서 지대의 공적 징수는 부담자에게 토지 사용료가 된다. 개인은 토지를 사용하고 그 사용료를 내는 것이므로 이 경우 징수액 100% 모두 세금이 아니고 요금이다.

둘째, 토지수익에 대한 보유세는 원칙적으로 신매입자가 물지 않는다. 기존의 세금이 부과되는 토지는 세금의 자본가격만큼 땅값을 낮추어 사고, 매입자는 그 낮은 가격만큼을 평소에 사용가치에서 임대료를 내게 된다. 이는 세금이 아니고 사용료에 해당한다. 곧 토지보유세의 부과는 토지의 신매입자에게 임대료가 될 뿐 세금이 아니다.

셋째, 기존의 보유자에 대한 토지수익의 추가 세금은 기존의 보유자에게는 추가 세금의 자본가격만큼 재산의 몰수현상이 일어난다. 그리고 기존의 소유자가 추가로 내는 세금은 역시 임대료가 된다. 여기서 소유자는 보유세로 원금 손실과 임대료 상승의 이중부담이 생기기 때문에 저항이 강하다.

따라서 토지수익에 대한 공적 징수는 세금이 아니다. 물론 양도차익은 존재하지 않는 헛값이기 때문에 이에 대한 세금은 특수문제가 발생한다. 그러나 사유재산제에서 토지매입액의 기회비용에 대한 공적 징수는 세금이다. 아니면 이미 사용료는 땅값 일시불로 지급하였는데 다시 사용료를 이중으로 내는 것과 같다. 이와 같이 토지수익의 공적 징수는 본질이 세금이 아니지만 겉보기에는 세금처럼 보이게 된다. 그래서 모든 사람은 지대의 공적 징수를 세금으로 생각한다. 이와 같이 지대의 공적 징수는 세금이 아니지만 우리는 세금으로 오해하고 있다.

저량가치에 대한 착각

(1) 땅값과 집값의 가치 착각

사람은 새로 지을 집터의 가격을 "집값"이라고 한다. 그러나 집을 지을 터는 땅이며, 그 가격은 땅값이다. 터에 집을 짓기 위하여 터 고르기를 하면 그 투자비용을 전문용어로 "토지조성원가"라고 한다. 여기서 토지조성원가란 결국 땅값이라는 의식의 표현이다. 그러나 집을 짓기 위하여 투자한 비용은 토지개발비인 자본투자이지 땅값이 아니다. 엄밀히 말하면 집을 짓기 위한 터 고르기는 집값에 포함될 가격이고 천연가격인 땅값은 아니다.

사람은 이렇게 터 고르기 비용을 땅값이라고 불러주고는 그 땅값 전부를 인공의 대가로 생각한다. 이러한 생각은 주인이 품꾼에게 새 옷을 입혀주고 교육을 시켰을 경우 품꾼의 현재 몸값과 미래에 나올 품꾼의 노동가치는 전부 주인의 것이라고 말하는 것과 같다. 사람의 땅에 대한 이러한 생각은 경제에서 다음과 같은 가치의 혼동과 착각을 일으킨다.

☺☺_품꾼 교육에서 주인의 가치혼동과 착각

① 투자자의 가치 : 새 옷과 교육에 투자한 자본가격(일정 이익포함)과 이 자본가격을 사용하여 얻을 미래 수익

② 품꾼의 가치 : 새 옷을 입고 교육에 동반 활동한 투입노동의 자본가격과 이 자본가격을 사용하여 얻을 미래 수익

③ 현재 없는 가치 : 새 옷과 교육 후 나올 미래 가치를 자본화한 몸값(미래에 수익으로 실현됨)

④ ①과 ②를 혼동, 곧 품꾼의 가치를 투자자의 가치라고 하면 노동의 착취가 되고, ③의 가치는 쓰는 가치로 보아도 결국 가치가 실현되므로 큰 무리는 없다.

☺☺_토지개발에서 사람의 가치혼동과 착각

① 투자자(인공)의 가치 : 집을 지을 터 고르기 등 토목공사에 투자한 개발비 자본가격(일정 이익포함)과 이 자본가격을 사용하여 얻을 미래 수익

② 땅 자신의 가치 : 집을 지을 터 고르기 등 토목공사에 동반 활동한 땅 자신의 기여가치와 이후 땅을 사용하여 얻을 미래 수익

③ 현재는 없는 가치 : 토지개발 후 토지사용으로 나올 영구 미래가

치를 자본화한 땅값(미래에 수익으로 실현되지 않음)

④ 여기서 ①과 ②는 가치를 혼동하고, ③은 가치를 착각한 것이다. 토지개발에서 천연 토지가치를 인공가치라고 본 것은 땅에 대한 인간의 집단 편견이며, 땅값을 사용하는 가치라고 본 것은 이보다 더 큰 집단 무지에 해당한다.

(2) 자본거래와 소득(수익)거래의 착각

장기로 사용해야 그 가치를 쓸 수 있는 것이 자본재이다. 자동차는 가치를 쌀처럼 일시에 소비할 수 없고, 사용으로 가치를 사용한다. 이러한 자본재는 시장에서 자본가격과 수익가격이 동시에 존재한다. 자동차의 가격은 자본가격이고, 그 자동차의 운영에서 렌트나 버스 요금, 택시 요금은 운영비(기사 임금, 기름 값 등)를 제외하면 자동차를 사용한 수익가격에 해당한다. 이것을 시장에서 팔고 살 경우 전자는 자본거래, 후자는 소득거래라고 한다.

여기서 자동차는 자본가격이 시간경과로 소멸하여 소득가격이 된다. 그래서 굳이 자본거래와 소득거래를 식별할 이유가 없다. 예금의 원금과 이자도 전자는 자본거래이고 후자는 소득거래이다. 하지만 예금 원금은 비용(기회비용)을 계산하여 보면 그 원금의 이자와 예금 수익은 같거나 균형에 접근하기 때문에 굳이 구분할 필요가 없다.

그러나 토지, 주식과 같이 영구 자본재는 자동차나 예금과 거래의 성질이 전혀 다르다. 토지와 주식은 ① 자동차처럼 자본이 소득으로 바뀌는 성질도 없고, ② 예금처럼 자본비용이 수익과 일치하지도 않는다. 그래서 토지와 주식은 자본거래와 소득거래를 명확히 구분해야 하는 우리는 토지와 주식에 대하여 자본거래와 소득거래를 구분하지 않는다.

사람은 자본재의 매매에서 자본거래와 소득거래를 잘 식별하지 못하거나 같은 것으로 생각한다. 자본거래는 값이 아무리 커져도 소득이 0인 거래이고, 소득거래는 값이 매우 작아도 소득이 +인 거래이다. 사람이 토지와 주식에서 이 거래를 식별하지 않거나 잘 모르기 때문에 경제활동에서 가치와 헛값을 착각하게 된다.

(3) 실현가격과 미실현가격

지대는 사람이 현재에 쓰거나 쓸 수 있는 가치이다. 지대는 사람이 가치를 경제적 욕구충족의 수단으로 실현한다는 뜻이다. 이것이 가치의 진정한 실현이다. 그러나 땅값은 사람에 현재에 쓰거나 쓸 수 없다. 지금도 쓰지 못하고 앞으로도 계속하여 그 값는 가치로 쓸 수 없다. 이것이 가치의 미실현이다.

땅값과 땅값차익, 토지의 양도차익, 그리고 자본이득은 개인의 입장에서 보면 매입에 투입한 가치가 매매로 회수되어 실현된다. 그러나 사회적 측면에서 보면 땅값 원금과 매매차익은 매매에도 불구하고 영구적으로 가치가 실현되지를 않는다. 그러나 우리는 경제활동에서 땅값 100과 지대 100을 같은 가치로 보고 등가관계가 성립한다고 생각한다. 이것은 토지시장에서 땅값의 가치실현과 미실현을 구분하지 못하는 착각현상이다.

(4) 실물과 금융의 착각

실물은 인간의 욕구를 현재 또는 일정기간 내에 충족시킬 수 있는 가치물을 말한다. 땅도 가지고 있으면 전세수익이나 임대료 같은 수익물이 나온다. 땅을 사용하면 임대료만큼 수익물을 직접 얻거나 임대하면 사용료를 받을 수 있고, 그 가치는 소비할 수 있다. 그리고 토지는 눈으로 보면 분명하게 눈에 보이는 자동차와 같은 물리적 실물이다. 그러므로 토지는 겉보기로만 보면 분명히 실물이고 재화이다.

그러나 토지는 100% 실물이 아니고 100% 영구 금융물이다. 토지의 땅값은 현재가치가 아니고 미래에 발생한 가치물에 대한 지대 청구권이다. 그리고 미래에 발생할 가치이지만 그 가치는 미래의 일정기간 내에 실현될 가치도 아니고, 영원히 영구적으로 나올 미래가치의 자본가격일 뿐이다. 그래서 토지는 영구적 미래가치에 대한 채권으로 영구 금융물이다. 금융물에는 수표, 채권, 화물대표증권, 창고증권과 같이 현재의 실물을 대리하는 금융물이 있다. 이것은 실물을 현재의 공간에서 대표 · 대리하므로 공간적 금융물이라고 하겠다. 반면에 특허권, 영업권, 광업권 등은 미래에 나올 수익을 대표 대리하는 시간적 금융물이다.

그런데 토지와 성장주식은 채권과 창고증권과 같이 현재의 실물을 대리하는 공간적 금융물도 아니고, 특허권과 광업권 같이 미래의 한시 가치를 담보하는 시간 금융물도 아니다. 땅값은 영구 미래가치를 담보하는 영구적 추상자본이고 금융일 뿐이다. 이와 같이 땅값은 영구 미래가치를 담보하는 영구 금융물이며, 결국 거래는 있어도 실물이 계속 없는 헛값 금융물이다. 이와 같이 토지의 땅값 거래는 실물거래가 아니고 금융거래이고, 지대의 거래는 금융거래가 아니고 실물거래이다. 그러나 우리는 토지거래를 지대 거래와 같은 실물거래로 착각하고 있다.

토지의 가치혼동과 착각의 영향

작은 불씨가 큰 화재를 일으킨다. 우리가 토지시장과 토지에 대하여 일으킨 혼동과 착각은 토지시장뿐만 아니라 경제 전체에 파급되어 그 영향이 미치게 된다. 우리는 경제현상에서 토지시장과 경제 전체에서 어림잡아서 크게는 10여 항목, 작게는 약 30~40개의 경제적 현상을 사실(과학)과 다르게 알고 있거나 반대로 알고 있는 것으로 보인다. 이것은 토지시장에서 천연의 토지가치를 인공가치로 혼동하고 쓸 수 없는 땅값을 사람이 쓰는 가치물로 착각한 것에서 직간접으로 파생되어 일어나는 것이다. 이제 그 대강을 간추려 적어보면 다음과 같다.

(1) 정서적 오해

① 사회현상의 추론과 분석에서 자연과 인간의 역할을 혼동한다. 인간이 땅에 대한 잘못으로 온 문제에 대하여 사람은 인간이 인간에게 잘못한 문제로 오해한다. 땅과 인간의 문제가 인간의 계층 간 갈등, 곧 부자와 가난한 자, 특히 부동산 부자와 땅과 집이 없는 서민계층의 대립형태로 나타나고 문제도 커져 있다.

② 자연력과 인공력을 혼동한다. 사람은 채취 전 천연가치와 채취 후 인공가치를 식별하지 못한다(않는다). 사람들은 노동가치와

토지가치, 자본가치와 토지가치를 혼동한 채 이념과 사상체계를 만들어서 오늘날까지 인류의 역사를 이끌어 오고 있다.

③ 경제와 비경제를 혼동한다. 채취, 경작, 투자 등 인간이 행동을 한 물질은 경제(가치) 계에 속하고, 그렇지 못한 자연상태의 물질 총계는 비경제(자연) 계인데 이를 혼동한다. 따라서 사람의 세계관 형성에서 경제적 인식의 범주와 경계를 제대로 설정하지 못하고 있다.

④ 공간과 시간을 혼동한다. 땅값과 주가가 공간이면 가치는 시간이고, 가치가 공간이면 땅값과 주가는 시간이다. 그러나 사람은 시간의 사건에 공간의 사건을 끌어들이고 공간의 사건에 시간의 사건을 끌어들이는 실수를 하므로 문제의 해결이 매우 어렵게 된다.

⑤ 현재와 미래를 혼동한다. 미래에 나올 가치를 현재에 나온 가치, 또는 영원히 나오지 못할 가치를 지금 있는 가치로 완전하게 착각하고 있다. 지대는 현재가치, 땅값은 영구 미래가치이다. 그 예로 토지개발에서 10년 후 나올 초과지대와 그 초과지대보다 10년 전 앞당겨서 지금 매겨진 초과 땅값은 시간착각과 공간착각을 동시에 하는 것으로 모두 6개의 가치요소를 완전히 착각하는 것이 된다(정상과 초과, 실물과 비실물, 현재가치와 미래가치의 6개 요소).

⑥ 경제활동(생산, 소비, 사용)과 비경제활동을 혼동한다. 가치의 생산과 생산 없는 매매차익을 혼동한다. 옷의 생산, 유통, 판매라는 과정은 인간의 노동과 투자가 실제로 투입되고 있는 생산활동이고, 땅과 주식의 가격변동은 이러한 생산활동이 없이 발생한 것이다. 소비와 사용 역시 그렇다.

⑦ 종이를 실물로 생각한다. 존재하는 실물과 그 대리물에 불과한 금융물, 곧 증권을 명확하게 구분하지 못하며, 특히 이 중에서도 미래 금융물은 거의 식별하지 못한다. 사람은 토지와 주식에서 개인의 화폐(종이) 소득과 실물소득을 식별하지 못한다.

⑧ 개인(미시)과 사회(거시)를 혼동한다. 우리는 개인의 이득과 사회적 소득을 구분하지 못한다. 부가 없는 인플레이션과 부인 가치의 변동을 거의 구분하지 못한다. 땅값과 주식의 성장액에는 사람이 먹을 파이(빵)가 지금도 없고 미래에도 없는데 사람은 지금 그 값의 실물이 있는 것으로 알고 행동한다.

⑨ 네 것과 내 것을 식별하지 못한다. 내가 생산에 공헌한 가치만큼 내 것이고 그 이상은 내 것이 아니다. 땅과 인간의 경제질서에서 공짜와 대가를 잘 구분하지 않거나 모르고 있다. 땅 대 인간의 지분문제가 인간 대 인간의 지분문제로 변질되어 다투게 된다. 이것은 사유재산제라는 사회의 기초질서를 뿌리부터 흔드는 것이다.

⑩ 사회에서 경제적 유(有)와 무(無)를 혼동한다. 땅과 주식에서 가치의 유와 무를 식별하지 못한다. 이 혼동은 경제에서 미시적 크기와 거시적 크기의 상호 모순을 알지 못하고 있다. 이것은 시장경제라는 사회의 기초 질서를 뿌리에서 바로 잡지 못한 것이다.

(1) 경제적 혼동과 착각

① 사람은 경제활동에서 토지의 자생물을 인정하지 않거나 매우 인색하다. 토지 자생물을 인공물로 여긴다.

② 땅값과 지대를 구분하지 못한다. 경제학자도 땅값과 지대는 개념만 알고 분석에는 대체로 착각하여 버린다. 분석에서 토지는 자본가격과 사용가격으로 경제적 변수가 둘인데 하나로만 간주하여 분석하는 실수를 말한다. 토지의 소유비용은 토지수익은 지대와 땅값 성장액으로 구성되지만, 이 두 개의 변수를 구분하지 않거나 어느 하나만을 취하여 분석하는 실수를 말한다.

③ 주택가격에서 땅값과 집값을 식별하지 않거나 혼동한다.

④ 부동산에서 성장과 감가를 혼동한다.

⑤ 부동산에서 비용과 잉여를 혼동한다.

⑥ 부동산에서 요금과 세금을 혼동한다.

⑦ 부동산과 주식 등 금융에서 자본과 소득을 혼동한다.

⑧ 부동산 소유에서 97%의 소유자는 장기적으로 손실만 입고 있으며 3% 정도만 불로(초과)소득의 수취가 가능한데 우리는 이런 사실을 잘 모르고 있다. 우리는 오히려 그 반대로 소유자 중 손실자는 3%이고, 이득자가 97%나 되는 것으로 잘못 알고 있다.

⑨ 투기와 투자의 개념적 구분이 모호하고 무분별하게 사용한다. 이 구분에서 실물가치인 배당소득과 비실물인 매매차익, 장기사용과 단기소유 등에서 투기와 투자의 구분이 확실하지 않고, 서로 혼합되는 혼선이 있다. 예를 들어서 한때는 미분양 아파트를 여유자금이 있는 자가 매입(투자)을 해두라고 권장을 하다가 또 한때는 갑자기 그러한 행위를 악덕 투기자로 정죄하여 버린다.

⑩ 자본거래와 소득거래를 식별하지 못한다. 값이 아무리 커져도 자본거래는 소득이 0인 거래이지만, 우리는 그 값이 커지면 소득이라고 호언장담할 정도로 오해한다.

⑪ 지대의 성장성과 땅값이자의 지속적 커짐(누적적 손실)을 이해

하지 못한다. 성장경제에서 지대가 성장하면 땅값도 같이 커지고, 이 경우 땅값의 이자(손실)도 연체가 되어 같이 커진다. 그러나 우리는 유명한 토지경제학자마저 지대는 커지고 땅값의 이자는 일정하다는 오류를 보이며, 또 이를 강하게 고집한다.

⑫ 수요공급의 현상과 가치(가격)증감의 현상을 잘 식별하지 못한다. 부동산 문제에서 가치의 증감현상을 모르므로 시장론자(보수층)들은 공급이론으로 집을 많이 짓고 토지공급도 늘려야 한다고 주장하고, 정부론자(진보층)들은 부동산은 시장기능으로 안 되니 정부가 나서서 강제수단(세금과 규제)을 적극 강구해야 한다고 하여 정책을 두고 서로 대립만 하게 된다.

⑬ 토지의 개량에서 유와 무를 식별하지 못한다. 부동산 거래시 발생한 대다수 개발이익은 존재하지 않는 영구 헛값인데 개발이익의 환수를 위한 제도적 장치를 두고 찬반 논쟁이 뜨겁다.

⑭ 토지의 개량에서 크게 늘어난 개량가치 중에 인공의 가치와 천연의 가치를 개념적으로 구분하지 못한다. 토지개량은 노동과 자본만이 한 것으로 오해하거나 우긴다.

⑮ 부동산 가격의 장기 평균가격과 일시적 급등가격을 크게 오해한다. 국민 절대다수가 부동산시장에 주기적으로 발생하는 단기 급등액을 불로소득(이자 초과소득)으로 단정하는 오류를 범한다. 개발과 같은 외부효과가 없다면 이러한 단기 급등액은 장기 평균가격을 일시로 초과한 것이고 장기로는 평균가격에 접근하므로, 이 시기의 토지거래자 간 거래 역시 소유자 간 내부거래로 이익도 손실도 없는 제로섬 게임에 불과하다.

⑯ 소유와 사용을 제대로 구분하지 못한다. 토지는 태생적으로 소유 자체가 무의미한 것인데 우리는 정책에서 토지의 자유 사용은 소

유를 전제로만 가능하다고 보는 전제 설정의 오류를 범한다.

⑰ 보유세의 땅값 영향과 집값의 영향을 분리하지 못한다. 보유세가 땅값은 내리게 하고 집값은 오르게 한다. 우리는 부동산에서 땅과 건물을 분리하지 못하고 있으며, 오히려 이를 통합하는 실수를 하고 있다.

⑱ 보유세의 집값(땅값) 하락 현상과 임대료의 상승관계를 잘 모른다. 땅값은 세금의 자본가격만큼 급락한다. 건물이나 주택에 보유세가 부과되면 세금의 거의 전부가 임대료에 전가된다. 세금의 전가는 시장의 탄력성에 따라 다소 다르겠지만 임대료에 영향을 받고, 특히 건물은 공급까지 위축되어서 그 영향이 더 크다. 그러나 우리는 보유세가 높으면 부동산시장이 [총임대료 > 소유이자 > 세금 후 순임대료]의 부등식 현상이 되는 것을 이해하지 못한다. 그래서 유명학자라도 보유세로 인한 땅값 하락의 충격과 땅과 집이 없는 사람의 임대료 부담 증가를 거의 이해하지 못한다.

⑲ 양도소득세의 자본잠식 효과와 시장동결 효과의 해악을 잘 모른다. 부동산 임대 공급자가 양도소득세를 물게 되면 자본과세로 원본이나 세원이 고갈되는 것을 잘 모른다. 세금은 시장에서 거래가 원활하지 못하거나 차단되는 폐단을 가진다. 따라서 국민들이 양도소득세는 투기의 일시적 차단효과 외에는 다른 효과가 거의 없고, 오히려 문제를 키우는 세제라는 것을 잘 모르게 된다.

⑳ 성장경제에서 임금성장은 알아도 지대성장은 잘 모른다. 경제가 성장하면 임금이 성장하는 것은 당연하다고 말하나 지대의 성장은 왜 그렇게 되어야 하는지에 대한 의문을 가진다. 그리고 이 커진 값은 예금이자보다 더 큰 초과이윤으로 오해한다.

㉑ 지대성장과 이에 동반하는 땅값 상승의 상호관계와 성질의 차이를 거의 잘 모른다.

㉒ 물가상승과 땅값 상승을 차이를 잘 식별하지 못한다. 전자는 헛값인 줄 아는데 후자는 똑같은 헛값임을 거의 모른다. 그리고 사회에서 땅값과 주가 등에서 상승액, 곧 헛값이 발생하지 않으면 장기적으로 물가는 오르지 않는다는 사실을 거의 모른다.

㉓ 노동과 자본의 갈등이 쓰지 못하는 땅값 때문임을 모른다. 지금의 노동운동이나 계급투쟁은 뿌리에서 오류가 있고, 투쟁의 대상 설정에서 오류가 있다.

㉔ 빈부격차가 땅값과 주가의 시장 뒤틀림에서 오는 것을 모른다. 그래서 빈부격차에 따른 세금과 예산, 그리고 사회적 에너지를 낭비한다.

㉕ 땅값으로 인한 초과수요와 과소수요를 모르게 된다. 주기적으로 닥치는 경기의 과열과 냉각에 대한 피해를 감수해야 하고, 그 대처방안에도 문제가 많다.

㉖ 실업과 불황, 그리고 공황까지도 땅값, 주가, 외환, 선물 등의 헛값으로 오는 것을 잘 모른다. 역사적으로 볼 때 경제의 공황과 급변현상은 전쟁이나 천재지변을 제외하고는 거의 모두가 이 헛값의 시장교란으로 일어난 것이다. 그 대표적인 것이 17세 초의 가격혁명, 18세기의 남해 거품사건, 1929년의 세계 대공황 등이다.

(2) 헛값의 파급현상과 사회적 오해

① 취업과 교육의 지나친 경쟁이 땅값 때문임을 모른다. 경쟁이 일

으킨 교육문제는 생계수단의 안정, 직업의 보장이나 안전과 직결되며, 이는 땅값의 시장왜곡 현상이 해소되고 토지사용의 자유가 보장되면 대다수 해결되는 것이다. 따라서 이런 문제가 해소되면 많은 교육의 난제들도 상당수 자동으로 회복된다.

② 환경파괴와 공해발생에서 땅값과 토지가치가 작용하는 원리를 잘 이해하지 못한다. 환경론자들은 경제에서 땅이 인간에게 주는 혜택이나 역할은 거의 의식이 없으며, 오직 환경파괴가 인체에 미치는 자연과학적 요소에만 문제의 인식이 편중되어 있다.

③ 속세를 떠난 무소유주의자들도 한 그릇의 밥에 들어 있는 자연의 혜택을 잘 인정하지 않는다. 예를 들어서 그들이 공동체 생활에서 습생을 위한 땅과 인간의 경제활동에서 가치의 생산이 자기 노력과 수련의 대가로만 생각할 수 있다는 것이다.

④ 부동산 문제와 경제문제는 인간 모두의 탓이지만 그 문제를 특정인에게 화살을 돌리게 된다. 땅의 소유와 가치 관계를 잘 모르거나 잘못 규정하여 일어난 땅과 인간의 갈등문제 또는 여기에 파생된 사회적 문제들을 특정 계층(정치인, 재벌, 부자, 게으른 자, 그리고 이에 동조하는 학자 등)이 잘못하여 일어난 문제로 비약하게 된다. 곧 내 탓을 남의 탓으로 돌리게 된다.

여기서 지적한 30~40개의 항목은 필자가 평소의 생각과 경험을 나열한 것으로 서로 중복되는 것도 있고 아직 정리가 덜 된 부분도 있다. 그리고 이러한 항목들은 모두 부동산 토지에서만 발생하는 것은 아닐 것이다. 그러나 여기서 지적한 것들은 모두 인간이 땅에 대한 경제적 오류들로 사람이 천체의 이해에서 지동현상의 과학적 진실을 겉보기로만 보고 천동현상으로 오해하거나 잘못 알고 있는 것과 비슷한 것이다. 그래서 여기서 지적한 항목들은 인간이 지금까지 땅에 대하여 저질러 온 역사적 실수들이라고 할 수 있을 것이다.

11. 자본주의의 기본모순은 자본이득이다

자본주의는 사유재산제와 시장경제라는 두 개 축을 근간으로 한 체제이다. 사유재산제의 전제조건은 내 것은 내가 가지고 남의 것은 내가 소유하지 않는 것이다. 시장경제의 전제조건은 존재하는 가치는 팔고 사고 존재하지 않은 가치는 팔고 사지 말아야 하는 것이다.

그런데 땅을 팔고 사는 경우 사회는 이 두 전제조건이 모두 성립할 수가 없다. 왜냐하면 땅은 처음부터 개인의 사유물이 아니었기 때문이다. 처음 땅을 매각한 자는 그 땅을 소유하거나 팔아먹을 권리를 가진 적이 없다. 또한 땅을 매입한 자도 처음부터 그 땅을 자동차처럼 사용하여 투자가치를 수익과 효용으로 빼낼 수 없다. 그러나 사람들은 "이유야 어떠하든 지금은 사유물이 되었으니 처음의 소유관계를 따질 필요가 없지 않겠는가?"라고 반문한다.

그런데 이 말은 일리가 있지만 실상은 그렇지 않다. 지대는 규칙적으로 변하여도 땅값은 그에 대하여 불규칙적으로 변하여 거시 실물경제에 타격을 준다. 앞의 예에서 보듯이 땅은 기술개발, 용도변경, 외부효과 등으로 커진 지대와 땅값이 추가로 계속하여 발생하기 때문에 이런 경우에 지속적으로 발생하는 지대의 부당 사유와 땅값의 시장 괴리를 어떻게 하느냐는 말이다.

그리고 이보다 더 큰 문제는 지대를 사유화하여 발생하는 땅값 헛값의 지속적 발생인 것이다. 이 값은 계속하여 시장을 불균형 상태로 몰기 때문에 문제이다. 땅값은 헛값이기 때문에 개인에게는 투자의 정상수익인 균형적 성장액이라도 그 값은 사회에서 불균형 상태가 되어 문제이며, 그래서 규제나 세금으로 성장을 억제하면 개인은 정상수익에서 바로 손실이 발생하고 불균형 상태가 되어 문제가 된다. 이것은 토지뿐만 아니라 토지 유사품도 같은 현상이 발생한다. 바로 땅과 주식, 선물과 같은 신종 금융상품 등에서 발생하는 자본이득(capital gain)을 말한다.

이와 같이 영구성 또는 비실현성 자본재의 자본이득은 그 값을 시장에 두는 한 이래도 문제 저래도 문제이고 다른 대안이 있을 수 없다. 다시 말하지만 자본주의의 모순은 사유재산제와 시장제도 자체가 잘못된 것이 아니다. 먼저 내 것이 아닌 것을 내 것이라고 한 잘못, 미래의 가치를 지금의 가치라고 믿는 가치의 착각, 그 다음은 없는 가치물을 있는 가치물로 생각하고 팔고 사는 행위 등 인간의 총체적 잘못이 함께 하기 때문이다. 사유재산제도가 잘못이 아니라 사유재산이 아닌 것을 사유재산으로 간주한 사회적 약속이 잘못이다. 시장제도가 잘못이 아니라 팔고 살 수 없는 것을 시장에서 팔고 사는 사람의 생각과 행동이 잘못이다. 자본주의와 시장경제는 인간사회에서 자연발생적인 것이고 좋은 제도이나 그 속에 있는 자본이득의 시장 속성(폐단)을 우리가 모르는 것이 문제이다.

12. 자본시장의 종말

자본이득의 시장속성과 그 폐단을 모른 채 우리가 방치하고 있는 지금의 자본시장은 미래에 어떻게 변화될 것인가? 이에 대해 이러한 자본시장의 모순을 그대로 방치하는 비관적 입장에서 본 추론은 다음과 같다.

첫째, 성장경제에서 부동산 가격은 땅값이 커져야 한다.

① 땅은 단위가 일정하고 영구재이므로 성장경제에서 값이 커질 수밖에 없다.
② 경제가 성장하면 임금, 지대가 커지고, 이 경우 자본가격인 땅값은 동반하여 커질 수밖에 없다.
③ 감가성 자본재의 소득 흐름은 [자본비용 < 사용수익]이므로 성장성 자본재는 그 반대인 [자본비용 > 사용수익]이 될 수밖에 없다. 그래서 성장성 자본재는 그 차액만큼 커질 수밖에 없다.

그러나 영구자본이 커지는 가격은 헛값이다. 자본이 생산하는 이자나 이윤, 그리고 그 배당은 소득물이지만 자본이득은 헛값이다.

둘째, 주식은 땅과 시장 성질이 같은 성장성 자본가격이다.

셋째, 신종 금융상품이라고 부르는 선물도 실물이 영원히 없는 헛값이다. 옵션, 스왑도 이와 유사하다. 선물은 거래물 하나만 보면, 땅과 주식처럼 영구재는 아니지만 거래수를 무한대까지 늘릴 수 있는 헛값 상품이기 때문에 그 값은 시간 흐름 속에서 거래량이 커진다. 그러므로 선물도 시간 흐름으로 실물수익으로 회수되지 않고 그 값은 공간에서 팽창한다.

넷째, 외환시장도 선도(선물환)거래는 헛값이 아니고 투기상품이 아니지만 통화선물은 헛값이고 투기상품이다. 채권이나 예금증서는 정액성 자본이라 투기상품이 될 수 없다. 이자율도 상품이 아니다. 그러나 유대인 학자들이 중심이 된 신자유주의 경제학자들은 1980년대에 들어와서 이러한 채권이나 이자율에도 투기가 가능한 선물상품을 만들었다. 곧 투기가 없던 정액성 자본증권도 이제 투기상품으로 적극 변신을 했다.

선물시장은 통상적으로 거래액의 98% 정도는 실물거래가 필요 없고, 특정 실물에 대한 가격만 있으면 된다. 석유를 예로 들면 현물시장은 실물을 팔고 사지만 선물시장은 석유의 가격만 있으면 되고 석유가 필요 없다는 뜻이다. 선물시장이 재화를 팔고 사는 시장이 아니라 가격만을 팔고 사는 시장이기 때문이다. 따라서 선물은 자금력만 있으면 거래수를 물리적으로 제한받지 않으므로 무한정 팔고 살 수 있다. 그래서 회교권이 생산한 석유는 실물시장에서 팔고 사고 있지만, 미국에 있는 유대인 금융 귀재들은 이를 선물시장에서 미리 팔아 이익을 미리 챙겨버린다.

선물은 하나의 가격이 공간에서 팽창한다. 선물은 하나의 실물에 가격은 현물가격과 선물가격으로 두 개이다. 옵션 역시 하나의 상품에 두 개의 가격이 복수로 성립한다. 콜 옵션(매입청구권)과 풋 옵션이(매도청구권)이 그 예이다.

땅값은 100% 헛값이다. 주식의 실물 초과 매매차익도 영구 헛값이다. 그런데 지금의 부동산시장은 거래규제가 강한 직접투자를 피하여 간접투자 형태로 바뀌고 있다. 부동산 실물이 부동산 증권이라는 이름으로 대체되고 있다는 말이다. 그래서 땅도 주식처럼 토지 실체와 구분하여 팔리고 있고, 이는 점차 확대될 것으로 보인다. 원래 헛값인 주식이 다시 헛값 선물로 바뀌어 커졌다. 지금까지 고정자본이었던 땅값 헛값은 이제 유통성이 더 빠르고 강한 유동성 증권으로 바뀌어 가고 있고, 여기에 다시 헛값인 선물로 둔갑하고 있는 중이다. 채권도 헛값이 발생하는 선물로 바뀌고 있다. 선물은 다시 두 개의 가격체계(매도권과 매입권)인 옵션으로 바뀐다. 실물교환이 아니라 가격만 교환하는 스왑도 바쁘게 돌아다니고 있다. 미국이 밤이면 한국은 낮이다. 컴퓨터를 통한 금융거래는 시공간을 초월하며 번개처럼 움직인다. 실물이 없는 가공가격이 컴퓨터 자판만 두드리면 국경도 없이, 밤과 낮의 시차 구분도 없이 세계를 누비며 종횡무진으로 거래되고 있다.

경제는 성장한다. 경제가 성장하면 땅값이 커진다. 경제발전과 기술개발로 기업이 커지면 헛값인 주식도 커진다. 선물도 물론 커진다. 그러나 이 커짐의 가격총계는 헛값이기 때문에 실물가치에는 팽창하는 크기이지 가치의 성장이 아니다. 어떤 물체가 자꾸 팽창하고 있을 때 그것은 언제인가 반드시 터진다. 부푸는 풍선이 터지는 것처럼 말이다. 이것이 자본의 종말이다. 자본은 자본의 물리적 성질과 시장 속성을 모르는 우리의 무지 때문에 스스로 터져버리는 것이다.

우리는 이미 경제에서 자본의 팽창과 팽창한 풍선의 터짐 같은 가격의 붕괴현상을 자주 보아왔다. 17세기 초의 금광발견으로 자본값이 커져서 물가가 3배 이상 올라버린 가격혁명, 1720년 최초의 주식 거품이 붕괴하였던 남해 거품사건, 1929년 세계 대공황, 1992년 영국과 유럽의 통화위기, 1994년 남미의 위기, 그리고 1997년 한국과 아시아의 위기 등 이런 현상을 거듭하여 보고 겪어왔다. 지금까지 이 사건들은 세계에서 어느 한 쪽에서만 발생한 국지적이고 지엽적 사건이었다. 한 지역에서 당한 위기가 세계적이지는 않았다는 뜻이다. 그러나 이제는 세계시장이 하나로 합쳐지고 있는 추세이고, 특히 자본시장은 공간과 시간, 지역과 상품의 제약이 없으므로 하나의 단일시장체제로 빠르게 변하고 있다. 뭉쳐진 자본시장은 실물 없는 가격만 하나로 통합되어 특정 지역이나 금융상품에 닥친 위기를 바쳐줄 완충지대가 사라진다. 그래서 헛값시장이 무너지면 이제는 모든 시장이 한꺼번에 같이 무너지게 될 위험이 있고, 크기와 피해도 과거의 지역적인 사건보다 매우 클 것이다.

그러나 이러한 헛값의 피해를 사전에 예방할 수 있는 방안은 다음과 같은 선택방안만 남는 것이 문제다.

① 경제성장을 멈추면 된다. 기술개발과 경제성장을 정지하면 헛값 자본이득의 발생도 멈춘다.
② 헛값은 헛값으로 조정하면 된다. 헛값은 계속 키우면서 같은 크기의 통화증발과 인플레이션을 일으켜 조정하고, 커지는 화폐단위도 따라서 수정(리디노미네이션)하여 주면 된다.
③ 헛값을 소멸시켜 버리고 발생하지 않도록 하면 된다. 이렇게 하려면 토지는 시장임대, 주식은 한시주식, 선물은 선도거래만 두어야 한다.

여기서 ①은 현실성이 없으며, ②는 지금 우리의 경제체제, 곧 수정자본주의의 전형적 형태이나 이 조정 메커니즘은 제대로 작동하기가 그리 쉽지 않다. 여기서 조정 시스템이 제대로 작동되지 않으면 참여자는 서로 서로 피해를 주거나 당하게 되며, 심지어 자동차가 멈추거나 전복하는 것과 같은 큰 사고를 당할 수 있다. 그러나 ③은 ①과 ②와 달리 바른 대안이다. 그러나 지금은 자본가격의 상승액이나 매매차익도 틀림없는 가치라는 우리의 가치 착각과 강한 고집 때문에 ③의 방안을 잘 모르거나 알아도 수긍하지 않는다. 그래서 이 ③의 대안을 끈질기게 무시하거나 강하게 반발하면서 헛값만 팽창시키고 있기 때문에 결국 자본시장은 파국을 당할 가능성이 매우 높다. 필자는 이것을 '자본시장의 종말'이라고 불러본다.

중세시대에 로마의 몰락은 그 시대 주류세력들이 예측하지 못했다. 봉건체제의 몰락과 동구 사회주의의 몰락도 그 사회를 주도적으로 이끌었던 시대의 주류들은 까마득하게 모르고 있었다. 이런 실수는 자본주의 사회에서도 예외가 아닐 것이다. 1929년 세계 대공황의 발생과 이에 따른 자본주의 수정은 이미 시장 몰락의 예고편이 되는 셈이다.

지금까지 경제에서 땅의 활동과 인간의 활동을 식별하지 않은 인간은 여기에 더하여 땅값 헛값을 뒤집어쓰고 살지만 이를 모르고 살아오고 있다. 더구나 사람들은 여기에서 더 큰 헛값을 키우기 위하여 신종의 자본 금융상품을 만들어 시장에 내어놓고 팔고 사고 있으며, 오늘도 헛값을 더 빠르게 키울 수 있는 최첨단의 금융기법을 열심히 개발하고 있다. 팽창하는 풍선이 터질 때까지, 자본주의가 끝장이 나는 그때까지 불균형과 혼돈의 미래를 향하여….

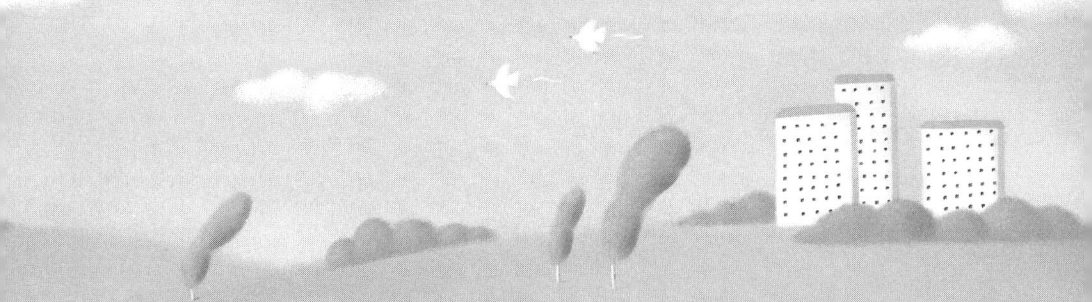

제2편
반값주택을 위한 정책 : 토지임대부 건물분양방식

부동산 문제의 근본해법은 지대시장제
[반값(전세가)아파트 = 소유비용 = 사용가치]

2편은 반값아파트 또는 토지비용이 지금의 절반 수준인 부동산 정책을 실시하기 위하여 부동산시장의 각종 현안문제와 구현된 정책들을 소개하고 검토하며, 지대시장제의 도입과 실시방안에 대한 내용을 다루고 있다.

6장

부동산 문제와 정책의 역사적 딜레마

1. 건국이념의 다물정신과 토지자유

요즈음 MBC 방송에서 고구려의 건국에 관련된 드라마 「주몽」이 인기를 끌고 있는데, 이 드라마에 자주 쓰이는 말이 토지(영토)에 관련된 '다물'이란 단어이다. 고구려의 시조 주몽(朱夢)은 B.C. 37년에 고구려를 세운 후 연호(年號)를 '다물'이라 하였는바, 이러한 다물이 바로 고구려의 건국정신이라 할 수 있다. 여기서 '다물'이란 말은 "땅을 되무르다", "땅을 다시 회복한다"는 뜻을 지닌 순수한 우리말이다.

고주몽은 고구려를 세우며 고조선 시대에 지배하였던 광대한 영토를 회복하겠다는 다짐으로 '다물(多勿)'이란 연호를 쓴 것이다[『한단고기(桓檀古記)』 삼성기전 상편]. 그후로 다물정신은 우리 역사에 면면히 흐르는 민족정신이 되었다. '다물정신'은 마치 보이지 않는 지하에 지하수(地下水)가 흐르듯이 우리 민족사의 밑바닥에서 흘러왔다. 고구려의 건국정신에서 비롯된 이 다물정신은 진취적이요, 미래지향적이며 진정한 민족자주와 번영을 담고 있는 정신으로 지금도 우리 겨레에게는 꼭 요청되는 시대정신이 아닐 수 없다(김진홍 목사 설교문에서).

그런데 땅을 다시 찾거나 무르는 '다물'이라는 용어는 이보다 훨씬 먼저 사용한 문헌이 있으니 이게 성경이다. 성경은 인간의 경제적 자유에 대한 기초를 기업(基業), 곧 땅에 두고 그 기업을 조상 대대로 지키게 하고 어떠한 경우에도 잃지 않도록 배려하는 사상이 철저하다. 그런데 만약에 그 땅을 잃었거나 팔렸으면 이를 되찾는 방법이 있으니, 이것이 바로 '토지 무르기(Redemption)'이다. 이게 우리말로는 '다물'이다. 그래서 사람마다 잃었던(팔렸던) 땅을 모두 찾으면 완전한 자유를 회복하는데, 이때를 '희년(禧年)'이라고 한다. 이와 같이 성경이 말하는 '땅의 다물(토지 무르기)'은 경제적 생존과 자유를 찾고 보장하는 데 필요한 핵심적 수단(정책)이다. 그리고 '토지 무르기'는 구세주를 통한 인간 구원의 수단인 '대속(代贖)의 원리'와도 관련되며, 태초에 인간의 실수로 잃었던 에덴 땅을 회복하며 미래에는 궁극적으로 태평천국을 완성하여 가는 실천적 사상이다.

우리가 이렇게 인간의 생존과 자유를 온전히 회복하는 다물정신을 우리 민족이 옛날부터 가지고 있었다는 것은 자랑스러운 것이다. 따라서 우리가 토지문제의 해법을 찾고 정책을 수립하는 데에도 우리의 고유사상인 토지의 다물정신을 이어받아야 할 것이다.

2. 왕토사상과 토지제도

왕토사상을 빗나간 토지독점과 지대수탈

우리나라에서 왕정시대의 토지제도는 삼국시대, 고려시대, 조선시대 등으로 세분하여 볼 수 있지만 여기서 이를 모두 다루기는 어렵다. 다만 이 시대는 왕이 정치와 경제를 좌지우지하던 시대이므로 왕이 통치하는 사회는 세계 어느 나라를 막론하고 "토지의 소유는 왕에게 있다"라는 왕토사상(王土思想)이 토지 경제관에서 지배적인 철학이다. 왕토사상은 토지는 일단 왕의 소유물로 두고, 왕이 신하와 백성들에게 땅을 하사하는 형식으로 토지사용이 이루어진다. 여기에는 소유와 사용방식에 따라 공전(公田, 국가조차지), 사전(私田, 사인조차지)으로 크게 분류되고, 시대별 토지경작제도는 정전제, 과전제, 한전제, 여전제 등으로 다양한 형태를 가져왔다.

그러나 왕정시대에 토지의 소유권은 왕에게 있었지만, 이는 형식에 불과하고 토지의 사실상의 소유는 그 시대에 사회를 지배하는 귀족과 양반들이 토지를 독점하는 형태였다. 한 예로 실학파 정약용은 조선 후기에 "전지가 80만 결이요, 인민의 숫자는 800만 명으로 양반 부호들이 가구당 100~400결이 넘은 토지를 독점하는 것은 990~3,990명의 생명을 헤쳐서 1호를 살찌게 하는 것"이라고 하면서 그 시대의 토지문란을 혹평하였다.

이 시대의 토지는 기술과 경제발전이 한정된 농업 중심이었므로 지금처럼 토지개발로 오는 땅값 상승의 이득은 그다지 크지 않았다고 볼 수 있다. 그래서 토지제도는 지주계급인 양반들이 백성들에게 고율의 지대를 부과하거나 농노제와 같이 부를 수탈하는 형식으로 토지사용이 행해진다(백성의 궁핍을 이용, 헐값에 매입한 토지를 고율지대로 경작을 하게 하는 형식도 있음). 이 시대의 토지제도는 정사를 맡은 왕과 귀족들의 치적에 따라 차이는 있으나 전체로 보면 백성들은 나라에 바치는 조세와 양반 지주들에게 바치는 고율의 지대수탈이라는 이중고에 시달리며 살아야 했다.

그래서 이 시대에 선각자들은 토지제도의 문란을 강하게 지적하고 토지독점을 혁파하려고 애를 썼다. 그 대표적 사례가 고려 말 조선 초로 이어지는 시대에 정도전, 조선 중기의 조광조, 조선 후기의 실학파와 정약용 등이 각 시대를 대표하는 인물들이다. 이들은 기득권층의 토지독점 현상을 바로잡기 위하여 양반계층에게 점유된 토지를 왕토사상에 근거하여 국유화하자는 정책을 주창하고 적극 시도하였다. 그러나 이들의 노력은 대부분 지주계층의 저항으로 성공하지 못했고, 백성들은 토지제도의 문란과 함께 삶이 피폐할 수밖에 없었다.

토지개혁사상으로 본 실학과 동학

여기서 우리가 반드시 짚고 넘어가야 할 부분이 있다. 조선 후기, 곧 우리나라 개화기 시대에 사회적 영향을 크게 끼친 두 사상이 있으니 바로 실학(實學)과 동학(東學)이다. 이 두 학파는 그 시대의 모순을 개혁하려는 의지는 비슷하다고 볼 수 있으나 이를 주창하는 자들의 신분(양반과 농민), 철학(외래 문물의 수용과 배척), 방법론(온건과 급진) 등은 상당한 차이를 보인다. 시기도 실학이 동학보다 약간 앞서 있다.

이 중에 특히 두드러진 차이로 토지제도 및 경제제도의 개혁을 들 수 있다. 실학은 그 시대의 경제문제가 토지제도의 잘못에 있다고 보고 이를 개혁하자는 것이 그들의 주안점이었다. 이와는 달리 동학은 양반들에게 수탈을 당하는 이유는 신분제도라고 보고 이 계급제도의 타파에 주력하였다. 다시 말하면 이 시대에 두 사상 중 실학은 그 시대가 풀어야 할 신분제도에 대한 고민이 상대적으로 적었고, 동학은 신분의 평등을 유지하려면 반드시 같이 해결했어야 할 토지제도에 대한 관심이 거의 없었다는 점이다. 그 당시 동학의 영향을 가장 많이 받은 갑오개혁의 내용(홍범 14조)을 보면 토지문제에 대해서는 언급마저 없는 실정이다. 이와 같이 동학은 신분의 자유만 찾으면 토지는 이에 동반하게 되는 부차적 문제로 생각하였던 것으로 보인다.

그리고 이후 등장한 개화파들은 봉건제도를 탈피하고 근대 산업사회를 지향하여 발전적인 개혁을 추진한 것은 좋은데, 토지제도는 지금 문제가 되고 있는 완전 사유제를 주창하고 있어서 개혁이 오히려 퇴보하고 있다. 이는 유럽에서 프랑스를 중심으로 일어났던 근대 시민혁명의 주체세력(시민계급)들도 토지는 봉건제에서 사유제로 전환하여 그 혁명이 퇴보하였던 점과 맥을 같이하고 있다. 아무튼 조선 후기에 일어났던 이러한 개혁운동이 토지제도의 개혁을 염원하는 실학과 신분제도의 타파를 부르짖는 동학이 하나로 뭉쳤으면 성공할 수 있었을 것인데 그렇지 못한 것이 아쉽다.

그런데 사회를 바로잡는 개혁이나 운동에서 이러한 아쉬움은 그 당시나 지금이나 별로 다를 바 없다는 것이 안타깝다. 지금도 실사구시(實事求是)를 지향하는 실학파의 개혁사상은 주로 보수집단이나 시장론자들에게 의해 주도되고 있다고 볼 수 있고, 외세를 배격하고 민족 전통성과 계층갈등을 타파하고 평등사회를 지향하는 동학파 개혁사상은 진보집단과 정부론자들에 의해 주도되고 있다는 것이다. 이들의 공통점은 정치와 사회, 그리고 경제를 주도하는 핵심적 요체가 사람이 아니라 땅이라는 인식이 매우 둔하며, 두 사상 모두 토지제도의 모순을 제대로 이해하지 못하는 한계점을 가진다. 이 중에서도 특히 동학사상은 운동의 중심이 항상 사람이며(인본주의), 계급타파와 평등사회를 강조하지만 이를 달성하기 위한 필수적 요체인 토지문제는 보지 못하는 결정적 한계를 가지고 있다.

3. 농지개혁과 토지정책

식민통치와 토지제도

일제시대의 토지제도는 일제 식민지 정책에 포함되어 관리·운영되어 왔다. 1910~1918년 일본 토지조사령에 의하여 농민들은 계약소작인이 되고, 지주계급 3.4%가 전체 농지의 50.3%를 소유하는 상태로 전락하였다. 동양척식회사가 거의 무상에 가까운 헐값으로 매입한 농지가 10만 정보에 달하고 역시 헐값으로 불하받은 임야도 58%가 일본인 소유였다(박원석, 1989). 이 당시 하나의 긍정적 측면은 전국의 토지를 필지별로 측량하고 공부상 등기를 행한 것이 오늘날까지 부동산 등기제도로 활용되고 있는 것이다. 그러나 일본의 토지정책은 전체적으로 임야의 58%, 농지의 55%가 일본인 소유이고 한국인은 소작인에 불과했던 점을 보더라도 국민을 위한 것이 아니었음을 알 수 있다.

진정한 광복은 해방 후 농지개혁

1945년 해방을 맞은 이 나라는 겉으로 보면 국권을 회복하고 자유의 빛을 찾았지만 이는 어디까지나 정치적인 것에 불과하고, 백성들이 삶을 결정하는 진정한 자유와 빛은 다른 곳에서 찾아볼 수 있다. 그것은 부족하지만 1949년 조봉암 농림부장관의 지휘로 단행한 농지개혁을 말한다.

1948년 7월 17일 공포된 대한민국 헌법 제86조에 농지개혁 실시에 관해 "농지는 농민에게 분배하며 그 분배의 방법, 소유의 한도, 소유권의 내용과 한계는 법률로써 정한다"라고 규정함으로써 1949년 6월 21일 농지개혁법이 제정 · 공포되었다(이하 자료, 다음 백과사전에서 발췌). 이것이 이른바 지금까지 우리 토지제도의 사상적 기반이 되어온 경자유전(耕者有田) 원칙이며, 최근까지도 농지는 3정보 이상의 소유가 금지되어 왔었다. 농지개혁법에 의하여 몰수 또는 국유로 된 농지와 소유권의 명의가 분명치 않은 농지는 정부에 귀속했다.

3정보 이상 경작지는 적당한 보상으로(해당 농지생산물의 150%) 정부가 매수하도록 규정되어 있다. 이 법에 의해 매수한 농지의 소유 및 원인별 상황을 보면 비경작자 소유지가 전체 매수농지의 90%, 3정보 초과 소유농지가 4.8%였으며, 나머지는 재단 · 사찰 · 지방자치단체 소유지 및 국유지 등이었다. 농지개혁법에 의해 정부가 취득한 농지는 현재 해당 농지를 경작하는 농가, 경작능력의 비하여 과소한 농지를 경작하는 농가, 국가 유공자, 외국 귀환자 등의 순으로 분배하였다.

농지개혁의 실태(인터넷 자료, 다음 백과사전에 발췌)

해방 후 실시한 농지개혁 방식은 유상몰수 유상분배였다. 농지의 재분배 순위별 비율을 보면, 대상농가 중 93%가 해당 농지를 직접 경작하는 농가로 대부분의 농지가 해당 농지를 경작하는 농가에게 재분배되었고, 과도한 농지를 경작하는 농가는 총 대상 농가의 4.5%였다. 농지개혁으로 분배된 농지는 일반농지가 34만 2,365정보, 귀속농지가 26만 2,502정보로 합계 60만 4,867정보이다(1970 조사기준). 이 면적은 그 당시 전체 경지면적 219만 2,546정보의 27.6%, 1945년 말 소작지 면적의 41.8%에 해당한다. 농지를 분배받은 농가를 보면 일반농지를 분배받은 농가가 101만 6,338호, 귀속농지를 분배받은 농가가 65만 5,032호로 합계가 167만 1,370호이다. 이것은 전체 농가호수 217만 2,435호(1947. 12. 31)의 76.9%에 해당한다. 1945년 말 남한의 자작 · 소작지 상황을 보면 총 232만 정보의 농지 중 자작농지는 87만 3,000정보로 전체 경지의 38%, 소작지는 144만 7,000정보로 전체 경지의 62%를 차지하고 있었으며, 이 중 일본인 지주 소유 농지는 26만 9,000정보였다.

한편, 농지를 매수당한 지주들에 대한 보상은 해당 농지 주산물 생산량의 150%에 해당하는 수량을 정부에서 발행하는 지가증권(정부보증부 융통식 증권)으로 지급하며, 증권의 보상은 5년 균등상환으로 하여 매년 액면 농산물의 법정가격으로 산출한 원화를 지급하도록 하고 있다. 또한 농지를 매수당한 지주에게는 그 희망과 능력 등에 의하여 정부는 국가 경제발전에 유리한 사업에 우선적인 참여를 알선해 줄 수 있다고 규정했다. 그러나 농지를 매수당한 지주 중 보상금을 통해 산업자본가로 전환한 경우는 극히 일부이며, 극심한 인플레이션으로 지가증권의 가치가 하락하여 중소 지주들의 경우 지가증권의 활용은 거의 하지 못한 실정이다.

농지개혁의 평가

그러나 농지개혁은 여러 가지 이유로 자꾸 지연되었고, 그동안 소작지는 감소되어 1949년 6월 21일을 기준으로 한 농가실태조사에 의하면 매매로 분배한 농지(귀속농지 제외)는 60만 1,049정보밖에 되지 않으며, 실제 분배된 면적은 일반농지와 귀속농지를 합쳐서 60만 4,867정보에 지나지 않는다. 이 면적은 전체 농지 232만 정보에 비하면 26%에 불과하다. 개혁이 지연되는 동안 많은 소작지가 기생 자작지로 변하고 분배과정에서 제외되거나 누락되는 농지가 많았기 때문이다. 그리고 무엇보다 큰 타격은 농지개혁이 진행 중에 있다가 바로 1년 후 1950년 6·25 사변을 맞아서 흐지부지되고 말았던 것이다. 그리고 농지개혁은 기생지주를 배제하고 건전한 농가경제를 기대하였으나 지주계층은 강제매입에 따른 경제적 부담으로, 농민은 유상분배에 따른 자금 곤란으로 자기 소유 농지를 방매하는 사례가 속출하였다. 그래서 그 당시의 부농이 농지를 겸병하는 신흥 지주계층의 등장과 소작제가 부활하는 현상이 발생하였다.

이렇게 농지개혁은 부족한 면이 있기는 하나 우리나라 토지제도에 있어서 하나의 획을 그어준 큰 개혁이었다. 이 농지의 개혁으로 구봉건시대와 일제시대를 걸쳐 소작농으로 전락했던 농민들 상당수가 자기 땅을 소유하고 독립된 자유 경작자로 신분의 변신이 일어났던 것이다. 혹자는 농지개혁을 단행한 덕분으로 6·25 사변에서도 우리가 공산화되지 않고 버틸 수 있었다고 평가한다. 농민들은 자기 땅을 가졌기에 공산주의의 선동에도 동조하지 않았다는 것이다. 필자도 이런 평가는 일리가 있다고 본다. 그리고 이 당시 형성된 '경자유전'의 사상이 지금까지 토지

사유제의 폐단을 막아주는 사상적 방패 또는 토지정책의 수단으로 활용되고 있다. 그리고 이 농지개혁에서 시행한 지가증권제도가 지금도 현대식 토지임대제, 곧 지대시장제로의 개혁안에서 사유토지를 매입하거나 보상하는 방안으로 검토될 수 있기 때문이다. 물론 필자가 말하는 토지증권은 시가보상, 자율거래를 원칙으로 하기 때문에 당시에 헐값과 강제성을 가졌던 지가증권과는 상당한 차이가 있다. 이 점 독자들의 오해가 없기를 바란다.

4. 개발도상기의 부동산 문제와 정책의 딜레마

한국에서 개발도상기는 경제개발 5개년계획이 시작된 1962년부터 OECD에 가입한 첫해인 1997년까지로 보면 될 것이다. 이 시기에 특히 IMF 위기가 발생하기 전까지 한국은 연평균 10%대라는 놀라운 경제성장을 달성하여 외국에서 '한강의 기적'이라는 평을 받아왔던 기간이다. 이를 따라 1960년 후반에서 1980년대 후반까지 토지와 주택 등 부동산 가격은 가히 폭등이라고 할 만큼 커져서 부동산 가격파동과 이에 따른 여러 가지 경제문제를 야기했던 시기이다. 이러한 부동산 문제는 대체로 10년의 주기를 가지면서 가격파동을 겪어왔다.

1차 파동과 정책(1965~1971)

1960년대 땅값 상승은 '경제개발 5개년계획'과 함께 시작하였다. 1962년 울산공업단지 조성이 시작되어 1965년에 본격적인 개발에 들어갔고, 1967년은 경부고속도로 건설계획과 1970년 강남개발계획이 발표되면서 상승추세는 절정에 달한다. 이것이 땅값 상승의 1차 파동이다.

〈표 6-1〉 1960년대 땅값 상승 추이(지수 60년 = 100)

구분 / 기간	경제성장률		명목경제성장		소비자물가		통화량(M2)		전국지가		도시지가		회사채	
	지수	성장률	지수	GDP	지수	상승률	지수	상승률	지수	상승률	지수	상승률	지수	수익률
60	1.0	1.2	1.0	12.6	1.0	–	1.0	–	1.0	11.0	1.0	11.0	1.0	–
61	1.1	5.9	1.2	19.9	1.1	8.2	1.6	59.4	1.1	13.1	1.1	13.0	1.1	12.4
62	1.1	2.1	1.4	20.9	1.2	6.8	2.0	25.2	1.3	16.9	1.3	16.9	1.3	15.0
63	1.2	9.1	2.1	41.8	1.4	19.6	2.1	7.7	1.7	25.7	1.7	25.7	1.5	15.0
64	1.3	9.7	2.9	42.3	1.8	27.9	2.5	15.3	1.8	7.0	2.5	50.0	1.7	15.0
65	1.4	5.7	3.3	12.2	2.0	13.7	3.8	51.9	2.2	26.0	3.4	35.3	1.8	7.8
66	1.5	12.2	4.2	28.3	2.2	11.3	5.7	51.6	2.9	30.0	4.8	41.4	2.3	26.4
67	1.6	5.9	5.2	23.0	2.5	10.9	9.2	61.3	3.8	31.1	6.8	43.6	2.9	26.4
68	1.8	11.3	6.7	29.4	2.7	10.8	15.8	72.0	5.1	34.1	10.2	48.5	3.7	26.1
69	2.1	13.8	8.8	30.7	3.1	12.4	24.5	54.7	7.9	53.4	18.4	80.7	3.9	3.8
평균		7.7		26.1		13.5		44.3		24.8		36.6		16.4

주) 회사채 수익률 : 1960~1969년은 정기예금 이자율
전국지가 : 1975~1986년 10/1 기준, 1987년 이후 1/1 기준
(한국토지공사, 건설교통부)
도시지가 : 1960~1963년은 전국지가로 추정, 1964~1969년 12개 도시는 한국감정원
(한종수, 1996)
기타자료 : 한국은행 각 연도

< 표 6-1> 을 보면 1965년부터 1970년까지 땅값 연평균 상승률은 전국이 34.9%이고, 6대 주요 도시는 59.9%이다. 그래서 사회는 처음으로 땅은 일확천금을 얻을 수 있는 기회로 보고 투기를 하기 시작하였고, 특히 기업들이 토지투기에 몰두하였다.

이에 정부는 토지투기를 억제하기 위하여 1967년 9월 '부동산투기 억제에 관한 특별조치법' 을 제정하고 토지에 대한 양도소득세를 부과하기 시작하였다. 이것이 우리나라 양도소득세의 첫 시작이다. 이 당시 양도소득세는 토지에서 6대 도시와 인접지역만 대상으로 하고 양도차익은

50%의 단일세율로 부과하였다. 그러나 양도소득세는 시장을 차단하는 효과로 인하여 다음과 같은 문제점이 발생하였다.

① 경제개발로 인한 토지의 수요는 늘고, 토지거래와 공급은 시장 동결 효과를 내는 양도소득세로 인하여 원활하지 못하여 이 세금은 오히려 가격을 올리는 역할을 하였다.
② 50%나 되는 고율의 양도소득세를 회피하기 위하여 각종 탈법이 동원되었다. 매매가격의 허위 기재, 명의신탁, 주소지 위장 전입 등이 양도소득세제로 인하여 태동하게 된다.
③ 양도소득세는 6대 도시와 인접지역의 토지만을 대상으로 하여 곧이어 발생하는 전 국토의 투기에 속수무책이었고, 주택이나 건물 등의 투기에도 대응하지도 못하였다.

이것이 개발도상기에 발생한 우리나라 부동산시장 1차 가격파동의 문제이고, 그에 따른 정책의 한계였다.

2차 파동과 정책(1975~1979)

부동산 1차 가격파동으로 1970 초반부터 경기는 급격히 침체하기 시작하여 1972년은 4.5%의 저성장률을 기록하였다. 이에 정부는 1972년 8·3 조치로 금리를 인하하고 목장이나 사업장 등 업무용 토지는 양도소득세를 면제하는 정책을 강구하였다. 1973년 중화학공업 육성책이 발표되어 대상지역을 중심으로 부동산 가격은 다시 꿈틀거리기 시작하였다. 토지수요가 많은 중공업 중심으로 경제정책이 전환되고, 여기에 1977년 본격적 경기회복과 중동 특수로 인한 호재들이 상승작용을 하면서 부동산시장은 다시 2차 가격파동을 겪게 된다.

〈표 6-2〉 1970년대 땅값 상승 추이(지수 60년=100)

구분 기간	경제성장률		명목경제성장		소비자물가		통화량(M2)		전국지가		도시지가		회사채	
	지수	성장률	지수	GDP	지수	성장률	지수	성장률	지수	성장률	지수	성장률	지수	수익률
70	2.2	8.8	11.0	25.4	3.6	16.0	30.6	24.9	9.6	22.7	23.7	29.2	4.7	22.8
71	2.4	8.2	13.6	23.7	4.1	13.5	39.6	29.4	12.0	25.0	31.6	33.4	5.7	21.0
72	2.5	4.5	16.8	23.3	4.5	11.7	52.9	33.6	13.2	9.4	34.0	7.5	6.5	14.0
73	2.8	12.0	21.7	29.3	4.7	3.2	72.0	36.1	14.3	8.4	36.0	5.8	7.3	12.0
74	3.0	7.2	30.9	42.6	5.8	24.3	87.5	21.5	16.6	16.1	42.7	18.7	8.4	15.0
75	3.2	5.9	41.2	33.5	7.3	25.4	109.5	25.2	21.1	27.0	53.6	25.5	10.1	20.1
76	3.6	10.6	56.8	37.7	8.4	15.3	147.9	35.1	26.7	26.6	67.0	24.9	12.2	20.4
77	3.9	10.0	72.9	28.3	9.3	10.1	207.2	40.1	35.6	33.6	100.5	50.0	14.6	20.1
78	4.3	9.3	98.2	34.8	10.6	14.5	280.6	35.4	53.1	49.0	179.9	79.1	17.7	21.1
79	4.6	6.8	125.9	28.2	12.6	18.3	364.2	29.8	61.9	16.6	219.5	22.0	22.4	26.7
평균		8.3		30.7		15.2		31.1		23.4		29.6		19.3

주) 회사채 수익률 : 1970~1974년 정기예금 이자율, 1975~1979년 장내 수익률
기타자료 : < 표 6-1> 에 준함

< 표 6-2> 에서 보면 1975년에서 1978년까지 전국지가는 평균 34.5%, 도시지가는 44.9%의 상승을 나타내는데 1978년은 무려 79.1%의 급상승을 보이고 있다. 1970년대 후반은 부동산 가격파동은 강남과 수도권 신도시의 아파트에서 시작하여 전국의 토지로 확대되었다.

이에 정부는 1975년 부동산투기억제세를 양도소득세로 전환하고, 토지는 6대 도시와 인접지역에서 전국으로 확대, 주택과 건물까지 과세대상에 포함시켰다. 1977년 '부동산투기억제종합대책' 을 내놓고 1978

년부터 부동산투기지역을 고시하였고, 1978년에는 이른바 8·8 조치를 단행하였다. 1977년 대책은 양도소득세를 내무부 과세시가 표준액보다 높은 국세청 기준시가로 올린 것이고, 1978년 8·8 조치는 양도소득세율을 종전 30%에서 50%로 상향조정하고 미등기 전매는 100%, 2년 미만 단기 거래는 40% 가산세를 적용하는 것이다. 이때 부동산 등기제도의 개선으로 매매계약서와 인감증명서 제출 의무, 부동산 중개업의 규제 등이 포함되었는데, 이것은 정부가 거래의 자유까지 규제하는 정책의 첫 시도라고 볼 수 있다.

이러한 2차 파동과 정부의 부동산 정책은 역시 다음과 같은 한계를 가진다.

① 정책의 중심이 투기를 억제·차단하는 양도소득세에 치중하였다. 이렇게 보면 1960년대는 물론이고 1970년대까지도 부동산 정책은 지대의 징수를 전혀 생각하지 못하고 있다는 것이다. 양도소득세는 세금이 토지의 생산물인 소득에 부과하는 것이 아니고 토지의 거래에서 발생하는 자본차익에서 거두는 세금이다. 양도소득세는 자본과세로 토지의 수익과 연계성이 없으며, 소유자의 세금회피로 인한 매매시장을 동결하여 거래만 위축시킨다. 이것을 동결효과(lock-in-effect)라고 한다. 그리고 양도소득세는 토지를 처분하는 경우만 부과할 수 있어서 가격급등에도 과세 타이밍을 제 때에 맞출 수가 없고 시장거래만 위축시킨다. 양도소득세는 소득 없는 자본과세, 시장동결, 과세 타이밍 결여 등으로 아주 원시적인 세금에 속한다.

② 그리고 이 당시만 해도 정부정책은 투기차단이나 수요억제에 치중하고 공급정책이 미비하였다. 1975년 기준으로 우리나라 주택

보급률은 전국이 74.4%, 서울 56.3%로 공급이 부족하여 부동산 시장은 항상 불안의 조짐을 보이고 있었다.

③ 이때 처음 등장한 거래의 규제도 효과보다는 부작용을 초래하였다. 인감증명을 필수로 하는 등기제도는 명의신탁과 위장전입의 수단으로 악용되고, 부동산중개업 허가제 도입은 저항과 부작용을 우려로 실시를 못하고 후퇴하였다.

3차 파동과 정책(1988~1990)

1970년대 후반 부동산 파동으로 1980년 초반 경제는 저성장을 면치 못하였고, 1980년은 냉해로 인한 농산물 피해까지 생겨 -3.7%라고 하는 '마이너스 경제'를 처음 경험하였다. 이에 정부는 경기활성화를 위하여 묶어놓은 정책들을 풀기 시작했다. 1982년 양도소득세의 대폭적 완화(세율인하, 탄력세율, 특별공제와 비과세 범위 확대 등)하고, 1984년에는 주택활성화 대책으로 건설용 택지는 양도소득세를 면제하고 특정지역 설정도 해제하였다

이를 계기로 1980년대 후반은 88올림픽 경기의 기대효과가 겹쳐서 부동산 가격이 다시 급등하기 시작하였다. 토지는 1988년 27.5%, 1989년 32.0%, 1990년 20.6%로 평균 26.7% 올랐다. 이는 1980~1987년의 8년간 연평균 9.0% 상승에 비하면 매우 높은 것이다. 이 기간 주택가격도 평균 16.3%씩 올랐다. 이 시기의 부동산 가격은 땅값이 포함된 주택가격의 변동추세를 보면 < 그림 6-1> 과 같다.

〈그림 6-1〉 80-90년 전국 주택가격의 장기 추이

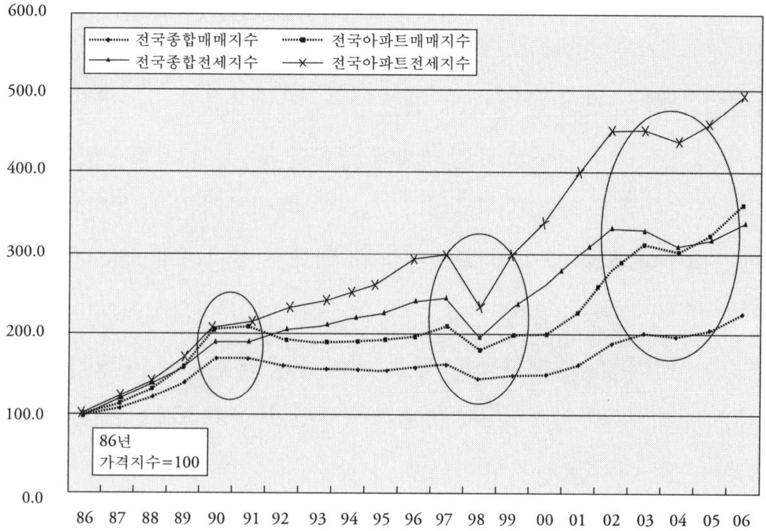

주) 국민은행, 각 연도 주택가격 동향

이때 정부의 부동산 정책은 그 이름도 유명한 '토지공개념' 법안들이다. 토지공개념은 지금까지 사유제로만 보아왔던 소유철학과 제도를 근본에서 바꾸어야 한다는 사회적 여론과 정책적 의지를 담은 것으로, 토지시장에 대한 패러다임의 대전환을 뜻하는 용어이다. 이러한 여론에 따라 정부는 토지초과이득세, 택지소유상한제(부담금제), 개발이익환수제 등 이른바 토지공개념 3대 법안을 제정하였고, 소유자별 토지를 종합하여 누진과세하는 종합토지세가 신설되었다. 시장의 직접규제책인 토지거래의 허가제와 토지실명제도 이때 도입하였다.

부동산시장은 이러한 초강경 조치들로 얼어붙기 시작하였고, 땅값과 주택가격은 처음으로 상승률이 -를 기록하게 된다. <그림 6-1> 을 보면 1980년 후반기에 가파르게 오르던 부동산 가격지수는 1991년부터

갑자기 멈추게 되고 오히려 하강하더니 2000년까지 계속 하강하는 추세이다. 그러나 토지의 사용가치가 포함된 주택의 전세가격 지수는 1998년 IMF 위기를 제외하고 계속 상승하고 있다. 곧 전세가격은 토지공개념법의 영향을 거의 받지 않고 있다. 이는 전세가격이 현재가치를 대변하여 이자율이나 정부의 시장규제에 영향을 받지 않고(적게 받고) 시장이 안정적으로 움직이기 때문이다. 그러나 매매가격은 미래가격을 대변하고, 더구나 현재의 가치를 대변하지 못하는 헛값이기 때문에 이렇게 정부개입에 큰 영향을 받는다. 땅은 지대와 달리 헛값이라서 사용가치는 변동이 없어도 경제성장률, 세율, 이자율 등의 변수에 따라 가격은 '-', '0', '∞' 등이 있을 수 있고, 0~∞ 사이의 실제가격도 체증적 또는 체감적으로 변하는 성질이 있다고 하였다.

토지공개념법의 여파로 토지는 1992년 -1.3%, 1994년 -7.4%, 1994년 -0.6%로 떨어지고, 주택은 1991년부터 마이너스를 기록, 동기간 각각 -5.0%, -2.9%, -0.1%를 기록하였다. 이후에도 땅값과 주택가격은 계속 성장률이 제자리에 머물러 왔고, 1998년 IMF를 맞게 되어 -13.6%(주택은 -12.4%)까지 폭락을 맞게 된다. 이 여파로 1990년대 우리 경제는 그동안 30년 이상 계속하던 고도의 성장을 멈추고 침체하다가 1998년 IMF 금융위기를 맞았고 경제는 -6.9%로 추락하였다. 이 시기는 땅값 하락과 동반하여 이자율도 20%대에서 10%대로 급격히 떨어지고, 그후는 다시 한 자리 수로 더 떨어졌다. 경제성장률과 이자율 역시 땅값이나 부동산 가격에 동반하고 있다는 것을 앞에서 언급하였다. 이러한 부동산 가격의 3차 파동과 이에 대처한 정부의 정책은 다음과 같은 결정적 한계를 가지고 있다.

① 토지시장의 몰이해이다. 우리는 1980연대 후반기에 있었던 부동

산 가격파동은 시장의 이상현상이며, 이러한 현상은 정부의 느슨한 부동산 정책과 투기꾼들의 농간 등으로 온다고 생각한다. 그런데 우리는 전세가격이 투기가 없고 가격이 비교적 안정적이라는 것을 알고 있다. 전세가격은 현재가치를 반영하여 안정적인 성장세를 보인 반면 땅값은 미래가치를 반영하며, 여기서 미래는 현재가치와 관련이 없어서(적어서) 불안정한 모습을 보인다는 것이다. 이렇게 볼 때 1980년대 후반기는 땅값이 포함된 주택의 매매가격이 전세가격보다 지수로 비교하여 보면 상당히 밑돌고 있었음을 알 수 있고, 그래서 매매가격이 가치를 반영한 전세가격의 추세를 따라잡기 위하여 급격하게 올랐던 것이다. 그러나 우리는 부동산 가격파동은 이렇게 이해하지 않고 그 현상을 이상상태로만 보고 정부가 시장제동을 걸었던 것이 문제인 것이다.

② 토지공개념의 철학과 방법론의 한계이다. 땅값은 정상적 상승가격이라도 미래가치를 반영할 뿐 그 값은 현재의 가치가 아닌 헛값이라서 문제는 그대로 있다. 그래서 부동산정책은 지금의 토지 소유시장을 근본에서 바꾸어야 한다. 이런 의미에서 이 당시 유행한 토지공개념법은 의미가 있다. 그러나 그 방법은 시장거래를 차단하고, 사유재산을 침해하며, 경제에 너무 큰 충격을 주는 방법으로 시행하여 성공할 수 없는 방법이었다는 것이다. 이에는 헌법 불합치 판결을 받는 토지초과이득세와 택지소유상한제가 그 대표격이다.

③ 부동산정책 수립에서 가격동향과 경제의 경기는 동반하는 것을 간과하였다. 부동산시장에 정부가 제동을 걸어 가격을 위축시키면 [소유비용 > 소유수익]에서 발생하는 평소의 누적적 적자가 더 커져서 가계와 금융은 부실과 도산으로 이어지며, 투자와 소

비가 급격하게 위축되는 것을 모르고 부동산 묶기 정책만을 추진한 것이다.

5. 최근 부동산 문제의 인식과 정책공방

4차 파동(2001~2006)

우리가 경제 선진국들이 참여하는 OECD에 가입한 이후 지금까지도 부동산 가격파동은 어김 없이 닥쳐왔고, 지금까지 계속되고 있다. 개발도상기 마지막 단계로 겪었던 3차 가격파동의 여파도 경기에 그대로 반영되어 1990년대는 내내 경제가 그다지 좋지 않았다. 특히 토지공개념의 강도 높은 정책으로 부동산가격이 -가 되면서 땅값을 기초로 성장해 오던 금융기관들이 큰 타격을 입었다. 그 절정이 1997년 말 IMF 금융위기라고 할 수 있다. 이런 가운데 강도 높은 토지공개념 법안들은 제대로 시행도 못하여 보고 헌법 불합치 판정을 받고 말았던 것이다.

부동산시장의 제4차 가격파동은 2001년부터 시작하여 2002, 2003, 2005, 2006년에 걸쳐 급등한 아파트 가격의 급등현상을 말한다. <그림 6-2> 에서 땅값이 포함된 주택의 매매가격과 전세가격의 변동추이를 보면 부동산 가격의 4차 파동에 대한 원인과 성질을 알 수 있다. 2000년 초반, 중반기 일어난 아파트 가격파동도 역시 1980년대 후반과 같이 매매가격이 전세가격을 따라잡기 위한 것이라고 볼 수 있다. 다시 말하면 전세가격이 토지가치가 포함된 주택의 가치를 대표하고, 이것이 지난 20

〈그림 6-2〉 주택의 매매가격과 전세가격의 장기 추이

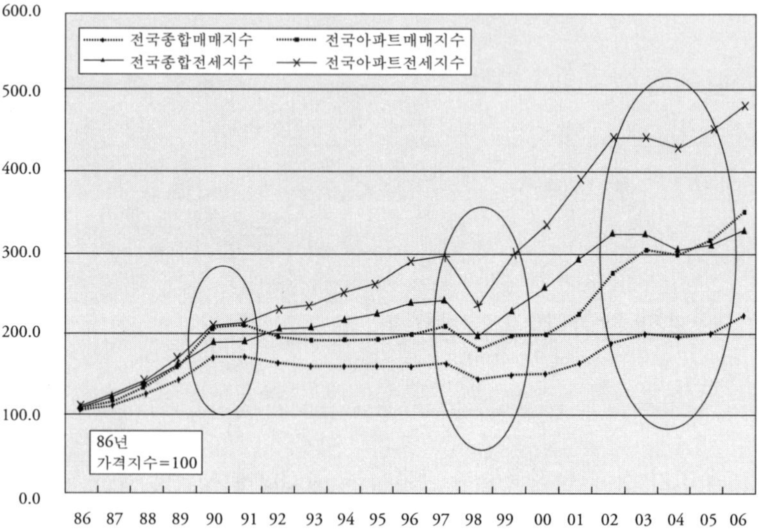

년간 안정적으로 움직여 왔다면 2000년 초 중반기 아파트 가격파동이 일어난 것은 당연한 것이다. 최근의 부동산 가격파동은 그동안 오르지 못한 아파트 가격이 전세가격과 균형을 맞추기 위하여 변하고 있는 것에 불과하다는 뜻이다.

강남 아파트 거품가격의 인식문제

다음의 < 그림 6-3> 에서 보는 바와 같이 2000년 초반기에 강남 아파트는 크게 올랐다. 그림은 강남 아파트 매매가격이 2000년 이후 급격히 상승하는 모습을 보여주고 있고, 우리가 알다시피 가격파동에 따른

〈그림 6-3〉 강남지역 주택가격의 장기 추이

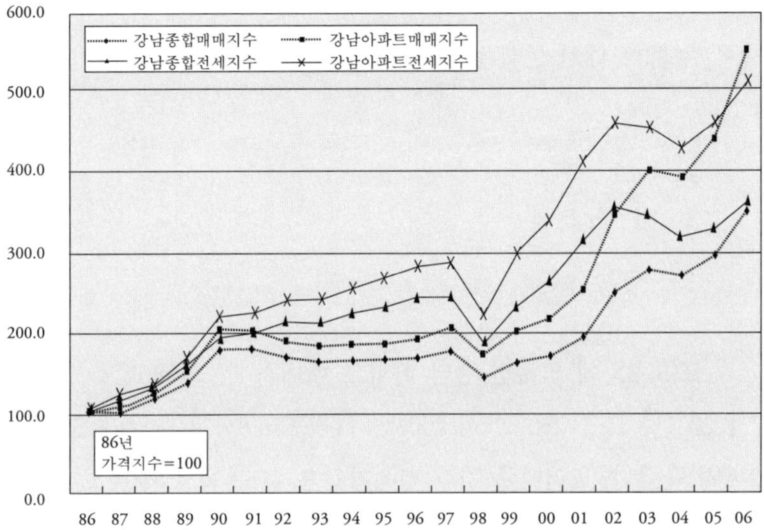

부동산 문제가 심각하게 대두된 시기이다. 이와 같이 2000년 초반기의 부동산 가격 급등현상은 1960년대 이후 겪게 되는 4번째 상승주기이자 가격파동인 셈이다.

그런데 부동산 가격이 가격의 상승주기를 따라서 오르기 시작하면 우리는 흔히 가격급등에 대하여 과열이나 거품이라고 하면서 이상현상으로 보려고 한다. 여기에 정책당국과 언론, 그리고 학자들까지 최근 급격하게 오른 가격과 과거의 안정기 가격만을 단순 대비하여 지금이 이상급등 현상이라며 성급한 분석과 판단을 내리게 된다. 그러나 부동산 통계는 위의 <표 6-3> 과 같이 객관적이며, 그러한 세간의 인식과는 많은 점이 다르다는 것이다. <표 6-3> 의 분석으로 보면 강남 아파트 가격은 앞에서 언급한 바와 같이 기준연도와 비교연도를 어떻게 잡느냐에 따라 그 결과는 큰 차이가 나므로, 다른 분석을 낼 수 있다는 것이다. 다시 말하여 부동산 가격 통계는 하나의 자료를 가지고도 그 자료의 분석과 판단은 사람마다 시간마다 다를 수 있다는 뜻이다. 그래서 부동산 통계에 대한 분석은 대개 다음과 같이 양분되고 진실이 왜곡되고 있다.

_치우친 분석

<표 6-3> 에 의하면 강남 아파트 매매지수는 1986년을 100으로 보면 2001년 11월 250.6에서 2006년 11월 556.8까지 올랐다. 5년간 약 2.2배가 올랐다. 그러나 동기간 전세가격은 415.6에서 516.4로 그 절반에 불과한 1.2배만 올랐다. 그러므로 전세가격에 대비한 매매가격은 이상급등이라고 할 수 있다. 기간별로 보아도 강남 아파트에서 최근 5년간 (2001~2006년) 의 매매가격은 2.2배 상승하여 과거 15년(1986~2001년) 간의 상승분 2.5배와 맞먹을 정도이니 단기간에 크게 올랐음을 부인할 수 없다. 그래서 우리는 부동산정책 입안자나 연구자가 이러한 근거만을 내놓고 최근 5년간 강남 아파트 가격이 '이상급등' 이요 '거품' 이라고 분석한다. 그래서 정부가 개입하는 시장규제가 필요하다고 말하며, 이를 듣는 사람들은 대개 그렇게 믿는다.

그리고 부동산 가격은 통계자료의 수치보다 실제로 느끼는 가격추세는 더 급격하게 변하는 느낌을 받는다. 가격급등시의 주택가격 통계는 앞의 <표 6~3> 에서 보듯이 상승주기 전체 기간인 5년에 걸쳐서 총 2.2배가 오르지만, 우리들 눈에 보이는 강남지역 특정 주택은 5년이 아니라 일시에 2~3배씩 올라버리는 것으로 감지되기 때문이다. 부동산의 가격통계에 잡히는 수치는 그 지역 아파트 전체 가격의 평균치이지만,

우리가 보고 듣는 주택가격 상승은 어느 특정 주택의 실제 오른 가격이기 때문에 피부로 느끼는 가격급등은 통계보다 훨씬 더 심하다고 느끼게 된다. 그래서 부동산 가격 상승기는 이상급등으로 분석한 연구와 언론의 과장된 보도까지 겹쳐서 우리를 더 흥분하게 한다.

〈표 6-3〉 강남 아파트 기준연도별 가격상승률 비교(매년 11월 기준)

지역	구분	각 연도 지수(86년 = 100)			기간별 상승률 배수		
		1986년	2001년	2006년	86~01	01~06	86~06
전국	매매지수	100	222.7	355.5	2.2	1.6	3.6
	전세지수	100	398.2	492.2	4.0	1.2	4.9
서울	매매지수	100	230.8	439.3	2.3	1.9	4.4
	전세지수	100	416.8	506.1	4.2	1.2	5.1
강남	매매지수	100	250.6	556.8	2.5	2.2	5.6
	전세지수	100	415.6	516.4	4.2	1.2	5.2
강북	매매지수	100	189.8	280.2	1.9	1.5	2.8
	전세지수	100	393.9	462.8	3.9	1.2	4.6

_바른 분석

강남 아파트 매매가 대비 전세가 비율은 지금이 약 40%이므로 정상이 55~60%라고 보면 매매가격이 상대적으로 높은 것이 사실이다. 그러나 이 비율은 기준연도인 1986년에도 이와 비슷했다면 반드시 그렇게 말할 수 없다. 전세가격보다 매매가격이 월등하게 높은 것은 강남 아파트 가격이 주거가치보다는 미래의 매매가 상승률이 높게 반영되고 있는 지역적 시장특성일 뿐이라는 것이다. 물론 강남 집값이 거품이 아니라고 하여도 주거가치가 아닌 미래의 자본상승액(헛값)이 주거가치보다 더 크게 반영되는 자체를 문제가 없다고 말하는 것은 아니므로 독자들이 오해가 없기를 바란다.

아무튼 바른 분석을 위한 접근은 부동산 가격 통계의 실상이 세간의 이상급등이라는 분석과 실제 현상은 많이 다르다는 것이다. 위의 <표 6-3> 에서 주택가격의 장기동향을 면밀히 분석하여 보면 강남 아파트 가격을 거품가격이라고 판단을 내린 분석 자체가 무리임을 알 수 있다. 우선 주택의 주거가치를 나타내는 전세가격에 비교하여 보면 강남 아파트 전세가격과 매매가격은 비슷한 상승률을 보여주고 있다. 전세가격은 2001년 이전에 15년간의 가격이 4.2배 올랐는데 매매가격은 동기간 2.5배 상승에 그쳤다. 그래서 최근 5년간 전세가격을 따라서 가파른 상승세를 나타낸 것이다. 곧 강남 아파트에서 전세가격은 1986년부터 2006년까지 20년간 5.2배 오르고 매매가격은 5.6배 올라서 두 가격은 비슷한 상승추세가 되어 균형에 접근하고 있다.

따라서 우리가 흔히 2002~2006년까지 강남 아파트 가격이 너무 급격하게 올라서 거품이며 문제라고 말하지만, 실상은 강남 아파트 최근 매매가격은 주거가치를 나타내는 전세가격을 향하여 정상(균형)에 진입한 것에 불과하다는 분석을 내릴 수도 있다. 굳이 이상현상이라면 전세가격보다 약간 높은(0.4배 = 5.6 - 5.2) 매매가격 상승률과 매매가격 대비 전세가격 비율로 본 가격이 10~20% 정도 높다고 해야 한다. 이와 같이 강남 아파트 가격의 장기동향은 매매가격이 투기 없이 가치만 반영된 전세가격의 성장을 따라 동반 상승한 것에 불과하다.

이렇게 보면 강북지역 아파트 가격은 그동안 오르지 않아서 앞으로 더 오를 여력이 남아 있다. 그래서 강남 아파트 가격급등 현상 못지 않게 아직 오르지 않은 강북 아파트의 하락도 이상현상이었으며 문제라는 분석이 가능하다. 물론 필자의 이런 분석은 정부규제가 없는 주택의 순수 시장기능만을 가지고 말하는 것이다. 지금과 같이 정부가 강도 높은 세율, 이자율, 규제 등의 정책이 타격을 준다면, 땅값 헛값이 포함된 강남 아파트 주택가격은 지금 가격이 정상인 균형가격 또는 근본가격이라도 정부정책으로 인하여 값은 크게 떨어질 수 있다. 과거 일본이 1993년부터 2005년까지 이런 현상이 발생하였다. 일본은 정부의 규제, 세금과 이자율 인상 등으로 그 당시 오르지 않았던 부동산 가격까지 폭락을 하였던 것이다.

이와 같이 우리나라 부동산시장에서 2000년대 초반기 아파트 가격의 급등현상은 지역별 정도의 차는 있으나 전국에서 거의 유사한 성격을 보인다. 이러한 전국의 아파트 매매가격과 전세가격의 장기 가격동향은 다음의 < 그림 6-4> , < 그림 6-5> 와 같다.

〈그림 6-4〉 전국 아파트 매매가격과 전세가격의 장기 추이

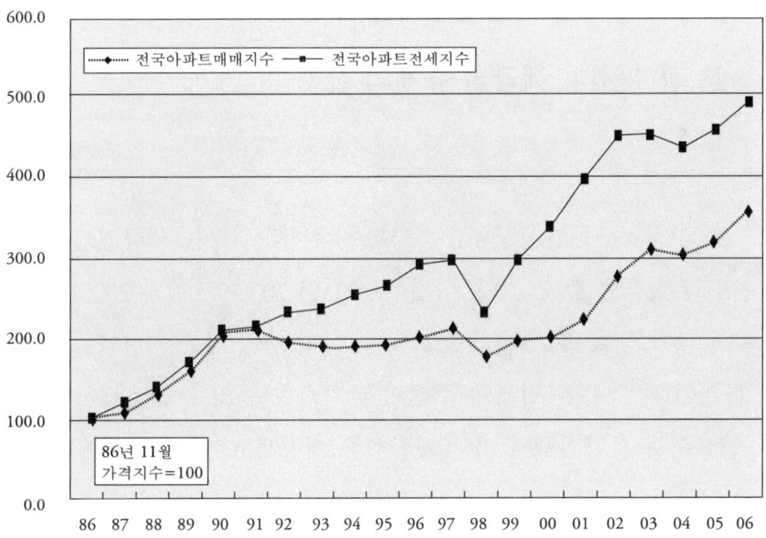

〈그림 6-5〉 강북아파트 매매가격과 전세가격의 장기 추이

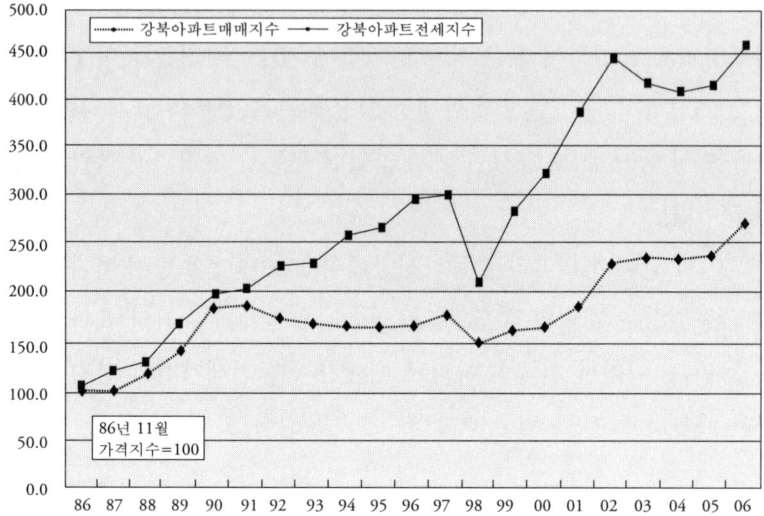

정부원리, 세금과 규제의 한계

2000년대 부동산시장 4차 가격파동에서도 정부는 세금인상과 규제 일변도의 정책을 쓰고 있다. 이것이 2003년 10·29조치와 2005년 8·31 조치와 같이 참여정부 5년간 20회 이상 여러 차례 내놓은 정책들의 공통된 특징이다. 그동안 정부는 주택의 토지와 건물의 분리과세를 폐지하고, 합산하는 통합과세로 하는 재산세를 개편하고, 재산세의 세율을 1%까지 인상하였다. 여기에 부동산 거래시 실거래가 신고, 전매 제한, 거래허가·신고제의 강화, 등기시 매매가격 명시 등 여러 규제들도 내놓았다. 특히 참여정부가 편 부동산정책의 두드러진 특징은 다주택자를 집

중 겨냥한 고율의 세금부과 방식을 들 수 있다. 6억 원 초과 주택의 소유에는 재산세 외에 추가로 부담하는 종합부동산세 신설, 2주택 양도소득에는 55%, 3주택은 66% 단일세율이라는 초고율 양도소득세를 부과하여 '세금폭탄' 이라는 평을 받을 정도였다.

이러한 정부정책 역시 1990년 초 3차 파동에 따른 정책들처럼 시장동결을 초래하는 양도소득세 대폭인상과 시장거래를 차단하는 강력한 시장 규제책들이 모두 포함되어 있다. 이러한 정책들은 정책을 주도한 참여정부 스스로가 과거 토지공개념안을 포함한 역대의 어떤 정책들보다도 더 강력한 처방이라고 평을 할 정도로 강도가 높다. 그러므로 지금의 부동산정책은 헌법 불합치 판결이 난 토지공개념안보다 더 강도가 높다고 보면, 이러한 정책들은 자유시장제도를 넘어서 '부동산 사회주의' 에 가깝다고 할 수도 있을 것이다.

그럼에도 지금의 부동산시장은 여전히 불안한 조짐을 그대로 보이고 있다. 소유의 자유와 거래는 사회주의라고 할 만큼 상당히 큰 제약을 받고 있지만 그래도 부동산 시장은 기회만 있으면 가격 급등이 발생할 염려가 있고, 투기도 지금과 같이 생길 우려가 항상 도사리고 있다. 한편, 과도한 시장동결정책은 그동안 역사가 보여준 1, 2, 3차 파동과 정책이 초래하였던 경기침체만 야기하고 다시 흐지부지하게 될 것이다. 그러면 부동산 파동은 다시 찾아오게 될 것이 뻔하다. 아니면 이런 시장동결정책이 성공하면 경제는 침체를 계속할 수밖에 없다. 그래서 지금의 부동산정책은 성공하면 경기침체(정부실패), 풀면 다시 문제를 야기하는(시장실패) 정책의 딜레마가 계속되고 있는 제도라고 할 수 있다.

6. 판교 아파트, 부당이득 16조 원의 실체

2000년 초반기에 불어닥친 강남 집값의 가격파동을 진정시키기 위하여 당시 정부는 각종 세금과 규제 등 초강력 조치들을 내놓았지만 파동은 진정기미가 보이지 않았다. 정부는 급기야 강남지역의 집값 상승은 이 지역이 수요에 비하여 공급이 부족한 탓으로 보고 공급론자들의 주문대로 공급정책을 펴기 시작하였다. 이것이 바로 2004년부터 시작하여 본격 개발한 판교지구 대단위 아파트 공급정책이다.

그런데 이러한 공급정책에도 문제는 나타나기 시작한다. 이게 바로 부당이득의 발생 문제인데, 분양시장은 평균 800 : 1의 경쟁과 과열, 당첨이 곧 '로또 복권'의 행운과 같이 일확천금을 안겨주는 부작용을 가져왔다. 여기에 사업주체에 귀속되는 부당이득의 문제도 불거지고 있다. 아파트 값내리기 운동을 전개하고 있는 경제정의실천연합(이하 경실련)은 2005년 3월 7일 기자회견을 열고 판교 아파트 유상공급 면적 126만 평에 아파트를 지으면서 정부의 공공기관이 토지개발에서 10조 원, 민간 건축업자나 소비자에게 6조 원의 시세차익이 발생했다고 발표하였다(경실련은 이후 판교지구 추가 분양에서도 거액의 부당이득이 있음을 밝혔으나 내용이 비슷하므로 생략함).

경실련의 구체적 자료는 공기업과 정부가 독점개발권을 이용하여 강제 수용한 후 5조 8천 931억 원의 땅을 민간 건축업자에게 15조 9천 545억 원에 팔면서 총 10조 614억 원의 땅값차익을 취한 것으로 추정하였다. 토지공사와 주택공사, 경기도, 성남시 등의 사업시행자가 독점개발권을 이용하여 국민의 논밭과 임야를 강제 수용한 수용가격은 평당 88만 원, 총 2조 4천 억 원이다. 여기에 투자한 사업비를 감안한 조성원가는 5조 8천931억 원(평당 469만 원), 택지개발촉진법의 공급기준에 의해 감정가 및 낙찰가 등으로 판매한 택지가격은 총 15조 9천545억 원(평당 1,269만 원)이다. 이를 계산하면 시세차익은 무려 16조 원에 달하며, 이것은 개발업자 10조 원, 건축업자와 분양을 받은 소비자가 6조 원을 부당이득으로 가져간다는 주장이다.

이 발표에 대해 정부 당국은 경실련 주장이 주민 이주대책비와 판매관리비, 자본비용, 저가 임대 아파트 공급에서 오는 손실분 등을 감안하지 않은 것이라고 대응했다. 물론 정부의 대응처럼 경실련이 이런 비용을 감안하지 않았다면 시세차익 16조 원 주장은 무리가 있다. 그러면 정부가 주장하는 누락비용과 손실분을 고려하여 판교지구 토지개발에서 나온 추정 시세차익 16조 원 중 6조 원을 차감하고 10조 원으로 잡아보자.

그러면 이 시세차익 10조 원, 소위 개발이익 10조 원 또는 부당이득 10조 원의 경제적 실체가 도대체 무엇인가? 그런데 경실련의 주장과 정부의 대응에는 이에 대한 답이 없다. 부동산 가격논쟁에는 흔히 그러하듯이 서로 대립만 있고 본질 규명이나 근본 해법은 없다. 그 이유는 어느 누구도 판교지구 토지개발과 같은 아파트 건축에서 발생한 10조 원의 시세차익에 대한 가격의 실체를 모르기 때문이다.

따라서 문제의 본질은 10조 원의 시세차익을 누가 먹느냐, 누구의 것인가 하는 통상적 논쟁이 아니다. 이는 문제의 본질에 비하면 그다지 중요하지도 않다. 경실련 주장처럼 공영개발을 하여 소비자에게 저가분양을 하고 이 부당이득을 분양자들에게 돌려주자는 주장은 논제의 핵심이 아니며, 문제의 진정한 해법도 아니다. 시장에는 엄연히 시가가 있는데 저가분양을 한다고 시가는 내려가지 않으므로 그 자체가 해결책이 아니다. 저가분양에서도 누구에게나 발생할 수밖에 없는 10조 원의 부당이득은 그 본질과 사유의 부당성, 그리고 그에 따른 시장 불균형, 투기문제 등이 항상 내재하고 있기 때문이다.

우리가 알아야 할 것은 이 10조 원의 가격이 영원히 가치물이 존재하지 않는 헛값이라는 것을 알고 이에 따른 해법의 실마리를 찾아내는 것에 있다. 그래서 판교지구에 시장지대를 거래 징수하는 지대시장제로 가면 여기서 발생했던 10조 원의 시세차익은 처음부터 사라지고 없다는 것을 아는 것이 더 중요하다. 여기서 10조 원은 앞으로 지대징수에 반영되어 가치로 실현되는 것도 아니고(이론상 1원도 지대 징수액에는 반영되지 않고) 발생하지도 않는다는 뜻이다. 그러나 우리는 이 10조 원의 시세차익이 판교의 위치나 주거가치에 대한 가격인 것으로 오해하고 있다. 위치나 주거가치에 따른 가격은 징수하는 지대에 매겨져 있지만 우리는 이 가치가 땅값에 들어 있는 것으로 착각한다. 우리가 경제생활에서 땅값과 지대를 구분하지 못하니 그렇다. 이와 같이 판교지구의 부당이득 문제와 가격논쟁은 그 핵심이 땅값 헛값을 알고 그 해법으로 지대시장제를 찾아내고 도입하는 데 있다는 것이다.

7. 아파트 원가공개와 거래제한의 정책논쟁

정부는 2007년 1·11 조치로 시장에 큰 충격을 줄 수 있는 부동산 대책들을 또 발표하였다. 이러한 대책은 참여정부 출범 이래 20~30회에 발표한 무수한 대책들 중의 하나에 속한다. 그 골자는 국민주택 규모(25.7평) 이상의 주택과 민간주택에도 분양 당시 원가를 공개하는 것, 신규 분양주택은 국민주택이 매입 후 7년, 그 이상은 5년간 매매를 금지한다는 것, 그리고 다주택자에 대한 금융제제의 대폭적 강화방안 등이다. 건교부 장관은 이렇게 해도 집값이 잡히지 않으면 다음은 더 강력한 추가대책을 내놓겠다고 하였다. 이런 발언은 2005년 8·31 조치에서 부총리가 "이제 부동산 투기시대는 끝이 났다"고 공언하였다가 바로 그 대책이 포함된 송파지구에 투기가 발생하여 실언이 된 사실을 상기하기도 한다. 아무튼 아파트 원가공개는 아파트 값내리기 운동 단체나 시민연대 등에서 줄기차게 요구해 온 것이다. 이에 정부 여당은 원가공개를 하느냐 마느냐를 두고 정권출범 이래 4년 이상 줄다리기만 하다가 이제는 공개를 하는 것으로 방침을 굳힌 것이다.

그런데 이러한 아파트 원가공개에 대한 논쟁은 우리가 부동산시장을 바로 이해하면 논쟁을 할 이유가 별로 없다. 부동산시장에서 땅값을 뺀 건물가격만 보면 건축업자의 아파트 원가공개는 선박 제조업자의 선박제조에 대한 원가공개와 다를 바가 없다. 투입하는 자본의 규모, 공사규모, 건축기간 등이 모두 유사하다. 이 업종들에 대한 원가공개는 기업의 실적에 따른 기업 구성원들의 분배기준, 세금계산, 투자자(주주)들의 투자판단 등에 유용한 것이다. 곧 사안에 따라 원가공개는 필요하다고 할 수 있지만 이것이 생산된 건물과 선박의 시장가격을 결정하는 것에는 관련이 없다는 것이다. 이 시장가격은 원가에 의해 결정되는 것이 아니라 수요에 의하여 결정된다. 여기서 원가는 시장에서 결정되는 시장가격과 공급자(건설업자나 제조업자)의 수지계산에 의한 채산성 판단에만 사용되는 것이다. 곧 시장에서 원가는 공급자의 의사결정에 필요한 것이고, 소비자에게 원가는 직접 관련이 없으며, 현재의 시장을 대변하는 시가를 따라 매입을 결정한다.

특히 부동산시장에서 순수 토지는 처음부터 제조원가가 존재하지 않는다. 그리고 토지는 개발해도 그 개발 후 시가는 원가에 비례하지 않는다. 토지는 인근에 타인 토지의 개발로 투입원가가 0인 나의 토지도 가격이 커진다. 그리고 10년 후 개발되고 가치가 커질 곳에 지금 값이 커진다. 이와 같이 토지의 가격은 실제 투입원가와는 성질이 전혀 다르게 매겨지고, 그 성질마저 별개이다. 다시 강조하지만 토지나 부동산 가격은 원가에 의하여 매겨지는 것이 아니고 시가에 의하여 매겨진다. 이게 헛값을 내는 토지가격의 본질이고 시장 특성이다.

그런데 아파트 건축과 분양에서 이런 시장의 특성을 가진 분양가격을 원가공개로 풀려는 것은 그 발상 자체가 잘못인 것이다. 다시 말하면 땅값이 포함된 아파트의 분양가는 그 아파트 건축비와는 아무 관련 없이 별개로 존재하고 있기 때문에 원가공개는 집값문제를 해결할 수 없다. 이런 원가공개는 잘해야 정부가 건축업자에게 분양가를 낮추라는 압력을 행사하여 가격을 낮추고, 이로 인하여 발생하는 부당이득을 분양자에게만 몰아주겠다는 계층적 이기주의에 불과하다. 물론 헛값에 따른 가격불안과 주기적 파동의 문제는 아무 것도 해소되는 것이 없다.

8. 최근 외국 부동산시장의 가격동향

그러면 외국은 어떤가? 영국의 경제전문지《이코노미스트》는 2년 전부터 1975년 이후 미국, 영국 등 선진 13개국의 자료를 모아 주택가격 지표를 산출해 왔으며, 최근 뉴질랜드, 덴마크, 스위스 등을 추가해 모두 16개국의 주택가격 동향을 점검, '주택가격지수'를 분기별로 발표하고 있다. 이 기사를 보면 기사의 제목에 '무서운 폭등(Hair Raising)'이라는 제목에서 볼 수 있듯이 세계 주요 선진국에서도 우리와 같은 시기인 2001년부터 2005년까지 집값은 대폭 올랐음을 알 수 있다. <표 6-4> 는 세계 16개국 중 경제가 -상태인 독일 일본을 제외한 14개국의 주택가격이 상승국면에 있고 그 상승폭도 상당히 높다.《이코노미스트》는 세계적으로 이렇게 많은 나라가 오랫동안 이토록 빠르게 부동산 가격이 상승한 적이 없었다는 분석을 내고 있다.

《뉴욕타임스》에 따르면 미국은 1971년부터 2003년까지 연평균 집값 상승률은 1.3%에 불과하지만 2003년부터 2005년까지 만 2년 동안에 무려 13.0% 이상이나 올랐다고 한다(국민일보, 2005. 6. 13). 한국의 강남과도 같은 미국의 뉴욕 맨해튼에서 콘도의 평균가격이 2005년 한해에 34%가 올랐다. 영국은 1990년 후반부터 20004년까지 5년 만에 1.6배 올랐고, 각국에서 2003년 집값 상승률은 영국 13.8, 프랑스는 14.7%, 스페인 17.2%, 아일랜드는 10.8%였다. 이들 국가의 1971~2003년 평균 상승

〈표 6-4〉 세계 주요국가 주택가격 상승률 비교 (단위 : %)

국가	연간 상승률(2004, 4월)	1997-2004년 상승률
뉴질랜드	22.0	47
호주	17.9	113
스페인	17.3	121
아일랜드	12.9	174
프랑스	11.8	59
이탈리아	10.6	54
영국	7.8	116
미국	7.7	53
네덜란드	6.9	75
캐나다	6.3	30
스웨덴	6.1	67
벨기에	5.5	54
스위스	3.4	11
덴마크	3.1	41
독일	−1.7	-3
일본	−5.7	-22

주) 영국, *The Economist*(www.economist.com. 2004. 6. 4).

률은 3.5% 전후였다.

지난 3년간 프랑스는 48%, 브라질 33%, 불가리아 48%, 홍콩도 19% 올랐다. 호주는 2002년과 2003년 사이 무려 60% 이상 상승, 20년간 전체 평균의 5배나 급등하여 초인플레이션을 걱정하고 있다. 캐나다의 부동산 가격은 2005년, 2006년 한해에 15~18%씩 오르고, 이러한 추세는 동계 올림픽이 있을 2010년까지 갈 것으로 전망하고 있다. 중국 역시 지난 10년간 과거 우리 한국처럼 집값이 계속 올랐기 때문에 최근 양도 차익을 징수하는 세법을 제정하였다. 13년간 내리막길을 걷던 일본의 공시지가도 2005년 기준 동경은 −에서 +로(0.4%, 중심부는 +0.9%)로 소폭 반전하는 양상을 보이고 있다.

그런데 이러한 세계의 부동산 가격 상승은 최근에 동조화 현상이 커졌다는 것이다. 이전에도 부동산 가격은 나라마다 약간의 편차를 가지면서 동조화 현상을 보이기는 했으나 최근에 그 양상이 더 커졌다고 할 수 있다. < 그림 6-6> 을 보면 미국, 영국 , 프랑스, 호주 세계 부동산 가격은 1995년을 기점으로 상승이 시작하였고, 2003년부터 급격한 동반 상승세를 나타내고 있다.

〈그림 6-6〉 4개국 주택가격의 동향과 동반 상승경향

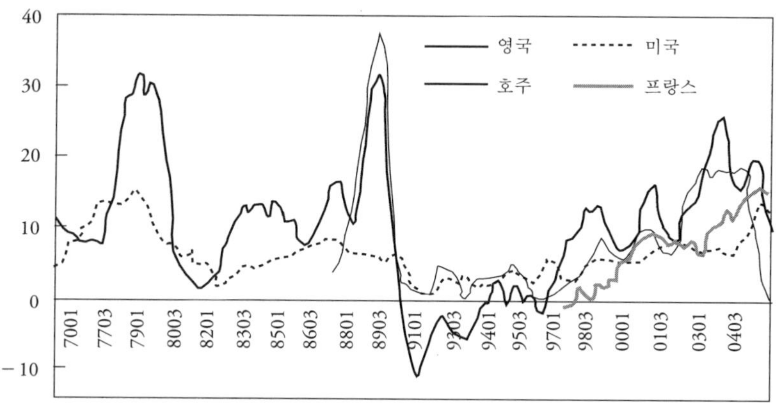

이코노미스트(이데일리 자료 검색, http://search.edaily.co.kr/)

그리고 이러한 세계 부동산 가격의 동반 상승은 《이코노미스트》 조상 대상국 전체에서 나타나는 공통적 현상이며, 부동산 순환의 동행성(co-movement)은 결국 부동산 문제가 국지적인 것이 아니라 세계적이며 장기적인 흐름으로 파악할 필요가 있음을 뜻한다.

《이코노미스트》 분석에 따르면 영국의 소득 대비 집값 배율(PIR)은 1985년 3.4배, 1990년 4.4배, 1995년 3.4배, 2000년 4.4배였다가 2005

년은 6.1배로 껑충 뛰었다. 이에《이코노미스트》지는 이러한 소득 대비 집값이 정상이 되기 위해서는 앞으로 4년간 아일랜드 20%, 영국과 네덜란드는 25%, 스페인은 30%까지 떨어져야 한다는 것이다.《이코노미스트》가 분석대상으로 삼은 16개 국가 중 미국, 호주, 영국, 아일랜드, 네덜란드, 뉴질랜드, 스페인 등의 평균소득 대비 집값은 지금 기록적인 수준이다. 소득 대비 집값 배율은 지난 30년 동안의 평균치 25~60%를 초과하고 있다고 한다.

이와 같이 외국에서도 한국 부동산시장의 4차 파동기와 비슷한 2003~2005년 기간에 집값이 대폭 상승하였고, 이에 언론과 학계는 부동산 가격의 이상급등을 두고 우리처럼 거품논쟁이 일고 있다.

9. 북한의 토지문제와 정책적 실패

북한 토지정책의 실패와 제도의 변천

북한의 토지제도는 크게 보아 3가지 단계로 변화하였다. 첫 단계는 북한 정권수립 이전인 1946년 3월 5일부터 단행한 토지개혁으로 사유토지나 기관의 점유토지를 무상몰수, 무상분배하는 방식으로 단행하였다. 이 시기는 소작지, 일본인 소유지, 5정보 이상의 대토지 소유지를 몰수하여 농민에게 분배한 시기이다. 농민들은 토지를 무상으로 분배받아서 소유와 매매는 금지되고 경작은 농가별로 하는 자유경작제였다. 그래서 토지개혁의 초기는 토지의 독점이 해체되고 생산성이 증가하여 경자유전의 원칙에서만 보면 이 개혁은 성공적이라고 평가할 수 있다. 그러나 이렇게 하니 개별 경작 농민들 사이에 빈부격차가 발생하기 시작하였다.

그래서 두 번째 단계는 1958년부터 농업의 개별경작제를 폐지하고 농지는 집단적 소유와 경작제로 바꾸었다. 이러한 2단계 정책은 개별 농가에서 빈부격차가 발생하여 사회주의 체제의 기반이 흔들릴 것을 우려한 조치였다. 이것이 순수 사회주의적 토지소유제를 실현하기 위한 시기로서, 1963년에 시작되어 1958년에 완성한 토지국유화와 조합식 소유 경작방식의 시기이다. 이 제도를 뒷받침한 것이 1972년의 사회주의 헌법, 1963년 및 1977년 토지법 제정 등이 대표적이다. 이러한 사회주의적 토지소유제도는 그후에도 변함없이 유지되어 왔는데, 문제는 개별 영농보다 생산성이 현저하게 떨어지고, 이로 인하여 결국은 경제가 파탄지경에 이르렀다는 것이다.

세 번째 단계는 1990년대 이후에 추진하고 있는 정책으로 북한 지도부가 개혁과 개방의 필요성을 인식하고 점차적인 토지개혁을 단행하고 있는 지금의 조치들이다. 이에는 소련의 해체와 동구의 개방 등 외부의 변화에 큰 영향을 받았다. 1984년 합영법 제정, 1992년 텃밭과 같은 일부 토지생산물의 사유 인정, 1993년에는 토지임대법을 제정하여 외국기업에 대한 토지이용권 부여와 건물의 사유 인정, 1998년 단체의 토지소유와 개인 경작의 확대조치 등을 들 수 있다. 이 중 토지의 민간임대제는 북한에서 가장 의미 있는 제도개혁으로 평가할 수 있는데, 1991년에 나진, 선봉 자유경제지구에서 토지이용권 설정을 가능토록 한 것이 그 시작이었다. 그러나 외국인에게 첫 실시한 토지임대는 아직 북한 주민에게는 허용되지 않고 있어서 북한의 토지개혁은 전체적으로 미흡한 상태에 머물러 있다.

북한 토지정책의 평가

북한 토지제도의 변화를 3단계별로 그 과정을 살펴보았다. 이러한 북한 토지제도와 정책을 경자유전의 원칙과 토지의 시장 효율성 측면에서 보면 다음과 같은 정책적 실패를 찾아낼 수 있다.

첫째, 초기 토지개혁은 일부 성공했다는 것이다. 토지의 독점적 소유에서 경자유전의 원칙을 따라 토지를 균등하게 배분하고 개인별 자유경작을 허용한 것이다. 북한의 초기 경제는 이 토지개혁으로 상당한 성과를 이루었다. 그러나 문제는 경작지별, 농민 개인별 농업생산에서 빈부격차가 발생한 것이다. 빈부격차는 토지의 생산성이 정체하여 있는 것이 아니라 사람의 투자에 동반하여 생산물이 커지기 때문에 발생한다. 토지는 옥토와 박토, 경작자의 노력과 기술개발에 따라 생산물에 큰 차이를 보인다. 이 경우 경작자의 노력에 따른 가치는 사유로 두고, 토지의 자생적 생산 증가물인 지대 성장액은 노동과 투자의 대가물이 아니므로 공적 징수를 했어야 분배가 고르게 되고 빈부격차를 줄일 수 있었다. 그러나 노동가치론에 길들여진 북한 관료와 사회는 토지가치를 제대로 인식하지 못하기 때문에 지대를 가치대로 징수하지 못하여 빈부격차가 커지는 문제가 발생하였던 것이다.

둘째, 토지의 개별경작제가 빈부격차를 유발하여 대체적 수단으로 채택한 국유화와 협동농장을 통한 집단생산은 생산의 비효율을 초래하였다. 북한이 21세기 초반까지 경제의 발전은커녕 당면한 굶주림도 해결하지 못하고 빈곤국으로 전락한 이유가 바로 토지의 경영방식과 산업의 경영이 생산효율이 떨어지는 집산체제였기 때문이다.

셋째, 사회주의 체제의 경제실패와 동료 사회주의 국가(중국, 구소련, 동구)의 개혁에 영향을 받지 않을 수 없었던 북한은 1990년대부터 토지의 자유임대를 주축으로 하는 토지개혁을 시도하고 있기는 하다. 그러나 그 개혁의 강도가 다른 나라에 비하여 부진하여 북한은 아직도 빈곤문제도 제대로 해결하지 못하고 있는 실정이다.

넷째, 토지의 집단적 생산체제에서도 개인별로 분배된 20~30평의 텃밭은 자유경작을 허용하고 있는데, 이러한 토지가 집단소유의 토지보다 생산성이 월등하게 높았다. 북한은 협동농장에서 1년을 힘들게 일해야 개인에게 돌아오는 식량은 175kg인 데 비하여 개인이 개간을 한 뙈기밭은 일 주일에 2~3일만 투자하여도 200kg 이상의 식량이 나온다는 것이다. 구소련에서 개인이 경작하는 텃밭의 생산량이 농산물 총량의 1/3이라는 보고도 있으며, 개혁 초기인 1996년 러시아의 사유농지 5%에서 생산량은 전체의 36%를 차지했다고 한다(김정호, 1966).

따라서 북한의 토지정책은 초기에 시행한 토지의 균등배분과 개별자유경작제를 근간으로 하고, 이에서 발생하는 문제를 제대로 보완하였으면 성공을 기할 수 있었다. 이는 분배한 농지는 자유경작을 허용하되 경작지별로 지대를 시장가치대로 징수하였으면 이러한 빈부격차 문제는 저절로 해결되는 것이다. 그러므로 지금도 북한의 경제문제는 지대만 시장가치대로 공적 징수를 하고 다른 것은 점차적으로, 그러나 빠르게 사유재산을 허용하고 시장개방을 한다면 바로 해결될 수 있을 것이다. 그러나 그들은 노동가치에 대한 편향된 교육만을 받거나 그러한 이념에 충실하여서 토지와 토지가치에 대해서는 이해가 없기 때문에 이러한 개혁개방을 하지 못하고 있다.

그리고 남북이 통일된 후에도 북한의 토지제도는 남한의 토지사유제는 물론이고, 중국과 유럽이 시행하고 있는 기형적 임대제도도 아닌 온전한 지대시장제로 풀어가야 할 것이다.

10. 부동산정책의 딜레마, 그 해법은?

지금까지 살펴본 부동산 문제와 정책에 대한 현황을 살펴보았는데, 동서고금을 막론하고 부동산 문제는 토지의 소유와 운영방식에 달려 있다. 부동산 문제는 정도의 차이는 있겠지만 세계 선진국들도 크게 다르지 않았다. 왕조시대의 왕토사상은 사유제가 아닌 것 같지만, 실제 운영은 토지를 귀족과 소수 지배계층에게 몰아주는 독점(겸병)으로 인하여 그 피해가 지금의 사유제보다 더 많았다. 그리고 토지는 지금의 사유제에서도 독점의 형태는 다른 어떤 상품보다 심한 편이다. 특히 현대 산업사회는 경제가 성장하기 때문에 이에 따른 땅값의 커짐으로 인한 가치의 수평이전 현상이 과거에 지대생산물의 독점적 수취와는 또 다른 형태의 분배구조를 왜곡하고, 여기에 주기적 가격급등은 시장질서를 교란하여 이것이 더 큰 문제로 등장하고 있다. 한편, 북한을 비롯한 사회주의적 토지소유와 사용은 역시 문제의 해결은커녕 당면한 굶주림도 해결하지 못하고 실패하였다.

따라서 현대 산업사회의 토지문제도 조선 초, 중, 말기에 걸쳐서 반복하여 일어난 왕토사상으로의 복귀운동과 같이 땅을 소유는 하지 말고 개별로 분배(분양)를 받아서 자유롭게 사용(경작)하게 했으면 경제문제는 그것으로 해결된 것이나 다름이 없었을 것이다. 물론 이 제도의 핵심은 토지의 생산력을 나타내는 시장가치대로 사용료를 내는 사회를 말한다. 이렇게 하면 사회는 시대(원시 · 왕조 · 봉건 · 근대 · 현대), 그리고 정치체제(민주주의 · 전제주의), 경제체제(자본주의 · 사회주의)를 불문하고 생활은 배를 곯지 않으며 잘하면 태평성세도 구가할 수 있었을 것이다.

따라서 경제에서 토지문제는 토지의 물리적·경제적 특성으로 인하여 어느 나라 어떤 사회를 불문하고 다음 두 가지 원칙을 따라서 풀어야 한다. 하나는 토지가 인간의 생존과 생활에 필수적 존재물이므로 '경자유전의 원칙'이 지켜져야 하는 것이다. 다른 하나는 시장원리로 지대를 거래 징수하는 것이다. ① 토지생산력은 자연력에서 나오는 것으로 내 것이 아니며, ② 토지생산성은 토지마다 다르기 때문에 토지별 가치계산과 정산(거래)을 바로 하여야 공짜와 가치의 쏠림(불균형) 현상이 사라진다. 특히 헛값인 땅값 발생을 없애버려야 빈부격차가 생기지 않고 시장이 균형과 안정을 회복한다. 그리고 이에 더하여 생산된 생산물에서 공짜로 얹어주는 토지가치와 가치의 수평이전 현상이 발생하는 땅값을 제대로 인식하고 계산하여야 토지에 사용된 노동투자와 자본투자에 대한 가치도 비로소 제대로 인식되고 계산되며 분배된다.

이를 요약하면 토지문제의 해법은 '경자유전의 원칙'과 '토지가치의 바른 거래(징수)'이다. 그런데 이 두 조건을 동시에 만족시키는 제도가 토지의 시장가치대로 지대를 거래(징수)하는 지대시장제뿐이다. 물론 이러한 토지의 시장가치에 따른 지대시장제(토지시장임대)는 자본주의의 두 축인 사유재산제와 자유시장경제의 이념도 동시에 만족시킨다. 이러한 토지문제와 정책에 따른 토지제도의 종합적 패러다임에 대한 비교는 9장의 < 표 9-1a> 를 참고하기 바란다.

7장

부동산 문제의 근본 해법

1. '땅과 집'을 구분하자

부동산이란 보통 땅과 집의 복합물 또는 땅과 집을 구분하지 않고 부르는 이름이다. 그러나 집은 인공물이고 땅은 자연물이다. 성장경제에서 집은 감가하는 물질이고 땅은 성장하는 물질이다. 집은 시간 흐름에서 한시물이고 땅은 영구물이다. 집값은 가치 흐름이 과거에서 현재로, 현재에서 미래로 흐르고 땅값은 미래에서 현재로, 현재에서 과거로 흐른다. 전자는 정방향이고 후자는 역방향이다. 집값은 [소유가격 < 전세가격]이지만 땅값은 [소유가격 > 전세가격]이다. 집값은 시간경과로 주거가치가 실현되고 땅값은 시간경과로 실현되지 않는다. 그래서 집값은 쓰는 가치이고 땅값은 못 쓰는 가치이다.

땅과 집은 이렇게 서로 다르다. 그러므로 우리가 이렇게 서로 다른 성질을 가진 땅과 집을 하나의 자산으로 묶어서 보면 정책을 제대로 펼 수가 없다. 부동산 문제의 핵심은 집을 지은 땅이 일으키는 문제이지 집의 문제가 아니므로 부동산에 대한 이론과 정책은 땅과 집을 분리하여 다루어야 한다. 집은 인공물이고 공급량이 조절되는 물질이므로 시장자유에 맡겨야 한다. 집값은 사람이 실제 짓거나 투자한 가치이므로 그대로 소유를 인정해야 한다.

물론 집도 건축법이나 도시정비법과 같이 용도지구에 따라 건축을 제한하는 것, 주거의 안전과 환경보호를 위한 정부의 규제 등은 모두 필요한 조치들이다. 그러나 집에 대하여 세금을 매기거나 1가구 1주택과 다주택 소유를 구분하여 규제하는 것은 별 의미가 없다. 겉보기로 보이는 다주택의 가수요 문제도 실상은 주택이 아닌 토지문제라는 뜻이다. 원래 주택의 소유규제와 거래규제는 부동산시장의 특성인 가격급등기에 일시적으로 필요한 것이고, 그것도 주택보급률이 100%가 넘은 사회에서 시장규제는 가수요에 대한 억제효과 외에 거래를 방해하여 불편만 초래하게 된다.

집을 지을 공간만 있다면 집은 자동차처럼 추가생산으로 공급을 늘리면 되는 것이다. 빈곤을 탈피한 사회에서 누가 옷을 많이 소유하는 것을 규제하는 것은 어색한 것이다. 곧 사람이 만든 인공물은 그 물질이 유해물질이 아닌 이상 소유와 거래를 규제하는 것은 시장의 기본 질서에 맞지 않고 효율성도 해친다.

그러나 땅은 인공물이 아니며, 시장특성이 집과는 매우 다르므로 따로 다루어야 한다. 집을 지으려면 땅이 필요한데, 이 경우 땅은 집처럼 양을 늘릴 수 없다. 그래서 문제의 해결은 농지나 임야를 택지로 바꾸거나(용도변경) 아파트 같이 단위당 건축밀도를 높여서(토지개량) 해결해야 한다. 이때 용도변경과 토지개량은 한정된 토지라는 물리적 특성상 그 한계가 있는 것이다. 특히 이 경우 토지가치를 증대시키기 때문에 이때 토지가치가 아닌 땅값이 발생하며, 이 값은 토지가치보다 더 빨리 더 크게 커져버리니 문제가 발생하게 된다. 그리고 이 문제는 앞에서 말한 토지의 여러 가지 특성 때문에 해결이 쉽지 않은 것이다.

그런데 땅을 집과 같은 부동산으로 보고 정책을 펴면 땅에 대한 정책은 집에 맞지 않고 집에 대한 정책은 땅에 맞지를 않는다. 그러므로 경제에서 물과 기름보다 성질이 더 다른 땅과 집, 땅값과 집값은 반드시 분리하여 이론과 정책을 펴야 바른 대안이 나올 수 있고 그 대안은 합리성을 갖게 된다. 땅과 집을 분리하는 목적은 결국 '땅은 임대, 집은 소유'로 귀결된다.

2. '내 것 네 것'을 인정하자

사유재산제와 시장경제는 내 것 네 것을 구분하여 자기의 것만을 소유하며 팔고 사는 시스템을 기초로 한 경제제도이다. 그리고 정당하게 취득한 내 것은 소유도 합당한 것이고, 그 소유는 남에게도 인정받고 사회로부터 보호를 받아야 한다.

그런데 지대는 원래 자연이 가진 자연력의 산물이다. 그래서 지대는 누구도 내 것이라고 주장하고 나설 권리가 없고 사유물이 될 수 없는 태생적 특성을 가지고 있다. 지대가 무엇인지에 대하여 그 정의와 결정원리를 찾아보면 지금까지 지대에 대한 학설은 한계생산력설과 차액지대설 두 가지가 대표적이라고 할 수 있다.

한계생산력설에 따르면 지대는 토지의 한계생산력에 근거한 가치의 크기이다. 곧 지대는 토지가 생산에 공헌한 단위당 가치이다. 여기서 토지에 결부된 개량비와 거래의 부대비용은 인공물이므로 자본으로 분류하여 제외하면 토지는 순수 자연이 생산에 기여한 한계생산가치를 말한다.

또 차액지대설에 의하면 지대는 토지사용에 따른 비용을 차감한 잔여이다. 여기서 토지사용비란 토지사용자가 경작과 사용에 들어간 노동임금이나 자본이자의 총계를 말한다. 물론 이 비용에는 생산에 들어가는 재료비와 자본의 소모분인 감가상각비 등이 모두 포함되어 있다. 이렇게 생산이 필요한 비용과 공헌한 가치를 모두 제외하고 남은 잔여가 지대이다. 그러므로 차액지대설로 지대를 보아도 그 지대는 사람의 투자대가이거나 비용이 아닌 자연력의 순수 산물이다.

인간의 토지개량으로 인한 지대의 성장액도 본래는 순수 자연물인 토지가 개량으로 효용이 증대한 결과로 발생한 가치이다. 인간이 토지 개량을 위하여 가치를 투입하면 토지도 스스로 개량을 한다는 뜻이다(손뼉치기의 예를 참조). 그러므로 지대는 초기 지대이든 인간의 개량이 있은 후에 발생한 지대이든 구분 없이 순수 자연력이 생산한 산물이고, 따라서 순수 지대이다. 토지개량에서 개량가치는 자본이고, 그 수익은 자본이자이며, 토지개량에도 불구하고 토지는 자연물인 순수 토지이고 여기서 나온 생산물은 토지의 순수 지대이다.

여기서 자연력이란 토지가 가진 원래의 자연력과 추가된 자연력이다. 예를 들어서 천연 열매를 내는 자연력이 원래의 자연력이며, 추가된 자연력은 인간의 토지개발과 사용에서 그 개발과 사용에 기여한 대가를 초과하는 생산력이다. 천연토지보다 개간한 토지가 생산성이 높고, 단층건물의 토지보다 고층건물의 총 생산 공헌도가 더 크다. 물론 여기서 인간이 투입한 개발과 건축의 대가는 그 원가만을 인정하는 것이 아니고 원가에 추가이익을 얹어준 가치이다. 개발과 건축에 대한 이러한 가치를 모두 지불하고도 남는 것이 토지에서 나온 순수 자연력의 가치이다. 예를 들어서 1,000의 토지에 건축비 1,000을 투자하여 집을 지으면 합계 2,000에 해당하는 수익이 나오는 것이 아니라 2,000을 넘어서 3,000, 4,000, 5,000에 해당하는 값이 나온다. 이것이 소위 개발이익이며, 우리 사회는 이 값의 처리를 두고 자주 논란이 일게 된다.

그런데 토지경작과 사용, 개발과 건축에서 투입한 비용과 일정 이윤(개발에 추가 공헌한)까지를 비용에 포함한 가격을 초과한 초과가치는 개발자와 건축자의 것이 아니다. 그런데 우리는 이것을 개발자나 건축자가 원인행위를 한 것 때문에 나왔다고 하여 그 행위자들에게 지대를 붙여주려고 하다 보니 문제가 발생하는 것이다. 요즈음 문제가 되고 있는 아파트의 건축비와 분양가의 차액에 대한 다툼이 바로 그것이다. 이 다툼은 주인이 없는 지대를 두고 서로 주인이 되려고 하는 과정에서 발생한다. 그러나 이 지대는 인간의 개발행위가 있기 때문에 발생한 것이라기보다 그곳에 땅이 먼저 있었기 때문에 개발이 가능한 것이었다. 그리고 그 개발에는 개발자의 공헌가치(투자 + 공헌이윤)까지 모두 인정하고 남은 잔여만을 말하기 때문에 지대는 천연토지이든 개발토지이든 구분 없이 항상 순수 토지에서 발생한 자연력의 대가가 되는 것이다.

역사를 거슬러 올라가 보면 지대는 토지사유제가 되기 전 최초의 것도 사람의 사유물이 아니었다. 그리고 그 지대는 토지사유제가 된 지금도 사회적으로는 비용이 아니다. 곧 토지개발에서 비용인 임금과 이자, 그리고 실물로 투자한 원금과는 달리 지대는 사회적 잉여이다. 그리고 자본의 이자와 같이 토지사유제로 인하여 지대가 개인의 투자에 대한 이자에 해당하더라도 지대는 토지개발과 건축에서 추가 지대가 자꾸 나오므로 문제가 되는 것이다. 그러므로 지대는 자동차와 같이 감가상각으로 수익이 작아지고 소멸하든지, 아니면 예금과 같이 원금과 이자가 일정하다면 문제가 없다. 그러나 지대는 내 것이 아닌 잉여생산물이 자꾸 커져서 사회에 추가로 들어오기 때문에 지대는 최초의 사유로 인한 부당함과 불균형이 그후에도 지속되어서 문제가 된다.

그래서 토지는 본래 사유물이 아니고 추가로 발생하는 가치도 사유물이 아니므로 이를 구분하지 않고 공짜로 둔 채 성립한 사유제는 '네 것은 네가 하고 내 것은 내가 한다'는 사유재산제의 이념을 기초에서 충족시키지 못한다. 그래서 주인이 없는 지대를 공짜로 소유하려고 하지 말고 값을 치르게 해야 비로소 진정한 사유재산제가 성립하고 시장질서가 잡히게 되는 것이다. 그리고 지대의 사유보다 더 큰 문제는 다음에 말하듯이 가치의 존재유무가 분명하게 드러나는 땅값의 발생에 있다.

3. '있는 것 없는 것'을 식별하자

지대의 사유화는 시장에서 공짜(무임승차)를 용인하거나 조장한 제도로 처음부터 잘못이었다. 그러나 이보다 더 큰 잘못은 땅값의 사유화이다. 땅값은 겉보기로 보면 그 값만큼 가치나 실물이 있는 것으로 보인다. 그러나 실상은 땅값이 가치물이 아니며, 그 값이 실물로 변하는 성질이 없고 실물과 교환되는 성질이 없다. 그리고 땅값은 단순히 가치가 아닌 정도로 그치는 것이 아니라 그 값이 시장에서 큰 폐단을 준다. 값의 변동성향이 점잖지 못하고, 괴팍하며, 매우 불규칙적이라는 뜻이다. 곧 땅값의 변동은 지대나 실물경제의 변화에 비하여 '더 빨리', '더 크게', '스스로' 변하는 시장속성이 문제를 키우기만 한다.

그러나 무엇보다도 우리가 왜 가치가 없는 것을 있다고 믿느냐 하는 것이다. 또한 가치가 없는 대상을 가치라고 믿고 가격을 매겨서 팔고 사는 행위가 무엇이냐 하는 것이다. 이것이 만물의 영장이라고 말하는 인간이 행할 행동인가 말이다.

경제생활이란 그 대상이 현실적으로 가치를 생산하거나 소비하는 것이다. 가치가 아닌 것은 경제에서 제외된다. 시장에서 팔고 사는 것도 그 대상은 가치(물)이다. 가치가 아닌 것은 매매의 대상물이 아니다. 이것은 어떤 가치에 대하여 소유관계를 따지는 것과도 별개의 문제이다. 없는 가치는 그것에 대한 소유사상이나 이념, 사회주의와 자본주의를 구분하는 기준으로 삼을 수도 없다.

따라서 사람은 시장에서 가치가 있는 것과 없는 것을 식별하며 살아야 한다. 있는 것은 소유하여 팔고 사야 하고, 없는 것은 소유도 말고 팔고 사지도 말아야 한다. 이는 우리가 천체의 인식에서 천동현상과 지동현상을 식별하고 사실과 다른 천동현상은 버려야 하는 것과 같다. 경제활동에서 가치의 네 것 내 것의 구분은 소유질서의 바탕이고, 가치 있는 것 없는 것의 식별은 시장질서의 기본 뿌리이다. 따라서 경제는 이러한 가치의 식별이 제대로 되면 경제는 저절로 바르게 된다.

4. 토지는 소유 대신 임대로 : 땅값 대신 지대로, 세금 대신 요금으로

경제에서 지대는 원래 내 것이 아니고 땅값은 존재하는 가치물이 아니었다. 우리는 토지가 사유화되어도 땅값 헛값이 발생하여 온갖 문제가 따르고, 국유화로 인한 무상 사용이나 저가 사용에도 중국과 홍콩처럼 사실상 사유재가 되어 문제가 발생한다는 것을 알았다.

그런데 이 문제는 사람이 경제활동과 시장거래에서 내 것과 네 것(내 것 아닌 것)을 인정하고 있는 것과 없는 것을 식별하여 그 성질대로 다루기만 하면 문제의 해결은 의외로 쉽다는 것이다. 토지사용료인 지대는 내 것이 아니며, 그 자본가격인 땅값은 가치물이 아니라는 것을 알면 해결책은 있다는 뜻이다. 내가 노동과 자본을 투입하여 땅을 사용한 경우도 사용자는 노동과 이자(이윤)만을 취하면 되고 지대는 내가 수취해야 할 이유가 없다. 따라서 지대는 취하지 말고 내놓으면 된다. 그리고 시장에서 지대를 징수하면 그 자본가격인 땅값은 0으로 소멸한다. 이렇게 하는 방법이 지대시장제이며, 곧 토지의 시장 대리기관을 통한 토지의 시장임대제를 뜻한다. 이를 실무에서 간편하게 시행하는 방안은 우리나라 부동산시장에서 관행으로 친숙한 제도인 전세제도를 채용하여 실시하는 것이다.

그런데 토지지대는 천연가치이므로 처음부터 그 값을 받을 주인이 시장에서 없다. 여기서 토지시장은 시장거래를 대신하여 토지를 거래하고 관리하며, 지대를 징수할 시장 대리자가 필요하다. 이 경우 토지의 시장 대리자는 조합형 토지거래소, 토지은행, 토지경매공사, 토지공사, 주택공사, 국세청, 지방정부 등 어느 기관이 되어도 좋다. 시장 대리자는 누가 되든지 시장의 대리자 역할만 제대로 하면 되기 때문이다. 필자는 이 시장대리기관을 편의상 "토지거래소"라고 부르지만, 이는 이러한 여러 가지 명칭을 모두 포함한 개념상의 용어일 뿐이다.

이렇게 하여 토지 사용에 대한 지대를 공동체(토지시장 대리기관)에 납부하고 그 수익은 공경비로 사용한다. 이렇게 지대를 내고 나면 생산물 중 내 것이 아니었던 토지생산물이 비로소 내 것이 된다. 납부한 지대는 그 사회의 공경비를 대신한다. 곧 토지의 자연력이 낸 천연가치가 평소에 내가 부담해야 할 공경비를 대신하여 준다. 내가 낼 세금을 지대가 대신하는 것이다. 그래서 그 사회는 '지대 = 공경비' 라는 조건에서 세금까지 소멸한다. 이것이 땅값 대신 지대만 있고 세금 대신 요금만 있는 지대시장제(토지임대제, 지대공수제) 가 된다.

5. 땅값은 토지증권으로 보상하자

지대시장제(토지의 시장임대제)를 실시하면 지대가 토지시장의 배분기능을 담당하고 땅값은 소멸한다. 이는 임대시장에서 전세를 월세로 바꾸면 전세금이 소멸하는 것과 같은 이치이다. 곧 사유토지는 땅값이 '0'이 되어 토지소유자의 사유재산 가치가 사라진다. 이것이 이른바 존 로크(J. Rocke)에서부터 지금까지 오랜 세월에 걸쳐 맥을 이어온 지대공수론의 실천적 방안이었다.

그런데 지금까지 역사를 통하여 논의되어 온 지대공수론들은 토지를 노동의 종속물 또는 후속물로 보아서 이론체계에 허점이 많았고, 특히 시행방법에서 무리가 많았다. 기존의 지대공수론은 지대를 공수하면 필연적으로 입게 되는 사유재산의 침해에 대한 대책이나 보상책을 강구하지 않고 단지 토지문제의 해결책으로 지대를 공수해야 한다는 생각만 해왔다. 그리고 그들은 지대의 공적 징수를 세금으로 오해했다. 그 대표적 학자가 헨리 조지(H. George)이며, 그 맹목적 추종자들을 조지스트라고 한다. 헨리 조지는 토지가 자연물이므로 그 사유는 도둑이 훔친 장물을 소지한 것과 같은 성격으로 보았다. 그래서 조지스트들은 지대공수에 앞서 행해야 하는 사유토지의 땅값 보상을 반대하였다.

그러나 토지의 소유와 거래는 사회의 오래된 관습이고, 사회적 합의로 만든 제도의 결과적 행위이다. 또 토지소유자의 토지취득은 개인의 노력으로 번 저축물 또는 앞으로 벌어서 갚아야 할 부채로 구입한 것이다. 그러므로 지대공수를 실시하려면 이러한 노력에 의하여 지불한 개인의 사유재산은 반드시 보상이 필요하다. 이것이 사회적 합의에 대해 사회가 취할 책임 있는 태도이고, 제도적으로는 사유재산을 보호하는 법적 안정성을 가진 사회라고 하겠다.

그런데 보상은 전국의 모든 사유토지가 대상이 되기 때문에 그 재원이 문제이다. 사유토지의 땅값은 2005년 공시지가를 기준으로 보아도 2,000조 원(경실련은 2005년 5,195조 원 주장)이 넘는 거액이므로 사유 땅값을 모두 현금으로 보상하기는 사실상 불가능하다. 따라서 지대공수제의 시행에는 점진적 실시론, 실시 유예론 등이 있을 수 있는데, 이 안들은 어느 것도 땅값을 보상하지 않는 점에서는 같다. 따라서 지대공수제의 시행에서 보상을 하지 말자는 주장은 토지를 정당하게 소유한 자에게 막대한 재산손실을 초래하여 부당하며 현실성이 약하다. 이는 사유재산제를 보호해야 할 헌법의 기본정신에도 위배된다. 그래서 기존의 지대공수제는 시행상의 한계를 가진다.

과거에 덴마크가 전면적 지대공수제를 입법화하였으나 이런저런 이유로 시행도 못하고 정권이 바뀌면서 폐지한 사례를 보더라도 이 제도는 소유자의 사유재산을 보상하고 그 제도의 시행에 대한 국민의 의구심과 소유자의 저항을 줄여야 성공할 수 있다고 본다.

그래서 지대시장제는 사유토지를 보상하고 실시해야 한다. 그러나 사유토지를 모두 보상할 재원이 없는 것이 문제이다. 여기서 사유토지를 궁여지책으로 보상을 하되 정부의 직접적 재정지출을 할 필요없이 간접적으로 보상하는 방안이 있다. 이게 바로 토지증권제도이다. 우리는 1950년 농지개혁을 할 당시 이미 이와 유사한 지가증권을 발행하여 사유토지를 보상한 경험을 갖고 있다. 물론 지가증권은 보상액이 시가보다 턱없이 낮은 가격이었고, 그래서 방법도 정부가 주도한 강제적 수단이었다. 그러나 여기서 말하는 토지증권은 보상가를 시장가격 또는 신고가격을 기준으로 하고, 방법도 사회적 합의나 소유자의 자율성을 원칙으로 하는 의미에서 과거 농지개혁 당시의 지가증권과는 차이가 있다.

토지증권제는 우선 사회적 공론을 모아 실시하는 것이 원칙이다. 그러나 공론에서 토지에 대한 인식 부족으로 합의를 얻지 못하면 그 다음은 소유자가 개인별로 원하는 대로 선택실시할 수도 있다. 이러한 토지제도를 원하는 현소유자는 토지증권으로 현재의 사유토지에 대한 원금을 인정받고 그에 따른 이자도 받는다. 그래서 토지증권제는 토지에 묶인 자금이 유통성이 있는 증권으로 바뀌어 환금성도 높다. 물론 소유자는 사용토지에 대해서는 지대를 납부해야 하지만, 장기적으로는 지대 납부만 있고 그 납부한 지대만큼 사용자가 부담하는 모든 세금을 면제받기 때문에 사실상 그 지대는 공짜와 다름이 없다. 곧 지대시장제는 사람들이 토지시장에 대한 인식이 잘못되어 있어서 그게 문제이지, 토지증권제와 지대시장제에 대한 과학적 근거와 합리성을 사람들이 알기만 하면 시행이 그렇게 어렵지 않을 것이다.

6. 토지는 소유와 사용의 분리부터

기업과 공장은 전체를 거래할 경우 그 값이 거액이기 때문에 목돈이 필요하여 팔고 사기에 불편하다. 공장은 팔고 사는 물건이라기보다 생산을 위하여 필요한 자본재이다. 또 공장은 규모가 크고, 그 공장에는 종업원이나 거래자 등 많은 사람이 직간접적으로 관여되어 있다. 이러한 이유로 큰 기업과 공장은 소유와 경영이 분리되어 있으면 운영에서 효율적이다. 그렇게 해야 기업과 투자자 모두에게 효율적이다. 이 경우 소유와 경영의 분리는 주식제도가 하게 된다. 주식은 규모가 크고 이해관계가 복잡한 공장의 소유와 운영을 분리하여 그만큼 편리하게 하는 기능이 있다.

토지도 이와 비슷하게 운영할 수 있다. 토지는 거래할 금액이 크고, 순수 자본재이다. 경제활동에서 땅은 거래 사실보다 땅의 사용과 생산활동이 더 중요하다. 경제에서 토지는 실제로 다른 어떤 재화보다 이미 소유와 사용의 분리가 되어 있는 경우가 많다. 경제에서 토지의 소유자는 소수인 반면 토지의 사용자는 다수, 곧 모든 국민이라는 뜻이다. 따라서 토지는 소유자에게도 기업의 주식제도와 같이 소유와 사용을 분리하는 것이 좋다. 특히 토지는 지대시장제로 하려면 땅값을 보상할 방안이 별로 없다. 그래서 땅값은 증권으로 하여 시장을 분리하면 이 문제를 무리 없이 해결할 수 있어서 합리적이다. 그래서 필자는 토지증권제도를 제안하는 것이다.

우선 시장에서 토지를 대리할 기관, 곧 토지증권의 거래, 토지분양과 지대징수를 관할하는 토지거래소(토지거래와 지대징수의 대행기관)를 설립한다. 토지거래소는 조합형태 또는 공단형태이며, 지금의 주택공사나 토지공사, 지방정부, 아니면 민간기구로 조직하면 된다. 이 거래소는 사유토지에 증권을 발행하여 기존의 소유자에게 교부한다. 이 경우 적정가격은 소유자의 신고가격을 원칙으로 한다. 그리고 토지는 사용자가 지배하는 실물토지와 소유자가 지배하는 증권소유로 분리된다. 땅값은 모두 증권으로 이전된다. 발행한 증권에는 일정 이자를 지급하고, 사용토지에는 사용에 따른 지대를 징수한다. 증권소유자는 이자를 수취하고, 토지사용자는 지대를 납부한다. 소유와 사용이 일치하는 경우는 수취액과 지급액이 서로 상계되어 거래 자체가 필요없게 된다.

그러나 토지거래소가 증권소유자에게 지급하는 이자는 일정하고, 토지사용자에게 수취하는 지대는 매년 경제성장만큼 커지므로 점차 차이가 난다. 이자는 일정한 정액이자이고 지대는 시장지대로 커지는 성질이 있기 때문이다. 지대시장제 실시에서 이 문제가 제도의 시행에 가장 큰 문제점으로 나타난다. 그러나 이 문제는 지대시장제라는 제도상의 문제가 아니고 지금까지 논의해 온 땅값 헛값이 이미 일으켜 놓은 사회의 고질병에 해당한다. 이 고질병을 해결하기 위하여 토지증권제와 지대시장제를 해야 한다는 뜻이다. 그러나 이것도 땅값은 소유자의 신고가격을 원칙으로 보상하고, 지대징수는 그 신고가격에 연계한 초기가격을 징수하되 미래(5년 또는 10년 이내)에 시장지대에 접근시킨다는 조건부로 시행하면 별 문제가 없을 것이다.

여기에 주식의 장점인 소유와 사용의 분리, 발행가와 거래가의 차이에 따른 유가증권의 특성을 잘 활용하면 문제를 최소화할 수 있을 것이다. 그래서 이 제도는 지금이라도 소유자가 그렇게 하기를 원하는 자만 선택하여 바로 실시하거나 아니면 특정지역을 선정하여 실험적으로 실시하여 보고 점차 확대하여 나가면 될 것이다.

7. 지대시장제의 실시
원칙 : 실험을 통한 점진적 실시

그러나 지대시장제의 도입에는 두 가지 어려움이 있다고 본다. 그 하나는 사회의 해묵은 토지사유제의 관습이 임대제 도입을 방해하는 것이고, 다른 하나는 사유토지의 보상과 관련된 재원문제 때문에 그 방법에서 사실상 어려움이 있다. 그래서 필자는 시범지구나 한정된 조건에서 실험적으로 지대시장제를 먼저 실시하여 보고, 여기서 얻은 경험을 가지고 점차적으로 확대하여 가면 무리 없이 시행할 수 있을 것이라고 본다.

이러한 안 중에 하나가 이미 우리가 실시하고 있는 임대주택제도를 획기적으로 개선하여 실시하는 방법이 있다. 택지의 공급업체인 토지공사 또는 주택공사에서 임대주택이나 공공주택을 분양하면서 지대시장제를 실시하는 방법을 소개하면 다음과 같다.

① 주택공사는 집을 지을 부지를 매입한다. 이때 매입자금은 전액을 지금의 방안대로 정부 지원이나 금융(부채)으로 조달한다. 땅값은 원래 헛값이지만 토지는 민간 사유재산이므로 보상을 하거나 매입을 해야 집을 지을 수 있기 때문이다.

② 아파트나 일반 주택을 건축하여 분양을 할 때는 토지분을 제외

한 개발가치와 건축물은 매매형식으로 개인에게 소유권을 넘겨준다. 이것은 기존의 공공 임대주택과 근본에서 다르다. 지금은 건물과 토지를 묶어서 저렴하게 임대하고 사후에 주택과 해당 토지 전부를 분양하고 있으나 여기서는 건물(개발가치 포함)은 아예 개인 소유로 바로 넘겨주고 토지는 그대로 두는 것이 다르다. 구체적 실시방법은 사글세, 전세, 연세, 월세 등의 거래방법이 있으나 사글세는 미래가치의 성장성 때문에 산정이 어렵고 전세가 방식이 실무상 간편한 방법이라고 본다. 지대시장제에서 징수지대가 세금기능을 대신한다고 보기 때문에 부동산 소유와 거래에 부과되는 취득세, 등록세, 부가가치세, 재산세, 양도소득세 등은 일절 부과하지 않는 것이 원칙이다(실정법 때문에 불가능하면 주택공사가 대납할 수 있다).

이 경우 분양가격은 건축비 또는 개발가치에 적정이윤을 붙인 시장가격이다. 정확하지는 않지만 지금(2003년)은 평당 순수 건축비가 적정이윤을 포함하여 약 300만 원 안팎 수준이므로 건축비만 감안하면 33평형 아파트 매매가는 1억 원 정도라고 했다. 여기서 개발비와 개발가치를 포함하면 분양가는 이보다 더 커질 것이다. 그런데 이 가격은 수송비나 특수 요건을 제외하면 전국 어디서나 비슷한 가격이다. 이렇게 집을 분양하면 주택공사는 지은 건축물을 관리해야 할 부담이 없고, 입주자도 소유건물은 처분에 규제나 제약을 받지 않고, 자기의 소유물의 재산관리는 자기 책임이므로 효율적 관리를 하게 된다.

③ 그 다음 토지분에 대해서는 토지공사 또는 주택공사가 시장 역할을 대리하여 임대료를 징수한다. 이 경우 임대료는 시장가격

이어야 한다. 이때 무주택자나 영세민이라고 지금처럼 값싼 임대료를 받으면 아파트에 프리미엄이 붙어서 헛값과 투기가 생긴다. 따라서 임대료는 반드시 시장가격이어야 한다. 무주택자나 서민에게 주택 구입을 도와주려면 건물 매입에 대한 정부 보조와 저리융자로 도와주면 되고, 토지임대료는 낮추지 말고 시장가격으로 해야 한다. 그래야 주택은 땅값 헛값이 다시 발생하지 않는다.

④ 아파트 건축에 소요된 토지매입비와 개발비, 그리고 아파트 건축비는 건물 분양가격과 연계시키면 된다. 이 경우 개발가치는 토지매입비에 비하여 적어도 2, 3배 이상 커지기 때문에 토지는 소유권을 넘겨주지 않고 개발가치만 넘겨주어도 투입비용은 회수할 수 있을 것이다. 그래서 투입비용은 건물과 개발가치 분양으로 해결하고, 개발가치를 제외한 순수 토지는 지대징수권이 발생한다.

⑤ 그러나 아파트 분양가격으로 토지매입비나 건축비를 회수하지 못하는 경우 공급자는 부채가 발생한다. 이 경우에도 주택공사는 토지임대료 수익으로 부채를 갚으면 된다. 곧 어떠한 경우에도 토지는 그대로 두고 지대를 계속하여 받아야 한다. 부동산은 토지분 지대를 징수하지 않거나 그 값이 가치보다 낮으면 토지에서 헛값 프리미엄이 생기고 투기가 일어서 온갖 문제가 발생하기 때문이다. 이 지대는 앞으로도 경제성장률을 따라 커지게 된다. 그래서 지대는 반드시 경제성장률을 기준으로 한 일정 배율을 적용하여 매년 높여나가야 한다. 이러한 지대징수 기준을

분양 당시 계약조건으로 넣고 엄정하게 실행해야 한다. 그래야 이 아파트에 땅값 헛값이 발생하지 않는다.

⑥ 주택공사가 건축비 회수나 부채를 상환한 다음 수입되는 지대는 공경비로 충당하고, 그만큼 아파트 지대 납부자에게는 각종 세금을 감면하거나 대납한다. 이 경우 소득세는 물론이고 부가가치세, 지방세 등 모든 세금이 감면대상이다. 이렇게 하면 지금과 같은 주택에 부과하는 보유세와 양도소득세는 아무런 의미가 없어진다.

⑦ 그리고 토지지대가 그 지역의 세금과 공경비를 대신하는 한 이 주택지구는 세금이 사라지는 사회가 등장한다. 물론 한정된 지역, 한정된 주택에서만 실시하는 지대시장제가 세금이 모두 사라지는 것은 아니지만, 이러한 제도가 일반화된다면 이론상 그렇게 된다. 땅과 집이 구분되어 내 것 네 것이 분명하고 세금까지 사라져서 사유재산제가 바로 서게 되고, 있는 것만 소유하고 팔고 사니 시장경제가 제대로 돌아간다. 더구나 땅값과 세금이 일으킨 인플레이션마저 소멸하거나 거의 없어지므로 시장이 효율적 기능을 수행한다. 이렇게 일부 아파트 지구나 주택지구가 성공하면 이 제도를 전국의 모든 지역으로 점차 확대하여 나간다.

지대시장제는 땅값이 0이 되고 지대 하나가 토지시장의 용도 배분을 담당하며, 그 사회가 필요로 하는 공경비를 감당하므로 세금까지 사라진다. 이 사회는 땅값과 세금이 없는 곳이다. 그리고 현재의 사유토지는 모두 매입을 하거나 증권으로 보상을 하고 실시하며, 이때 가격의 결정도 시장가격이나 신고가격을 원칙으로 한다. 그 다음 시행은 전국의 사유토지에 대한 동시 전면적 실시가 아니며, 소유자의 의사나 사회적 합의를 무시하고 정부가 나서서 강제적으로 실시하자는 것도 아니다.

지대시장제는 우선 일부 지역에서 시범적 또는 선택적 실시를 하고, 그 결과를 보아서 전국적으로 확대하여 실시 여부를 결정하는 절차를 밟게 될 것이다. 지대시장제는 이와 같이 그 도입의 절차도 점진적 · 자율적 · 시장적임을 기본 이념으로 한다. 이러한 지대시장제의 방법과 절차를 다시 정리하여 보면 다음과 같다.

(1) 공공 임대주택에 대한 시범적 실시

지대시장제는 지금의 주택공사나 공영주택 사업자가 아파트 지구나 주택단지를 선택하여 시범적으로 실시하면 된다. 사유토지는 지금같이 공사의 공영자금이나 정부의 지원, 은행융자 등으로 매입하여 시작한다. 주택은 사업주체가 건축하여 건물분(토지개발, 건물신축, 공헌이윤 포함)은 시가로 분양한다. 건물과 개발가치는 사유재로 소유권을 넘겨준다는 뜻이다. 그러나 토지는 분양하지 말고 시장가치대로 임대를 한다. 이 경우 임대는 전세형태가 좋다고 하였다.

징수할 지대는 지금의 공영 임대제도와 같이 저가임대를 하는 것이 아니고 정상의 시장가치대로 지대를 거둔다. 이 경우 주택 구입이 어려운 자에게는 정부가 보조를 하더라도 주택은 소유권 이전, 지대는 시장가치대로 징수해야 한다. 그렇게 하여야 부동산시장이 중국처럼 프리미엄과 투기가 일지 않고 시장기능을 제대로 수행할 수 있기 때문이다. 이렇게 하면 주택의 건물분은 완전 사유제가 되고 주택의 토지분은 완전

시장제가 된다.

그 다음 사업주체가 수익한 지대 수입액은 우선 토지 매입자금으로 차입한 부채를 갚는다. 그리고 지대가 부채를 상환한 다음 자금의 여력이 있으면 그 수입액은 지대시장제 지구의 지대 납부자가 부담할 세금을 지대 납부액을 한도로 대납하여 준다. 그러면 이 지역은 장기로 보면 헛값인 땅값과 강제적 부담금인 세금까지 사라지게 되어 완전한 사유재산제와 시장경제지구가 등장하게 될 것이다. 여기서 '완전'이란 헛값과 세금 등이 없어서 시장균형이 성립함을 의미한다.

(2) 신도시나 공단지역의 시범적 실시

그리고 지대시장제는 기존의 주택공사, 토지공사, 기업도시를 건설하는 사기업 등이 사업주체가 되어 신도시를 건설하면서 실시할 수도 있다. 이 경우 사업주체는 토지를 매입하여 도로와 통신 등 도시의 기반시설을 개발하여 그 택지를 민간에 분양하는 형태로 실시하면 된다. 이 경우 분양가격은 땅값을 제외한 개발비에 개발공헌 가치인 적정이윤을 붙인 가격이다. 개발가치의 인정 시한은 원칙적으로 그 수명에 준하는 것이 원칙이지만 사무적 편의를 위하여 건물의 존속기간까지 인정하는 것이 가장 편리하고 합리적일 것이다. 개발가치는 보통 건물의 수명과 비슷할 것이고, 개발은 도시나 건물의 건축과 관련성이 가장 크기 때문이다. 아무튼 이 시한은 건물소유자나 토지사용자에게 알리고 계약을 하면 별 문제가 없다. 그런데 사업주체가 분양하는 개발가치 분양가격은 이러한 시한부 조건에서도 건축원가의 2, 3배는 될 가능성이 높다. 따라서 이렇게 하면 토지는 분양하지 않아도 사업주체가 투자한 부지 매입비용과 개발비를 바로 보상받을 수 있을 것이다. 그리고 토지는 개인에게 분양하지 않으며 개발가치와 건축물 등 토지 지상물만 분양한다. 그리고 분양한 토지는 사용자에게 자유사용권을 주고 사업주체는 건물소유자나 사용자에게 사용가치대로 지대만을 징수한다.

이 경우 지대는 시장가치대로 징수하며, 매년 경제성장률과 용도지수, 개량지수, 사용지수, 위치지수 등을 적용하여 시가대로 평가함을 원칙으로 한다. 이 평가원칙은 지금의 공시지가를 평가하는 방법과 비슷할 것이다. 아무튼 분양을 할 경우 이러한 조건을 사전에 제시하고 사용권 계약에서 명시하여야 한다. 그리고 그 다음 사업주체가 하게 되는 지대수입과 세금면제는 (1) 번 공공 임대주택의 방법과 같다.

그리고 신도시가 아니라 기존의 도시에서도 굳이 목돈을 들여 토지를 매입을 하지 않고 실시하는 방법이 있다. 우선 토지시장을 대리할 토지거래소(토지조합 또는 토지공단)를 설립하고 이 기관을 통하여 토지의 관리, 지대징수, 토지증권의 발행과 유통 등의 업무를 담당한다. 토지거래소는 토지증권제와 지대시장제를 실시할 지구를 물색하고 선정을 한다. 토지거래소는 세금까지 없어지면서 시장경제가 성립하는 이 제도의 장점을 적극 홍보하고 공단지역이나 지방자치단체로부터 신청을 받는다. 사업이 시행되면 토지소유자에게는 토지증권을 신고가격대로 발행하여 교부하고 소유(사람)와 사용(땅)을 분리한다. 그리고 증권소지자에게 일정 이자를 지급하고 토지사용자에게는 시장가치대로 지대를 징수한다. 초기에는 증권 신고가격에 따른 시장이자 상당액을 징수하지만 점차적으로 시장지대에 접근시킨다. 이 경우에 지대의 시장가치 징수에 불만이 있다면 이런 소유자들은 실험에서 제외시킬 수도 있을 것이다.

지대시장제는 일정 기간이 지나면 지대수익이 증권이자를 초과하게 될 것이므로 이 수익으로 토지증권의 원금도 소멸시켜 나간다. 그 다음 이 지구의 주민이 부담할 세금은 지대로 대신한다. 그 다음의 효과는 (1) 번의 공공 임대주택과 같다. 단, 주택지구는 아파트 지구와 같이 범위가 좁고, 이 공단지구의 실험은 공단지역 전체, 한 도시의 전체가 실시하므로 범위가 넓다.

(3) 전국의 선택적 확대실시

토지증권제와 지대시장제를 주택지구나 일정지역에 국한하여 실시하는 것이 아니라 전국에 걸쳐서 동시에 실시하되 희망자만 국한하여 우선적으로 실시할 수도 있다. 토지시장을 대리할 토지거래소가 토지증권제와 지대시장제를 홍보한 후 신청자를 받아서 실시한다. 그러면 이 제도의 참가자는 소유 토지의 원금을 이자를 약속하는 토지증권으로 보상을 받고 토지의 지대징수권을 토지거래소로 넘긴다. 토지증권은 유통성이 있어서 소유자는 토지를 처분하지 않고도 자유롭게 증권을 처분하여 원금을 현금화할 수도 있다. 이것은 소유자에게는 기존의 소유제도보다 자금의 융통이 유리한 점이 있다. 그리고 토지사용자는 장기로는 여기에 세금까지 면제를 받는 특혜를 누리게 된다. 물론 지대의 납부 의무가 있지만, 이는 토지를 사용한 대가로 내는 사용료이므로 세금과는 근본에서 다른 것이다. 내가 벌은 소득이나 사유재산에서 강제로 내는 것이 세금이고, 지대는 내가 가치를 쓰고 내는 것으로 성격이 다르다.

(4) 전국의 전면적 확대실시

위에서 말한 세 가지 방안 중 어느 하나의 안을 선택하여 실시하여 볼 수도 있고, 모든 안을 동시에 실시하여 볼 수 있다. 그러나 이는 어디까지나 토지시장의 인식이 부족한 것과 새로운 제도의 시행에 대하여 혹시 있을 수 있는 위험과 충격, 그에 따른 시행착오를 줄이기 위한 것이다. 따라서 위의 안들이 시범적으로 실시를 하여 성공하면 전국으로 확대하여 실시하게 된다. 그러면 이 사회는 자동적으로 지대시장제 사회가 가능하게 된다.

8. 지대시장제의 경제적 효과

지대시장제 도입 초기는 사유토지의 보상비 충당으로 불완전한 지대시장제가 된다. 토지임대에도 토지매입비나 증권가격은 자본거래로 남아 있고, 그 원금과 이자에 대한 부담이 있다. 그러나 토지증권은 원금이 일정한 금액이므로 연체이자의 부담만 감당할 수 있으면 매년 커지는 지대수익이 원리금까지 모두 상환할 수 있는 여력이 있다. 토지증권제는 결국 증권을 매입 소각하는 일정 기간이 지나면 이자 부담 없는 완전 지대시장제가 저절로 도래한다. 그래서 완전한 지대시장제를 실시하면 만성적 시장불균형을 일으키는 땅값 헛값이 사라지고 지대가 공경비를 대신하므로 세금도 소멸하여 그야말로 완전 사유재산제와 시장경제의 체제를 맞을 수 있다. 땅값 헛값이 일으킨 경제의 구조적 모순들도 이론상 거의 사라진다.

물론 지대시장제는 실무적으로 혹시 있을 수 있는 사유재산 침해를 막기 위하여 지대징수가 90%에서 95% 정도에 그치고, 이에 따른 소액의 땅값이 개인이 소유하는 집값에 프리미엄 형태로 추가되기는 하겠지만 이 비율은 지금 제도에 비하면 무시해도 좋을 만큼 작은 것이다. 그래서 이를 무시하고 이론상의 지대시장만을 보면 지대징수는 100%, 땅값은 0을 가정하여 지대시장제가 가지는 경제적 효과를 다시 정리하여 보자. 지대시장제의 경제적 효과는 토지시장 자체의 이점과 경제 전체의 이점으로 나눌 수 있다.

토지사용과 가격결정

토지는 양이 고정되어 있어서 공급이 비탄력적이라고 보는 것이 학계의 지배적인 견해이다. 그러나 이에 대한 반론으로 토지세는 전가한다고 하면서 토지도 공급이 탄력적이라고 주장하는 학자들이 있다. <그림 7-1> 은 토지공급이 일단 탄력적이라고 보고 소유가격과 사용가격이 결정되는 과정을 나타내 본 것이다.

<그림 7-1> 은 토지의 자본가격인 소유비용과 사용가격(임대료)으로 나타낸 것이다. 공급을 나타내는 S는 현재의 토지수익(R)과 일치하며, D는 이에 대한 토지수요를 나타나낸다. 성장하지 않은 토지 또는 성장하는 토지에도 임대만 하면 토지수익과 일치하는 가격 O_1에서 임대료가 결정된다. 토지의 균형적 사용량은 Q인 셈이다. 곧 토지는 O_1이 균형가격이며, 효율적 사용을 달성한다. 그러나 성장성 토지는 자본가격 P에 미친 미래의 성장률 g로 말미암아 현재의 사용가치 R보다 Pg만큼 높다. 이때 토지나 주택의 공급곡선 S′는 Pg(ac)만큼 높아져서 토지비용(Pi)과 일치한다. 이에 따른 토지 및 주택의 수요는 다음 두 가지 경우를 분리하여 볼 수 있다.

A : 토지소유에서 토지상승액 Pg분을 실현하지 않아도 수익으로 보는 수요자는 가격이 임대료보다 Pg만큼 높지만, 그 가격을 실현한 토지수익과 같이 여기므로 수요량은 변함이 없을 것이

다. 그러면 수요가 D에서 D′로 변하여 가격은 O_3, 사용량은 변함 없이 Q이다. 그러나 이 경우 수요자가 사용에서 얻는 실제 효용은 OO_1aQ이고, 총지출(또는 총 수요)은 OO_3CQ이므로 적자 현상이며, 거시적으로 O_1O_3ca 크기만큼 초과수요가 발생한다.

〈그림 7–1〉 지대시장제의 가격 결정(토지공급이 탄력적일 경우)

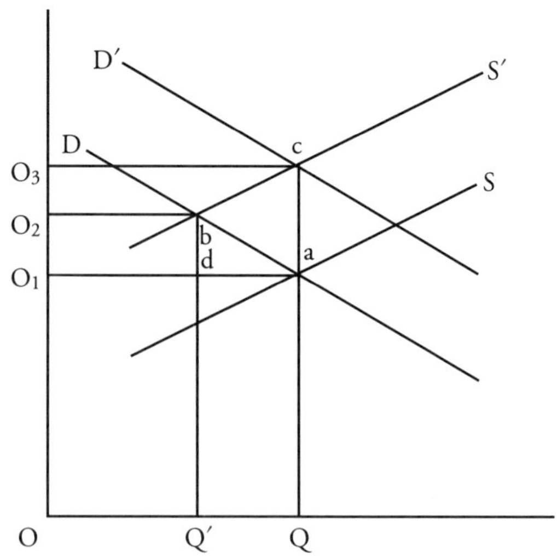

여기서 가격 Q_3이 펀더멘탈(fundamental)이라고 볼 수는 있지만 수요자는 사용에서 적자이고, 특히 사회는 실물이 없어서 초과수요가 발생하므로 이를 효율적 시장이라고 볼 수는 없다.

B : Pg를 수익으로 보지 않는 토지수요자, 부동산의 장기 사용으로 [비용 = 수익]을 추구하는 수요자, 소유가격이 Pg만큼 커져도 [자본비용(Pi) > 수익(R)]의 성질 때문에 소유의 적자를 감당하

기 어려운 수요자는 공급이 S′로 변하여도 D는 변하지 않는다고 보자. 그러면 가격은 O_2로 높은 가격에서 결정되고, 토지 및 주택의 수요량은 Q'로 줄어든다. 이 경우도 O_1(R)을 초과하는 O_1O_2bd는 거시적으로 실물이 없으므로 초과수요를 나타낸다. 이때 가격은 O_2가 펀더멘탈(fundamental)인 셈이다. 여기서도 가격은 O_2는 O_1보다 낮으나 O_1보다 높고, 토지 사용량은 Q에서 Q로 줄어든다. 사회 총후생은 O_3보다 줄고 초과수요도 발생하므로 시장은 가격이 높은 A경우의 O_3보다 비효율적이다(부동산 가격 급등 후 경기의 하락효과는 이런 경우 설명이 가능함).

그러므로 토지소유제는 자본성장액 Pg가 일으킨 [토지비용(Pi) > 토지수익(R)] 현상으로 초과수요와 거시적 불균형이 발생하고 있다. 그러나 여기서 성장하는 토지는 R만 거래하는 지대시장제(시장임대제)를 하게 되면 가격은 O_1, 거래량은 Q에서 초과수요 없이 효율을 달성하게 된다. 그러나 토지소유제는 실물 R이 없는 Pg로 인하여 c의 초과수요나 d의 저수요로 인하여 A와 B의 입장에서 본 O_2와 O_3 중 어느 가격을 펀더멘탈이라고 보더라도 효율적 상태가 아니며, 거시적 초과수요를 발생시킨다.

그리고 여기서 세금을 감안하지 않았는데, 시장임대제는 궁극적으로 세금까지 면제되기 때문에 이를 감안하면 지대시장제의 효율성은 이보다 더 커지게 된다. 또한 <그림 7-1>은 토지공급이 탄력적임을 가정한 것인데, 만약에 토지의 공급이 비탄력적이라고 하여도 토지비용 Pg만큼 커진 가격은 토지수요자의 초과부담이며 사회적 불균형을 일으킨다.

이와 같이 임대료(R)가 아닌 P와 Pi에 따른 토지가격은 현재 실물이 없어도 '가격 = 가치'라는 허구적 사상과 가정이 들어 있는 가격체계이다. 예를 들어서 50년, 100년간 지대를 한푼도 발생시키지 않는 임야와 한계농지가 있는데, 수익이 장기간 0이면서도 가격이 성립하고 있다. 이런 경우 토지의 자본가격(P 또는 Pi)은 토지의 탄력성 유무나 정도에 관계없이 가격이 효율적이라는 말은 허구일 뿐이다.

토지시장의 경제적 효과

① 집값이 세금혜택까지 감안하면 반값으로 줄어든다. 땅값이 소멸하여 주거나 사업에 필요한 토지구입에 목돈이 들지 않고 땅값시장보다 더 쉽게 건물을 취득하고 사용할 수 있다.

② 토지는 소유가치(미래가치)가 아닌 사용가치(현재가치)를 따라 효율적이고도 공평하게 사용된다.

③ 자본가격이 소멸하여 투기가 발생하지 않고 부동산의 가수요가 사라진다.

④ 소유가 사용을 방해하는 토지독점이나 소유자의 부당한 버티기가 소멸한다.

⑤ 개발 예상 토지에서 값이 미리 오르는 시간당김 효과가 사라져서 시장왜곡이 소멸한다.

⑥ 고액을 투입한 토지의 방만 사용과 유휴지가 대폭 줄어든다.

⑦ 건물에 땅값 헛값이 추가되어 시장을 왜곡하는 현상이 사라진다. 도시에 장기로 설치한 텐트값이 시골의 텐트값보다 비싼 기현상은 발생하지 않는다.

⑧ 땅값이 없으므로 보상가액이 없거나 적어서 토지의 공공투자와

재개발이 한결 쉬워진다.

⑨ 토지시장의 외부효과(공짜성 불로소득이나 가격폭락으로 인한 우발 손실)가 사라진다

⑩ 토지의 효율적 사용으로 토지의 난개발이나 환경파괴가 줄어든다.

토지시장 외의 경제적 효과

① 땅값 헛값이 소멸하여 이 값이 일으킨 거시적 불균형 가격도 소멸하여 시장균형이 성립한다.

② 세금이 소멸한다. 공경비의 재정수요도 줄어들며, 작은 정부가 성립한다.

③ 땅값 헛값의 가치 이전효과가 소멸하여 구조적 빈부격차가 사라진다.

④ 시장의 진입과 탈퇴가 자유롭고, 기회균등의 사회가 보장된다.

⑤ 대부분의 인플레이션이 사라진다. 스테그플레이션 역시 없다.

⑥ 경기의 과열과 냉각, 실업, 불황 등이 대폭 줄고, 공황은 사라진다.

⑦ 공해가 예방되고 환경파괴가 줄어든다.

⑧ 무임승차, 외부효과, 사행심, 계층갈등, 경제적 범죄 등이 대폭 줄어든다.

⑨ 완전한 사유재산제와 자유시장경제 체제가 도래한다.

⑩ 땅과 인간의 경제적 바른 관계가 정립한다.

그러나 이러한 경제적 효과는 토지시장에서 발생하는 헛값만을 없

앤 경우를 말하므로 그 자체로 한계가 있다. 헛값을 일으키는 시장은 토지 외에 주식과 선물이 있기 때문이다. 물론 지대시장제가 되면 주식가격에 포함되어 있는 기업의 땅값 헛값은 주식을 그대로 두어도 대부분 소멸한다(주식의 절대값이 작아진다). 그러나 주식은 땅값만이 아니고 기업의 미래 수익성에 대한 자본가격이므로 지대시장제에서도 미래에 수익성이 유망한 기업의 주가는 상승하여 헛값을 발생시킬 수 있다. 따라서 위에서 말하는 각종 효과는 지금의 주식이 한시주식제로, 선물은 선도거래로 시장개혁을 한 경우에 더 확실하고 크다. 그렇지 않고 지금의 주식과 선물은 그대로 두면 이들이 일으킨 헛값의 크기만큼 경제는 불균형이 계속되고 이 값의 크기만큼 문제는 그대로 남아 있게 된다.

9. 지대공수에 따른 지대시장제의 오해

지대공수에 대한 의문

자본주의 경제에서 시장에 땅값이 없다면 어떻게 될까? 더구나 사회에서 세금이 사라진다면 말이 되는가? 이러한 의문은 누구나 가질 수 있는 감정이다. 땅값이 없다면 토지는 어떻게 이 사람 저 사람에게 교환되고 배분되며 효율적으로 사용될 수 있을까 하는 의문이다. 더구나 사회에서 세금이 없다면 나라 살림은 어떻게 꾸린다는 말인가? 땅값을 0으로 하고 토지 사유재산제를 없앤다는 말은 사회주의에서나 통하는 말이 아닌가 말이다. 아니면 현실도피자나 무정부주의자들이 하는 말일 것이다. 우리가 땅과 세금에 대한 일반적 생각이나 사회적 통념은 이렇게 돌아간다. 심지어 토지경제를 연구한 학자들도 "땅값이 없으면 가격매개체가 없어져서 시장이 사라지고 용도배분이 되지 않는다"라고 강하게 항변을 하는 부류가 있다.

그리고 이들은 지대를 공경비로 하는 지대공수제(地代公收制) (지대시장제의 다른 이름)는 바로 토지를 국가가 소유한 토지 국유화와 같다는 주장을 하고 있다. 그래서 지대공수제는 공산주의와 같이 정부의 관료적 배분으로 토지가 비효율적으로 배분될 것으로 생각한다. 정부나 사회, 그리고 토지시장 대리기관이 지대를 걷는다는 그 자체가 이론상 토지가 국유화이기 때문이라고 강하게 주장한다.

지대는 전액공수가 완전 시장제이다

그러나 이 생각은 오해다. 왜냐하면 시장에서 지대가 있고 지대가 토지의 용도배분을 담당하기 때문이다. 그리고 정부나 사회가 지대를 거두더라도 정부가 토지의 소유자이기에 거두는 것이 아니라, 토지는 주인이 없기에 정부가 토지의 주인을 대신하여 거두는 것뿐이다. 그리고 여기서 지대를 거둘 토지거래소와 정부의 역할은 경제에서 정부기능을 대리하는 기관이 아니라 땅과 시장기능을 대리하는 역할을 하게 된다. 토지거래소의 운영은 정부 대리기관이 아니고 오히려 땅 그 자체 또는 토지의 소유자를 대리하는 기관이다. 물론 토지거래소는 정부나 소유자 중 어느 한 편이 아니라, 주인이 없는 땅을 대리하는 독립된 기구이고 중립적으로 운영되어야 한다. 따라서 일부의 오해인 지대공수제가 시장기능이 없다는 걱정이나 지대시장제가 토지국유화와 같다는 주장이 사실과 다른 점은 다음과 같다.

첫째, 노동력은 몸값 대신에 임금만으로 시장이 효율적으로 작동한다. 노동력의 자본가격은 몸을 팔고 사는 것이다. 다시 말하여 사람의 몸에 값을 매겨 팔고 산다면 그 값은 사람이 가진 노동력의 사용가치에 대한 일시불 가격이다. 이것이 그 사람의 몸값이다. 그러나 이러한 몸값 거래를 하지 않고 현재의 노동생산물 가치인 임금만 거래하면 노동력은 충분히 거래 · 배분되고 있다. 오히려 몸값 거래는 거래차액 때문에 투기와 프리미엄이 붙을 수 있지만 임금거래는 이런 것이 거의 발생하지 않는다.

여기서 말하는 노동시장의 임금과 몸값은 토지시장의 지대와 땅값의 관계와 거의 같다. 경제는 윤리적 문제를 제외하면 몸값보다 땅값이 더 해롭다. 그 이유는 몸값은 한시 자본재로 실현되는 가치이고 땅값은 영구 자본재로 실현되지 않기 때문이다. 그러므로 몸값시장보다 임금시장이 더 효율적이라면 토지시장 역시 땅값시장보다 지대시장이 훨씬 더 효율적이라고 하겠다.

둘째, 배급제와 시장제의 혼동이다. 우리가 걱정하는 사회주의와 토지 국유화의 우려는 자원배분의 배급제를 말한다. 자원배분에서 배급제란 토지의 용도배분이 가격이 아니라 행정관리의 관료적 판단에 의존하는 것을 말한다. 시장은 없고 정부가 갑에게는 A토지를 주고 을에게는 B토지를 주는 결정을 말한다. 이것은 토지 사용의 선택과 결정권이 사용자에게 있는 것이 아니고 정부에게 있는 것이다. 이것은 우리가 공산주의의 역사를 통하여 보아오듯이 효율적이지 못하여 실패한 제도였다.

그러나 지대시장제는 말 그대로 시장에서 지대라는 가격이 있고, 사용자가 이 가격에 따라 행동한다. 오늘날 토지사유제 사회에서도 토지와 주택 등은 민간 임대시장이 얼마든지 있다. 지대시장제는 이와 꼭 같다. 토지 사용도 정부의 관료적 배급이 아니고 사용자의 자율결정이 원칙이다. 토지의 용도배분에서 배급제와 시장제는 이렇게 서로 다른 것이다.

셋째, 토지 사용의 의사결정 주체는 국가가 아니고 개인이다. 지대시장제는 토지의 사용주체가 정부가 아니고 개인이다. 예를 들어서 철도, 우편, 수도사업 등의 재산은 운영이 시장체제를 가지더라도 그 재산의 소유는 국유화이고 관리는 국영이라고 하는 것이 맞다. 국가가 재정을 투자한 재산이므로 국가나 국가기관이 소유하고 관리하기 때문이다. 이런 종류는 국가 소유와 관리에 인과관계가 있다. 그러나 지대시장제는 토지가 국가의 소유가 될 인과관계가 없다. 그 이유는 우선 국가가 토지생산에 투자한 사실이 없다. 그리고 토지의 지배와 사용주체도 국가가 아니고 사용자의 자율에 맡겨져 있다. 그래서 토지는 국가가 투자와 소유, 그리고 지배와 운영에서 인과관계를 찾을 수 없다. 그러나 철도, 우편, 수도사업은 정부가 투자하였고 소유나 경영도 정부가 한다. 그러나 지대시장제에서 토지는 사용이 오히려 사유에 가까우며, 소유란 말은 국가나 개인 누구에게도 합당하지 않다.

넷째, 지대시장제는 지대를 공적으로 징수하는 것이므로 이 제도의 운영은 국영이나 국유화나 다름이 없다고 주장할 수도 있다. 그러나 지대시장제의 운영은 국영기업 또는 정부가 투자한 주식회사와 비슷하고, 순수 정부운영과는 다르다. 공기업과 정부 투자기업은 그 운영이 사기업과 같다면 지대의 징수는 공짜나 강제인 세금과 다르다. 곧 철도와 우편시설을 국유화라고 하더라도 이를 이용한 고객의 철도요금과 우편요금, 수도요금은 세금이 아니라는 뜻이다. 이 경우 요금체계에서 공공성을 내세운 저가(低價) 요금이나 무임승차(공짜)가 없고 특혜도 없다면 그 운영은 시장원리 그대로이다. 그러므로 정부가 투자한 주식회사가 생산한 재화나 용역을 고객이 구매하는 것과 별 차이가 없다. 지대시장제의 토지사용료 거래와 지대공수제의 지대징수는 이와 같다.

다섯째, 어느 제도나 시행상의 문제는 있을 수 있다. 지대시장제는 땅값이 헛값으로 [토지비용 > 지대수익] 현상에서 경제의 불균형과 온갖 문제가 지속적으로 발생하기 때문에 그 해결책으로 제시하는 것이다. 따라서 지대시장제도 시행 초기에는 [토지비용 > 지대수익]의 격차를 조정하고 해결하는 것이 가장 큰 난점이다. 물론 이 문제는 지대시장제 때문에 발생한 문제는 아니고, 땅값 헛값이 부동산 가격에 들어 있어서 발생한 본래의 문제라는 것을 잊지 말자.

그러나 이러한 지대시장제의 문제점은 소유자와 토지거래소, 소유와 사용에서 발생하는 이해득실의 차이 조정으로 운용의 묘를 기해야 한다. 지대시장제에서 토지는 생산자도 없고 소유자도 없으므로 공급의 실체도 구체적으로 없다. 그래서 시장의 공급 의사결정 주체도 땅을 대리하는 토지거래소나 공적기관이므로 이에 따른 관료적 지배문제가 발생한다고 하자. 그러면 이런 경우도 토지사유제와 땅값 헛값이 일으키는 기존의 시장불균형 문제와 새로 도입할 지대시장제의 문제 중 어느 것이 더 크고 작은가를 비교해야 한다. 이 경우 지대시장제에서 예측되는 문제는 토지사유제에서 일어나는 문제와 비교할 때 훨씬 작다는 것이다. 그것이 바로 노동시장에서 임금의 순기능과 몸값의 역기능의 관계를 보더라도 지대와 땅값의 관계를 쉽게 판단할 수 있다.

오해는 생소함과 이해 부족 때문

임금시장은 모든 임금을 100% 정확하게 평가하고 정당하게 지급하는 것이 아니다. 노동시장은 사용자와 고용자 간에 항상 임금을 두고 갈등과 문제가 발생한다. 그렇다고 하여 노동시장에서 임금을 없애고 가격체계를 몸값으로 바꿀 수는 없다. 임금시장은 다소 문제가 있어도 임금의 자본값인 몸값시장보다 효율적이기 때문이다. 따라서 지대시장이 지대의 평가가 미흡하더라도 그 차이는 땅값이 일으키는 문제와 비교하면 무시하여도 좋을 만큼 작은 것이다. 다시 말하여 지대시장제는 지대의 평가와 징수가 반드시 정확해야 성공하는 것이 아니라는 뜻이다. 지대시장제는 지대의 평가가 다소 부정확하여도 땅값이 발생하지 않으면 그것만으로도 이미 성공이라고 했다. 지대평가의 오류로 인한 사용자 간의 이해득실은 당해연도에 발생하는 서로 간의 일시적 이해득실의 차이일 뿐이고, 다음 기회에 다시 조정될 수 있다. 이렇게 거래에서 발생하는 판매자와 매입자 간의 이해득실은 시장에서 팔고 사는 모든 상품에서도 발생하는 현상이지 지대시장에서만 발생하는 문제가 아니다. 그러나 땅값은 영구성 자본가격이기 때문에 한번 잘못 매겨진 값은 개인은 토지 소유기간 내내, 사회는 영구적으로 그 오류를 반복한다. 그리고 금액도 지대에 비하여 매우 크다.

이러한 오해를 줄이기 위하여 지대의 징수주체는 정부가 아니라 땅과 시장을 대리할 토지거래소나 토지공단 형태로 하자는 것이다. 토지증권과 지대징수 업무를 담당할 거래소는 정부를 대표하는 것이 아니라 땅과 시장을 대리하는 기능을 가져야 한다. 더 정확하게는 지대요금 징수자인 토지거래소는 정부, 토지증권 소지자, 토지사용자 사이에서 중립적 입장으로 업무를 관장하며, 가격은 시장기능에 따라 매기게 된다. 토지거래소는 농산물과 수산물을 팔아주는 중개상이나 경매기관의 역할을 하게 된다. 따라서 운영에서 객관성만 보장된다면 토지거래소를 소유자들이 직접 조직하여 운영할 수도 있다.

10. 지대공수에 대한 학계의 허구적 반론 : 허수아비 치기

“허수아비 치기”란 학계에서 어떤 진술에 대하여 근거 없는 말이나 없는 상황을 만들어 넣어서 그 진술을 반박, 부정, 반대하는 경우를 말한다. 지대의 거래와 징수는 징수주체가 정부이든 시장이든 별로 중요하지 않다. 누가 징수하든 토지의 시장가치대로 지대를 징수하기만 하면 된다. 이는 농산물과 수산물을 정부나 공공기관이 운영하는 공판장에서 거래한다고 하여 그게 문제가 될 것이 없는 것과 같다. 그러나 토지시장에서 지대의 공적 징수는 학자들마저 흔히 다음과 같은 이유를 들고 나와서 문제를 삼는다. 필자는 이러한 문제들은 토지시장에서 없는 사실을 만들어 넣어서 하는 가상적 걱정이고 비판이기 때문에 “허수아비 치기”라고 보고 있다.

첫째, 지대의 공적 징수로 땅값이 0이 되면 토지시장이 소멸한다는 주장이다. 그래서 토지는 국유화가 되어 무정부 상태가 되거나 지대의 관료적 평가와 오류로 인하여 시장이 비효율적이 된다는 주장을 말한다. 그러나 이 주장은 지대가 토지시장의 기능을 하고 있다는 것을 모르고 한 말이나 다름이 없다. 특히 시장의 효율성 문제도 지대는 항상 현재가치로 결정되지만, 땅값은 항상 미래가치로 결정되어 현재는 헛값이 들어 있기 때문에 지대시장이 더 효율적으로 움직인다는 것이다. 10년, 20

년을 미리 내다보는 토지개발 역시 지대시장이 더 효율적이다. 이는 미래를 위한 노동시장의 가격도 사람의 몸값보다는 임금이 더 효율적인 것과 같은 원리이다.

둘째, 지대의 공적 징수를 세금이라고 규정해 놓고 그 세금의 전가 문제로 지대의 징수가 효율적이지 못하다고 하거나 도입을 반대하는 것이다. 이 주장은 토지가치세는 전가하지 않는다고 하는 전통적 견해에 대하여 전가한다는 이견을 제기해 온 펠드스타인(M. Feildstein, 1977)과 그 추종자의 주장들이 그렇다(김정호, 1992년). 그러나 지대의 공수는 토지사용에 대한 임대료를 징수하는 것과 같은 성격이기 때문에 시장임대료의 징수를 두고 그것을 세금이라고 명명하고 전가문제를 논하는 것 자체가 너무 이상하고 격이 맞지 않다. 물론 토지임대료는 정부의 공적 징수에서 흔히 발생하는 저가징수와 토지별 차별징수(이중가격)는 무임승차와 땅값 헛값이 발생하고 자원배분과 시장왜곡의 문제가 있을 수 있다. 그러나 이를 두고 세금이라고 이름을 붙여 '세금의 전가'를 논하는 것은 무지의 소치이다.

셋째, 지대의 공수나 징수를 세입충분성의 문제로 부정 · 축소하려는 것이다. 다시 말하면 지대를 공경비로 사용하려면 지대수입이 국가의 공경비를 충당할 만큼 커야 하는데 현실 경제는 그렇지 못하다는 것이다. 그러나 이는 사실과 많이 다르다. 이 주장은 세금이 없는 순수 시장에서의 지대 크기를 너무 작게 보는 오류에서 출발하지만 무엇보다 지대징수는 토지사용에 대한 시장거래로 요금이고, 세금과는 무관하다는 점을 간과하고 있다. 지대의 공경비 사용은 시장가치대로 거래 징수한 지대가 개인의 비용도 아니고 사유재산도 아닌 공적 수익이기 때문이다. 따라서 지대의 징수와 그 지대의 공경비 사용은 지금 논의되고 있는 세입충분성과 관련이 없는 별개의 문제이며, 이는 국가의 재정조달을 오히려 충분하도록 조력하는 기능이 있다.

이와 같이 학계에서 지대의 공적 징수(또는 시장 징수)에 대하여 이런 세 가지(시장 소멸, 세금의 전가성, 세입충분성) 의문을 제시하면서 지대시장제를 부정하거나 반대하고 있다. 이것은 모두 토지시장에 대한 우리의 일반적 오해를 학자들마저 답습하는 것으로, 우려할 이유나 현상이 없는 상황을 가상하여 허구적 상상을 하고 있는 것에 불과하다. 필자가 말하는 지대시장제는 지대의 공적 징수이든 사적 징수이든 시장가치대로 거두는 지대가 주축이 되며, 시장거래를 담당할 기관인 토지거래소 역시 독립기관으로 그 조직이 공적이냐 사적이냐의 구분은 별로 중요하지 않다(이렇게 해야 시장 효율성이 확보된다). 굳이 따진다면 토지거래소는 시장기능을 100% 가동할 수 있는 기관이 되어야 하고, 공공성도 아울러 요구되는 지금의 증권거래소와 같다고 보아야 할 것이다.

11. 세금 없는 자유시장

세금공화국과 큰 정부

사경제에서 남에게 대가 없이 무상으로 지출하는 것은 기부금(종교상의 헌금 포함)과 세금이다. 그런데 기부금은 내가 자발적으로 내는 것이고 세금은 남이 나에게 강제로 거두는 것이다. 세금은 사회적 필요에 의하여 정부가 강제로 징수한다는 뜻이다. 자본주의 사회는 네 것 내 것이 분명하게 구분되는 사유재산제 사회이며, 그 사유재산을 자유롭게 교환하게 하는 시장경제체제이다. 그런데 자본주의 사회에서 사유재산제와 시장경제의 틀에서 설명이 불가능한 것이 있으니, 이게 바로 세금이다. 다시 말하면 세금이란 제도는 사유재산제도 아니고 그렇다고 순수한 시장경제 원리도 아니다. 세금은 법적 강제수단이며, 그 용도는 무상으로 제공하는 배급제가 중심이다. 그래서 세금은 엄밀히 말하면 비시장적이라 할 수 있고, 사회주의적 성격이 더 강하다. 이와 같이 자본주의 사회에서도 사회주의처럼 운영되는 것이 세금이고, 이는 자본주의 사회에서 없으면 좋지만 다른 대안이 없으므로 있을 수밖에 없는 필요악이라고 할 수 있다. 그래서 세금은 사회적 필요에 의하여 어쩔 수 없이 내기는 하지만 그래도 세금을 내고 나면 기분이 좋은 것은 아니다.

개인이 번 소득은 소득세, 법인이 돈을 벌면 법인세를 낸다. 소득세는 최저 세율이 5%에서 단계적 누진세율로 한계세율이 36%까지인데, 이는 소득이 클수록 부담 세율은 더 크게 된다. 그 다음 내가 번 소득으로 상품을 사면 소비세(부가가치세)를 내야 하고 비싼 상품을 사면 특별소비세, 술을 마시면 주세를 내야 한다. 남에게 공짜로 재산을 받으면 증여세, 부모가 타계하고 재산을 물려받으면 상속세를 내야 한다.

집을 사면 산다고 취득세, 산 집을 등기하면 등기세, 여기에 각종 세금이 더 따라붙는다. 자동차를 사면 자동차세, 주민등록을 하면 주민세(균등할 주민세), 일터가 있는 직장에도 주민세(소득할 주민세)가 부과된다. 땅을 가지면 종합토지세, 집을 가지면 재산세, 많이 가지면 종합부동산세를 내는데, 이러한 세금에는 다시 도시계획세, 공동시설세, 교육세 등이 붙는다. 여기에 준조세의 성격을 가진 자동차보험료, 건강보험료, 실업보험료, 국민연금 등을 내야 하고, 이외 각종 회비와 부담금이 더 있다. 이렇게 하여 명목상으로 번 소득에서 이러한 세금과 공과금을 제하고 나면 가처분 소득은 대폭 줄어든다.

그래서 세금은 공익목적에서 필요한 것이기는 하나 누구든지 내기를 꺼린다. 내가 벌은 소득을 대가 없이 내는 것이니 내기가 싫은 것은 당연하며, 누구나 세금은 가능한 한 피하고 싶은 게 일반이다. 여기서 세금회피나 탈세를 위한 부정이 발생한다. 사실 사업을 하면 세금은 거의 모든 활동과 맥을 같이 한다. 사업 수익에는 사업소득세나 법인세를 내어야 하고, 부가가치세는 생산한 상품의 판매에 세금만큼 상품가격을 올려받아 그 세금을 세무서에 갖다 내야 하고, 각종 신고와 장부제출 의무를 지켜야 한다. 그리고 사업자는 이렇게 기업에서 세금을 납부하고 세금업무를 준수하고 나서 자기의 벌은 소득은 다시 개인 소득으로 신고하고 세금을 납부해야 한다. 이렇게 소득세를 내고 나면 그 소득을 소비하는 과정에서 다시 부가치세와 특별소비세를 내야 한다. 이와 같이 세금은 나의 경제생활 그 자체라고 할 만큼 평생동안 나를 따라다닌다.

우리나라에서 국민 1인당 조세부담률은 2003년 기준 23% 수준이며, 여기에 준조세까지 합치면 25%가 넘을 것으로 추정된다. 월 300만 원 소득자는 75만 원이 세금인 셈이다. 2003년 기준으로 국민 1인당 세금과 공경비 부담은 약 400만 원(383만 3,000원)이다. 그러나 우리가 내는 세금은 대다수가 수익에서 바로 거두는 소득세가 아니고 간접세이거나 지방세이기 때문에 세금의 인식이 둔한 편이다.

그리고 이 부담은 경제가 성장하여 선진국 수준으로 갈수록 더 커지는 경향이 있다. 유럽과 같이 사회복지를 중시하는 국가는 세금부담률이 더 높아서 40%, 심지어 50%까지 가는 나라도 있다. 일하는 자에게 세금을 거두고 그 세금으로 놀고 있는 사람에게 실업수당을 주어야 한다. 이는 사회복지의 측면에서 보면 좋기는 하나 나쁜 면도 있다. 일하는 자에게 세금을 물려 놀고 있는 자에게 보상을 하는 격이니 그렇다. 이와 같이 고세금 고복지 정책은 좋은 면이 있으나 부정적 측면도 많다.

작은 정부와 큰 시장 : 무세국가

그러므로 개인에게 세금은 가능하면 적을수록 좋고 없으면 더 좋은 것이다. 세금은 원래 가치의 교환기능도 아니고 자원의 배분기능도 아니다. 세금은 자율적 납부가 아니라 강제이며, 대가성 교환이 아니라 공짜가 전제된 갹출이다. 세금은 엄밀하게 말하면 사회주의 원리이지 시장원리가 아니다. 세금은 시장기능만으로 제대로 안 되니 어쩔 수 없이 사회주의 원리를 감안하고 도입한 제도이다. 세금은 잘 사는 자와 못 사는 자의 형평성은 고려할지 몰라도 열심히 일하고 능률적으로 돈을 번 사람에게 벌금을 매기는 것과 같고, 개인의 창의와 효율성을 침해한다.

그런데 지대시장제, 곧 지대공수제 또는 토지임대제는 국가나 사회가 필요로 하는 공경비를 궁극적으로 토지사용료가 담당하게 된다. 따라서 지대가 국가의 공경비의 수요를 감당하는 한 세금이 필요없다. 우리나라에서 내가 번 소득에서 현재 조세부담률 기준으로 평균 25% 정도가 알게 모르게 뜯겨나간 것이 세금인데, 이 세금이 사라질 수 있는 것이다. 세금이 없다면 내 실질소득(가처분소득)은 25%만큼 당장 커지는 것이다. 이와 같이 만약에 우리의 경제생활에서 "세금이 없다"라고 하면 이게 얼마나 신이 날 일인가!

혹자는 세금이 없으면 국가의 정책을 제대로 펼 수 없다고 걱정한다. 정부가 그때그때 세금으로 당근과 채찍 같은 정책을 써서 경기를 조정하며, 또 인구문제나 건강문제와 같이 사회적 필요에 의하여 세금을 거두기도 하는데 세금이 없으면 이것이 불가능하다는 것이다. 아니다. 그러나 이것은 기우이다. 지대징수에도 세금으로 펴는 경제정책이나 사회정책을 얼마든지 쓸 수 있다.

예를 들어서 특정 산업을 육성하려면 그 산업의 용도에 사용하는 토지에 대해서는 지대의 징수를 감면하여 주면 되고, 억제정책을 쓰려면 부담금을 부과하면 된다. 지대징수가 불가능하거나 보조금이 필요한 기업은 지대수익으로 지급하면 된다. 외국과의 무역차이를 조정하기 위하여 필요한 관세는 그대로 거두면 된다. 사회정책상 건강을 위하여 담배의 소비를 억제하려면 담배소비에 건강부담금을 매기면 된다. 만약에 세금이 없어져서 빈부격차가 심하여진다면 부자에게 별도의 소득세를 추가로 매기면 된다. 따라서 지대가 세금을 대신하고 세금이 없어서 정부가 종전에 사용한 조세정책을 펼 수 없다고 하는 것은 제도 개선에 대한 막연한 걱정이지 근거 있는 이유가 되지 못한다.

세금은 가능한 적으면 적을수록 좋고 없으면 더욱 좋다. 그런데 지대시장제는 이러한 우리의 요구를 가능하게 해준다. 지대시장제는 이와 같이 사회주의나 집산체제가 아니면서 사유재산제와 시장경제를 거의 100%까지 살리면서 세금까지 없어지는 것이다. 그러면서도 세금이 소득의 절반에 가까운 복지국가 유럽보다 더 평등하고 건강하며, 자유로운 사회가 도래할 수 있는 것이다. '세금 없는 자유시장', 말만 들어도 신바람날 사회가 아닌가!

8장

외국의 토지 공공임대제와 지대공수제의 검토

부동산 문제의 근본 해결은 "땅은 임대, 집은 소유"로 하는 완전한 시장제에서 찾아야 한다고 했다. 이 장은 외국에서 토지소유제 대신에 토지임대제를 중심으로 운영되는 국가의 토지임대 사례를 소개하고 검토하여 보기로 한다. 외국에서 시행하고 있는 토지임대제는 필자가 말하는 순수 지대시장제는 아니지만 이와 유사한 이념과 방법으로 시행하고 있으므로 우리도 이러한 임대제 도입에 앞서 외국의 토지임대제도를 검토하고 그 장단점을 알아두어야 할 것이다.

1. 이스라엘의 토지제도와 임대제도

토지임대제는 신토사상에서

이스라엘의 토지는 종교적 이유와 지정학적 영향을 받으면서 제도화되고 운영되고 있는데, 토지의 사용권 거래와 임대제도를 골격으로 하고 있다. 이스라엘 토지제도의 원형은 원래 구약성경인 모세의 율법으로 기록되어 시작되었다. 이스라엘이 B.C. 1440년경 이집트의 노예상태에서 해방되어 가나안 땅으로 진입하면서 여호와의 계시로 성문화된 모세오경이 기록되고, 이 모세오경 중에 한 권인 「레위기」라는 책에 이스라엘의 토지사용권 거래와 임대제도가 명시되어 있다.

레위기 토지법의 골자는 땅은 모두 여호와의 것으로 소유는 금지하고 개인은 사용권과 사용권 거래만 허용한다는 것이다(레위기 25 : 23, 14~16). 토지는 처음부터 백성들에게 제비를 뽑아서 지파별 · 가족별로 평등하게 분배되었고, 분배된 토지는 소유와 매매를 금지하고 경작권만 50년(희년)을 최장 기한으로 매매가 가능하다. 그리고 경작권 매매도 원사용자는 항상 무르기(되사기)의 권리가 있다. 곧 이스라엘 토지제도는 소유권은 없고 사용권 거래만 허용된다. 그리고 백성들에게 분배된 토지권은 경작권자가 상실하지 않도록 혈통의 무르기, 안식년과 면제년, 그리고 희년제도 등을 두어서 철저하게 보호하고 있다(상세한 내용은 11장을 참고할 것).

이스라엘 토지제도의 근간은 땅이 본래 여호와의 창조물이고, 이스라엘 땅도 여호와의 소유이므로 '거룩한 땅(Holy Land)'이라는 "신토사상(神土思想)"에서 유래되었다고 할 것이다. 이것이 여호와의 계시를 기록한 율법에서 제도화한 임대 중심의 토지제도였다. 그러나 이스라엘 백성들과 지도자들은 이 제도를 잘 지키지 않았고, 그 대신 이방제도인 Baal의 절대군주제와 토지소유제를 선호한 것으로 보인다.[9] 그래서 나라는 왕들의 계속되는 실정과 토지법 문란으로 남북이 분열되고, 백성들은 포로로 잡혀가는 고통을 겪었고, 결국 로마의 식민지로 전락하고 말았던 것이다.

9) 이스라엘이 성경의 토지법을 기피하거나 파기한 근거는 그들의 생활에 큰 영향을 끼쳤던 미쉬나와 미드라쉬 등에서 토지법에 대한 내용이 거의 없으며, 일부 남아있는 내용마저 사실과 다르게 왜곡되어 있다. 성경에서도 백성들이 토지 상속의무를 게을리 한 유다, 가나안 땅을 대수롭지 않게 보고 악평한 백성들, 토지 무르기 의무를 이행하지 않은 사사시대의 '아무개'(룻기 4 : 6), 왕과 지도자들도 토지소유제를 표방하는 Baal을 섬기고, 이방제도에 심취했던 아합왕이 나봇의 포도원을 강탈한 사건(열왕기상 21장)을 비롯하여 왕과 방백, 지도자들이 권력을 이용하여 토지법을 파기하고 백성들의 토지를 수탈하였다고 한다. 그래서 이들이 "밭들은 탐하여 빼앗고 집들을 탐하여 취하는 자들(미가서 2 : 2)"이라고 선지자들에게 강한 규탄을 받고 있고, 이러한 흐름은 신약시대에까지 연결되고 있다. 토지사용권이 시장원리를 따라 완전하게 회복되는 희년은 전국에 동시에 선포하고 계층의 구분 없이 지켜야 할 법이었고. 이 법의 핵심이 토지 무르기의 공법적 준수에 있었는데, 지도자들은 이를 이행하지 않았고, 백성들 중 경건한 일부 사람들만이 사법적 차원에서 지켜 온 것으로 보인다.

독립 후 이스라엘의 토지임대제

이스라엘이 1948년 독립되면서 정부는 새로운 토지제도를 수립하였는데, 여기서도 토지는 국유화를 절대원칙으로 하고 사용은 개별 임대제로 운영하고 있다. 1960년 제정한 이스라엘 토지 기본법은 토지를 정부, 유대인 민족기금(Jewish National Fund : JNF), 그리고 개발기구(Development Authority)의 3가지 형태의 소유로 두고 있다(Bourassa, Steven. C. and Yu-Hung Hong, 2003).

JNF는 유대민족을 위한 비영리기관으로 국가기관은 아니며, 19세기 말 런던에서 시오니즘 운동을 위하여 조직되었다. JNF는 유대인 국가를 세우기 위해서 현지 토지 소유주들로부터 토지를 구매하여 1960년대 초반까지 토지를 소유하고, 독립적으로 토지 임차계약을 맺고 임차료를 받으며 임대하여 왔다. 이것이 이스라엘에서 독립 후 토지임대제를 도입한 효시라고 할 수 있다.

이스라엘의 국공유지 분포는 전체 국유지에서 JNF를 통한 매입 토지가 13%, 이스라엘 정부가 영국 총독부로부터 양도받은 토지(팔레스타인 지역)가 75%를 차지한다. 나머지는 법정기관인 개발기구(DA)가 1950년에 부재자 재산관리관(Custodian of Absentee Property)으로부터 소유권을 이양받은 토지이다. DA 소유 국유지는 부재자 재산이기 때문에 종교, 정치, 지역분쟁 등으로 소유권이 불명확한 토지를 DA가 개발하거나 관리하고 있는 상태이다. 그리고 이스라엘의 사유지는 국토의 7%밖에 되지 않는데, 이것도 정치적으로 민감한 지역으로 국유화가 어렵기 때문에 사유지로 두고 있는 것뿐이다. 이렇게 보면 이스라엘은 세계

자본주의 시장경제를 채용한 국가들 중 국유화 비율이 가장 높은 국가라고 할 수 있다.

따라서 이스라엘의 토지제도는 거룩한 땅으로서의 신토사상과 정치적으로 불안하고 민감한 지리적 요인으로 인하여 개인 소유제보다 임대제가 유지되어 왔다. 이스라엘의 토지제도는 도시의 개발된 토지는 개인 임대 중심으로 운영되지만 농지는 기부츠(국영농장)와 모샤브(협동농장) 같은 집단경영 방식으로 운영되고 있는 것도 하나의 특징으로 꼽을 수 있다.

임대기간은 1차로 49년, 총 4번의 재계약으로 196년간 임대가 가능하며, 임대료 갱신은 3년인데, 이러한 것은 원칙일 뿐 실제는 조금씩 다르게 적용되고 있다. 그리고 토지임대에서 토지 지상물은 분리하지 않고 토지에 종속되어 있으며, 재개발이나 토지임대차가 해지되면 사유건물은 양도해야 한다. 물론 이 경우에도 사유건물에 대한 보상은 하고 있지만 토지와 건물이 분리된 타국의 토지임대제와 비교하여 또 하나의 특징이다. 토지임대에서 지상물과 토지사용권은 양도가 가능하다. 이스라엘 주택은 약 70%가 임대주택이다.

그러나 이스라엘의 토지임대제는 책정 임대료가 너무 낮고 토지개발 역시 개인투자 중심으로 이루어지고 있으며, 토지의 사용권 가격이 소유권 가격과 비슷하게 매겨져서 사실상 사유제나 다름이 없이 운영되고 있다. 그래서 텔아비브 같은 도시는 주기적으로 가격이 급등하고 투기가 발생하고 있다.

2. 싱가포르의 토지 및 주택정책

싱가포르의 자연조건과 사회구성

싱가포르는 2006년 11월 현재 인구가 430만 명이고, 국토는 약 697km²이며, 1개의 큰 섬과 50개의 작은 섬과 바다로 둘러싸인 도시국가이다. 국토 면적은 서울의 606km²보다 약간 넓고 인구는 절반 수준이다. 싱가포르 전체가 바다로 둘러싸인 섬이며, 옛날 말레이시아에 속했던 이 영토는 쓸모 없는 땅이나 다름이 없는 돌섬에 불과하였다.

종족 분포는 중국인 76%, 말레이시아인이 14%, 인도인 8%, 기타 3%이며, 이에 따른 언어는 국어인 말레이시아어 외에도 중국어, 영어, 타밀어 등으로 다양하다. 종교는 기독교, 불교, 힌두교, 회교 등이 뒤섞여서 살고 있다. 이렇게 싱가포르는 종족이 서로 다르고 언어와 종교까지 각양각색이다. 그러므로 싱가포르는 경제적으로 볼 때 자연조건이 아주 나쁘며 사회적 여건도 매우 좋지 않았다. 이런 입지조건과 사회조건을 가진 싱가포르는 갈등과 분쟁이 그치지 않았을 것인데 오히려 그 사회는 활력이 넘치고 경제가 발전하고 있다.

싱가포르의 국민소득 수준은 2005년 1인당 GDP가 2만 7,000달러로 우리보다 높다. 세계은행 자료에 의하면 2001년 기준 싱가포르는

1인당 GNI가 21,230달러로 같은 시기 한국의 12,030달러의 1.8배에 해당한다.

싱가포르가 이렇게 잘 살고 있는 까닭이 무엇일까? 싱가포르는 자연조건이 좋은 것도 아니고 타고난 민족의 기질이 우수한 것도 아니다. 물론 싱가포르는 과거에 이광요 수상의 탁월한 정치적 리더십으로 인하여 정치가 안정적이었던 장점을 부인할 수는 없다. 그러면 정치 역시 이질적인 민족, 언어, 종교가 서로 다른 특색을 가진 사회에서 어떻게 안정된 정치를 할 수 있었을까 하는 의문이 다시 생기게 된다. 필자는 싱가포르가 이렇게 어려운 자연환경과 사회적 악조건에서도 정치의 안정과 경제적 번영을 누릴 수 있었던 것은 바로 토지와 주택정책이 필자가 말하는 지대시장제에 어느 정도 접근해 있었기 때문이라고 보고 있다.

싱가포르의 토지정책

싱가포르는 1959년 영국으로부터 자치권을 획득하였고 자치정부는 1984년에 완성하였다. 싱가포르는 정부수립 초기부터 토지정책을 사유화보다 국유화 방향으로 나아간 것이 특색이다. 싱가포르는 제2차 세계대전 당시 극심한 주택부족으로 인한 세입자를 보호하기 위하여 1947년 영국 정부의 주도로 지대관리법(Cotrol of Rent Act)을 도입하였다(주택도시연구원, 2005b). 싱가포르는 이 법의 시행으로 일찍부터 지대의 관리와 징수를 통하여 땅값이 낮아져서 공공사업을 위한 토지취득이 한결 쉬웠던 것이다.

이에 싱가포르는 독립정부 초기는 국민 대다수가 저소득층이었고 쓸모가 없는 돌섬이었기 때문에 대지주가 적었다. 이러한 자연조건과 사회적 여건으로 싱가포르는 1966년 토지취득법(Singapore's Land Acquisition Act)을 제정하였다. 이 법은 지대의 징수와 공공목적으로 위한 토지의 취득을 목적으로 하는 것이다.

이렇게 입법을 통한 토지의 공공매입으로 1984년까지 18,000ha의 공공토지 보유, 1986년까지 전 국토의 약 76%, 현재는 가치 비중으로 90% 이상인 대부분의 토지가 명목상 국유화되어 있다고 할 수 있다. 그런데 싱가포르는 최근 토지의 사유화가 다시 조금씩 늘고 있는 추세인데, 그 이유는 소득수준이 늘어남에 따라 양질의 민간주택 선호도가 커져서 이를 확대해 가고 있기 때문이다.

싱가포르의 주택정책

지금까지 싱가포르의 주택은 주로 주택개발청(Housing and Development Board : HDB)을 통한 공영주택을 공급하여 왔다. 싱가포르의 총주택수는 2000년 말 현재 1,039.7만 호로 공영주택이 81%, 민간주택이 19% 수준이다. 정부는 복지를 위한 수단으로 주택공급을 최우선시할 정도로 정책을 밀고 나갔고, 이에 따른 HDB는 국유화된 토지에 주택을 저렴한 가격으로 공급하였다.

주택을 구입하는 자에게는 CPF(연방기금)를 통한 융자가 발달하여 있고, 여기서도 부족한 주택구입 자금은 HDB가 주택가격의 80%까지 융자를 해준다(주택도시연구원, 2005a). 저렴한 주택가격에 공적 융자도 해주기 때문에 싱가포르 주민은 취업만 하면 주택구입은 쉽다. 주택의 규모도 90m² 이상의 주택이 전체의 75%를 차지하여 한국의 국민주택 규모 25.7평보다 큰 편이다.

우리가 2005년 현재 주택보급율 102.2%임에도 불구하고 자가점유율이 54.2%에 불과한 반면, 싱가포르는 주택보급률이 113%에 자가 점유율은 92.3%, 다시 말하여 국민의 92.3%가 자신의 주택을 보유하고 있다. HDB 공급 아파트의 경우 가격은 민간주택의 약 55% 수준이며, PIR(연간소득 대비 주택가격 배수)은 최저 2.3, 최고 7.7로 한국에서 서울이 2005년 5.0, 2003년 전국 평균 8.9에 비해 낮다. 게다가 거의 해마다 부동산 투기세력과의 전쟁을 치르다시피 하는 한국과 달리 부동산 투기는 아주 적은 점이 특징이다.

〈표 8-1〉 싱가포르 주택시장 현황

구분		1970	1980	1990	2000
인구(만 명)		207.5	241.5	301.6	401.8
주택가격(S$)		12,500 표준형 73m²	24,200 개량형 83m²	76,100 A모델 105m²	1000～ 196,000 A모델 100m²
주택보급률(%)		80.4	91.7	104.0	112.6
자가점유율(%)		29	59	88	90
HDB 주거율(%)		36	73	87	86
주택재고	민간부문	185.695	129.944	116.118	201.102
	공공부문	120,138	337,198	574,443	763,036
	계	305,833	467,142	690,561	964,138

주) 이건영 외 11명(2005), 주택도시연구원(2005a)

싱가포르 주택정책의 문제점

그러나 이러한 정책에도 불구하고 시행상의 문제점이 나타났다. 이런 문제는 HDB가 저렴한 주택가격과 임대료 정책에서 파생하여 발생하는 것이다.

첫째, 싱가포르에서 공공주택 구입이나 임대조건은 매우 까다롭다는 문제가 있다. HDB가 제공하는 공공주택 매입은 일생에 2회만 할 수 있다. 아파트를 구입하려면 우선 싱가포르의 시민권이 있어야 하고, 최소 21세 이상, 아파트 평수에 따라 소득수준 기준, 아파트 평수는 가족구성 기준 등 잡다한 조건을 맞추어야 분양을 받을 수 있다. 싱가포르에서는 자기 소득수준과 기호에 맞는 아파트를 선택할 수 있는 자유가 제약된다. 그나마 HDB가 제공하는 주택은 공급이 수요를 따르지 못하여 입주자격을 갖추어도 신청 후 입주까지 대기 기간이 5년 이상 소요되고 있다. 구입한 주택의 매매는 첫 구입의 경우 의무거주 기간이 5년으로, 이 기간 내에 매매는 HDB에 되파는 환매조건부로만 가능하고, 5년 후는 시장에 매각할 수 있다. 이것을 재판매(resale housing)라고 한다. 2회 구입의 경우 10년 이상 의무거주 기간을 경과해야 재판매를 할 수 있다.

둘째, 정부의 재정부담이 가중되었다. 저렴한 주택공급은 소비자에게 좋으나 공급자에겐 재정부담을 가중시킬 수밖에 없다. 여기에 관료적 배분은 시대적 변화에 민감하게 반응하지 못하고 소비자의 소득수준과 욕구변화에 적절하게 부응하지 못하여 공급정책이 진부하다. 그래서 아파트의 공급은 늘 수요보다 한 발짝 늦으며, 수요자의 요구에 부응하는 아파트를 공급하지 못하는 폐단이 발생하고 있다.

셋째, 공급부족 현상이 발생하였다. 소비자가 희망하는 입지에 소비자가 원하는 수준의 아파트를 제 때에 공급하지 못하였다. 공공주택이 늘어나면서 주택은 점점 도시 외곽지로 밀려나게 되는데, 이에 중심지와 외곽지 주거자의 형평성 문제가 대두되고, 여기에 저렴한 임대 정책은 고정된 지대징수로 입지가치(지대)를 제대로 평가하지 못하여 불공평하였다. 그래서 소비자는 원하는 지역에 공동주택의 구입이 점점 더 어려워지고, 1980년대와 1990년대에 신규 공공주택은 자격요건을 갖추고도 5년 이상 대기해야 하는 문제가 발생하였다.

넷째, 가격급등 현상이 발생하였다. 소비자들의 소득은 늘고 있는데 이에 따른 신규 아파트의 공급은 부족하였다. 그래서 정부는 재고주택의 거래 활성화와 시장규모를 확대하기 위하여 1971년 3월부터 재판매를 허용하였다. 이 재판매 정책은 국민 다수로부터 주택이 투자재로 인식하게 된 동기가 되었고, 저렴한 지대는 주택가격에 사적인 프리미엄이 붙기 시작하였다. 이때부터 싱가포르에도 재판매 주택은 투기가 발생하였는데, 1990년 중반에는 주택가격이 무려 250% 급상승하기도 하였다. 정부는 이때부터 주택매매시 시세차익의 10~25%를 세금으로 징수하고 있다. 주택의 거래에서 가격신고에 허위가 있으면 벌금, 심하면 6개월에서 최고 3년까지 징역형을 과하고 있다. 지금도 정부규제가 없고 입지조건이 좋은 HDB 재판매 주택 가격은 신규주택 기준으로 분양가격보다 1.3~1.8배까지 높다. 싱가포르의 민간주택은 인기가 있고, 평균 면적이 아파트가 125m², 테라스 주택이 185m², 소형 단독주택이 361m², 고급 단독주택은 702m²로 규모가 비교적 큰 편이다. 대지까지 함께 분양하는 민간주택의 가격은 7억 원에서 21억 원 정도로 매우 높은 편이다.

3. 스웨덴의 토지임대

스웨덴의 토지임대를 통한 주택공급

스웨덴의 스톡홀름 시에서 주택용 토지의 공급은 토지임대제를 근간으로 하고 있다.[10] 스웨덴은 토지의 공공임대로 공공주택 가격이 민간주택보다 저렴하게 형성되고 있는데, 특히 스웨덴의 수도 스톡홀름 시가 대표적이다. 대한주택공사 산하 주택도시연구원의 보고서에 따르면 스톡홀름 시는 1974년 현재 주거용지의 54%가 임대토지일 정도로 토지임대부 주택분양제도가 활성화된 도시이다.

스톡홀름 시가 토지를 매입하기 시작한 시기는 1904년부터인데, 스톡홀름시의회는 시 중심부 외곽에 위치한 지금의 브롬마(Bromma)와 브래쉬르카(Brannkyrka) 교구 토지 1,962ha를 매입토록 의결한 것이 시초다. 스웨덴은 19세기 말 급격한 도시화로 도시 근로자의 주거환경이 열악해지자 1907년 스톡홀름 시는 시유지에 근로자가 자기 집을 짓도록 할 목적으로 토지의 공적 매입이 시작되었다. 시의회는 1907년 토지임

10) 스웨덴 토지임대에 대한 이하 내용은 박헌주(1993)의 연구를 참고로 한다.

대법을 제정하여 근로자의 내집 마련을 지원하는 법적 근거를 마련하고, 도시개발에 따른 개발이익 환수, 이를 위한 토지계획통제권을 부여받고 행사하고 있다. 이 당시 4,800ha의 토지를 매입하여 시 중심에 위치한 토지는 아파트 건설용지로 제공하였다.

1938년 토지임대법이 강화되어 토지법, 토지선매권, 토지임대 융자, 지방정부의 토지매입 융자 등에 의하여 더욱 보강되었다. 1947년 제도개혁으로 국회는 토지수용법을 제정하고 꾸준한 토지매입으로 스톡홀름 시의 약 2배에 해당하는 413km²의 토지를 비축하였고, 1966년 시가지 전체의 74%를 시유지로 소유하여 1974년까지 주거용지의 53.9%가 임대형태로 제공되었다. 이 당시 토지임대료 수입은 토지비축 및 임대사업 총투자비의 36%가 넘을 정도의 비중을 차지하였고, 이 비율은 1930년대 40%, 1940년대는 50%에 달하였다. 이러다가 1960년대는 주택의 대량건설로 비축토지를 대량 매입하면서 투자비 비중은 36%로 낮아졌다.

스웨덴 토지임대사업이 활발한 것은 1965년 토지임대와 1968년 토지매입에 대한 융자를 정책적으로 지원한 덕택이었다. 그리고 스톡홀름 시의 토지임대사업은 시의회가 자치적으로 수행하며, 토지매입에 대한 결정권은 시의회에 있지만 실제 운영은 지역계획청, 도시계획 및 건축규제국, 부동산국의 공무원으로 구성한 비공식 합동계획위원회의 의해 조정된다.

최근 한 신문의 기사에 의하면 스웨덴으로 이민을 간 교포 박(72)씨의 말을 빌려 공공주택과 민간주택의 가격차이는 약 2~3배라고 보도하고 있다. 박씨 가족이 사는 34평짜리 민간 아파트는 230만 크로네(약 3억 원)이지만 비슷한 크기의 토지임대부 아파트는 100만 크로네를 조금 넘는 수준이라는 설명이다(주간동아, 2006. 12. 9).

스웨덴의 토지임대료 징수

1907년 첫 임대기간은 주택용지 60년, 산업용지는 26~100년이었고, 1953년 임대법은 주택용지의 첫 임대기간을 60년, 그후는 40년마다 계약을 연장하며, 기타 용지는 80년이며, 20년마다 계약을 갱신하도록 하였다. 현재 스웨덴의 지대징수는 1968년 제정된 토지임대법에 따라 결정되고 있다. 이 법은 10년마다 지대를 변경할 수 있도록 정하고 있어서 일단 계약하면 10년간 가격이 고정되어 있고, 다만 최초 임대자에 대한 계약기간은 20년이다(박헌주, 1993). 토지임대 시행 초기는 계약기간 내내 지대가 고정되어 있었다. 1953년 이전까지 주거용 토지는 60년, 산업용지는 26년 만에 임대료의 변경이 가능하였다. 그러나 1953년 개정된 임대법에서 주거용 토지는 20년으로 단축되었고, 1968년에는 10년마다 갱신하도록 법을 개정하였다. 이처럼 지대변경 기간이 단축된 것은 지대는 계속 커지는데 이를 제대로 반영하지 못하여 고정된 지대의 징수가 문제점으로 부각되었기 때문이다.

징수하는 지대는 부동산국에서 결정하며, 대상을 신규 임대와 기존 임대로 분리하여 지대를 평가하고 징수한다. 신규 임대토지의 지대 결정은 지가에 주어진 지대율로 산정한다. 여기서 지가는 부동산국이 정하는 지가를 말하며, 토지의 최초 매입비는 반영하지 않고 토지개발에 해당하는 투자비용(조성원가)만을 가지고 산정하는 것이 특징이다. 지가를 결정하는 요소는 개발에 투자된 자본비용과 감가상각비, 보유비용으로서의 이자로 구성된다. 투자비용은 인플레이션이 반영되지 않은 순수 장부가액이며, 총부지에서 공공시설 면적을 제외한 순건축용지의 비용만을 계상한다. 지대율 결정에 적용하는 이자율은 지방채와 공공채의 이자율이다.

기존 임대토지의 지대는 1953년 이후 계약이 끝나는 기존 임대자에게 적용하며, 재계약은 시장가치를 반영한 공정수익과 비교 대상부지의 현재 계약지대를 고려하여 신규 임대료를 추정하고 산정한다. 이렇게 산정한 지대는 1914년부터 1985년까지 70년간 상승률은 소비자 물가상승률의 약 60% 상승에 거칠 정도로 가격이 낮다. 그리고 단독주택, 학교, 교회 등의 부지가격은 과세표준에 의하여 산정하며, 상가, 사무실 등의 산업용지 가격은 시장가격을 근거로 평가한다. 따라서 산업용지가 아닌 택지는 가격이 시장가격보다 저렴함을 알 수 있다.

스웨덴의 토지임대와 지대징수의 시사점

스웨덴의 토지임대 방법과 지대징수 방법을 종합하면 다음과 같은 특징이 있다.

첫째, 스웨덴은 공공기관이 토지의 매입과 개발, 임대 부분만 맡고 주택공급은 민간에 맡기는 형태이다. 이 점에서 공공기관인 주택청이 토지와 주택을 모두 공급하는 싱가포르와 차이가 있다.

둘째, 지대의 징수는 순수 토지의 개발가치에 따른 임대료가 아니라 투자비용에 대한 가격을 산정하여 임대료를 징수하고 있다. 이는 엄밀히 말하면 투자비용인 토지개발비에 대한 자본이자이지 토지임대료는 아니다.

셋째, 임대료는 시장가격이 아니고, 저가임대 내지 고정임대료 형태인 정부가격이다. 투자비용은 장부가액에 준하므로 물가상승률이 제외되어 있고 저평가되었다.

넷째, 저가임대와 고정임대로 인한 문제가 부각되자 지대 갱신기간을 단축하고 있다. 초기 토지임대는 주택용지 60년, 산업용지 26년으로 고정되어 있다가 53년 지대갱신을 20년으로 단축, 68년 다시 10년으로 단축하였다.

다섯째, 기준가격의 결정도 신규 토지임대는 토지개발비만 기초로 산정하였으나 지금은 시장가치에 의한 공정가액으로 하며, 단독주택지와 공공용지는 과세표준, 산업용지는 시장가격을 기초로 평가하고 있다.

이를 종합하면 스웨덴의 토지임대는 투입한 토지의 개발자본 가격에만 임대료를 산정하여 받은 결과가 된다. 이것은 엄밀히 말하면 천연가치인 토지임대는 하지 않고 주택과 다름이 없는 토지의 개발비 자본에만 임대를 한 결과가 된다. 그래서 스웨덴 토지임대는 순수 천연토지에서 개발로 커지는 토지가치의 증가분은 주택소유자에게 돌려주었다. 주택지의 지대는 초기 60년, 재계약은 20년으로 묶여 있었고, 기준가격은 장부가격 또는 공정가격으로 관료적 평가에 의존하며, 시장가격보다 낮은 저가임대였다.

이러한 스웨덴의 토지임대는 토지가 사실상 주택소유와 같이 사유화된 것과 다름이 없고, 주택가격은 경제성장을 따라 계속 오르게 된다. 스웨덴의 토지임대는 순수 토지임대라기보다 개발비 자본을 임대한 '자본 임대부 주택'이며, 순수 천연토지는 주택 소유기간 동안 사유화된 형태이다. 이런 임대제는 표면상 임대지이지만 사유제가 가진 문제점을 그대로 가지게 된다. 다만, 토지의 사용권이 60년, 40년, 26년 등으로 제한되어 있어서 주택분양의 초기 시장가격은 토지의 사유제보다 다소 낮을 뿐이다. 그리고 이 값은 만기에 가까울수록 건물과 같이 값이 작아지는 성질 때문에 가격급등 위험과 투기 우려도 상대적으로 적어지는 정도의 효과를 낸다.

4. 영국과 유럽식 토지임대

영국의 토지임대는 주로 일정기간의 차지권(leasehold)을 거래하는 방식이며, 이러한 차지권으로 주택과 사업용 빌딩 등 다양한 형태의 건물을 건설하고 있다. 차지권 기간은 한시적이라고 하여도 99년, 250년, 999년 등으로 매우 길고 만기에는 재임대가 가능하다. 왕족이나 귀족은 차지권이 더 길며, 지대는 일괄지급 형태이다. 임대한 토지의 재산세도 이용자가 지불하고 있다. 따라서 영국은 토지임대제는 형식은 임대제이고 사실상 토지사유제에 더 가깝다고 할 수 있다.

영국에서 토지임대로 성공한 대표적 지역으로 레치워드(Letchworth) 전원도시를 들 수 있다. 레치워드는 영국 런던의 북부 외곽에 자리한 지역으로 1903년부터 토지임대가 시작되어 그 도시가 세계 최초의 정원도시라고 부를 만큼 발전하였다. 이 지역은 땅값의 40~50%를 전세보증금 형식으로 받고 주택을 저렴한 값에 분양하고 있다. 임대기간은 99년이며, 주민이 토지를 공동으로 이용하기 위하여 정해진 디자인 규칙이나 커뮤니티 규칙에 따라 다양하고 질이 좋은 고급주택을 건설하고 있다. 2003년 1차 계약이 만료되어 레치워드 주민들은 재계약을 하면서 차지권과 소유권 중 장기 임대형태인 차지권을 다시 선택할 만큼 임대제가 보편화되고 있다.

이외에 유럽은 네덜란드, 핀란드, 스페인, 노르웨이 등 토지임대제

사례는 많이 있는데, 세부 방안은 다소 다르나 전체적인 내용과 운영은 거의 비슷하다.

5. 미 · 일식 민간 토지임대

미국의 민간 토지임대

미국과 일본은 토지의 민간임대가 공공임대보다 발달하여 있다고 할 수 있다. 먼저 미국을 보면 미국의 부동산시장은 토지, 주택, 건물 등 모두 사유제가 원칙이다. 그러나 미국에도 맨해튼과 캘리포니아 일부 도시에서 건물은 개인이 사유하고 토지는 임대하여 성공한 사례들이 많이 있다. 뉴욕 맨해튼 지역의 개발은 초기부터 임차로 이루어졌고, 20세에 들어와서도 엠파이어스테이트 빌딩, 록펠러센터, 아스토리아 호텔 등 대형건물이 임대토지에서 건설되었다. 미국 켈리포니아 주 팜스프링 지역도 개발회사가 지주인 인디언으로부터 토지를 임차하여 성공적으로 개발한 사례가 있다.

특히 도시개발에 성공적인 사례로 꼽히는 미국 뉴욕 맨해튼 남부의 '배터리 파크시티(Battery Park City)'의 경우 토지임대 건물분양 방식을 채택하여 총 96.2에이커의 토지 중 42%인 38.1에이커에 14,000세대의 주택과 9.8%인 8.7에이커에 사무실이 공급되고 나머지는 공원, 광장 도로 등으로 공급되었다. 초기에 투자재원은 대부분 장기채권으로 조달하였다. 이 당시 배터리 시의 지대수입은 1999년 한해에 1억 4천6백만 달러였는데, 이 금액은 채권상환, 공공투자 시설 운영비를 제외하고도 금액이 남아서 공공주택 기금 등으로 뉴욕 시에 돌려주었다(김기호, 2002).

일본의 차가 차지법과 토지임대

일본은 1994년 민간 지주들이 조합을 결성해 토지를 임대해 주는 '차지 · 차가(借地·借家)' 법을 도입했다. 민간 지주들에게서 토지를 임대하여 그 토지 위에 건물만 집주인이 소유하는 것이다. 보증금은 보통 땅값의 20~30% 수준이며, 토지임대료는 매년 납부한다. 이런 주택은 일반분양에 비해 가격이 62% 수준에 불과하다.(주택도시연구원b, 2005).

토지임대의 보증금 결정은 법률로 제정된 것이 아니고 관행에 따른 시장가격이며, 계약기간 동안 채무이행(지대 납부와 만기시 건물 해체)에 대한 담보가 되고, 만기에는 무이자로 반환한다. 차지권 종류는 정기 차지권, 건물양도부 차지권, 사업용 차지권이 있다. 정기 차지권은 계약기간 50년 이상이며, 계약 종료시 건물을 해체하고 토지를 반환하는 조건이다. 건물양도부 차지권은 계약기간이 30년 이상이며, 이 기간이 지나면 토지소유자가 건물을 인수하는 조건이 붙는다. 사업용 차지권은 상가나 사무실 같은 사업용 건물이 10~20년간의 계약기간이며, 이 기간이 지나면 재계약을 하여야 한다. 이와 같이 일본의 임대토지는 가격이 저렴하고 세금이 없어서 사용자 부담이 적고 토지 사용이 자유롭고 편리하다. 그래서 유휴 용지의 이용을 촉진하는 효과가 있다.

특히 일본의 토지임대는 공공이 주도하는 것이 아니고 차지 · 차가법에 따른 민간 중심의 임대로 시행하고 있는 것이 특징이다. 이 민간 토지임대는 필자가 말하는 시장가치의 완전 임대를 표방하는 지대시장제와 개념과 방법이 거의 유사하다. 토지임대가 정부의 가격개입 없이 궁극적으로 성공하려면 고정된 임대료나 저렴한 가격을 정책목표로 하는 정부기능이 아니라 자율적 기능인 시장가격에 맡겨야 가능하기 때문이다.

일본은 아직 우리나라처럼 사유제 이념이 너무 강하여 토지임대제의 성과가 부족하고 관심도 적은 편이다. 이는 일본 사회도 우리처럼 토지사유제의 주택이 임대제 주택보다 재산형성에 더 유리하다고 보는 잘못된 관행 때문이다. 그러나 토지를 처음부터 민간임대로 출발한 차지 · 차가법은 정부 주도가 아닌 시장, 곧 시장가격에 기초한 제도라서 매우 희망적이다. 경제의 운영은 정부가 아니라 시장이 중심이어야 궁극적으로 성공하기 때문이다. 앞으로 우리도 이러한 민간임대제도의 도입을 위한 방안을 적극 검토할 필요가 있을 것이다.

6. 중국과 홍콩의 저가선불식 토지임대

동양에서 토지임대는 1980년대에 개혁개방을 시작한 중국이 대표적 국가에 속한다. 중국의 국토는 사회주의식 국유화가 원칙인데, 개혁의 일환으로 토지를 분할하여 개인에게 임대하는 형식으로 발전하였다. 특히 도시지역 민간의 사용 토지는 정부가 개인에게 임대하되 주택 및 건물은 사유화되어 있다. 그리고 토지임대는 주택지 70년, 공업용지는 50년, 사업용지는 40년 기간의 사용권을 주고 가격을 미리 일시불로 지급하는 형태로 거래하고 있다. 그래서 토지사용권은 가격은 대부분 현재가치만 반영되고 미래의 성장가치가 반영되지 않는 저가로 매겨진다. 여기에 임대한 토지의 주택은 자가 소유이기 때문에 주택소유자는 저가임대로 인한 무임승차의 이득이 주어진다. 따라서 중국의 사용권 거래는 지대 사유가치에 대한 프리미엄이 주택가격에 붙는다.

이렇게 보면 중국은 토지가 임대제라기보다 사용권의 일시불 선불거래로 사실상 사유제 거래와 비슷하고 주택가격이 그렇게 형성되고 있다. 개혁 이후 상하이, 심천, 북경을 비롯한 도시와 개발지역을 중심으로 가격이 급등하고 투기가 성행하여 최근(2006년)에는 매매차익의 일부를 양도소득세(가치증치세)로 징수하도록 제도화하기에 이르렀다.

홍콩의 토지제도는 홍콩이 일찍부터 영국의 조차지였기에 토지가 자연스럽게 소유보다 시한부 사용권만을 거래하는 임대제가 일반화되었다. 홍콩의 토지는 정부가 개인 또는 법인에게 통상 99년의 토지임차를 해주었다. 영국 통치시에는 Crown Lease라고 했고 현재는 Government Lease라고 명기해서 일반 개인들 간의 임대차 거래와 구별한다. 홍콩은 이러한 토지임대를 중심으로 지역적 · 정치적 어려움에서도 경제는 급속하게 발전하였다.

현재의 신규 임차 또는 기간 만료에 따른 임차 갱신은 1985년 영국과 중국의 홍콩 반환 협정(홍콩이 중국의 특별 행정구로 2047년 6월 30일까지 자치권을 갖게 됨)에 따라 기간을 지정해서 임차를 해준다. 신규 임차는 정부의 경매나 입찰방식을 사용한다. 이때 토지 프리미엄이 부과되며, 이는 토지의 용도가 농지, 임야 등에서 주거용지, 상업용지 등으로 변경됨에 따른 프리미엄이다. 통상 가격은 2001년 실적을 기준으로 보면 신계지역의 경우 평당 3천-6천만 원, 홍콩 섬의 경우 평당 1억 원 이상의 프리미엄이 부과되었다. 임차의 갱신은 갱신 요청에 의거하여 정부의 승인을 얻으면 처리가 되며, 이때 별도의 프리미엄은 없고 3%의 임차료를 매년 납부하고 있다. 그러나 적용 기준지가가 너무 낮아서 높은 프리미엄이 붙고 있다. 특히 공공 임대주택의 임대료는 정부 책정 상한선인 RIR(소득 대비 임대료 비율)가 10%로 너무 낮기 때문에 2007년부터 15~18.5%까지 대폭 현실화할 계획을 추진 중에 있다.

이렇게 보면 홍콩의 토지는 임대제이지만 임대료 징수보다 미래의 임대료를 일시 선불로 거래하는 사용권 거래이다. 토지사용권은 소유권처럼 자유롭게 양도, 사용, 상속, 거래되고 있다. 기간이 지나면 재계약으로 임대하게 되고, 토지사용자는 기간이 만료되어도 재임대에 대한 염려는 하지 않는 것이 사회적 관례이다.

이와 같이 홍콩은 토지는 명목상 임대제이지만 계약 초기의 사용권 가격이 낮거나 고정된 가격이며, 거래에 아무 제약이 없어서 임대토지는 사유제와 다름이 없게 되었다. 홍콩의 토지제도는 법률적으로 임대제, 경제적으로는 소유제(한시 소유권)인 셈이다. 그래서 홍콩은 임대토지에 사유지와 유사한 가격급등과 투기가 발생하고 있다. 홍콩에서 2000년 기준 15평 아파트가 3억 7천만 원, 10~20평형의 주상복합 아파트는 평당 분양가격이 1천700만 원에서 2천200만 원 정도이다. 토지임대형 아파트임을 감안하면 이런 수준의 가격은 높은 편이다.

7. 외국 토지임대제의 시사점

동양에서 토지임대의 대표적 국가는 이스라엘, 싱가포르, 홍콩, 중국 등이고, 서양에서 토지임대의 대표적 국가는 스웨덴, 호주, 네덜란드, 핀란드 등이다. 이들 국가는 정부의 공공임대를 주축으로 하고 있고, 사업주체도 중앙정부와 지방정부로 나눌 수 있다. 중앙정부가 시행하는 나라는 이스라엘, 싱가포르, 홍콩, 중국, 호주 등 주로 아시아권이고, 지방정부가 시행하는 나라는 스웨덴, 영국, 네덜란드, 독일, 프랑스, 핀란드 등 유럽과 영연방국가들이다.

유럽에서는 주로 도시를 중심으로 토지임대가 발달하고 있는데, 스웨덴의 스톡홀름은 도시의 70%, 호주의 캔버라는 100%, 네덜란드의 암스테르담은 80%, 핀란드의 헬싱키는 68%의 비중을 차지하고 있다(박헌주, 2006). 동양에서도 싱가포르는 90%, 홍콩과 중국에서도 도시의 택지와 민간 사용 토지는 대부분 임대제로 하고 있다. 이와 같이 해외 여러 나라에서 토지임대 및 '토지임대부 주택분양'의 정책이 성공할 수 있었던 것은 임대가 반영구적이고, 장기로도 권리행사가 가능하여 토지와 주택을 사유제와 다름이 없이 안정적으로 사용할 수 있었다는 점 때문이다. 임대기간은 대부분 만기에 재계약으로 연장이 되며, 임차인에 대한 권리는 법과 관행으로 보장되고 있다. 스웨덴의 경우 차지인(借地人)은 언제든지 계약을 깨뜨릴 수 있지만, 임대인은 임대료를 체불한 경우를 제외하고는 민사재판소의 결정 없이 임대토지를 반환하는 것을 금하고 있는데, 이것이 토지임대제 사회에서 보편적 원리이고 관행이라고 할 수 있다. 곧 임대한 토지에 주된 권리는 정부나 소유자에게 있는 것이 아니라 사용자에게 있다는 것이다. 다만 임대자는 계약에 따른 지대만 징수하는 권한을 가진다. 이러한 외국의 토지임대제를 종합하여 보면 다음과 같은 공통적인 시사점을 찾을 수 있다.

첫째, 집은 사유 땅은 임대한다는 원칙이다. 토지는 임대하지만 건물은 거의 대다수 국가에서 사유로 두고 있다. 공급을 공영주택에 의존하는 싱가포르도 그 소유는 사유가 원칙이다. 다만 저가 분양으로 인하여 입주조건이 까다롭고 매매에 제한조건이 붙을 뿐이다.

둘째, 임대토지는 소유자의 사용 간섭이 없기 때문에 임차인이 자유로운 사용권을 가진다. 여기에 장기적 사용의 보장과 만료시 재계약에 대한 우선권이 있어서 토지를 안정적으로 사용하고 있다.

셋째, 사유토지에 비하여 가격이 훨씬 저렴하다. 임대토지는 거래방식이 일시불이든 정상 임대료 형태이든 방법에 구분 없이 사유 토지 가격에 비하여 반값 정도로 낮아진다는 것이다. 이는 정부의 가격통제나 저가 임대료 책정, 금융지원 등 정부기능에 기인한 경우가 많다. 그러나 정부의 가격통제나 지원이 없는 일본의 민간임대에도 그 가격은 사유 토지가격의 62% 정도에서 결정되는 것을 보면 토지는 임대가 소유보다 확실히 가격이 저렴하다는 것을 외국 사례를 통하여 확인할 수 있다.

넷째, 토지임대제 실시에서 어느 국가이든 다소의 문제가 발생하고 있다는 점이다. 싱가포르는 규제가 심하고 조건이 까다로우며, 중국과 홍콩은 투기가 성행하고, 유럽에서도 영국 같은 국가는 부동산정책을 두고 'go-and-stop'의 유행어처럼 문제가 자주 발생하고 있다. 이는 토지임대제가 일시불 임대, 저가임대, 고정임대로 인하여 소유주택이나 사용권에서 프리미엄인 땅값이 발생하고 있기 때문이다.

다섯째, 공공임대의 두드러진 특징과 문제는 저가임대이다. 이는 임차인에게 불로소득의 발생기회를 주는 것으로, 자연히 임대형 토지의 주택은 분양에서 불필요한 경합과 민원이 발생한다. 그래서 분양에는 조건이 까다로운데 싱가포르가 이런 제도적 약점을 가진 대표적 국가이다.

이러한 문제들은 모두 토지시장 인식 결여와 공공성만 강조한 정부기능의 한계로 발생하는 문제이다. 토지가치는 자연력에서 나오는 가치다. 그래서 토지가치는 투입원가와 별개로 가격이 발생하는 것을 모르고 대개 관료적 또는 자의적 판단에 의한 가격이 매겨진다. 이에 기술적 한계로 임대료 계약이나 사용권의 일시불 거래에서 계약시점인 현재 단계는 미래에 장기간 발생할 토지가치, 특히 성장하는 토지가치를 모두 반영할 수 없어서 저평가를 할 수밖에 없다는 점이다. 이에 더하여 정부가 서민을 위한 시혜적 운영과 저가정책에서 오는 폐단도 크다. 이는 정부가 자연물인 토지를 무주택자나 서민의 주거복지를 위하여 또는 정치적 선심(?) 등으로 염가로 공급하는 것이 좋다는 정책을 선호하여 발생한 문제라고 볼 수 있다.

토지는 자연물이기 때문에 공공임대는 공공성을 앞세워 저가로 공급하는 것이 좋은 듯 보이나 그러한 저가공급은 오히려 사유토지처럼 제값(생산력의 자본가격)보다 높은 프리미엄을 발생시킨다. 그래서 저가임대정책은 취지와는 반대로 소유 사용에서 적자가 발생하는 시장원리를 모르기 때문에 빚어진 정책적 실수이다. 지금까지 논의한 외국의 토지임대제를 요약하면 <표 8-2>, <표 8-3> 과 같다.

〈표 8-2〉 서양 각국의 토지임대제 사례

	스웨덴(스톡홀름)	호주(캔버라)	네덜란드(암스테르담)	핀란드
토지와 주택	토지는 임대, 주택은 자유 소유	토지는 임대, 주택은 자유 소유	토지는 임대, 주택은 자유 소유	토지 주택 구분 없이 자가 또는 임대
계약 기간	토지임대 비율 : 70% 주거용 : 60년 기타 : 최소 20년	토지임대 비율 : 100% 99년	토지임대 비율 : 80% 50년 이상	토지임대 비율 : 68% 주거용 : 50~60년 상업용 : 50년 산업용 : 20~30년
계약 갱신	임차인이 취소하지 않으면 재계약은 40년간 자동 갱신	모든 주거계약은 갱신 가능	재계약 가능 비용지불은 재계약 기간에 결정	정부가 공공목적으로 개발하지 않는 한 만기에 자동갱신하며, 산업용지는 재계약으로 갱신함
토지 임대료 납부 형태	정부에 지불하는 임대료는 연간토지 임대료의 형태로서 매 10년 또는 20년마다 조절됨	1971년 이전 : 시간 경과에 따른 토지가치 증가분에 대한 임대료 징수 1971년 이후 : 가치 증가분은 프리미엄 시스템을 가미	임차인은 계약기간 동안 정부에 토지임대료를 지불 그러나 계약시 점에 프리미엄 형태 일부 일시불 지불	임차인은 매년 토지임대료를 정부에 예상 토지가격의 4~5%를 지불함 토지임대료는 토지가치 증가에 따라 매 30년마다 조정됨
토지 임차권 양도	임대된 토지는 자유롭게 양도 가능함	임차인은 다른 사람에게 토지임대권을 양도할 권리가 있음	임차인은 계약된 토지사용권을 다른 사람에게 팔 수 있음	토지사용권은 자유롭게 양도 가능
만기시 토지 소유권	임차자의 우선 사용과 계약해지의 자유(임대료 체납 외에 토지 반환 의무 없음) 주거용의 경우 계약 후 60년, 기타 용지는 최소 20년이 지나야 함	정부는 임차자의 토지사용권을 보장하기 위해 토지를 재소유하지 않음이 원칙 정부는 공공의 목적으로 토지를 소유하고 있음	정부가 토지를 재소유 가능하나 임차권은 법에 의해 잘 보호됨 만일 토지가 정부에 귀속될 경우 임차인은 보상을 받음	정부는 임차인에게 시장가격으로 토지의 가치 증가분을 보상한 후 토지를 재소유할 수 있음

(2006)의 자료를 참고로 필자가 일부를 추가하여 재작성한 것임

〈표 8-3〉 동양 각국의 토지임대제 사례

	싱가포르	홍콩	중국	일본	이스라엘
토지와 주택	토지임대에 공영주택형 소유	토지임대, 주택은 자유 소유	토지임대, 주택은 개인 소유	토지임대, 주택은 자유 소유	토지와 건물을 분리하지 않고 한시적 소유
계약 기간	토지 99년 원칙 주롱 신도시 30-60년	99년, 50년 (단 신규와 갱신은 2047년 6월 30일까지)	주거용지:70년 공업용지:50년 상업용지:40년	일반차지권 50년 이상, 건물양도부 30년 이상, 사업용 10~20년	원칙 : 49년 주거용 : 49년의 배수 (총 196년 간 가능)
계약 갱신	만기 후 임차인 우선 재계약 가능	재계약 가능	토지사용권 거래는 경매 형태, 재계약 가능(아직 사례가 없음)	시장원리에 따른 재계약 가능	신규 또는 갱신된 주거용 토지 계약은 2회 자동 갱신이 가능하며 총 4번 196년 동안 가능
임대료 지불	토지임대료 일시불(정부 보조로 저렴한 가격 원칙, 저소득층은 더 저렴함)	장기 토지사용권 거래 (일시불)	토지는 사용권거래(일시불) 형태	보증금 및 연간 임대료식 납부	임차인은 임대료 전액을 계약시 일시불로 지불 계약된 토지를 재개발할 경우 정부에 허가비용(부가가치의 50%)을 지불
토지 임차권 양도	자유 양도 가능	자유 양도, 상속, 증여 보장	건물은 자유 양도, 토지지상권은 제한적 양도, 담보 가능, 만기에 토지사용세나 토지출량금 납부 후 재계약 예정	양도, 상속, 증여의 자유 보장	임차인은 토지 사용권을 자유 의지에 따라 팔거나, 재임대하거나, 증여할 수 있음
만기시 토지 소유권	만기 또는 계약 해지로 소유권 회복	만기에 소유권은 정부로 복귀	공공필요시 정부 의 우선 수용	계약 만료시 민간지주에게 반환, 건물양도부 임대는 민간지주가 건물을 매입	공공목적을 위한 경우에 법적으로 임차인을 자유 임차인으로 취급하여 토지가치 증가분을 시장가격으로 지불해야 함

주) < 표 8-2> 와 같음

8. 토지임대제를 위한 지대공수제의 소개

토지문제의 해법인 지대공수와 토지임대

토지사유화 문제는 고대로부터 중세, 근대, 현대까지 계속되는 주요 사회문제 중 하나이다. 토지의 사유제가 사회문제로 부각되면서 토지문제를 해결하는 방법으로는 국유화를 하는 대신 지대를 공수하는 제도가 일찍부터 선각자들에 이해 제창되어 왔다. 그 시초는 존 로크(J. Rocke)의 토지단일세이며, 이후 중농주의자들의 토지단일세, 그리고 지금까지 세인의 관심을 모아왔던 헨리 조지(H. George)의 토지가치세론 등이다. 이것이 토지사유제 이래 계속되어 온 지대공수론의 개략적인 흐름이다.

그런데 로크와 중농주의자들은 세금을 토지(또는 지주 계급)에만 거두어야 한다는 주장을 하고 있는데, 이 당시는 토지가치와 노동가치의 인식이 부족하여 지대의 결정과 징수의 방식이 원시적 형태를 면할 수 없었다. 예를 들면 로크는 토지가 노동의 결과물이 아니므로 천연토지는 사유물이 될 수 없다는 견해를 밝히면서도, 한편으로는 그 토지에 노동이 가해지면 토지는 사유물이 될 수 있다고 하여 노동가치론의 입장에서 토지에 대해서는 이중적 잣대를 가지고 지대공수를 주창하였다.

뒤이어 케네(F. Quesnay)를 비롯한 중농주의자들은 농업지대만이 잉여라고 하면서 1/10세와 같은 세금은 지주계급에게 징수해야 한다고 보았다. 이는 지대를 공수한다기보다 토지 총생산물에 대한 세금은 지주에게 거두어야 한다는 주장으로 지대공수의 원시적 형태라고 할 수 있다. 그 다음 헨리 조지의 토지가치세 제창에서 지대의 공수문제는 경제학자들과 정책가들에게 의하여 본격적으로 논의되기 시작하였고, 이것이 오늘날까지 토지사유의 문제를 해결하는 근본 비책으로 알고 있는 소수 학자와 운동가들에 의하여 외롭게 명맥을 이어 오고 있다. 이들이 '토지 단일세론자'로 불리는 조지스트 학파이다.

한편, 천연가치인 지대의 공적 징수는 세금이 아니라 토지사용료의 시장거래라는 관점에서 보면 지대의 공수와 토지의 공공임대는 사실상 같다. 예를 들어서 토지사용자에게 매년 수취하는 일정률(지대의 50%, 90%, 100%)의 지대공수와 공공임대를 통한 같은 비율의 사용료 징수는 법률상의 차이는 있을지 몰라도 경제적으로 내용과 방법은 같은 결과를 초래한다.

그런데 아이러니라고 할까? 지금까지 우리들의 통상적 이해는 지대공수와 토지임대는 서로 다른 것으로 이해하고 있고, 학자들마저도 그렇게 오해하고 있다. 어떤 학자들은 지대의 공적 징수를 토지국유화 또는 사회주의라고도 오해한다. 시장주의자인 ××기업원 책임자는 부동산 전공자이면서도 지대공수는 토지의 시장 매개체인 땅값을 없애서 토지를 어떻게 배분하느냐고 반문한다. 이는 지대의 공적 징수를 정부의 토지배급제처럼 인식한 말이다. 실제 정부의 부동산정책 담당자도 지대공수로 땅값이 0이 되면 시장배분을 어떻게 하느냐고 의문을 가지고 필자에게 질문을 해오기도 한다. 그러나 시장가치에 따른 지대공수와 토지의 공공 시장임대는 궁극적으로 같은 제도이며, 이 경우 지대가 토지의 시장배분 기능을 하게 된다. 여기서 지대는 헛값이 포함된 땅값보다 시장기능이 더 효율적이다.

물론 토지사유가 일반화된 사회에서 보상 없는 세금징수로서의 지대공수와 공공이 토지를 시장가격으로 매입하여 개인에게 임대하면서 사용료로 지대를 징수는 하는 것은 그 시행방법과 소유자 보상 측면에서 상당히 다르다. 그러나 천연가치인 토지수익을 공적으로 징수한다는 철학과 근본은 같은 것이다. 따라서 우리가 외국에서 공공기관이 중심이 되어 시행하고 있는 토지의 공공임대제 도입 논의에서 이와 유사한 제도인 지대공수제를 살펴볼 필요가 있다.

9. 조지스트와 토지가치세의 이해

조지스트란

조지스트란 헨리 조지(H. George)의 토지가치세론을 열렬히 지지하는 학자들과 그 추종자들을 말한다. 헨리 조지는 1879년 『진보와 빈곤(*Progress and Poverty*)』을 출판하여 세간의 큰 영향을 준 인물이다. 그는 당시 산업혁명의 결과로 사회가 물질적 풍요를 이루었음에도 불구하고 빈곤이 존재하는 이유를 토지의 사유제에 있다고 보고 토지수익 전액을 세금으로 거두고 다른 세금은 모두 철폐하자고 주장한 학자이다. 여기서 말하는 조지스트들은 이러한 헨리 조지의 주장을 그대로 신봉하는 근본주의자들을 말한다.

조지스트들은 생산의 3요소인 토지, 노동, 자본 중에 토지를 다르게 보고 토지 사유의 문제점을 지적하고 그 해법으로 지대의 공수를 주장하였는데, 이런 점은 옳은 것이었다. 곧 이 부분은 필자의 견해와 일치하며, 필자도 이들과 함께 오랫동안 동역을 해온 사람이다. 그러나 조지스트 근본주의자들은 토지소유를 죄악시하며, 토지가치를 노동가치의 관점에서 정의하고, 전반적으로 토지시장 메커니즘의 이해가 미숙한 편이다. 또 이들은 시행방법에서 보상 없는 사유토지의 철폐와 다름이 없는 지대수익 전액 세금징수를 주장하여 강한 계급적 성향을 띤다. 특히 한국 조지스트들 중에는 기독인이 많은데, 이들은 희년법에서 안식년 토지산물을 수확 노동자의 임금으로 오해하며, 자유 시장원리인 토지 무르기를 무상회복의 정부규제나 강제수단으로 오해하는 경우가 많다.

외국에서 토지가치세의 사례

1789년 헨리 조지의 『진보와 빈곤』이 출판된 후 그 영향을 받는 국가에서 토지세 운동이 활발하게 일어났다. 이 운동은 발생지 미국에서보다 영국과 독일 등 유럽에서 더 큰 영향을 받았다. 토지가치세는 국가 단위로 채용하는 국세보다 주로 지방정부가 지방세 제도에서 이를 일부 채용하거나 내용을 가미하는 정도가 일반적이다.

국세로 토지가치세를 제도화한 국가는 덴마크 정부가 최초라고 할 수 있다. 덴마크는 1957년 토지세 정부가 탄생하여 토지수익 전액을 세금으로 환수하는 토지가치세제를 입법화하였다. 그러나 준비와 시행상의 미비로 유예기간 중에 정권이 바뀌면서 시행을 못하고 1964년 폐지하였다. 이 당시 덴마크는 토지가치세를 실시하면서 지대의 공적 징수가 세금인지 사용료인지를 두고 열띤 논쟁이 있었는데, 끝내 이 제도는 결실을 보지 못하고 중도에 하차하고 말았다. 만약에 이 제도가 제대로 시행되었다면 덴마크는 땅값이 소멸하며, 국가는 사유토지에 보상도 없이 지대수익 전액을 강제 환수하는 점에서 사유토지를 몰수하는 국유화 방식과 유사하였을 것이다. 그러나 이러한 방식은 사유재산을 무상으로 몰수하는 것과 같은 점에서 부당하고, 또 소유자가 강하게 저항하기 때문에 성공하기가 그만큼 어렵다.

그리고 덴마크와 같은 전면적 토지가치세는 아니라도 일시적으로 또는 일부 지역에서 지방정부 단위로 이와 유사한 제도를 실시하는 곳이 있다. 과거 영국의 조차지 교주(膠州), 지금도 호주 지방정부의 지방세, 미국의 페어호프 시, 아든 시, 펜실베니어, 하와이 등 일부 지역에서 부동산 세금은 토지와 건물을 분리하여 차별과세(토지 고율, 건물 저율)를 하고 있다. 동양에서 헨리 조지 토지가치세에 가장 큰 영향을 받은 국가는 대만이다. 국부 손문은 영국 망명 시기에 헨리 조지의 토지가치세 제도를 전수받고 이 제도를 대만에서 실시하고자 했다. 대만에서 헌법에 명시한 평균지권(平均地權)과 창가귀공(創價歸公), 토지증가세 등의 규정은 손문이 헨리 조지의 토지가치세에 영향을 받아서 제정한 것이다.

조지스트 세금론의 한계

그러나 헨리 조지와 이를 따르는 조지스트들의 토지시장론과 토지가치세론에는 다음과 같은 오류가 있다. 여기서는 조지스트들의 오류를 간단하게 지적하고 상세한 내용은 다음 기회로 미룬다.

(1) 이념과 규범적 접근에 치우침

헨리 조지는 토지의 사유가 경제의 근본 문제인 것을 지적하고 있으나 그 주장은 통찰에 의존하였다. 그의 주장은 직관에 의한 통찰이었고, 규범적이며, 그래서 땅과 시장에 대한 과학적 이해가 부족하였다. 토지는 자연의 산물이므로 그 소유 자체가 부당하고, 토지산물은 만민의 공동 소유물이라는 것이다. 그러므로 토지를 사용하고도 토지산물을 소유하지 못한 노동자나 빈곤층의 발생이 문제의 핵심이고, 현 토지의 소유자는 생산활동도 하지 않고 사용자가 생산한 토지의 부를 가져가므로 악하다고 보았다. 그는 토지소유가 땅에 대한 인간 전체의 문제라기보다 소수의 소유자가 토지를 독점하는 것이 문제라고 보았고, 그래서 이를 해결하는 것이 그의 주안점이다. 곧 그는 문제에 대한 과학적 인식보다 규범적인 면에 치우쳤고, 토지 사용에 대한 객관적 인식보다 계급적 인식이 강하였다.

지금의 조지스트 역시 문제의 인식에서 소유자와 무소유자를 너무 가르고 선의로 토지를 취득한 대다수 소유자들까지 죄악시하는 경향을 강하게 나타내고 있다. 이는 경제에서 현실보다 이념, 효율보다 평등이라는 가치관을 앞세우는 경세사상과 맥을 같이한다. 이러한 주장은 경제이론이 아직 미숙했던 120년 전에 나온 것으로 이해는 하지만, 지금도 이런 고답적인 주장을 그대로 신봉하는 조지스트들의 사상과 이론은 현실적 적용에 한계가 있다.

(2) 이자론의 약점

헨리 조지는 대패와 같은 도구의 생산성을 인정하지 않았다. 이러한 사상은 이자를 부정한 마르크스의 오류와 비슷하다. 물론 그는 소가 송아지를 낳고 포도가 포도주가 되면 가치가 증식한다고 하여 동식물의 생산성이나 화학적 가치증식은 인정하였다. 그러나 그는 무생물이나 도구의 물리적 가치증식은 부인하였다. 그래서 그의 이자론은 전반적으로 소극적이며, 특히 대패의 물리적 가치증식을 부인한 그의 오류가 다음에서 말하는 지대론에서 그대로 반영되어 나타난다.

(3) 지대론의 오류

그는 지대가 생산비를 초과한 잉여라고 보았다. 이 말은 맞으며, 이 주장은 지대론의 선구자인 리카도(D. Ricardo)의 차액지대론을 그대로 계승한 것이다. 그런데 차액지대론은 지대의 크기와 추정이 맞기는 하지만 지대의 본질 규명에서 오류가 있다. 차액지대론은 이론 자체가 지대를 스스로 부정하거나 허구적 가치로 잘못 알고 있거나 아니면 지대를 노동가치로 보는 오류를 범했다.

① **지대 부정론** : 지대는 열등지(또는 한계토지)의 생산비를 뺀 차액이기 때문에 사회 전체의 토지가 동질적이라면 지대가 발생하지 않는다는 주장을 말한다. 이는 대패의 이자론을 부정하는 것처럼 토지의 생산성 자체를 부정한 주장이다. 이 주장은 노동시장에서 동질의 노동자만 있으면 임금이 발생하지 않는다고 하는 말과 같이 엉터리이다. 토지사유제에서 지대는 개인에게 비용이고 사회는 잉여인데 이를 잉여라고만 한 것도 문제가 있다.

② **허구적 지대론** : 리카도는 지대를 생산된 가치물이 아니고 생산된 가치물에서 발생한 가격작용이라고 보았다. 지대는 인플레이션처럼 생산비(생산가치)보다 커진 값, 곧 허구가격이라고 보았

다. 그래서 리카도는 동시대의 경제학자 맬더스(T. R. Malthus)와 지대가 비용인지 잉여인지를 두고 격론을 벌인 지대논쟁은 아직도 유명하다. 그러나 지대는 대패가 생산한 자본이자와 같이 토지가 생산한 순수한 생산물이고 소득물이다.

③ **지대의 노동가치화** : 조지스트들은 사회에 지주가 없다면 지대는 토지를 사용하여 생산한 노동자의 몫이라고 주장한다. 이는 지대가 임금이라는 말이다. 이렇게 되면 토지, 노동, 자본이라는 생산의 3요소 중 토지라는 요소는 사라지게 된다. 이 주장은 자본의 이자를 전면 부정한 마르크스보다는 낫지만, 지대를 노동자의 몫이라고 하여 노동가치설에 편중된 사상이라고 하지 않을 수 없다. 지금의 근본 조지스트들도 토지정책의 선택에서는 이러한 편파적 경향이 늘 나타나고 있다.

(4) 땅값론의 오해

땅값 헛값과 지대 참값을 식별하지 못하는 오류이다. 조지스트들은 아직까지 필자의 땅값 헛값론을 이해하지 못하거나 성장토지의 [소유비용 > 소유수익]의 일반 현상을 부정하고 있다. 물론 조지는 그의 책 서두에서 땅값이 부(wealth)가 아니며, 후반부에서 땅값이 투기와 경제불황의 요인이라고 지적을 하고 있지만 그의 경제분석에는 이에 대한 내용이 빈약하다. 주류 경제학은 지대와 땅값을 구분하지 않고 있는데 조지와 그 추종자 역시 그러하다. 그래서 조지스트들은 성장성 토지의 가격 성질인 [비용 > 수익]의 현상을 이해하지 못하고, 심지어 소유에서 얻는 지대만으로 불로소득이 발생하여 매입원금까지 보상한다는 '자동보상론'을 들고 나오고 있다. 현재 우리나라 토지의 소유 사용자 97% 이상이 토지의 소유에서는 적자(소유비용 > 소유수익)를 보고 있지만, 조지스트들은 이 사실과 반대로 97% 이상이 흑자(불로소득)를 보는 것으로 오해하고 있기 때문이다. 그들은 지대가 성장한다고 하면서 이와 동반하는 땅값의 비용(이자)은 일정하여 언제인가 지대가 비용을 초과하여 불로소득이 발생하는 것으로 잘못 알고 있다.

(5) 세금론의 오류

헨리 조지는 지대의 공적 환수를 세금이라고 한다. 토지가치가 인공가치로 보이는 우리의 눈에는 지대의 공적 환수가 세금으로 보이며, 따라서 대부분의 학자들마저도 그렇게 믿고 있다. 그래서 학자들은 그를 보고 "토지가치세론자" 또는 "토지단일세론자"라고 말한다. 그러나 지대는 토지사용자의 투자가치가 아니므로 토지의 생산가치인 지대를 토지사용자 가치와 분리하여 거래하는 것이지 세금이 아니다. 곧 지대는 요금이고, 세금이 아니다. 그래서 조지스트들은 토지정책의 선택에서 세금에 대한 애착이 남달리 강하다. 이는 정책에서 교환성에 자율성을 가진 요금과 비교환성에 강제성을 띤 세금을 기초에서 혼동한 오류이다. 이들 중 일부는 2003년까지만 하여도 소유토지의 보유수익률은 2% 미만인 사회에서 실효세율 2~3%를 징수해야 한다는 무리한 주장을 하고 있었다. 이는 토지수익의 100%를 세금으로 징수하자는 것이 아니라 무려 133%(3%/2%)까지 징수하자는 것과 같은 무리한 요구이다.

(6) 토지사유재산 무상몰수의 무리

헨리 조지와 조지스트들은 토지의 소유를 도둑의 장물(贓物) 처럼 생각하고 있다. 그래서 기존의 소유자에게는 사용권을 주는 것만으로 족하고, 그 수익은 전액 환수를 주장한다. 이렇게 하면 사유토지의 땅값은 소멸하여 토지분 사유재산은 사실상 공적으로 몰수되는 효과를 낸다. 그래서 조지스트들은 토지정책의 수립에는 보상도 없는 강제징수성 세금의 강화를 강하게 주장한다.

그러나 토지의 사유제는 그 정당성이 어떠하든 사회가 제도로 인정을 한 것이고, 대다수 소유자는 그러한 사회제도를 믿고 선의로 또는 사유제 사회에서 부득이하게 토지를 소유하여 사용하고 있다. 그리고 토지의 구입과 보유에는 나의 노력 대가인 임금과 저축, 그리고 내가 벌어서 갚아야 할 부채의 총계가 집적되어 있다. 그런데 이를 일거에 전액 몰수하는 것과 같은 정책이 과연 정당성이 있고 실현 가능성이 있는 현실적 대안인가 말이다.

그래서 조지의 지대공수제나 필자가 말하는 지대시장제를 실시하려면 사유토지의 땅값은 보상하는 것이 원칙이고 순리에 맞다. 그래서 필자는 보상용 토지증권(시가성 채권)을 제시하고 있다. 그러나 조지스트들은 필자의 이러한 견해에 대하여 다른 이유를 들거나 필자가 가진 자를 옹호만 하는 자로 몰아버린다. 토지에 세금을 거두면서 그 세금에 대하여 사전에 보상을 한다는 것은 자기 모순이라는 것이다. 그래서 필자는 이들의 동역 단체에서 외면당하고 있다.

(7) 성장자본 가격에 대한 문제의 인식 부족

조지스트들은 경제에서 땅만을 문제삼는다. 이것은 경제에서의 발생하는 시장왜곡 현상의 주범인 헛값을 이해하지 못하기 때문에 발생한 현상이다. 땅과 주식, 그리고 선물은 시장에서 같은 헛값을 발생시켜 불균형 문제를 일으키고 있다. 자본가격에서 미래가치의 성장률 3%에 이자율이 5%이면 이러한 가정이 적용될 수 있는 땅과 주식은 같은 크기의 다른 자본보다 수익이 적다. 다시 말하면 균형상태에서 예금과 사업자본은 5원의 수익을 얻기 위하여 100원의 자금이 필요하지만, 땅과 주식에는 그 두 배가 넘는 250원의 자금이 필요하게 된다. 그러나 조지스트들은 여기서 그 수익의 부족분을 자본 성장액인 매매차익으로 보상을 받고, 여기에 더하여 불로소득까지 챙긴다는 것이다. 그러나 토지의 소유 사용자는 그렇게 할 수가 없고, 처분해도 그 값은 사회적 실물가치가 아닌데 말이다.

그리고 주식거래액은 기업으로 들어가서 생산활동에 쓰이고, 토지거래액은 생산활동이 아닌 투기자금으로 지주의 호주머니로 들어간다고 보고 있다. 주식도 유통시장의 상승액 거래액은 기업으로 들어가는 것이 아니며, 헛값의 성질로 거시적으로 보면 실물이 없어서 실물투자로 바뀔 수가 없다. 주식상승액은 은행과 같은 금융기관에서 들락날락하고 있을 뿐이다. 그래서 그들은 같은 시장문제, 오히려 더 자주 발생하고 더 클 수도 있는 주식시장과 선물시장은 말하지 않는다. 그들에게는 문제는 오직 토지사유이고, 문제의 대상은 지주이며, 해법은 보상 없는 세금(지대공수)인 것이다. 그러나 필자가 말하는 경제문제는 헛값이고, 대상은 인간 모두이며, 해법은 헛값의 소멸이다. 조지스트들의 토지가치세론과 필자의 지대시장론은 이렇게 다른 점이 있다.

10. 외국의 국공유지 공공임대와 세금정책의 한계

토지 국유화의 추세와 오해

토지는 인공물이 아니며 상품이나 가치물도 아니기 때문에 이에 대하여 소유를 전제로 하는 부동산시장은 제도상의 인식마저 잘못이 많다. 그리고 토지의 소유제도는 어느 나라를 막론하고 국유와 사유를 혼용하고 있지 어느 하나의 제도가 절대적인 것은 아니다. 예를 들어서 사유재산제도를 표방하는 국가에서 토지는 일본 30%, 미국 50%, 대만 60%, 스웨덴 70%, 싱가포르는 86% 정도가 국유이다. 사유화율이 가장 높다고 하는 우리나라도 국토의 20% 이상은 국유지에 속한다. 이에 우리나라는 토지거래의 신고와 허가, 주택 소유의 수에 따른 분양권의 제한 등으로 부동산에 대한 거래규제도 매우 큰 편이다. 이렇게 토지에 대한 사유와 거래의 자유를 제한하여 가격을 낮추어 두고 공공필요에 의한 개발은 허용하기 때문에 이 부분은 사실상 무상몰수의 국유화 성격을 가진다.

그리고 토지는 관료적 배급제인 옛 사회주의 체제나 지금의 북한도 100% 국유(집산체제)는 아니다. 협동농장을 하기 어려운 산골 다락밭, 그리고 개인의 가옥 주변에 있는 20~30평의 텃밭(채소밭)은 생산물의 사유를 인정한다. 중국, 홍콩 등의 토지임대제 국가도 미래에 낼 재산세 정도의 지대를 일시 선불로 미리 내면 사용권을 취득하고 지대 사유와 매매가 가능하므로 토지는 내 것이나 다름이 없다. 이러한 제도는 명목상 국유화이나 사실상 토지의 사유화와 다를 게 없다.

그래서 토지는 사유와 국유의 기준보다 토지가 낸 지대를 누가 먹는지, 규제와 세금은 어느 정도인지에 달려 있다. 명목상 토지임대를 하고 있지만 임대료도 낮고 1가구 다주택의 규제도 없는 홍콩과, 토지 사유를 하고 있으니 다주택에 대한 규제와 세금이 매우 높은 한국의 주택 토지는 경제적 사유와 국유는 오히려 반대 양상이다. 토지의 사유화 국가라도 토지 양도에 따른 자본과세가 매우 높고 사용과 거래에 규제가 심하여 자유가 제약된다면 그만큼 토지는 비시장적이고, 이것이 심하면 토지를 정부가 배급하는 국유화나 다름이 없게 된다. 지금 세율이 양도 차익의 55%, 66%인 다주택 초중과세 징수제도가 이에 해당한다.

그리고 토지는 인공물이 아니기 때문에 소유의 원인 행위자인 생산자는 국가도 아니고 개인도 아니다. 토지는 같은 국공유화라도 국가가 직접 투자하여 소유하는 철도, 도로, 관공서 등과 현저하게 다르다. 철도와 도로는 국가가 직접 투자를 한 재산이기 때문에 국가가 소유도 하고 경영도 하고 있다. 그러나 토지는 국가의 투자도 없었고, 더구나 그 토지의 사용(경영)도 국가가 하지 않는다. 이와 같이 토지의 국유화는 철도, 도로와 같은 투자재의 국유화와는 그 의미부터 다르다. 토지 국유화와 철도 국유화는 투자 주체, 사용 주체, 가치배분 등이 모두 다르다. 또한 국유화된 철도라도 그 가격과 운영이 시장기능을 따라 운영된다면 이를 국유화라고 하여 굳이 문제를 삼을 필요가 없을 것이다.

한편, 사용하는 토지도 가치물은 아니기 때문에 가격은 이자율, 성장률, 세율에 따라 0과 ∞ 사이의 값을 항시 가질 수 있고 변할 수 있다.

더구나 땅값은 0과 ∞ 사이의 유한가격도 실물이 없는 헛값이다. 그래서 세금이나 지대징수가 100%인 사회가 되면 소유제도에 관계없이 땅값이 0이 되는 것이며, 가격이 0인 물질에 소유와 국유를 따질 이유도 별로 없다. 예를 들어서 중국 토지는 형식상 국유화이나 경제적 실상은 땅값의 사적 소유가 가능한 사유화 사회이다.

그러므로 토지는 사유제냐 국유화냐의 문제가 아니고 그 제도가 얼마만큼 시장친화적이며 사적 사용의 자유가 보장되는가에 달려 있다. 그러나 우리는 토지에 대한 일반적 인식의 무지로 토지의 사용과 배분형태를 소유제도 자체에 너무 집착하며, 그것도 법적 제도나 형식인 외양만을 보고 이념적 가치판단을 내리고 있다. 우리가 토지에 대하여 사유제와 국유화에 너무 과민하거나 심지어 이념마저 갈라진다는 뜻이다. 이것은 몸값이 없는 사회에서 노동시장의 몸은 사유제가 좋으냐 국유화가 좋으냐고 하면서 논쟁을 하는 것과 같은 우를 범할 수 있다.

세계의 국공유지 공공임대제의 문제

(1) 사회주의식 무상 사용과 집산체제 : 개혁 이전의 소련, 중국, 북한

토지의 소유형태는 국가의 소유로 하고 생산형태는 협동농장이나 조합, 인민공사 등을 통한 집산체제를 근간으로 한다. 토지는 사적인 분할경작(사용)이 없고, 사용의 자유와 매매의 자유가 없다. 자원의 배분은 자유 교환방식인 시장제가 없고, 정부의 관료적 판단에 따른 순수 배급제이다. 과거의 사회주의 경제, 옛 소련과 동구권, 중국, 지금의 북한이 이에 해당한다. 토지의 집산체제는 시장이 없어 가치평가가 어렵고 생산의 자유가 없어서 효율이 떨어지는 제도로 진부한 경제 시스템이다. 그리고 사회주의 체제에서 토지의 무상 사용은 가격이 없어서 실패하지만, 시장경제에서도 토지의 무상 사용은 사용자에게 부당한 불로소득을 안겨주고 매매시에 발생하는 땅값은 시장실패를 자초하게 된다.

(2) 장기 저가의 사글세 제도 : 중국과 홍콩

땅은 모두 국유화로 두고 건물은 사유를 원칙으로 하는 사회이다. 이런 사회는 형식상 땅은 국유, 집은 사유이다. 땅은 국가 소유로 두고 개인에게는 한시적 사용권을 준다. 한시적 사용권에 해당하는 사용권을 넘겨줄 때 가격을 일시에 평가하여 거래하는 것이 특징이다. 이 제도는 우리나라 임대시장의 사글세와 유사하며, 장기 사글세이기 때문에 가격은 미래 임대료의 일시불인 자본가격 형태가 된다. 계약기간은 보통 50년, 70년, 99년 등이다. 그러나 이 제도는 역시 토지지대의 인식부족으로 지대는 저평가되며 헛값 자본가격이 발생한다. 사용권은 만기가 되면 다시 저렴한 임대료로 재계약이 가능하므로 사실상 사유제와 같은 효과를 낸다.

(3) 저가 공공임대방식 : 싱가포르

싱가포르는 토지 국유화 비율이 80%가 넘은 국가이다. 도시국가의 형태를 띠며, 섬나라로 면적이 좁고 인구밀도가 높다. 국유화를 위한 토지 매입은 주로 저렴한 가격에 강제성을 띤 매입방식이었다. 땅은 물론 주택까지 대다수가 정부 또는 정부의 공공기관이 주도적으로 공급하며, 정부의 값싼 토지와 주택공급이 목적이다. 따라서 이런 사회는 토지의 사용권 변경에도 시장규제가 매우 심하다. 주택의 거주 이전에는 정부의 허가를 받아야 하고, 가족수나 소득수준에 따라 주택의 규모가 정해지고 있다. 싱가포르는 1990년경부터 공급부족 현상이 발생하였고, 특히 경제성장으로 소득이 느는데, 이에 비례한 주택공급이 제대로 이루어지지 못하여 고소득자가 과거의 저속득 기준에서 살던 아파트에 눌러살아야 하는 폐단이 생겼다. 이런 제도에서 주택정책은 관료적 판단에 의하기 때문에 공급이 원활하지 못하며, 더구나 정부 주도의 공공임대는 저가임대로 인하여 장기로 자금 부족과 주택공급이 어렵다.

이에 정부가 규제를 풀고 공공주택은 재판매를 허용하며 고급주택은 사유화하여 주택의 질을 높이는 정책을 폈다. 장기정책은 공공주택 중심 일변도에서 사유화의 비율을 높여 사유주택을 30%까지 확대하기로 하였다. 그러자 1995, 1996년경에는 재판매 주택과 사유주택에서 집값이 폭등하고 투기가 발생하여 지금은 10~25%의 양도소득세를 부과하고 있으며, 거래에는 엄격한 규제를 가하고 있다.

싱가포르에서 인구의 86%가 공공주택에 살며 값이 싼 공공주택이지만 입주에 필요한 자격기준과 거래조건은 까다롭다. 따라서 이러한 주택의 소유제도는 시장제라기보다 배급제에 더 접근한 것이다. 그래서 싱가포르는 우리보다는 주택문제가 작기는 하지만, 그래도 공공주택은 규제가 많고 재정부족에 공급이 수요를 따르지 못하는 문제, 재판매 주택과 사유주택은 투기가 발생하는 등의 문제를 갖고 있다.

(4) 저가 전세와 임대제 : 스웨덴과 영국

스웨덴도 토지는 지방정부가 매입하여 소유하며 주택을 임대하는 방식이 많다. 영국은 토지의 일부를 국유화하여 전세방식으로 배분하기도 한다. 스웨덴의 수도인 스톡홀름은 전 면적의 75% 정도의 토지가 국유이며, 사용은 임대식이다. 외국의 토지 공공임대제 중 스웨덴의 임대제도가 필자가 말하는 지대시장제와 가장 유사하다. 그러나 스웨덴 지방정부 역시 땅과 집을 가치대로 분리하지 못했으며, 저가임대 방식과 사용수익에 대한 중앙정부의 과도한 세금부과가 문제이다. 영국의 저가 고정 보증금 방식 역시 일시불과 저가로 인한 가격의 격차가 문제로 등장한다.

(5) 헨리 조지의 토지가치세 방식

이 방식은 토지를 형식상 사유제로 두되 토지수익의 대부분을 세금으로 환수하는 제도를 말한다. 이는 헨리 조지의 주장인 전액 토지가치세(토지단일세) 제도와 유사하다. 헨리 조지가 말한 토지가치세제는 필자의 지대시장제와 비교하여 방법론에서 다르고(무상몰수와 시가보상), 결과적 효과는 일치한다. 그러나 토지가치세는 정부가 사유토지에 보상도 없이 지대수익 전액을 강제 환수하는 점에서 국유화와 유사하다. 이 제도는 사유재산을 무상으로 몰수하는 것과 같아서 부당하고, 또 소유자가 강하게 저항하기 때문에 성공하기도 어렵다.

(6) 자본가격 세금방식

헌법에서 '평균지권(平均地權)'의 이념을 규정하고 토지의 자본가격 성장분의 일부를 세금으로 환수하는 대만(土地增價稅), 토지를 국유화하거나 개발이득의 대부분을 환수하는 영국(개발이득세), 토지의 기본 소유권은 개인이 갖고 개발권(건축밀도 상한제)은 정부가 소유하는 프랑스 등도 형식을 떠나 내용면에서 보면 사유제와 국유화의 혼합적 형태라고 할 수 있다.

(7) 한국의 공영개발

우리 정부가 주도하고 있는 주택에 대한 공영개발과 임대제도도 다른 나라와 크게 다를 것이 없다. 단, 우리는 이러한 공영개발과 임대주택의 공급이 전체 공급의 10% 정도로 상대적으로 낮은 편이다. 우리의 공영개발은 정부와 정부 대리기관이 주택을 건설하여 5년 또는 10년 정도 임대하고 개인에게 분양하는 제도이다. 분양가격은 시가보다 낮아서 당첨만 되면 가격차익을 얻을 수 있다. 지금의 공영개발 방식은 땅과 집을 분리하지 않았고, 여기에 저가임대와 분양이므로 이러한 일시적 국유화와 공영개발, 그리고 저가임대는 정부를 통한 토지 사유화의 절차적 과정에 불과하다.

국유화와 저가 공공임대제의 한계

토지 국유화가 사유제의 단점을 보완하고 저가임대제가 부동산을 쉽게 공급하여 문제를 해결할 것 같지만 이러한 국유화와 저가임대제 역시 사유제처럼 각종 문제가 발생하게 된다.

첫째, 사회주의식 집산체제는 토지를 무상으로 사용하는 배급제이나 생산효율이 떨어져서 실패하였다. 개인 소유권을 인정하지 않는 사회주의 방식에도 협동농장은 개별 영농보다 효율이 현저하게 떨어졌고, 심지어 협동농장의 비옥한 옥토가 개인 경작지인 박토의 텃밭보다도 단위당 생산량은 적었던 것이다. 이것은 토지 사용의 자유가 생산의 효율과 직결되는 것임을 단적으로 보여주고 있다.

둘째, 외국의 토지 국유화와 공공임대는 거의 전부가 토지를 저가 임대하는 우를 범했다. 저가임대가 좋아보이나 장기로 이 제도가 시장가격을 왜곡시켜 각종의 문제를 일으킨다. 개인에게는 값싼 임대가 부당이득의 기회와 투기의 빌미를 제공하고, 정부는 재정부담이 크며, 결국 장기로는 공급부족이라는 한계를 가진다. 정부가 토지를 국유화하여 사용자에게 값싸게 빌려주는 초기는 이 제도가 매우 좋아보이나 나중은 가격격차로 인한 정부실패와 시장실패를 동시에 발생시킨다. 외국에서 정부가 저소득층을 상대로 하고 있는 장기 저가임대는 정부와 시장에서 동시에 문제를 발생시킨다. 정부는 재정부담을 가중시키고, 관료적 특성으로 수요변화에 민감하지 못하며, 특히 정부 소유주택의 관리가 비효율적이며, 이에 따른 슬럼화 현상이 발생하는 것이다. 시장은 저가와 고정임대에 따른 자원배분이 왜곡되는 것이다. 진미윤(2007)의 연구에 의하면, 정부가 형평성만을 고려한 획일적 표준 임대료(건축원가에 근거한 임대료) 부과는 주택지의 위치에 따른 질적 차이를 고려하지 못하여 우량지역은 지나친 경합이 생기고, 열등지는 수요가 없어서 빈집이 늘어나는 현상이 발생하였다. 이에 더하여 저기임대는 임차인들에게 도덕적 해이, 자발적 실업, 합리적 주거소비의 결여 등을 초래하고 있다.

그래서 유럽을 비롯한 공공임대의 비중이 높은 국가는 이런 문제로 오랜 기간 변화를 시도하다가 2000년 이후 영국과 네델란드를 중심으로 개혁이 추진 중에 있다. 영국과 네델란드는 임대료 현실화 및 질적가치에 연계한 임대료 산정을 목표로 개혁을 단행하였고, 일본은 응능응익 원칙, 홍콩은 임대료 상한선의 대폭 인상 등을 추진하고 있다(진미윤, 주택도시연구원c, 2007). 이러한 최근의 개혁 조치들은 저가임대에 따른 병폐를 탈피하기 위하여 임대료를 가능한 시장가격을 따라 연계(연동)시키거나 인상하려는 조치들이다. 그러므로 최근 개혁을 단행한 일부 국가의 공공임대제도 아직은 시혜적 정책의 미련을 버리지 못하여 저가임대를 고수하며, 시장가격에 접근하지 못하고 낮게 책정하여 시장임대와 정부임대의 중간형태에 머무르고 있다고 보아야 할 것이다.

셋째, 국유화와 공공임대에서 사유제처럼 자본가격을 발생시키는 오류이다. 저가임대에 중국처럼 일시불 저가 사글세로 하거나 영국처럼 저가 전세방식이 되면 토지의 시장매개체는 지대가 아니라 지대의 자본가격이 된다. 이 제도는 장기로 가면 사실상 사유제에서의 땅값과 같은 성질을 가지며, 가격급등과 투기의 발생, 시장불균형 등 각종 문제가 발생한다.

넷째, 땅과 집의 구분 오류이다. 땅을 국공유로 임대하면서 집도 국공유로 임대하는 오류를 범한다. 아니면 주택은 사유로 하고 땅은 분리하여 임대하는 제도에서도 토지의 저가임대로 인한 프리미엄 가격이 집값에 붙을 경우 정책 당국이 땅값과 집값의 구분을 못하는 오류를 말한다. 이렇게 되면 사유물이자 상품인 건물과 그렇지 못한 토지를 구분하지 않으므로 정책에 혼선이 일게 되고 문제를 제대로 풀지 못한다. 공공주택으로 땅과 집을 한데 묶은 싱가포르가 이런 오류가 심하다. 그래서 주택에 불필요한 규제가 덕지덕지 따라붙는다.

다섯째, 토지에 대한 세금과 요금의 혼동, 사유재산의 보호와 침해에 대한 시행상의 오류이다. 덴마크는 1957년 헨리 조지의 주장대로 지대 전액을 환수하는 토지가치세를 제정하였으나 이게 세금인지 요금인지를 두고 논쟁만 하다가 시행하지 못하고 1964년 폐지하였다. 지대의 공적 환수는 요금이지 세금이 아니므로 이 경우 부동산 가격이 소멸하기 때문에 소유자의 저항을 이기지 못하는 것이다. 이 제도는 세금이라는 명목만 있고 사실상 개인의 사유재산을 무상몰수하는 국유화와 같다. 그래서 이런 방법은 국가가 개인의 사유재산을 보호하는 것이 아니라 소멸시키면 무상몰수와 같아서 방법면에서 부당하다.

그래서 지금도 토지의 보유세가 높은 나라가 부동산 가격은 상대적으로 낮지만 임대료는 엄청나게 높은 현상이 나타난다. 우리도 앞으로 2017년까지 보유세 실효세율을 1%로 높이려고 하는데, 이것이 현실화되면 부동산시장은 지금이 [매매가격 > 전세가격], [보유비용 > 사용수익]이 일반 현상인데, 그때는 [전세가격 > 매매가격 > 토지 실수익 자본가격], [총임대료 > 땅값이자 > 세금 후 실수익]으로 바뀌는 현상이 발생할 수도 있다. 곧 부동산시장은 균형(등식, =)이어야 하지만, 땅값이 있는 사회는 보유세를 높게 매기든 낮게 매기든 불균형(> 또는 <) 현상이 계속되어 문제는 그대로 계속하게 된다. 단, 땅값의 몰수 소멸효과로 값의 크기만 약간 작아진다.

여섯째, 토지가치의 성장성을 고려하지 못한다. 사람들은 경제성장에 따른 임금의 성장은 잘 알고 있지만, 경제성장에 따른 지대의 성장에 대한 인식은 둔하다. 그래서 서민과 실수요자를 위한 정책으로 토지와 주택은 저가로 임대해야 한다는 정부의 이념과 이에 미래가치의 증대에 대한 인식 둔화로 임대료와 전세, 그리고 장기 사글세를 저가로 책정한 다음 그 가격을 현재의 가격기준으로 고정시켜 버리는 실수를 한다. 고정된 지대 전액 환수, 곧 헨리 조지의 토지가치세도 역시 성장률이 고려되지 않으면 같은 실수를 하게 된다. 그래서 정부 주도의 토지 국유화는 저가임대에 고정된 가격이라는 두 가지 실수를 동시에 하게 된다.

일곱째, 우리 정부가 하고 있는 기존의 임대주택정책도 토지와 건물의 미분리, 저가격, 고정가격 등의 폐단은 마찬가지이다. 투기와 헛값을 그대로 두거나 정부가 오히려 이를 적극 조

> 장하는 저가임대와 분양은 서민에 대한 정책, 곧 저가와 주거안정의 충족이라는 선심 정책은 되지만 장기로는 문제 해결에 별 도움이 되지 못한다. 최근 < 주택도시연구원(대한주택공사 부설)> 이 제안한 '토지임대부 건물 분양방식'은 '땅은 임대, 집은 소유' 라는 점에서 필자의 지대시장제와 기본원칙에 부합하기에 매우 고무적인 것이다. 그러나 이 방식은 토지를 저가 자본가격인 고정 전세(보증금) 제도를 제안하여 그 한계를 보이고 있다. 이는 전세와 일시불 차이만 제외하면 장기로 보아 투기가 발생하는 중국제도와 별로 다르지 않기 때문이다.

따라서 이러한 토지제도는 토지의 국유화와 공공임대(지대의 일부 공수 포함) 에도 불구하고 부동산시장은 규제가 심하고, 세금이 붙고, 거래와 사용의 자유를 제약할 수밖에 없게 된다. 이러한 제도는 모두 그 정책에서 표방한 취지는 좋으나 땅을 경제적으로 바로 이해하지 못하여 문제를 근원적으로 해결하지 못하는 한계가 있다.

다만, 주택도시연구원이 최근 제안한 '고정 전세가격 방식' 을 증권거래소와 같이 독립적 기관이나 시장 대리기관을 통한 '시장가 전세가격 방식' 으로 바꾸면 지대의 부당 사유로 인한 투기도 예방하고, 건축비용을 조기에 회수할 수 있는 등의 이점이 있어서 이론적 문제와 실무적 문제를 동시에 해결하는 방식이 될 수 있다.

11. 토지임대제와 토지가치세의 정책 비교 : 토지가치세는 토지임대제로 가야 성공할 수 있다

헨리 조지의 주장인 지대공수제와 외국에서 실시하고 있는 토지의 공공임대는 사실상 경제적 효과가 같다고 하였다. 토지사용자에 대한 지대의 공경비 징수와 사용료 징수는 그 징수액의 크기가 같다면 같은 결과가 나온다는 뜻이다. 그럼에도 토지임대는 지금도 미비하지만 시행하는 국가가 많은 반면에 재산세 성격이 아닌 순수 지대공수제는 시행하는 국가가 현재에 거의 없는 실정이다. 또 지대공수는 일부에서 시행을 시도했고 일부 성과를 낸 경우도 있었으나 역사적으로 보면 크게 성공하였다고 보기는 어렵고, 토지임대제처럼 지속적으로 존속하지도 못했다는 것이다. 그 이유로는 다음과 같은 추론을 해볼 수 있다.

첫째, 지대공수는 조세저항이 강한 세금징수와 강제성을 강조하였고, 토지임대는 사용료 징수를 통한 자유 계약에 의존하였다.

둘째, 지대공수는 지대수익 전액을 공경비로 징수하자고 하면서 사유토지의 보상을 반대하여 소유자의 재산손실을 감안하지 않았고, 토지임대는 다소 제한적이긴 하지만 토지의 공적 매입을 통한 보상과 가격이 있어서 토지분배를 유도하였다.

셋째, 사유토지의 무보상과 지대의 공적 강제 징수는 사경제를 제약하는 정부원리에 따라 운영되고, 토지임대는 제한적이지만 토지매입, 공공토지 임대, 계약과 같은 시장원리를 따라 시행했다는 것이다.

넷째, 지대의 공적 징수는 토지 소유가 천륜을 어긴다는 규범과 이론상의 외침이 강하였고, 토지임대는 실무상의 필요에 의하여 실용적 차원에서 실행에 옮겨져 왔다는 것이다. 전자는 주로 학자와 운동가들에 의해 제창된 반면, 후자는 자치정부의 관료나 정책가들에 의해 창안 주도되고 실천에 옮겨졌다.

다섯째, 지대공수는 주로 학자를 중심으로 한 진보적 그룹에서 급진적 성격을 띠고 주창되어 왔으나 실무에 널리 전파되지 못했고, 토지임대제는 정책과 제도를 통하여 실무적인 면에서 점차적으로 발전하고 지속되어 왔다는 점이 그 평가를 달리한다. 전자는 이념적 측면이 강하고 후자는 실용적 측면이 강하다. 특히 토지가치세 주창자들은 지대수익의 전액을 징수하면서도 사유토지의 무상 몰수와 다름이 없는 무리한 방법을 고집하였기 때문에 이것이 사회적 지지를 얻지 못하여 도입을 하지 못했다.

그리고 지금의 토지 공공임대제 역시 과거의 지대공수보다는 현실적 의미를 가지지만, 저가임대와 정부의 시혜적 원리의 한계로 문제가 있었다. 그러므로 토지시장은 이러한 문제를 모두 해결하려면 공공성과 시장성을 동시에 살리는 것으로 토지는 공공 · 시장임대제가 가장 현명한 대안이라고 할 수 있다. 이것이 필자가 말하는 지대시장제이다.

곧 헨리 조지의 토지가치세 운동은 실패한 것이나 다름이 없고, 이

제 이의 이념을 그대로 계승하되 방법은 시장친화적이며, 외국에서 실제로 실시하고 있는 토지의 공공임대제의 경험을 살리고 문제점을 보완하여 필자가 말하는 완전 지대시장제로 가야할 것이다. 그래야만 부동산 문제는 성공할 수 있다고 본다.

9장

반값(전세가) 주택제도의 도입과 운영방안 I

반값(전세가) 주택제도 = 지대시장제 =
토지임대부 건물분양방식

1. 반값주택의 증명 : 땅값과 집값은 반값이어야 한다

토지소유제 사회에서 부동산 가격은 미래의 성장가치에 대한 자본가격이기 때문에 항상 수익력의 현재가치에 대한 자본가격보다 크다. 쉽게 말하여 토지소유제 주택은 "온돈 주고 반 머리 깎는 제도"라는 것이다(가격상승률이 이자율의 1/2인 경우). 부동산 가격은 5장의 자본가격 이론에서 살펴본 바와 같다. 여기서 정액성 자본가격을 P_a, 감가성 자본가격은 P_b, 성장성 자본가격은 P_c로 하고, 자본의 감가율과 성장률을 부호 ±g로 통일하여 각 자본별 수익 R이 일정하다고 보면 다음과 같다.

정액성 자본(예금과 채권) : $P_a = R/i$, 소득 흐름

$P_a \cdot i = R$

감가성 자본(기계와 차량) : $P_b = R/(i+g)$, 소득 흐름

$P_b \cdot i = R - P_b \cdot g$

성장성 자본(토지와 주식) : $P_c = R/(i-g)$, 소득 흐름

$P_c \cdot i = R + P_c \cdot g$

이 식에서 수익 R이 동일하면 자본가격의 크기는 $P_c > P_a > P_b$가 되고, 성장성 토지의 가격은 가장 높게 된다. 그리고 정액성 자본과 감가성 자본은 R이 모두 실현된 수익이므로

$$R = P_a \cdot i = P_b \cdot i + P_b \cdot g$$

로 모두 수익(R)과 비용(Pi)가 일치한다. 그러나 토지의 성장액 $P_c \cdot g$는 미래가치의 현재 지불액(또는 미지불 연체이자)이므로 현재의 가치 흐름은 항상 [비용(Pi) 〉 수익(R)] 현상이며, 지불액이 수익보다 크다. 여기서 땅값이 포함된 집값은 같은 성장성 자본이 되어 이자율 i가 상승률 g보다 2배 크다고 보면 [Pi = 2R]이며, 이 경우 주거비용이나 토지비용은 주거가치인 수익(R)보다 2배가 크다. 그러나 이를 지대시장제로 하여 임대료 또는 지대인 현재가치 R만 거래하면

자본가격 : $[P_{a'} = R/i] = [\{Pc = R/(i-g)\}/2]$,

$P_{a'}$는 성장지대 R을 i로 나눈 자본가격

소득가격 : $[P_{a'} i = R = P_c i/2]$

이 되어 지대시장제는 토지소유제에 비하여 가격(집값 또는 땅값)이 반

값이 된다.[11] 여기서 이자율과 부동산 상승률이 [i=2g]인 경우만을 가지고 집값이 반값이 되는 것을 증명하였다. 그러나 실제시장에서 성장률 g가 '+'로 존재하고 있다면, 그 사회의 부동산 가격은 항상 g만큼 커져 있으므로 지대시장제로 바꾸면 부동산 가격은 g만큼 저절로 낮아지게 된다. 물론 여기서 주택의 소유비용과 주거가치의 반값 차이는 지속적 재투자를 가정한 장기연금으로 보면 그 격차가 조금씩 줄어들고 있다. 그러나 이러한 연금에서도 주거가치는 소유비용에 비하여 영구 적자만 계속하며, 이에 지대시장제 주택은 토지 소유제 주택에 비하여 매입가격에서 반값(전세가격), 연체이자를 포함한 소유비용에서 영구 반값, 면세 혜택을 감안한 장기 연금 총액마저도 거의 반값에 가깝다는 것이다.

이와 같이 부동산시장에서 소유가격은 미래가치(장기 사용가치)의 자본가격이고, 실제 자본가격은 현재가치(단기 사용가치)의 자본가격이다. 여기서 시장 매매가격은 전자에 해당하는 값이고, 시장 전세가격은 후자에 해당하는 값이다. 이러한 현상은 우리가 잘 알고 있듯이 주택의 매매가격과 전세가격에서 그대로 나타나고 있다. 부동산시장에서 전세가격은 소유가격의 60% 정도이며, 전세가격의 비중이 가장 큰 곳이 70% 수준이다.

그리고 감가상각비가 없어서 임대료가 더 낮을 수밖에 없는 순수 토지만 보면 전세가격이 소유가격의 50% 선에 그친다. 2006년 3월 기준 서울의 강남 아파트는 전세가격이 시가의 37% 수준밖에 되지 않은 적이

---

11) 감가가 없는 땅값과 감가가 있는 집값은 이론상의 두 가격이 같은 비율로 상승(성장)하는 것이 아니다. 그러나 실제시장과 통계는 감가상각이 있는 집값이 상승률이 없는 땅값보다 더 크기 때문에 여기서는 편의상 같은 비율로 상승한다는 잠정적 가정을 하고 있다. 주거가치의 연금흐름은 5장 5의 8번 내용을 참조할것

있었다. 이와 같이 우리는 부동산 소유에서 주택은 60%, 토지는 50% 정도의 가치로 살면서 그 값은 100%를 지불하고서야 살고 있는 것이다. 이와 같이 땅값시장제(토지소유제)는 소유 사용자가 가격은 큰 값인 소유가격(매매가격)으로 지불하고 주거가치는 작은 가격인 전세가격만큼만 누리는 제도이다. 이는 "온돈 주고 반 머리 깎는 것"과 같이 우둔한 짓이라고 할 수 있을 것이다. 이렇게 우둔한 제도로 인하여 투기와 빈부격차, 이 제도가 일으키는 각종 시장불균형 문제(인플레이션, 주기적 불황과 장기적 실업 등)가 계속하여 발생하는 것이다.

부동산시장 또는 주택시장의 일반적 상황인 주택의 [소유가격 〉 전세가격], [소유비용 〉 사용비용]의 원리를 그림으로 나타내면 다음과 같다.

〈그림 9-1〉 소유가격과 사용가격의 비교

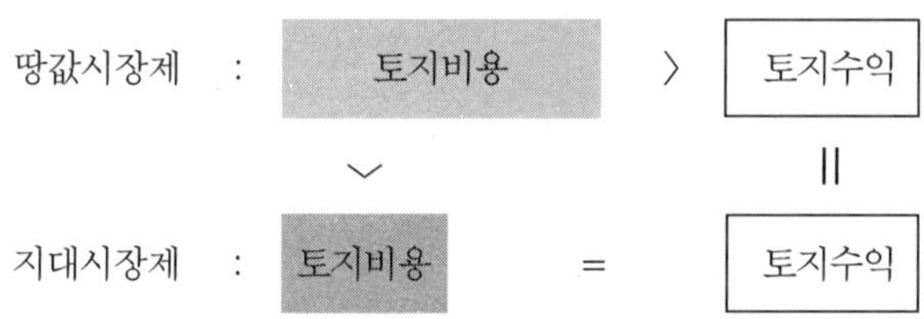

그러나 지대시장제는 땅과 집을 시장에서 분리하여 '집은 소유, 땅은 임대' 하는 방법이다. 이렇게 하면 주택은 지금의 반값 또는 아무리 높아도 전세가 이하의 값으로 등기된 내 집을 소유하며 살 수 있고, 땅은 주인이 없으므로 사실상 내 땅처럼 자유롭게 사용할 수 있다. 소유하고 있는 내 집에 대해서는 지금처럼 정부의 까다로운 규제도 받지 않으며, 매매, 상속 등의 자유로운 권리행사를 할 수 있고, 경제활동이 자유롭다. 그리고 장기적으로는 공동체의 토지수익으로 내가 내야 할 세금까지 거의 면제를 받으며 살아갈 수 있다.

2. 땅값과 집값은 반값이 가능하다

땅은 임대 집은 소유로 하는 지대시장제가 과연 땅값, 집값이 반값이 될 수 있을까? 이를 땅값과 집값으로 구분하여 따져보기로 하자. 먼저 땅은 소유제보다 임대제가 반값이다. 그 이유는 성장하는 토지의 현재가치는 미래가치에 비하여 대체로 반값 이하로 작아지기 때문이다. 토지는 자본가격 등식에서 성장률이 시장 이자율의 절반이면 사용비는 반값으로 떨어진다. 이를 반대로 표현하면 토지는 자본가격 성장률이 이자율의 절반만 되어도 땅값이 토지의 제값(사용가치)에 비하여 2배로 커진다는 뜻이다. 땅값은 미래 지대수익의 연금 할인가로 정의되고, 이 정의식 P = R/(i−g)를 만족시키는 성장률 g가 i의 절반이면 땅값이자에 대한 지대수익은 꼭 그 절반이 된다. 초기 지대 300만 원, 이자율 6%, 지대성장률 3%이면 다음과 같다.

땅값 P = R/(i−g) =>땅값 1억 원 = 300만 원/(0.06−0.03)
땅값비용(Pi) = 토지수익(R) + 땅값 성장액(Pg)
땅값비용 600만 원 = (a) 토지수익 300만 원 +
(b) 땅값 성장액 300만 원

전세가격 J = R/i =⟩전세가격 6천만 원

= 토지수익 300만 원/0.06

땅값 P/2 = 전세가격 J

그런데 지대시장제에서는 땅값 성장액이 헛값이므로 (b)를 지불할 필요가 없어서 초기 기준으로 반값인 지대만 매년 300만 원을 임대료로 내든지 아니면 전세금 6천만 원을 일시불로 내고 살다가 토지사용을 포기할 경우 전세금은 찾아가면 된다. 여기서 초기 임대료 300만 원과 전세금 6천만 원은 매년 3%씩 부담이 커지지만, 토지소유제 역시 1억원의 자본가격에 해당하는 값은 연체이자(300만 원)가 매년 3%씩 커지고 있으므로 매년 토지소유제가 2배 부담하는 크기는 같다. 따라서 지대시장제에서 토지사용자는 매년 연체이자를 포함한 주거비용의 반값만큼 사용비용을 절감하게 된다. 여기서 연체이자에 해당하는 Pg는 연금 흐름에서도 땅을 팔지 않는 한 영원히 갚지를 못하므로 연금의 비율격차는 줄고 적자는 폭이 커지면서 계속된다.

그리고 지대시장제는 장기로 세금부담이 대폭 줄거나 사실상 필요 없기 때문에 이를 감안하면 실질 부담액은 더 떨어지게 되므로 연금에서도 반값은 틀림이 없다. 1960년대 이래 땅값 상승률은 1990년대의 장기적 하락현상에도 불구하고 지수로 전국지가 323.2, 도시지가 1,478.9로 회사채 누적 수익률 601.8의 절반을 넘는다. 집값은 통계 미비로 확실하지 않으나 1986년 이후 아파트값 상승률은 회사채 수익률의 절반이 넘고 단독주택은 그 이하이지만 1960년대로 거슬러 올라가면 비슷할 것이다. 이에 대해서는 4장 10의 각종 통계를 참고하기 바란다. 이와 같이 지금도 부동산시장에 대한 각종 통계는 땅값의 장기 평균 성장률(g)이 장기적 시장 이자율(i)의 절반을 넘거나 가깝기 때문에 이러한 분석이 현실에서도 무리가 없다.

그러나 시장에서 반값주택의 시행에도 문제는 있다. 지대시장제에서 사유토지를 시장가격으로 매입하여 임대를 하는 경우는 매입 당시의 비용이 사용가치보다 높아서 다소 문제로 등장한다. 위의 땅값 공식대로라면 토지 매입 당시 매입가격은 이미 사용가치보다 2배가 높기 때문에 이를 임대할 경우 임대료 수익은 매입가격(또는 보상가격) 이자의 반값에 불과하기 때문에 영원히 적자가 난다.

그러나 이 경우에도 토지개발에서 개발 후 사용가치가 매입 당시 사용가치보다 2배가 커지면 이 문제는 저절로 해결된다. 성장률이 이자율의 절반인 경우 개발을 위한 토지 매입가격과 개발 후 토지임대 수익은 다음과 같은 식이 성립한다.

매입 당시 땅값 = 개발 전 전세금 × 2 = 개발 전 토지 사용가치 × 2/이자율(할인율)

매입당시 땅값 = 개발 후 전세금 = 개발 후 토지 사용가치/이자율 = 매입시 가치 × 2

그런데 아파트 지구나 신도시 건설에서 토지가치는 개발 전보다 적어도 2배 이상은 커지는 것이 통상적이기 때문에 이러한 가정은 역시 가능하다고 보아야 할 것이다.

3. 건축의 경우도 전세가격이 제값이다

지대시장제에서 주택과 건축물의 경우는 천연토지만 임대하는 경우와 조금 다르다. 땅값에 사람의 투자물인 건축비가 포함되어야 하기 때문이다. 이 경우 건축물은 감가상각비를 임대료에서 뽑아야 하기 때문에 건물 전세가 방식의 소유가격은 원래 건축비보다 커진다. 그래서 건물 신축의 경우 아래와 같은 식이 성립한다.

건물가격 = 건축비 총계(토지개발비와 건축이윤 포함)
= 균형상태에서 건물시가
주택가격 = 건물가격 + 땅값
주택 전세가격 × 이자율 = 주택 총임대료(건물 임대료 + 토지 임대료)
건물 임대료 = 건물이자 + 건물 감가상각비
주택 총 임대료 = 건물이자 + 건물 감가상각비 + 토지임대료
주택 전세가격 = (건물이자 + 건물 감가상각비 + 토지임대료)/이자율
건물 전세가격 = (건물이자 + 건물 감가상각비)/이자율
토지 전세가격 = 토지임대료/이자율

건물 건축비 총계 = 전세가격 - 건물 감가상각비 자본액(건물 가격의 수명기간 할인가)
주택 총원가 = 건물 건축비 총계 + 토지매입액

이 식에서 토지임대 주택이 채산성(균형)을 맞추기 위해서는 아파트 건축에 대한 토지 매입비와 건축비 등 주택 총 원가는 전세의 경우 주택 전세가격(토지+건물)과 같으며, 월세처럼 받는 순수 토지임대이면 주택 전세가격에 건물 감가상각 자본액을 차감한 금액과 같거나 작아야 한다.

토지임대의 채산성(사업성) 기준
전세 토지임대 : 주택 총 원가 ≤ 주택분양가격 ≥ 일반 전세가격
순수 토지임대 : 주택 총 원가 ≤ 주택분양가격 ≥ (전세가격 - 감가상각 자본액)
주택 총 원가 ≤ 전세 주택가격(수익) > 순수 임대 주택가격(수익) ≥ 주택 총 원가

여기서 전세형 주택가격이 순수 임대형 가격보다 높은 이유는 만기에 전세금을 돌려주어야 하기 때문이다. 그러나 주택소유자에게 돌려주는 전세금은 재임대나 재건축에서 전세금이 들어오므로 결국 사업자의 전세금 반환은 부담이 없는 것과 같다. 그래서 사업 주체는 전세형태가

초기의 자금부담이 적어서 다소 유리하지만, 그 크기는 만기 건물가격의 현재 할인가 정도이기 때문에 큰 차이는 아니다.

시장이 균형이라면 주택건설 역시 비용(원가+감가상각비)과 수익(전세금 이자)은 '='가 되어야 한다. 만약에 주택과 건물의 건설 총 원가가 전세가격에 감가상각 자본액을 차감한 금액보다 낮다면 이 건축물은 사업성이 없으므로 사업을 하지 말아야 한다. 이 말은 자동차 제조원가(이윤 포함)는 자동차의 매매가격과 전세가격(매매가격+감가상각비 자본액)이 가치적 등가를 이루지 못하면 자동차 제조와 거래, 그리고 사용이 정지되는 것과 같다. 필자가 말하는 지대시장제는 시장가치에 따르는 완전한 시장제가 원칙이므로 이런 경우 사업성이 없다고 판단해야 한다. 이 판단은 지대시장제에서만 통하는 것이 아니다. 토지소유제 역시 거래가격은 시장 전세가격 이하라야 헛값이 발생하지 않고 소유에서 적자가 나지 않는다는 뜻이다.

또 건축에서 토지매입의 경우 가격은 g의 괴리로 토지임대료 수익보다 높다고 했다. 그러나 이런 경우도 아파트 신축에서 재개발, 신도시 건설에는 토지가치가 2배 이상 커지므로 주택의 전세가격은 주택 총 원가에 감가상각 자본액을 포함 가격과 비슷하게 매겨질 것이다.

혹자는 서민과 무주택자를 위한 주택은 사업성을 따질 필요 없이 적자주택이라도 지어야 한다고 할 것이다. 그러면 정부는 재정부담이 커지고, 주택소유자는 부당이득을 안겨주며, 여기에 시장은 땅값 헛값까지 발생한다. 그래서 주택공급에서 오는 사업의 적자를 정부가 보상하여 주어도 그 값은 사회 전체가 어차피 인플레이션으로 공동부담을 하게 된다. 그러면서 발생한 땅값은 헛값이기 때문에 불균형가격 발생과 투기는 두고두고 문제를 야기하므로 굳이 그렇게 할 이유가 없다. 이는 무주택 서민에 대한 대책을 강구하지 않는다는 것이 아니고, 이들은 별도의 융자나 주거비 보조를 해야 한다는 뜻이다. 곧 사업성이 없는 주택을 정부의 지원으로 공급하는 토지임대제 또는 저가임대제는 장기로 보면 적자와 부당이득을 반복적이므로 토지소유식 주택공급과 다를 바가 없다.

4. 토지시장 및 부동산시장의 패러다임 비교

종합적 요약

지금까지 논의한 토지시장이나 부동산시장의 문제와 그에 따른 정책을 종합하여 요약하면 <표 9-1a>와 같다. 한마디로 말하면 토지와 주택의 바른 해법은 시장임대제, 곧 지대시장제이다. 그러나 우리가 주의할 것은 토지임대제를 언급하면서도 그 해석은 두 가지 견해로 상반되는 것이다.

첫째, 토지 국공유화와 정부기능을 중시하는 부류에서 임대정책은 정부원리로 풀려는 의도이다. 이들은 지금도 토지임대에서 주체는 정부가 되어야 하고 가격은 낮으면 낮을수록 좋다는 저가정책을 고수한다. 특히 무주택자나 서민을 위한 정책은 싼값의 공급을 기정사실화하는 경향이 있다. 그러나 부동산을 포함한 모든 재화는 제값이라야 시장이 제대로 작동하고 효율적이며 문제를 해결할 수 있다. 그러므로 무주택자나 서민도 융자지원과 주거비 보조를 하고 부동산 가격은 헐값이 아니어야 한다.

그러나 이들은 외국에서 사유제와 다름이 없어서 문제가 있는 저가임대를 그대로 신봉하며, 그 장점만을 부각시킨다는 한계가 있다.

둘째, 토지사유제와 시장기능을 중시하는 부류에서 외국 토지임대제 대한 오해와 정서적 반감이다. 이 또한 토지임대제 실시에서 반드시 짚고 넘어가야 할 부분이다. 이들은 토지문제는 사유제가 해법이라고 믿고 토지국공유나 외국의 공공임대를 예로 들어서 토지의 시장임대를 비판하고 있다. 그런데 이에는 다음과 같은 오해가 있다.

① 먼저 저가임대에서 발생하는 문제를 가지고 시장임대를 비판하는 것이다. 저가임대는 제값이 아닌 공짜 또는 헐값이 개인이 토지를 사용하므로 사유제와 비교하여 절대값만 약간 작으면서 같은 폐단을 가진다는 것이다. 그런데 이런 저가임대의 문제를 시장임대에 비추어 공격을 하는 것이다.

〈표 9-1a〉 토지의 소유관과 사용형태별 비교

소유사상 및 형태	경자유전	토지 시장가치 인정여부	결과(효율과 평등)
왕토사상	토지겸병으로 실패	인식 부재	독점과 문란
토지국공유제 (집산체제)	집단소유로 추상화, 사용과관리의비능률	지대가 노동가치로 잘못 인식되고 가격이 왜곡	평등달성, 효율실패 반(反)시장원리
토지 공공임대제	집산제와 사유제의 장단점을 반반 가짐.	저가임대와 고정임대로 인한 사유제의 폐단 답습	집산제와 소유제의 중간효과, 반(半)시 장, 반(半)정부의 혼합형
토지 시장임대제 (지대시장제)	사용자에게 토지가 우선 배부	토지의 가치를 인정하 고 공정한 거래와 공경 비로 함	효율과 평등 동시달 성(완전 자유시장)
토지사유제	독점 또는 무지대 토지를 소유하는 폐단 또는 실패	지대 사유는 분배왜곡 땅값은 가격불균형으로 실패(토지비용>지대수익)	평등실패 투기와 가격불안 으로 비효율 초래

② 토지임대제를 토지의 분할과 가격이 없어서 실패한 집산체제의 패러다임 위에 갖다놓고 비판하는 것이다. 흔히 집산체체인 공산권의 몰락, 인디언이나 아프리카 원주민의 토지 공동소유, 주인 없는 몽골의 광대한 토지의 비효율 사용 등은 모두 지주가 없어서 가난을 면치 못한다는 흠을 듣고 있다. 그러나 토지의 시장임대제는 토지를 개인별로 분할하여 완전히 내땅 내집을 사유재산처럼 사용하고 관리한다(경자유전의 원칙 보장). 그래서 네 땅 내 땅이 없고, 그 토지의 가격도 없는 토지의 집산체제와는 성격을 근본에서 달리한다.

③ 어떤 학자는 싱가포르, 홍콩이 잘사는 이유는 토지는 임대제가 아니라 사유제이기 때문이라고 주장하기도 한다. 이는 싱가포르와 홍콩은 법률상으로 토지임대제이지만, 저가임대로 인한 경제적 실상은 사유제의 성격을 띠기 때문이다. 그러나 여기서도 이들 임대제에 대한 바른 이해가 필요하다. 곧 토지를 소유보다 임대로 하였기 때문에 그나마 싱가포르와 홍콩은 여러 가지 악조건에서도 국가가 발전하게 되었고, 그 임대제가 순수 시장제는 아니지만, 저가식 공공임대제이기 때문에 싱가포르는 규제가 심하고 홍콩은 투기가 발생하는 것을 간과한 분석이라는 점이다.

따라서 이를 감안한 토지 및 부동산정책은 다음 〈표 9-1a〉와 같이 분류할 수 있다.

지대공수의 세 가지 패러다임의 구체적 비교

필자가 말하는 지대시장제는 공공성과 시장 효율성을 동시에 만족시키는 제도로 엄밀히 말하면 '토지의 공공 · 시장임대제' 를 뜻한다. 이 제도의 운영 주체는 정부만이 아니고 사용자와 현 토지소유자도 함께 참여하는 형태로 토지시장의 독립적 대리기관(토지거래소)이며, 운영방법도 정부원리를 따르는 것이 아니고 시장원리를 따른다. 토지시장에서 토지 증권거래와 지대징수를 굳이 이렇게 해야 하는 이유는 다음과 같다.

① 토지가 주인이 없는 천연성으로 인하여 대리자가 필요하며,
② 토지가치 결정이 개인의 투입비용과 연계성이 없는 관계로 개인의 주관적 가치 매김보다 사회 전체의 객관적 평가기준의 적용과 거래의 사무적 서비스가 합리적이며,
③ 주인 없는 토지가치의 징수로 지대수익의 용도는 당연히 공경비성을 가지고,
④ 그럼에도 불구하고 토지의 용도배분은 정부 배급이 아닌 시장가격과 기능에 맡겨야 시장효율성을 달성할 수 있다.

그렇기 때문에 이를 모두 고려하면 필자가 말하는 지대시장제가 될 수밖에 없다는 것이다. 지금까지 논의한 부동산 문제에서 해법은 크게 세 가지로 분류된다. 헨리 조지의 지대공수제, 외국에서 시행하고 있는 토지의 공공임대제, 그리고 필자가 말하는 지대시장제 이렇게 세 가지

이다. 이 세 가지 방법은 모두 집은 소유, 땅은 임대의 형태가 되고, 지대는 시장가치로 징수하며, 땅값은 0이 되어 경제적 결과는 같은 것이었다. 다만 이 세 가지 제도는 시행 주체나 시행 방법에서 다르며, 이에 따른 결과도 다소 차이가 난다. 지금까지 논의한 토지시장에서 세 가지 개혁방안을 요약하면 〈표 9-1b〉와 같다.

〈표 9-1b〉 지대공수제, 공공임대제, 지대시장제의 정책 비교

부동산 해법	방법	주체	대상	결과
지대공수제 (토지가치세)	보상 없이 토지수익 전액 세금징수, 강제성 원칙	정부(정부원리)	모든 토지	토지단일세 (사유재산몰수, 저항으로 실패)
토지 공공임대제	초기 일시불 또는 저가 임대료, 계약과 규제	정부와 공공기관 (정부와 시장의 중간형)	도시나 주택 등 일부 토지	지대와 세금 (실시 중, 문제점 발생)
지대시장제	완전 시장지대 또는 시장전세, 자율적 계약	시장, 시장대리기관 (자유시장원리)	모든 토지	세금 없는 자유시장

여기서 헨리 조지의 무보상식 지대공수제는 사유재산을 심하게 침해하기 때문에 사실상 시행하기 어렵다. 그래서 현실적 도입방안은 토지의 공공임대제와 필자의 순수 지대시장제에서 찾아야 한다. 그런데 토지 공공임대제는 정부원리에 따른 제도로 필자가 말하는 지대시장제에 비하여 가격이 낮기 때문에 시장에 각종 규제가 필요하고, 그럼에도 땅값 헛값을 발생시켜 사유제의 폐단을 일부(또는 전부) 답습하는 약점이 있다. 그러나 지대시장제는 이론상 이러한 문제점이 없다. 그래서 지대시장제가 이론상 완전한 제도이다. 하지만 지대시장제를 실무에서 바로 적용하기는 아직 생소한 면도 있다. 한편으로 토지의 공공임대제는

지대시장제에 비하여 문제가 있기는 하지만 토지사유제보다는 우수하며, 외국에서 오랜 기간 실시하여 온 경험들이 있다. 그래서 우리가 현실제도에서의 도입은 '땅은 임대, 집은 소유'라는 시장 패러다임을 대전제로 하고, 실무적 도입은 경험이 있는 외국의 토지 공공임대제를 기초로 시행하되 필자가 말하는 지대시장제의 근본 취지를 살리는 방향으로 추진해야 할 것이다. 물론 외국에서 시행하고 있는 토지 공공임대제와 필자가 말하는 지대시장제는 지대를 시장가치대로 징수하는 조건이면 그 결과는 같다고 하였다.

그러나 토지의 공공임대는 사업시행을 공공이 주도하고 주로 저가임대를 원칙으로 하여 이에 따른 문제점이 부각되고 있다. 그러나 필자가 말하는 지대시장제는 저가임대가 아니고 시장가치대로 지대를 징수하는 것이다. 그래서 필자는 토지임대제의 실시에도 저가임대를 하는 공공임대와는 구별하여 지대시장제라는 용어를 사용하기로 한다. 간혹 용어가 '지대시장제' 대신 우리에게 비교적 친숙한 단어인 '토지임대제'를 사용하고 있어도 그 내용은 시장기능에 기초한 필자의 지대시장제라는 것을 독자들이 이해하기 바란다.

5. 전세가격으로 내집 갖기

아파트와 신도시에서 지대시장제의 실천방안

반값 또는 전세가격에 준하는 내집, 이러한 지대시장제를 공동주택인 아파트 지구에서 시행하는 구체적 방식은 다음과 같이 몇 가지로 나누어 검토하여 볼 수 있다. 토지임대료의 거래방식은 사글세, 전세, 연세(年貰), 월세 등 여러 방법이 있으나 전세가 방식이 실무상 합리적이고 편리하다. 그러나 임대료 징수는 사정에 따라 여러 가지 방법을 제시하고 선택할 수도 있다.

(1) 건물과 토지의 가격분리 방식(건물가 분양방식) = 집과 땅의 완전 분리방식

지금처럼 아파트를 지어 분양하되 건물만 분양하고 토지는 임대하는 방식이다. 아파트 같은 공동주택은 토지도 공동소유의 형태를 취하고 있으므로 이 안을 시행하기가 비교적 쉬울 것이다. 그 방법은 대체로 다음과 같다.

① 먼저 토지시장을 대리할 시장 대리기관을 설립한다. 이 기관을 편의상 '토지거래소' 라고 하자. 토지거래소는 좁게 보면 아파트 소유자가 중심이 되어 조합형으로 조직하고 아파트 관리사무소처럼 운영하는 것을 원칙으로 한다. 그러나 범위를 확대시키면 토지공사, 주택공사, 소유자 조합, 은행, 정부 등의 공공성 시장 대리기관이 주체가 되어도 좋고, 아니면 소유자와 공공기관들이 공동으로 구성하여도 상관이 없다. 단, 거래소는 아파트의 토지 시장을 대리하는 기관이다. 토지거래소는 정부를 대리하는 기관이 아니고 정부, 토지, 사용자, 소유자 모두를 중립적 입장에서 대리하는 독립기관이다.[12] 경우에 따라 아파트 건축 분양 등 제반 사업까지 모두 대행할 수 있는 기관이다. 거래소의 주요 업무는 아파트 소유자와 사회를 대표하여 토지의 거래와 사용권을 관리하며, 수입원으로 아파트의 지대징수권을 가진다.

② 토지를 매입하거나 정액성 토지증권으로 보상을 하고 토지를 취득하며, 취득한 토지는 토지거래소에 귀속한다. 여기서 토지 매입비용은 거래소에 귀속된 토지나 지대징수권을 담보로 융자를 받아서 조달한다.

③ 여기서 매입자금이 부족하거나 재정상 문제가 있다면 토지보상용 토지증권(채권)을 발행하여 조달할 수도 있다. 증권의 가격은 신고가격 또는 시가에 준하는 가격으로 이자는 일정하며, 지금 정

12) 토지시장 대리기관은 토지거래소, 토지조합, 토지경매공사, 토지사업공사, 토지은행 등의 명칭을 사용하며, 증권거래소나 농업협동조합처럼 공영제나 회원제로 조직되는 특수 법인체가 되어야 할 것이다. 법인체의 운영은 주식회사 또는 공기업(공사) 처럼 독립적이며, 공공성을 위해서 정부의 출자와 감독은 하도록 한다.

부가 발행하는 공공채권처럼 강제성 거래가 아니라 자유시장 거래를 원칙으로 한다. 단, 이 증권제도가 소유자의 인식부족으로 시행이 어려우면 융자를 받아서 토지매입을 하는 수밖에 없다.

④ 거래소는 아파트를 건축하여 지금처럼 건물과 대지권으로 나누어 분양한다. 분양은 가격과 임대조건을 정하여 경매하는 것이 원칙이다. 건물의 소유권은 개인이 갖고 토지의 소유권이나 대지권은 거래소가 갖는다. 이렇게 되면 이 아파트에서 건물은 개인 소유, 토지는 아파트 주민들의 공동소유(추상적 소유) 형태가 된다. 지금도 아파트 토지는 개인에게 지분권만 있고, 개인에게 분할 양도된 특정 토지가 없으므로 땅값 사유화를 제외한 다른 제도는 사실상 지대시장제와 비슷하다. 그러면 개인에게 분양하는 아파트 가격은 평당 400만 원선, 아주 고급형으로 지어도 500만 원 안쪽이면 될 것이다. 그만큼 아파트 소유자는 저렴한 가격으로 지금과 똑같은 아파트를 소유하며, 자유롭게 권리를 행사할 수 있다. 개인은 토지소유권이 없지만 지금도 공동주택의 토지는 개인의 지분만 인정받고 건물과 분리하여 처분할 권한이나 방법이 없으므로 건물가 분양방식과 기존의 제도가 별로 다른 것이 없다. 소유자는 토지에 대해서는 지대만 납부하면 영구 주거권이 주어지고, 뒷날 아파트 수명이 다하여도 재건축할 경우는 재계약으로 계속 살 수 있는 권리가 우선적으로 계승된다는 뜻이다.

⑤ 거래소는 토지분 가치에 대하여 매년 지대를 징수한다(단, 전세의 경우는 매년 전세가격 인상분에 대한 이자액을 추가지대로 징수한다). 이 경우 책정한 지대는 반드시 시장가치대로 매기고 거두어야 하고, 특혜를 주지 말아야 한다. 여기서 시장가치의 지대는 추

정 시장지대에 90%가 넘어야 하고, 100%를 초과하지는 말아야 할 것이다.

⑥ 이 경우 지대는 매년 그 지역의 임대료 변동률, 공시지가 변동률, 경제성장률, 지역요인, 개발요인 등의 객관적 평가지수에 연계하여 변하게 된다. 이렇게 시장가치 변동에 연계하여 지대를 징수해야 아파트에 땅값 프리미엄이 붙지 않아서 헛값이 일으키는 투기나 불로소득 등 시장왜곡 현상이 발생하지 않는다. 경제성장에 따른 거래소의 공경비 수지도 시장가치대로 해야 균형을 이룬다. 곧 임금도 매년 그 당시의 시장가치대로 거래해야 하듯이 지대가치대로 징수해야 시장은 제 기능을 발휘할 수 있다.

⑦ 거래소의 지대수입은 토지매입 비용, 토지금융에 우선 사용되고, 점차적으로 잉여수익이 발생하면 소유자의 세금을 대신 납부하게 된다.

⑧ 그러면 이 아파트 지구는 장기적으로 땅값이 완전 소멸하고, 세금까지 거의 필요가 없는 자유시장 사회가 도래한다.

이 방식은 건물과 토지를 시장가치로 완전하게 분리하는 점에서 시장이론에 부합하고 간결하다. 그러나 임대료 매년 징수방식은 (2)의 전세가 방식에 비하면 지금의 사유제에서 발생한 땅값이나 보상비용 때문에 초기에는 재정이 다소 어려울 수가 있다.

다시 말하지만 토지매입에 관련된 비용의 조달은 첫째, 거래소가 가진 지대징수권을 담보로 은행에 융자를 받거나 둘째, 매입채권을 발행하면 큰 어려움 없이 조달할 수가 있으며, 셋째, 여기에 정부의 제도적 지원이 있다면 더욱 쉬워질 것이다.

(2) 전세가격과 지대성장액의 분리방식 : 전세가 분양방식

이 방식은 (1)과 유사하지만 시장의 전세가격을 기준으로 토지는 임대하고 아파트는 분양하는 방식이다. 사람은 평소에 주택의 사용은 전세가치에 버금가는 가치만 살면서 지불은 이보다 월등하게 큰 소유가격으로 하고 있다. 그렇기 때문에 지대시장제로 하면 주택소유자는 전세가로 내 집을 소유하며 살 수 있게 된다. 주택의 전세가격은 보통 시가의 60% 선이라고 보면 이 아파트의 분양가격도 이와 비슷한 선에서 시장상황에 따라 정하게 된다.

이 방식은 같은 지대시장제이지만 토지와 건물을 분리하여 분양하는 건물가 방식보다 이론적 흠결은 있지만 실무적 운영에는 간편한 방법이다. 또 전세제도는 이미 우리 사회에 일반화된 제도이기에 우리의 관념에도 친숙한 것이 강점이다. 그리고 전세금은 소유자에게는 주택의 사유재산권을 대표하고 행사하는 시장가격이며, 거래소는 임대료 징수의 담보가 되어 서로 좋고, 만기에는 소유자에게 상환되어 건물 재건축 비용으로도 충당할 수 있는 장점들이 있다. 전세가 방식의 방법은 (1)의 것과 유사하며, 개략적 절차는 다음과 같다.

① 토지거래소가 아파트를 지어서 전세가격으로 분양을 한다. 건물은 분양하고, 토지지분은 거래소가 가진다. 전세가격은 지금의 전세시장에서 값이 매겨진 건물분과 토지분을 합한 가격과 같다. 이 경우 건물가격은 초년도 전세가격으로 본다(의제한다). 단, 이 경우 전세가격과 건물가격은 별도로 평가하여 산정하여 두고 기록만 하여 둔다.

② 임대한 토지는 차기부터 매년 전세가격 상승률, 곧 토지가치 성장액만큼 토지임대료를 추가로 징수한다. 지대시장은 반드시 이렇게 지대 성장액을 징수해야 건물에 프리미엄이 붙지 않는다. 곧 건물에 부동산 문제의 원인자 역할을 하는 땅값 헛값이 발생하지 않는다. 물론 이는 이론상의 인식 개념이고, 실무에서는 90~95%의 지대만 징수하고 발생지대의 일부를 건물소유자에게 용인할 수도 있다. 여기서 전세가격은 보통 2년 또는 그 이상의 기간을 두고 상승하는데, 전세가를 매년 인상한다는 것이 의아하게 생각될 수도 있다. 그러나 2년 이상의 기간으로 전세가를 인상하든 매년 인상하든 계약기간 전체의 평균 부담액은 같다. 이는 토지사유제에서 땅값은 거래시에만 부담하지만, 그 비용은 매년 커지는 땅값의 장기적 평균 상승률이 모두 반영되어 거래되듯이 전세가 역시 그렇다. 그래서 추가 임대료 징수는 사람의 임금처럼 그 당시 상황이 반영된 매년의 임대료를 지급하고 징수하는 것이 일시적 목돈을 주고받는 자본거래보다 지급자와 수익자 모두에게 좋고 재정운영에도 도움이 될 것이다. 물론 이 방안도 계약에 따라 징수기간을 조정할 수 있다.

③ 건물소유자는 건물의 양도, 매매, 상속이 자유롭다. 다만 재임대가 가능한 건물은 소유자가 바뀌더라도 초기 전세금은 반환하지 않는다. 그러면 건물은 감가현상으로 인하여 건물 실제가격은 전세가격보다 작아질 것이지만, 이 경우에도 전세가격은 건물 거래액이 기준금액이 된다. 균형상태를 가정하면 전세금과 거래액의 크기가 일치한다. 그러나 실제 시장은 채권 원금과 가격의 변동처럼 약간의 변동이 있을 것이다. 이와 같이 토지거래소는 전세가격이 건물의 존속기간 동안은 반환되지 않고 그대로 예치

되어 있다.

④ 건물의 존속기간이 끝나서 건물을 철거하거나 소유자가 토지사용을 포기하면 토지거래소는 건물소유자에게 전세금을 반환한다.

⑤ 기존의 소유자가 건물을 재건축하여 살기를 희망하면 재계약이 이루어진다. 이 경우 전세가격은 계약 당시의 시장가치로 재평가하며, 초년도 전세금을 그대로 두고 그 차액만 서로 정산한다.

⑥ 아니면 토지거래소는 그동안의 지대 징수액으로 건물을 다시 짓고, 건물 신축가격 또는 전세가격으로 분양한다.

⑦ 그러면 건물 건축비는 항상 전세금이 충당하므로 지대 징수액은 토지거래소의 순수익이 되며, 장기로는 이 수익이 소유자의 세금을 대신하게 된다. 곧 이렇게 해도 지대가 공경비를 대신할 수 있는 지대시장제이기 때문에 장기로는 세금이 사라질 수 있다.

그리고 건물과 토지를 분리하여 토지에 대해서는 지대를 징수하며, 징수하는 방안이 지대수익의 용도 등이 모두 (1)의 방법과 같다. 단, 전세가로 분양하면 징수하는 지대는 소유가격과 전세가격의 차액에 대한 이자액만큼이 되므로 징수액이 다소 차이가 난다. 그러나 장기적 총부담은 서로 일치한다.

이 전세가 방식은 초기 분양가격을 건물가격이 아닌 전세가격으로 하는 점이 (1)과 다르다. 아파트 전세가격은 이론상 건물에 감가상각비가 포함된 사용가치의 자본가격과 토지 사용가치의 자본가격까지 포함되어 있어서 소유 건물의 시장가격보다 크다. 그러나 이 방식은 주택소유자가 만기 또는 건물 처분시 원금을 되돌려 받기 때문에 감가된 건물가격보다 돌려 받는 원금이 크게 되어 사실상 일치한다.

지대시장제에서 전세가 방식은 아파트를 전세가로 소유하고 그 차액은 원금을 지불하지 않고 이자만 부담하는 금융 형태라고 할 수 있다. 아파트 사업 주체인 토지거래소는 전세가격으로 분양하면 전세시장이 우리에게 비교적 친숙하고, 토지와 건물의 분리하지 않아서 가격 산정이 편리하다. 더구나 거래소는 사업 초기에 투자비용을 거의 회수할 수 있어서 사업상 재정부담이 거의 없고(적고), 후기의 전세금 반환에도 지대수익이 있어서 자금 여력이 충분하다. 소유자도 건물을 포기하면 항상 전세금이 담보되어 있어서 이 가격만큼은 늘 재산가치를 인정받게 된다.

곧 전세가 분양방식은 건물가 분양방식에 비하여 소유자가 부담하는 방법은 다르고, 그 운영방식은 (1)과 같으므로 이해득실의 결과도 비슷하게 된다. 곧 초기의 전세가격이 건물가격보다 높다면 건물소유자의 초기 부담은 상대적으로 크나 그 크기만큼 토지 사용(주거) 가치가 커진 것이며, 집값도 그만큼 높아져 있다. 그리고 시장가격 범위 내에서 전세가격이 높아지면 추가 임대료는 적어지며, 토지 매입비용의 상환과 세금의 감면혜택도 빠르게 도래하므로 결과적 효과는 같다는 뜻이다. 이는 일반 전세시장에서 월세와 전세의 상관관계와 같다.

혹시 어떤 이는 이 방식이 복잡하다고 하거나 왜 굳이 이렇게까지 해야 하느냐고 반문할 수도 있다. 그러나 이렇게 하여야 전세가 수준으로 집값을 낮추며, 아파트에 포함된 최소한 40% 이상의 헛값을 시장기능으로 유동화하여 없애고, 부동산 문제인 투기와 시장불균형을 바로잡을 수 있다. 그리고 아파트 소유자에게도 일시 부담은 적고 면세혜택은 그만큼 빠르게 돌아온다. 토지거래소 역시 재정부담이 상대적으로 적고, 땅값 상환(소멸)과 금융비용의 회수기간이 빠르게 된다.

(3) 장기 선불식 : 사글세 방식

사글세 방식은 건물은 개인 소유로 분양하며, 토지임대는 전세 대신 장기 사글세로 하는 것이다. 사글세 방식은 토지의 한시적 미래 임대료를 시장가치로 할인하여 일시불로 받는 방법이다. 그러면 그 임대기간과 가격 산정은 건물의 내용연수 또는 계약(존속)기간의 가치가 된다. 아파트의 수명을 50년으로 보면 초년도 사글세 가격은 50년간 예상 지대의 연금현가가 된다. 이 값은 영구 지대의 연금현가인 땅값보다 낮으며, 원금이 소멸하기 때문에 원금 상환이 있는 전세가격보다도 더 낮아진다.

사글세 방식은 말 그대로 원금이 시간 흐름으로 삭아져서 작아지다가 계약기간이 끝이 나는 만기에 소멸한다. 곧 사글세 원금의 평균 가치흐름은 건물의 감가상각과 같다(비슷하다). 자본가격이 만기에 소멸하므로 원금 상환이 없다. 그러나 이 방식은 50년간 계속하여 커지는 성장가치를 50년 전에 미리 모두 예측하지 못하므로 방법상의 한계를 가진다. 홍콩과 중국이 이 방식을 채용하고 있는데, 지대의 저평가로 인하여 문제를 야기하고 있다. 이 방식은 성장성 토지의 미래지대를 현재의 지대를 기준으로 평가하기 때문이 값이 상대적으로 낮을 수밖에 없다. 그래서 문제가 발생하게 된다.

(4) 사적 가치와 공적 가치 분리방식 : 공적 가치 구분방식

지금처럼 아파트를 지어 분양하되 가격 산정과 부담에서 사적 가치와 공적 가치를 엄격하게 구분하는 방식이다. 곧 아파트 건물과 그 사용면적의 토지개발비와 건설비 등은 모두 개인 소유로 하여 개인에게 부담시키고, 전체 토지분과 공공부분이 맡아야 할 시설(도로, 관공서, 공원, 어린이 놀이터, 노인정 등)의 공공시설의 건설비는 모두 공공가치로 정부가 충당하는 방식이다. 이 방식은 땅값 없는 아파트 분양방식을 적극 지원하기 위하여 정부가 토지매입비와 아파트 내외의 공공시설을 지원하여 주는 경우 더 효과적 수행이 가능하다. 지금도 일반 주택지에서 아파트와 달리 도로, 놀이터, 노인정 등의 건설비와 운영비는 모두 정부가 부담하고 있음을 감안하면 이 방식의 선택이 무리라고는 할 수 없다. 이렇게 하면 주택의 분양가격은 아파트 입주가 부담하던 공공시설비만큼 낮아지고 대신에 그만큼 토지임대료 부담은 커진다. 그리고 이 방식은 초기에 정부의 재정부담이 문제이다.

공적가치 분리방식의 구체적 시행절차도 역시 전세가 분양방식이나 건물가 분양방식과 유사하며 결과적 효과도 유사하다. 그리고 이 공적가치 분리방식은 공공부지가 상대적으로 많은 송파 새도시 또는 사유토지라도 매입비용이 저렴한 임야나 농지를 매입하여 아파트를 짓는 경우는 이 방식이 더 효과적이다. 공적 가치 분양방식은 제시한 방식들 중 분양가격은 가장 낮고 임대료는 가장 높아지게 된다. 이 방식은 개념상 있을 수 있는 제도이지만 실무상 적용 가능성 여부는 아직 미지수다.

6. 지대시장제에서 각 시행방식의 비교

위에서 본 네 가지 방식 중 분양가격 기준으로 가격이 가장 높은 것이 사글세 분양방식이다. 그 다음이 전세가 방식, 건물가 분양방식 순이고, 가장 낮은 것이 공적가치 분리 분양방식이 될 것이다(공적가치 분리방식도 비용을 정부가 담당하거나 소유자에게 부담시키는 정도에 따라 차이가

〈표 9-2〉 분양방식의 개념적 크기 비교

분양방식	일시불	분할불	실제 총부담	면세혜택	비고(분양가)
땅값 포함 분양	분양가격	0	토지비+건물비용+세금	0	100%+세금
사글세 분양	분양가격	지대0	건물비+지대	세금−지대	60%
전세가 분양	분양가격	지대	건물비+지대	세금−지대	60%
건물가 분양	분양가격	지대	건물비+지대	세금−지대	50%
공공가치 분리	분양가격	지대	건물비+지대	세금−지대	40%

* 비고란의 분양가격 비교에서 기존의 토지소유제 분양방식을 100%로 보고(여기에 세금까지 이중부담), 나머지 60%, 50%, 40%는 실제 부담액 차이가 아니고 방식에 따른 상대적 수치의 비교임, 전세가격은 초기 임대료의 자본가격 기준임.

** 땅값이 포함된 기존의 토지 소유 분양방식은 땅값 성장액 때문에 땅값이자가 임대료보다 큰 값이며, 여기에 세금부담까지 감안한 것이고, 지대시장제는 토지 매입비만 부득이 지불하고, 미래의 땅값 성장액은 부담하지 않는 결과를 가정함.

*** 실제부담에서 전세가 분양은 자본거래를 무시함.

남). 그 대신 소유자의 임대료 부담은 분양가 부담액 크기와 반대의 순서가 되며, 소유자가 누리는 면세혜택도 분양가 부담이 큰 순서대로 먼저 돌아오게 된다.

그러나 이 부담액의 차이는 모두 소유한 집값이나 임대료에 반영되어 결국 같아지므로 이 네 가지 방식은 가격 산정과 분담의 방법이 다를 뿐 큰 틀에서는 별 차이가 없다. 그러므로 조합이나 사업자는 아파트 부지의 조건(입지가 나대지, 재개발 단지, 공공부지 등)이나 형편에 따라 위의 방식을 선택적으로 적용할 수 있고 또 혼용할 수도 있을 것이다.

네 가지 방법에 따른 소유자의 부담 크기를 기존의 땅값 포함 분양가와 땅값 제외 분양가, 그리고 임대료, 세금혜택 등을 서로 비교하여 보면 다음과 같다.

다음의 방식을 소유가격인 토지의 소유제와 임대제 방식 간의 차이를 실제 수치로 비교하여 보자. 단, 여기서 방법상 분리가 어려운 공공가치 분리방식을 제외한다. 대상 아파트는 33평형에 소유가격은 시가로 3억 원, 전세가격은 2억 원이라고 하자. 아파트의 건물분 가격은 1.5억원이고, 토지분 가격도 1.5억 원이다. 초기의 토지임대료는 300만 원이며, 이를 50년 사글세로 계산하면 사글세 가격은 9,155(9,154.5)만 원이다. 이러한 각각의 초기 가격에 토지가치는 매년 3% 성장하며, 건물은 50년 정률로 감가하지만 편의상 5% 감가를 가정한다. 시장의 균형 이자율은 5%이다.

다만 토지소유제의 집값과 전세가격의 장기 동향은 건물의 감가를 반영하여야 이론상 정확하지만, 이렇게 하면 실제 상황과는 맞지 않는 문제가 생긴다. 집값은 감가상각으로 인하여 장기로 가면 장부상의 가격은 절대값이 작아지고 전세가격은 토지의 성장성으로 인하여 계속 커지므로 두 가격은 서로 접근하는 현상이 발생하는데, 이런 현상은 토지

〈표 9-3〉 토지소유제와 지대시장제 각 방식의 가격 차이

구분		연도	0	1	2	3	30	40	49	50	만기 결과
땅값시장 (A)		소유가격(억)	3	3.09	3.18	3.28	2.28	9.79	12.77	13.15	건물 無
		이자비용(만)	0	1,500	1,545	1,591	3,535	4,612	6,198	6,384	땅값 有
일반전세 (B)		전세가격(억)	2	2.06	2.12	1.19	4.85	6.52	8.51	8.77	원금 有
		이자비용(만)	0	1,000	1,030	1,061	2,357	3,167	4,132	4,256	땅값 無
지대시장	전세방식 (C)	전세가격(억)	2	2	2	2	2	2	2	2	
		이자비용(만)	0	1,000	1,000	1,000	1,000	1,000	1,000	1,000	원금 有
		추가지대(만)	0	0	30	61	1,357	2,167	3,132	3,256	땅값 無
		주거비계(만)	0	1,000	1,030	1,061	2,357	3,167	4,132	4,256	
	건물분리 (D)	건물가격(억)	1.5	1.43	1.35	1.29	0.32	0.19	0.12	0.11	건물 無
		정상지대(만)	0	300	309	318	707.0	950	1,240	1,277	땅값 無
	사글세식 (E)	사글세정률(억)	0.93	0.88	0.84	0.80	0.20	0.13	0.08	0.07	건물 無
		사글세실률(억)	0.93	0.94	0.96	0.98	1.16	0.86	0.12	0	땅값 無

〈참고〉 초기지대(R) 300만 원, 이자율(i) 5%, 지대성장률(g) 3%, 건물감가율(d) 5%,

건물 내용연수 및 계약기간(n) 50년

지대의 사글세 가격(실율) $L = R_1[\{1-(1+g)^n(1+i)^{-n}\}/(i-g)]$

사글세 가격 9,300만 원 = 300만 원$\{1-(1+0.03)^{50}(1+0.05)^{-50}\}/(0.05-0.03)$

i) 전세방식의 전세 2억 원과 건물가격 1.5억 원의 격차는 만기 원금의 상환 유무에 따른 차이임. 사글세는 건물가격을 추가해야 함

ii) 사글세 실제는 성장성 지대의 특성상 총액이 커지면서 후기에 가서 작아지고 소멸하고, 사글세 정률은 이해의 편의상 감가상각처럼 정률 5%씩 감가할 경우를 가정함

iii) 토지소유제와 임대제의 비교는 성장률 3%를 가정하고 건물의 감가는 무시한다.

iiii) 50년 전체 기간에서 지대시장제의 각 방법에 따른 총부담은 같다. 그러나 이자와 세금까지 포함한 궁극적 총부담은 토지소유제가 임대제보다 2배 정도 크고, 부동산 사용비용도 소유제도가 임대제보다 최소한 소유가격과 전세가격만큼 더 크다. 세금 부담은 [지대 = 공경비]라는 조건에서 상호 비교한 것이다.

소유제에서 일반 현상과는 다르다. 곧 건물은 만기에 가까울수록 가격은 작아지고, 0에 접근하고 있지만, 사용가치인 전세는 커지고 있다. 사실 건물은 감가상각비만큼 사용으로 가치(수익)를 누리지만 자본 또는 소유가격에는 잡히지 않으므로 이런 현상이 더 강하게 발생하고 있다. 따라서 건물은 감가상각을 무시하거나 감가상각비를 충당금으로 계산하여 다시 자본으로 환원시켜야 이론상 전세가격과 맞게 된다.

또 건물 감가상각은 가치 흐름이 토지의 성장성과 반대 현상이기 때문에 이를 하나의 표에 모두 나타내고 비교하기가 곤란하다. 그래서 이 표에서 이해의 편리를 위하여 감가상가비는 별도로 표시하고 소유가격과 전세가격의 비교에는 무시한다. 이를 근거로 토지소유제와 임대제의 각 방식에 대한 초기가격과 주거비 부담의 차이는 위의 〈표 9–3〉과 같다.

〈표 9–3〉을 보면 지대시장제는 우선 주거비 부담이 땅값시장제보다 월등하게 적다는 것을 확인할 수 있다.

주거비 비교 : 토지소유제(A) 〉일반전세(B, 세금 有) 〉지대시장제 전세(C, 세금 無)

이게 사실이면 우리가 당연히 지대시장제를 택해야 하고 그 혜택도 매우 크다는 것을 알 수 있다. 이러한 방식은 각자 특색이 있으므로 실무에서는 사정에 따라 각각의 방식을 실정에 맞게 선택할 수 있을 것이다. 이 방식들 가운데 분양가격이 초기가격으로 고정되어 있는 전세방식이 실무상 적용하기가 편하고 좋을 것 같다. 그 이유는 다음과 같다.

① 전세시장이 형성되어 있는 부동산시장의 관행상 전세제도가 우리에게 비교적 친숙하다.

② 건물과 토지를 별도로 분리하여 가격을 산정할 필요가 없고, 시장에서 형성된 전세가격을 기준으로 바로 분양가격을 정할 수 있어 간편하다.

③ 토지거래소는 전세금 수입이 토지매입비와 건축비 등의 사업 시행에 초기에 필요한 자금부담을 덜어준다.

④ 토지거래소에 적립된 전세금은 임대료 연체 시 담보기능을 하기 때문에 평소의 임대료 수입도 안정적이다.

⑤ 건물소유자도 건물과 전세 원금이 재산기능을 하며, 전세금에 초기 지대가 포함되어 있어서 평소의 지대는 성장에 따른 인상분만 추가 납부하므로 임대료 부담이 적다.

⑥ 건물소유주가 전세금으로 적립한 원금은 만기에 되돌려 받을 수 있으므로 건물신축에 대한 자금부담이 거의 없다.

⑦ 건물소유자가 기존 토지에서 재건축을 입주를 원할 경우 신축 후 가치변동분만 정산하면 되므로 서로에게 자금부담이 거의 없이 안정적으로 지대시장제를 운영할 수 있다.

10장

반값(전세가) 주택제도의 도입과 운영방안 Ⅱ

1. 지대시장제를 가정한 강남 아파트의 제값 계산

강남 아파트의 제값 계산(2003년 기준)

지대시장제는 집값이나 땅값이 전세가 이하로 내려가는 제도이다. 그러면 이것이 실제 가능한지를 알아보기 위하여 먼저 우리나라에서 땅값과 집값이 제일 높은 강남지역의 아파트를 지대시장제를 가정한 가격을 추정하여 보기로 하자. 부동산 전문기관의 관련 자료를 보면 2003년 9월 기준으로 강남구 도곡동 주공 1차 아파트가 33평형 기준으로 분양가격이 약 6억 원이고, 매매가는 7억 원을 넘어서고 있다. 이 자료를 근거로 서울 강남 아파트(○○아파트 기준)의 전세와 월세를 추정하여 보면 다음과 같다. 자료는 2003년 기준이므로 현재와 다소 차이가 발생하지만 이를 근거로 현재의 가격을 짐작하여 볼 수는 있을 것이다.

○○아파트 소재지 : 서울 강남구 ○○동 316번지

전용면적 : 23.2평 총면적 31평형

입주시기 : 1979년 12월(건축 후 23년 경과)

공시지가 : 평당 1,056,000원(320만원×3.3m2)

전세 : 약 2억 원

월세 : 보증금 1억 5,000만 원에 월 35만~40만 원

(자료 닥터 아파트, 2003년 9월 기준).

월세의 연간 임대료 추정 : 1억 5,000만 원×0.05+40만 원 ×12 = 1,230만 원

그런데 재건축 대상 아파트는 프리미엄이 붙어서 값이 더 높다고 보면, 강남에서 다른 새 아파트 33평 규모는 6억 원 정도로 추정할 수 있다. 2003년 기준으로 시가는 7억 원이 넘고 있지만, 이 값은 거품이 포함되었다고 보고 이 거품을 빼고 6억 원으로 추정하여 보자. 아무튼 이렇게 형성된 강남 아파트의 가격 6억 원, 7억 원 등은 과연 제값일까? 부동산시장에서 흔히 말하는 거품은 무엇이며, 정상가격은 얼마일까?

강남에서 국민주택규모인 33평형(총면적) 새 아파트를 기준으로 할 경우 정상 시가는 6억 원이다. 그러면 이 아파트의 구입자가 연간 지불할 기회비용(은행이자)은 이자율을 5%로 잡아도 연간 3,000만 원이다(3,000만 원 = 6억 원×5%).

그러나 강남 새 아파트에 사람이 실제 투입하는 가치나 가격은 얼마나 될까? 강남 새 아파트 33평형의 실제 건축비는 약 1억 원으로 추정된다. 그리고 이외의 부담은 현재 시점에서 연간 1,000만 원 안팎의 토지사용료를 별도로 부담해야 한다. 그러나 그외의 가격은 모두 땅값이다. 그래서 우리가 땅값이 포함된 강남 새 아파트를 소유하려면 실건축비(또는 실구입비) 1억 원을 뺀 5억 원을 추가 부담하며 살아야 한다. 이를 이자로 계산하면 초과비용이 2,500만 원(2500만 원=5억 원×5%)이며, 이

금액에서 별도로 부담해야 하는 토지사용료 1,000만 원을 차감하여도 차액 1,500만 원이 땅값으로 인한 초과 부담액이라는 계산이다. 그리고 여기에 아파트 주인은 자신의 가계소득에서 지불하는 세금 1,000만 원을 별도로 물어야 한다.

2003년 기준으로 강남에서 새 아파트를 짓는 데 들어가는 순수 건축비(인건비+재료비+토지 개발비+건축 인건비+수수료와 기간이자 등)는 1억 원 정도밖에 들지 않는다는 것이다. 그래서 새 아파트 구입에 1억 원을 지불하고자 한다면 누구라도 강남 새 아파트의 주인이 될 수 있다. 그리고 강남 아파트에서 이 1억 원만이 강남 아파트가 자리잡은 장소에서 사람이 실제로 투입한 가치이고, 또 사람이 아파트를 사용하여 살면서 건물 주거가치로 혜택을 누릴 수 있는 가격이다.

그리고 이외의 추가효용 또는 추가 부담은 자연물인 땅이 주는 토지 주거가치로 토지지대가 있다. 곧 토지사용료가 1,000만 원 정도 별도로 있다. 이것이 우리나라 주거효용이 가장 높은 지역의 토지사용료에 해당한다는 것이다. 그 외의 다른 가격은 사람이 주거비로 지불하지 않아도 되는(실제로 지불하지 못하고 인플레이션만 일으키는) 땅값이다. 이를 전세가격으로 환산하면 이자율이 5%일 경우 3억 원이 된다.

이외에도 아파트 입주자는 자기 소득수준에서 물어야 하는 연간 1,000만 원 정도의 세금까지 면제된다고 하였다. 이런 요건을 모두 감안하면 강남 새 아파트 33평형에 주인이 실제로 내는 가격은 아파트 구입비 1억 원과 연간 1,000만 원 미만의 토지사용료인 지대 납부가 전부인 것이다.

이제 2003년 기준 강남 새 아파트의 제값을 실건축비 1억 원과 토지사용료 1,000만 원으로 계산하는 근거를 찾아보자. 이 부분은 강남 새 아파트 33평형이 값이 1억 원 정도라는 필자의 견해에 의문이 있으면 반드시 읽어야 하고 그렇지 않으면 넘어가도 무방할 것이다.

(1) 아파트 매입자의 소득과 세금 추정

강남 새 아파트 33평형 매입 가능자를 4인 가족 기준으로 볼 경우, 연간 가계소득은 4,000만 원 내지 5,000만 원인 사회 중류층 가정으로 기준하기로 한다. 이자율 5%, 경제성장률 3%, 각종 공경비 부담은 현재 조세부담률 23%와 준조세 부담률 2%를 감안하여 연간 900만 원에서 1,000만 원으로 추정한다(소득세 200만 원, 소비세 500만 원, 자동차세 50만 원, 이자 등 분리과세 소득세 50만 원, 재산세 등 지방세 100만 원, 연금보험, 고용보험, 건강보험 등의 강제성 보험료와 강제성 공과금 등 준조세 100만 원).

강남 아파트 거주자의 가계 연간 평균소득은 적어도 4~5,000만 원 이상이어야 하고, 이 경우 세금과 공경비 부담 총액은 연간 1,000만 원 이상이라는 추정이다.

(2) 아파트 건축비 기초 자료

① 건축위치 : 서울 강남구 ○○동 136번지 소재 ○○아파트 또는 이와 동일한 건축 조건

② 건물면적 : 33평형(전용면적 25.7평), 15층 기준, 참고(1평 = 3.3m²)

③ 건물등급 : 최신형 고급 아파트(사치성 자재와 고가의 수입 자재는 쓰지 않음을 원칙으로 함, 사치성 호화 아파트는 아니지만 주거의 편의시설을 갖춘 최신 표준형 아파트, 2003년 9월 완공 기준)

(3) 아파트 부지에 대한 자료

① 위치 : 서울 강남구 ○○동 136번지 토지 또는 이와 동일한 가치의 토지

② 공시지가 : 평당 약 1,056만(m²당 320만×3.3m²) 또는 이와 동일한 지역(2003년 기준)

③ 토지면적 : 12평 추정(12평 = 33평/용적률 275%)

(4) 건축비에 대한 자료

아파트 건축에 대한 건축비 관련 자료는 다음과 같다. 건설교통부가 2003년에 적용한 임대주택 표준건축비 상한가격은 m²당 아래와 같다.

10층 이하	최저 666.1천 원, 최고 746.0천 원
10층~15층	최저 606.0천 원, 최고 678,7천 원
16층 이상	최저 673.7천 원, 최고 754.1천 원

최고가를 기준으로 한 평당 건축비 : 약 250만 원
(248.853 = 754.1천 원×3.3m²)

이를 근거로 하면 가장 높은 가격을 기준으로 하여도 평당 상한가격은 250만 원이며, 여기에 시가를 반영한 가격은 통상적으로 30%를 추

가하면 325만 원이다(2005년 평당 표준 건축비는 339만 원임). 그런데 지대시장제가 되면 여기에 부과되는 각종 세금이 없다는 것을 염두에 두어야 한다. 곧 건축재료에 매겨진 부가가치세, 그리고 건축종사자의 인건비에 추가되는 소득세, 건축업자의 법인세 등 모든 세금이 면제되므로 적어도 10% 정도는 원가를 절감할 수 있을 것이다. 세금은 아파트 건축 후 아파트 매입자에게 거두는 부가가치세, 취득세, 등록세 등도 모두 없다. 이를 근거로 새 아파트 평당 실건축비는 295.45만 원(325/110%)이다. 여기서 강남 새 아파트 33평형 실건축비는 9,750만 원(295.45만 원×33평)이고, 이를 편의상 1억 원이라고 하자. 그러면 이 아파트 건축비는 강남 아파트뿐만 아니라 전국의 모든 아파트 건축비가 이에 준한 가격이 될 것이다. 곧 그 지역의 수송비나 재료비, 인건비 등이 특별하게 다르지 않다면 33평형 새 아파트 1채는 2003년 기준으로 1억원이면 건축과 매입이 가능하다는 뜻이다.

그리고 이러한 1억 원 아파트 가격이 6억원이라고 보면 땅값은 5억원인 셈이다. 토지와 건물의 전세가치를 50%로 보면 3억 원이며, 건물가격 1억 원과 감가상각 자본액을 차감하면 토지 전세가치는 약 2억 원이고, 이에 대한 5%의 이자율로 계산한 토지사용료는 1,000만 원이라는 추정이 가능하다.

아파트 가격, 1억 원과 6억 원

먼저 언급한 대로 서울 강남의 새 아파트 33평형의 정상시가는 6억원이며, 이에 대한 주거비용(기회비용, 주택가격 이자)은 5%의 이자율에서 연간 3,000만 원이다. 이 아파트의 전세가격은 시가의 50%로 보고 환산하면 3억 원이며, 이에 대한 주거비용은 연간 1억 5,000만 원이다. 세입자는 소유자와 소득이 비슷하다면 이 외에 연간 1,000만 원 가량 세금을 더 내야 한다.

그러나 아파트의 제값을 알고 난 후 실제가치만 지급하면, 다시 말하여 강남 땅의 영구 헛값인 땅값을 없애버리면 아파트 주인은 건축비 1억 원에 대한 주거비용(건축비 예금이자)으로 연간 500만 원(1억 원×0.05)만 부담하면 된다. 여기에 토지사용료 1,000만 원을 감안하여도 1,500만 원이다. 물론 토지사용료 1,000만 원은 세금을 대신하기 때문에 세금 면제액과 상계하면 실제 토지사용료는 없는 것과 마찬가지다. 주택 소유자는 토지사용료와 세금 둘 중에 어느 하나는 부담해야 하지만 지금의 부동산제도에서는 사용료(매입가의 기회비용)와 세금을 이중으로 부담하는 것과 비교하면 큰 차이가 있다.

그리고 토지사용료 1,000만 원은 앞으로 매년 명목 경제성장률 또는 전세가격 인상률만큼 올라간다(그외에 용도변경과 기술변화도 감안하여 인상). 그러나 매년 커지는 토지사용료 인상분은 지금의 제도에서는 땅값 기회비용의 누적적자액, 주인의 가계소득이나 토지의 주거효용, 그리고 세금부담 등이 모두 같은 비율로 커지고 있기 때문에 초과부담이 아니다. 이는 임금이 경제성장과 노동의 숙련도 증대에 따라 커지지만 이것이 초과부담은 아닌 것과 같다. 곧 토지사용료 1,000만 원은 현재의 아파트 가격 6억 원 또는 아파트 주인의 가계소득(4천만 원~5천만 원)과 같은 비율로 고정되거나 성장하기 때문에 매년 일정(일률적)하다고 보아도 무방하다.

이것이 우리나라에서 땅값이 제일 높은 강남지역 주민이 지불할 주거비 총액이다. 주택지로서는 대한민국에서 가장 좋은 지역(?)에 산다

〈표 10-1〉 강남 아파트의 시장유형별 연간 주거비의 단순 비교(단위 : 원)

항목	땅값시장	전세시장	지대시장	비고
원금, 일시불	토지+건물 6억	전세 총액 3억	건물 1억	1억원 = 건축비 + 이윤
기회비용 또는 토지 사용료	3,000만	1,500만	건물 500만 토지 1,000만	소유가> 전세가=지대
세금 부담	1,000만	1,000만	0	지대시장제 : 세금 0
총부담	4,000만	2,500만	1,500만	소유가> 전세가> 지대
초과부담	2,500만	1,000만 (세금)	0	소유가> 전세가> 지대
계산근거	시가×이자율	전세가×이자율	당기 발생지대	매년 3%씩 성장하나 계산에서는 무시함

주) 주택 건물가격 1억 원은 고정자본으로 불변을 가정함(감가상각비 무시함)
건물원금의 기회비용(순효용) = 건물 주거가치 총효용 – 건물 감가상각비 총계

고 볼 경우 지불할 주거비의 최고액이다. 서울에서 최고가 지역인 강남이 이 정도라면, 다른 지역의 아파트 주거비는 이보다 훨씬 낮은 가격이 된다는 것을 쉽게 짐작할 수 있을 것이다. 그래서 타지역 주민은 강남 아파트와 같은 규모의 아파트에 주거한다고 할 경우 건물분은 부담액은 같은 1억 원으로 같지만 토지사용료는 강남의 절반인 500만 원밖에 되지 않을 것이다. 그리고 연간 1,000만 원 정도의 자기 부담 세금까지 면제받으며 거주할 수 있는 것이다. 더구나 자기 아파트에서 주인의 간섭을 받지 않고 임대료를 부당하게 올려달라는 등의 염려도 없이 자유롭게 살아갈 수 있다.

그리고 땅값이 없는 지대시장제 사회에서는 아파트의 실제 주거비가 이보다 더 줄어들 수 있다. 지금의 토지사용료는 땅값에 대한 기회비용을 근거로 매겨지고 있다. 그러나 땅값이 0이 되면 토지사용료는 땅값이자가 아니라 그 지역의 실제 토지 효용가치인 지대만 계산되고, 이 때

지대는 통상적으로 땅값 이자보다 작다.

그리고 이 아파트를 전세로 임대한다고 하면 세입자의 경우 실질 부담액은 전세가를 매입가의 50%로 보아 3억 원이다. 이에 대한 실질 부담액은 기회비용으로 연간 1,500만 원(3억 원×0.05)이다. 여기에 이 정도의 전세가격에 살 수 있는 가계의 소득수준에서 부담하여 할 세금과 공경비 부담 역시 연간 1,000만 원 정도 별개로 추가 부담하여야 한다.

이와 같이 강남 새 아파트 33평형에 주거할 경우 토지의 소유, 일반 전세, 지대시장제 등으로 시장의 유형을 나누어 주거비에 대한 실질 부담액을 비교하여 보자. 이 경우 주거비의 총 크기는 만기 기준으로 [소유가격 원리금 > 전세가 원리금 > 지대 연금(지대의 연금 총계)] 순서로 나타나고, 주거의 총효용은 지대연금 총액이다. 이를 현재의 주거비용(기회비용)의 거래 크기로는 [소유가격 > 전세가격 > 지대가격]이 된다.

1억 원짜리 아파트를 왜 6억 원으로 살아야 하는가?

여기서 건물 원금과 감가상각비 계산은 편의상 제외하였다. 그러나 원금과 감가상각비를 감안하면 주거가치는 건물 효용가치 500만 원에 건물 감가상각비만큼 더 크게 잡아야 하고, 이에 감가상각비는 다시 원금 보상가로 충당해 주어야 한다. 곧 계산에서 건물가격 1억 원은 원금을 그대로 두거나 아니면 감가상각비를 주거가치로 추가하고(+), 이를 다시 감가상각 충당금으로 차감하거나(−) 결과는 같다. 단, 전세가 실부담액 1,500만 원에는 전세 거주기간 동안의 감가상각비 상당의 추가효용이 포함되어 있어서 차감해야 지대시장제와 가치가 개념상 일치한다.

이와 같이 우리가 땅을 바로 알고, 토지의 기본 성질에 따라 시장을 바로 운영하면 연간 주거비는 건물 투자비의 기회비용(또는 건물 주거가치)으로 500만 원과 토지 사용가치 1,000만 원, 이렇게 총 1,500만 원만 지불하면 살아갈 수 있다. 그런데 우리는 강남의 새 아파트를 연간 4,000만 원(소유비용 3,000만 원 + 세금 1,000만 원)까지 지불하면서 살아야 한다. 아니면 일반 전세로는 전세비용 1,500만 원과 세금부담 1,000만 원, 총계 2,500만 원까지 지불하고 살아야 한다.

이와 같이 땅값과 세금까지 모두 포함한 토지소유제, 일반 전세, 지대시장제를 비교하면 각 제도에 따른 주거비 부담의 차이는 8 : 5 : 3으로 현저한 차이를 보여주고 있다. 이 분석은 2003년 기준이므로 2007년 현재는 2003년 가격에 최소한 물가상승률만큼은 절대값이 커져 있고, 주거비 부담의 차이는 그대로 계속되고 있으며, 2006년 강남 아파트 가격 급등을 감안하면 이 격차는 더 커져 있다고 보아야 한다. 강남 아파트에서 땅값시장제(토지소유제)와 지대시장제의 주거비 부담 차이는 5 : 2나 될 만큼 엄청난 차이를 나타내고 있다. 이는 거짓말 같은 사실이다.

2. N지역 D사 아파트의 지대시장제를 가정한 가격분석

분양원가 분석

다음은 건설업체인 D사가 2003년 어느 지방(서울과 수도권이 아님)에 공사를 시작하여 2005년 5월 입주한 40(39평)평형 아파트를 지대시장제를 가정한 건축비와 전세가격을 분석하여 보기로 하자. 다음은 D사가 N아파트 입주 안내문에서 밝힌 아파트 가격과 비용에 대한 실제 자료이다.

분양가격 : 173,381,813원

소유권 관련 세금 : 계 7,426,300원=취득세 3,547,880원+등록세 3,870,420원+인지세 8,000원

융자금 관련 세금 : 계 323,200원 = 등록세 115,200원+인지세 8,000원 + 채권이자손실액 200,000원(추정)

부가가치세 : 12,113,187원(분양가 1.73억 원과 지방세 과표 1.61억 원의 차액은 부가가치세임)

● 세금 총액 : 19,862,687원

● 분양면적 : 공용면적 외 분양면적 131.4732km^2(39.8평, 약 40평)

● 아파트 건물가격과 땅값의 추정(토지지분 14.54평)

여기서 부동산에 대한 부가가치세는 건물에만 부과하고 토지에는 부과하지 않으므로 이를 근거로 건물가격을 추산하여 보면 다음과 같다.

건물분 가격 121,131,870원 = 부가가치세 12,113,187/0.1
(부가가치세 세율 10%)
토지분 가격 40,136,746원 = 분양가격 173,381,813원 – 건물가격 121,131,870 – 부가가치세 12,113,187원

따라서 N아파트 40평 분양가격 1억 7,300만 원의 내역을 보면 건물가격 1억 2,100만 원, 부가가치세 1천211만 원, 땅값 4천13.6만 원이라는 계산이다. 분양가격에 포함되지 않는 세금(취득세, 등기세, 인지세, 채권손실)을 감안하면 아파트 분양에서 총 부담액은 1억 8천100만 원이다.

여기서 지대시장제는 이론상 땅값과 세금이 전혀 없는 순수 사유재산제와 완전 자유시장제를 표방하므로 세금을 제하면 40평 건축에 실제 투자된 건물가격은 1억 2,100만 원선이다. 이를 33평으로 환산하면 9천982.5만 원으로 1억 원이 조금 못 미치는 금액이다. 여기에 건축원가에 전가되어 포함될 수밖에 없는 건축업자의 부담 세금을 감안하면(제하면) 가격은 이보다 더 내려갈 여지가 있다. 땅값 계산은 부가가치세를 근

거로 추정한 것이므로 사실과는 다소 차이가 날 수 있으나 개략적 계산은 크게 다르지 않을 것이다.

따라서 2003년 기준 강남 새 아파트 33평의 제값은 지역별 건설원가가 크게 다르지 않다고 보면 1억원 정도라는 것이 입증되고 있다. 나머지는 모두 땅값과 세금인 셈이다. 이와 같이 D사가 지은 아파트보다 더 좋은 자재를 쓰고, 서비스 품목을 늘리고, 2003년에서 2007년까지의 물가상승률을 모두 감안한다고 하더라도 2003년 건축비에 비하여 50% 이상 초과하지 않을 것이므로 강남 새 아파트 33평형은 2007년 기준으로도 1억 5천만 원 미만이 확실하다. 아파트 평당 순건축비(개발비 포함)는 D사 수준에는 평당 303만 원, 고급 자재와 서비스 품목을 끼워넣어도 454.5만 원, 곧 500만 원 이내가 된다는 계산이 나온다. 물론 판교지역과 같이 도시 기반시설이 되어 있지 않은 곳은 토지개발비가 추가될 것이다. 그러나 도시 기반시설이 되어 있는 기존 도심의 토지는 토지개발비가 적은 반면에 땅값이 그만큼 높다는 것을 감안해야 한다.

이것이 아파트를 짓기 위하여 사람이 땅(자연)에 투입하는 가치총계이다. 그리고 순건축비 1억 원을 초과하여 내는 가치는 땅이 인간에게 주는 선물(공짜)의 성격인 지대가 된다. 여기서 순건축비 1억 원과 자연의 선물인 지대를 제외한 그 이상의 값은 오히려 자연이 인간에게 자연법을 어긴 대가로 매겨놓은 벌금과도 같은 땅값과 세금이다. 그러므로 아파트에서 건축비는 투자에 대한 가격, 지대는 투자와 관련이 없는 사회적 선물, 땅값은 헛값성 벌금, 세금은 이중 부담성 벌금이 되는 셈이다.

이 자료에서 보듯이 1억 7천3백만 원 아파트 구입에 세금이 무려 2천만 원으로 11.6%나 되고 있다. 그리고 이 아파트 소유자는 입주 후에도 앞으로도 계속하여 재산세와 토지세를 추가로 내야 하고, 소유자의 소득에서는 소득세, 그리고 생활에는 소비세를 내야 한다. 비과세 대상자가 아니면 이 집을 팔 때는 양도소득세, 상속하면 상속세도 내야 한다. 땅값이 커지는 만큼 인플레이션세도 부담해야 하는 것은 말할 것도 없다.

지대시장제의 채산성 분석과 임대료 산정

N아파트의 2005년 준공 당시 전세가격은 1억 8천만 원에서 2억 원 정도이다. 이 아파트는 전세 희망자가 많고 전세 물량은 적으므로 가격이 더 오를 조짐도 있다. 여기서 분양 후 시장 전세가격은 1억 8천만 원으로 가정하자.

따라서 N아파트를 지대시장제의 간편법인 시장 전세가 방식으로 하면 전세가 1억 8천만 원과 동아파트 실제 분양가격 1억 7,300만 원(173,381,813원)을 대비하여 보면 바로 채산성을 검증할 수가 있다. 이 분양가격 1억 7,300만 원의 내역을 보면 건물가격 1억 2,100만 원, 부가가치세 1천 211만 원, 땅값 4천 13.6만 원이었다.

_채산성 분석

세금을 감안한 분석 : 전세가격 수입 1억 8,000만 원 ≒ 실제 분양가격 1억 7,300만 원

∴부가가치세 등 세금을 내고도 채산성이 있음

세금을 제외한 분석 : 전세가격 수입 1억 8,000만 원 ≥ 건물 총 원가 1억 6천 100만 원(D사가 부담할 세금을 제하고, 건축재료 공급에도 각종 세금을 면제하면 건축원가는 더 낮아짐)

∴부가가치세 등 세금을 제하면 채산성뿐만 아니라 초과 수익성도 기대할 수 있음

_임대료 산정

이자율 5%, 주택 토지가치 성장률 3% 가정

전세가격(임대보증금) : 1억 8,000만 원 = 아파트 건물 매매가격

1억 8,000만 원(원금 유지)

초기 연간 임대료 산정액 : 900만 원 = 1억 8,000만 원×5%

초기 월 임대료 산정액 : 75만원 = 900만원/12개월(간편법)

실제 납부할 추가 임대료 :

1기 0원

2기 27만 원 = 900만 원×3% = 27만 원

3기 54.81만 원 = 27만 원+ 27만 원×(1+0.03)

∴ 소비자는 초기 주택구입자금 1억 8,000만 원에 추가 임대료를 지급하게 되고, 이 추가 임대료는 거래소의 토지 잉여수익이며, 공경비를 대신하므로 소비자는 그만큼 납부할 세금을 면제받을 수 있게 된다.

_토지소유제 주택 주거비 계산

현재 N아파트는 분양 당시 시가는 2억 8,000만 원 정도이었다. 그러므로 분양가격 1억 7,300만 원에 부가가치세와 분양 당시 재산세 등을 제하고도 약 1억 원 정도 프리미엄 차익을 얻은 것으로 분석된다. 그리고 이 아파트를 시가대로 재구입한 소유자의 경우 주거비용이 다음과 같다.

토지소유제 주택 초기 주거비용 :

1기 1,400만 원 = 2억 8,000만 원×0.05

2기 1,442만 원 = 1,400만 원×(1+0.03)

_지대시장제와 토지소유제 주거비 부담 비교(1기 기준)

지대시장제 : 일시불 가격 1억 8,000만 원(64.3%), 임대료 900만 원(64.3%)

(장기로는 토지 임대료 지불액만큼 별도의 세금 부담이 면제됨)

토지소유제 : 일시불 가격 2억 8,000만 원(100%),

주거비용 1,400만 원(100%)

(주택소유에 대한 세금, 주거자의 소득에 대한 세금을 계속하여

내야 한다)

∴ 지대시장제가 토지소유제에 비하여 35.7%의 싼값으로 내집을 소유하고 주거의 자유를 누릴 수 있고, 장기적으로 세금까지 면제받는 혜택을 누릴 수 있다.

3. 지대시장제와 가격 흐름의 구체적 이해

집값으로 본 재산가치의 비교

<표 10-2> 는 지대시장제에서 간편법인 전세가 방식에서 기간별 가격의 구체적 흐름을 추적하여 본 것이다. 2000년도 초기가격은 아파트 전세가격이 2억 원, 소유가격은 3.6억 원으로 하고, 토지와 건물은 각각 반반씩이며, 매매가 대비 전세가 비율은 55.6%이다. 이 비율은 서울 아파트 매매가 대비 전세가격의 평균비율이 1998년에서 2006년까지 강북이 58.7%이고 강남은 48.8%이므로 이를 참고로 비율과 가격을 가정하여 보았다. 소유가격과 전세가격에 적용될 이자율은 5%, 성장률은 3%이다.

<표 10-2> 에서 기존의 토지소유제 주택은 초기 3.6억 원이 50년 후에는 15.78억 원으로 커져 있고, 50년간 4.38배 커졌다. 전세가격은 초기 2억 원이 50년 후는 8.77억 원으로 역시 같은 비율로 커져 있다. 이러한 성장 비율은 우리가 우리나라 주택시장의 경험을 통하여 볼 때 충분히 예측할 수 있는 것이며, 오히려 낮은 수치라고 할 수 있다. 왜냐하면 국민은행이 주택가격의 동향을 조사한 1986년부터 2006년까지 20년간의 통계만 보아도 서울 아파트 매매지수는 4.4배(강남 5.6배) 전세지수는

〈표 10-2〉 전세가 소유주택의 재산가격 비교(단위 : 억 원)

연도	① 토지소유 주택가격	② 일반전세	③ 전세절감 ①-②	④ 정액전세 주택소유	⑤ 토지 사글세	⑥ 건물가격
0	3.60	2.00	1.60	2.00	1.11	1.80
1	3.71	2.06	1.68	2.00	1.13	1.71
2	3.82	2.12	1.76	2.00	1.15	1.62
3	3.93	2.19	1.85	2.00	1.17	1.54
10	4.84	2.69	2.61	2.00	1.30	1.08
20	6.50	3.61	4.25	2.00	1.43	0.65
30	8.74	4.85	6.92	2.00	1.40	0.39
40	11.74	6.52	11.26	2.00	1.03	0.14
48	14.88	8.26	16.64	2.00	0.28	0.15
49	15.32	8.51	17.47	2.00	0.15	0.15
50	15.78	8.77	18.35	2.00	0.00	0.14
	g : 3%	g : 3%	i : 5%	정액	연금현가	d : 5%

주) 전세 절감액은 초기 절감액(1.6억 원)의 원리금 합계, ⑤번의 토지 사글세 초기가격은 50년 지대수익의 연금현가, ⑥번의 건물 감가상각은 소유가격과 전세가격은 반영하지 않고 건물 자체의 잔존가치만 계산함

5.1배(강남 5.2배)가 커졌으므로 50년간 주택가격 평균상승률이 7.5~5.5%이므로 여기서 소유가격과 전세가격 구분 없이 성장률 3%를 가정한 것은 무리라고 볼 수는 없다.

우리는 많은 사람들이 토지임대제 주택은 만기가 되면 건물이 낡아서 사라지므로 소유자의 재산가치는 0으로 떨어져 토지임대제 주택을 회피한다는 우려를 하고 있다. 그러나 < 표 9-5> 에서 보는 바와 같이 이러한 우려는 임대시장에 대한 오해에서 나온 것이다. 토지소유제는 초기에 3.6억 원의 투자액이 만기에 15.78억 원으로 4.38배 커졌으나 토지임대제 주택은 초기에 1.6억 원 원금의 투자 절감액이 만기에 18.35억 원으로 커져 있다. 주택분양 당시 분양자가 토지소유제 대신 임대형 주택을

선택하고 절감한 초기 금액을 은행에 예치할 시에 이런 계산이 나온다. 초기 1.6억 원의 집값 절감은 복리이자로 계산하면 50년 후 18.35억 원이다. 여기에 전세가격으로 납부한 초기 원금 2억 원도 만기에 되돌려 받으면 임대형 주택자의 만기 총 재산은 초기 자본가격 절감만으로도 20.35억 원으로 커진다. 토지임대형이 토지소유형보다 오히려 재산이 2.57억 원이 더 커져 있다. 물론 추가지대를 감안하면 양쪽의 크기는 같다.

이러한 결과는 예금 1.6억 원은 5% 이자율로 커지고 토지나 주택의 성장률은 통상적으로 이자율보다 낮은 비율(3% 가정)로 커지고 있기 때문이다. 이 예를 전세가 2억 원에 시가 분양가격은 3억 원인 경우에 적용하면 토지소유제는 50년 후 만기에 13.15억 원이 되고, 전세가로 절약한 자본 예금 원리금은 11.47억 원이다. 곧 경우에 따라 임대형 주택이 소유형 주택보다 적은 경우도 있다. 그러나 이런 경우 전세금 반환액 2억을 합하면 총액은 13.47억 원이므로 소유형 주택보다 재산가치가 비슷하게 남는다. 그리고 주거비용에서 임대형이 소유형보다 계속 유리하다. 따라서 지대시장제는 어떠한 경우에도 토지소유제에 비하여 재산 축적에서 불리한 경우는 없다. 지대시장제가 주거가치 100의 주택을 100을 주고 사는 반면에, 땅값시장제는 200을 주고 살고, 사는 동안 손해를 본 나머지 100은 땅값을 올려 타인에게 그 손해를 전가시켜서 겨우 본전을 뽑는 경제구조이다. 토지소유제에서 주택을 구입한 사람 역시 이런 손해를 계속 보기 때문에 그 손해를 타인에게 전가시키는 우를 반복하면서 살게 된다.

이를 종합하면 토지 임대형 주택이 만기에 감가상각으로 인하여 잔여재산이 없다는 것은 오해가 빚은 기우에 불과하다. 그럼에도 토지임대가 만기에 재산이 없다는 오해는 건물의 감가상각만 부각시키고, 집을 반값(전세가격)에 구입한 절감액의 재산가치는 무시한 것으로 오류의 결과이다. 이렇게 임대형 주택에 대한 잘못된 정보를 만들어 사람들을 사실과 다르게 오도하는 자들은 집값의 가치 흐름을 제대로 파악하지 못한 무지와 경솔함을 가졌거나 아니면 이 사실을 알고도 지대시장제를 단순히 반대하기 위하여 고의적으로 사실을 왜곡시키고 있다고 보아야 할 것이다.

주거가치와 주거비용의 비교

<표 10-3> 은 주택에서 토지 소유와 임대에 따른 주거가치와 주거비용에 대한 장기적 가치 흐름을 나타낸 것이다. 이자율은 5%, 성장률은 3%, 감가상각은 건물가격 1.8억 원에 정률이 5%, 정액은 연간 300만 원이다. 토지소유형 주택은 2000연도에 3.6억 원을 투자함으로써 이를 5%의 이자율로 계산하여 소유비용(기회비용)을 계산하면 초기에 1,800만원이 된다. 이 비용은 성장성 자본의 가치 흐름을 따라 비용도 커지게 된다.

그리고 임대형 주택은 같은 방법으로 계산하면 소유비용이 초기에 1,000만 원이다. 그리고 전세금 납부는 일반 전세는 매년 전세금 인상분을 다 내야 하지만 토지임대형 주택은 전세금 인상액을 원금 대신 이자만 내면 된다. 물론 양 방식의 총 부담 크기는 모두 같으나 실제 거래액은 추가지대 징수방법이 인상된 전세 원금 거래가 없어서 작아진다.

소유비용으로 계산하여 보아도 토지임대형 주택은 토지소유형 주택보다 초기 기준 800만 원이 절약된다. 이 금액을 다시 연간 3%씩 커지면서 매년 절약되어 50년 연금의 총계[13] 만큼 커지게 된다. 그래서 주거

13) 정액연금 총계를 구하는 식은 $S = R\{(1+g)-1]/i$, 성장연금 총계를 구하는 식은 $i>\ g$의 조건에서 $S = R(1+i)^n-(1+g)^n/(i-g)$이다.

<표 10-3> 전세가 소유주택의 소득흐름(단위 : 만 원)

연도	⑦소유비용	⑧일반전세 비용	⑨정액전세 비용	⑩추가지대 (⑧-⑨)	건물감가 (정률법)	건물감가 (정액법)
0	0	0	0	0	0	0
1	1,800	1,000	1,000	0	900	360
2	1,854	1,030	1,000	30	855	360
3	1,910	1,061	1,000	61	812	360
10	2,349	1,305	1,000	305	567	360
20	3,156	1,754	1,000	754	340	360
30	4,242	2,357	1,000	1,357	203	360
40	5,701	3,167	1,000	2,167	122	360
48	7,221	4,012	1,000	3,012	81	360
49	7,438	4,132	1,000	3,132	77	360
50	7,661	4,256	1,000	3,256	73	360
	①×0.05	②×0.05	④×0.05	g : 3%	d : 5%	50년

주) 2기 추가지대 30만 원 = 일반전세비용 1,030만 원 - 정액전세비용 1,000만 원

비용은 집값 초기 상승액의 50년 성장연금 총계 크기만큼 절약하게 된다.

지대시장제에서 간편법인 전세가 방식은 3.6억 원의 주택을 전세가격에 구입하여 내집으로 소유하고 사는 방법이다. 좀더 구체적으로 전세가 방식은 토지임대를 조건으로 3.6억 원의 집을 2억 원에 구입하고, 토지임대료는 전세가 추가 인상분의 이자만 내는 방식이다. 그래서 주택소유자가 토지임대로 인한 < 표 10-3> 의 ⑩번의 추가 임대료(추가지대) 납부는 < 표 10-2> 의 ②번에서 계산된 금액이다. 추가 임대료는 전세가격이 경제성장과 물가상승을 따라 50년간 오르기 때문에 이를 반영하여 오른 전세가격의 이자만 추가로 징수한다. 이외에 초기에 납부한 주택 원금 2억 원이 만기까지 남아 있고, 이 금액은 만기에 되돌려 받는

다. 이 방식은 전세가격에 내 집을 소유하는 간편법이므로 초기 분양가격에는 토지분 전세금도 일부 포함되어 있는 셈이다. 그러나 비용으로 계산한 총 부담액은 일반 전세와 토지임대형이 모두 같고, 자본거래의 크기만 토지임대형 주택이 작아진다.

이론상의 토지소유와 토지임대의 가치 흐름 비교

위의 예는 아파트 전세가격이 2억 원, 소유가격은 3.6억 원으로 하여 매매가 대비 전세가 비율을 55.6%로 가정한 가치 흐름이었다. 그러나 이자율 5%와 성장률 3%의 가정에서 헛값(실수익물이 아닌)인 자본가격 상승액을 제외하면 이론상의 부동산 실수익률은 소유가격의 2%(이자율 5%−성장률 3%)가 된다. 이를 감안한 소유가격 대비 전세가격의 비율은 40%(2%/5%)가 되어야 이론상 정확한 계산이다.

그리고 위의 예는 감가하는 건물가격과 성장하는 토지가격 때문에 전세의 이론가격과 실제가격은 사실상 차이가 난다. 토지소유형 주택가격에 건물의 감가상각비를 고려하려면, 정률법은 전체 주택가격에 감가상각비 비중이 높아서 초반에는 하락하는 추세가 되고, 정액법은 성장률을 감가율만큼 낮추어야 하는 문제가 발생한다. 이렇게 감가상각비를 고려하여도 통상적 주택가격은 건물이 없는 토지보다 성장비율이 더 높으므로 현실과 맞지 않다.

따라서 이를 감안하여 여기서는 성장성 자산인 순수 토지만을 고려하여 사용가치를 대변하는 전세가격과 이 값을 초과하는 자본가격의 흐름만을 추적하여 보기로 한다. 여기서 건물가격이 제외되어 있지만, 실제 주택의 소유가격과 전세가격의 장기동향은 감가상각 없이 성장하는 토지가격과 흐름이 거의 유사하므로 여기서 말하는 땅값은 주택가격의 가치 흐름으로 이해하여도 무방할 것이다.

그리고 토지의 소유형과 전세 임대형의 가치 흐름은 이자율 i가 일정할 경우 자본성장액 g와 자본 실수익률의 크기에 따라 장기적 가치의 변화도 추적해 볼 필요가 있다. 이 경우 성장하는 자본가격 g로 인하여 자본 실수익률은 i에 g를 차감한 비율을 말하며, 이를 r이라고 하면 r = R/P(지대 또는 사용가치/소유가격)이다. 이런 요인을 감안한 소유형 가격과 전세임대형 가격의 가치 흐름은 아래 표와 같다. 참고로 P는 소유가격, J는 전세가격이다.[14)]

다음 표에서 이론적 조건을 갖춘 가격 역시 소유형과 임대형의 장기 가격추세는 큰 차이가 없다. <표 10-4> 에서 <표 10-6> 까지 자료를 근거로 토지소유형과 임대형의 가격 차이를 비교하면 다음과 같다.

첫째, 성장률 g와 실수익률 r의 크기에 관계없이 전세임대형이 소유형보다 가격이 영구적으로 낮다. 위 표에서는 g가 높을수록 토지소유형은 소유가격만 높고 실제 수익률(사용가치)은 떨어진다.

둘째, 만기에 잔존 재산가치 역시 g와 r의 관계없이 임대형이 크다. 이는 땅값이 g의 비율로 커지는 반면에 전세 절감액은 g보다 높은 i의 비율로 커지고 있기 때문이다. 만기에 남은 잔존가액 역시 땅값은 고정자본, 전세 절감액의 예금은 유동자산으로 현금화에 차이가 있다.

셋째, 소유비용보다 사용비용(전세비용)은 모든 표에서 g와 r의 크기 변환에 관계없이 토지 임대형이 낮다. 그 차이는 소유가격 이자(i)에 대한 소유가격 상승률(g)의 비율이다.

넷째, 토지의 소유형과 임대형의 만기 재산가격 총계는 임대형에서 추가로 납부하는 임대료의 원리금을 차감하면 다음과 같은 식이 성립한다.

〈표 10-4〉 성장률 〉 수익률의 경우 토지임대의 가치 흐름

연 도	자본 흐름(재산가격) J/P = 40%(1.6억 원/4억 원)			
	① 소유가격 (⑨×2%)	② 일반전세 (①×0.4)	③ 전세절감(①-②)×(1+0.05)	④ 정액전세 (초기 고정)
0	4.00	1.60	2.40	1.60
1	4.12	1.65	2.52	1.60
2	4.24	1.70	2.65	1.60
3	4.37	1.75	2.78	1.60
10	5.38	2.15	3.91	1.60
20	7.22	2.89	6.37	1.60
30	9.71	3.88	10.37	1.60
31	10.00	4.00	10.89	1.60
40	13.05	5.22	16.90	1.60
48	16.53	6.61	24.96	1.60
49	17.02	6.81	26.21	1.60
50	*17.54	7.01	*27.52	*1.60

연도	소득 흐름(수익과 비용) i : 5%, g(3%) 〉 r(2%)				
	⑤ 소유비용 (①×5%)	⑥ 전세비용 (②×5%)	⑦ 정액전세비용(초기고정)	⑧ 추가지대 (⑥-⑦)	⑨ 정상지대 (②×5%)
0	0	0	0	0	0
1	2,000	800	800	0	800
2	2,060	824	800	24	824
3	2,122	849	800	49	849
10	2,610	1,044	800	244	1,044
20	3,507	1,403	800	603	1,403
30	4,713	1,885	800	1,085	1,885
31	4,855	1,942	800	1,142	1,942
40	6,334	2,534	800	1,734	2,534
48	8,024	3,210	800	2,410	3,210
49	8,265	3,306	800	2,506	3,306
50	8,512	3,405	800	2,605	3,405

주) 소유가격 4억 원 = 1기 지대 800만/(0.05-0.03)

〈표 10-5〉 성장률 〈 수익률의 경우 토지임대의 가치 흐름

연 도	자본 흐름(재산가격) J/P = 60%(1.6억 원/2.67억 원)			
	① 소유가격 (⑨×3%)	② 일반전세 (①×0.4)	③ 전세절감(①－②)×(1+0.05)	④ 정액전세 (초기고정)
0	2.67	1.60	1.07	1.60
1	2.72	1.63	1.12	1.60
2	2.77	1.66	1.18	1.60
3	2.83	1.70	1.24	1.60
10	3.25	1.95	1.74	1.60
20	3.96	2.38	2.83	1.60
30	4.83	2.90	4.62	1.60
40	5.89	3.53	7.53	1.60
48	6.70	4.14	11.13	1.60
49	7.04	4.22	11.69	1.60
50	7.12	4.31	12.27	1.60

연 도	소득 흐름(수익과 비용), i : 5%, g(2%) < r(3%)				
	⑤ 소유비용 (①×5%)	⑥ 전세비용 (②×5%)	⑦ 정액전세비용(초기고정)	⑧ 추가지대 (⑥－⑦)	⑨ 정상지대 (②×5%)
0	0	0	0	0	0
1	1,333	800	800	0	800
2	1,360	816	800	16	816
3	1,387	832	800	32	832
10	1,593	956	800	156	956
20	1,942	1,165	800	365	1,165
30	2,368	1,421	800	621	1,421
40	2,887	1,732	800	932	1,732
48	3,382	2,029	800	1,229	2,029
49	3,450	2,070	800	1,270	2,070
50	3,518	2,111	800	1,311	2,111

주) 소유가격 2.67억 = 1기 지대 800만/(0.05－0.02)

〈표 10-6〉 전세가(60%) 토지임대의 가치 흐름(성장률 g 〈 수익률 r)

연 도	자본 흐름(재산가격) J/P = 60%(2.4억 원/4억 원)			
	①소유가격 (⑨×3%)	②일반전세 (①×0.4)	③전세절감(①-②)×(1+0.05)	④정액전세 (초기고정)
0	*4.00	2.40	1.60	2.40
1	4.08	2.45	1.68	2.40
2	4.16	2.50	1.76	2.40
3	4.24	2.55	1.85	2.40
10	4.88	2.93	2.61	2.40
20	5.94	3.57	4.25	2.40
30	7.25	4.35	6.92	2.40
40	8.83	5.30	11.26	2.40
48	10.35	6.21	16.64	2.40
49	10.56	6.33	17.47	2.40
50	10.77	6.46	18.35	2.40

연 도	소득 흐름(수익과 비용), i : 5%, g(2%) > r(3%)				
	⑤소유비용 (①×5%)	⑥전세비용 (②×5%)	⑦정액전세비용(초기고정)	⑧추가지대 (⑥-⑦)	⑨정상지대 (②×5%)
0	0	0	0	0	0
1	2,000	*1,200	1,200	0	*1,200
2	2,040	1,224	1,200	24	1,224
3	2,081	1,248	1,200	48	1,248
10	2,390	1,434	1,200	234	1,434
20	2,914	1,748	1,200	548	1,748
30	3,552	2,131	1,200	931	2,131
40	4,329	2,598	1,200	1,398	2,598
48	5,073	3,044	1,200	1,844	3,044
49	5,174	3,104	1,200	1,904	3,104
50	5,278	3,167	1,200	1,967	3,167

주) 소유가격 4억 = 1기 지대 1,200만/(0.05-0.02)

소유형 만기 토지 재산가격 = 임대형 재산가격 총계 – 추가지대 연금 총액

$P(1+g)^n = \{(P-J)(1+i)^n + J\} - R \times$ (n년 성장연금 종가율 – n년 정액연금 종가율)

10.77억 원 = (18.35억 원 + 2.4억 원) – 1,200만 원× (292.54–209.35) → <표 10–6>을 참고

다섯째, g >r이면 강남 아파트처럼 J/P(매매가 대비 전세가 비율)가 낮고, g <r이면 J/P가 상대적으로 높다. 이는 <표 10–4>와 <표 10–5>에서 보는 바와 같이 토지의 실질가치인 지대(초기 800만 원), 전세가격(1.6억 원)이 일정하여도 성장률로만 땅값이 4억 원과 2.67억 원으로 급격하게 변하기 때문이다.

여섯째, 땅값이나 집값은 사용가치에 관계없이 g를 따라 변하므로 g가 높을수록 소유가격은 커져서 사용의 적자폭도 커진다. < 표 10–6>은 g< r의 조건이기 때문에 초기 소유가격 4억원에 사용가치는 1,200만 원이지만, < 표 10–4> 는 g> r의 조건이기 때문에 같은 4억 원에 사용가치는 800만원뿐이다. J/P 역시 < 표 10–6> 은 60%이지만, < 표 10–4> 는 40%에 불과하다. 전자는 전국 주택의 일반적 성질이 속하는 가격이고, 후자는 강남과 같이 소유가격이 유달리 높은 지역의 가격이라고 보면 된다.

일곱째, 토지임대형 주택에서 매년 징수할 추가 임대료(추가지대)에 대하여 아직 이해를 잘 못하거나 거부감을 가지는 경우가 있다. < 표 10–4> 에서 보면 추가 임대료는 전세가격이 성장하는 2년부터 시작하여 2기에 24만 원, 매기 g만큼 전세가격이 커지므로 만기에는 2,605만원을 부담하고 있다. 그래서 언뜻 보면 이 값이 상당히 큰 부담이 되고, 토

지 소유가격을 분할하여 낼 뿐 가격차이가 없는 것처럼 보일 수도 있다. 실제로 임대료의 이런 성격을 부각시켜서 소유가격이나 임대가격은 궁극적으로 같다고 하면서 토지임대제가 반값(또는 전세가)이라는 말이 사기라고 항변하기도 한다. 그러나 <표 10-4> 에서 토지 소유형은 초기에 매입가격이 4억 원, 소유비용이 2,000만 원이므로 임대형의 전세가격 1.6억 원과 전세비용 800만 원은 소유가격의 40%이다. <표 10-5> 에서도 임대형 부담은 소유형에 비하여 60%이다. 이 현상은 장기 연금에서 그 비율의 차이가 줄어들기는 하지만 원금의 성장성으로 인하여 연금 총액의 적자는 계속된다. 그리고 추가지대는 궁극적으로 소유자가 부담할 세금과 상계될 수 있는 크기이다. 따라서 토지임대형(또는 토지임대부 주택)이 추가지대를 납부하여도 매년 부담할 크기는 소유형의 소유비용(연체이자 포함)에 비교하면 40%~60% 정도로 낮아진다. 그리고 기존의 땅값이나 전세가 거래는 일시불이지만, 추가 임대료 징수는 분할 납부로 소비자의 부담을 분산시키고, 운영 주체의 수입도 안정성을 확보할 수 있다. 거래가격의 평가 역시 일시불 거래보다 수시로 조정 징수하는 추가 임대료가 시장가치에 더 가깝게 접근할 수 있다.

따라서 지금 토지임대부 주택분양제도의 논의에서 제기되는 만기에 재산가격이 소멸하고 없다는 염려와 토지임대료와 소유가격은 같은데 이를 속인다는 비난은 근거가 없는 말이다. 다만, 토지임대 또는 지대시장제라는 새 제도의 도입에 대하여 그 제도를 두려워하거나 제도의 장단점을 제대로 이해하지 못했거나 그들의 정서가 잘못되어 있다고 볼 수밖에 없다.

소유와 임대의 가치흐름에 대한 정리

지금까지 논의한 토지의 소유형 가격과 임대형 가격에 대한 가치흐름을 〈표 10-6〉에 따라 정리하면 초기가격은 다음과 같다(i : 5%, g : 2%, n : 50년, 초기 P : 4억 원, 초기 R : 1,200만 원).

사글세 가격(L) = 3.0612억 원

= 0.12억 원(R) × (50년 성장연금 현가율) → 식은 5장 (식 5-11) 참조

전세가격(J) = 3.3536억 원 = 0.12억 원 × 292.5267 ÷ 209.3480 ÷ 0.05

= 50년 성장연금 종가 ÷ 50년 정액연금 종가율 ÷ 이자율

소유가격(P) = 4억 원 = 0.12억 원 / (0.05 − 0.02)

∴ 동일한 사용가치 R에 지불은 [P > J > L]

따라서 동일한 사용가치에 지불하는 금액의 크기는 각자 다르다. 여기서 사글세 자본가격(L)만이 50년 후 원리금과 사용가치(R)가 일치하여 가치가 실현된다. 그리고 장기에 걸친 가치 흐름에서 토지의 원리금, 이자 연금총액, 지대 연금총액의 관계는 다음과 같다.

n년 후 땅값 원리금 = n년간 이자연금 총액 + 땅값 원금

= n년간 성장 지대연금 총액 + n년도 땅값 종가(終價)

n년 후 땅값 종가 = 땅값 원금 + n년간 땅값 상승 총액

n년간 이자연금 총액 = n년 후 땅값 원리금 − 땅값 원금

n년 후 땅값 상승액 = n년간 이자연금 총액 – n년간 성장지대 연금 총액
(초기 상승분 n년간 상승률 정액연금 총액)
n년간 성장 지대연금 총액 = n년 후 땅값 원리금 – n년 후 땅값 종가
n년간 추가지대 연금 = n년간 성장 지대연금 총액 – n년간 정액 지대연금 총액

〈표 10-6〉에 따른 50년 후 만기가격은 다음과 같다.
50년간 이자의 정액연금 총액 = 41.8696억 원 = 0.2억 원 × 209.3480
50년간 지대의 성장연금 총액 = 35.1032억 원 = 0.12억 원 × 292.5267
이자와 지대의 연금 차액 = 6.7664억 원 = 41.8696억 원 – 35.1032억 원
50년간 미실현가격 총액 = 10.7664억 원(50년 후 땅값 총액)
* 10.7664억 원 = 지대 연금차액 6.7664억 원 + 땅값 원금 4억 원
사글세 자본(L)의 50년 후 원리금(35.1억 원) = 50년간 지대연금 총액(35.1억 원)
** 35.1억 원 = 사글세 자본가격 3.0621 × 11.4674(50년 종가율)
지대(R)의 50년 후 연금 총액 35.1억 원 = 0.12억 원 × 292.5267

∴ 50년간 땅값 총액 10.7664억 원(원금과 상승액)은 가치의 실현이 없다.

4. 지대시장제 확대실시를 위한 토지증권제의 도입

토지증권제의 개요

지금까지의 논의는 주택(아파트)과 신도시 건설에서 지대시장제의 실시를 주로 다루었다. 그런데 부동산 문제는 그 뿌리가 [소유비용 > 소유수익] 현상에서 발생한 것이므로 이 문제는 아파트뿐만 아니라 모든 주택과 빌딩, 농지나 임야 등에도 그대로 적용되는 것이다. 토지의 시장임대로 아파트가 시가에 비하여 전세가 이하로 낮아지고 문제가 해결된다면 이 처방은 일반 주택과 상가, 빌딩, 모든 토지와 건축물에도 그대로 유효하다는 것이다. 이 책의 중심 과제인 지대시장제는 아파트나 신도시만을 대상으로 하는 것이 아니고 전 국토와 부동산시장 전체를 대상으로 한다. 이렇게 해야 부동산 문제도 해결하고, 만성적 경제문제도 따라 풀리며, 세금 없는 자유시장 사회를 실현할 수 있기 때문이다.

그런데 지대시장제는 사유토지를 매입하거나 보상하는 것이기 때문에 재정상의 문제로 당장 시행하기가 어렵다. 그래서 필자는 지대시장제의 도입을 위한 전단계 절차로 사유지 땅값을 증권으로 보상하는 토지증권제의 실시를 제안하고자 한다. 이 제도는 사업 주체가 토지매입에 대한 재정부담을 대폭 줄이거나 장기로 분산시켜서 좀더 쉽게 지대시장제를 확대하기 위한 방안이다.

토지증권제는 토지시장 대리기관인 토지거래소가 토지소유자에게 토지증권을 발행 · 교부하고(매입 또는 보상하고) 토지는 거래소에 귀속시키는 제도를 말한다. 이 제도는 기업의 소유와 경영을 주식제도로 분리하는 것과 같이 토지의 소유와 사용을 토지증권으로 분리하는 방법이다. 증권의 가격은 소유자의 신고가격 및 거래소와 협의 계약한 가격을 원칙으로 하며, 정액이자를 지급하는 채권성 증권이다.

토지증권제의 도입방안

토지증권제에 대한 실제적 도입은 구체적인 검토가 필요하겠지만 여기서 제도의 이해를 위한 개념적인 절차를 소개하면 다음과 같다.

① 앞에서 언급한 토지거래소(시장 대리기관)는 증권을 발행하여 토지를 매입한다(귀속시킨다). 이 제도 역시 가격과 거래방식은 모두 참여자의 자율적 결정을 원칙으로 하며, 정부는 법을 통하여 토지와 증권의 자유로운 유통을 보장하고, 제도의 운영에 필요한 재정과 각종 정책을 지원한다.

② 토지의 소유와 사용은 기업의 주식처럼 증권으로 분리된다. 토지소유자는 증권소유자로 바뀌고, 토지에 대한 신분은 사용자로 바뀐다. 물론 토지는 주인이 없으므로 내 땅처럼 자유롭게 사용할 수 있는 권한이 있다. 그리고 증권소유자는 자금이 필요하면 소지한 증권을 언제든지 처분하여 자금을 유통시킬 수 있다. 이

점에서 토지증권은 시장의 채권과 같다.

③ 소지한 증권은 소지하고 있으면 일정 이자를 받고, 사용하는 토지는 지대를 납부할 의무를 진다. 이렇게 하면 시장은 증권시장과 지대시장으로 이원화되고, 헛값 발생으로 문제를 일으키던 종전의 땅값시장(소유시장)은 소멸한다.

④ 증권소유자와 토지사용자가 일치하면 지대징수와 증권이자는 서로 상계되므로 징수와 지급의 절차가 필요없다. 이 경우 지대징수액 증권이자가 일치할 경우이고, 이 금액이 차이가 나면 서로 상계하고 차액만 정산한다.

⑤ 소유와 사용을 분리한 증권제도만으로도 경제는 이미 상당한 효과를 기대할 수 있다. 토지증권은 채권과 같이 이자가 일정한 채권성 정액증권이기 때문에 투기가 사라진다. 토지증권의 가격은 시장 이자율과 증권 이자율 차이만큼만 원금이 변동하고, 만기는 원금만 보장되기 때문에 지금의 토지시장과 주식시장처럼 가격 급등현상과 투기는 발생하지 않는다.

⑥ 토지증권은 유통성이 있어서 소유자가 언제라도 처분이 가능하고 현금화하기가 쉽다.

⑦ 토지사용자는 토지취득비가 필요없고, 토지를 사용한 후 지대만 납부하면 된다.

⑧ 토지사용자는 소유자의 간섭을 받을 필요가 없어서 토지사용의 자유가 보장되고 커진다.

이 단계에서 이미 토지는 사용 중심으로 바뀐다. 토지 사용에 대한 실체적 권리는 증권소유자에게 없고 사용자에게만 있다.

⑨ 장기로는 거래소가 징수하는 지대수익으로 증권을 매입 소각하여 버리면 토지증권은 소멸한다. 이 경우 부동산시장은 땅값과 그에 따른 헛값이 완전히 사라지고 지대시장만 남는다. 토지증권이 소멸한 후 지대시장의 운영은 앞에서 언급한 방법에 준한다.

토지증권의 발행과 유통

이러한 토지의 시장성질과 보상절차에 따른 토지증권의 발행과 유통을 그림으로 나타내면 <그림 10-2> 와 같다. 거듭 강조하지만, 토지거래소는 증권거래소 또는 농수산물 공판장처럼 시장을 대리하는 기관이다. 토지거래소는 토지증권의 거래와 지대의 평가 및 징수에 대한 사무만을 담당하고, 토지의 사적 사용에는 일체 간섭하지 않는다.

〈그림 10-2〉 토지증권의 발행과 유통

<그림 10-2> 에서 토지소유자는 증권소유자로 바뀌고, 이후 발행한 증권의 소유와 매각 등은 모두 유통시장에 자유로 맡기는 것이다. 토지거래소는 토지사용자의 토지 사용에도 다만 증권이자와 지대수익의

괴리가 발생한 증권은 소유자가 증권의 신고가격에 따라 지대수익이 이자를 보상할 때까지 일정기간 연계하여 관리되는 것이 다르다.

5. 토지증권제의 문제점과 해결방안

토지증권의 이자와 지대의 격차문제

토지증권제는 도입에서 큰 문제점이 하나 있는데, 그것은 토지소유제가 만들어 놓은 고질적 문제인 [토지비용 > 토지수익]의 현상을 어떻게 해결하는가 하는 것이다. 물론 이 문제는 토지증권제가 새롭게 만든 문제는 아니고, 기존의 토지사유제가 만들어 놓은 토지시장의 태생적 문제임을 독자들이 알고 있을 것이다. 따라서 이 부등식이 초래하는 각종 경제문제를 어떻게든 해결하고 경제를 바로 잡자는 방안이 토지증권제이고 지대시장제인 것이다.

토지증권의 발행액은 원칙적으로 시장가격이다. 증권의 이자지급에 적용하는 이자율도 발행 당시의 시장 이자율로 한다. 증권가격과 이자는 채권처럼 일정하다. 그러나 토지의 지대수익은 성장률 때문에 이자율 i보다 g만큼 작기 때문에 토지증권 발행에서 초반기 이자는 그 토지의 지대수익보다 커서 자금부담이 문제인 것이다. 그런데 증권이자는 매년 고정되어 있고, 지대수익은 성장성 토지의 특성상 매년 커지므로 시간이 지나면 증권이자보다 커진다. 그래서 증권이자와 지대수익의 가치 흐름은 연체이자를 감안하지 않으면 〈그림 10-1〉과 같은 흐름을 가진다.

〈그림 10-1〉 토지증권의 이자와 지대수익

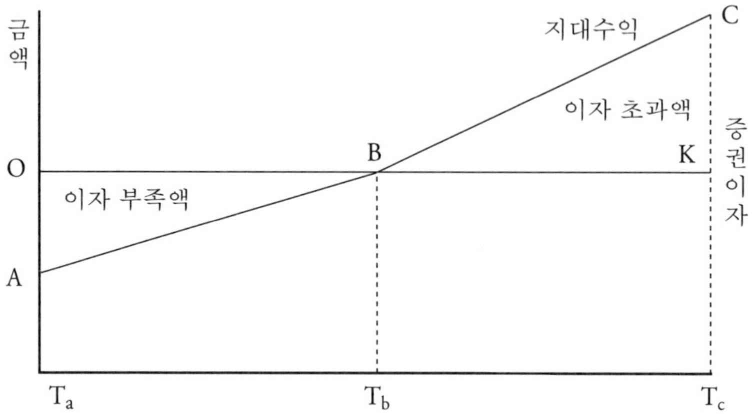

<그림 10-1>에서 증권이자는 O(OK선)에서 고정되어 있고, 지대수익은 O보다 낮은 A에서 시작한다. 그런데 토지증권제에서 이 현상은 계속되는 것이 아니고, 초기는 증권이자가 지대수익보다 크고 그 대신 후기는 작아진다. 증권발행 초기(T_a)기의 지대수익은 A, 증권이자는 O이므로 지대수익은 증권이자보다 AO만큼 적고, 이 현상이 T_b기까지 계속하여 ▷ AOB만큼 자금이 부족하여 거래소는 재정부담이 발생한다. 그러나 T_b기 이후부터 지대수익이 증권이자를 초과하여 흑자가 나기 때문에 T_c기에 가면 적자와 자금 부족 현상은 ◁ BKC의 크기로 보상을 할 수 있다. 그리고 T_c기 이후는 계속하여 흑자이기 때문에 토지사용자는 세금까지 면제받을 수 있어서 지대시장제가 도래한다. 토지증권제의 문제는 증권이자와 지대수익의 이러한 가치 흐름의 성질에 따른 해결점을 찾아야 한다. 따라서 이 문제는 토지증권의 계약가격에 그 이자와 지대수익을 일정기간 연계시켜 관리하는 방안으로 풀어가야 할 것이다.

증권이자와 지대수익의 일치

토지시장 또는 주택시장에서 매매가격 대비 전세가격 비율은 이론상으로 이자율에 대한 지대의 비율(실질지대/이자비용)과 일치한다. 초기 지대(R)는 초기 전세(J)에 대한 전세이자(Ji)와 같으며, 이 크기는 고정된 P와 Pi보다 초기값이 J/P의 비율만큼 작다. 그러나 전세금과 전세수익은 g의 비율로 커지고 있으므로 고정된 이자와 일치하는 시기는 다음과 같은 식으로 나타낼 수 있다(연체이자 제외).

토지증권이자(Pi) = Ji(1+g) = 지대수익 $R(1+g)^n$

이 식을 우리가 이해하기 쉬운 매매가격(P)과 전세가격(J)의 관계로 바꾸어 보면, 매년 g의 비율로 성장하는 전세가격이 고정된 소유(매매)가격과 일치하는 연도와 같은 시기이다.

증권가격(P) = 전세가격 $J(1+g)^n$

이 식은 토지의 연체이자를 감안하지 않으면 기업의 수익과 비용이 일치하는 손익분기점(break-even point : BEP)과 유사한 성격을 가진다.

이를 편의상 수익과 비용의 분기시기(分岐時期, even period : EP)라고 불러보자. <그림 10-1> 에서 증권이자와 지대수익이 일치하는 가격 B점의 시기(T_b), 곧 EP는 토지증권제의 정책결정과 제도의 실제 운영에서 사업성 판단에 큰 시사점이 될 것이다.

시장에서 이론적 매매가 대비 전세가 비율(J/P)은 P와 R에 미치는 이자율과 성장률의 차이(i-g)로 결정된다. 그래서 이자율이 5%, 성장률이 2%이면 수익률은 성장률 g에 대한 이자율 i에 대한 보수관계이므로 3%이다. 이를 자본가격인 매매가격 대비 전세가격으로 환원하면 비율(J/P)은 60%가 되고, 성장률이 3%이면 전세가격 비율은 40%가 된다. 그래서 증권가격과 전세가격의 관계는 성장률이 2%이면 전세가 비율은 60%, J는 0.6P가 되므로 두 값이 일치하는 시기 EP는 다음과 같다.

$$P = 0.6P(1+g)^n \Rightarrow 1.67 = (1+g)^n$$

이 식에서 로그를 취해 n을 구해보면 g가 2%일때 n(T_b=EP)은 25.64년이 된다. 지대수익이 커져서 증권이자와 일치하는 시기는 증권제 도입에서 약 25.6년 후가 된다는 의미이다. 성장률이 3%이면 전세가격 비율이 40%이며, n은 31.1년이다. 이 식을 이용하여 전세가 비율(J/P)과 성장률(g)의 변동치를 따라 n(T_b)을 구하여 보면 <표 10-7> 과 같다.

<표 10-7> 에서 보면 증권이자와 지대수익이 일치하는 기간 n은 이론상 전세가격 비율과 성장률의 크기에 따라 다양한 분포를 나타낼 수 있다. 그러나 이론가격과 현실시장을 감안한 이자율과 성장률에 따른 전세가격이 고정된 매매가격에 접근하는 기간은 대체로 (   )안의 기간

〈표 10-7〉 J/P로 본 '증권이자 = 지대수익'의 기간

J/P \ g(%)	1	1.5	2	2.5	3	3.5	4	5	6	7	8	9	비고
40%	92.5	62.2	46.3	37.2	**(31.1)**	26.7	23.4	18.8	15.7	13.5	11.9	10.6	P = J(1+g)^{n}의 n i : 5%
50%	70.0	47.0	35.0	**(28.1)**	23.5	20.2	17.7	14.2	11.9	10.2	9.0	8.0	
60%	51.8	34.4	**(25.6)**	20.6	17.4	14.8	13.1	10.5	8.8	7.8	6.7	6.0	
70%	34.0	**(24.3)**	17.0	15.5	11.1	10.4	8.6	6.9	5.8	5.0	4.4	3.9	

주) 기간 계산에서 P는 Pi와 R보다 n이 항상 1기 빠름

으로 보면 될 것이다. 이자율이 5%에서 g가 3%, 2.5%, 2%, 1.5%일 경우 매매가격 대비 전세가격 비율(J/P)은 각각 40%, 50%, 60%, 70%가 이론가격과 부합하고, 이 비율은 현실 전세시장의 가격도 이와 유사한 추세를 가지기 때문이다. 그래서 현실 시장에서 J/P가 60%이면 $P = J(1+g)^n$의 n은 25.6년, 40%이면 31.1년, 50%이면 28.1년, 70%이면 24.3년이 소요된다고 보면 될 것이다.

그리고 이 기간은 성장률(g)이 낮을수록 J/P에 의한 전세수익의 비율이 높아서 이자손실의 기간도 짧아진다. 그리고 이자율과 성장률 역시 절대값이 높으면 높을수록 이자손실 기간도 그만큼 짧아진다. 예를 들어서 i는 5%, g가 2%이면 이론상의 J/P는 60%이고 n은 25.6년이지만, 이자율과 성장률이 2배 높아서 i는 10%, g가 4%이면 J/P가 같은 60%에서도 n은 12.9년 정도로 대폭 줄어든다. 그러므로 토지증권제에서 시장의 전세가 비율을 60%라고 보면(장기 이자율 5%, 성장률을 2%) 비용 수익 일치기간(EP) n은 평균 26년(25.7년)이다. 다만 강남과 같이 매매가격이 높아 J/P가 40%인 지역은 31년 정도 걸린다.

그리고 토지의 소유제이든 증권제이든 양자 공히 적자 이자는 땅값 상승분 크기이며, 이에 대한 보상은 사회적 실물이 없기 때문에 궁극적으로 인플레이션이 담당한다. 이는 토지소유제에서 발생하는 [Pi > R]의 적자는 사회가 부담하는 것인데, 토지소유 시장은 민간에게 맡겨져 있고 토지증권제는 정부나 토지거래소가 담당하는 것이 다르다.

토지증권의 문제점(증권이자 〉 지대수익) 해결방안

토지소유제는 땅과 집은 시가로 매입하여 그에 따른 이자비용을 지출하고, 소유에서 사용과 수익은 이보다 적은 금액(전세수익)을 얻어서 적자를 계속하는 시스템이다. 이렇게 잘못된 적자 시스템을 거래소가 해결하려면 적자를 보전할 대안이 있어야 한다. 이는 토지거래소가 매년 발생하는 증권이자와 [증권이자 > 지대수익]의 현상이 초래한 땅값 상승분 연체이자를 갚을 수 있어야 채산성이 있다는 뜻이다. 곧 거래소는 비용과 수익이 일치하는 EP까지 발생한 이자 총계를 지급할 자금력이 있어야 한다. 이에 따른 거래소의 사업 추진과 조건을 결정하는 방식은 다음과 같다.

(1) 이자의 적자를 토지수익 증대로 보전하는 방식

현재 토지시장의 [이자 > 수익]의 적자현상을 거래소가 수익증대로 쉽게 보전할 수 있을 경우 토지증권제를 바로 실시할 수 있다. 이 방식은 거래소가 토지를 매입하여 개발하거나 용도변경으로 수익성을 기대할 수 있을 경우에 실시한다. 9장에서 검토한 바와 같이 토지는 개발이나 용도변경으로 적어도 2, 3배의 수익이 일시에 커지기 때문에 이 방식이 가능한 것이다. 인간이 만든 소유의 구조적 적자 문제를 천연의 토지가치가 커지면서 자동 해결하여 주는 것이라고 할 수 있다. 이 방식은 재개발지구, 신도시 지역 등 개발이 쉬운 곳이 추진하기 좋다. 그리고 개발과 용도변경이 어렵더라도 거래소가 토지증권을 발행하여 대규모의 토지매입이 가능하고 토지의 대량 사용으로 규모의 이익을 얻을 수 있을 경우에도 사업을 추진할 수 있다. 주로 도시의 낙후지역과 농촌의 유휴농지가 이에 해당될 것이다.

(2) 전세금으로 증권이자를 대체 지급하는 방식

EP까지의 기간

그러나 (1)의 방식이 불가능한 일반 주택지와 미개발지구는 대부분이 EP(T_b기) 까지 수익보다 큰 이자의 지급을 거래소가 감당하지를 못한다. 그러나 이런 경우에도 거래소는 합리적 자금관리로 방법을 강구할 수가 있다. 토지증권제에서 토지의 원금은 보상할 필요가 없고 증권의 이자만 지급하면 된다. 그리고 토지는 거래소에 귀속한다. 그러므로 귀속한 토지는 거래소가 전세가격으로 임대하고, 받은 전세금으로 증권이자를 선지급 하는 방식을 도입하는 것이다. 도입 초기에 원금 보상은 필요가 없으므로 귀속한 토지는 전세금 수입으로 적자 이자를 지급하면 초반기의 재정부담을 일부 줄일 수 있다. 거래소는 증권이자와 지대수익이 일치하는 EP 이후는 지대수익이 증권이자를 초과하므로 EP까지 자금의 여력이 있으면 이 제도를 도입할 수 있다. 이 경우 전세금으로 이자를 지급하는 것은 연부금 납부 방식이 정확하지만 이해의 편의상 EP에 일괄 지급하는 것으로 가정하자. 그런데 이 때 전세가격이 EP까지 이자의 적자를 어느 정도 보전할 수 있는가 하는 문제가 남는다. 여기서 전세금을 포함한 거래소의 총수익이 EP까지 발생한 증권의 이자 총액을 보전할 수 있는 크기를 구하는 식은 다음과 같다.

EP(T_b기) 까지 증권이자 연금 총계 = EP까지 성장 전세금 수익 총액 + 전세금

이 식에서 양변이 같거나 우변이 크다면, EP까지의 사업성은 있음을 뜻한다. 여기서 매매가격 대비 전세가격 비율(J/P)은 60%, 증권의 초기 이자는 2,000만 원, 초기 전세수익은 1,200만 원이라면 EP까지 증권의 이자 총액과 거래소의 지급 가능액은 다음과 같이 계산된다(i : 5%, g : 2%, EP : 26년).

총 이자 : 10.22억 원 = 0.2억 원×51.1135(26년 정액연금 종가율)
지급가능액 : 9.93억 원 = 7.53억 원 + 전세원금 2.4억 원
(단, 전세금은 T_b기에 지급)

※ 7.53억 원 = 0.12억 원 × 26년 성장연금 종가율 62.7433

∴ 이자 총액 10.22억 원 ≡ 지급가능액 9.93억 원

△ 0.29억 원 = 10.22억 원−9.93억 원

곧 전세금을 이자로 지급하면 거래소의 적자는 상당히 줄어들어 이자 총액과 지급 가능액은 거의 접근하고 있다. 부족액 △ 0.29억 원은 26년간의 이자 총액 10.22억 원에 비하면 큰 부담이 아니다.

여기서 전세금을 이자지급에 충당하면 임대 만료나 해약시 전세 반환 자금이 문제라고 볼 수 있다. 그러나 이 문제는 계약 만료로 전세금을 반환하면, 그 토지는 전세 임차자가 바뀜을 말하고, 이때 받을 신규 전세금은 초기 반환금보다 커진 값을 수익하게 되므로 문제가 없다. 아니면 이런 문제를 사전에 없애기 위하여 EP까지 전세기간을 사전에 약정하여 두면 된다. 물론 전세 계약기간 내에도 사용자는 개인적으로 재임대(민간 전세)를 할 수 있고, 거래소 역시 전세의 갱신이 항상 가능하므로 계약이 문제가 되는 것은 아니다. 다만 이렇게 해도 전세금의 이자 부담은 남아있다.

위의 예는 J/P가 60%인 경우를 예로 들었으나 J/P가 70%이면 EP는 24.3년이 되고, 이 기간 이자 총액은 9.1억 원, 거래소의 지급 가능액은 9.17억 원으로 자금이 남게 된다.[14] 그리고 강남 아파트와 같이 매매

14) 9.1억 원 = 초기이자 0.2억 원×45.5억 원(24.3년의 연금종가율은 45.5를 적용함)
9.17억 원 = 45.5×0.14억 원(초기 전세수익) +2.8억원(4억 원×J/P)⇒ 추가 지대수익은 포함하지 않음.
추가지대를 포함한 전세수익 성장연금은 1.18억 원 = 51.3029×0.148억 원

가격이 높은 경우는 적자액이 커져서 전세금으로 이자를 갚는다고 하여도 거래소는 자금부담을 받는다. 이런 경우 거래소는 정부의 재정지원을 받아서 실시하거나 아니면 사업을 하지 않고 기다리는 편이 유리하다. 이런 지역은 지금도 [소유비용 > 소유수익]의 적자폭이 다른 지역보다 상대적으로 크다. 그래서 토지증권제로 인하여 땅값 상승에 대한 기대이익이 줄어들면 분모인 P가 작아지고 J/P는 높아질 것이므로 굳이 거래소가 이 제도를 서두를 이유가 없다.

그리고 증권이자를 전세금으로 상환하는 경우는 더 정확한 할부금 이율을 가지고 거래소의 사업성을 추정할 수도 있다.

> 증권이자 연금 총계 = 전세금 할부금 총계 + 추가 지대수익 연금 총계

그런데 할부 이자율은 원금까지 포함한 상환비율이므로 일반 이자율보다 크다. J/P는 1보다 작으므로 전세이자가 땅값이자를 보상하려면 J/P나 r/i의 역수의 크기와 같아야 한다. 따라서 이에 적용하는 이자율(보상률)은 일반 이자율보다 역수만큼 큰 비율이다. 그래서 이자보다 큰 전세 부금액이 증권이자와 일치하려면 'Pi = J×부금률'의 관계이므로 여기서 부금률은 i에 J/P의 역수인 P/J를 곱하여 구할 수 있다. 예를 들어서 J/P나 r/i가 0.6, i가 0.05이면 이에 상응하는 균형 부금률은 1/0.6 ×0.05이고, 이를 계산하면 8.33%가 된다. 이 비율을 부금표에서 찾아보면 근사치가 18.5년이다. 이는 EP 25.6년에 비하면 7.1년이 모자라고, EP

근접기인 26년의 균형 부금률은 6.96%이므로 약 1.37%(8.33-6.96)의 자금이 부족하다 그러나 이 금액은 추가지대의 수익을 감안하지 않은 수치이므로 추가지대 수익을 감안하면 적자기간은 더 짧아지고 부금률도 높아진다. 26년간 추가지대 수입 총계는 1.4억 원이므로 이를 원금으로 환산하여 부금률을 계산하면 실제 부금률은 6.78%로 낮아져서 균형 부금률 6.96%에 거의 접근하고 있다.

그리고 이 방식에서 J/P가 70%이면 이자에 상응한 균형 부금률은 EP(24.3년)에 근접한 24년 기준 7.14%, 실제 부금률은 7.24%이므로 전세금과 정액 전세수익만으로도 이자를 갚고 자금이 남는다. 이 계산은 추가지대를 감안하지 않았으므로 추가지대 수익을 포함하면 자금의 여력은 더 크다. 따라서 토지증권제는 거래소가 J/P가 높은 지역(증권)에서 우선 실시하여 여유가 있는 자금으로 J/P가 낮은 지역의 이자를 지급하면서 사업을 확대시킬 수도 있을 것이다. 이렇게 해도 거래소가 보전하지 못하는 전세금 이자와 잔여 손실은 EP 이후 언제인가 흑자가 나면 그 수익을 모두 가져갈 정부가 융자와 보조로 충당하여 주어야 사업이 쉽게 진행될 수가 있다. 아니면 거래소가 EP기까지 미개발지구에 대한 토지개발로 전세금 이자를 보장 할 수 있어야 사업이 가능하다.

EP 이후의 의사결정(증권의 원리금 보상기간)

증권이자와 지대수익이 일치하는 EP 이후는 거래소가 당해연도 발생하는 이자의 연체를 면하고, 수익에서 흑자가 나는 시기이다. 그러나 EP 이전의 연체이자를 갚기 위하여 헐어서 쓴 전세금에 대한 이자 부담은 잔존하고 있다. 그래서 아직도 토지증권은 원금(P)과 그 이자 부담이 남아 있기 때문에 이를 보상하여야 지대가 세금을 대신하는 지대시장제로 이행하게 된다. 따라서 전세금으로 증권의 연체이자를 대체 지급하는 방식은 EP까지 토지 재개발이 가능하여 헐어 쓴 전세금을 보충하거나 정부가 거래소의 자체 부담한 전세금과 연체이자를 EP 이후에 보조하여 주면 사업이 가능한 것이다.

여기서 EP 기에 헐어 쓴 전세금 이자를 EP 이후의 토지개발과 사업수익으로 보상을 하거나 정부 보조로 충당하였다고 보자. 그러면 EP 이후 성장하는 지대수익이 증권의 원금과 이자를 모두 보상하는 기간은 아래 식에서 n의 값을 구하는 것이다.

P의 원리금 = R의 성장연금 총액

$P(1+i)^n = R_t\{(1+i)^n-(1+g)^n\}/(i-g)$,

$R_t = R_1(1+g)^t$ 또는 개발 후 커진 지대수익

이 식은 $R_t/(i-g)$의 값이 P보다 높아야 식이 성립한다. 이 조건의 식에서 EP의 R_t를 0.2억 원, P는 4억원일 경우 n을 계산하여 보면, g가 2%, 2.5%, 3%, 3.5%일 경우(i는 5%)에 각각 31.6년, 28.7년, 26.4년, 24.6년이 소요된다. 이 기간이 지나면 토지증권의 보상도 끝이 나고, 지대가 세금을 대신하는 사회가 도래한다. 그러므로 토지증권제는 제도를 도입한 후 EP 기간과 원금 보상기간을 모두 감안하면 56년에서 60년 사이에 종결되고, 온전한 지대시장제가 도래하게 된다. 물론 이 기간은 EP까지의 연체이자를 거래소가 토지개발로 인한 수익증대, 정부 보조, 성장 전세금 자동 보충, 헐값 보상, 기타의 방식 등으로 보전했을 경우를 가정한

것이다. 따라서 이 방식은 EP까지 신도시 건설 및 재개발이 가능한 지역, 또는 증권 원리금을 보상하고 나면 지대수익을 모두 가져갈 정부가 재정지원을 하여 줄 경우 선택하기 쉬운 사업이다.

(3) 정부의 재정지원 방식 : 적자를 사회가 분담하는 방식

토지소유제는 토지의 [소유비용(Pi) > 전세이자(Ji=R)]의 격차를 어차피 사회가 인플레이션으로 부담하는 것이다. 그러므로 이를 정부가 적극 담당하여 이자 손실을 보전하고 바로 실시할 수도 있다. 이 경우에도 원금은 증권이므로 보상할 필요가 없고, EP까지 이자의 적자분만 정부가 지원하는 것이다. 이렇게 하면 적자에 대한 사회부담은 공간과 시간으로 분산되어 사회적 충격을 최소화할 수 있다. 지금의 토지소유제는 땅값의 주기적 급등으로 그 진통이 어느 한 시기로 몰리기 때문에 사회적 충격이 크지만, 토지증권제는 자본가격 상승이 0이 되어 충격이 사라진다. 이에 이자 손실분 사회부담액은 값을 공간과 시간으로 분산하여 평준화시키고 유연화할 수 있는 장점이 있다.

(4) 증권이자와 지대수익의 연계방식

위의 방식에 병행하여 또 하나의 고려사항은 증권이자와 지대수익에 대한 권리와 의무를 일정기간 연계시켜 두는 계약방식을 말한다. 토지소유자는 신고한 가격(또는 협의가격)에 상응한 증권이자를 받으려면 그에 따른 소유토지에 대한 지대납부의 책임도 일부 지는 것이다. 토지소유자가 신고가격을 높이면 그에 따른 징수지대도 크고, 신고가격을 낮추면 징수지대 의무도 줄어든다. 이 방식은 [증권이자 > 지대수익]의 적자를 거래소만 감당하는 것이 아니고 현재 토지소유자나 기타 관련자들에게 분담시키는 방식이 될 것이다. 그래서 이자와 수익이 일치하는 시점까지 발행한 증권의 원금을 낮추거나 아니면 증권소유자에게 납부하는 지대를 증권이자에 상응하게 올리는 조치들이다. 그러나 여기서 연계기간은 무한정일 수 없고, 증권이자와 지대수익이 일치하는 시점까지 한시적으로만 적용한다. 물론 이 방식은 거래소와 소유자 간의 합의가 이루어져야 가능한 방식이다.

(5) 농지은행제와 토지증권제

지금도 미래의 기대가격만 있고 장기로 놀고(생산성 0) 있는 임야나 나대지(무지대 토지), 생산은 있으나 한계토지가 많은 농지 등은 소유비용을 보상받지 못할 뿐만 아니라 지대수익 자체가 0이다. 따라서 이런 토지는 소유자가 소유하고 있기보다 증권시장에 내놓고, 자금을 활용하며, 토지거래소는 이런 토지를 자금부담 없이(적게) 매입하여 규모의 이익을 창출할 수 있는 대단위 사용자(기업농)에게 넘기는 것이 사회적 편익이 클 것이다.

이와 관련하여 현재 정부가 농지를 매입하여 임대자에게 공급하는 농지은행제를 운용하고 있는데, 이 사업에도 토지증권제를 도입하여 활용할 수 있을 것이다. 농지은행제에서 토지증권제를 활용하면 정부는 농지 매입에 대한 재정부담을 획기적으로 줄여서 사업을 더 활성화시킬 수 있다. 이런 경우 거래소는 조직과 정보망을 이용하여 유휴 농지의 소유자와 사용 희망자를 적극 물색하고 중재 · 권장하여 조건과 가격이 결정되면 증권을 발행하여 사용토지로 바꿀 수 있다. 농촌의 유휴 토지나 한계토지를 증권발행으로 쉽게 매입하고, 그 토지를 적절한 사용자에게 임대하면 토지의 생산성은 그만큼 증대하고 사회적 부도 커지게 된다.

(6) 기타 방식

이외에 소유자가 자금의 사정이 어렵거나 [소유비용 > 사용수익]의 현실을 이해하고 보상가격을 지대수익의 자본가격(R/i)에 접근하는 수준으로 낮추어 신고하는 경우에도 사업을 실시할 수 있다. 토지는 거액이 단일물이 하나의 뭉치로 묶여있는 고정자산이라서 분할거래가 곤란하고 환금성이 어렵다. 그러나 토지증권은 증권으로 거액의 땅값 원금을 소액으로 분할하고(가격 분할성), 실물거래가 아닌 증권 자체의 거래 편이성(유동성) 등으로 인하여 환금성이 매우 높다. 따라서 토지소유자가 토지시장의 자금 흐름을 바로 이해하면 보상가를 낮추어서라도 토지와 증권의 교환을 희망하는 자가 있게 된다.

토지증권제는 토지소유제처럼 거래규제나 가격규제를 할 필요가 없다. 세금 역시 없거나 있어도 증권거래세 정도만 부과한다. 거래소 설립 당시 초기 가입자는 거래소 운영비 분담액 정도의 회비와 소액의 거래 수수료가 필요하겠지만(정부 출연이 없는 순수 민간기구를 가정), 이것도 후기는 거래소 자체의 수입으로 충당할 수 있다. 이와 같이 토지증권제는 토지거래의 방식만 보더라도 토지소유제보다는 한결 쉽고 자유롭다.

증권은 유동성이 강하여 시가와 액면가, 계약이자와 시장이자의 조절이 가능하다. 거래소 귀속 토지는 성장하는 지대수익으로 인하여 담보력이 계속 커지고 있다. 그래서 거래소와 소유자, 그리고 사용자 간에 유가증권의 이점과 토지의 특성을 바로 알고 적절하게 이용하면 매우 다양한 계약조건을 제시할 수 있고, 탄력적으로 운영할 수 있을 것이다.

아무튼 이 제도로 토지는 현재의 시가에 동결되고 더 이상 커지지 않으므로 평소에 부동산시장이 가지는 가격의 불균형과 불안, 이에 따른 투기와 부당이득 등의 문제가 원천적으로 사라진다. 시장임대로 가치에 따른 토지거래는 토지를 효율적으로 배분하게 한다. 따라서 지대시장제 전 단계인 토지증권제만 실시하여도 기존의 소유제보다 상당히 나은 제도가 될 것이다.

토지증권제의 실시 원칙

토지증권제의 도입을 쉽게 하고 도입 후에도 이 제도를 성공적으로 운영하려면 다음과 같은 운영원칙이 필요할 것이다.

① **땅값의 동결원칙** : 소유가격은 현재의 가격, 임대가격은 시장 전세가격 이하로 동결하는 원칙을 말한다. 부동산 문제는 가치물이 없는 땅값의 계속적 커짐에 있으므로 토지증권제와 지대시장제는 이 문제를 해결하기 위하여 도입하는 제도이다. 따라서 토지증권제는 무엇보다 땅값을 현 시점의 가격에서 보상하고 동결시킨다는 이념과 기본 원칙을 가지고 있어야 한다.

② **자유계약의 원칙** : 이 제도의 시행은 사회적 충격을 최소화하는 방식으로 해야 한다. 그래서 이 제도에서 거래소와 소유자는 상호 협의하고 합의한 내용과 조건을 존중하며, 자율적인 의사와 판단으로 계약에 임한다. 지대시장제의 기본 이념은 정부가 주도하는 강제가 아니고 시장이 주도하는 자유계약과 거래를 원칙으로 한다.

③ **땅값 상승액 사회배분의 원칙** : 토지소유제 사회에서 땅값 상승에 따른 [토지비용 > 토지수익] 현상은 어느 누구도 보상할 수 없는 불치의 병인(病因)에 해당한다. 지금은 이 손실을 토지소유에서는 소유자, 매매에는 신매입자, 사용에는 임대료 전가(인상), 그리고 거시적으로는 초과수요로 인한 인플레이션 등으로 사회가 공동으로 부담하고 있다. 따라서 이를 없애기 위한 토지증권제 시행에서 입는 손실도 사회가 우선 부담한다는 원칙이다. 시장에서 [비용 > 수익]의 적자현상인 토지소유제를 우리가 채용한 것은 사회의 공동책임일 수밖에 없기 때문이다. 물론 소유자의 손실을 사회가 부담하면 그 후 이자를 초과하는 초과(성장) 지대수익이 발생하여 T_b까지 입은 사회 손실은 그 이후 더 큰 혜택으로 되돌아온다.

④ **공정성과 시장성 동시보장의 원칙** : 토지시장제도는 공공성과 시장성을 동시에 보장하여야 성공할 수 있다. 토지는 처음부터 주인이 없는 천연성(공짜성), 빈번한 외부효과(정부나 타인의 개발로 얻는 이익), 그리고 사유토지에서 발생하는 투자자의 사적 공헌가치를 초과하는 천연가치(투입비 초과액)의 발생, 사용의 필수성, 땅값 헛값의 사회적 부담, 주인이 없는 토지에서 징수한 지대의 공경비성 등으로 인하여 강한 공공성을 가진다. 그러나

토지는 시장 측면에서 보면 경합성(rivalry)과 배제성(excludability)을 가진 순수 민간재이다. 그래서 토지는 자유경쟁에 의한 사적 자유 사용이 합리성과 효율성을 보장한다. 이런 성질을 감안하면 토지는 강한 시장성을 가진다. 따라서 토지는 이런 측면에서 공공성과 시장성이 동시적으로 보장되어야 하고, 시장가치에 따른 임대라는 기본 철학이 엄격하게 지켜져야 한다. 이것이 토지거래소가 공공성과 시장성을 동시에 유지해야 하는 원칙이다. 이 원칙은 다음 ⑤의 방식에서 구체적으로 구현된다.

⑤ **시장가치에 상응한 지대징수** : 토지증권제나 지대시장제의 성공은 토지라는 생산 실체의 시장 대리를 제대로 할 수 있는가에 달려 있다. 이는 토지가 시장에서 제값을 인정받는 정도에 달려 있다. 예를 들어서 거래소 징수지대가 시장가치의 90%이면 땅값 헛값이 90% 소멸하여 90%를 성공한다고 볼 수 있다.

토지는 시장에서 소유자, 사용자, 정부, 공공기관 그 어느 누구의 것도 아닌 천연의 존재물이다. 따라서 이 제도의 성공은 거래소가 시장에서 토지를 대변하여 지대를 시장가치대로 징수하고(또는 시장가치에 따라 값을 매기고), 교환하며, 거래하게 하여 그 가치를 공동으로 사용하는 것이다. 지금의 토지소유제는 제값보다 큰 값이 발생하여 실패가 잦고, 이에 대한 정부의 저가임대 역시 프리미엄으로 제값보다 큰 값이 발생한다. 그래서 시장은 가격의 왜곡과 자원배분의 비효율로 인하여 정부규제나 세금이 커지고 자유가 크게 훼손되어 실패한다. 토지소유제는 시장실패, 정부개입은 시장 효율성을 침해하여 정부실패를 계속한다는 뜻이다. 그러므로 토지증권제와 지대시장제는 토지가치를 제값으로 평가·징수하고 이를 공동 사용하는 것이 성공의 열쇠이므로 거래소는 제도의 운영에서 이러한 원칙을 이념으로 삼아야 할 것이다.

6. 토지거래소의 필요성과 역할

토지거래소의 설립취지와 필요성

토지거래소는 토지 및 토지가 포함된 부동산의 거래를 시장가치대로 거래하기 위하여 설립하는 토지거래 전담기구이다. 이러한 토지거래소의 취지와 필요성은 다음과 같다.

① 토지거래소는 사유토지의 시장거래와 정부개입이 실패를 반복하기 때문에 부득이하게 조직하는 것이며, 토지 및 부동산의 시장기능을 제대로 작동하게 유도하는 기관이다.

② 토지거래소는 부동산시장 및 토지시장에서 발생하는 만성적 문제를 해결하고 부동산시장의 효율성을 달성하는 것이 근본 목적이며, 지대의 수익으로 정부의 공경비를 조달하는 부차적 목적도 아울러 가진다.

③ 토지는 사람이 생산하지 못하며, 그 원금을 소비(사용)하지도 못하면서 가격만 커지고 있기 때문에 이를 시장에서 구별하여 거래하는 중간 기구가 필요하다. 토지는 천연자본으로 토지와 분리하여 채취(또는 생산)할 수 있는 자연물과는 시장성질이 태생

적으로 달라서 거래방식도 일반 상품과는 다른 방식을 택할 수 밖에 없기 때문에 부득이 설립하는 기관으로 보아야 한다.

④ 토지가치는 경제에서 발생은 하나 주인은 없는 가치이기 때문에 시장에서 이를 대리하여 거래하는 기관이 필요하다.

⑤ 토지는 공공성과 시장성을 동시에 보장하여야 하므로 이를 보장할 객관적·중립적 기관이 필요하다.

⑥ 지금의 정부가 부동산시장에 개입하는 방식은 사유재산과 시장의 자유를 침해하는 형태로 움직여서 정부실패가 많기 때문에 이를 최소화하기 위하여 시장을 대리하는 기구가 필요하다.

⑦ 토지거래소가 담당할 지대의 징수는 지방정부나 국세청이 할 수 있을 것이다. 그러나 이에 연계한 지대의 합리적 평가와 시장거래는 기존의 기관들이 권한과 전문성에서 한계가 있으므로 시장을 대리할 전담기구가 필요하다. 토지거래소는 단순히 지대를 징수만 하는 기구가 아니고 토지가치를 시장에서 가장 효율적으로 배분하는 역할을 담당한다. 곧 지방 정부와 국세청은 공공성을 강조하는 정부기능을 수행하지만, 거래소는 개인과 사유재산을 적극 보호하며, 어디까지나 시장기능을 대신하는 기관이라 할 수 있다.

⑧ 토지거래소는 정부(공적)와 개인(사적), 소유자와 사용자, 토지와 인간의 중립적 입장에서 토지의 가치를 결정하고 거래를 행하는 독립기관이다.

이러한 토지거래소의 역할은 현재의 토지공사나 주택공사와 같이 공신력 있고 일정한 자금과 사업능력이 있는 기관이 맡을 수도 있다. 그러나 이 조직은 지금까지 토지나 주택의 공급을 전담하여 온 기관으로 토지의 시장기능에 따른 토지증권의 거래와 지대의 합리적 평가와 징수에는 한계점이 있을 것이다. 그래서 이들 기구가 필자가 말하는 거래소의 기능을 할 수 있으려면 기존 조직은 대대적 개편이 필요할 것이다. 따라서 필자는 이들 기관이 하는 것보다 지대시장제의 취지와 목적에 부합하는 역할을 해낼 수 있는 새 기구의 설립을 제안하는 것이다.

토지거래소의 조직과 설립

'토지거래소'는 증권거래와 토지임대를 전담할 기구에 대하여 필자가 편의상 부르는 이름으로 그 명칭은 필수적이 아니다. 또 이 기구는 필자가 말하는 조직의 형태와 운영방식도 모두 같아야 하는 것은 아니다. 따라서 필자가 말하는 제도를 시행하게 되면 기구의 구체적 성격과 업무는 그 때에 깊이 있는 검토와 사회적 합의를 바탕으로 추진하면 될 것이다.

그러나 필자가 생각하는 토지거래소의 조직은 이 제도를 희망하는 공공의 출자자, 토지소유자, 사용자 등이 공동으로 조직하는 조합형 또는 회원제로 하고, 운영은 증권거래소처럼 시장원리를 따르는 기관이다. 거래소는 농업협동조합처럼 전국의 단일조직과 지역단위 또는 특정 아파트 지구별로 분할조직으로 나누어 할 수도 있다. 전국의 단일조직은 이 기관의 공신력을 높이기 위하여 정부나 공공기관이 출자를 하거나 거래 위험에 대한 보장을 하여야 할 것이다. 단, 정부는 출자, 위험에 대한 보장 등 필요한 지원은 하고 거래소의 운영과 토지거래의 방법, 가격 결정 등에는 개입을 하지 않으며 사후 감독을 한다(토지거래소는 증권거래소와 유사하며, 공기업 또는 정부가 출자한 사기업의 형태임).

지대시장제에 대한 정부의 역할

앞에서 본 바와 같이 토지시장의 공공성과 특수성으로 인하여 정부의 재정지원과 제도적 도움 없이는 시행하기가 어렵다(시장제이므로 민간기구로 할 수는 있지만 성공하기는 어렵다). 그래서 토지거래소 설립과 운영에는 정부의 적극적 지원이 필요하다. 정부는 거래소가 사업시행에 필요한 자금을 출자나 융자형태로 지원하여 주어야 하고, 관련 제도를 정비하여 정책적 기반을 갖추어 주어야 한다. 그리고 거래소의 운영과 부동산시장이 원할하게 돌아가도록 지휘감독을 하여야 한다. 따라서 거래소와 지대시장제에 대한 정부의 개입은 필요하다.

그러나 토지증권제와 지대시장제는 사유재산 보호와 시장기능을 최대한 존중하며 운영하는 제도이다. 토지거래소의 운영에도 시장기능을 최대한 살려야 하므로 정부의 개입을 최소화한다. 따라서 정부의 개입방식은 토지소유제에서 하던 종전의 시장개입과는 이념부터 크게 달라져야 한다. 지금 정부의 부동산시장 개입은 거래규제, 가격규제, 세금 등 거의 모든 면에서 시장기능을 억압하거나 제동을 거는 정책들이다. 지금까지 정부의 개입은 토지의 공공성을 이유로 사유재산을 침해하는 방식으로 시행하여 왔다. 부동산시장에서 지금 정부개입은 negative 정책을 주축으로 하고 있다.

그러나 토지거래소가 시행하는 토지증권제 및 지대시장제에 대한 정부의 개입은 negative 정책이 아닌 positive 정책으로 바꾸어야 한다.

정부의 개입은 규제가 아니라 자유의 보장이며, 세금이 아니라 가격, 소유자에 대한 압박과 시장 억제책이 아니라 시장의 원활한 작동을 장려하고 유도하여야 한다. 개인의 사유재산도 공공 필요를 내세워 침해는 것이 아니라 적극적으로 보호 보상하는 방식으로 바뀌어야 한다. 이 제도가 도입되어 일정 기간 운영하면 만성적인 부동산 문제는 해결이 되고, 정부의 재정수입도 자체 조달되므로 정부는 이 제도에 소극적으로 대하지 말고 적극적으로 나서서 제도의 정착을 도와야 한다.

토지거래소의 운영과 업무

토지거래소의 조직은 회원제나 조합형이며, 주식회사 형태로도 가능하며, 정부가 투자한 공공기관처럼 운영할 수도 있다. 그러나 운영은 지금의 증권거래소처럼 시장기능을 최고로 살려서 해야 한다. 토지거래소가 해야 할 업무는 다음과 같다.

① 토지증권의 발행과 교부, 발행한 토지증권의 거래를 주선한다.
② 거래소에 귀속한 토지를 관리하고 필요한 정책과 사무를 집행한다
③ 토지의 임대를 관리하며 지대를 징수한다.
④ 토지의 시장임대를 근거로 건축업 등 부동산 사업을 시행할 수가 있다.
⑤ 토지임대료 수입은 원칙적으로 토지의 매입, 토지증권제의 운영, 토지증권을 매입 소각하는 데 사용하고, 잉여수익은 공경비

충당을 위하여 정부로 이관하여야 한다.

⑥ 경우에 따라서는 농지은행제, 토지개발, 신도시 건설 등의 대형 사업도 병행하여 실시할 수 있다

⑦ 기타 이에 준하거나 부수되는 사업을 할 수 있다. 여유자금은 수익사업을 할 수 있다. 거래소가 운영에 대한 정책연구, 자료 축적, 정보제공을 할 수도 있다

지대(토지) 평가와 평가기구의 역할

토지증권제와 지대시장제는 토지의 가치를 제값으로 평가하여 징수하고 토지시장을 효율적으로 움직이게 하는 것이 첫째 목적이다. 그래서 토지거래소는 그 산하에 지대평가를 전담하는 전문기구를 두고 운영하여야 할 것이다.

토지가격, 증권가격, 지대를 평가하는 이 기구는 토지의 시장특성과 땅값과 지대의 가치 흐름을 과학적으로 이해하는 자들로 조직된 전문 평가단이다. 이들의 신분은 토지소유자, 사용자, 정부, 사회, 그리고 토지 실체에 대한 엄정한 중립을 지킬 수 있는 자들이어야 한다. 이 기구의 주된 역할은 토지가치를 평가할 경우 시장가치를 적극 반영하는 방향으로 나아가야 하고, 이해관계자들 중 어느 편에서도 서지 않는 중립성을 확보할 수 있는 독립적 기구여야 한다. 이 기구는 제도의 도입 초기는 지금의 공시지가와 주택 공시가격 평가기구를 참고하여 조직하고 운영하여야 할 것이다.

지대의 평가에서 볼 때 초기의 토지임대와 계약기간 중 재임대는

경매방식으로 최고 가격 제시자에게 토지사용권을 주는 것을 원칙으로 한다. 그러나 평소의 계약기간 중에도 평가기구는 시장가치를 수시로 평가하고 적극 반영하는 노력을 하여야 한다. 평가기구는 임대 계약기간 중 임대조건대로 임대를 해야 하지만, 가격을 계약조건에만 맡기고 방치를 하는 것이 아니다. 평가기구는 임대토지의 임대료 시세를 적극적으로 조사하고 평가하여 가격의 변동추세에 대한 정보와 자료를 축적하고 있어야 한다. 그리고 평가에 필요한 경제성장률과 각종 지수를 개발하고, 그 지수의 변동에도 민감해야 한다. 곧 지대징수의 근거가 되는 땅값과 지대, 그리고 주택가격을 면밀히 추적하여야 한다. 특히 임대한 토지의 주택은 지대가 저평가될 경우 그 값이 주택가격에 반영되기 때문에 사유 건물의 평가도 게을리하지 말아야 한다. 특히 임대한 토지의 용도변경, 자기 개량, 타인 개발로 인한 외부효과 등은 즉시에 반영하여야 한다. 이 문제는 초기 임대조건에서 이미 용도변경, 개량, 외부효과로 인한 가치증대는 지대에 반영한다는 계약을 해두어야 한다. 여기에는 어떤 경우에도 투자자의 시장이윤은 보장된다는 점을 홍보해야 할 것이다.

그리고 지대의 평가기구가 도입 초기는 기존의 공시지가 평가수단에 의존해야 하겠지만, 시간이 지나면서 토지평가의 경험을 축적하여 과학적이고 합리적인 평가기준을 개발하여 사용하는 것이 좋다. 지금의 공시지가는 평가대상이 자본가격 중심이므로 지대평가 기구는 이를 수익가격인 지대 중심으로 평가기준을 바꾸어 나가야 할 것이다. 여기에는 경제성장률, 시장 전세가격, 물가상승률, 지역요인, 개발요인, 건물감가상각 등의 가격변동 수치를 지수화하여 적용해야 할 것이다.

지금은 가격정보가 전산망을 통하여 빠르게 공개되고 정보교환이 가능하다. 그래서 임대가격의 변동에 대한 시장정보는 증권거래소의 증권가격처럼 수시로 공개하고 소비자가 임대토지와 가격, 그리고 사용자

변경 등을 쉽게 선택할 수 있도록 하는 것이다.

토지의 사용자 변경과 거래소의 적극성

거래소는 지대의 평가기구가 평가한 금액을 참고하여 계약기간 중에도 높은 가격을 제시하는 자가 있으면 기존 임대자와 협의하여 임대의 갱신(교체)이 쉽도록 방안을 강구해야 한다. 특정 토지에 신규 임대 희망자가 제시한 임대료가 기존 임대료보다 현저히 클 경우는 이를 구 임대자에게 가격 조정을 적극 시도하여야 한다. 이때는 일정 유예기간을 주어서 의사결정의 기회를 주고, 지상물은 제값으로 처분하며, 대체 토지를 구하도록 조력하여야 한다. 아니면 기존 사용자가 신규 사용 희망자가 제시한 최고 가격을 수용할 경우 토지 사용은 기존 사용자에게 우선권을 주어야 한다.

거래소의 이러한 업무는 임대조건에 따른 임차자의 주거권 보장과 장기적 주거안정을 충분히 배려하면서 운영해야 할 것이다. 거래소가 임대료의 시장가치의 평가와 갱신에 대한 적극적 행동은 임차자에 대한 손실을 강요하거나 강제성을 띠는 것이 아니다. 기존 임차자에게는 손실이 없게(또는 손실 보상은 하고), 계약의 일방적 해약이 아니라 양쪽의 재합의로 토지를 시장가치에 맞게(더 높게) 효율적으로 사용하는 자를 찾고, 그 가치에 따라 재임대 하는 방안을 찾는 수단이 적극적이라는 뜻이다. 이러한 행동은 토지사유제에서도 토지가치를 증대시키는 토지개발이 가능하면, 해당 사유토지는 적극 매입하여 개발하는 경제활동과 별반 다를 게 없다. 이 경우 토지의 소유자가 바뀐다고 하여 기존 소유자가 손실을 입는 것이 아니듯이 사용자 시장도 그렇게 운영하는 것이다.

따라서 토지증권제나 임대제에서도 기존 사용자보다 신규 사용자가 더 큰 가치를 창출하는 경우 사용자가 쉽게 바뀌도록 제도적 장치가 필요하다는 것이다. 토지에서 이런 문제는 지금의 공공임대와 민간임대, 사유토지의 거래에 대한 장단점을 숙지하고 임대업무에 참고하여 합리적 방안을 찾아가야 할 것이다. 거래소는 토지의 효율적 임대를 위한 적극성을 가지도록 업무 담당자에게 인센티브를 강구할 수도 있다.

7. 자유시장적 토지개혁을 위한 헌법 시안

* 이 글은 대통령의 2007년 3월 개헌 발의에서 토지공개념 제도를 헌법에 삽입하려는 생각이 있다는 일부 언론보도를 보고 필자가 2007년 2월 15일 청와대와 정부기관에 제안한 내용이다.

노무현 대통령이 일부 야당 및 보수단체들의 개헌 반대를 감안하여 국민들의 개헌에 대한 호응을 얻기 위한 일환으로 '토지공개념제도'를 헌법에 삽입하는 방안을 준비하고 있는 것으로 일부 언론을 통해 전해지고 있습니다.

저는 이게 사실이면 일단 환영을 합니다. 그런데 노무현 대통령께서 지금 구상 중인 헌법개정을 위한 토지공개념안들은 제가 추정하건데 사유재산 침해요소가 있고, 부동산 문제의 근본 해법으로 보기 어렵거나 불합리한 내용들이 상당수 들어 있을 우려가 있습니다. 흔히 헌법에 들어가는 내용으로 "국가가 공공의 필요에 의하여 개인의 토지재산권(소유권, 사용권 ,수익권 등)에 개입하거나 필요한 조치를 취할 수 있다"는 정도의 추상적이며 상투적인 조항으로서는 개입의 방법이 모호하여 이를 시행할 경우 사유재산 침해를 가할 수 있습니다. 그러면 시장은 정부의 개입으로 늘 불안정하고, 비효율성을 초래하여 지금처럼 시장실패와 정부실패를 반복할 수 있습니다.

따라서 토지시장 운영에 대한 헌법개정은 토지공개념의 취지를 되도록 가능한 모두 살리되 시장기능을 저해하지 않고 효율성과 형평성을 동시에 만족시키며 시장을 극대화하는 방안(공공성 < 시장친화 < 자유시

장)을 강구해야 할 것입니다. 이렇게 볼 때 토지시장 운영에 관한 헌법개정은 제가 제안하는 방식대로 하는 것이 좋을 것으로 사료되어 감히 제안해 봅니다. 만약에 노대통령께서 토지정책을 위한 헌법개정을 생각하신다면 저의 제안을 참고하시기 바랍니다.

자유시장적 토지개혁을 위한 헌법 제121조 또는 126조 개정시안

① 대한민국의 모든 국민은 태어나면서부터 법률적 절차에 따라 천연토지에 대한 자유로운 사용권을 가진다. 국가는 국민의 자유로운 토지사용권 보장을 위하여 적극 노력해야 하며, 누구도 이 권리를 제약하거나 침해할 수 없다.

② 대한민국 모든 국민은 천연토지를 사용함에 있어서 법률에 정한 바에 의하여 토지의 시장가치를 한도로 사용료 납부를 해야 한다. 국가는 토지의 시장을 대리할 기관을 만들고 이 기관을 통하여 공정한 시장지대의 평가와 징수를 위하여 최선을 다하여야 한다. 단, 사용자가 낸 토지사용료가 공경비를 대신하는 만큼 사용자에게 세금을 면제할 수 있다.

③ 대한민국의 모든 토지의 용도배분은 현재의 소유권 시장에서 사용권시장으로 점차적으로 대체하고, 소유와 매매는 금지하는 입법을 추진한다. 단, 현재 토지소유권자의 재산권은 손실이 없도록 적극 보호하며, 국가는 사유토지를 매입하거나 보상하고 사용권 시장으로 대체하는 것을 원칙으로 한다.

④ 신도시 또는 주택지에 필요한 토지는 매입하여 개발한 후 시장 가치대로 토지거래소를 통하여 임대를 하며, 개발하지 않는 기존 토지는 시가 또는 상호 합의된 가격에 토지증권으로 보상하고 사용자에게 임대한다. 사유토지의 보상과 토지증권에 관한 구체적 사항은 법률로 정한다.

⑤ 토지는 사용료를 시장가치대로 납부하는 자 또는 최고 사용료 납부자에게 우선하여 사용하게 한다. 토지의 시장임대에 관한 구체적 사항과 이를 전담할 기구의 설립에 관한 사항은 법률로 정한다.

⑥ 임대한 토지에 정착한 사용자의 건물이나 토지지상물 등의 소유권은 국가가 적극 보장한다.

⑦ 토지거래소가 수입한 토지사용료는 토지증권 이자와 원금 보상에 사용하고 남은 수익은 국가의 공경비에 충당한다.

⑧ 토지사용료를 납부한 토지사용자에게 국가는 납부한 토지사용료에 연계하여 세금을 면제할 수 있다. 사업 주체가 토지증권을 매입 소각한 후의 세금은 토지 사용료가 공경비를 충당하는 범위 안에서 면제한다. 토지 사용료 수입과 공경비 사용에 관한 구체적 사항은 법률로 정한다.

보칙 : 현재 121조 또는 126조에 있는 내용은 본 조항을 개정함에 따라 다른 조항으로 대체하여 존속시키고 필요한 내용을 수정 보완한다.

11장

토지의 정부 공공임대와 시장임대의 비교 이해

1. 정부의 공공임대와 시장임대의 정책 비교

정부의 공공임대정책의 한계

2007년 현재 정부의 주택 공공임대는 10% 미만이며, 서울은 7%에도 미치지 못하여 외국에 비하면 상당히 저조한 편이다. 그래서 정부는 2007년 1 · 31 부동산시장 안정 대책의 하나로 중산층을 대상으로 30평형 안팎의 '비축용 장기 임대 아파트'를 2008년부터 연간 5만 가구씩 10년간 총 50만 가구를 공급할 계획이라고 발표하였다. 그래서 임대주택 비율을 15% 수준으로 끌어올릴 계획이다(서울시는 2010년까지 모두 2만 4,309가구를 주변 시세의 70~80% 수준인 장기 전세주택을 공급할 계획 발표, 2007년 3월). 정부의 계획에 의하면 임대주택은 30평 기준으로 임대보증금이 2500만 원, 월세는 52만 원 정도로 예상하고 있고, 이 사업을 위한 자금은 2007년부터 2019년까지 연평균 7조 원씩 총 91조 원의 임대주택 펀드를 조성하여 조달할 계획이다. 필자는 이런 정책에 대하여 원칙적으로 환영하지만, 기존의 정부 중심의 주택임대는 필자가 말하는 시장 중심의 임대(지대시장제)와 비교하여 다음과 같은 약점이 있다.

첫째, 정부가 중심이 되는 지금의 주택임대는 시장에서 물리적 특성과 기능이 현저히 다른 토지와 건물을 구분하지 않고, 이를 혼합한 임대정책을 펴고 있어서 부동산 문제의 근본 해법과는 거리가 멀다. 부동산 문제는 건물의 특성이 일으키는 것이 아니고 천연물인 토지의 특성, 곧 땅값의 특성에서 발생하는 것인데, 정부당국은 이를 간파하지 못하고 있다는 점을 먼저 지적하지 않을 수 없다. 이로써 정부는 건물까지 소유하여 관리 책임을 져야 하고, 소비자는 건물소유권이 없어서 재산권 행사에 제약을 받는다.

둘째, 부동산 문제도 궁극적 해결은 시장친화적이어야 성공할 수 있는데, 지금 정부 중심의 임대정책은 사업주체와 운영이 정부 중심이어서 장기적 운영에서 문제가 발생하게 된다. 기존의 정부 임대는 땅값이 가지는 토지시장의 결함과 주택공급이 정부(또는 공공기관)의 관료적 판단에 의존하여 자원배분이 비효율적이라는 태생적 한계를 가지기 때문이다.

셋째, 기존의 정부 중심 주택임대는

① 땅값 헛값이 시장에 그대로 방치되고 있어서 부동산 문제의 근본 원인이 되는 [소유비용 > 소유수익]의 현상을 해결하지 못한다.

② 정부 중심의 임대는 주택공급이 염가정책을 쓰기 때문에 분양 받은 개인은 공짜로 인한 '로또 복권'의 당첨과도 같은 부당이득의 기회를 주고, 이에서 발생하는 투기문제는 시장 내에 늘 잠재시켜 두고 있다는 점이다.

③ 정부는 염가정책으로 인한 재정부담의 가중과 관료적 특성으로 시장변화에 늦고 주택수요에 대한 대응이 늦어서 자원의 비효율을 초래한다.

넷째, 현재 정부의 기존 공영주택과 임대주택의 현황, 그리고 2007년 1 · 31 임대주택 50만 호 추가공급정책에 따른 구체적인 문제점은 다음과 같다.

① **부당이득의 제공 기회** : 30평형 임대보증금이 2500만 원, 월임대료가 52만 원이면, 5% 이자율로 계산한 자본가격은 1억 5천만 원이다. 이 금액이 [건축원가(이윤포함) = 시장 전세가] 의 범위 내에 있고, 시장의 적정금액이라면 가격책정에 문제는 없을 것이다. 그러나 이 금액은 분양가격에 아파트 준공 후 커지게 되는 땅값이 거의 포함되지 않았고, 미래에도 이 땅값은 소멸하지 않고 다시 커지기 때문에 분양 받은 자는 [시가 > 전세가]의 차액만큼 부당이득(프리미엄, 땅값차익)을 안겨주는 제도이다. 이러한 정책은 부당이득 수취에 따른 불평등, 미래는 투기의 발생, 사회는 정부 의존적 공짜심리가 작용하여 이 정책이 주는 주택가격의 안정효과 못지 않게 사회적 부작용이나 역효과도 나타나게 된다.

② **정부 중심의 저가임대** : 정부정책에서 고정된 임대가격 1억 5천만 원은 토지의 지속적 가치 성장성으로 인하여 두고두고 문제가 된다. 여기에 관료적 판단과 원가 중심의 가격책정은 지역별 토지가치의 차이 때문에 임대자 간의 불평등 문제가 지속적으로 발생한다. 정부의 장기 고정된 저가격 책정은 매월 내는 임대료의 불평등 부담과 분양 후 미래의 집값(실상은 땅값) 상승에서 추가로 발생하는 가격 불평등 문제가 이중으로 발생한다.

③ **사후 관리** : 분양 후 수리비와 사후 관리의 주체가 정부라서 계속 관리비에 따른 재정부담과 관리의 비효율 문제가 발생한다.

④ **재산권 행사 규제** : 분양을 받은 주택소유자는 일정기간(10년, 20년) 재산권 행사를 하지 못하므로 이 기간 동안 경제적으로는 이사의 자유도 없다(심히 제약된다).

⑤ **획일적 공급책** : 정부 계획은 30평 또는 그 이하의 평수만 공급하려고 하는데, 이렇게 획일적 주택공급은 소비자에게 선택의 기회를 좁히고 양질의 주택공급을 유도하는 것에서 한계가 있다. 물론 정부는 30평 이상의 주택은 민간업자에게 맡기겠다는 뜻으로 보이지만, 이미 검토한 바와 같이 헛값 프리미엄을 발생시키는 토지소유제 주택은 문제의 해법이 되지 못한다는 것이다.

다섯째, 토지소유제를 그대로 둔 정부의 임대주택 대량공급정책은 주택지 확보에서 문제가 그대로 전가될 수 있다. 다시 말하면 지금같이 임대주택을 단기간에 대량으로 공급하는 정책은 건물은 공급증가, 토지는 수요증가라는 이중적 성질의 동시적 발생현상이 나타난다. 그래서 장기로는 건축의 수익성이 줄어서 민간 건축업자의 주택공급은 줄이는 기능을 하고 개인이 가진 토지는 수요증대로 가격을 올리는 기능을 한다. 이것은 값싼 임대주택을 공급하여 주거안정을 기하려는 정부의 정책방향과는 별개로 부동산 문제를 더 키울 수 있는 정책이 될 수 있다. 곧 지금의 정부 중심, 그리고 토지소유제를 근간으로 한 임대정책은 그 정책이 가지는 이득 못지 않게 실이 크다는 것이다.

최근 3년(2004~2006년) 동안 발생한 강남 아파트 가격 급등을 진정시키고 수요를 대체하기 위하여 대량으로 공급한 판교지구 아파트 사업이 바로 이 문제가 불거져서 고통을 겪었다. 판교에서 '판교 로또'라는 신조어와 함께 800 : 1이 넘은 분양경쟁에서 오는 폐단이 정부의 공급증대정책의 한계를 대변하여 주고 있다.

시장 중심의 토지임대제(지대시장제)

부동산 문제도 근본적인 해결책은 시장이고 가격이다. 이렇게 볼 때 지금의 정부 중심 임대제도는 경제적 합리성을 따라 근본적 개혁이 필요하며, 그것은 필자가 말하는 시장 중심의 정책인 지대시장제인 것이다. 지대시장제의 관점에서 보면 지금의 정부정책은 이렇게 바꾸어야 할 것이다.

첫째, 땅과 집을 분리하여 토지만 영구 임대하고 건물은 자유롭게 분양하여야 한다. 그래야 부동산 문제의 근본을 바로 해결할 수 있다. 이렇게 하면 땅값이 없어서 투기도 발생하지 않고 건물의 재산권 행사가 쉽고, 정부는 관리상의 문제가 대폭 줄어든다.

둘째, 부동산 공급은 염가정책이 아니고 제값정책이어야 한다. 무주택자나 서민은 융자지원, 주거비 보조 등을 하고 주택시장만은 제값으로 거래하게 해야 한다. 이렇게 하여야 부동산 문제와 재정부담 중 어느 하나는 제대로 해결할 수 있다. 지금의 정부 중심 임대정책은 부동산 문제도 해결하지 못하고 재정부담도 해결하지 못하는 시스템이다.

셋째, 임대정책은 정부보다 민간을 중심으로 시장에 맡겨야 한다. 이 경우 토지만 소유제에서 제값을 받는 임대제(시장가치 따른 토지임대제 = 지대시장제)로 하는 조건이면 주택공급은 민간이 맡아도 상관이 없다. 시장가격은 주택분양에서 가격왜곡 현상, 사업자의 폭리, 분양자의 부당이득, 분양질서 교란 등의 문제가 발생하지 않는다. 가격불안이나 투기가 없다면 주택공급 역시 시장이 더 효율적으로 움직인다.

그리고 민간 건축업자도 정부개입으로 인한 타격을 받지 않고 사업을 안정적으로 할 수 있으며, 장기적으로도 채산성과 안정성을 확보할 수 있다. 지금은 민간업자가 부동산시장에서 시장의 주기적 불안으로 가격급등 시는 폭리(?)를 취할 수 있을지 몰라도, 그 반면에 장기로 계속되는 안정기(또는 침체기)에는 현상유지도 하기가 어려운 실정이다. 그래서 지금의 건축시장 구조는 부동산 가격 상승기를 따라 건축업이 우후죽순처럼 나타났다가 불황기에는 도산하여 사라지고 있어서 그 후유증이 크다는 것이다.

넷째, 평수와 가격 등 주택 공급방식도 시장기능에 맡겨서 다양하고 자유롭게 해야 주택의 질이 개선된다. 정부는 지금의 정책이 중산층의 주거안정을 목표로 하면서 중산층에 대한 주택을 30평대로 50만 가구를 획일적으로 공급하겠다는 것은 수요자의 욕구를 감안하지 못한 발상으로 볼 수 있다.

다섯째, 주택의 대량 임대공급정책 못지 않게 지금 시장에 제동을 걸어둔 각종 규제와 세금의 압박을 풀어야 한다. 지금의 정책, 특히 열린 정부가 시도한 주택시장 제동정책은 너무 강하여 이에 따른 역효과가 심할 것으로 보인다. 2003년 10 · 29조치와 2005년 8 · 31조치 등 정부가 수립한 부동산 정책들은 과중한 수요억제에 편중되어 있어서 가격앙등과 투기는 막을 수는 있을지 모르지만 주택시장을 정상화하지는 못한다. 이 정책들은 장기로 가면 시장제동으로 인하여 오히려 공급을 줄이고 가격왜곡과 조세회피 등으로 기존 매매시장도 위축되기 때문에 역효과가 크다는 뜻이다. 아니면 일본처럼 집값 폭락으로 소유자는 가계도산, 건축업자는 사업성 악화, 은행은 금융부실 등으로 경기위축이 따라오게 된다.

곧 부동산은 정부임대이든 시장임대이든 가격은 시장가격이어야 하고, 토지는 시장가치에 따른 임대이어야 성공할 수 있다는 것이다. 이것이 지대시장제이다. 지대시장제는 시장친화적이라는 말보다 더 시장성에 강한 개념으로 완전한 시장기능 그 자체를 표방한다.

2. 토지임대부(반값아파트) 관련 법안의 검토

반값아파트 정책제안의 배경

이른바 반값아파트는 한나라당 홍준표 국회의원이 2006년 초반기 서울시장 후보에 출마하면서 서울시에 땅은 임대 집은 소유하는 형식으로 하여 반값아파트를 공급하겠다는 공약으로 반값아파트 정책을 내면서 신조어로 등장하였다. 그러나 서울시장 후보 경선에 실패하면서 잠시 이 말은 물밑으로 가라앉아 있었다. 그러나 2006년 9월부터 서울과 수도권에서 다시 아파트 가격이 치솟아 오르자 11월 20일 홍의원이 의원입법 형태로 '토지(대지)임대부' 아파트 공급안을 국회에 발의하고, 한나라당이 이를 당론으로 확정함으로써 연말까지 반값아파트 정책은 언론과 부동산시장에서 화두가 되었다.

이에 부동산 공급정책의 입안에서 주도권을 빼앗긴 여당에서는 서둘러 대안을 내놓게 되었는데, 이게 이른바 '환매조건부' 아파트 공급정책이다. 환매조건부는 야당의 토지임대부와는 달리 땅과 건물 모두를 분양하되 공공이 주도하여 주택을 염가로 공급하고, 분양자가 이 주택을 팔려고 하면 공공에게만 되팔게 하는 정책이다. 이 정책은 원가를 낮추어 지금의 분양가격보다 약 30% 정도 저렴하게 공급하겠다는 정책의

지를 담고 있다.

이렇게 하면 토지임대부는 땅을 임대하는 조건으로 반값이라고 하지만 재정부담이나 땅의 소유권이 없어서 실제 시행에 문제가 있다. 그러나 여당이 제안하는 환매조건부는 소비자가 땅을 소유하고 가격이 30%로 낮추어지므로 더 현실성이 있다는 것이다. 이로써 양 제도는 서로 차이를 두고 우열의 찬반 논쟁과 실현 가능성을 두고 세밀까지 논쟁이 뜨거웠다.

반값아파트 정책제안의 입장

토지임대부와 환매조건부안은 다 같이 주택의 공급정책에 다양한 방법을 도입하고 분양방식에도 발상의 획기적 전환을 기할 수 있다는 점에서 기대가 크다. 지금까지 부동산정책은 세금과 규제를 앞세운 수요억제정책이 중심이었다. 그러나 이번에 여야가 제안한 정책들은 세금과 규제보다 수요자에게 아파트를 안정적으로 공급하고자 하는 정책적 의지와 배려를 담고 있다. 이는 종전의 주택정책이 수요관리 및 수요억제 중심 정책이었고 분양방식도 획일적이었던 것에 비하면 좀 더 다양화한 측면이 있어서 긍적적이다. 또 주택시장에 공급을 적극적으로 늘리려는 공급 중시정책으로 정책의 전환을 시도하는 것도 고무적인 것이라고 할 수 있다.

그러나 이 제안의 배경에는 임대제에 대한 학계나 정책가들에 의한 축적된 연구와 구체적 검증은 거의 전무한 가운데 정치가인 홍준표 국회의원의 개인적 숙고와 제안이 때마침 부동산 가격의 상승기를 맞아서 정치적 수면 위로 떠오르게 된 것이다. 이에 여당도 정책에서 뒤지지 않기 위하여 서둘러 환매조건부 주택공급책을 내놓았다. 지금의 반값아파트 정책은 사회 전체로 보면 다소 즉흥적이며, 여기에 여야의 정치적인 이해관계가 맞물려 있다.

정책 제안에서 고려해야 할 부분

그러나 정치권이 제안한 토지임대부와 환매조건부 아파트 공급정책은 필자가 말하는 순수 지대시장제와 비교하여 볼 때 다음과 같은 정책의 한계를 가진다.

① **이론검증의 미약** : 토지임대부와 환매조건부 등 이른바 반값아파트 정책은 이론적 정당성이나 실무적 가능성의 검토가 거의 없이 정치적 판단과 정책적 배려에서만 나왔고, 지금도 이렇게 논의만 되고 있다. 외국에서 시행하고 있는 기존의 토지임대제도 거의 대부분 실무적 필요에 의하여 도입되고 발전하여 왔는데 우리도 이와 유사한 전철을 밟고 있는 중이다. 이의 성공적 실현을 위해서는 먼저 부동산시장에서 반값아파트라는 정책의 실체가 무엇인지, 그리고 반값이란 가격이 시장에서 이론적 정당성을 가진 것인지를 검증부터 하여야 할 것이다.

② **정부 중심의 시혜적 정책** : 반값아파트 정책은 공급의 중심이 정부나 공공이 주도하는 정부원리가 지배적이고, 시장에 따른 가

격기능이라기보다 정부가 서민의 주거복지를 앞세운 시혜적 원리가 강하다. 곧 지금의 반값아파트 정책은 정부가 인위적으로 개입하여 시장가격을 낮추어 주택을 공급하려는 것이다. 이러한 정책은 무주택자나 서민의 주택공급을 위한 시혜적 정책으로 좋게 평가할 수는 있지만 모든 주택수요자에게 대한 일반적 시장정책으로 보기는 어렵다는 것이다.

③ **시가를 낮추지 못한 한계** : 지금 정치권의 정책 주안점은 원가절감방안으로서의 반값아파트 공급이 주축이다. 야당의 토지임대부에서 반값이 되는 주장은 용적률을 높여서 원가를 절감하여 가격을 낮추고, 여기에 땅은 임대하여 일단 토지 소유가격을 낮추는 방식으로 수립한 반값 정책이다. 환매조건부 역시 건축원가를 공개하고, 원가를 특별하게 관리하여 30% 정도 낮추겠다는 정책적 의지를 보이고 있다. 이러한 주택공급은 용적률 상향이 도시 환경정책과 교통정책과도 부딪히는 면이 있어서 원가는 절감하여도 그만큼 장기로 사회적 부담을 가중시킬 수 있다. 그리고 토지임대부와 환매조건부 공히 원가는 절감할 수 있어도 시가는 낮출 수 없다는 부동산 문제의 근본은 그대로 남겨두고 있다는 점이다.

④ **대상의 한정** : 반값아파트 수요 대상자는 무주택이나 서민 등 한정된 계층이다. 부동산 정책은 부동산시장 전체를 겨냥해야 성공할 수 있는 것인데 주택의 공급대상이 소수의 계층에 국한된다면 이미 그 정책적 효과는 한정되어 있다. 제안된 법률의 명칭도 특별법이다.

⑤ **시장기능의 제약** : 특히 환매조건부는 시장기능을 심히 제약한다. 소유자가 집을 마음대로 매매하지 못하며, 이사의 자유가 제약된다. 특히 주택환매시 가격을 연기금과 같은 공공의 이자율에 연동한다면 다음과 같은 두 가지 문제가 발생한다. 주택의 시가가 상승할 시기는 환매가격이 시가보다 낮기 때문에 매각자는 시장에 주택공급을 하지 않게 된다. 이런 경우 주택시장의 동결현상이 나타난다. 반대로 주택가격이 보합세일 때는 이자율을 따라 오르는 환매가격이 시장의 가격보다 높게 된다. 이 경우 공공은 주택매입에 손실을 입게 된다. 아니면 환매가격이 시가를 넘지 않는 조건을 붙이면 되기는 하겠지만, 이 경우도 관료적 시장 판단이 시장시가를 제대로 판단할 수 있을지 의문이며, 환매에 대한 정부 비용만 증대할 가능성이 높다.

이를 종합하면 지금의 정치권에서 논의되고 있는 변질된 시장의 토지임대부와 환매조건부는 효과는 일부 소수에게 특혜를 주는 시혜성 정책에 속한다. 이런 제도는 장기로 가면 싱가포르처럼 사유주택에서 저가공급으로 인한 가격차이로 투기가 일고, 국가는 저가공급과 관리라는 측면에서 재정부담이 생긴다. 결국 전체 시장에서 반값아파트가 차지하는 비중은 극소수에 불과하여 시장효과는 극히 미약하다. 곧 지금의 반값아파트 정책은 서민을 위한 정책에는 도움이 되겠지만, 부동산시장 전체에서 반값아파트를 실현하거나 가격안정에 미치는 효과는 클 수 없다는 것이 이 정책이 가진 한계이다.

토지임대부와 환매조건부의 비교

2007년 정치권에서 논의되고 있는 토지임대부와 환매조건부 주택공급정책은 둘 다 주택 분양가격을 낮추겠다는 정책의지가 담겨 있다. 하지만 두 정책은 정치적 이해관계가 서로 다른 정당이 경쟁적으로 내놓은 것이라서 혹시 검토과정에서 정책의 실효성을 검증하기보다 정치적 판단으로 결정이 치우칠 위험이 있다. 이에 두 제도가 가진 특성이나 장단점을 먼저 알아두어야 할 것이다.

첫째, 토지임대부는 땅은 임대 집은 소유로 하는 방식으로 분양가격을 낮추겠다는 것이다. 그런데 환매조건부는 땅과 집을 구분하지 않고 지금의 토지소유제처럼 모두 소유하게 두고 분양가격을 낮추겠다는 것이다. 전자는 우리의 고유관념이 토지소유제라는 점에서 볼 때 이 제도가 가진 생소함이 정책에 대한 불신으로 이어질 것이 문제로 등장한다. 그러나 후자는 우리의 관념에 익숙하므로 문제가 될게 없고 분양가격도 낮출 수 있다고 하니 그야말로 금상첨화라고 하겠다.

그러나 부동산 문제의 뿌리는 토지소유제에서 발생하는 땅값이 가치물이 아닌 헛값이라는 점에서 보면 환매조건부는 아무런 해법이 될 수 없다. 단순히 분양가격을 낮추면 최초의 분양자는 이득을 보지만 이후 발생하는 문제는 그대로 상존하고 있다. 그래서 분양 후에도 주택의 자유매매를 허용하지 못하고 환매라는 규제조건을 붙여두어야 하는 것이다. 이는 문제의 초점을 분양에서 분양 이후로 시기만 미룬 것에 불과하고 해결책이 아니다.

이에 비하여 토지임대부는 지금으로서 우리에게 생소하여 성공여부가 불확실하고, 이 정책을 낸 정당의 법안도 고려할 부분이 많지만, 그래도 부동산 문제의 해법에서 방향만은 바로 잡고 있다.

둘째, 토지임대부는 토지를 임대하는 것 외에 모든 것을 시장기능에 맡기는 것이 원칙이다. 지금 야당이 제안한 토지임대부는 서민 위주의 주택공급, 용적률 조정, 일정기간 전매 제한 등 정부개입의 요소가 있지만 원칙은 지대징수 외에 정부간섭이 별로 없다. 필자는 이에 대하여 서민주택의 지원은 주택시장 개입을 하지 말고 별도의 주거비 보조나 융자로 하고, 용적률 조정이나 전매 제한 등은 할 필요가 없다고 본다. 그러나 여당이 제안한 환매조건부는 대상이 무주택자에 국한하고, 분양가 인하 방법은 원가공개와 분양가 인상억제, 분양 후에도 자유매매 금지 등으로 정부가 시장에 개입해야 제도를 유지하는 방법이다. 그래서 토지임대부는 초기에 정부가 어느 정도 개입하여도 정착단계에 가면 시장기능이 맡길 수 있지만, 환매조건부는 처음부터 끝까지 정부의 시장개입이 없으면 제도의 실효성을 유지할 수가 없다. 곧 전자는 시장친화적 성격이지만 후자는 반시장적 성격이 강하다.

셋째, 환매조건부는 보통 토지임대에서 발생하는 문제를 해소하게 위한 부대조건으로 붙는 것이다. 환매조건부는 외국에서 토지임대제, 특히 싱가포르에서 분양 초반기에 프리미엄이 붙고 투기와 불로소득 문제가 발생하여 이를 보완하기 위한 조치였다. 그 이유는 필자가 지적하였듯이 책정 임대료가 저가이거나 장기 고정된 가격이기 때문에 이 지대의 사유가치가 개인 소유물인 집값에 붙어서 발생하는 것이다. 그러므로 환매조건부는 토지임대제에서 발생하는 문제점을 보완하는 하나의 단서조항에 불과한 것이다. 환매조건부는 토지임대제에서 정책적 이유로 임대료를 시장가치대로 징수할 수 없을 경우 부득이 단서를 붙이는 것에 불과하다. 또 환매조건부는 시장기능이 아니므로 무주택자와 서민을 위한 복지수단은 되어도 국민 전체에 대한 부동산시장 문제를 푸는 근본 해법은 될 수 없다.

이와 같은 토지임대제와 환매조건부의 구체적 내용은 < 표 11-1> 과 < 표 11-2> 와 같다.

〈표 11-1〉 토지임대부 분양주택과 환매조건부 분양주택의 비교

구분	토지임대부 분양주택	환매조건부 분양주택
개발 주체	국가, 지방자치단체, 토지주택공사, 지방공기업, 등록사업자	국가, 지방자치단체, 토지주택공사, 지방공기업 등 공공부문
토지소유권	공공	민간(분양자)
주택소유권	민간(분양자)	민간(분양자)
사업시행자의 토지매입 부담	토지를 분양하지 않기 때문에 토지매입에 대한 비용을 사업 시행자가 부담하되 전세와 월세를 통해 부분적으로 회수	토지의 조성원가 수준으로 분양하기 때문에 사업시행자가 대부분 회수
사업시행자의 건축비 부담	건축비를 포함한 가격으로 분양하여 회수 가능	건축비를 포함한 가격으로 분양하여 회수가능
주택가격 상승의 차익환수	중앙 및 지방의 '분양가 및 임대료심의위원회'를 통해 토지임대료 조정을 통해 환수 입주자의 집단행동 시 임대료 인상불가로 환수 불가능	주택매각시 공공이 미리 지정된 가격으로 환매하므로 주택가격 상승 차익의 대부분을 환수 가능
공공의 재원 부담	토지비용을 월세로 납부하는 경우 사업초기 부담이 과중할 수 있음	토지 및 건축비용을 조성원가 수준으로 분양하므로 투입비용의 대부분을 환수 가능, 환매한 주택의 재공급을 통해 투입비용을 추가적으로 충당할 수 있음
입주조건	무주택자와 서민을 우선순위로 공급하되 대통령령을 정함	무주택자와 서민을 우선순위로 하되, 별도의 공급기준을 정함
주택에 대한 이해	주거복지 향상 수단 +자산가치 상승의 수단	주거복지 수단으로만 인식

주) 변창흠(2006)

〈표 11-2〉 싱가포르 주택분양제도와 환매조건부 분양제도의 차별성

구분	환매조건부 분양주택	현재의 분양주택	싱가포르 HDB주택
분양가격	민간주택의 50~70%수준 (토지조성비+건축비+a)	민간주택과 유사 혹은 90% 수준(분양가 상한제)	민간주택의 50% 수준
분양대상자	반드시 무주택자	주택보유자도 청약가능	반드시 무주택자
토지 소유	주택 수분양자 소유	주택 분양자 소유	국가소유
주택 소유	주택 수분양자 소유	주택 분양자 소유	주택 분양자 소유
전매 제한	없음	25.7평 이하 10년 25.7평 초과 5년	5년간 의무 거주
환매의무	매각시 환매 의무	환매의무 규정 없으나 투기지역에는 적용	5년 이내 매각시 환매하되 그 이후는 재판매시장에 매각
매매시 가격	분양가+물가상승률 (혹은채권수익률)	분양가+시세차액	재판매 시장가격과 유사
건설 주체	공공부문	공공부문+민간부문	싱가포르 주택청

주) 변창흠(2006), 필자가 내용을 일부 수정하였음

3. 지대시장제에 대한 의문과 해명

땅은 시장임대, 집은 시장소유로 하는 지대시장제가 독자들에게 생소한 감이 있기 때문에 여기서 그 의문을 간추려 보고, 이에 대한 설명을 추가하기로 한다.

지대시장제는 국유화와 같고, 사회주의가 되며, 위헌적인 것은 아닌가?

시장에서 땅값을 없애는 것은 사유권을 부정하는 것이고, 지대시장제는 정부가 지대를 거두므로 사실상 토지의 국유화와 같은 것이 아닌가? 이는 사유재산제와 시장경제를 부정하고 사회주의를 하자는 것이 아닌가?

_풀이

그렇지 않다. 토지임대제는 동양에서 이스라엘, 싱가포르, 홍콩, 유럽에서는 스웨덴, 네덜란드, 호주 등 선진자본주의 국가에서도 오랜 기간 채택해 온 제도이고, 이미 상당수 성공을 하였고 경험도 축적되어 있다. 지대시장제는 시행방법에서 사유토지는 직접 매입하거나 토지증권으로 보상하고 실시하게 된다. 그리고 지대시장제는 지대가 시장을 통하여 토지의 용도배분을 담당하며, 세금마저 없는 것이 원칙이다. 곧 지대시장제는 현재의 토지소유제(땅값시장)보다 더 온전한 사유재산제이며 시장경제체제이다.

따라서 지대시장제는 사용토지의 지대납부 하나로 내 것을 대가 없이 강제로 거두어 가던 세금도 없다. 그래서 지대시장제는 말 그대로 "네 것 내 것"이 분명한 사유재산제이며, 더 온전한 자유시장경제체제라 할 수 있다. 지대는 시장경제의 근본을 해치지 않으면서 사회가 필요한 공경비까지 해결하기 때문에 사회는 더 정의롭고 효율적인 시스템이 될 것이다.

그럼에도 땅값을 없애는 것은 결국 토지소유제를 부정하는 것인데, 사유재산 보호를 규정한 헌법상의 위헌소지는 없는가 하는 것이다. 이 질문에는 지대시장제가 ① 사유토지의 가격보상, ② 토지사용의 자유보장, ③ 실시에서 자율성과 사회적 합의를 최대한 존중하므로 사유재산제와 시장경제라는 헌법의 기본정신에 부합한다. 이는 사회가 공공필요에 의하여 도로를 낼 경우에 사유토지는 보상 협의를 통하여 실시하는 것과 다르지 않을 것이다.

토지소유제를 가능하게 한 땅값시장을 소멸하는 제도 자체만을 갖고서 위헌을 논한다면 우리는 토지의 소유와 땅값의 거래는 헌법보다 먼저 있고 큰 자연법(토지의 물리적 성질)을 어긴 것임을 알아야 한다. 그리고 이 문제는 무엇보다도 지대는 땅이 낸 것이며 땅값은 가치가 아닌 헛값이기 때문에 이 값의 사유는 진정한 사유재산제와 시장경제의 보장을 표방하는 헌법의 기본정신에 오히려 부합하지 않는 것을 과학적으로 인식해야 할 것이다.

그래도 지금의 헌법이 기존의 토지소유와 땅값시장제를 기정사실화한다고 굳이 고집한다면 이는 헌법이 토지를 잘못 알고 정한 것이므로 이를 경우 헌법을 고쳐야 할 것이다. 그러나 필자는 토지가 시장기능을 따라 분배되고, 개인의 사적 사용에 문제가 없고, 또 시행에도 보상을 하고 실시하며, 사전에 충분한 논의를 거쳐서 사회적 공감대를 가지고 실시하게 될 것이므로 굳이 헌법을 고칠 이유는 없다고 본다. 외국에서 토지임대를 실시하는 국가도 토지의 공공임대가 위헌이라고 보는 경우가 없고, 논의마저 없다는 것을 상기할 필요가 있다.

지대는 인간, 곧 땅을 개발하거나 사용하는 것은 인간이 생산한 가치가 아닌가?

필자는 지대가 사람이 생산한 가치가 아니라 땅(자연력)이 낸 가치라고 말한다. 그러나 우리의 통념은 지대가 사람이 땅을 개발하거나 사용하여서 나오는 가치이므로 그 가치는 인공의 대가인 노동가치이거나 자본가치라고 생각한다. 예를 들어서 사막은 그냥 두면 아무런 쓸모가 없는 곳인데 인간이 지하수를 파거나 용수로를 설치하여 물이 있는 땅으로 바꾸면 가치를 갖거나 지대를 내는 땅을 바뀌므로 이 경우 발생한 지대는 사람이 낸 것이라고 한다.

_풀이

가치의 생산활동에 사람만을 중심에 두고 보면 이 말이 맞다. 쓸모없던 땅이 사람의 능동적 가치활동으로 인하여 비로소 가치를 내기 때문이다. 그러나 이렇게도 보아야 한다. 인간이 그 사막에 대하여 사람의 일방적 생각으로 쓸모없다고 하였지만, 그래도 그 사막은 사람보다 먼저 있고 사람이 결코 생산할 수 없는 자신의 고유한 경제가치를 가지고 있다. 사막은 사람과 모든 사물이 존재할 수 있도록 해주는 공간을 갖고 있고, 그것들을 단단히 붙들어 주는 중력이 엄청난 큰 힘을 내고 있다. 그 사막은 공기와 햇볕, 각종 지하자원, 제한된 개체수이지만 동식물들까지 살고 있다. 그 사막은 지구의 모든 자원을 다 갖고 있지만 오직 물이라는 자원 하나가 없거나 부족하여서 지금 쓸모가 없어 보이는 것뿐이다. 사막은 물만 충분하면 언제든지 비옥한 땅이 될 수 있는 토양과 각종 자원을 본래부터 가지고 있다는 것이다. 그래서 사람이 비로소 그 사막에 물을 대고 개발을 하려고 나설 수 있는 것이다. 사람이 개발과 생산활동을 하여야 생산이 있는 것이 맞지만, 이보다 그 땅(사막이지만)이 먼저 있었기에 생산활동이 가능하다는 것도 아울러 인정해야 하는 것이다.

여기서 사람의 입장과 땅의 성질을 종합하면 결국 사막의 개발과 사용도 인간과 땅이 같이 공존하며, 그렇게 공존하는 유기체가 함께 기능하고 활동하는 것이다. 인간이 사막에 손을 대면 땅도 사람의 손과 함께 ① 같은 시점, ③ 같은 장소에서 ③ 같은 경제적 활동을 한다는 뜻이다. 다만 그 활동이 사람은 능동, 땅은 수동적 동반이라는 기능의 차이뿐이다. 그러나 그 전제는 어디까지나 사막이 먼저 있고 사람이 그 뒤에 있다. 따라서 개발도 땅과 사람, 생산활동도 땅과 사람이 동시에 하는 것이다. 단, 인간은 생산활동에서 능동적이고 소모적이기 때문에 생산물 중에 인간이 노동하거나 투자한 가치는 임금과 이자로 먼저 보상을 받고, 그 잔여물이 있을 때에 비로소 사막의 땅이 낸 지대라고 보는 것뿐이다. 이런 점에서 사막을 개발한 후의 지대 발생은 다음과 같다.

_오해

사막 토지가치(無, 0) : 생산총계 = 쓸모 없는 사막에 투입한 인공가치 (노동가치와 투자가치)

☺☺_풀이

사막 토지가치(有) : 생산 총계 > 인공가치

사막 토지가치 = 생산총계 − 인공가치(노동가치와 투자가치)

따라서 메마른 사막에도 사람이 노동한 만큼의 몫은 임금이고 노동가치이다. 샘을 파거나 관계용수를 개발하는 데 투입한 자본과 그 자본이 생산한 이자는 자본가치이다. 따라서 지대는 처음부터 사막이었던 땅이 있으므로 그 땅이 낸 가치이다. 이와 같이 지대는 지대를 내는 그 땅이 사막이든 오아시스이든, 비옥하든 비옥하지 않든 관계없이 토지가 낸 가치이다.

지대의 거래징수 또는 공적 징수는 세금이 아닌가?

지대는 정부기관이 아니고 토지소유자도 참여하는 중립적 독립기관인 '토지거래소'를 통하여 거둔다. 그래도 그 수입은 세금처럼 정부로 들어가서 공경비가 되고 세금처럼 쓰이게 된다. 따라서 지대는 세금이 아닌가? 아니면 현 토지의 소유자에 대한 지대의 징수(보통 환수라고 표현)는 결국 생산물에서 강제로 거두어 가는 세금이라고 하는 주장이다.

☺☺_풀이

이 질문은 지대가 사람이 낸 인공가치라고 보는 것과 관련이 크다. 그런데 세금은 정부가 대가 없이 개인의 부를 강제로 징수하는 것이고(무보상 강제 징수), 요금은 전기료와 같이 전기를 쓰고 그 대가를 내는 것이다(대가성 자율 교환거래). 지대의 징수와 납부는 전기회사에 전기를 쓰고 전기료를 징수하고 내는 것과 조금도 다르지 않다.

그럼에도 불구하고 토지거래소를 통한 지대의 징수를 세금이라고 생각하는 것은 땅을 인간의 창작품으로 본 오해에서 비롯된다. 토지거래소는 지대를 거두는 기관으로 토지의 시장 대리기관이다. 땅은 자신이 독자적으로 경제적 생산물을 내는 실체이기는 하지만 의사결정을 하는 인격체는 아니다. 시장에서 땅은 주인 없기에 시장 거래를 대리하는 조직이 필요하다.

그리고 법을 정하여 지대를 내게 하는 것도 다시 생각하여 보면 강제가 아니라 땅과의 자율적 거래이며, 서로 대가를 주고받는 교환제도에 해당한다. 이를 강제라고 생각하는 것은 그 사상적 배경이 바로 지대가 인간이 낸 가치라고 오해하였거나 주인 없는 지대를 내가 부당하게 소유하려고 한 욕심에서 나온 것이라고 할 수 있다. 고용자가 노동자를 고용하고도 임금을 지급하지 않으면 법이 그 임금을 주라고 명령할 수가 있다. 이러한 임금제도는 사유재산제와 시장경제를 바로 잡는 것이지 인간의 자유를 제약하는 규제가 아니며, 무보상 강제 징수인 세금과는 관련도 없고 성격도 다르다. 토지거래소를 통한 지대의 징수는 이와 같다. 설사 지대징수를 법으로 정하여 강제성 징수를 하더라도 그 근본 성격은 세금과는 다른 교환이고 시장경제라는 뜻이다.

◪ 지대징수에서 지대의 평가가 어렵지 않을까?

지대는 토지가 생산한 것이라면 그 값을 어떻게 매기는가 하는 것이다. 개인이 토지 사용으로 생산한 생산물 총계에서 인공가치(임금과 이자)와 토지가치(지대)를 어떻게 구분하고 크기를 평가하는가 하는 의문이다. 땅은 주인이 없기 때문에 누가 가격을 평가하고 거래의 당사자가 되어 값을 제대로 매길 것인지에 대한 의문이다.

_풀이

이 의문은 유독 토지에서만 가지는 의문인데, 여기에 대한 답은 우선 청과물시장이나 어시장에 가보면 찾을 수 있다. 어시장은 어민 스스로 조직한 어협이나 어촌계가 있어서 어민이 생산한 고기를 어민이 직접 팔지 않고 어민 스스로 조직한 어협의 직원이 경매로 값을 매겨서 거래한다. 그래서 최고 가격을 제시한 자에게 고기의 소유권이 넘어간다. 수확한 고기의 적정가치를 제대로 평가하기는 어렵지만 그것이 경쟁적 가격에 의하여 매겨지고 최고의 가격 제시자에게 팔리기만 하면 된다. 이것이 시장경제에서 가격이 결정되는 하나의 원리이다. 시장경제는 값을 시장이 자율적으로 매겨 거래하면 되는 것이지 실제 가치의 측정은 문제가 아니다. 지대의 평가와 거래도 근본은 이와 유사하다.

다만 토지는 장기간 사용하기 때문에 청과물이나 수산물 경매보다는 다소 다르다. 그러면 바다의 소유권이 없는 양식장이 어떻게 투자되고 거래되고 있는가? 토지의 장기 사용권은 초기에 기초가격을 경매에서 낙찰된 가격으로 하고 그 이후의 추가지대, 곧 지대성장분 역시 초기 경매 시에 제시한 조건을 따라 평가하여 징수하면 된다. 초기 거래 이후 지대의 성장액에 대한 평가와 징수는 경매 당시 계약내용을 따르기만 하면 되지 이를 걱정할 필요가 없다. 이 경우 지대성장액은 독립된 평가기관의 평가지수(경제성장률이나 각종 평가기준)를 적용하여 시장 공정가치(fare value)를 측정, 임대료를 평가하고 징수하면 된다. 지대시장제는 지대의 적정평가를 위하여 토지거래 전담기관(토지거래소)이 지가 및 지대평가 시스템을 항시 가동하며, 정부는 시장가치를 객관적으로 평가할 별도의 독립적인 지대평가기구(정부, 소유자, 사용자, 국세청, 토지평가사, 민간 전문가 등으로)를 조직하여 운영한다. 지대평가에 대한 시사점을 간추려 보면 다음과 같다.

① 모든 상품은 시장에서 가치를 평가하기가 어렵다. 그러나 그 가치는 사람이 하기보다 시장이 결정한다. 곧 지대의 결정도 이러한 시장원리가 원칙이며, 그 방법은 경매형식에 가깝다. 여기서 모든 상품은 시장에서 가치와 가격이 들쭉날쭉하지만 시장 자율에 따라 거래가 성사되듯이 지대 역시 그렇게 보면 된다. 혹자는 지대가 전기료, 수도료, 가스료와는 다르다고 생각할지 몰라도 지대 역시 사용에 대한 요금의 징수이므로 근본은 이와 같다. 전기는 사용량에 따라 값이 매겨지는데 지대는 지역의 위치지수를 따라 값을 매기면 된다. 전기 사용량에 대한 단위당 요금 책정도 전기 공급자가 여러 조건을 감안하여 적정 가격을 매기듯이 지대도 객관적으로 드러나는 위치지수를 따라 사회적 평가지수를 적용하여 값을 매기면 된다. 우리가 전기 공급자가 평가하여 매긴 전기요금을 웬만하면 수용하듯이 그렇게 지대 징수기관을 믿고 따르면 된다. 부당한 요금징수는 물론 구제신청도 할 수 있다.

② 거래하는 지대는 단기가격이고, 거래하는 땅값은 영구가격이다. 지대는 땅값보다 평가액이 크기가 작고 기간이 짧다. 땅값은 영구지대의 크기와 영구적인 이자율을 모두 알아야 제대로 가격을 평가(결정)하지만, 지대는 이자율과도 직접적인 관련이 없고 당해 연도의 생산성인 지대만 알면 된다. 그래서 지대는 미래 영구

지대의 자본가격인 땅값의 가격 결정보다 월등하게 작고 쉽다.

③ 지대는 투입비용이 없고 사회적 여건에 따라 가격이 결정되는 성격이 강하므로 이렇게 평가하는 것이 시장의 공정가치에 가장 부합하게 평가할 수 있게 된다. 지대는 시장에서 중립적이고 전문적인 평가기구를 조직하여 이 기구를 통하여 객관적으로 산정하여 놓은 일정한 지수(또는 기준)를 따라 자동적으로 평가된다. 이에는 우선 지금의 공시지가 결정방식을 상당수 참고하여 적용할 것이며, 경험이 축적되면 이보다 더 나은 평가지수를 개발할 수가 있을 것이다. 토지는 고정된 재산이므로 감가상각이나 수리, 파손 등의 영향을 많이 받는 건물의 평가보다 더 쉬울 수도 있다.

④ 모든 세금도 수익을 계산하거나 평가하여 세금을 결정하고 징수한다. 기존의 제도에서도 토지에 대한 세금부과는 금액의 결정과 징수방법은 복잡한 편이다. 세금에 관련된 용어를 보더라도 기준시가, 공시지가, 실거래가, 감정가 등으로 복잡하게 얽혀 있다. 그러나 지대평가는 장기간 가격인 땅값보다 쉽고 세금의 결정원리보다도 쉽다. 계산원리가 세금보다 간단하고 가치사용에 거래이기 때문에 무보상 강제징수인 세금보다 평가나 오류에 따른 이해 득실이 적다.

⑤ 지대시장제의 궁극적 목적은 지대의 정확한 평가에 있는 것이 아니고 땅값이나 집값에 헛값이 붙지 않거나 최소화하는 것이 목적이다. 이 제도가 땅값을 대폭 줄이기만 하면 징수지대는 다

소 오차가 나도 이미 성공한 것이나 진배없다. 필자는 지대의 징수를 시장지대의 90% 이상 징수하면 이미 성공으로 본다. 지대를 90% 징수하면 시장에서 땅값 헛값은 이미 90%가 소멸하기 때문이다. 필자가 지대시장제의 성공은 지대를 시장가치대로 거두는 데에 있다고 했지만, 그렇다고 이 말이 지대를 100% 모두 거두어야 한다는 뜻은 아니다. 지대를 지금처럼 사유가치로 두지 말고(곧 토지소유제를 없애고) 시장원리를 따라 시장가치에 가깝게 거두면 된다는 뜻이다. 곧 지대시장제 정책의 1차 목표는 지대의 정확한 징수가 아니라 헛값의 소멸에 있다. 그러므로 임대 초기의 경매와 계약에서 지대는 객관적 평가기관에 의하여 평가한 시장 공정가치의 90%~95%를 징수할 수 있다는 임대조건을 명시하여 두면 된다. 혹시 부당한 지대징수가 있을 경우 주택소유자가 구제를 받을 수 있도록 하는 방안도 함께 강구하여 둔다.

⑥ 그리고 이런 평가와 지대징수 문제는 계약 초기에 전세가격 방식, 그 다음 해부터는 추가지대의 조정(인상)기간(1년, 2년, 3년, 5년, 7년 등)을 선택할 수 있고, 전세가격을 시장가격지수와 각종 지수에 맞추어 재조정하는 방식도 있으므로 이 문제는 지대시장제 운영에 대한 경험이 축적되면 쉽게 해결될 것이다. 그리고 사용자는 지대를 내는 만큼 땅값이나 집값이 대폭 낮아지고, 궁극적으로 내가 낼 세금이 줄어든다는 점을 제대로 알리고 홍보를 하여야 할 것이다.

증권(땅값)이자와 지대수익의 격차는 어떻게 조정하는가?

지대는 임금과 같이 성장하는 성질 때문에 그 자본가격[P=R/(i−g)]은 현재의 지대생산력 가치인 현재 자본가격(J=R/i)보다 항상 크다. 그래서 토지증권을 시가기준으로 발행하여 보상하면 증권거래소가 지급하는 이자가 수익하는 지대보다 크다는 문제가 발생한다. 따라서 소유와 사용을 분리하여 땅값을 소멸시키는 토지증권제와 지대시장제는 실제로 이 문제가 이론상 또는 정책상 가장 큰 난점이다.

_풀이

그런데 이 문제는 지대시장제가 일으키는 문제가 아니고, 지대시장제 이전에 기존의 땅값시장제, 곧 토지소유제가 가진 문제였다. 이 P> J의 불균형 문제는 부동산시장만의 문제가 아니고, 자본주의 시장경제가 가장 오랫동안 지속하여 온 구조적 문제이고 고질병이라고 할 수 있다. 따라서 이 문제를 영구히 그리고 근본에서 해결하기 위하여 땅값시장제가 있기 전의 자연법 질서로 돌아가는 방법이 지대시장제라고 할 수 있다. 다르게 말하면 지대시장제는 부동산 문제의 다른 대안이 없는 것이기에 유일한 해결책이자 궁여지책의 선택일 수밖에 없는 것이다. 지대시장제는 다른 어떤 대안들보다 그 대안에 따른 문제와 비용이 적은 반면에 효과는 크다는 뜻이다. 이에 상세한 것은 10장 5의 토지증권제의 문제와 해결책에 설명이 있으니 참고하기 바란다.

다만, 우리가 평소에도 토지시장 이해는 오해가 앞서고 이 제도의 몰이해로 인하여 P> J를 이유로 강하게 저항을 할 수 있다. 여기에는 ①

소유자들 중 토지증권제를 원하는 자들만 선택하여 실시를 할 수도 있으며, ② 아파트 단지나 신도시, 개발지구는 토지를 매입하여 실시할 수도 있고, ③ 기타 지역은 실험지구를 선정하여 먼저 실험을 하여 그 장점을 확인한 후에 할 수도 있기 때문에 이런 저항들이 시행에 결정적 걸림돌이 되지는 않을 것이다.

지대시장장제는 이념도 시장원리이고, 방법도 강제성을 띠는 것이 아니며, 자율성을 원칙으로 한다. 따라서 정부는 토지소유제의 폐단과 지대시장제의 장점을 적극 홍보하고, 이를 국민들이 자발적 참여를 할 수 있도록 제도적 · 정책적 배려를 해주면 된다.

지대수입만으로 국가재정이 가능할 것인가?

사람들은 지대가 공경비를 대신하여 세금이 사라진다는 말에 대하여 대다수가 지대로 국가의 공경비가 재정수요를 충당하지 못할 것이라고 말한다. 그래서 이 제도는 이상론이고 실현성이 없다는 것이다.

_풀이

이 의문은 토지지대에 대한 인식부족과 지대시장제에 대한 염려에서 나온 것이다. 그 이유는 한 나라의 지대 총액은 우리가 일반적으로 알고 있는 지대의 크기보다 훨씬 더 크다는 것과 땅값 헛값이 사라지면 재정수요가 대폭 준다는 것이다.

첫째, 한 나라의 국민순소득 중 지대 총액은 토지, 노동, 자본의 생산요소로 볼 경우 노동임금과 자본이자(이윤 포함)를 제외한 가치의 총계이다. 그러나 토지소유자나 토지 소유 기업의 소득은 소유토지의 지대가 모두 포함된 개념이지만, 이런 경우의 지대만은 토지지대로 보고되지 않고 임금이나 이윤으로 왜곡 보고된다. 지대는 이론상 국민 순생산물(총생산-감가상각비) 중 자연력을 가진 토지가 생산에 공헌한 가치의 총계이다. 예를 들어서 국민 순생산물 중 요소소득이 차지하는 비중은 노동임금이 60%이고 자본이자가 10%이면 지대의 비율은 30%가 된다. 물론 이 말은 지대 크기에 대한 개념을 말하는 것이지 실제 지대가 30%라는 말은 아니다.

또 지금은 정부나 학계의 통계자료도 지대만은 통계가 없다. 정부의 국민소득 통계에서 건물의 귀속 지대나 임대료의 통계가 있기는 하지만 그 통계는 ① 토지와 건물의 구분이 없어서 일괄 계산되고 있다. 곧 포함되지 말아야 할 건물분 임대료가 지대에 포함되거나 건물 임대료에 토지분 지대가 포함되어 있다. ② 그리고 포함되어야 할 개인기업, 법인기업, 농업소득 등의 지대는 사업소득(또는 자본소득)으로 계산되어 역시 지대는 누락되고 있다. 더 큰 오류는 ③ 가장 큰 비중을 차지하는 세금부문에서 인식될 지대가 모두 빠져 있다. 따라서 국민소득 집계에서 지대의 산정은 매우 부정확하여 사실상 없는 것이나 다름이 없다.

지대는 땅값에서 이자율을 곱한 간접적 산출도 불가능하다. 땅값 그 자체가 미래의 성장률이 추가된 헛값이 들어 있으므로 여기서 이자율로 계산된 금액은 생산지대보다 약 2배 정도 크며, 더구나 사유토지의 50%에 가까운 임야나 유휴지는 생산물 자체가 없는 토지(무지대토지)로 지대가 장기적으로 0이기 때문이다. 또 지대의 절대적 크기는 사용가치나 희소가치에 따라 상대적으로 계산되기 때문에 계산이 추상적이다. 그러나 어림잡아 추정하여도 한 나라의 국민소득 대비 지대 비중은 적게는 10% 이상, 많게는 30%, 적어도 평균하여 20% 정도는 될 것이다. 다만 사람들이 토지에 노동과 자본을 투입만 하면 그 결과물은 모두 임금이나 이자로만 생각하는 잘못된 토지관으로 인하여 지대 비중이 매우 작을 것이라고 느끼고 있는 것뿐이다.

실제의 연구들을 보면 흔히 선진국에서 국민 총 생산 중의 지대 비중은 5%도 되지 않는다는 보고를 자주 접하게 된다. 그러나 우리가 토지시장의 오해로 인하여 지대가 다른 소득 항목, 곧 건물과 토지개발의 대가, 사업소득, 그리고 다음에 말하는 세금 등으로 잘못 인식되어 그렇고 실상은 전혀 그렇지 않다.

둘째, 생산비 지출과 국민소득의 수취에 세금이 사라지면 지대는 상대적으로 커진다. 다시 말하면 지금 우리가 부담하는 세금의 대부분은 지대라는 것이다. 토지독점이 없는 정상적 생산활동은 총 생산에서 임금과 이자를 보상하고 남은 부분이 지대가 된다. 균형상태를 가정하면 이렇게 분배되어야 노동과 자본의 투입이 시작되고 장기로도 유지된다. 이 경우 노동과 자본에 부과된 세금은 그만큼 요소가격을 인상하기 때문에 시장기능을 통하여 자연히 잔여가격인 지대의 크기를 줄이게 된다. 그러므로 지금의 세금은 지대의 상당수가 임금과 이자로 얹혀서 추가 계산되고, 여기에서 다시 세금이 매겨져 징수되는 과정을 거치게 된다. 따라서 세금이 사라지면 지금의 세금부담 중 상당 부분이 지대로 전환된다. 참고로 지금의 조세부담률은 23% 정도, 준조세나 기타 공경비까지 포함하면 총 부담률은 25%에서 30%까지 육박한다. 유럽에서 복지지향형 국가는 조세부담률이 50%까지 되는 국가도 있다고 하였다.

시장이 균형적이라고 할 경우 생산의 3요소에서 지대의 크기는 다음과 같다. 여기서 세금은 토지에 부과되는 세금만을 말하는 것이 아니라 임금과 이자 등 요소소득 전체에서 부과하는 세금을 말한다.

토지 개량가치가 포함된 지대 = 총생산물 – (임금 + 이자)
토지 개량가치가 제외된 지대 = 총생산물 – (임금 + 이자 + 토지개량가치)
세금 없는 토지의 지대 = 생산물 총계 – (임금 + 이자)
세금 있는 토지의 지대 = 생산물 총계 – (임금 + 이자 + 세금)
세금 = 토지, 노동, 자본에 부과되는 모든 세금
∴ 토지개량가치 포함 지대 > 토지개량가치 제외 지대
세금 없는 토지의 지대 > 세금 있는 토지의 지대

셋째, 지대시장제가 되면 사회의 재정수요가 대폭 줄어든다. 그 이유는 땅값 헛값이 소멸하기 때문에 이 값이 일으키는 사회적 부작용과 문제들이 시장에서 자동 해소되어 정부가 나서야 할 일들이 대폭 줄어드는 것과 맥을 같이 한다. 지금의 땅값은 헛값이기 때문에 정부는 이 값이 일으키는 각종 경제적 질병을 치유하기 위하여 많은 인력과 재원을 투입하고 있다. 가난한 자에 대한 복지비 지출 증대, 실업증대로 인한 구제비용, 사회간접자본의 투자비 증액과 비능률, 경기조절을 위한 재정정책이나 통화정책에 따른 비용, 이외에도 헛값이 일으키는 각종 범죄 예방과 단속 등에 소요되는 비용 등을 말한다. 그러나 지대시장제가 되면 이런 문제가 자동 해소되거나 대폭 줄어든다. 따라서 지대시장제에서 정부의 역할은 아담 스미스의 말대로 토목공사와 같은 사회간접자본 투자, 사회적 약자와 보건에 대한 소규모의 복지비 지출, 그리고 경찰, 국방과 같은 순수 공공재를 공급하는 정도만 남게 될 것이다. 지대시장제는 정부기능의 대부분이 시장에 흡수되어 버리기 때문에 작은 정부가 되고 그만큼 재정수요를 큰 폭으로 줄이게 된다.

넷째, 만에 하나 지대가 국가의 공경비 수요를 충족시키지 못한다고 하더라도 이를 이유로 지대시장제를 반대할 근거는 없다. 왜냐하면 지대수입으로 공경비가 부족하면 지금의 세제를 일부 남겨두어 세금을 거두고 필요한 재정수요를 맞추어 가면 되기 때문이다. 지대는 사용료이므로 시장에서 시장기능이 아닌 세금과는 아무 관계없이 존재할 이유가 있고 거둘 필요가 있다는 것이다.

이런 점을 종합하여 보면 지대 총액이 국가의 재정수요를 충족시키지 못한다는 주장과 이 주장에 따른 지대시장제의 반대는 지대의 인식 부족과 새로운 제도의 도입에 대한 염려일 뿐이라는 것이다.

세금이 사라지면 세금이 갖는 사회정책적 기능은 어떻게 하는가?

세금은 국가 또는 지방정부의 재정수요를 충족시킬 자금조달이 주요 목적이지만, 그렇다고 모든 세금이 재원조달을 목적으로만 하는 것은 아니다. 국제 무역거래에서 징수하는 관세는 재정목적이 아니고 국가간 수출입에 대한 규제나 장려를 위한 조정수단으로 쓰인다. 증권거래세도 증권시장의 안정운영에 대한 정책도구로 쓰인다. 사치성 소비를 억제하기 위하여 사치성 물품에 높은 세금을 부과하고, 사행심 조장을 막기 위하여 카지노 입장에 고율의 특별소비세를 매기고, 국민건강을 위하여 담배에 대한 세금이나 건강부담금을 부과하기도 한다. 이와 같이 세금은 재원조달이라는 목적 이외에 경제정책이나 사회정책을 위하여 필요한 것인데, 지대시장제로 세금이 사라지면 이러한 정책기능은 어떻게 수행하는가 하는 의문이다.

_풀이

이 의문은 한마디로 지대시장제라는 새로운 제도에 대한 염려다. 지대시장제 내에서도 수출입의 통제와 관리를 위하여 관세가 필요하면 관세를 거두면 되고, 사치성 소비를 억제하려면 특별소비세를 매기면 된다. 지대시장제가 이를 방해하지는 않는다. 그리고 지대시장제 내에서도 지대의 조절로 이런 정책기능을 얼마든지 수행할 수 있다. 곧 특정 업종을 장려하기 위한 지대 감면이나 유예와 같은 제도를 얼마든지 사용할 수 있다. 카지노의 입장과 사치성 소비를 억제하려면 이런 업종에 대해서는 지대를 시장지대보다 높일 수도 있고, 지대 외에 세금이나 부담금을 물리면 된다. 따라서 세금을 이용한 경제정책과 사회정책을 수행하는 목적으로 지대시장제를 반대할 이유는 없는 것이다.

경제문제, 제도보다 인간의 정신문제가 아닌가?

사람은 지대시장제에 대하여 종종 이런 말을 한다. 지금 우리의 경제는 그 제도에 문제가 있는 것이 아니라 그 제도를 운영하는 인간의 정신문제라는 것이다. 인간의 탐욕과 부정부패 등이 일으키는 문제가 제도적 문제보다 더 크다는 것이다. 그래서 지대시장제가 비록 탁월한 제도라고 인정하더라도 인간의 심성이 바르지 않는 한 그 제도는 별 의미가 없다고 보는 비관적 견해를 말한다. 이 질문은 우선 지대시장제 자체의 실현성에 대한 부정적 반응이며, 그 다음 설사 지대시장제가 우수하다고 하더라도 인간의 약점 때문에 성공할 수 있겠는가 하는 의문이다.

_풀이

필자는 인간사회에서 발생하는 거의 모든 문제는 인간의 심성이나 정신과 관련이 있다고 본다. 그러나 인간의 심성과 정신 못지 않게 경제에 영향을 주거나 받는 것은 제도 역시 그러하다는 것이다. 경제의 제반 문제는 정신과 제도 이 양자가 결부된 복합적 문제라고 보아야 할 것이다. 따라서 토지시장에서 헛값이 발생하여 일어나는 주기적 부동산 문제와 각종의 경제문제는 정신과 제도의 복합적 산물이라는 것이다.

우선 정신적 측면을 보면 사람은 땅에 대한 인간의 이기심이 바탕이 되어 토지사유제와 땅값을 매개체로 하는 토지 상품시장을 만들었다. 인간은 땅과 인간이 결합하여 생산한 가치 총계를 두고, 그 전부를 사람인 내가 생산한 것이라는 욕심이 작용하여 토지가치의 사유화가 발생한다. 이러한 토지가치의 사유화에서 다시 그 토지가치의 자본가격인 땅값 헛값까지 사유하게 된다. 그래서 땅을 사유하고 팔고 사는 시장제도는 처음부터 잘못된 제도이지만, 인간이 자연에 대한 탐욕이 자연스럽게 서로 결탁하고 연합하여 사회적 합의라는 통념이 되어온 것이다. 그리고 천연자원이요 공짜물인 땅을 팔고 사는 것은 역시 같은 공짜물인 석유자원을 팔고 사는 것처럼 그렇게 하는 것이 시장경제에 도움이 되는 줄만 알고 살아온 것이다. 같은 천연자원이라도 땅과 석유는 시장성질이 전혀 다른 물질인데 말이다. 이와 같이 토지제도는 잘못된 정신에서 시작하여 잘못된 제도로 연결되어 왔다.

그런데 제도는 잘못된 것이므로 이를 고치려면 땅값시장제를 지대시장제로 고쳐야 한다. 그러려면 사람은 처음부터 토지시장이 잘못된 것임을 아는 것이 중요하다. 이것이 토지에 대한 정신문제이다. 토지는 매입과 투자와는 관련 없이 토지가치는 내 것이 아니라 남의 것이며, 땅값은 있는 가치가 아니라 없는 가치로 헛값이라는 것을 알아야 한다. 그래서 지금까지 경제적으로 토지에 대하여 잘못 생각한 인간의 오류를 고쳐야 한다는 것이다. 이것이 지대시장제의 기본정신이고 철학이다. 곧 지대시장제는 땅에 대한 인간의 잘못된 정신문제와 사회제도를 같이 바꾸는 것이다.

땅값 헛값이 일으킨 경제문제는 고장난 자동차의 운행문제와 유사하다고 보면 된다. 사람의 정신이나 가치관이 잘못되어 자동차를 제대로 만들지 못하여 고장을 일으킬 수 있겠지만 그래도 고장난 차는 인간의 정신문제와 별개이다. 이때 문제의 해결은 고장이 없는 다른 차로 바꾸거나 고장난 차를 고쳐서 사용하여야 한다. 그래야 그 자동차가 비로소 제대로 굴러가는 것이다. 땅값 헛값이 일으킨 경제적 고장은 지대시장제로 바꾸거나 고쳐야만 하는 것은 이와 같은 이치다.

땅값, 그것은 인간이 가지는 주관적 효용가치이고 사회적 합의의 결과물이 아닌가?

땅값은 실제로 존재하는 땅이라는 물체에 대하여 인간이 가치가 있다고 생각하거나 판단한 가격이다. 더구나 누구 한두 사람의 즉흥적 판단도 아니고, 사회구성원 모두가 그렇게 여기는 보편적 가치가 아니겠는가? 쌀 한 가마의 가격은 인간이 쌀에 대하여 주관적으로 가치가 있다고 판단하고 지불하려는 크기가 바로 가치이고 가격이 아닌가 말이다.

이것이 경제학이 말하는 효용가치이고 시장경제를 인도하는 질서라고 할 수 있다. 그런데 이렇게 인간의 각자 효용대로 매겨진 땅값에 대하여 왜 가치물이 아니고 헛값이라고 주장을 하는가?

☺☺_풀이

땅값이 가치가 있다고 보는 땅값가치론은 사회의 통념이며, 이를 경제학적으로 말하면 효용가치론에 입각한 가격인 것도 맞다. 그러나 땅값은 가치로 실현되는 물리적 성질이 없다. 사회통념과 경제학적 효용가치론으도 땅의 물리적 성질을 가치물로 변화시키는 이론을 제시할 수 없다. 효용가치론이 땅값이 헛값이라는 증거와 그 증거가 가능한 토지의 물리적 성질을 부정하지 못한다. 다시 말하여 땅값이 가치라는 믿음은 사회통념이 잘못되었다. 더구나 효용이론은 그 이론에 오류가 있는 것이 아니라 가치가 없는 물질에 효용이 있다고 생각하는 우리의 잘못된 생각과 행동이 잘못이다. 이 행동은 가치에 대한 인간의 허구적 사상이고 행동이다. 이는 학자를 포함한 우리 모두가 없는 가치인 인플레이션에 대하여 식사를 하겠다고 숟가락을 들고 있고, 인플레이션을 먹고서 배가 부르다고 느끼는 것과 같은 착각이고 우둔한 생각이다. 이러한 통념이 만든 땅값의 인정과 토지사유제는 그것이 비록 사회적 합의라고 하더라도 구성원 모두에게 공동책임이 있고, 또 이는 잘못된 합의이므로 하루빨리 고쳐야 할 부분이다.

세금 없는 지대시장, 이상론이 아닌가? 현실성이 없지 않은가?

땅은 분명히 눈에 보이고 있고 가치가 있는데 그게 값이 없는 헛값이라고 하는 것은 말이 되는가? 사회주의 경제도 아닌 사회에서 세금이 사라진다는 것은 말이 되는가? 시장기능은 '땅값' 대신에 '지대'가 한다는 것도 믿음이 가지 않는다. 지대시장 하나로 부동산 문제를 모두 해결한다는 발상 자체가 매우 비현실적이고 위험한 것 아닌가? 이러한 지대시장제의 주창은 모두 현실을 무시한 이상론에 불과하다. 지대시장제는 예를 들어서 한 사회에서 천사같이 착한 사람만 있으면 아무 문제가 없을 것이므로 모든 사람을 천사로 만들면 경제문제를 해결한다고 하는 것과 같이 하나의 이상론이요, 실현 불가능한 가설에 불과하다. 그렇지 않은가?

_풀이

태양은 가치가 있으나 경제적 가치물은 태양이 아니고, 태양이 내는 빛과 에너지이다. 사람도 가치가 있는 존재물이지만 팔고 사지 않고 사람이 생산한 가치물만 팔고 사고 있다. 그래도 사람이 일한 가치는 시장을 통하여 자유롭게 배분되며 거래되고 있다. 땅도 이와 마찬가지이다. 땅이 내는 생산물은 가치물이지만 땅은 가치물이 아니다. 더구나 땅은 자연물이고, 지구 그 자체의 일부분이다. 지구는 전체이든 그 지구의 극히 작은 일부분이든 팔고 사는 상품이 될 수 없다. 땅은 사람이 팔고 사는 상품이 아니고, 상품과는 차원이나 성질이 전혀 다르다. 4차

원의 세계는 3차원 세계를 포함하기는 하나 3차원의 세계에 4차원의 세계가 들어가지는 않는다. 4차원의 세계가 3차원의 세계에 들어가면 3차원이 세계가 부풀어서 기형체가 되고, 결국 3차원 세계는 언제인가 터질 수도 있다.

다시 말하면 한 말들이 부대에 두 말의 곡식을 넣을 수는 없다. 이것을 물리학에서 '불가입성(不可入性)의 원리'라고 한다. 사람이 생산하고 소비하는 경제계의 범주에 사람이 생산하지 않았고 소비하지도 못하는 땅이라는 자연계를 집어넣을 수 없다. 경제계에 자연계를 집어넣으면 경제계는 부풀게 되고, 이 부품을 해결하지 못하면 언제인가 경제계는 터지게 된다. 사람이 생산하고 소비할 수 있는 물질은 팔고 사서 그 물질을 장바구니(시장)에 넣을 수 있으나 사람이 생산하지 않았고 소비할 수 없는 땅과 땅값은 사람이 만든 장바구니에 넣을 수 없다. 땅이 내는 성장 지대는 장바구니에 집어넣거나 소비할 수 있지만, 이와 동반하여 커지는 성장 땅값은 영구적으로 장바구니에 담을 가치물이 없다. 땅값이 헛값이라는 말은 이와 같은 경제적 뜻이 담겨져 있는 용어다.

경제에서 토지는 사적 소유제 대신 사적 사용제로 하여 시장에서 땅값은 없애고 지대만 두는 제도는 이러한 대자연이 가진 천연의 자연질서(성질)에 인간이 순응하는 것이다. 인간이 절대로 하지 못하는 불가항력의 대상과 행위가 있다면 그런 것은 하루라도 빨리 포기하는 것이 좋다. 따라서 지대시장제는 사람이 어떤 허상이나 불가능한 목표를 막연하게 동경하거나 쫓아가는 이상론이 아니다. 지대시장제는 생활에서 불가능한 것은 하루라도 빨리 버리고 실제로 가능한 것만 행하면서 살아가자는 방법으로 지극히 현실적인 생활과학이다

4. 토지 공공임대제와 지대시장제의 문답식 이해

아래 내용은 토지임대제에서 가지는 여러 가지 의문들을 문답식으로 비교하고 풀이한 것이다. 이 내용은 어느 연구자가 토지의 공공임대 정책을 전제로 강의한 것과 인터넷에 공개한 자료(http://www.landjustice.or.kr, 2004. 12. 24)인데, 그 일부를 소개하고 필자의 시장임대(지대시장제)에 대한 의견을 첨부하여 독자들의 이해를 돕고자 한다. 이 자료는 토지의 공공임대를 가정한 검토단계의 연구이고, 실제로 시행하는 공공임대제 방식은 아니므로 독자들은 이 점에 유의하기 바란다. 자료에 밝힌 주택토지의 공공임대와 필자가 말하는 전국의 모든 부동산(우선 아파트 지구나 신도시부터)에 대한 시장임대는 방법과 적용범위 등에서 상당한 차이가 있다. 그러나 '토지는 임대, 건물은 소유'라는 큰 틀에서 보면 이념과 정책방향은 일치한다. 앞으로 토지임대제 도입과 시행에 있어서 이 자료에서 밝히는 공공임대는 실무적 측면에서, 필자의 지대시장제는 시장임대에 대한 이론적 측면에 서로 참고하고 보완할 부분이 있으므로 독자들의 비교 이해가 필요할 것이다.

아래 본문에서 질문과 답변은 공공임대 연구자의 자료를 토대로 수록한 것이며,[15] '➲ 표시'는 이 답변에 필자의 시장임대에 대한 의견을 첨

15) 자료 제공자의 요청으로 질문과 답변의 형식을 수정하고, 내용은 가급적 훼손이 없도록 노력하였다.

가한 것이다.

가. 개념 및 원리

▣ 정부나 공공기관이 시행하는 토지임대부 주택분양방식이란?

주택의 소유권을 토지와 건물로 분리하여 토지는 공공이 갖고 건물(아파트 등 주택)은 수요자에게 분양하는 방식이다. 따라서 주택소유자는 건물에 대해 지금과 같이 자유롭게 거래 · 상속 · 증여 등의 권리행사가 가능하다.

➲ 지대시장제는 "땅은 임대, 집은 소유"라는 철학으로 집을 짓는 대지뿐만 아니라 농지, 임야, 상가, 빌딩 등 전국의 모든 사유토지에 대하여 점차적으로 시장임대를 하는 방식입니다. 지대시장제는 사업주체가 정부와 민간을 구분하지 않고 토지의 시장가치에 따른 가격, 사유재산의 보상, 참여자의 자유 의사결정 등 시장원리에 따른 토지임대제를 말합니다.

▣ 일반분양주택이나 공공임대주택과의 차이점은?

일반분양주택은 토지와 주택을 합쳐서 분양하는 주택이며, 공공임대주택은 토지와 주택을 공공이 소유하고 수요자에게 임대하는 것으로서 거주자는 재산권 행사가 어렵다. 토지임대부 주택은 '토지'는 공공이 소유하고 '주택'만 민간에 분양하는 방식으로 분양주택과 임대주택의 중간형태이다.

◐ 지대시장제는 공공임대부터 우선 시작하되 궁극적으로 공공임대와 민간임대를 구분하지 않고 시장원리에 맡기는 제도입니다. 사업의 주체는 정부가 아니고 '토지거래소(증권거래소와 유사)'와 같은 토지시장 대리기관입니다. 토지거래소는 주택소유자, 토지소유자, 토지사용자(임차인), 정부, 공공기관, 은행 등이 출자와 운영을 공동으로 하는 시장독립기관이며, 회원제나 조합형으로 조직합니다.

▣ 땅을 공공이 소유한다면 사회주의 국가처럼 토지를 국유화하는 것으로써 시장경제체제에 위배되는 것 아닌가?

토지임대제도는 영국, 스웨덴 등 자본주의 국가에서 토지의 사유화에 따른 문제점을 해소하기 위해 시행하는 제도이다. 중국처럼 시장경제체제를 도입한 사회주의 국가도 토지 사유화의 문제점 해소를 위해 국유지를 장기 임대하고 있다. 따라서 이 제도는 자본주의 시장경제체제의 문제점을 극복하기 위한 수단의 하나로 활용되고 있다.

◐ 지대지장제는 사유토지를 매입하거나 보상하며, 민간임대처럼 토지의 소유와 매매만 하지 않고 임대는 시장자율에 맡기는 것으로 사유재산제와 시장경제에 반하지 않습니다. 토지의 국공유화(집산체제)는 사용에서 개별 분할과 자율적 사용, 시장가격이 없어서(또는 낮아서) 실패하며, 토지사유제는 시장가격이 실제 사용가치보다 커져서 실패하기 때문에 지대시장제가 유일한 해법이 되는 것입니다.

▣ 우리나라에서 법적으로 도입하기 어려운 제도가 아닌가?

우리나라는 등기부등본이 토지와 건물로 구분 관리하고 있어 법률상으로 아무런 문제가 없다. 건물과 토지를 구분하지 않고 하나의 부동산으로 취급하는 나라들도 법률적 문제없이 이 제도를 시행하고 있다.

➲ 부동산등기법은 토지와 건물을 분리하여 등기할 수 있고, 지금도 아파트는 토지에 대한 처분권 대신 지분권만 있으므로 별다른 문제 없이 바로 시행할 수 있습니다.

나. 외국 사례

▣ 이 제도를 활용하고 있는 국가는 어디인가?

토지임대제는 중앙정부 주도형과 지자체 주도형이 있는데 중앙정부가 시행하는 나라로는 호주의 캔버라와 이스라엘, 홍콩, 싱가포르 등이고, 지자체가 시행하는 나라는 네덜란드, 스웨덴, 독일, 프랑스, 영국, 핀란드 등 유럽국가와 영연방국가들이다. 대표적 국가는 스웨덴의 스톡홀름(70%), 네덜란드의 암스테르담(80%), 핀란드의 헬싱키(68%), 호주의 캔버라(100%), 싱가포르(전국토의 90% 이상) 등이다.

➲ 토지임대제는 이 외에도 자유시장주의 성향이 강한 미국과 일본에서도 시행하고 있는 제도입니다. 미국의 맨해튼 지역의 고층 빌딩(엠

파이어스테이트, 록펠러센터 등)은 토지임대제 건물이며, 일본의 차가 · 차지법은 민간이 시행하는 토지임대제인데 가격은 시장가격의 60%에 불과합니다.

▣ 외국에서 토지임대제도를 도입한 배경은 무엇인가?

산업혁명 이후 급격한 도시화로 인한 주택문제 해소와 도시의 계획적 개발, 개발이익의 공공환수를 위해 도입했다. 도입의 취지는 주택을 싸게 공급하여 도시 서민의 주거안정을 도모하고, 개발이익을 공공이 전액 환수하며, 공공이 토지소유자로서 도시를 계획적으로 개발하여 난개발을 방지하기 위한 것이다. 호주 캔버라는 행정수도의 계획적 개발을 위해 도시 전체에 이 제도를 적용하였는바, 최근에는 토지임대수입이 재정에 크게 기여하고 있어 재정확보의 수단으로도 활용되고 있다. 중국은 임대차 기간의 토지임대료를 일시불로 받아 도시재정비에 필요한 비용을 조달하고 있다.

➲ 지대시장제는 ① 부동산 문제의 근본 해법인 동시에 ② 개인은 반값 또는 전세가격 수준에서 부동산을 소유하고 자유롭게 사용하는 이점, ③ 국가는 궁극적으로 재정문제까지 자동 해결하는 이점 등으로 획기적 제도가 될 것입니다.

▣ 외국의 경우 주로 대도시에서 이 제도를 많이 실시하는데, 그 이유는 무엇인가?

대도시의 심각한 주택문제를 해소하고 땅값 상승에 따른 개발이익을 환수하여 재정수입을 확보할 수 있기 때문이다. 이 방식은 집값 안정이 시급하고 땅값이 올라 부동산 투기가 우려되는 지역에 한해 제한적으로 시행한다.

➲ 지대시장제는 성장하는 사회, 성장하는 토지의 땅값은 사용가치(또는 주거가치) 이외에 땅값 상승액이라는 헛값이 들어갈 수밖에 없기 때문에 시장임대를 해야 하는 것입니다. 특히 외국에서도 도시는 토지개발과 인구 유입으로 토지가치가 더 많이 커지고, 이에 따른 땅값 헛값의 상승과 주거의 불안정 문제도 더 커지기 때문에 궁여지책으로 토지임대제가 등장한 것입니다.

▣ 외국의 경우 제도 운영에 따른 문제점은 없는가?

토지임대제도는 각국에서 주택문제 해결에 크게 기여한 것으로 평가하면서도 여러 가지 논란이 계속되고 있다. 특히, 저렴주택 공급을 중시하여 임대료 수준을 너무 낮게 책정하면 지가상승 이익을 적절히 환수하기 어렵다. 따라서 정책목표를 명확히 설정하되 제도의 효과를 극대화하기 위해서는 정책목표의 적절한 혼합이 필요하다. 임대료 조정, 토지임차인 관리, 재건축, 주택환매 등에서 행정의 일관성이 없으면 소송, 민원 등 부작용이 있다. 따라서 토지임대차 관리와 주택관리를 통합적으로 일관성 있게 수행할 전담기관이 필요하다.

◐ 지대시장제의 관건은 토지가치를 시장가치대로 징수하는 방법에 성공여부가 달려 있습니다. 외국의 토지임대제는 토지임대료와 임대보증금이 너무 저렴하여 ① 개인은 집값 또는 토지사용권에 프리미엄이 붙고, ② 공공은 재정부담이 커지고, ③ 그래서 정부의 시장개입이 커지는 등의 문제가 발생합니다.

다. 국내 도입 및 운영방안

▣ 우리나라에서 이 제도를 시행한다면 어느 지역이 적당한가?

주택가격이 높은 서울이나 수도권에서 먼저 시행하고 대도시 또는 주변지역으로 확대하는 것이 바람직하다. 특히, 부동산투기가 우려되는 지역으로서 토지를 전면매수 또는 수용이 가능한 주택공영개발지구가 적합하다. 아울러 계획적 개발이 필요한 행복도시나 혁신도시, 공공청사 이전적지 등에서 시범적으로 적용할 수 있다.

◐ 지대시장제는 행정도시, 기업도시, 신도시나 아파트 단지 등 개발로 지대수익의 창출이 쉬운 곳이 우선 실시하기가 좋습니다. 그러나 기존의 단독주택과 상가, 빌딩, 농촌 마을, 농지 등 모든 부동산도 시가성 증권(채권)을 발행하여 보상하고 바로 실시할 수 있습니다. 이는 부동산 소유자가 지대시장제의 장단점을 이해하고, 자발적 참여를 하려는 의사가 중요합니다. 이를 위하여 땅값 헛값의 바른 인식을 위한 홍보가 필요합니다.

▣ 주요 대상은 누구인가?

내집을 값싸게 마련하기 원하는 실수요자는 누구나 대상이 될 수 있다. 다만, 주택가격이 비싸고 주택시장이 불안정한 지역에서는 무주택가구에게 우선적으로 분양하는 것이 바람직하다.

➲ 양질의 주택을 반값(전세가격)에 소유하고 자유사용을 원하는 사람은 누구나 할 수 있습니다. 집값은 시장가격으로 분양하며, 무주택자나 서민은 정부가 별도의 융자지원과 주거비 보조를 하게 됩니다.

▣ 토지임대부 주택도 청약통장에 가입되어야 분양받을 수 있는가?

그렇다. 토지임대부 주택의 분양방식도 기존의 일반주택의 분양방식과 동일하다. 다만 토지임대부 분양주택은 토지를 공공이 소유함으로써 공공이 땅값 상승 이익을 전액 환수 가능하다. 따라서 향후 토지임대부 분양주택에 대한 수요를 파악하여 적절한 분양방식을 검토하는 것이 바람직하다.

➲ 지대시장제는 미래의 임대가격 결정방식과 임대조건을 제시한 경매식 입찰을 통하여 최고가격 제시자에게 주택을 분양하는 것이 원칙적입니다. 따라서 분양자격을 제한할 필요가 없습니다. 다만, 사업주체와 소비자가 필요하다면 분양조건을 명시할 수 있습니다.

■ **토지의 임대차 기간은 어떻게 정해지는가?**

외국의 경우 나라별로 실정에 맞게 운용하고 있다. 하지만 계약을 갱신하여 사실상 영구적으로 이용하고 있다. 스웨덴은 주택용지는 초기 임대기간 60년, 40년마다 재계약, 싱가포르와 영국은 초기 임대기간 99년, 99년마다 재계약을 한다. 따라서 우리는 주택의 수명을 고려하여 적정 임대기간을 50년 정도로 설정하는 것이 바람직하다고 본다.

➲ 지대시장제는 임대기간은 원칙상 건물 수명기간이 됩니다. 단, 건물 수명이 모두 다르므로 주택은 임대기간을 50년 정도로 하며, 기타 건축물은 구조나 임대 사안에 따라 조정할 수 있습니다. 지상물이 없는 농지나 임야 등은 시장가치에 따른 지대만 징수하면 임대기간은 무의미할 수 있습니다. 이는 균형적 노동시장에서 임금만 있으면 채용기간의 약정은 무의미한 것과 같습니다.

■ **그렇다면 50년 동안 한 집에 계속해서 살아야 하는가?**

아니다. 분양주택처럼 언제든지 주택을 사고 팔 수 있다.

➲ 지대시장제도 이와 같습니다. 주택의 건물과 건물에 부속한 토지 전세권(토지사용권)은 언제든지 자유롭게 양도할 수 있습니다. 이 경우 시장가격은 순수 토지임대제이면 감가상각비를 차감한 건물의 잔존가격, 일반 전세형 임대이면 전세보증금 또는 이에 접근한 가격이 됩니다. 전세권 시장에서 전세보증금의 매매는 사채시장의 가격처럼 거래가 형성되고 매겨집니다.

▣ 최근 신규 공급되는 주택은 투기방지를 위해 전매가 제한되는 경우가 있다. 만약 전매제한 지구에서 토지임대부 주택이 공급된다면 똑같이 전매제한을 받는가?

물론이다. 토지임대부 주택 역시 전매가 제한된다. 전매 제한뿐 아니라 환매제도의 적용도 검토할 수 있다. 환매제도란 시세 차액을 노리는 투기를 방지하기 위해 분양 후 일정기간 내에는 공공시행자에게 되파는 제도이다. 싱가포르는 주택개발위원회(HDB)가 공급하는 토지임대부 주택에 대해 5년간 전매제한 및 환매제도를 적용한다.

➲ 지대시장제는 전매나 환매 등 시장규제를 할 필요가 없습니다. 지대시장제는 주택의 배분과 가격을 시장기능에 맡기는 제도이기 때문입니다.

▣ 토지임대부 주택도 일반 분양주택처럼 양도, 담보대출, 상속이 가능한가?

물론이다. 토지임차권과 건축물 소유권은 자유롭게 양도, 상속, 증여할 수 있다. 또한 토지임대 계약관계가 안정적이고 건축물의 자산가치도 양호하므로 담보대출 역시 문제가 없을 것이다. 해외 사례를 보더라도 양도, 상속, 담보대출이 자유롭게 이루어지고 있다.

➲ 지대시장제 역시 세금과 규제가 없기 때문에 양도, 상속, 증여가 지금보다 더 자유롭습니다.

▣ 토지임대부 주택도 전세가 가능한가? 가능하다면 토지임대료는 누가 납부하는가? 세입자가 부담해야 하는가?

토지임대부 주택도 전세가 가능하다. 다만 토지임대료는 토지임차인인 주택소유자가 납부해야 한다.

➲ 지대시장제도 같습니다. 다만 주택소유자가 납부 편의를 위하여 원한다면 세입자가 납부해도 무방합니다.

▣ 임대 만기시 계약갱신은 어떤 절차를 통해 이루어지는가?

구체적인 계약 갱신절차는 추후 별도로 마련해야 한다. 네덜란드는 만기 3~4년 전에 임대료와 임대기간 등의 변경예정을 통지하고 1년 전에 새 임대료를 통지한다. 새 임대료는 정부와 임차인 측에서 선정한 전문가 2인이 공동으로 지가상승률을 감안하여 책정한다. 이에 필요한 수수료는 정부와 임차인이 50%씩 분담한다.

➲ 지대시장제도 비슷한 절차가 필요합니다. 단, 이 경우 임대료 책정은 입찰가격 또는 객관적 전문 평가기관에서 평가한 가액을 기초로 책정합니다. 기존 토지 임차인은 여기서 책정한 최고가격을 승인하면 재계약 시 타인보다 우선권을 가집니다.

▣ 토지 임대기간 만료 전에도 계약의 수정은 가능한가?

외국에서는 정부, 주택구입자 등 이해당사자 간의 동의가 있을 경우 기간만료 이전이라도 계약을 수정하고 있다.

◆ 지대시장제도 이와 같습니다. 시장가치에 따른 지대징수만 제대로 하면, 임차자의 신분이나 임대기간은 사실상 무의미합니다.

▣ 토지 임대기간 만료 전 주택구입자의 계약수정 요청은 어떤 경우에 가능한가?

주택구입자가 재건축이나 리모델링을 시행하고, 계속해서 토지 임차를 요청할 경우에는 가능하다.

◆ 지대시장제 재건축, 리모델링 등으로 건물수명이 증가되거나 토지 임대가치가 커진 경우 역시 재계약 또는 임대료 증액 조정절차가 필요합니다. 이 경우 임대료 평가는 독립적이고 전문적인 평가기관이 있어야 합니다.

라. 토지임대료

▣ 토지임대료는 어떻게 납부하는가?

전세형태로 일시에 내고 이사할 때 찾아가는 방식, 매달 월세로 내는 방식, 두 방식을 혼합하는 방식 등이 가능하다. 전세는 임대료 산정기준지가의 100%를 일시에 납부하고 이사할 때 전액을 되찾아가는 방식이다.

- 월세는 임대료 산정 기준지가의 약 4%를 월세로 납부
- 전 · 월세 혼합은 기준지가의 일부를 전세금으로 내고 나머지는 매달 월세로 납부

◐ 지대시장제는 임대조건을 붙여서 공개입찰로 가격이 매겨지면 그 가격의 납부방식은 사업자와 소비자가 원하는 방식을 선택하고 계약하면 됩니다. 물론 위에 제시한 여러 가지 방식도 함께 검토할 수 있습니다. 지대시장제는 땅은 임대, 집은 소유로 하되 가격은 땅과 집을 분리하지 않는 일반 전세가 방식을 간편법으로 제안하고 있습니다.

▣ 토지임대료 납부방법은 임차인이 선택할 수 있는가?

순수 전세형, 순수 월세형, 혼합형(예 : 전세 50%, 월세 50%)을 형편에 맞게 자유롭게 선택할 수 있을 것이다.

◐ 지대시장제 간편법은 초기는 토지 주택 구분 없이 시장의 일반 전세가로 분양하고(건물은 소유, 땅은 임대로 하고), 추후 가격 상승분에 대한 전세금 이자만 매년 추가 임대료를 납부하는 방식을 권하고 있습니다. 추가(조정) 지대의 평가는 공시지가의 평가에 준하여 할 수 있으나 장기로는 객관적 · 독립적 · 전문적 평가기관의 평가로 결정합니다. 추가지대의 평가는 전세가격지수, 경제성장률, 물가상승률, 지역 경제상태, 개발지수, 위치지수, 건물의 내용연수 등 종합적 평가지수를 활용하여 시장가치에 가장 접근한 가격으로 평가합니다.

▣ 기준지가는 무엇을 기준으로 하는가?

시세 또는 감정가를 사용할 수 있으나 임차인 부담을 줄이는 취지에서 감정가를 사용하는 것이 바람직할 것이다.

➲ 지대시장제에서 초기 가격은 공개입찰 가격이 원칙이며, 그후는 시장 전세가격(전세지수)에 준합니다. 경우에 따라 객관적 지대평가액을 기준가격으로 합니다. 물론 위의 감정가도 고려할 수 있습니다. 초기 이후의 추가지대는 평가기관의 평가에 의하여 결정합니다.

▣ 월세는 어떻게 계산하는가?

월세는 기준지가에 임대료율을 곱하여 산정한다. 임대료율은 통상 시장금리 또는 그보다 다소 낮게 결정된다. 우리의 경우 현재 4% 정도면 무난할 것이다. 상업용지는 시장금리를 적용하고, 주거용지는 이보다 낮은 수준에서 적용하는 것이 외국의 일반적 예이다.

※ 스웨덴은 ① 지자체의 10년 만기 대출금리, ② 공공주택금융 대출금리, ③ 시장금리+행정비용(0.1%) 등을 임대료율로 사용한다.

➲ 지대시장제에서 월세는 입찰가격(시장가격)에 의한 월할 계산입니다. 임대료율도 객관적이고 공정한 시장금리에 준합니다. 지대시장제는 시장제를 표방하므로 공공금리보다 시장금리에 접근하는(예를 들어서 장기 평균 시장금리) 가격을 적용합니다.

▣ 임대료는 몇 년마다 조정되는가?

외국은 일반적으로 5년마다 조정하며 1년, 10년, 25년 조정도 있다. 조정주기가 길어질수록 임대료율이 높아진다. 초기 임대료를 낮추면 다음 조정시점에서 임대료가 갑자기 높아지는 문제점이 있다. 우리의 경우 임대료율을 고정시키되 조정주기는 전세보다는 긴 5년으로 하는 것이 적당할 것이다.

※ 암스테르담은 1년, 10년, 25년 중에서 임차인이 선택할 수 있고, 각각의 임대료율은 4.69%, 6.08%, 6.19%이다.

➲ 지대시장제는 매년 시장가치대로 임대료를 징수하는 시스템 운영이 원칙이므로 독립적 평가기관에 의하여 평가된 임대료가 매년 자동 조정됩니다. 지금의 토지 공시지가와 주택 공시가격이 매년 조정되는 것과 유사하지만 기준가격은 시장이 안정적인 전세가격이 되므로 시장이 불안정한 소유가격을 평가는 지금과는 차이가 있습니다. 단, 저가임대나 고정임대의 경우는 일정기간 지나서 조정이 필요하고, 이 경우도 가급적 기간이 짧을수록 좋습니다. 이렇게 해야 임대료가 시장가치에 접근하고, 임대료 수지의 형평성이 전 기간에 걸쳐서 고르게 되기 때문입니다.

▣ 임대료 조정기준은 무엇인가?

외국의 경우 임대료율은 원칙적으로 변치 않으며, 기준지가를 조정하여 임대료를 책정한다. 기준지가는 물가상승률이나 지가상승률을 감안하여 조정한다.

➲ 분양 초기와 만기 후 재계약에서는 임대료 조건과 임대조건을 제시한 공개 입찰가격이 우선이며, 평소에는 공시지가처럼 객관적 평가로 임대료를 책정합니다.

▣ 토지임대료는 누가 산정하는가?

정해진 약관에 따라 산정할 수도 있고, 정부와 임차인 측에서 선정한 전문가로 구성된 팀이 산정할 수도 있다. 네덜란드는 후자의 방식을 택하고 있다. 우리의 경우 정부에서 별도로 지침을 마련하는 것이 합리적일 것이다.

➲ 지대시장제는 토지거래 전담기관(토지거래소)이 지가 및 지대 평가 시스템을 항시 가동하며, 정부는 시장가치를 객관적으로 평가할 별도의 독립적인 지대평가 기구(정부, 국세청, 토지평가사, 민간 전문가, 소유자, 사용자 등으로)를 설립하여 운영합니다.

▣ 초기 분양가 및 토지임대료를 예시할 수 있는가?

○○지역 지가(감정가 기준)가 평당 1,700만 원, 용적률 185%, 50평형 기준으로 건축비가 평당 546만 원이라 하면, 일반분양주택의 분양가격은 2.7억 원, 토지임대부 분양주택의 공급가격이 될 것이다.

- 전세 : 7.3억 원(전세 4.6억 원은 이사할 때 환급)
- 월세 : 2.7억 원에 월 153만 원
- 전월세 혼합(각 50%) : 5억 원에 월 77만 원(전세 2.3억 원 환급)

입주시 부담금은 월세형 2.7억 원(시세의 18% 수준),

전세형은 7.3억 원(시세의 50% 수준)

• 월세 부담액은 월세형 153만 원, 전월세 혼합형 77만 원

〈토지의 공공임대〉

▶ 주택분양가=건축비 평당 546만 원×2.7억 원

▶ 토지임대료

• 전세 : 기준지가의 100%(평당 1.700만 원)÷용적률(185%)×50평
  = 전세금 4.6억 원

• 월세 : 전세금(4.6억 원)×임대료율(4%/12월)=153만 원

• 전월세(각 50%) 혼합 : 전세금 2.3억 원+월세 77만 원

⊙ 지대시장제는 시장 이자율 5%, 토지임대료는 땅값 상승률 2%를 적용하면, 땅값 상승분만큼 전세값이 공공임대보다 더 낮아집니다. 다음은 토지와 건물의 구분 없이 시장 전세가로 하는 간편법 계산입니다.

〈지대시장제〉

주택임대료 = 2.7억 원×5% = 1,350만 원

토지임대료 = 감정가 4.6억 원×3% = 1,380만 원,
임대료 합계 2,730만 원, 총 전세금 = 2,730만 원/0.05 = 5.46억 원

전세 5.46억 원 = 건물 전세 2.7억 원 + 토지 전세 2.76억 원
(여기서 전세 5.46억 원은 이사 할 때 환급)

_분석

공공임대에서 제시한 계산의 예가 주택의 시장가격이라면 지대시장제는 이자율을 1% 높이고, 미래 땅값 상승률은 2%로 적게 잡아도 집값은 1.84억 원(7.3억 원- 5.46억 원)이 낮아졌습니다. 임대료로 계산하여도 공공임대는 2,924만 원이고, 지대시장제는 2,730만 원으로 약간 낮습니다. 물론 지대시장제는 초기 토지임대료 1,380만 원에서 매년 2%씩 커지는 임대료를 추가로 내게 됩니다. 따라서 지대시장제 주택소유자의 집값 절약 재산은 초기에 1.84억 원이고, 이 재산은 매년 초기이자 920만 원이 복리로 커져서 만기 주택 주거기간이 50년이면, 총 재산은 21.1억 원으로 커지게 되며, 전세 반환금 5.46억 원까지 포함하면 총 잔여재산은 26.56억 원이 됩니다. 여기서 추가 임대료 납부액을 뺀 금액이 순 잔여재산이라고 하겠습니다. 물론 추가 임대료 연금 11.48억 원은 주택 소유자가 주거가치로 소비한 가치와 이를 재투자한 복리이자 총계인데 그만큼 저축을 한 재산 효과를 가집니다.

_계산근거

총 잔여재산 = 전세절약원리금 21.1억 원(1.84×11.4674) +
전세반환금 5.46억 원 = 26.56억 원

추가 임대료 연금 총액 추정 = 1,380만 원×(292.5276−209.3480)
= 11.4787억 원

순 잔여재산 = 26.56억 원 − 11.48억 원 = 15.08억 원

* 11.4674(50년 종가율), 209.3480(50년 정액연금 종가율),
292.5276 (50년 성장연금 종가율)

기타의 계산은 시장가격에 준하는 공공임대제와 거의 유사합니다. 구체적인 것은 10장의 지대시장제의 가격 비교를 참고하시기 바랍니다.

제3편

성경의 희년법과 토지임대시장

3편은 희년법 소개로 성경의 토지시장이 시장가치에 따른 임대제이며, 이 제도로 완전한 사유재산제와 자유시장경제가 성립하는 것을 보여주고 있다. 성경이 말하는 토지경제는 일부 성경 토지운동가(조지스트)들의 오해처럼 정부원리(세금과 규제)로 운영하는 것이 아니고 시장원리로 해결한다는 내용이다.

12장

희년법과 토지경제

1. 희년법과 토지제도를 소개하면서

성경이 말하는 경제체제는 사유재산제와 시장경제를 강하게 지지한다고 할 수 있다. 그러나 한편으로 성경은 사유제산제와 시장경제이면서도 토지소유 역시 강하게 부정하고 토지는 시장가치대로 임대를 하도록 하고 있다. 이러한 성경의 토지제도는 토지시장이 온전한 자유를 회복하는 50년이 되면 그 효과가 절정을 이루는데, 이때를 "희년(禧年)"이라고 한다. 그래서 이러한 성경적 토지제도나 시장원리를 보통 "희년법"이라고 하고 있으므로 필자도 그렇게 부르기로 한다. 12장은 성경의 희년법이 말하는 이러한 토지시장의 기본 정신과 운영원리를 소개하고자 한다.

성경은 『레위기』라는 책이 있고, 레위기 25장에는 토지에 대한 비교적 상세한 경제 규례를 두고 있다. 특히 이 경제 규례는 토지경제에 대한 내용이 구체적으로 들어 있다. 여기서는 성경이 말하는 토지경제의 내용이 매우 독특하고, 내용적으로 과학성과 경제적 합리성을 동시에 갖추고 있다고 보기에 소개한다. 레위기 25장의 내용은 종교적인 것도 있지만, 주요 내용의 핵심적인 것은 토지와 경제에 대한 독특한 내용들이다.

그러나 성경의 토지제도를 언급하기 앞서 독자들이 알아야 할 것은 필자가 여기서 종교를 말하려는 것이 아니라는 것이다. 필자는 여기서 성경이 말하는 종교적 입장이 아니라 토지경제에 대한 이야기만 하려고 한다.

필자는 비기독인에게 우선 양해를 구하고 싶다. 필자가 여기서 레위기 토지경제의 내용을 소개하면서 성경이 말하는 "하느님"이라는 명칭을 사용하고 있더라도 그것은 성경에 있는 내용을 객관적으로 소개하는 것이지 종교적 의도를 가지고 하는 말이 아니다. 그리고 성경이 말하는 부동산의 내용을 필자가 지지하고 있더라도 그것은 자연과학, 경제학, 그리고 경제사상적 관점이고 신앙이나 종교적 문제와는 일단 별개임을 분명히 밝혀둔다.

그리고 기독인들에게도 양해를 구하고 싶다. 필자는 기독인이면서 레위기 25장의 내용을 종교를 떠나 경제적으로 접근하는 것에 대하여 기독인들의 오해가 있을 수 있다. 레위기는 종교서적인 성경의 한 권이므로 레위기 25장의 내용을 신학적 또는 종교적 의미로 전하지 않고, 세속 경제의 틀에 넣어서 접근하고 분석하며 일반인에게 전한다는 오해를 하지 않기 바란다. 아직도 레위기 25장에 대한 교회의 전통과 신학의 입장은 성경 본문이 말하는 부동산 경제제도에 대한 내용보다 종교적 의미에 관심이 더 쏠려 있다. 그래서 성경이 말하는 경제적 내용을 제대로 (경제적 시각으로) 해석 전달한 사례가 거의 없다고 본다. 때문에 필자의 경제적 해석과 전달이 기독인에게는 오해가 있을 수 있다는 것이다. 레위기의 경제적 내용을 종교적으로만 치우쳐 보아왔던 것은 구약성경을 경전으로 삼았던 유대교와 그러한 구약을 믿는 지금의 기독교가 마찬가지일 것이다.

따라서 성경이 말하는 토지경제의 내용을 비기독인은 성경의 종교 이야기로 오해하고, 기독인들은 성경을 비성경적 영역인 경제적 내용으로 왜곡한다고 볼 수가 있는 것이다. 곧 필자가 말하는 성경적 토지경제이야기는 기독인이나 비기독인 구분 없이 양쪽 모두에게 오해의 소지가 있을 수 있다는 뜻이다.

그러나 기독인과 비기독인, 학문과 종교가 서로 부정할 수 없는 사실이 있다. 그것은 물질에 대한 자연과학적 현상이다. 예를 들어서 성경에서 "한 세대는 가고 또 한 세대는 오되 땅은 영원히 있다(전도서 1 : 4)"라는 말은 종교를 떠나서도 누구나 인정하는 자연현상의 객관적 진실에 속한다. 그런데 이 말이 성경에 있다고 하여 기독교라는 종교적 범주에서만 생각하는 것도 문제가 있고, 자연과학은 이 진술을 종교와 관련된 내용이라고 부정하거나 무시하는 것도 있을 수 없는 일이다. 왜냐하면 인간은 세대를 따라 개체가 바뀌지만, 땅은 인간 세대와 달리 바뀌지 않는 영구적 존재물이므로 학문과 종교는 어느 쪽도 이를 부정할 수 없기 때문이다.

그리고 일반 기독인들도 이 말이 성경에 있다고 하여 종교적 입장만 취하고, 과학적 사실은 부정하는 우를 범해서는 안 된다. 따라서 기독인과 비기독인 구분 없이 학문과 종교를 분리하는 선입관은 자칫하면 성경이 밝히고 있는 내용을 바로 알기보다 오히려 흐리게 할 수 있다. 그래서 필자가 말하는 성경상의 토지경제는 이와 같이 성경에 있는 부동산과 토지경제에 대한 객관적 사실만을 소개하려는 것이다. 이런 점에서 독자들이 오해가 없기를 바란다.

2. 성경은 순수한 사유재산제와 시장경제가 원칙이다

레위기 희년법

성경의 경제 규례는 모세 오경의 한 권인 레위기에 있고, 레위기 25장에는 토지경제와 부동산에 대한 내용이 구체적으로 나와 있다. 우선 레위기 25장이 말하는 경제사상과 제도의 전체적 골격을 보면 성경은 '사유재산제도'와 '시장경제제도'를 근본으로 하고 있다. 필자가 그렇게 보는 이유는 대체로 다음과 같다.

첫째, 개인의 노동가치를 개인이 사유하게 하고 있다. 땅을 다스리되 그 생산물은 다스린 자가 거두라고 한다(레 25 : 4). 여기서 다스린 자가 거두라는 말은 그 가치를 공유하라는 뜻이 아니고 사유하라는 뜻이다. 이와 같이 노동가치를 사유하라는 것은 사유재산제가 성립하는 사상적 기초가 된다.

둘째, 성경은 토지를 개인에게 분할하여 사적으로 경작하게 했으며, 그 토지의 사용권도 소유와 매매를 허용하였다(레 25 : 16). 성경은 노동자의 몸값도 자유계약을 따라 시장가격으로 팔고 사게 하고 있다. 그런데 농경시대에 토지의 개별 경작제와 생산물의 사유, 그리고 땅과 몸의 시장거래를 허용한 것은 사유재산제와 시장경제제도를 기본으로 하여야만 성립할 수 있다.

셋째, 건물의 소유와 매매도 허용하였다(레 25 : 29, 30). 주택은 거래할 경우 1년 동안은 매각자가 다시 값을 치르고 재매입을 할 수 있으나 1년이 지나면 매입자의 영구 소유가 된다. 이와 같이 건물은 사적 계약을 따라 개인이 소유하고 팔고 사도록 하고 있다.

넷째, 토지사용권의 거래, 곧 토지의 한시적 매매나 임대, 그리고 사용권의 원상 회복에도 '무르기' 라고 하는 제도를 두어 반드시 값을 치르고 하게 한다(레 25 : 24).

다섯째, 레위기 25장이 언급한 경제제도 외에도 성경은 전체로 사유재산제와 시장경제를 근간으로 하고 있다. 성경은 십계명을 통하여 이웃 소유물에 대한 탐욕 금지, 타인 소유물 도적질 금지, 개인별 소득에 십일조를 납부하여 기업(땅)이 없는 제사장과 공무에 종사하는 레위인들, 그리고 가난한 이웃에게 돌리게 해두었는데, 이것은 경제 시스템이

〈표 11-1〉 희년법 중심의 경제체제

관련 성구	경제적 의미	경제사상과 체제
토지생산물은 다스린 자가 거두어라 (레 25 : 3)	노동의 자유와 노동가치의 사유화 보장	사유재산과 시장경제
땅은 제비뽑기로 개인별 분양하고 경작하게 한다(민 33 : 54)	토지의 분양제도 및 자본재의 사적 사용과 자유보장	사경제 원리와 자유 생산체제
건물은 값을 치르고 매매하고 소유한다 (레 25 : 29, 30)	소유하고 매매하는 제도를 명시	사유재산제, 시장경제
토지와 노동의 사용권은 연수대로 값을 치른다(레 25 : 15, 16, 51)	토지와 노동의 사용권 변동은 시장가치대로 거래하고 배분	개인의 자유 의사결정과 시장경제
(레위기 이외의 관련 성구) 남의 소유를 탐내지 말라(십계명) 도적질하지 말라(십계명) 소득의 십일조를 내어 기업이 없는 레위인과 가난한 자에게 주라(신명기) 가난한 자를 도우라(새계명)	탐욕 금지와 도적질 금지, 십일조를 기업이 없는 자와 가난한 자에 돌리고 이웃이 대한 제도적 배려는 체제가 사유재산제일 때 필요한 규정임	사유재산제, 시장경제제의 사회체제

사유재산제이기 때문에 취하여진 조치들이다.

따라서 성경은 생산물(거둔 것)과 투자물(건물)의 소유와 거래, 원시 자본재(몸과 땅)의 거래 등을 모두 인정하고 있다. 성경은 이와 같이 모든 가치물들은 소유하고 팔고 사게 하고 있으므로 사유재산제와 시장경제를 기초로 하고 있다는 것이다.

희년법은 땅의 소유와 매매를 금한다

그러나 성경은 이렇게 사유재산제를 강하게 지지하고 있으면서도 땅만은 다르게 보고 있다. 성경이 땅과 토지경제만은 시장에서 강한 예외를 두고 있다는 것을 우리가 주목해야 한다. 성경은 사유재산과 시장경제를 바탕으로 하면서도 토지생산물 소유는 제한을 하며, 토지의 소유와 매매는 처음부터 금지하고 있는 것을 말한다. 이것이 바로 성경만이 가지는 토지경제의 특수 규정이라고 할 수 있다. 그리고 성경이 말하는 시장경제의 내용이나 이념도 사람이나 사람의 노동이 중심이 아니라 땅과 땅의 생산활동을 중심 축으로 하고 있다. 이것은 성경이 세상의 경제 철학이나 제도와는 매우 다른 의미가 있다는 것이다. 그리고 토지의 사용과 소유, 그리고 거래의 규정을 따라 경제의 운영은 물론이고, 사회제도의 운영까지 정하여져 있다. 그런데 이러한 규정은 내용을 체계적으로 검토하여 보면 토지의 시장 특수성을 그대로 인정하고 그 특수성에 따라 제한을 한 것이므로 과학적이고 매우 합리적이라는 사실을 알 수 있다.

그러나 지금까지 세계의 경제를 이끌어 왔던 마르크스 경제학이나 자본주의 경제학은 토지 중심의 사상이나 땅의 과학적 성질에 따른 경제적 특수규정은 없는 것이나 다름이 없다고 보아야 한다. 지금까지의 경제학은 땅보다는 사람, 곧 노동이나 자본을 경제적 의사결정의 대상으로 하였고, 또 중시하여 왔다. 마르크스 경제학은 사람과 사람의 노동이 사상과 이론의 중심이며, 자본주의 경제는 사람과 사람의 자본이 경제활동의 중심이었다. 그러나 성경적 경제는 토지를 중심으로 한 경제적 내용을 담고 있다. 그래서 성경이 표방하는 경제사상의 기초는 토지시장 이론이 중심이 된다. 이제 이런 성경적 경제의 내용을 간단하게 살펴보기로 하자.

3. 경제의 시작은 땅이 쉬는 것부터

제 칠년은 땅으로 쉬어 안식하게 할지니…(레 25 : 4)

성경에서 땅은 6년간 경작한 후 7년은 쉬게 하고 있다. 이해가 7년마다 돌아오는 안식년이다. 사람은 자기가 공동체로부터 분배받은 땅이나 타인으로부터 사용권을 매입한 땅을 6년간은 경작하여 생산활동을 한다. 그러나 7년째는 그 생산활동을 정지하고 땅을 쉬게 해야 한다(레 25 : 3~4). 이러한 성경 규정은 매우 특이한 것이다. 물론 성경처럼 땅을 묵히는 행위는 우리나라에서도 예전에 화전민들에게 있었고, 다른 나라 문헌에서도 종종 발견되기는 한다. 그러나 성경의 안식은 다른 문헌에서 나타나는 단순한 토지 묵힘과는 다르다. 땅이 쉬는 그 내용이나 절차가 매우 철저하고, 토지의 독자적 생산활동과 고유한 특징이 안식제도에 모두 들어 있다는 점에서 그렇다.

첫째, 땅을 쉬게 하는 것이 희년법 경제의 시작 시점이다. 안식년은 경제활동의 한 주기인 7년째 돌아오므로 사람이 중심인 경작년 기준으로 보면 한 주기의 마지막 시기이다. 그러나 희년법은 이때를 경제의 시작 시점으로 잡고 있다. 희년 경제를 기록한 제일 먼저 언급하고 있다는 뜻이다. 성경은 하루의 시작도 쉬는 저녁 때를 기준하며, 쉬는 주일은 원래 첫째날을 의미한다. 사회에서도 한 주일의 시작은 원래 쉬는 날인 일요일(주일)이다. 추수를 다 마치는 7월 절기 역시 경제력으로는 한해를 시작하는 새해이다. 이와 같이 경제생활의 기본을 다루고 있는 레위기 경제 규례는 땅을 쉬게 하는 안식년부터 시작한다. 이렇게 성경은 땅의 쉼을 경제의 시작으로 보고 있다.

둘째, 성경은 땅을 사람이 단순하게 묵히라고 하지 않고 "땅이 쉰다" 또는 "땅은 쉬어야 한다"라는 능동적 표현을 쓰고 있다. 우리가 보통 쉰다는 말은 생명이 있는 사람이나 동물에게 하는 말이고, 기계와 같은 무생물에게는 하지 않는다. 그러나 성경은 땅이 사람처럼 쉰다, 쉬어야 한다는 표현을 사용하고 있다. 또 땅은 "반드시 그렇게 하라"고 하여 의무적 규정을 두고 있다. 이렇게 성경은 땅의 쉼을 경제활동의 시작으로 보고 있다.

셋째, 땅이 주어의 의미로 쓰였다. 우리는 보통 땅을 경작하거나 묵힌다고 할 때 '땅을'이라고 표현하여 목적어로 쓰고 있으나 성경에서는 '땅은'이라고 하여 주어의 의미로 쓰고 있다. 관련 구절의 정확한 표현은 "제7년에 땅은 쉬어야 한다(But in the seventh year the land is to have sabbath of the rest)"이므로 문장구조로 보면 '땅'은 주어로 쓰이고 있다. 그만큼 성경이 말하는 땅은 경제에서 사람과의 관계를 주도적 또는 대등한 입장에 다루고 있다.

넷째, 땅은 쉬면서도 생산활동을 하며, 생산물이 있다고 한다. 이 말은 경제에서 가치물의 인정과 분배에 아주 중요한 개념이다. 경제에서 땅은 사람의 노동과 생산활동이 금지된 조건에서 생산물을 내고 있다는 것이다. 따라서 앞에서 말한 땅의 쉼과 땅이 주어로 쓰이는 것, 땅이 인간의 노동과 별개로 생산활동을 한다는 것 등은 평소에 우리가 경제활동에서는 거의 모르거나 무시하고 있는 부분이다. 그러나 성경은 땅이 사람의 피동적 생산도구가 아니라 능동적 생산체라는 사실을 이렇게 규정하고 있어 매우 특이하고 땅의 경제적 성질을 적극적으로 대변하여 주고 있다고 할 수 있다. 그리고 노동이나 생산활동이 금지된 안식년에 생산된 순수한 토지 생산물은 그 물질을 모두 가난한 자에게 쓰도록 배려하고 있다. 여기에 대해서는 4번에서 다시 언급한다.

안식년은 면제년까지

매 칠년 끝에 면제하라(신 15 : 1)

다섯째, 인간의 생산활동을 금지한 안식년은 지역적 현상이 아니라 한 나라 전체에서 모든 구성원들이 함께 지켜야 했다. 땅이 쉬는 안식년은 1년간 사람의 생산활동이 완전히 금지된다. 그래서 성경은 사람들이 안식년에 땅을 경작하지 못할 경우 생산하지 못한 양식의 부족에 대하여 언급하고 있다. 경작년에 생산한 토지의 잉여 생산물이 경작이 금지된 안식년의 양식까지도 넉넉히 부양하여 준다고 한다.

여섯째, 땅이 쉬는 해는 다른 한편으로 면제년인데 이해는 팔린 몸(몸값)도 계약기간(6년) 만료로 풀리는 해이며, 갚지 못한 부채는 탕감을 받는 해를 말한다(신 15 : 1~3). 사실 땅의 쉼과 더불어 잡혀 있는 몸값이 소멸하여 몸이 자유함을 얻으며, 부채도 안식년에는 변제기한의 종료로 소멸한다. 이때까지도 가난하여 상환하지 못하는 생계 자금의 부채는 채권자의 면제로 소멸한다. 이와 같이 안식년은 면제년과 더불어 그야말로 땅, 몸, 자본 등 생산의 3요소가 모두 같은 시점에서 함께 자유를 누리는 해이다.

일곱째, 안식년 순수 토지산물은 사회 공동의 소유물, 그리고 들짐승까지도 공동의 몫이라는 것이다. 이는 안식년이 만민에게 토지산물을 고루 나눔은 물론 자연 생태계까지도 생명체의 일원으로 배려한 제도다. 이에 대해서는 5번에 다시 언급한다.

이렇게 보면 성경이 말하는 안식년은 땅의 쉼과 몸의 해방, 빚의 탕감이 함께 어우러진 제도이다. 성경이 말하는 경제제도는 땅, 사람, 자본이라는 생산의 3요소에서 땅과 동식물의 환경보호, 몸의 자유, 자본(빚)의 자유 등에 대한 내용이 모두 들어 있다. 이러한 성경의 경제법은 다른 제도나 문헌에서는 찾아보기 어려운 것으로 매우 특이한 제도이며, 경제학적으로도 큰 의미가 있다고 할 수 있다.

4. 땅은 쉬면서도 생산한다

안식년의 소출은 너희의 먹을 것이니…
그 소산으로 식물을 삼을 지니라(레 25 : 6, 7)

우리는 보통 사람을 두고 '만물의 영장'이라고 한다. 이 말은 사람이 만물의 중심이며, 사람의 능력은 자기 개량에 따라 얼마든지 발전할 가능성이 있다는 뜻이다. 그러나 이러한 능력을 갖춘 사람이라도 사람은 쉬면서 생산활동을 하지는 못한다. 사람이 쉰다는 것은 생산을 하지 않는다는 말과 같다. 그리고 생산현장은 자동생산 시스템이 아닌 한 사람이 쉬면 사람과 동반한 기계도 모두 정지되어서 생산활동을 멈춘다. 운전하는 운전기사가 쉬면 자동차도 달리지 못한다는 뜻이다. 이와 같이 사람과 기계는 쉬면 생산활동이 계속될 수 없다. 사람은 다만 쉬면서 그동안 생산활동에서 소진된 에너지를 재충전 할 수 있을 뿐이다.

그러나 땅은 그렇지 않다. 땅은 사람이 쉬는 해에도 생산활동을 하고 생산물을 내고 있다. 성경은 이를 두고 "스스로 난 것(곡물과 열매)"이라고 한다(레 25 : 5). 성경은 안식년이 되면 경작지인 땅부터 쉬어야 한다고 했으므로 이때 땅이 쉬면 사람은 생산활동 자체를 접어야 한다. 그런데 이 경우 땅이 쉬면 사람도 쉬어야 하므로 사람의 생산활동은 0이다. 그런데 땅은 안식년 땅의 쉼에도 불구하고 자기 자신의 생산활동을 계속한다는 것이다. 땅이 쉬는 안식년에도 들에서 곡식이 자라게 하고 감나무에서 감을 달리게 한다는 것이다. 그것을 사람이 거두어 먹거리로 살 수 있다는 것이다. 여기서 가을에 거두기만 하는 사람의 단순 채취노동은 봄, 여름, 가을이 오기까지 전 기간에 걸쳐 땅(사람)이 해야 하는 생산활동(노동)과 분리하여 생각하기 바란다. 땅은 사람의 노동이 없어도 또 사람의 단순 채취노동과는 별도로 이러한 생산활동을 정상적으로 하고 있다는 것이다.

'스스로 난 것'이란?

안식년에 "스스로 난 것", 사실 이 진술은 사리에 맞지 않는 것 같다. 쉬고 있는 땅이 생산을 한다는 말 자체가 모순이기 때문이다. 그러나 이 말은 맞다. 왜냐하면 원래 자연계는 쉼이 없기 때문이다. 곧 땅이 가진 식물과 동물은 사람의 경작활동과는 관계없이 존재하고 있고 그들은 자생적 활동을 하고 있기 때문이다. 안식년에도 샘물은 스스로 솟고 있고 강물은 저절로 흘러 우리의 젖줄이 되어주고 있다. 이러한 천연자원의 존재와 운동, 동식물의 습생은 원래 인간의 경제활동보다 먼저 있고, 인간과는 별개로 있는 자연 자체의 활동영역이다. 그래서 사람은 그것을 채취만 하면 항상 먹을 수 있고 생활이 가능한 것이다. 땅의 이런 자연적 생산이란 현상 때문에 안식년 1년간은 사람의 노동을 정지시켜도 경제적 생산물이 있는 것이다. 여기서 생산물이란 자연에 방치된 자연물질을 말하는 것이 아니고, 경제에서 먹고 쓰며 팔고 사는 물질들로 구체적이고도 경제적인 가치물들을 말한다.

우물을 생각하여 보자. 샘은 사람이 마셔도 결코 마르지 않고 물이 계속하여 솟아나온다. 공기를 마시고 또 마셔도 공기는 줄지 않고 계속하여 공급되고 있다. 송이가 나는 밭(산)에서 금년에 채취한 송이는 내년에도 다시 채취할 수 있다. 오늘 사냥을 한 사냥터에는 내일 와도 다시 사냥할 사슴이 풀을 뜯고 있다. 성경은 이러한 땅의 자생적 생산력이 사람이 경작하는 경작지에도 당연히 있다는 것이다. 그리고 그 경작지의 생산활동은 사람과 별개로 있고, 사람과 분리하여 독립적으로 생산을 하고 있다는 것이다. 곧 경제에서 땅은 영구적 생산체이며, 인간과는 독립된 별개의 생산 활동체인 것이다.

땅의 안식이란?

그러면 땅이 쉰다는 성경의 표현은 무슨 뜻인가? 땅이 가진 원래의 천연 생산활동을 쉰다는 뜻이 아니다. 이렇게 되면 자연의 정상활동이 정지되어 버리므로 지구상에 있는 사람은 물론 뭇 생명체들까지도 모두 죽어버리고 말 것이다. 그러므로 안식년 땅의 쉼은 땅이 경작년에 인간과 결합하여 생산을 하던 추가적 경제활동 부분만을 쉰다는 뜻으로 보아야 한다. 곧 땅의 안식은 경작년에 땅이 인간의 생산활동을 위하여 협동하고 기여하던 부분만을 멈추고 쉰다는 것이다. 그래서 성경이 말하는 안식년 땅은 인간과 협동하여 생산한 기능만을 정지하고, 쉬면서 자신의 고유하고도 독자적인 본래의 천연 생산활동은 그대로 존속하고 있다는 뜻이다. 성경은 이렇게 자연활동을 인간의 경제적 시스템이나 틀 안에까지 집어넣어서 생산활동과 경제적 존재를 구체적으로 인정하고 있다.

사람은 여기서 ① 땅이 인간의 노동과는 별개로 '독자적 생산활동'을 하고 있다는 것, ② 그리고 인간의 노동(자본) 투입에는 노동과 결합하여 '협동적(추가적) 생산활동'을 하고 있다는 것을 함께 알아두어야 한다.

5. 토지 자생물은 공동체의 공경비로 사용한다

그 땅의 안식은 너희를 위한 식량이 되리니,
즉 너와 네 남종과 네 여종과 네 품꾼과 너와 함께
기거하는 네 타국인과 네 가축과 네 땅에 있는
들짐승들은 그 모든 수확물로 식량을 삼을지니라(레 25 : 6, 7)

성경은 안식년에 씨를 뿌리지 못하게 하며 포도원 경작도 금하고 있다. 이렇게 한 후 그 땅에 난 안식년 생산물은 경작권자가 생산물을 사적으로 거두지도 못하게 하고 있다(레 25 : 5). 공동체로부터 분배받은 땅이거나 사용권을 매입하여서 자기에게 경작권이 있는 땅이지만, 그 땅이 낸 안식년 토지의 자생물만은 경작권자가 거두지 못하게 하였다. 그러면 안식년 토지 자생물은 어떻게 사용하라고 하는가? 성경은 경작권자가 다스리지 않은 안식년 토지 자생물은 그 땅의 경작권자를 포함한 객과 종, 땅이 없는 품꾼, 그리고 모든 사람과 육축이 그 자생물을 함께 거두어 먹도록 하고 있다. 이와 같이 안식년 토지 자생물은 경작권이 없는 사람도 채취권과 사용권이 있는 것이다. 더구나 안식년에 경작지에서 난 자생물은 사람뿐만 아니라 들짐승들까지도 먹을 권리를 같이 주고 있다(레 25 : 7).

사람이 경작하던 인간의 경작지에서 사람의 활동 없이 스스로 나는 천연 토지의 자생물, 곧 토지 생산물은 객과 종, 품꾼, 그리고 모든 사람과 육축, 심지어 들짐승들까지 그 산물의 채취권을 주고 있는 것이다. 이는 토지 생산물에 대해서 땅과 사람, 경작자와 비경작자, 사람과 짐승, 그리고 천연자원이 들짐승까지 모두 공동으로 사용하도록 한 것이다. 이 처방은 땅과 사람은 물론이고 3,000년 전에 이미 땅 위의 모든 생명체까지 그 존재를 인정하고, 생존권을 구체적으로 배려한 점에서 매우 이상적인 제도라고 할 것이다.

토지의 자생물에 대한 인간의 탐욕과 오만함

그런데 사람은 성경이 말한 안식년 토지산물에 대하여 어떤 태도를 가질까? 필자는 연구와 경험을 통하여 사람은 토지의 자생적 생산활동이나 경제활동을 거의 인정하지 않고 있음을 알았다. 이것은 필자의 연구는 물론이고 학자와 일반인들과의 오랜 기간 토론, 그리고 생활에서의 상호 교감 등을 통하여 뼈저리게 느낀 점이다. 사람들은 안식년의 토지산물도 과거 경작년 노동이 만든 결과물이거나 아니면 안식년 산물을 거두는 그해에 사람의 노동(채취노동)이 투입한(수확한) 가치라고 주장한다. 그래서 안식년 산물도 노동이 전제되어야 하므로 그 가치는 모두 노동가치, 곧 거둔 자의 임금이 된다고 보는 것이다. 이것이 마르크스 이론의 기초가 된 노동가치론이다. 그리고 노동가치론자들은 노동(채취노동)이 가하기 전에 있는 천연상태의 곡식과 열매는 그냥 '토지' 또는 '토지 부속물'로 본다. 땅에 부착된 식물, 동물, 그리고 각종의 야생자원은 토지에 예속되어 있는 토지 종물(부속물)이고, 땅을 팔고 살 경우 같이 값이 매겨져서 매매되기 때문이다. 그래서 이런 주장을 한 자들은 필자를 보고 "땅이 스스로 생산한다"라는 말은 땅이 사람처럼 인격이 있다고 보거나, 아니면 땅의 천연 생산활동이란 진술을 "땅은 무에서 유를 창조하는 신과 같은 존재로 보고 있다"라고 비꼬기도 한다. 그래서 그들은 필자를 보고 "토지물신주의자"라고 평한다. 이것이 바로 경제에서 생산이란 인간의 노동에만 근거한다고 보는 '노동가치론'의 오만과 고집일 것이다.

노동가치설의 모순

어떤 가치물이든 노동이 전제되지 않고는 가치가 사용되거나 소비될 수 없다. 언뜻 보면 이들의 말이 맞는 것으로 보인다. 그러나 이 주장은 매우 잘못이다. 앞에서 본 대로 오른손이 능동적으로 왼손을 마주치지 않으면 손뼉 소리가 나지 않지만, 그렇다고 손뼉 소리에 왼손이라는 존재가 필요 없는 것도 아니고, 그 소리가 모두 오른손만이 독자적으로 낸 것도 아니다. 농산물을 예로 들면 벼, 배추, 과일 등의 산물은 수확 전에도 토지와 분리하여 값을 매겨 거래한다. 이를 보통 '입도선매(立稻先賣)'라고 한다. 곧 노동을 투입한 가치는 수확 전에도 토지와 분리하여 별도의 가치를 평가하여 팔고 사고 있다.

그러나 노동가치론자들은 같은 수확 전 가치이지만 인간의 노동 투입이 되지 않은 자생물은 토지와 분리하여 가치의 실체를 인식하지도 않는다. 이는 모순이다. 예를 들어서 천연상태의 송이버섯이 있을 때 그 버섯 채취권을 입도선매할 경우, 그들은 이 가치의 실체를 규명하지 못한다는 것이다. 노동가치론자들은 토지와 분리된 송이버섯 채취권을 팔았음에도 토지를 팔았다고 할 것인가? 아니면 노동투입이 0이거나 노동투입이 있어도 이를 제외한 가치인 송이버섯 생산물에 대하여도 미래 노동의 선불임금이라고 할 것인가? 엄연히 그 버섯 채취권 가격에는 밭의 소유권이나 경작권은 팔고 사지 않았고, 그 밭에서 채취될 송이버섯에 대한 채취권만 분리하여 팔았다. 또 송이버섯 채취권 가격에는 앞으로 버섯을 채취할 비용인 노동임금과 자본이자는 포함되지 않고 제외된 것이 원칙이다. 송이버섯의 채취비용은 버섯을 채취하여 판매한 수입 중에 채취권 가격과 별개로 들어 있다.

- 채취비용(노동임금과 자본이자) = 송이버섯 판매수입
  − 채취권 구입가격
- 채취권 구입가격 = 총거래액 − 송이버섯 채취비용
  (송이밭 관리비, 채취비, 판매비 등)
- 송이버섯 밭의 토지가치 = 송이버섯의 채취권 가격

사람이 경작한 채소를 수확 전 입도선매할 때, 그 입도선매의 가격은 채소를 경작한 사람의 노동가치분(또는 자본 투자분)을 팔고 산다고 말하면 같은 과정, 같은 성질, 같은 생산 기간을 거친 야생 송이버섯의 입도선매의 가격도 사람이 아니라 토지가 생산한 가치분을 팔고 사는 것이라고 해야 말이 되는 것이다. 그러나 노동가치론이나 투자가치론의 주장은 이에 대해서 송이버섯 채취권을 팔고 사면서 팔고 사지도 않은

토지의 일부분이라는 말밖에 하지를 못하는 모순이 되는 것이다. 이는 생산 주체의 인식에서 자연과 인간, 경제활동에서 원금과 생산, 자본과 소득을 식별하지 못하는 오류이다. 이는 닭에 비유하면 닭과 달걀도 구별 못하는 것과 같은 무지이다.

이처럼 사람은 땅이 스스로 가치물을 생산하는 경제적 사실에 대하여 인정하기를 매우 싫어한다. 그래서 이런 부류의 일부는 자본가의 입장에서 그 송이는 송이밭을 매입한 자의 투자에 대한 대가라고 한다. 이 말은 토지가치가 인공투자의 결과인 자본가치라는 말이다. 그러면 이번엔 자연이 낸 송이 채취권이 투자자의 '자본가치론'이 되어버린다. 이 말도 우리의 통념에 가깝고 언뜻 보면 노동가치론처럼 맞는 것으로 여겨진다. 그러나 야생송이는 인간의 토지투자나 노동투입과는 전혀 별개로 토지와 송이버섯이 자연합작으로, 그리고 인간의 노동이나 자본과는 전혀 별개인 자연의 자생력이 생산한 것이다.

우리 인간은 이러한 과학적 사실을 자연과학 시간에는 인정하고 있다. 그러나 사회과학 시간, 특히 경제시간에는 같은 과학적 사실을 좀처럼 인정하지 않는다. 이런 현상은 사회주의의 기초가 된 노동가치론자나 자본주의의 바탕이 된 자본가치론자 모두가 한결같이 가지는 오류이다. 마르크스주의자나 시장경제론자 구분 없이 이런 오류를 고집한다. 모두 땅에 대한 인간의 자기 중심적이며, 욕심인 것이다. 이런 생각을 미루어 보면 사람은 경제활동에서 성경의 하느님이나 종교를 들먹이지 않고서라도 땅에 대한 인간의 오만과 탐욕을 그대로 노출시키고 있다고 보아야 한다.

그래서 성경은 아마도 7년마다 인간의 노동과 자본투자를 완전히 정지시켜서 인간의 생산활동을 0의 상태로 두고 땅의 생산활동이 있음을 구체적으로 지적하고 있다. 자신의 노동과 투자만을 생각하고 협동하여 일하는 상대자, 곧 땅의 존재와 활동을 인정하지 않는 인간은 자기 일을 멈추고 1년간 쉬면서 땅이 스스로 생산활동을 하고 있는 실체적 진실과 과학적 현상을 알고 배우라는 뜻이다. 그래서 땅은 안식년에 사람과의 협동작업을 멈추고 쉬고 있고, 땅은 쉬면서도 자기 고유 성질인 스스로의 생산활동을 계속하고 있는 것이다. 그리고 그 생산물은 사적으로 거두지 말고 나, 종, 품꾼, 외국인 등 사회 각계각층의 구성원 전체가 공동으로 사용하여야 한다. 이에 더하여 토지 자생물은 가축은 물론 들에 사는 들짐승들까지 같이 쓰라고 하여 사용권이 있음을 가르치고 있다. 내 땅에 난 토지 생산물을 들짐승까지 같이 먹게 하다니! 참으로 기이한 성경의 경제제도가 아니겠는가?

6. 땅과 몸의 거래는 시한부와 무르기로 한다

레위기 토지시장과 노동시장

너희 기업의 온 땅에서 토지 무르기를 허락할지니(레 25 : 24)
자기 몸이 팔린 해로부터 희년까지를 그 산 자와 계산하여
그 연수를 따라서 몸의 값을 정할 때에…(레 25 : 50)

레위기 25장이 말하는 시장의 대상은 주로 토지시장과 노동시장이다. 성경에 나타나는 노동시장은 단기 시장인 품과 장기 시장인 몸값이 있다. 품꾼제도는 농경사회에서 일손이 모자랄 경우 품을 들게 하여 밀린 일을 해결하는 시장제도로 오늘날에도 있는 날품과 같은 제도라고 할 것이다. 곧 품꾼제도는 노동을 일시적으로 고용하는 노동시장의 하나다.

그런데 성경은 자기 기업(농장)이 없거나 자경농이 불가능하여 장기로 남에게 고용된 상태로 살아가야 하는 자를 위하여 구약에서 장기 고용제에 해당하는 몸값 거래를 두고 있다. 그런데 몸값 시장은 노동가치의 거래를 현재의 삯이나 임금으로 거래하는 것이 아니고, 미래 임금의 일시불 자본가격인 몸값을 매겨서 팔고 사도록 하고 있다. 곧 성경은

장기 고용제도로 구약에서 몸값 시장제를 둔 것이다. 이때 몸값은 안식년까지 시한부(6년제)로만 거래하는 것을 원칙으로 하고 있으나 외국인일 경우 종신제를 두는 예외도 있었다(레 25 : 45).

여기서 종신제는 노동의 존속기간(또는 사람의 수명기간) 동안만 가격이 매겨질 것이므로 그 기간은 역시 미래 임금의 시한부 자본가격인 몸값시장이다. 이것은 초기에는 미래가치에 따른 자본가격이 발생하지만 시간이 경과하면서 점차 소멸하여 자본가격이 만기에는 0이 된다. 이는 오늘날 부동산시장의 장기 사글세와 같다고 보면 된다. 그리고 몸값의 거래내용도 고용자와 피용자 간의 자율계약을 원칙으로 하고, 고용관계도 피용자는 고용자에게 인격적으로 예속되는 것이 아니고 단순 고용인 품꾼과 같이 대하게 되어 있다(레 25 : 53). 따라서 구약적 노동시장은 피용자가 몸값이라는 자본가격에 묶이게 되어 있기는 하나 그것은 채권채무 관계라는 시장질서에 묶여 있을 뿐 노예제도나 인격적 예속관계는 아니었던 것이다.

토지의 '무르기'가 무엇인가?

그러면 성경의 토지거래제도는 어떠한가? 그것은 구약적 장기 노동시장, 곧 몸값과 같은 시한부 지대의 자본가격 거래제도이다. 성경이 말하는 토지거래는 오늘날 부동산시장의 장기 사글세 시장과 꼭 같은 것이었다. 성경이 허용한 최장기한은 희년까지 50년이다. 성경의 토지거래제도는 자본가격이 시간경과로 소멸하는 성질이 있는 사글세제도이며, 최장 기한은 50년이다. 그리고 성경은 다음에 설명하듯이 토지의 영구거래는 금지하고 있다. 이는 성경의 토지시장이 사용권 거래만을 허용하고 소유권 거래를 금하고 있다는 말이 된다. 그래서 성경의 토지거래는 만기가 되면 토지의 자본가격에 대한 채권채무가 모두 소멸한다.

그리고 레위기에 규정된 시한부 거래인 장기 노동시장과 토지시장은 모두 만기가 되기 전에 값을 치르고 채권 채무를 소멸시킬 수 있는 무르기가 있다. 시한부 가격인 몸값과 땅값(사글세 가격)은 당사자의 자유시장거래이므로 인격적 예속은 없지만, 그 값은 부채이고 자본가격이므로 이 값이 장기로 묶여 있으면 경제적 예속(부자유)은 피할 수 없다. 곧 시한부 자본거래에 따른 몸과 땅은 경제적 채권채무의 담보로 예속되어 있다. 채주에게 팔려(잡혀) 있는 몸과 임차자에게 넘겨준 땅은 만기까지 풀리지 않아서 자유가 없다. 그래서 성경은 거래한 몸값과 땅값은 기한 전에라도 다시 되값기를 하고, 몸과 땅이 묶여 있는 부채에서 풀려서 자유를 회복하는 제도를 두고 있다.

그러나 경제가 여의치 못하여 잡힌 자가 그 값을 치르지 못하면 기한 만료로 풀리게 된다. 이때가 바로 성경에서 가장 큰 경제적 의미를 가진 희년이다. 이때에는 잡힌 몸, 팔린 땅, 부채 등이 모두 계약기간의 만료로 자동변상이 끝나는 것이다. 그래도 갚지 못한 부채가 있다면 이 경우에는 탕감을 받을 수 있다(신 15 : 1). 이와 같이 경제생활에서 빚 담보로 묶인 땅과 몸에 대하여 값을 치르고 풀리는 것을 "무르기(redemption)"라고 한다.

그런데 이 무르기는 본인이 하지만 특히 남이 대신하여 주는 제도로써 더 특색이 있다. 곧 땅과 몸을 채무의 담보 또는 자본가격으로 잡힌 당사자가 가난하여 스스로 값을 지불할 수 없을 때 여유가 있는 친족이나 남이 대신하여 값을 지불하고 풀어주는 제도이다. 이는 선언적 규정이 아니라 실생활에서 실제 적극적으로 행해야 하는 경제제도였다(레 25

: 4, 룻 4 : 7). 땅과 몸은 생산의 기초 요소이고 자유의 바탕이므로 이렇게 땅과 몸의 자유를 기한 전에 찾아주고 경제적 자유를 보장하는 사회적 제도가 무르기인 것이다.

예수 그리스도의 '대속'은 '토지 무르기'에서

그런데 기독교 교리의 핵심이라고 할 수 있는 것이 인간의 구원인데, 그 구원의 방법이 바로 이러한 땅과 몸의 "무르기"에서 나온 것이다. 인간이 큰 죄를 지으면 지은 자가 스스로 그 죄값을 치르거나 죽어야 한다(누가 빚을 지면 그 빚은 자기가 갚거나 대가를 치러야 한다). 그런데 인간은 그 죄가 너무 크기에 그 값을 스스로 치를 능력이 없다. 곧 죄로 인하여 죽음을 면할 방법이 없다. 이때 능력자가 나타나 그 죄값을 자기 몸값으로 대신하는 자가 있으니, 이게 기독교가 말하는 하느님의 아들 예수 그리스도이다. 여기서 죄값을 몸값으로 치르는 절차가 바로 예수 그리스도의 십자가 희생 사건이며 구원의 사역이다. 이때 값을 대신 치러서 구원하는 방법이나 절차를 대속(redemption)이라고 하고, 그 구원자를 대속자(redeemer)라고 한다.

그래서 예수 그리스도의 희생은 우리의 경제생활에서 하고 있는 토지시장이나 노동시장의 무르기 제도를 따라 죄값을 대신 치르고 인간을 해방시켜 준다. 이와 같이 성경이 말하는 이러한 구원의 방법은 토지시장, 노동시장은 물론이고 십자가를 통한 생명의 구원 사건에도 같은 시장원리가 작동하고 있다.

- **정의의 시장원리** : 죄값, 몸값, 땅값은 반드시 치러야 경제적 자유 또는 종교적인 자유를 얻는다. 이 값을 치르지 못한 자는 늘 죄와 빚으로 인하여 굴종의 상태에 있고 온전한 자유를 얻지 못한다.
- **은혜의 시장원리** : 본인이 죄값이나 빚을 갚을(치를) 능력이 없으면 능력자가 대신하여 값을 치르고 풀어서 자유를 회복시켜 준다.

기독교는 나의 죄를 구원자가 그냥 용서하여 주는 종교가 아니고 그 값을 대신하여 치러주고 풀어주는 종교이다. 이는 종교적 구원방법일 뿐만 아니라 경제적 삶의 질서를 그대로 반영한 것이다. 성경이 말하는 토지 무르기 역시 나의 부채를 그냥 탕감받는 것이 아니고 능력자가 그 값을 대신 치러주고 풀린다. 이 경우 친족이나 능력자가 없으면 잡힌 땅값은 땅 자체가 지대를 생산하여 잡힌 값을 갚아준다. 인간이 인간의 필요로 잡혀먹은 토지 부채를 인간이 갚는 것이 아니고 땅이 대신 갚아주는 것이다. 이 역시 하나의 행위에 값치르기와 공짜, 정의와 은혜가 복합적으로 작용한다.

토지 무르기에서는 땅이 인간이 진 빚을 대신 갚아준다. 죄의 대속에는 하느님의 아들이 인간의 죄를 대신 갚아준다. 앞에 것은 경제적 자유를 위한 구원이고, 뒤의 것은 영적인 자유를 위한 구원이다. 그래서 무르기는 하나의 행위에 값 치르기와 공짜, 곧 정의와 은혜라는 두 가지 축이 동시에 작용하고 있다. 성경에서 영적인 자유를 얻는 영혼구원과 경제적 자유를 얻는 사회적 구원은 무르기라는 같은 원리, 같은 방법이 적용된다. 따라서 성경의 땅과 몸에 대한 무르기 제도는 반드시 값을 치르고 회복하는 제도이기에 시장경제 원리를 매우 존중하며, 십자가 구원의 방법도 시장원리를 따르고 있고, 이를 존중하고 있다. 이와 같이 무르기라는 성경의 경제법도 다른 문헌과 제도에서는 쉽게 찾아볼 수 없는 것으로 역시 매우 특이한 제도라고 할 것이다.

7. 땅은 소유와 거래를 영영 금한다

땅은 영영 팔지 말라(팔리지 않는다)

그런데 성경에서 가장 특이한 제도 하나가 따로 있다. 그것은 바로 토지거래를 강하게 금지한 제도이다. 성경은 사유재산제와 시장제도를 철저하게 옹호하며, 심지어 인간의 구원마저 그 방법을 따르고 있다고 했다(아니면 시장제도가 영적 구원의 방법을 따르고 있든). 그런데 그런 성경이지만 성경은 이와 다르게 땅의 소유와 매매만은 철저하게 금지하고 있는 것이다. 우선 관련된 성경 본문을 보자.

> 땅은 영영 팔리지 못한다. 왜냐하면 땅은 나의 것이고, 너희는 과객과 나그네들로 나와 함께 있기 때문이다(The land shall not be sold for ever : for the land is mine ; for ye strangers and sojourners with me).
>
> (레위기 25 : 23)

이와 같이 성경은 땅의 시장거래를 강하게 금하고 있다. 그리고 경제 규례를 규정한 레위기 25장 23절에서 특별히 "땅은 나(하느님)의 것"

이라고 하여 경제적 소유도 금하고 있다. 거래를 금지한 본문에 이미 소유를 금하는 의미가 들어 있다고 보아야 한다. 앞에서 성경은 사유재산제와 시장경제를 근본으로 한다고 했다. 또 땅과 몸의 시한부 자본가격은 팔고 사게 했다.

거래를 금지한 땅의 이해

그런데 성경은 땅만은 영영 팔고 사지 못하게 하고 있다. 이와 관련하여 성경에서 "땅"이란 단어의 뜻은 우리가 평소에 알고 있는 것과 달리 매우 특이한 내용을 담고 있으므로 이에 대하여 언급하면 다음과 같다.

첫째, 성경은 "땅은"이라고 하여 땅을 주어로 썼다는 것이다. 우리는 생활에서 늘 사람이 주어(주인)이고 땅은 목적어(목적물)로만 본다. 그래서 "사람은 땅을 소유하고 팔고 산다"로 생각한다. 앞에서 본 바와 같이 땅의 안식도 땅이라는 단어는 목적어가 아니고 주어로 나타내고 있다고 하였다. 성경은 땅이 사람에게 팔리느냐 않느냐에 대한 규정에서 문장의 주객부터 우리의 통상 관념과는 다르게 바뀌어 쓰고 있다. 곧 경제에서 사람이 어떻게 하느냐라는 행동보다 땅이 그 자체로 어떻게 되느냐에 관심이 더 크다는 것이다.

둘째, "땅"이라는 단어를 단수로 표현하고 있다. 여기서 땅은 히브리어로 "아레쯔(웨하아레쯔)"인데, 이는 영어로 "Earth"의 뜻이고 "Land"라는 의미도 있다. 그래서 이 단어가 항상 단수로 쓰임을 볼 때, 성경의 땅은 하나의 지구 또는 하나의 흙(토양)과 같이 단일물질이라는 뜻이 강하다. 그리고 땅은 단순물질이라기보다 모든 물질을 포괄하는 하나의 나라이고 세계라는 의미이다. 그래서 땅은 대지라는 천연자원의 총칭이자 하나의 생산공장이고 천연창고로서의 위치에 있으며, 세상이라는 말과 같이 하나의 추상체가 되는 것이다. 이와 같이 성경이 말한 땅은 우리가 생각하는 통속적 개념과 다른 것이다. 땅은 단어부터 복수가 아니라 단수로 쓰이고 있어서 개념부터 경제적 거래 대상물인 인공상품들과는 차별성을 두고 있다.

셋째, 땅의 매매를 금지한 "팔다"라는 동사는 능동태가 아니라 수동태로 썼다. 성경 본문에서 "땅을 팔지 말라"가 아니고 "땅은 팔리지 말라"이다. 이는 팔거나 팔지 않는 행동의 중심을 사람보다 땅에 둔 어법이다. 사람이 땅을 능동적으로 팔고 사는 결정을 하는 것이 아니라 땅이 인간에게 주체적으로 팔리지 말아야 하는 것이다.

넷째, 매매를 금지한 동사는 문자적으로 "팔리지 않는다"라는 뜻이다. 여기서 팔리지 말라는 단어 "로"는 좀더 정확하게 표시하면 "땅은 (미래에 두고두고 사람에게) 팔리지 않을 것이다"라는 뜻의 미래형이다. 그런데 필자의 연구에서 땅은 실제로 다른 가치물과 물리적 교환(재생산)이 없으며, 가치적 교환(소비)도 되지 않는다. 그래서 "팔리지 않는다"는 성경의 문자적 표현이 실제의 경제적 사실에도 부합하는 것이다. 이는 이미 설명한 바와 같이 식사를 위한 화폐는 식사와 교환이 되지만 식사를 위한 영구식권이 식사와 교환되는 성질이 없다는 것이다. 여기서 교환이 되지 않은 성질을 가진 물질은 사실 생산, 소비가 불가하며 매매 역시 불가능하다는 말이다.

다섯째, 거래를 금지한 단어 "로"는 금지에서 강한 부정을 나타낸다. 곧 땅이라는 물질은 사람을 상품처럼 취급하지 말라는 뜻과 같이 강한 부정과 금지를 나타내는 단어이다. 여기에 영영이라는 부사까지 있어서 거래에 대한 부정과 금지의 의미를 더욱 강하게 암시한다. 영영이란 단어는 "아주"라는 공간적 의미와 "영원히(종국적)"라는 시간적 의미를 동시에 가진다. 그래서 이 규정의 의미를 종합하여 표현하면 "땅은 아주, 그리고 영원히 팔리지 않을 것이다(또는 팔리지 말라)"라는 뜻이 되는 것이다.

여섯째, 사람은 땅의 주인이 아니라 나그네요, 동거인이라는 것이다. 그리고 레위기 25장 23절에서 땅에 대한 인간의 소유권을 부정하는 의미에서 "땅은 하느님의 것"이라고 구체적으로 지적하고 있다. 여기서 구체적이란 말은 종교적 의미나 선언적 규정이 아니고 경제활동에서 지켜야 할 실제의 생활 규례였다는 것이다. 성경 다른 곳에서는 "천지만물은 모두 하느님의 것"이라는 표현이 많이 있지만 이 말은 선언적 의미에 국한된다. 성경은 들판의 곡식, 육축, 들짐승, 심지어 순수한 인공물까지도 모두 하느님의 소유로 보고 있지만, 이런 것은 경제활동에서 소유와 매매를 금지한 적이 없다.

성경상으로 보면 쌀, 곡식, 채소, 동물 등 모든 물질이 자연물이므로 하느님이 만들었다고 보지만, 인간이 그 자연물의 생산에 개입(경작)을 할 수는 있다. 그러나 땅은 인간의 생산이나 개입이 원천적으로 불가능하다. 그래서 성경은 사람이 땅과 분리하여 취득이 가능한 물질은 소유를 인정하고 있지만 땅만은 소유를 원천적으로 부정하거나 금지하고 있다.

이와 같이 레위기 25장 23절 본문이 말하는 땅과 사람의 경제적 관계는 ① 땅의 주인과 사용자인 사람의 관계, ② 땅과 사람의 경제적 관계, ③ 땅과 그 생산물에 대한 정체성과 차이점을 분명하게 드러내고 있는 부분이다.

8. 땅과 몸이 자유하면 희년이 돌아온다

제 오십년을 거룩하게 하여 전국 거민에게 자유를
공포하라. 이해는 너희에게 희년이니 너희는 각각
기업으로 돌아가며 각각 가족에게 돌아갈지며 (레 25 : 10)

성경이 말하는 희년(禧年)이란 50년 주기마다 돌아오는 특별한 해다. 이때가 오면 사람은 먼저 하느님께 속죄하는 의식을 행하여 그동안 지은 죄로부터의 자유가 회복된다. 그 다음은 희년 나팔을 불며 평소에 빚의 담보로 잡혀 있던 땅과 몸, 그리고 자본(부채)까지 모두 빚에서 풀리고 자유의 해가 선포된다. 그동안 몸이 팔려서 헤어져 있던 가족도 만나고, 사람과 사람 사이의 경제적 예속과 굴종도 풀린다.

특히 희년은 땅과 사람의 경제적 예속관계를 모두 풀어버리는 해로 의미가 크다. 경제적으로 말하면 희년은 나의 생존에 필수재인 기업이고, 경제생활의 터전인 땅이 자유함을 얻어서 내게로 되돌아오는 해다. 그래서 희년은 생산의 3요소인 땅(토지)과 사람(노동), 그리고 자본(도구)이 모두 자유를 얻는 해를 말한다.

이것을 경제학적으로 풀이하면 평소에는 땅과 몸의 자본가격이 미래가치이기 때문에 시장불균형이 계속되다가 희년에는 미래가치가 0이 되어 시장이 균형을 이루는 해이다. 또 미래가치에 따른 채권채무도 모두 소멸하고 몸과 땅이 자유가 주어져서 경제적 예속도 모두 해소된 때이다. 이처럼 레위기는 사유재산제와 시장경제를 철저하게 옹호하면서도 그 제도에서 발생하는 경제문제와 예속적 관계, 그리고 빈부의 불평등 문제를 지혜롭게 해결하고 있다.

이렇게 하고 희년이 오면 자유를 맞이한 기쁨으로 하느님께 감사하고 잔치를 베푸는 날이 바로 성경이 말하는 초막절이다. 초막절은 유월절과 칠칠절과 더불어 성경이 말하는 3대 명절의 하나이며, 주기적 절기로는 일곱의 절기 전체에서 마지막 명절에 해당한다. 이 초막절은 우리의 추석절과도 같은 날, 같은 시기, 비슷한 의미를 갖는 명절인데, 성경의 이 날은 추수에 대한 최종 결산일로 경제적으로 매우 의미 있는 날이다(신 15 : 1, 신 31 : 10).

13장

희년법과 복음경제

1. 영구희년은 복음경제로 : 복음경제는 땅값과 몸값이 소멸한다

땅값과 몸값은 금융수단

이렇게 50년마다 돌아오는 주기적 희년은 경제의 예속과 불평등, 시장불균형을 완전히 회복하는 제도적 장치로 그 당시로는 경제적 의미가 매우 큰 제도였다. 그럼에도 불구하고 그 제도는 율법을 바탕으로 한 구약의 한계를 넘지 못하여 완전하지는 못하다. 다시 말하면 희년이 오면 시장과 자유가 완전히 회복되기는 하지만, 이는 50년에 한번 돌아오는 일시적 조치이고, 평소에는 땅과 몸이 경제적 담보와 빚으로 묶여지는 경제가 다시 시작되어 희년까지 계속된다. 물론 이러한 빚은 안식년과 희년을 따라 주기적으로 사라져서 지금보다 크지는 않지만, 그래도 땅과 모이 잡히게 되는 빚을 없애지는 못하는 것이다.

자본의 거래와 금융이 발달하지 못한 그 당시 상황으로는 목돈을 구할 방법이 없으므로 생활에서 갑자기 경제적 어려움을 당하면 이렇게 땅과 몸을 잡히고 당장 필요한 자금을 융통할 수밖에 없었던 것이다. 따라서 구약시대에는 일시불로 거래되는 몸과 땅의 가격이 바로 오늘날의 금융수단과 보험의 기능을 대신했던 셈이다.

이와 같이 몸과 땅에 대한 자본거래는 목돈을 마련할 수는 있으나 그 거래로 땅과 몸이 장기간 부채와 담보에 묶여버린다. 곧 경제는 개인적으로 몸 담보, 땅 담보, 빚 담보로 인한 경제적 예속이 계속된다. 한편, 사회적으로 이 몸값과 땅값이라는 자본가격의 발생은 현재가치가 아니라 미래가치에 대한 현재의 일시불이므로 시장에서의 초과수요가 발생하고, 부의 수평 이전으로 인한 빈부격차도 계속된다. 다만, 이런 경제적 문제가 평소에는 계속되어 오다가 안식년이나 희년이 오면 일시적으로 이 문제가 해결된다. 물론 희년제도로 몸값과 땅값이 0이 되어버리고, 다시 몸값과 땅값이 발생하게 되어 평소에도 희년제도가 없는 것과 비교하면 그 효과는 크다. 그러나 희년에 완전히 해결된 시장문제가 희년 이후 크기는 작아져도 다시 시작되는 것이 문제인 것이다.

성경의 구약적 경제제도는 땅과 몸을 거래하는 수단, 그리고 자금 융통을 위한 금융수단이기는 하다. 이 제도는 아직 자본거래의 수단을 모르거나 사회적 저축이나 보험이 없던 구약시대의 자금 융통이며 부득이한 것이었다. 그래서 이 제도에는 항상 시한부와 무르기라는 전제 조건이 붙어 있었다. 그리고 성경은 이렇게 잡힌 몸도 종처럼 부리지 말고 품꾼처럼 여길 것과 팔린 즉시 본인과 친족이 무르기를 하여 문제를 적극적으로 풀어주기를 강권하고 있다.

영구희년은 복음적 방법으로

성경은 이와 같이 땅과 몸의 가격을 거래수단과 금융수단으로 조건부 허용을 하기는 하지만, 땅과 몸이 인간의 생존과 자유를 보장하는 필수적인 물질이므로 성경은 경제적 예속관계를 가능한 만들지 않거나 만들어도 빨리 풀어주기를 바라고 있다. 곧 무르기는 거래 후 즉시, 아니면 안식년 기간인 6년 이내, 이것도 안 되면 희년인 50년 이내에 반드시 풀어주어야 한다. 그리고 그 방법은 나 자신이 능력이 되면 언제라도 조건 없이 바로 풀고, 이것이 어려우면 친족이 그것을 대신하여서라도 풀어주기를 바라고 있다. 다시 말하여 성경이 말하는 땅값과 몸값은 가능한 빨리 없애기를 원하고 있다. 이렇게 무르기가 완성되어 몸값과 땅값이 소멸하면 희년이 된다.

> 주의 성령이 내게 임하셨으니 이는 가난한 자에게 복음을 전하게 하시려고 내게 기름을 부으시고 나를 보내사 포로된 자에게 자유를 눈 먼 자에게 다시 보게 함을 전파하며 눌린 자유를 자유케 하고 주의 은혜의 해를 전파하게 하심이라.
>
> (눅 4 : 18, 19)

이렇게 하여 신약시대로 오면 몸과 땅을 담보로 하거나 바로 거래하는 자본거래는 제도 자체가 사실상 사라지게 된다. 이것이 예수 그리스도의 가르침을 중심으로 한 복음적 경제, 곧 영구적 희년제도라고 할 수 있다. 예수 그리스도는 공생애 동안 첫 설교에서 가난한 자에게 기쁜 소식을 주고 묶인 자를 풀어주기를 위하여 은혜(희년)의 해(자원의 해)를 선포하였고(눅 4 : 18, 19), 이의 실현을 위하여 서로 간에 진 빚을 영원히 탕감하여 주는 기도를 가르쳐 주었다(마 6 : 12).

그런데 레위기 희년법의 복음적 실현은 구약적 몸값시장을 현대적 임금시장으로 바꾸는 것이며, 구약적 땅값시장은 현대적 지대시장으로 바꾸는 것이다. 이것이 경제적으로만 보면 몸값과 땅값이 사라져서 사회부채가 0이 되는 영구희년이라고 할 수 있다. 그 구체적 방법의 예시가 신약에서 예수 그리스도가 비유로 가르쳐 준 포도원 품꾼제도(마 20 : 1~16) 와 포도원 임대제도(마 21 : 33~46) 로 나타나고 있다.

이러한 복음적 경제는 구약적 제도처럼 율법적 강행 규정이 아니고 비유를 통하여 실시를 강하게 권장하는 정도이다. 이 제도의 실시는 어디까지나 사회 구성원들의 자율적 판단과 결정에 맡겨져 있었다. 따라서 이 제도는 구약의 경제제도와 신약의 경제복음을 모두 이해한 자들이 예수 그리스도가 제시한 복음적 시장제도를 받아들일 것인지 그 시행여부는 아직 사회의 가치 판단에 달려 있다는 뜻이다. 사람들은 몸값시장 대신 임금시장, 땅값시장 대신 지대시장을 선택하여 그 혜택을 누릴 것인지, 아니면 과거의 불합리한 제도인 땅값시장과 몸값시장을 그대로 답습하여 경제적 예속상태와 시장불균형의 악순환을 계속하며 고통으로 살 것인지는 그 시대의 사회가 취할 인간의 행동과 선택에 달려 있다고 할 것이다.

2. 땅을 찾는 예수 그리스도

토지등록을 하러 가는 예수의 가계

그때에 모든 사람이 각기 자기의 고향으로
세무 등록을 하러 가니라(And all went to be taxed,
every one into his own city).
(킹 제임스 성경, 누가복음 2 : 3)

예수 그리스도란 말에서 "예수"는 이름이고 "그리스도"는 "주(主)" 또는 "구세주(救世主)"라는 직함에 해당한다. 이는 ×××대통령이란 말에서 "×××"는 이름이고 "대통령"은 직함인 것과 같다.

예수 그리스도의 출생지는 유대 땅으로 조상들의 기업이 보존되어 오고 있는 베들레헴이었다. 예수 그리스도가 태어나던 당시 유대는 로마의 식민지였다. B.C. 4년경 유대에는 호구조사와 재산등록을 실시하였다. 이 등록은 로마 총독부가 식민통치에 필요한 세금징수를 위하여 주민과 재산에 대한 실태 파악이 필요하였던 것으로 보인다. 그 당시 유대는 정치와 경제가 오랜 기간 혼란하였고, 따라서 토지 소유와 같은 재산권 분쟁도 많았으므로 문란했던 토지의 소유권 제도를 정비하려는 의

도인 것이다.

이런 기회를 맞아서 예수의 육적인 아비 요셉은 출산의 시기가 임박한 약혼녀 마리아를 데리고 갈릴리에서 베들레헴으로 힘겹게 이주를 하였고, 거기서 예수 그리스도가 탄생하게 된다. 재산등록의 기회를 맞아서 희년법에서 자기 가문에 등기되어 있는 땅을 찾고 거기서 정착하기 위해서이다. 그러나 요셉은 자기 가문에 등록된 기업을 되찾기 전에 가축들의 들판 방목으로 빈 집이 된 마굿간에서 임시 거주하고 있었고, 이때 마리아가 아기 예수를 낳았던 것으로 보인다. 가난하고 또 수속을 밟아서 땅을 찾기까지는 다소 시간이 필요한데 여관에는 있을 처지가 못 되어서…(눅 2 : 7). 나중에 예수는 집을 얻어서 기거하게 되지만, 이번에는 예수를 죽이려는 헤롯왕의 음모 때문에 이집트로 피신한 후 나사렛으로 돌아가서 살아야만 했다. 그들은 이렇게 하느님이 그들 가문에 제비뽑아서 분양하여 준 기업, 조상들이 대대로 물려준 땅을 되찾는 데에는 실패하였던 것이다.

그런데 예수 그리스도의 육적 가계와 그 가계 소속의 유다지파는 땅을 찾고 지키는 기업사상이 다른 지파들보다 투철한 가문이었다. 이 가계는 조상들이 혈통을 잇고 땅을 찾는 “무르기(고엘)”가 다른 가문보다 유달리 강하다. 베들레헴 지역은 넓게 보면 유다지파에 소속된 땅이다. 예수의 본 고향인 베들레헴은 가나안 진입당시에 토지분양 방식인 제비뽑기에서 야곱의 12지파 중 유다지파에게 분배된 땅이었다. 이 땅은 그 다음 유대의 최고 신분인 다윗 왕가의 기업으로 이어졌고, 그래서 장기로 보존되어 온 땅이다.

특히 이 가계는 그 시대에 보잘것 없다고 볼 수 있는 하층민들이 주도하여 가계의 혈통을 이어왔고, 무르기로 땅을 기업으로 이어왔다. 유다의 며느리인 다말은 자기에게 돌아올 장자권의 혈통과 기업의 상속

의무를 게을리하는 시가의 가족들(시동생과 시부)에게 적극적 도전하여 무르기를 성사시킨 여성이다. 그는 무르기를 위하여 시아버지 유다와 통간까지 하면서 씨(혈통)를 잇고, 땅을 끝까지 찾아서 지킨다. 우리는 보통 다말을 시아버지를 속이고 불륜을 저지른 여성으로 비하하지만, 실상은 다말이 하느님으로부터 부여받은 혈통과 기업 잇기의 권리와 의무를 행하고 있는 것이다. 이 신성한 의무를 어긴 쪽은 다말이 아니라 오히려 시동생들과 시아버지 쪽이었다.

그리고 이 가문은 이집트의 종살이에서 해방되어 가나안 땅으로 들어갈 때에도 남다른 모습이 나타난다. 이 가문 소속의 갈렙은 토지 정탐과 정복에 가장 적극적이었으며, 선봉장 역할을 하였다. 그래서 유다지파는 야곱의 12지파 중 가장 넓은 땅을 분배받았다. 또 이 가문으로 결혼하여 들어온 모압 여인 룻은 각고의 노력으로 씨를 잇고 시아버지가 팔아먹은(장기로 저당을 잡힌) 기업을 다시 찾는다. 여기서 팔아먹은 땅을 대신하여 찾아주고 씨를 이어준 사람이 바로 예수 그리스도의 표상이요, 무르기의 대표자로 유력한 자 보아스였다.

이들의 출신성분은 모두 그 시대에 비천한 계층으로 하층민들이다. 다말과 룻은 그 시대에 약자인 여자 신분이고, 더구나 그 시대에 사회적 멸시와 천대를 가장 많이 받아온 이방여인이었다. 토지정복의 선봉장 갈렙도 그니스 사람 여분네의 아들로 유다지파에 귀화한 사람으로 이방인 신분이었다. 기업 무르기를 행한 보아스는 이방여인이자 기생인 라합의 아들이었다. 그러나 이들은 씨 잇기와 땅 찾기, 곧 무르기 사상이 유달리 투철하여 이스라엘의 장자 가문인 유다지파에 들 수 있었다. 그리고 다윗 왕가의 조상이 되며, 무르기의 본체인 예수 그리스도의 탄생 사건을 일으키고 그 족보의 계승자가 된다(마 1 : 1~16). 이것이 성경에 나타나는 예수 그리스도의 육적 혈통과 기업에 대한 내용이다.

자기 소유에 오매

자기의 소유에 오매
자기의 소유가 그를 인정하지 않았으며(요 1 : 11)

그런데 유대나라는 토지를 임대하고 되찾는 희년법이 제대로 지켜지지 않고 문란하며, 특히 이 희년법 파기로 인한 소유권 분쟁이 많았다(마 21 : 38). 처음부터 유대의 왕, 제사장, 그리고 지도자들이 성경의 희년법을 먼저 어기고, 토지사유제 국가가 섬기는 이방신 Baal을 끌어들이고, 그 잘못된 토지제도까지 받아들여서 사회를 문란하게 하였다(왕상 21 : 2). 그 여파로 이스라엘은 나라가 분열되고, 수백년간 외국의 포로로 잡혀가고, 예수가 태어나던 시기까지 로마의 식민지로 전락해 있었던 것이다.

성경상 유대의 토지법은 토지권이 타인에게 넘어가지 않게 되어 있다. 제비뽑기로 분배받은 기업의 토지주(사용주)는 필요하면 그 땅을 일정기간 잡히고(희년까지 사글세로 임대하고) 자금을 융통할 수는 있지만 분배받은 땅을 팔아치울 수는 없다. 그래서 예수의 가계도 생존의 터전인 기업이 베들레헴에 보존되어 있다. 다만, 예수 출생 당시 가계의 기업은 경제가 어려워서 장기간 빚 담보로 잡혀 있었거나 아니면 포로기와 혼란기를 통하여 그 땅에 대한 지배권 행사를 하지 못하고 남의 수중에 있었던 것뿐이다. 그래서 이들은 먼 북쪽 나사렛에서 목수로 어렵게 살아온 것이다.

이때 마침 로마 총독부가 재산을 등록하게 하여 토지소유권을 정비하고 있다. 요셉의 가계에도 기회가 온 것이며, 재산등록의 기간을 맞이하여 이제 가문의 땅을 찾고자 한다. 그래서 요셉은 베들레헴으로 이주를 한다. 나사렛의 고달픈 목수생활에서 벗어나 고향이자 조상들의 기업이 있는 베들레헴에서 내 땅을 찾아서 떳떳하게 살기 위함이었다. 그런데 잡혀 있는 토지를 찾으려면 무르기(사글세 잔액 반환) 자금이 필요하다. 아니면 Ball 토지법으로 레위기 토지법은 파기되어 빼앗긴 재산의 반환을 위한 소송문제도 있다. 더구나 서민에게 이주는 준비가 필요하다. 자금 마련, 이주 준비, 약혼녀 마리아를 결혼도 하기 전에 데리고 가야 하는 문제 등을 어렵게 해결하려다 보니 재산등록의 기한까지 지체되어 부득이 만삭이 된 마리아를 데리고 300리 길을 나설 수밖에 없었던 것이다.

그런데 베들레헴에서 땅 무르기는 생각보다 여의치 않았다. 부동산의 소유권 변동은 원래 옷과 자동차처럼 쉬운 것이 아니다. 사용자가 그 땅에 점유하고 있고, 사용자가 개간을 하였거나 농작물과 시설물들이 있을 때 해결이 더욱 어렵다. 더구나 그곳 사람들은 이미 폐기된 것이나 다름이 없는 레위기 토지법을 잘 모르며, 땅의 실제 주인도 모르고 있는 상태이다. 아마도 오래도록 그 땅에서 사실상의 주인은 다른 사람으로 되어 있었고, 그들은 땅을 찾으러 온 요셉에게 적대감마저 가진 것으로 보인다. 원래 땅은 국가이든 개인이든 소유자가 불확실할 경우 실효적 지배자가 사실상의 주인 노릇을 하게 되는 것이다.

그래서 만삭이 된 임산부 마리아가 있을 곳을 찾지 못하고, 가축들이 방목으로 비어 있는 마굿간에서 임시 거주하며, 거기서 아기 예수를 낳게 되는 것이다. 요셉의 가정은 예수를 낳은 후 베들레헴에서 1, 2년 살았으나 다시 피신해야 했다. 베들레헴에서 유대의 왕이 났다는 소문을 듣고 유대의 통치자 헤롯이 그를 죽이려고 하였기 때문이다.

그리고 예수 그리스도는 30세에 왕의 신분으로 유대의 수도 예루살렘으로 진입하였고, 진입 사흘째 날(정월 10일 화요일)에 토지 소작인과 주인의 관계에 대한 강론을 하게 된다. 주인도 아닌 소작인이 주인의 땅을 가로채어 지대(貰)도 내지 않고, 심지어 그 땅을 강탈하기 위하여 주인을 죽이기까지 하다는 것이다(마 21 : 39). 이 강론의 예측대로 그는 누명을 뒤집어쓰고 십자가에서 처형당하게 된다. 이 범행의 당사자들은 성경의 토지법을 어기고 예수 가계의 기업과 유사한 형태로 되어 있던 유대 백성들의 기업을 Baal 법을 따라 그들의 수중에 넣어버린 자들이었다. 물론 여기서 예수 그리스도의 땅은 자기 개인의 소유인 베들레헴의 땅만을 말하지 않는다. 예수 그리스도는 구세주로서, 또 세상의 왕으로서 그의 소유권은 자기 가문에 분배된 베들레헴 기업만이 아니라 유대와 온 세계이며, 심지어 우주까지도 포함되는 것이 성경의 관점이다.

그런데 예수 그리스도는 자기 땅을 찾는데 이렇게 실패를 하게 된다. 유달리 기업 무르기와 토지사상이 강했던 가문의 후손, 그리고 땅의 상속자이자 주인의 신분으로서 '무르기'로 잃은 땅을 찾을 수 있는 유대의 토지법을 잘 알고 있었고, 그 법을 어기거나 속이고 백성들에게 토지 강탈자로 군림하고 있던 유대 지도자들의 범법까지 손바닥 보듯이 본 예수 그리스도가 아닌가? 그러면 과연 그의 땅 찾기가 앞으로도 실패로 끝날 것인가?

성경은 그렇지 않다고 한다. 예수 그리스도가 언제인가는 이 땅에서 주인 노릇을 다시 한다는 것이다(계 20 : 3). 이때는 토지분쟁이 유독 심한 유대와 중동지방은 달라질 것이며, 오늘도 고향 땅을 잃고 세계의 도처를 방황하고 있는 유민들도 기업을 얻을 수 있을 것이다. 그리고 이 나라에서도 땅이 없는 사람들, 땅값과 집값의 주기적 폭등으로 놀람과 고통 속에 갈등하고 있는 우리 모두들에게 자기가 필요한 만큼의 땅이 주어지는 시대가 있을 것이다. 그것이 우리가 땅을 차지하고 소유하는 것이 아니라, 세(貰)를 주고 자유롭게 사용하는 시장원리를 지킬 때(마 21 : 41) 가능하다고 본다. 천연의 토지는 그것이 주인이 없다고 하여 사람이 공짜로 가지려고 하거나 토지 사용의 대가를 자기가 가지려고 하면 잘못이다. 이러한 행동은 땅을 가지는 것이 아니라 궁극적으로는 땅을 빼앗기게 되는 것이다.

이 세상 모든 것은 공짜가 없다. 모든 것은 값이 있으며, 죄와 빚도 모두 값이 있다. 세상에 모든 것이 값이 있기에 스스로 할 수 있는 것과 할 수 없는 것을 구별해야 한다. 그래서 스스로 가능한 것은 자기가 하고, 스스로에게 불가능한 것은 능력을 가진 자가 대신하여 준다. 물에 빠진 자가 스스로 헤엄쳐 나올 수 있으면 구제가 아니고, 이것이 불가능한 경우 누가 대신하여 주면 이게 바로 구제다. 이것이 성경이 말하는 구원이다. 그래서 자유와 질서, 그리고 인간의 영적 구원까지도 반드시 값을 치르되 내가 지불하지 못하는 죄값은 능력자가 대신 치러주는 것이다. 이것이 예수 그리스도의 십자가 사건이며(마 20 : 28), "무르기(代贖)"이다. 또한 이것이 죄에서 벗어나는 구원원리요 경제의 시장원리다. 그러다가 언제인가 이 땅은 다시 새롭게 변하여 새 하늘과 새 땅을 만나게 된다(계 21 : 1). 이것이 예수 그리스도의 궁극적 기업 찾기이며 무르기(대속)라고 할 것이다.

3. 땅과 토지가치의 복음적 인식

땅이 스스로 열매를 맺되 처음은 싹이요,
다음에 이삭이요, 그 다음에는 이삭에 충실한 곡식이라
열매가 익으면 곧 낫을 대나니(막 4 : 28, 29)

예수 그리스도는 만인에게 천국 복음을 전하면서 토지의 경제적 성질을 그대로 인용하거나 비유로 설명하고 있다. 곧 복음의 전파와 하느님 나라의 도래는 사람과 땅의 경제활동과 같다는 것이다. 여기서 분명하게 나타나는 것이 사람의 노동과 토지 자신의 생산활동이다. 사람이 씨를 뿌리고 낫을 대어 수확을 하지만 그 생산활동의 주된 과정은 땅 자신의 활동에 달려 있다는 것이다. 사람은 밤낮 자고 깨도 곡식이 어떻게 자라는지는 알지 못하며, 땅을 스스로 열매를 낸다는 것이다. 그래서 곡식이 자라서 수확기가 되면 사람은 수확을 한다는 것이다.

여기서 씨를 뿌리는 것과 수확을 하는 것은 사람의 노동가치를 인정한 것이다. 땅이 스스로 열매를 맺는 것과 자라고 결실을 한다는 것은 땅의 천연성질 또는 경제적 성질을 말한다. 이는 레위기 토지 경제법에서 안식년 토지에 노동은 금지하고 땅이 "스스로 난 것"이라고 기록한 말과 같은 의미가 된다.

예수 그리스도는 이 외에도 '씨 뿌리는 비유'로 복음 전파에도 토지가치의 경제적 성질을 그대로 설명하고 있다(마 13 : 3-23). 씨 뿌리는 비유는 농부가 씨를 뿌리되 그 생산물의 결과는 길가, 돌밭, 가시밭, 옥토에 따라 다르며, 옥토에도 그 토지의 비옥도에 따라 생산물은 30배, 60배 100배의 차이가 난다는 것이다. 그래서 사람에게 복음이 전해지는 성질도 이와 유사하다고 한다.

이러한 비유는 사람들에게 어떤 상황을 쉽게 알리기 위하여 더 분명하고 잘 알고 있는 일반 성질을 예로 드는 것인데, 예수 그리스도는 농경시대에 사람 노동과 토지의 생산활동의 관계를 예로 들어 복음을 설명하고 있다. 이와 같이 경제에서 토지의 자생적 생산활동은 예수 그리스도가 비유로 설명할 만큼 유용하고 분명하며 확실한 것이다. 그런데 우리는 이렇게 분명한 토지의 경제적 생산활동을 경제에서 인정하며 살고 있는가 말이다. 필자의 답은 그렇지 않으며, 오히려 이를 강하게 부정하고 토지가치를 노동가치나 자본의 투자가치로 오해하고 있다고 본다. 이는 객관적 진실을 추구해야 할 학자들마저도….

4. 몸값과 땅값이 없는 시장사회

성경은 토지시장에서 자본가격을 없애고 현재가치만 거래하는 방법으로 두 가지를 제시하고 있다. 앞에서 설명한 포도원 경작제도와 포도원 품꾼제도이다. 전자는 포도원에서 지대를 중심으로 이루어진 자유계약시장이고, 후자는 임금을 중심으로 운영하는 자유 계약시장이다. 균형시장을 가정하면 양 제도 공히 사람의 임금과 지대의 크기는 같다. 여기서 임금은 사적 가치로 포도원 경작에 필요한 노동자의 노동생산물이고, 지대는 이 사적 가치를 제외한 공적가치로 포도원 토지생산물이다.

이것이 예수 그리스도가 3년간 공생애 활동 중 마지막 성전강론에서 밝힌 레위기 희년법의 복음적 수단이다. 그런데 여기서 사람들은 포도원 토지가치에 대하여 네 것 내 것을 구분하지도 않고, 자기 것이라고 억지를 부리고 다투며, 토지가치를 착복하려는 의도와 포도원 토지의 소유욕이 큰 범죄로 가는 것을 예수 그리스도가 예언한 바 있다.

구약에서 땅과 몸을 팔고 사는 경제제도는 이를 원상으로 회복시키는 제도가 반드시 필요하며, 그래도 그 제도는 완전하지 못하였다. 그래서 신약에서 예수 그리스도는 이러한 몸과 땅의 자본거래 자체를 없애버린 제도를 예시로 제시하고 있다. 이것이 바로 포도원 품꾼의 비유과 경작자의 비유를 현실 경제에서 구현하는 방안이다. 그래서 포도원의 비유에서 노동시장은 임금, 토지시장은 지대로만 거래하는 시장의 모형을 보여주고 있다. 이 비유의 내용 분석에서 중심을 사람에 두지 말고 경제적 생산물에 두면 품꾼의 비유는 임금이 되고, 경작자의 비유는 지대가 된다.

5. 희년법과 복음경제의 요약

지금까지 성경이 말하는 노동시장과 토지시장의 내용을 시장에서 거래하는 가격체계만을 골라서 요약 정리하면 다음과 같다.

- 구약시장 : 구약 레위기 25장의 토지 경제법이 중심인 시장, 50년마다 희년제도를 두어 시장문제를 해결한다. 몸과 땅의 자본가격은 항상 사회적으로 부채와 불균형을 초래하기 때문에 반복적인 무르기가 필요하다. 그러나 유대인은 Baal 신이 세운 지주제도를 선택했다.

_노동시장

- 자본가격(몸값) = 시한부 몸값 = 채권 채무 = 미래가치 = 한시적 초과수요 발생
- 자본가격(몸값) = 미래 시한부 임금의 현재 시점 할인가(미래의 임금, 미실현가격)

_토지시장

- 자본가격(사글세 가격) = 시한부 땅값 = 채권 채무 = 미래가치 = 한시적 초과수요 발생
- 자본가격(사글세 가격) = 미래 시한부 지대의 현재 할인가(미래의 지대, 미실현가격)

∴ 무르기(되값기)나 기한(안식년과 희년) 도래로 사회적 채무와 시장불균형이 소멸한다.

• 신약시장 : 신약의 포도원 품꾼과 경작자의 비유가 중심인 시장, 몸과 땅의 자본가격이 없기 때문에 무르기가 필요 없고, 사회 부채와 불균형이 없는 시장이다. 그러나 기독교는 노동시장 외에 이 제도를 눈여겨보지 않고 오히려 사회부채를 키우는 땅값과 자본가격을 확대시켜 왔다.

☺☺_노동시장

- 자본가격 = 몸값 = 0
- 소득가격 = 현재임금 = 매년 당해연도의 해당 임금만 발생 (현재의 임금)

☺☺_토지시장

- 자본가격 = 땅값 = 0
- 소득가격 = 현재지대 = 매년 발생하는 현재의 지대

∴ 부채나 미실현가격이 없으므로 무르기나 기한 도래가 필요 없이 항상 균형이 성립(접근) 한다. 신약 시대에 노동시장은 임금으로 성취되었으나 토지시장은 더 빗나가 버렸다.

6. 성경의 토지경제, 제대로 한 적이 없다

저희가 말하되 이 악한 자들을 진멸하고
포도원은 제때에 실과를 바칠 만한
다른 농부들에게 세로 줄지니라(마 21 : 41)

그런데 예수 그리스도는 인간이 이 제도에 대하여 불평과 강한 거부감을 가지게 될 것을 이미 예고하고 있다. 먼저 포도원 품꾼제도는 시장가치로 계약한 정상임금이 지급과 그렇지 않은 시혜적 임금(토지지대의 생계비 보조)에 대하여 불평이 많을 것을 예고하고 있고(마 20 : 11~16), 포도원 경작제도에는 지대징수에 대해서 강한 거부감을 가지며, 심지어 사람을 살상까지 할 것이라고 예언하고 있다(마 33 : 38).

이 두 비유에서 나타나는 불평의 근본 이유는 경제적으로 보면 포도원 토지가 생산한 지대에 대하여 서로 가지려는 탐욕이 발동한 때문이다. 품꾼의 비유에서는 그들이 불평을 하고 있는 초과 보수는 모두 정상(계약) 임금을 초과한 포도원 토지가치로 지대를 말하며, 경작자의 비유에서 내어야 할 세(貰, 사용료)는 역시 지대인 것이다.

그런데 오늘날 우리의 시장사회에서 이 비유는 그대로 입증되어 가고 있다. 지금은 노동시장이 과거의 몸값이나 노예시장보다 자유 임금제으로 수정되고 발전하였지만, 그래도 오늘날의 임금시장은 주인 없는 토지가치의 분배문제로 노사분쟁이 늘 그치지 않고 있다. 그리고 토지의 소유를 금하고 세만 내는 지대시장은 인간의 강한 거부로 시행도 해

보지 못하고 있다. 이게 모두 인간이 주인이 없는 땅에 대한 소유욕과 지대 탐욕이 시장에서 강하게 작동하기 때문이다.

그러나 예수 그리스도가 말한 포도원 품꾼의 비유와 같은 몸값 대신 임금 중심의 시장은 현실 경제에서 노동시장의 대안이며, 포도원 경작자의 비유와 같이 세를 내게 하는 지대시장은 토지시장의 유일한 해결책이다. 노동시장에서 발생하는 임금에 대한 갈등은 그 이유가 "너의 것이 아니다"라고 하는 포도원 지대에 대한 인간 탐욕 때문이며(마 20 : 14), 포도원 경작에서 포도원 주인에 대한 경작자의 범죄행위는 모두 포도원 토지에 대한 소유욕과 지대를 내기 싫은 탐심에서 나온 것이다. 그러므로 지대시장제가 실현되면 토지의 소유욕과 지대 탐심이 사라지거나 대폭 줄어들어서 지금과 같이 갈등이 많은 노동시장과 토지시장에 대한 구조적 문제는 자동으로 해소된다.

따라서 경제로만 볼 때 구약이 몸값과 땅값을 없애려고 시도했던 경제의 주기적 희년은 이제 신약에서 노동시장과 토지시장에서 이 값을 근원적으로 없애버리게 된다. 그래서 땅값과 몸값이 영원히 발생하지 않는 영구적 희년을 성취하는 것이다. 이 말은 성경 전체가 말하는 세상의 종말이나 영적인 희년을 말하는 것이라기보다 레위기 25장의 경제제도와 예수 그리스도가 비유로 말하는 경제적 내용의 복음적 희년을 뜻한다. 곧 가난한 자에게 기쁜 소식과 눌린 자에게 자유, 눈 먼 자에게 광명을, 잡힌 자를 자유하게 하는 때를 말한다(눅 4 : 18, 19). 그야말로 경제 복음적 측면에서 영구희년과 초막절이 도래하는 것이다(요 7 : 37).

그러나 구약의 주기적 희년이나 신약의 영구 복음적 희년제도를 인간이 아직 제대로 시행해 본 적이 없다. 구약의 유대에서도 희년법은 사회 지도층부터 지키지 않았고, 그 제도를 공적으로 시행한 사례도 성경에서 거의 나타나지 않는다. 단, 유대교인 중에 신실한 일부 계층만이 그

법을 지킨 것으로 보인다. 성경에서 그 대표적 인물이 룻과 보아스라는 사람인데, 이들은 본래 그 사회의 하층민이었다. 룻은 이방여인으로 유다지파의 가문에 며느리가 된 여인이며, 보아스는 역시 이방인으로 그것도 신분이 기생이었던 라합의 아들이었다. 이들이 구약에서 레위기 토지경제법을 따라 기업(토지) 무르기를 적극적으로 수행한다. 이들은 이 무르기 하나로 몰락한 가계와 가정을 복원하며, 끊어진 혈통을 회복하여 복을 누린다. 여기에 더하여 이 가문은 뒷날 다윗 왕가의 조상이 되며, 예수 그리스도의 육적 계보에도 오르는 영광을 누리게 된다. 그러나 레위기 경제법을 솔선하여 지켜야 할 왕과 기득권층들은 거의 모두가 이 법을 무시하고 지키지 않았다. 오히려 그들은 이 법을 악용하여 약자들의 재산을 수탈하였다(미 2 : 2, 막 12 : 40). 이와 같이 유대의 정치 · 종교 지도자들은 겉으로는 하느님을 믿었으나 생활상의 태도는 토지소유와 독점을 허용하는 신인 Baal 우상을 믿고 따랐다.

신약시대에도 시장에서 몸값과 땅값을 없애고 임금과 지대만을 두는 임금시장제와 지대시장제는 사회가 강한 반발을 보이게 된다. 이 중 노동시장, 곧 인간 자신의 몸값을 없애는 노예시장의 폐지는 성취되었다고 볼 수 있다. 그러나 이 노예제도의 폐지도 미국에서 보는 바와 같이 남북전쟁을 치르는 등의 심한 진통을 겪고서야 겨우 성공하였다. 그리고 토지시장에서 시장 불균형을 일으키는 땅값과 경제문제의 핵심인 지주제도는 신약시대에 와서 폐지는커녕 더 강화되어 버렸다. 미국은 레위기 경제법이 있는 성경을 믿는 기독교 국가임에도 그 법과는 반대로 사람과 땅을 소유하는 제도를 선호하여 왔던 것이다.

이와 같이 사회는 성경이 말하는 지대의 지분 인식과 토지의 소유나 임대제에 대하여 매우 민감하게 반응하고 집단적인 반발을 강하게 보인다. 성경이 말하는 토지 중심의 경제제도는 매우 합리적이며 과학적이지만, 실제로 성경이 제시하는 이런 제도는 인간에 의하여 받아들이지 않고 있다. 이는 구약의 유대교는 물론이고 신약시대, 곧 오늘날의 기독교도 거의 마찬가지라고 할 수 있다.

이와 같이 토지에 대한 인간의 무지와 탐욕, 그리고 그 탐욕을 정당화한 지주제도는 우리나라만이 아니고, 저가임대로 인한 지대 프리미엄을 사취하고 있는 세계 모든 인류의 공통 현상이라고 할 수 있다. 오늘날 경제제도는 성경이 말하는 제도보다 오히려 반대로 향하고 있는 실정이다. 성경이 사유를 금한 안식년 토지 산물을 탐욕적으로 사유하여 경제의 분배구조를 혼란시킨 것이나 금지한 토지소유제와 땅값을 적극적으로 허용하고 오히려 더 크게 확대시켜 왔다. 주식시장은 선물시장으로 확대하고, 헛값을 일으키는 각종 금융상품을 대폭 개발하고 유통시킨 경제를 말한다.

7. 미래를 향한 초막절과 토지희년

3대 명절과 초막절

성경의 3대 명절은 구약을 기준으로 유월절, 칠칠절, 그리고 초막절을 말한다. 그런데 신약시대에 유월절은 부활절로, 칠칠절은 오순절(성령강림절)로 성취가 되었다. 두 명절은 성경적으로 성취된 날짜와 의미까지 모두 정확하게 맞아들어 갔다. 그런데 3대 명절의 마지막 명절에 해당하는 초막절은 그 성취가 아직 미궁의 숙제로 남아 있다.

우리에게 초막절은 그 날짜는 물론이고 의미마저 잘 모르고 있다. 3대 명절은 모두 영적(종교적)인 내용도 있지만 특히 경제적 내용을 들여다 보면 퍽 흥미가 있고, 우리의 소망과 기대를 부풀게 한다. 부활절은 보리 추수가 처음 시작하는 초실절이며, 성령강림절은 밀 추수를 마치고 과일 추수를 시작하는 칠칠절과 맥추절이다. 그리고 초막절은 가을 절기로 열매와 모든 토지 소산물에 대한 거두기를 마치고 즐기는 명절이었다. 이와 같이 성경의 3대 명절은 모두 추수와 직접적인 관련이 있다.

3대 명절 중에 초막절은 보리 수확부터 시작한 추수가 가을에 모두 끝이 나는 시기로 경제적으로는 총결산의 의미가 있다. 이 초막절이 안식년과 희년이면 경제적 의미는 더욱 크게 된다. 초막절은 토지소산 거두기를 마치는 때이므로 안식년과 희년의 기산점이기도 하다(레 23 : 39, 신 31 : 10). 이날을 기산점으로 하여 땅이 쉬는 안식의 해가 시작된다. 땅이 인간과 동반한 생산활동을 멈추고 쉬는 해다. 그리고 사람이 경제생활에서 팔린(또는 빚 담보로 잡힌) 몸값과 땅값이 다 지불되어 해방이 되는 날이다(레 25 : 8~12). 개인은 빚으로 잡힌 몸과 땅이 풀려서 해방과 동시에 가족들을 만나서 기쁨을 누리는 날이며, 사회에서는 몸값과 땅값이 일으킨 부채가 소멸하고 시장불균형이 모두 해소되어 그야말로 자유와 평등을 만끽하는 날이다.

다시 말하지만 이날은 그동안의 경제적 예속과 결핍, 차등과 갈등의 원인자인 몸값과 땅값, 그리고 부채가 모두 시장원리로 0이 되는 날이다. 금융과 자본거래에서 발생한 부채도 다 지불되어 0이 된다. 그래서 몸과 땅의 평등과 자유가 100% 보장되는 때이다. 이러한 자유와 평등의 보장은 부자와 가난한 자, 소유자와 무소유자간의 계급적 투쟁으로 이루어지는 것도 아니고, 또 오늘날 수정자본주의 형태에서 부득이한 수단인 정부가 시장에 끼어들어 공짜(보조나 무상)와 강제(세금과 규제)로 이루는 것도 아니다. 모두가 서로 값을 치르거나 주고받는 시장원리로 몸과 땅이 함께 자유와 평등을 100% 찾는 날이다. 토지희년은 사회주의적 방법이 아니고, 시장원리로 자유를 회복한다.

이날은 산과 들로 나가서 초막을 짓고 일 주일 동안 초막에 살면서 자연과도 교감을 한다. 부동산시장에서 땅과 집이 없는 고통과 땅이 주는 경제적 혜택이 무엇인지를 몸소 체험하는 날이다. 이게 성경상의 초막절이다.

그래서 초막절의 축제는 위로는 하나님과 아래로는 사람이 서로 만나고, 사람과 사람 사이에는 빚 관계가 청산되어 종속상태가 사라지고 서로 대등하게 만나 즐기는 행사이다. 초막절은 추수절기와 보름달이 서로 맞나서 공간(땅)과 시간(때)이 조화를 이루며, 하늘의 해(양력)와 달(음력)도 위도상에서 만나는 날이다. 땅을 쉬게 하여 자연과 인간이 조화를 이루며 만물이 화합을 하는 날이다. 이날은 땅이 낸 가치물, 곧 추수에 대한 감사를 올리는 날이다. 초막절 행사는 물론 인간이 하느님께 잘못한 죄와 허물을 벗는 속죄의식을 먼저하고(레 23 : 27~32), 그 뒤에 하는 것이다.

초막절과 추석절

너희가 토지 소산 거두기를 마치거든 칠월 십오일부터
칠일 동안 여호와의 절기를 지키되(레 23 : 39)

이러한 초막절은 날짜가 7월 15일 보름날이다. 이날은 우리의 8월 보름 추석명절과도 일치한다. 성경상 종교적 신년은 유월절이 있는 1월이고, 경제적 신년은 초막절이 있는 7월이다. 초막절은 경제적으로 추수를 마치고 가지는 신년 축제이며, 이 축제를 마치면 다시 땅을 갈아서 씨(보리)를 뿌리는 농사가 시작된다. 유대는 추수기와 파종기가 우리보다 한 달 가량 일찍 오는 것으로 추정되며, 날짜는 달이 뜨는 때를 초하루로 잡기 때문에 기산일도 하루가 늦고, 달은 위도상의 차이로 한 달이 늦기 때문에 같은 성경의 7월 보름과 한국의 8월 보름은 같은 절기에 속한다. 특히 성경의 보름날은 지구, 달, 태양의 공전주기와 자전주기의 역학적 관계로 만월의 주기가 유동적이기 때문에 매달 14일에서 16일 사이에 있는데, 성경은 이러한 자연적 특성을 그대로 반영하고 있다. 곧 성경의 유월절 보름날은 14일(한국은 15일), 초막절 보름날은 15일(한국은 16일)이다. 이는 성경의 보름날은 우리가 만월의 주기를 무시하고 고정된 날짜 15일로 정한 것보다 더 정확성을 가진다고 볼 수 있다.

그리고 유대와 한국은 모두 양력과 음력을 같이 쓰는 사회이다. 곧 성경의 추수절기와 우리의 24절기는 양력에 근거한 것이고, 날짜와 명절은 음력에 근거한 것이다. 그래서 음력과 양력의 날짜 조정으로 윤달이 필요하며, 날짜는 항상 유동적이다. 그래서 우리는 성경이 말하는 때와 시기를 쉽게 알지 못한다.

그런데 순수 태양력과 순수 태음력은 날짜의 조정이 필요가 없어서 편하고 정확하여 보인다. 그러나 실상은 음력과 양력을 모두 고려한 태양태음력이 태양과 달, 밤과 낮을 모두 고려한 날짜로 더 과학적이며, 융합적이고 자연친화적이다. 순수 음력만 쓰는 모슬렘 국가는 하나의 명절이 여름에도 오고 겨울에도 오는데, 이는 계절과 명절이 맞지 않고, 자연질서에도 어긋나서 반자연적이며 비현실적이라고 할 수 있다. 그리고 순수 양력도 해가 중심이기 때문에 해가 없는 시간, 곧 밤과 달의 운동에 대한 정보가 어둡게 된다. 동식물의 조화로운 습생은 물론이고 특히 조수운동에 민감해야 하는 어민들이나 달밤의 조명을 이용하게 되는 농촌생활, 그리고 조명시설이 없는 비상시에는 음력이 필수적으로 필요하다. 우리가 컴퓨터가 없거나 전기가 없다고 하면 밤과 낮, 해와 달, 육지와 바다, 사람과 동식물들의 활동을 모두 고려한 음력이 생활에 더 편리하며, 자연친화적인 달력이 되는 것이다. 그러나 달과 태양은 서로 독자적으로 존재하고 상호 유기적으로 운동하기 때문에 시간의 오차가 많아서 우리가 음력은 때를 잘 모르게 된다.

토지희년과 자원의 해

그런데 이런 구약의 초막절이 신약시대에 아직 성취되지 않았다는 것이다. 스가랴 선지자는 열국의 남은 자가 해마다 초막절을 지킬 것이라고 했으나(슥 14 : 16) 그날은 현실적으로 아직 오지 않고 있다. 과연 이때가 언제일까? 선지자의 예언은 예언으로만 그치는가? 세상에서 이때를 안다고 덤비거나 그에 따른 구체적 행동을 시도한 종교집단들이 많이 있었는데, 이들은 그때마다 틀려서 망신만 당했다. 초막절이 미래에 성취될 어느 명절이라면 우리에게 그 날짜를 아는 것은 허락되지 않았다고 할 것이다(행 1 : 7, 베후 3 : 8). 그러나 초막절은 날짜가 분명하게 있으므로 초막절의 신약적 성취와 성경의 종말을 뜻하는 마지막의 때는 별개인지도 모른다.

그러나 우리는 미래에 대하여 날짜보다 먼저 알아두어야 할 것이 있다. 미래의 날짜보다 초막절이 해야 하는 그날의 진정한 내용을 알아야 하는 것이다. 성경에 있지만 사람들이 너무 무시한 땅과 토지법, 유대교도 지키지 않았던 희년법과 초막절, 그리고 기독교도 거의 눈여겨 보지 않는 토지 무르기와 은혜의 해(눅 4 : 18, 19)를 말한다. 이해의 경제적 수단이나 해법은 포도원 품꾼과 경작자의 비유에서 찾을 수도 있지만 우리는 이러한 희년과 초막절의 경제적 의미는 관심이 없다. 그 대신 영적인 의미에만 관심이 쏠리고 있다.

"은혜의 해"는 용어가 원래 헬라어 "데크토스"로 "자원(또는 열납)의 해(the year of acceptable)"란 뜻이다. 이해는 사람이 위로부터 오는 죄 무르기로 영적인 속죄함을 은혜로 받은 후 사회공동체 구성원들은 서로

가 자원하여 사회적 결핍과 예속을 풀어주고 해결해야 하는 것이다. 그래서 희년은 이러한 인간의 자원적 문제 해결을 하느님이 수용하는 때를 말한다. 천지창조와 토지 소산물 제공자에 대하여 눈 먼 자를 다시 보게 하며(사 42 : 5-7), 빚과 담보로 잡힌 포로와 눌린 자를 풀어주는 것이 "자원의 해"인 것이다. 이해는 땅을 쉬게 하고, 경제적으로 빚과 예속의 담보물인 몸값과 땅값을 무르기로 자유를 찾아주는 구약의 토지희년과 내용적으로 일치하고 있다.

그러나 우리는 토지 무르기와 토지희년이 무엇인지도 별로 관심이 없다. 그 대신 감사의 예배만 드리는 미국식 추수감사절 행사가 유행이다. 미국식 예배란 땅, 추수 이야기와 같은 경제적 내용은 모두 빠지고 대신에 하느님과 사람에 대한 감사만을 말하고, 알게하는 영적인 행사에 국한된 것을 말한다. 그래서 우리는 성경이 말하는 추수감사절, 곧 초막절이 언제이고 무엇을 하는 날인지를 잘 모르고 있다. 특히 초막절은 경제적 결산으로써 씨(혈통, 代)를 잇고 땅을 찾는 무르기가 완성되는 시기라는 것도 거의 알려고 하지 않는다. 성경이 값을 없애고 풀어주기를 바라던 몸값과 땅값, 그러나 우리는 이 둘 중에 신약시대에 와서 몸값은 없애고 임금으로 풀었지만 땅값은 아직 없애지도 못하고 있다. 땅값은 오히려 그 값을 더 크게 키우고만 있다. 몸값은 나의 임금으로 풀고 땅값은 땅의 지대로 풀어야 하지만 우리는 하느님이 땅을 통하여 은혜로 공짜로 주는 덤, 지대는 거의 이해를 못하고 있다.

> "땅이 낸 지대는 선물이나 사람이 낸 땅값은 벌금이다"
> "더도 말고 덜도 말고 한가위(초막절과 추석절) 만 하여라"

과연 이날은 언제이며, 어떻게 오는 것일까?

8. 무르기(代贖)를 통한 경제구원과 영혼구원

성경에서 '무르기(re-buy)'는 원래 경제생활의 용어로 값을 치러 속(贖)하는 것, 잘못된 것을 바로 잡는 것을 말한다. 사람의 죄를 사하여 주는 '대속(代贖, Redemption)'은 이러한 무르기를 대신하여 주는 것이다. '구원'이란 이 무르기를 통하여 나타난 결과로써 문제의 해결인 생존, 자유, 영생의 회복을 뜻한다. 희년법이 말하는 경제구원과 성경 전체가 말하는 인간의 영혼(영적)구원은 그 방법이 무르기라는 것으로 같다고 하였다. 경제구원은 토지 무르기를 통한 인간의 경제적 자유를 회복하는 수단이며, 영혼구원은 죄의 대속을 통한 인간의 영적 자유를 회복하는 방식이다. 이러한 희년법 중심의 구원 방법과 기독교가 말하는 대속의 내용을 요약하면 다음과 같다.

◪ 경제법을 통한 현실적 구원

나오미가 또 그에게 이르되 그 사람은 우리의 근족이니
우리의 기업을 무를 자 중의 하나이니라(룻 2 : 20)

① **몸의 구원** : 몸값 무르기를 통한 몸의 자유회복을 말한다. 구약에

서 경제가 어려우면 노동시장에서 몸이 팔려야 했다. 여기서 몸값 거래는 율법에 따른 자율 계약이므로 강제로 잡혀가는 노예제도와는 다르다. 이 경우 몸값은 그 자체가 부채이고 빚의 담보물이기 때문에 사람의 몸은 자유가 없거나 제한된다. 이때 구약에서 이 문제를 해결하는 방식은 몸을 판 자의 친족(kinsman-redeemers)이 몸값을 대신하여 치러주고 잡힌 몸을 자유롭게 해주는 것이다. 이것이 친족의 권리이자 의무인 '고엘'이었다. 만약에 이것이 불가능하면 고용기간의 만료, 곧 몸값의 소멸기간인 안식년(또는 면제년)에 풀리게 된다(신 15 : 12).

② **땅의 구원** : 땅값 무르기를 통한 땅의 자유회복을 말한다. 토지사용자가 토지경작권을 팔게 되면 경작의 자유를 잃고 생존권이 위협을 받는다. 사회는 장기 사용권에 따른 자본가격이 발생하여 부채가 남게 되고, 시장은 불균형을 지속한다. 이때 친족이 토지 부채를 대신 갚아주고 땅의 자유와 생존권을 회복시켜 주는데, 이것이 토지 무르기이다. 만약에 이것이 불가능하면 땅은 임대기간 만료로 자본가격의 채무가 사라져서 풀려나며, 이때가 희년이었다. 여기서 땅값의 무르기와 땅값이 소멸하는 희년을 통한 자유의 보장은 땅의 물리적 성질과 경제적 현상에 따른 과학적 처방이요, 경제적 구원의 수단이다.

③ **혈통(씨)의 구원** : 한 가정에서 가계의 대가 끊길 때 가계의 혈통을 대신하여 대를 이어주는 구원방식을 말한다. 형제나 친족 중에 대를 이을 후손이 없을 경우 살아 있는 형제나 친족들은 그 혈통을 대신 이어주어야 한다(신 25 : 5~10). 곧 친족인 남성이 후

손이 없는 여성(형제나 친족의 아내)과 결혼(繼代結婚, levirate marriage)하여 후손을 이어주는 제도이다. 이는 우리의 윤리관에서 보면 쉽게 납득할 수 없는 방식이다. 그러나 이 방식은 남성의 혈통만 빌려주는 우리의 양자제도와는 달리 대를 잇는 여성의 혈통과 그 여성의 생존권까지 보장하는 점에서 장점이 있다. 우리의 양자제도는 부계혈통만 이어가지만, 이 방식은 부계혈통과 모계혈통을 같이 이어가는 방식이다. 이 방식 역시 혈통을 잇는 수단이 과학적 현상을 따르는 것이며, 몸값과 땅값 무르기를 통한 자유 회복의 수단과 같이 여성의 생존권 보장이라는 사회성과 윤리성이 가미된 것이다.

④ **피의 보수**(報讐) : 사람이 남에게 억울하게 죽임을 당하면 그 원수(실수가 아닌 고의적 살인)를 형제나 남이 대신 갚아주는 제도다. 이 방법도 친족의 무르기와 같은 방식으로 행한다(민 35 : 16~21). 이 제도는 그 당시 반드시 값을 치르는 무르기의 인과응보적 수단을 통하여 공동체의 질서를 유지한 것이며, 지금의 사법적 기능을 대신하는 제도였다.

⑤ **가정구원** : 친족을 통한 몸의 자유, 땅의 자유를 되찾고 혈통과 생명을 보존 이어가는 무르기는 몰락한 가정을 다시 일으켜 세우는 방식에도 그대로 적용할 수 있다. 성경 룻기에 보면 땅을 팔아서 외국 이민을 간 엘리멜렉의 가정은 기업을 잃어서 경제가 극히 어렵고, 남성(아들)들은 후손도 없이 다 죽어서 가계는 몰락할 수밖에 없었다. 그러나 그 가정에 남겨진 여성들이 성경의 무르기라는 구원방식을 통하여 가정을 복원하게 된다. 여기서

무르기는 남은 여성들이 남성들의 친족 중 구원자를 만나서 기업인 땅을 되찾고 가계의 대를 잇는 것이었다. 이렇게 무르기를 통하여 몰락 직전에 복원된 가계의 후손들이 뒷날 유대를 통치하는 다윗 왕가를 일으키며 인류의 구원자 예수 그리스도의 가계를 이어가는 큰 역할을 담당하게 된다. 이 무르기의 주인공들은 특이하게도 유대민족들이 가장 싫어하고 멸시하였던 이방 여성 룻과 이방 기생(라합)의 아들 보아스였다.

⑥ **사회구원** : 성경이 말하는 이러한 무르기는 그대로 사회 전체의 자유, 평화, 질서의 유지에도 적용되는 것이다. 희년은 개인적이라기보다 한 사회에서 한날 한시에 선포되는 국가적 행사이며, 희년이 표방하는 경제적 자유와 질서회복, 그리고 사회적 평화는 그 시대의 통치자가 지켜야 할 최고의 이념이고 수단이었다. 이러한 희년의 이념은 예수 그리스도의 공생애 사역에서도 그대로 계승되고 있다. 예수 그리스도가 공생애를 시작하면서 선포한 첫 공식 메시지는 가난한 자에게 기쁜 소식을 전하려고 사명을 받았다는 것(사 61 : 1, 2)과 그 사명은 포로 된 자, 눈먼 자, 눌린 자를 자유롭게 하는 은혜(수용, 열납)의 해를 선포하는 것이라고 선언하고 있다(눅 4 : 17, 18). 여기서 은혜의 해는 구약이 말하는 희년(레 25 : 10)과 경제 무르기의 이념과 수단을 모두 포함, 계승한다는 의미이다.

제사법을 통한 영적 구원

인자가 온 것은 섬김을 받으러 온 것이 아니라
도리어 섬기려고 하고 자기 목숨을 많은 사람들의
대속물(代贖物)로 주려 함이라(마 20 : 28)

영적 구원이란 우리가 생활에서 죄를 지었을 때 그 죄의 값을 치르고 정신적 자유, 곧 죄에서의 자유를 얻는 방식을 말한다. 우리의 죄값을 치르는 방식은 구약에서는 짐승이 나의 죄를 대신하여 죽고, 신약에서는 예수 그리스도가 우리 죄를 대신하여 십자가에서 희생을 당하는 것이다.

① **짐승의 대속** : 사람이 지은 죄를 비둘기, 양, 소와 같이 짐승이 대신 지는 것을 말한다. 이 방식은 짐승을 잡아 하느님께 제사를 지내는데, 사람이 지은 죄를 대신하여 짐승이 피를 흘려 죽으면 우리가 그 죄를 씻을 수 있게 된다. 우리가 경제생활에서 흠과 부족, 그리고 탐욕 등으로 지은 죄들을 이런 방식으로 사함을 받는다. 이에는 수시로 드리는 제사도 있고, 정규 제사로 짐승을 매년 희생시키는 매년제(레 16장), 토지의 자유를 찾아 희년을 맞는 50년마다 드리는 특별한 희년 제사(레 25 : 9)가 있다. 정규로 드리는 제사는 음력 7월 10일로 우리가 추석을 맞는 그 시기에 초막절(음력 8월 보름) 사전 행사로 드린다.

② **예수 그리스도의 대속** : 경제와 영적인 면에서 궁극적이고 최종적인 무르기는 예수 그리스도의 십자가 희생에서 나타나고 있다

(요 19 : 30). 예수 그리스도는 실제로 노예의 몸값인 은 30세겔에 몸이 팔려서 사람의 죄값을 치르는 유월절 제물로 십자가 형틀에서 희생이 되었다. 그래서 무르기는 흘린 피로써 우리의 죄를 씻고 자유를 얻는 '종교적(신학적 · 영적) 의미', 몸값과 땅값을 치르고 없애어서 자유를 얻는 '경제적 의미', 사람의 생존과 자유의 필수요건을 스스로 충족(해결)하지 못할 경우, 이를 남이 대신하여서라도 충족시켜 주는 자비와 사랑의 '도덕적 의미'까지 모두 응집되어 있다.

그런데 이런 무르기를 통한 구원은 예수 그리스도의 대속 사역인 십자가 희생의 제사까지 오면서 대개 성취되었고, 사실상 폐기되었거나 필요가 없어졌는데 아직도 성취되지 않고 남아 있는 부분이 있다. 이게 바로 ②번 땅의 구원에 속하는 '토지 무르기'로 토지경제의 자유회복을 위한 방식이며, 예수 그리스도를 통한 대속 사역의 기원이라 할 수 있다. 토지 무르기는 경제생활에서 문제가 된 땅값(사글세 자본가격)을 치르고 없애어서 토지 사용의 자유를 되찾는 것이다. 그러나 우리 사회는 경제에서 땅값을 없애기보다 오히려 그 반대의 행동으로 나아가고 있다. 시장경제 시스템이 시간이 갈수록 무르기가 필요한 땅값, 주식, 선물 등의 헛값과 그에 따른 사회부채를 계속적으로 더 키우고만 있다는 뜻이다.

예수 그리스도를 통한 구원(무르기)의 완성

예수께서 신 포도주를 받으시고, "다 지불하였다" 라고 말씀하신 뒤에 머리를 떨구시고 숨을 거두셨다(요 19:30, 필자 사역).

기독교에서는 사람이 예수를 믿으면 구원을 이루고, 천국 백성이 되는 특권을 얻는다고 한다. 그런데 이러한 구원방식은 순수 종교적 범주에 속하는 문제이므로 경제적 구원방식과는 달리 현실적(또는 과학적)으로 입증할 수 있는 영역이 아니다. 성경은 예수 그리스도가 하느님의 아들로 이 땅에 와서 인간의 죄를 대신 지고 십자가에서 죽었고, 부활하여 승천하였음을 역사적 사실로 기록하고 있고, 필자 역시 이 사실을 믿고 있다. 그러나 이 기록은 초자연적 현상을 포함하기 때문에 성경 외에 증명할 자료는 아직 구체적으로 발견하지 못하고 있다. 따라서 기독교의 구원은 예수 그리스도를 믿어서 얻는 것이지, 과학으로 증명하고 행위로 실천하여 취득하는 것이 아니다.

지구에서 150광년 떨어져 있는 우주의 어느 별은 우리가 그 크기와 성질을 직접 확인할 수가 없다. 그러나 우리가 확인 가능한 수단과 자료를 가지고 가보지 못한 그 별의 크기와 성질을 어느 정도 이해할 수가 있다. 예수 그리스도를 통한 구원도 이와 비슷하다. 성경의 구원은 경제생활에서 현실적으로 실천 가능한 구원방식을 통하여 제시되고 있고, 영적인 구원 역시 우리가 직접 검증은 못 하지만 그 의미를 유추하여 이해할 수 있다는 말이다. 곧 성경상의 영혼구원은 과학적으로 검증 가능한 부분은 아니지만, 과학적으로 검증 가능한 현실경제의 구원방식을 따라서 시행되고 있음을 부정할 수는 없다는 뜻이다. 이러한 구원의 방식은 희년법에 나타난 무르기이고, 은혜의 해를 선포한 예수 그리스도의 대속 사역이다. 예수 그리스도는 이러한 무르기를 통한 구원을 위하여 우리가 서로의 빚을 갚아주듯이 우리의 죄를 사하여 달라는 기도(마 6 : 12)를 당부하고 있다. 그리고 희년을 계승하여 은혜의 해를 선포하고 만민에게 천국 복음을 증거하고 있다. 이러한 경제적 무르기와 영적 대속(죄 사함)은 그 의미를 살펴보면 다음과 같다.

가. 성경은 문제 해결을 남이 대신하여 줄 경우에 이를 구원이라고 한다. 앞에서도 말했지만, 성경은 내 삶의 문제를 자력으로 해결하지 못하고 남의 도움으로 해결받는 경우에만 '구원'이라고 하는 것이다. 따라서 성경상의 구원은 자력구원, 예를 들어서 구도자 스스로가 참선을 통한 득도나 해탈의 경지에 이르는 것과는 구별된다.

나. 성경의 구원방식은 현실적이며 실제 입증할 수 있는 구체적 사실로 적용되어 왔다. 이는 구원이 철학, 관념 등의 추상적 영역이 아니라 구체적이고 실천적 의미가 있다는 뜻이다. 성경은 생활에서 중요한 부분인 몸과 땅의 자유회복, 혈통의 유지, 목숨의 안전과 보장, 몰락한 가정의 복원 등에 꼭 필요한 수단을 구원의 방식으로 제시하여 왔다.

다. 구원의 수단은 무르기를 통하여 반드시 값을 치르고 하게 된다. 앞에서 언급했지만 이 방식은 세상에서 정의를 세우는 원리이다. 세상의 모든 일은 공짜가 없다. 경제문제는 모두 제값을 치를 때 풀리게 되며, 정치와 사회도 모두 자기 몫을 감당하고 그 책임의 값을 다할 때 바로 서게 된다.

라. 구원의 수단은 자력으로 무르기가 불가능할 경우 남이 대신하

여 주는 것이다. 이것은 생활에서 자비(긍휼)가 필요한 원리이다. 세상의 모든 일은 제 스스로만 되는 게 없다. 나의 부족은 남의 도움, 특히 나보다 나은 자의 도움을 받고 살아야 한다. 그리고 남을 도울 수 있는 위치에 있는 자는 남을 돕고 자비를 베풀며 살아야 한다. 시장에서 문제를 자력으로 해결 못 하는 경우 대리자를 세워서 해결한다. 이것이 사회에서 행하는 정부나 비시장기구들의 역할이다. 이렇게 대신하여 문제를 해결하는 것은 경제, 정치, 사회의 운용에도 그대로 적용될 수 있다.

마. 예수 그리스도를 통한 궁극적 구원은 현실적 구원을 초월한 것이다. 성경상의 구원은 위에서 말하는 현실경제의 구원방식으로도 해결하지 못하는 인간의 모든 문제까지 예수 그리스도가 대신 해결하여 준다는 것이다. 그래서 경제구원은 물질적인 범주에 국한하지만, 예수 그리스도의 대속은 물질뿐만 아니라 정신 문제까지 포함한다. 경제구원은 현재의 세상에서만 가능한 영역이지만, 예수 그리스도의 영혼구원은 미래의 세계와 사후 세계에까지 미친다. 현실 경제구원은 생활에서 검증이 가능하지만, 예수 그리스도의 구원은 이러한 검증이 가능한 부분에서 시작하여 검증이 불가능한 부분인 초월적 영역까지 포함하고 있다.

바. 무르기의 완성자이자 궁극적 대속자인 예수 그리스도의 신분은 특이하고 다양하다. 예수 그리스도의 출생신분은 하늘에서 온 구세주(하느님), 성령으로 잉태된 자, 사람의 아들(人子), 그리고 거지 같은 마굿간 출생자, 목수의 아들 등이다. 공생애로서의 신분은 과거에 대해서 인간의 모든 허물과 죄를 용서하는 제사장이며, 그 죄를 스스로 짊어진 죄인이고, 그 죄를 자신의 몸값과 피값을 지불하여 속(贖)한 자이다. 현재에는 세상을 다스리는

왕이었으며, 미래에는 잘못된 경제생활에 대한 심판과 재림을 예고하는 선지자이다. 이렇게 특이하고 다양한 신분을 가진 예수 그리스도는 토지 무르기에서 시작한 경제구원과 영혼구원에 대한 스스로의 제물(희생자)이며, 완성자이고, 하느님 나라의 통치자이다. 대속자 예수 그리스도는 이렇게 계층적으로는 거지에서 왕, 인간에서 신, 역할로는 제사장(과거)에서 왕(현재)과 선지자(미래)에 이르기까지 총체적인 신분의 특성을 가진다. 그러면서 예수 그리스도는 궁극자인 로고스이며(요 1 : 1~5), 무르기의 대상인 땅과 몸의 창조자, 초림자, 대속자, 승천자, 부활자, 재림자, 심판자이다.

사. 무르기를 통한 구원에도 궁극적 한계는 있다. 무르기와 대속, 정의와 자비 같은 방식에도 인간의 약점으로 해결되지 못하는 문제나 이를 이행하지 않아서 발생하는 문제는 사법적 판결에 의존할 수밖에 없다. 이게 한계를 지닌 인간의 세상살이이고 사회질서이다. 이것이 경제구원과 영혼구원의 최종 심판이며, 문제에 대한 또 하나의 해법이라 할 수 있다.

아. 이를 종합하면 기독교의 구원방식은 현실경제의 자유회복 수단인 무르기와 방식이 같다. 그런데 예수 그리스도는 하느님 아들이자 전지전능한 절대자이므로 현실경제에서 필요한 무르기 방식을 취하지 않고도 인간을 구원할 수는 있는 능력을 가지고 있다고 보아야 한다. 그럼에도 불구하고 굳이 현실적 절차들이 필요한 무르기 수단을 통하여 사람을 구원한다는 것은 그만큼 무르기가 경제생활과 영적 생활에 깊고도 끈끈한 상관관계가 있음을 암시하고 있다. 곧 예수 그리스도의 구원 사역은 우리가 이해할 수 있는 무르기 방식을 채용하여 누구나 구원의 비밀을 쉽

게 이해하여 구원을 받도록 배려하였음은 물론이고, 그러한 구원의 사역에는 영적 내용만이 아니라 현실경제에서 필요한 경제구원의 내용까지 계승하고 완성하여 간다는 의미까지 모두 포함하는 것으로 볼 수 있다.

이와 같이 성경이 말하는 구원의 내용과 방식에는 땅의 물리적 성질에 따른 과학적 처방에서부터 남을 대신하여 희생하는 사랑(자비), 반드시 값을 치르는 인과응보적 수단인 정의, 문제 회복(거듭남)에 따른 부활, 그리고 마지막 해법인 심판 등이 모두 포함되어 있다. 이것이 성경이 말하는 희년과 토지 무르기, 수용(은혜)의 해와 예수 그리스도의 대속에 대한 경제적 내용이고 영적인 관계라고 할 수 있다. 이러한 구원의 과정이 성경이 말하는 토지 무르기에서 시작한 인간의 구원사이며, 이런 관점의 인류 역사를 구속사(救贖史) [(실제는 대속사(代贖史)]라고 한다.

9. 토지 무르기의 오해와 뒤집힌 성경 번역

성경의 희년법과 무르기를 실천하여 당면 경제문제를 해결하고 후손들까지도 무르기의 복과 명예를 누리게 한 인물이 룻과 보아스였다. 그런데 우리들은 이러한 희년법과 토지 무르기를 잘 모르고 있고, 알아도 오해가 많으며, 심지어 사실과 반대로 잘못 알고 있는 부분이 있다. 이에 대한 하나의 근거로 룻과 보아스가 토지 무르기를 하고 있는 룻기 4장 3절 내용의 성경 번역을 소개하면 다음과 같다.

보아스가 그 기업 무를 자에게 이르되 모압 지방에서 돌아온 나오미가 우리 형제 엘리멜렉의 소유지를 팔려 하므로(개역개정)

보아즈가 그 친척에게 말했다. "우리의 동기 엘리멜렉의 소유지가 있지 않소? 그런데 나오미가 모압 시골에서 돌아와서 그 땅 권리를 팔려고 내놓았소.(공동번역)

보아스가 집안간으로서 책임을 져야 할 사람에게 말하였다. "모압 지방에서 돌아온 나오미가 우리의 친족 엘리멜렉이 가지고 있는 밭을 팔려고 내놓았소.(새번역)

그러자 보아스는 그 친척에게 말했습니다. "모압에서 돌아온 나오미가 우리 형제 엘리멜렉의 땅을 팔려고 하네.(우리말)

he said to the man : Naomi has come back from Moab and is selling the land that belonged to her husband Elimelech.(CEV)

Then he said to the kinsman-redeemer, "Naomi, who has come back from Moab, is selling the piece of land that belonged to our brother Elimelech. (NIV)

And he said unto the kinsman, Naomi, that is come again out of the country of Moab, selleth a parcel of land, which was our brother Elimelech's : (KJV)

토지 무르기는 성경의 희년법에 명시한 대로 팔린 토지를 되사는 것이다. 경제적으로 말하면 임대한 땅을 원 사용자가 값을 치르고 사용권을 되찾는 것이다. 이게 토지 무르기이다. 룻도 이런 희년법을 따라 사용권이 팔려 있는(임대되어 있는) 땅을 다시 찾으려고 하고 있다. 그런데 자신의 경제력은 이에 미치지 못하므로 유력한 친족이자 대속자(kinsman-redeemer)인 보아스가 지금 이 무르기를 대신하여 주려고 하고 있다.

따라서 룻기 4장 3절의 뜻은 땅을 '팔려는 것'이 아니고 '사려는 것'이다. 본문은 직역을 해도 땅이 "팔려 있기에", 해석을 해도 땅이 "빚 담보로 잡혀 있기에" 혹은 "사용권이 팔려 있기에(임대되어 있기에)"이다. 그런데 기존의 성경 번역들은 이 구절을 제대로 번역한 책이 없다. 단순히 번역이 제대로 안 된 정도가 아니다. 본문에서 보는 바와 같이 대부분의 성경 번역들은 한결같이 룻이 '사려는 땅'을 두고 '팔려고 내어놓은 땅'으로 사실과는 정반대로 뒤집힌 번역을 하고 있다. 이러한 번역의 오류는 우리가 땅을 있는 그대로 보지 못하는 경제적 오해에서 시작하여 희년법에 대한 우리의 인식에서 약점이 있음을 보여주고 있는 하나의 단면이라고 할 수 있다.

그리고 번역은 틀리지 않았다고 하더라도 우리의 통상적인 토지경제 이해(희년법 오해 포함)와 희년법이 말하는 실제 내용은 어림잡아 10

개 항목 이상에서 서로 다르거나 상반된 견해로 갈린다는 것이다. 그리고 이에 더하여 이러한 희년법과 무르기의 오해가 예수 그리스도가 가르쳐 준 '주기도문'과 '은혜의 해' 등에서도 번역과 해석의 오류를 계속하고 있다는 점이다. 이에 대한 상세한 논의는 다음 기회로 미룬다.

14장

희년법과 토지임대의 실제

1. 정률 지대징수식 토지임대제 : 요셉의 이집트 토지법

요셉이 애굽의 토지법을 세우매(창 47 : 26)

구약에서 토지의 소유제도가 아닌 임대제 중심의 토지시장 운영은 먼저 요셉이 이집트의 총리로 있을 때 시행한 애굽의 토지법에서 찾아볼 수 있다(창 47 : 20, 26). 이 제도는 지금부터 약 4,000년 전(B.C. 1885년경) 세계 열강에 속했던 고대 이집트에서 총리 요셉이 주도하여 실시한 것이다. 여기서 사유토지의 매입은 기근에 처한 백성들에게 국고를 투입하여 매입하는 방식을 취하였고, 매입한 땅은 왕의 소유로 두고 사용권만 개인에게 주어 경작하게 하였다. 이 제도에서 지대는 곡물의 20%를 징수하는 정률부과 방식이었다.

이 제도는 지대의 징수방법이 총 생산물에 근거하여 지대를 징수하였고, 20%라는 정률의 지대였기 때문에 오늘날 시장가치에 따른 지대징수와는 다르다. 다시 말하면 총 생산물은 비용인 임금과 잉여가치인 지대가 섞여 있는데 이를 구분하지 않고 징수했다. 그리고 지대징수 역시 생산이 적은 토지(박토)와 생산이 많은 토지(옥토)를 가치를 구분하지 않고 일률적으로 부과하였다. 이처럼 지대의 징수는 시장가치에 따른 가치의 거래이기보다 조세의 성격을 띤 것으로 원시적 계산에 근거한 징수방법이었다. 이를 각 토지별로 생산은 다르고, 비용인 임금은 모든 토지에서 60인 생산물에 대한 지대의 징수를 비교하면 다음과 같다.

- 요셉의 토지임대제 :

  갑 : 토지 총생산 100, 자가임금 60, 경제지대 40, 지대납부 20, 사유지대 20

  을 : 토지 총생산 80, 자가임금 60, 경제지대 20, 지대납부 16, 사유지대 4

  병 : 토지 총생산 70, 자가임금 60, 경제지대 10, 지대납부 14, 사유지대 −4

  경제지대 = 총생산 − 자가임금

- 순수 토지임대제 :

  갑 : 토지 총생산 100, 자가임금 60, 경제지대 40, 지대납부 40, 사유지대 0

  을 : 토지 총생산 80, 자가임금 60, 경제지대 20, 지대납부 20, 사유지대 0

  병 : 토지 총생산 70, 자가임금 60, 경제지대 10, 지대납부 10, 사유지대 0

이 시대의 토지경영은 대부분이 자경영농이므로 임금과 지대를 구분할 이유가 없었지만, 그래도 옥토, 박토, 한계토지 등 토지의 생산성에 따른 구분은 지대징수에서 먼저 알아야 할 문제이다. 다만 30년 전까지만 해도 우리 사회에서 사유농지의 지대는 생산물의 50%까지 지불해야 소작이 가능했는데, 이에 비하면 20% 정률 지대는 매우 낮은 편이다. 곧 생산물의 20% 정률로 징수하는 토지임대제도가 미흡하기는 하지만, 그 당시로는 집산체제가 아니면서 토지사유제가 주는 폐단(토지독점)을 막고 토지의 개별 자유경작을 유도했다는 점과 20%의 저율 지대징수는 합리적이었다. 그 당시 토지사유제 사회는 토지독점과 고율(50%)의 지대수탈이 일반적이었기 때문이다. 그 당시 토지의 거래나 가치의 인식이 둔한 상태에서 사유제 대신 개별경작을 전제로 한 임대제를 채택한 것은 높이 평가해야 할 것이다. 곧 이집트가 B.C. 4000년 전에 요셉 총리의 주도로 실시한 토지임대제는 그 당시 주변국의 토지사유제보다는 우수한 제도이었다. 그리고 토지의 개별 임대제는 개인의 창의와 경작의 자유가 보장되기 때문에 관료적 판단에 따르는 집산체제보다도 우수하다.

아마도 고대 이집트가 강국일 될 수 있었던 것은 주변국가와 달리 일찍부터 토지의 소유제를 타파하고 임대제를 도입했기 때문으로 보인다. 미흡하나 20%의 지대징수로 토지경작의 자유를 보장하고 시장기능에 접근을 시도했던 토지임대제가 이집트의 경제적 기반을 탄탄하게 받쳐주었다는 것이다. 성경상으로 이 당시 이집트는 기근에 처한 주변국에 식량을 제공하여 구제하였고, 이스라엘 주민을 이민으로 받아들이기까지 하는 경제적 강국이었다.

1950년대에 공산화된 북한은 초기에는 토지를 개별적으로 분배하여 이집트식과 유사한 임대제를 실시하였는데, 그 당시는 생산량이 크게 증대하였다. 그러나 북한식 체제는 시장과 지대의 인식이 둔하여 지대징수가 일률적이고 저율이라 지대를 낸 농민은 토지별 빈부격차가 발생하기 시작하였다. 그래서 그들은 토지의 개별 임대제가 사회주의 이념에 어긋난다고 하여 서둘러 해체하고 토지경작 방식을 집산체제로 바꾸는 실수를 하였다. 이와 같이 토지임대제는 고대이든 지금의 중국과 싱가포르이든 지대의 시장가치를 제대로 인식하고 징수하는 것이 성공의 열쇠라고 할 수 있다.

2. 50년 사글세식 토지임대 : 희년 토지법

연수가 많으면 너는 그 값을 많게 하고
연수가 적으면 너는 그 값을 적게 할지니
곧 그가 그 열매의 다소를 따라서 네게 팔 것이라(레 25 : 16).

레위기 희년법에서 땅은 50년 기간으로 토지의 사용가치만을 연수로 계산하여 팔고 사게 하였다. 더 정확하게는 7년마다 돌아오는 안식년은 토지경작이 안 되므로 토지 사용가치가 없다. 이것은 안식년 생산물이 없다는 것이 아니라 안식년 생산물은 사용자가 거두지 못하게 하고 공동체의 공경비로 쓰도록 하기 때문에 사용자가 그 생산물을 취할 권리가 없다.

그래서 50년 기간에는 안식년이 마지막 50년째 희년을 포함하여 8회(49÷7+1)가 있다. 그러므로 토지의 실제 경작년은 42년의 토지가치만 값을 매겨서 거래하게 된다. 그런데 이 기간은 토지거래에서 최장기한이며, 실제 거래는 50년 전체 기간에서 희년까지의 남은 연수를 따라서 값을 매긴다.

레위기가 말하는 이 거래는 우리가 오늘날 부동산시장에서 말하는 사글세제도이며, 50년 기간에 42년의 토지가치를 일시불로 거래하는 방법이다. 50년 사용가치를 일시불 거래하는 가격 계산은 연금 현가계산으로 하며, 그 공식은 다음과 같다.

토지 사용가치의 사글세 가격 $L_1 = R_1\{1-(1+g)^n(1+i)^{-n}\}/(i-g)$, (R : 연간 토지 사용가치, i : 이자율, g : 성장률, n : 기간)

한편 노동시장은 안식년 기준(신 15 : 12)과 희년 기준(레위 25 : 39) 두 가지 거래법이 있는데, 안식년 기준이면 임대기간 n은 6년이 된다. 이와 같이 희년법 경제는 토지시장과 노동시장을 임대형태로 하는 것이 원칙으로 하고, 가격은 일시불 거래인 사글세 성격이었다.

희년법에 따른 토지임대료의 일시불 가격에 대한 가치 흐름은 < 그림 11-1> 과 같다. 그림에서 n의 최장기한은 희년 전인 49년째 말이다. 희년법에 따른 토지사용료 일시불 가격은 성장성 토지를 가정할 경우 계약 전체에서 전반기는 계속 상승하다가 t기에 절정을 이루고, 그 이후 다시 하강하여 만기에 소멸한다. 성장성 토지이지만 이렇게 만기가 있고 소멸하는 한시가격은 초기에 가격 불균형 문제가 발생하여도 후기는 작아지고 결국 자동 소멸하므로 균형이 성립하고, 투기도 거의 발생하지 않거나 대폭 줄어든다.

이 사글세는 토지시장에서 땅값에 준하는 자본가격이지만 시간이 흐름에 따라 값이 작아지고 소멸하는 성질을 갖는다. 징수지대가 시장지대보다 낮아서 가치대로 징수하는 레위기 사글세와는 다르지만, 지금의 중국이나 홍콩 등에서의 토지 거래방식이 이와 유사한 제도라고 할 수 있다. 그러나 지금의 토지 사유제는 성경에서 보면 Baal 신을 섬기는

〈그림 11-1〉 희년법 토지임대의 가치 흐름(성장이 있는 토지)

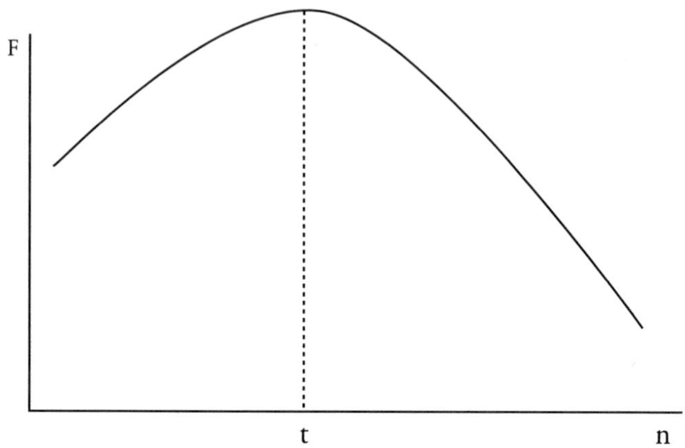

이방인 사회가 세운 제도로 이 제도에서 매겨진 값은 성장하는 경제에서 자꾸 커지는 성질을 가진다. 여기서 커지는 가격은 미래의 가치이기 때문에 현재에는 항상 시장기능을 해치는 기능을 하고 있어 각종 문제를 일으키게 된다. 앞에서 언급했지만 성경상의 희년법이 세운 토지제도와 Baal이 세운 제도는 다음과 같이 근본을 달리한다.

- **희년법 토지제도** : 성장경제에서 거래가격은 시간이 가면 갈 수로 값이 작아지고. 가격은 가치로 실현된다.
- **Baal 토지제도** : 성장경제에서 거래가격은 시간이 가면 갈 수로 값이 커지고. 가격은 가치로 실현이 되지 않는다.

3. 순수 토지임대시장 : 포도원 토지 사용방식

토지에서 소유제가 아닌 임대시장도 그 적용방법에 따라 결과는 다르게 나타난다. 요셉의 이집트 토지법처럼 고정된 가격(정률)의 임대방식은 지대계산이 원시적인 점, 레위기 토지법의 사글세제도는 시장기능에 더 부합하지만 일시불이라는 자본가격의 발생이 문제이다. 특히 토지는 장기로 사용하는 자본재이기 때문에 이에 대한 저가임대와 고정된 지대의 자본가격은 문제로 부각된다. 성장하는 경제에서 거래시점의 토지가치는 현재가치이지만, 그 가치는 앞으로 성장하는 경제를 따라 지속하여 커진다. 그러나 토지를 임대할 경우 가격책정은 대체로 지금의 가치를 기준으로 하고 미래가치를 반영하지 않는 잘못된 관행이 있다. 이렇게 하려면 값이 현재가보다 커지고 미래도 불확실하여 값을 매기기 어렵기 때문이다. 그래서 현재의 거래가인 자본가격이나 계약지대는 현재가치에 근거하여 매겨지고, 앞으로 커지는 값은 계속하여 사용자가 공짜로 누리는 폐단이 나타난다. 이게 바로 토지 공공임대제의 오래된 약점이고 문제이다.

이것을 기초에서 바로 해결하는 제도가 바로 일시불이나 자본가격이 발생하지 않은 순수 토지임대제이다. 토지의 현재가치는 현재에 매겨서 거래하고 미래의 가치는 현재에 거래하지 않는 방법이 순수 토지임대제이다. 이것은 노동가치를 노동이 제공되는 그 당시만 거래하는 임금과 같은 원리이다.

성경은 구약 희년법에서 토지시장과 노동시장을 일시불인 사글세식 임대시장을 제시하였고, 신약에서는 예수 그리스도가 토지시장과 노동시장을 순수 임대시장으로 하는 방법을 비유로 가르쳐 주었다. 이것이 포도원 품꾼의 비유와 포도원 경작자의 비유이다. 여기서는 품꾼과 경작자의 비유를 간단하게 소개하기로 한다. 이 비유의 시대적 배경이나 환경조건 등의 상세한 내용은 필자의 다른 글들을 참고하기 바란다.

4. 포도원 품꾼의 비유 : 임금 중심의 토지사용

저가 하루에 한 데라니온씩 품꾼들과 약속하여
포도원에 들여보내고(마 20 : 2)

포도원 품꾼의 비유는 포도원 임금의 비유에서 경제조직을 보면 생산현장은 우선 주인과 포도원이 있고, 그리고 포도원에서 일을 할 품꾼이 있다. 그런데 일을 하고 난 후 품꾼에게 배분될 가치는 포도원 총 생산물이다. 그리고 이 총 생산물은 품꾼의 품삯과 주인의 몫으로 나누어진다. 여기서 주인의 몫은 품삯을 주고 남은 잔여로 잉여(surplus)가 된다. 그런데 품꾼의 품삯은 원칙적으로 주인과 품꾼들 간에 사전에 약속한 계약 임금이다(마 20 : 2). 이는 순수 노동가치로 임금(wage)을 말한다. 그리고 나머지 잔여는 주인의 것으로 포도원의 순생산물인 토지가치(land value) 또는 지대(rent)가 된다.[16] 성경 본문에서 "내 것"이라고 하는 그 몫의 크기가 바로 포도원 총 생산물 중 토지가치의 크기가 된다(마 20 : 15).

생산의 3요소 중에 자본은 포도원에 종속되어 생략되었다고 보면 이 포도원 생산물은 크게 임금과 지대로 양분되는 것이다(포도원 생산조

16) 시장이 균형적이라면 포도원 총생산물은 임금과 지대로 구성되고, 크기도 시장원리로 결정된다.

직에서 자본의 요소를 추가하면 이자나 배당이 별도로 인식됨). 그런데 이 포도원 품꾼의 비유에서 주인이 가르치는 시장원리는 대체로 다음과 같다.

① 노동가치는 정상 노동자와 사전에 약속한 정상임금이다. 이는 시장가치로 계상된 임금이며, 노동가치(시간)에 따른 정상(계약) 보수다.

② 포도원의 토지가치는 총생산물에서 노동자의 노동가치를 차감한 잔여가 되며, 잉여이다.

③ 포도원의 노동가치는 품꾼의 몫이 되고 잔여인 지대는 포도원 주인의 몫이 된다.

④ 정상 노동자에게는 노동가치에 따른 임금만 주고, 일할 기회를 잃었던 비정상 노동자에게는 노동가치를 초과한 초과급여를 지급한다. 이는 비정상 노동자의 실업 수당 또는 생계비의 보조금 성격을 가진다.

⑤ 비정상 노동자에게 지급되는 초과급여는 주인의 몫인 포도원 토지생산물로 충당하였다.

⑥ 그런데 정상 노동자는 총 생산물에서 자기의 것(노동가치)을 다 받고도 주인의 것(토지가치)에 대하여 더 많은 분배를 요구한다. 곧 노동자는 이 비유에서 내 것(노동가치)과 네 것(토지가치)도 구분하지 못한다(마 20 : 14, 15).

⑦ 포도원 지대는 일할 기회를 잃은 자의 실업수당이나 생계비 지원과 같은 사회복지비에 충당하였다. 그리고 남은 지대는 주인이 자기의 포도원을 유지 · 보수하거나 개량하는 비용으로 쓸 것이다. 이것이 오늘날 사회간접자본의 투자와 같을 것이다. 곧 품꾼경제에서도 포도원의 순수 토지가치는 레위기 경제법처럼 공

경비의 역할을 하고 있다.

이와 같이 포도원 경제법은 노동가치에 따른 사적 계약을 존중하는 노동시장이 우선한다. 이와 같이 포도원 품꾼의 비유는 시장경제를 원칙으로 한다. 그러면서도 계약을 초월하여 자비가 있는 경제이다. 이 비유에서 포도원은 품꾼에게 소유가 허용되지 않음은 물론이고, 포도원 생산물인 토지가치는 노동자의 것이 아니며, 노동시간에 따른 생산물 또는 계약된 임금만이 품꾼의 것이라고 이 비유는 분명하게 밝히고 있다(마 20 : 14,15).

그리고 포도원 품꾼의 비유에서도 품꾼에 대한 생계비 지원과 같은 사회 복지적 측면에서 공경비가 필요하다. 그런데 그 재원은 세속경제의 세금처럼 품꾼의 임금에서 강제 징수하는 것이 아니라 포도원이 생산한 토지가치로 충당한다. 따라서 포도원 품꾼경제에서는 기존의 시장경제처럼 운용되면서도 노동자의 임금에서 갹출하는 세금이 필요 없다. 곧 포도원 품꾼경제는 사유재산제와 시장경제이면서 세금이 없는 사회이다.

포도원 품꾼의 비유는 구약 레위기 25장에 있는 몸값 중심의 노동시장을 임금 중심의 노동시장으로 풀어놓은 것이라고 할 수 있다.

5. 포도원 경작자의 비유 : 지대 중심의 토지사용

… 한 사람이 포도원을 만들어
농부들에게 세(貰)를 주고… (눅 20 : 9)

포도원 경작자[17]의 비유는 레위기 토지경제법을 복음적 측면에서 포도원의 토지가치를 중심으로 풀어놓은 것이라고 볼 수 있다.[18] 포도원의 경제조직은 품꾼의 비유처럼 주인, 포도원, 그리고 경작자로 조직된다. 포도원 총 생산물은 사용료(지대, 貰)인 주인의 몫과 사용료를 제외한 가치인 경작자의 몫으로 나누어진다. 여기서 포도원 사용료는 시장원리에 따른 토지가치, 곧 경제적 지대(rent)를 말하고, 소작인의 몫은 경작자의 노동 대가인 자가(自家) 임금 또는 투자한 자본의 자가(自家) 이자(기회비용)에 해당한다.

그리고 주인은 포도원을 임대한 후 상당한 기간이 지난 다음 세(貰, rent)를 받으려고 한다. 레위기 경제법에서도 포도원의 시장배분은 매매

17) 우리 성경은 "농부", "소작인" 등으로 불리고 있으나 헬라어 원문은 "게올고스"로 "경작자"이다.

18) 포도원 소작인의 비유에도 일터인 포도원, 포도원의 주인, 일하는 사람으로 소작인이 있어서 주인, 땅, 사람의 3자 관계는 품꾼의 비유와 같다.

가 아니라 임대였다. 그런데 레위기 토지법에서 임대는 미래가치를 선불과 일시불로 지불하는 자본가격(stock) 중심이었으나 예수 그리스도의 비유에서 나타난 임대는 후불과 현재가치, 그리고 당해 실제가치만 거래하는 사용료 가격(flow) 중심으로 운영하고 있다. 이 방식은 개인과 사회에서 포도원 가격의 왜곡에 따른 사회적 부채나 초과수요를 발생시키지 않는다.

그런데 포도원 소작인은 지대의 징수에 대한 유예기간을 두어 후한 조건으로 임대를 주었지만 주인의 포도원과 토지가치에 대하여 탐심을 갖는다. 생산력에 따라 정당하게 정해지는 포도원의 세(貰)를 거부할 뿐만 아니라 포도원 자체를 소유하려고 한다. 그래서 포도원의 지대 납부를 요구하는 종을 여러 번 해치며, 나중에는 상속자까지 죽이게 된다. 그래서 주인은 그들을 멸하고 포도원은 제 때에 세(貰)를 스스로 납부하는 다른 소작인에게 넘긴다(마 21 : 41~43). 이와 같이 경작자의 비유가 가르치는 시장원리를 요약하면 대체로 다음과 같다.

① 포도원은 경작자에게 소유하라고 준 것이 아니라 사용료를 조건으로 임대하였다.
② 포도원 주인은 임대 후 상당한 기간이 지나서 세(貰, 사용료)를 징수하였다.
③ 경작자는 시장가치대로 포도원 사용료만 납부하면 나머지는 모두 경작자 자신의 몫이 된다. 시장이 균형적이라면 총생산물 중 경작자의 몫은 포도원 경작비용에 해당하는 노동임금과 자본이자(또는 이윤)가 된다.
④ 포도원 경작자의 비유에서 포도원과 지대는 주인의 것이고, 나머지는 경작자의 것이다.

⑤ 경작자는 포도원 토지 사용료인 세(貰)(賃料, 地代)의 납부를 강하게 거부한다.

⑥ 경작자는 지대 착복에 더하여 포도원까지 소유하려고 강하게 저항한다.

그런데 포도원 품꾼의 비유와 경작자의 비유는 서로 유사점이 많다. 포도원 비유는 사유재산제와 시장경제를 원칙으로 하고 있다는 점, 포도원은 주인의 것이고 노동자와 경작자에게는 소유권이 없다는 점, 노동가치나 토지가치를 구분하고 지대가 사적 가치(노동가치나 자본이자)가 아니라 주인의 것으로 사회적 공경비가 된다는 점 등이 모두 그러하다.

물론 경작자의 비유에서 지대가 쓰이는 용도는 밝혀지지 않고 있다. 그러나 품꾼의 비유처럼 지대는 사회복지비와 포도원의 조성과 개량비 등으로 쓰인다고 보겠다. 그러면 여기서도 지대는 품꾼이 비유처럼 쓰일 것이므로 지대는 공경비가 되어 용도는 같다고 보아야 할 것이다. 그리고 사람(품꾼과 경작자)은 포도원을 소유하거나 매매하지 못한다.

6. 포도원 토지경제의 평가 : 지대시장제의 실시

포도원 품꾼의 비유는 노동시장에서 미래 임금의 일시불(선불 또는 부채)이 없고 현재가치인 임금만 거래하는 제도이다. 포도원 경작자의 비유는 토지시장에서 미래 토지가치의 일시불이 없고 현재가치인 지대만 거래하는 제도이다. 그래서 노동시장과 토지시장은 아예 자본거래가 없고 부채도 발생하지 않는다. 노동시장과 토지시장 공히 포도원 토지 경작비(임금과 자본 투자비용)를 제외한 것은 토지가치로 공적 용도에 사용한다.

포도원 품꾼의 비유는 노동의 기회를 상실한 자에게 일단 일자리를 주고 부족한 생계비를 보조하고 있는데, 오늘날 선진 복지국가에서도 대부분 구조적으로 발생하는 실업자는 이 포도원 품꾼의 비유와 비슷한 방법을 적용하여 구제하고 있다. 공공기관이 일터를 잃은 노동자나 영세민에게 취로사업이나 공공근로를 하게 하고 공경비를 풀어서 생계비를 지급하는 제도를 말한다. 이와 같이 포도원 품꾼 비유의 중심 내용은 일터를 잃은 품꾼들에 대하여 자비를 베푸는 것이었다. 즉 실업자에 대한 임시 구제책이었다. 그러면서도 정상 노동자는 계약에 따른 임금만 지급하여 시장원리를 적용하고 있다.

그런데 포도원 품꾼의 비유와 달리 포도원 경작자의 비유는 항구적인 대책이라고 볼 수 있다. 경작자의 비유는 품꾼의 비유처럼 실업자를 불러 한시적으로만 일을 시키는 것이 아니고 아예 일터인 포도원을 맡기기 때문이다. 주인은 포도원의 경영권을 모두 맡기고 세만 받는다. 그리고 세는 시장원리대로 받으며, 경영의 권리와 의무는 모두 경작자에게 있고 의사결정이 자유롭다. 그러나 만약 경작자가 포도원의 소유를 고집하거나 제 때에 세를 내지 않으면 경영권이 박탈된다. 이와 같이 경작자의 비유는 정의의 원칙이 지배적이다. 그러므로 같은 경제적 비유이지만 품꾼의 비유는 중심이 자비에 있고, 소작인의 비유는 정의에 기초하고 있다고 할 수 있다.

경작자의 비유는 땅은 내 것이니 너희는 팔고 사지 말며(못한다), 다스리지 않고 스스로 난 것, 곧 토지생산물은 공경비로 쓰라는 레위기 25장의 토지 경제법과 내용적으로 일치한다. 단, 레위기 토지 경제법에서 반복되는 무르기가 포도원 경제법에서는 세(貰, rent) 하나로 사라진다. 반복적 경제 무르기가 영구 무르기로 끝이 난다는 뜻이다. 포도원 거래로 발생하는 사회적 부채도 소멸한다. 품꾼의 비유도 몸이 팔리지 않고 임금 하나로 무르기가 종결되는 원리는 소작인의 비유와 같다.

레위기 경제법에 있는 반복적 무르기가 포도원 경제법에서 사라진다면 이는 구약의 제사법이 신약에서 종결되는 것과 맥을 같이 한다. 구약에서 짐승을 제물로 드리는 반복적 희생 제사가 예수 그리스도의 십자가 희생으로 끝이 나는 것과 같다는 뜻이다. 이와 같이 십자가의 대속, 곧 예수 그리스도의 "값 치르기(요 19 : 30)"의 의미는 제사(희생)와 경제(무르기)에서도 같은 원리와 방법으로 귀결되고 있다.

사실 사회주의의 폐단인 집산체제와 자본주의의 폐단인 포도원의 자본거래를 동시에 없애고 세금이 없는 순수 시장경제를 복원하려면 그 방법은 예수 그리스도가 비유로 제시한 포도원 경제법뿐이다. 포도원 주인은 포도원을 팔지 않는 한 ① 품꾼의 비유대로 품꾼을 고용하여 포도원을 직접 경영하거나, 아니면 ② 경작자의 비유대로 포도원을 경작자에게 임대하는 두 가지 방법 밖에 없다는 말이다. 시장에서는 전자의 경우 임금(賃金)이 발생하고, 후자의 경우 임료(賃料) (rent, 貰, 地代)가 발생한다. 그리고 貰로 받은 재원은 포도원 주인의 고유한 몫(equity)으로 남아 있다. 그래서 토지가치는 시장경쟁에서 기회를 잃은 자(실업자, 구조적으로 가난한 자, 장애자 등)에게 생계비 지급과 같은 구제를 행하고, 한편으로 생산기반 시설인 포도원을 개량하거나 추가로 조성하는 등 공경비로 사용한다. 이것이 오늘날의 국가나 지방자치단체가 행하는 사회복지비와 사회간접자본이며, 정부가 담당할 재정의 공공부문이다.

이와 같이 포도원 경제제도는 (1) 미래가치를 미리 지불하여 부채와 사회적 불균형(또는 불평등)이 발생하는 자본거래 대신에 현재가치만 거래하는 임대거래를 채용하였고, (2) 임대제에서 저절로 발생하는 토지가치 수입은 사회 공동체의 공경비로 쓰게 한 것이다. 이것이 포도원 경제제도의 핵심이었다.

7. 희년법에 대한 조지스트들의 오해에 대하여

희년법에 대한 조지스트들의 오류

한국에서 성경의 토지제도를 전하는 조지스트 근본주의 단체가 있다. 그런데 필자는 이들과 같이 동역하면서 성경의 희년법과 헨리 조지의 주장은 사상, 이론, 방법 등에서 차이점이 있음을 발견하고 이를 오랜 기간 지적하여 왔다. 그러나 조지스트 기독인들은 희년법을 몰랐던 헨리 조지의 경세사상을 절대시하거나 성경 희년법과 헨리 조지의 주장을 동일시하면서 필자의 지적은 거부하고 있다. 이들은 평소에 성경의 희년법을 이 법과 직접적 관련이 없는 헨리 조지의 사상에 근거하여 이해를 하고 있어서 다음과 같은 오해가 있다. 여기서는 그 골자만 간단하게 소개하고 상세한 내용은 다음 기회로 미룬다.

① 성경의 희년법은 이미 살펴 본 바와 같이 땅을 쉬게 하는 안식년, 노동이 정지된 상태에서 토지의 자가생산, 반드시 값을 치르고 땅을 되찾는 무르기, 매매 허용과 매매금지 등의 내용이 있고, 이는 세상의 어느 문헌이나 토지제보다 내용이 다양하고, 독특하며, 과학성과 현실성이 있다. 그러나 헨리 조지가 말하는 사상과

그의 저서에는 이러한 희년법의 내용 소개가 일체 없다. 이와 같이 헨리 조지는 토지소유를 부정하고, 토지 중심의 경제이론을 펴는 점이 성경의 희년법을 닮은 점이 있기는 하나 전체적인 면에서 근본을 달리한다.

② 성경의 희년법은 토지경제제도에 대한 내용이 규범적인 면과 실증적인 면을 동시에 갖추고 있어서 균형적이다. 성경의 희년법은 토지의 물리적 성질과 시장성질을 객관적으로 다루고, 특히 과학적 진술이 많다. 그러나 조지스트들은 토지의 소유자를 죄악시하는 계급적 사상이 강하고 방법론에서도 정부 중심의 강제징수인 세금을 특별하게 선호한다. 조지스트들은 규범에 너무 치우쳐 있고, 토지관은 인본주의적이다. 특히 한국의 조지스트 희년법 운동가들은 성경의 희년법을 언급하고 있기는 하나 그 운동의 실상은 헨리 조지의 사상과 이론을 지나치게 신봉하거나 편중되어 있어서 희년법이 조지의 사상을 전하는 수단으로 이용하여 왔다.

③ 성경의 희년법은 노동이 정지된 안식년 산물을 '토지 자생물(스스로 난 것)'로 보고 있으나 이들은 거둔 자의 '임금'으로 오해한다(수확비용 초과분까지도). 이것은 그들은 사회에서 지주나 자본가가 없다면 생산물은 모두 거둔 자의 임금이라고 생각하는 것과 맥을 같이 한다. 곧 마르크스나 인본주의자들처럼 토지가치를 노동가치로 오해하고 있다. 이들은 노동이 없는 상태에서 토지와 분리하여 채취 · 매매될 수 있는 자연물까지 '토지(토지 스톡)'라고 말하며, 그 자연물에 노동이 가해진 수확물(채취

물)은 '노동가치'라고 한다. 이렇게 보면 생산물에는 토지가치가 사라지고 없다. 이러한 토지관은 수확전(노동투입전)에 토지와 분리하여 거래할 수 있는 가치물(토지가치물)과 토지 그 자체를 구분하지 못하며, 수확물에 대한 토지가치와 노동가치도 식별하지 못하는 오류이다. 이들은 평소에 경작년에도 지주가 없는 토지 또는 한 사회의 토지가 생산성이 동일하다면 지대가 발생하지 않는다는 주장을 하고 있다. 이들은 헨리 조지의 사상에 너무 심취하여서 희년법과 토지경제에 대하여 이런 오류를 범하고 있다.

④ 성경의 희년법은 토지가치의 거래를 허용하고(레 25 : 16) 토지 자체의 거래는 영영 금지한다(레 25 : 23). 그러나 조지스트 희년 운동가들은 거래 허용과 거래 금지에 대한 내용을 담은 희년법의 시장 과학성을 제대로 이해하지 못하고 있다. 대신 희년법은 토지의 소유를 금하고 사용의 평등을 지향한다는 정도의 규범적 사상에 매여 있다. 조지스트 운동가들은 아직도 필자가 말하는 "지대는 가치물, 땅값은 헛값"이라는 인식이 거의 없다. 그들은 거래를 금지한 소유권 가격(레위기 25 : 23)과 거래를 허용한 사용권 가격(레위기 25 : 16)의 성질 차이를 과학적(시장 메커니즘)으로 식별하지 못하고 규범적으로만 이해하고 있고, 그 성질을 밝히는 필자에게 비기독인 교수의 말만 믿고 필자의 견해를 부정하고 일축하였다.

⑤ 희년법은 거래한 땅값이나 몸값은 모두 값을 치르는 시장원리로 땅과 몸의 자유를 회복한다. 그러나 조지스트 희년 운동가들은

희년법의 토지 무르기와 헨리 조지의 무상몰수를 혼동하거나 헨리 조지의 처방대로만 하기를 주장한다. 그래서 희년법이 말하는 값치르기를 통한 토지시장의 자유회복의 방안을 헨리 조지가 말하는 보상 없는 지대전액을 공수하려고 한다. 곧 사실상 사유토지의 무상몰수라는 방안으로 시장원리가 아닌 반시장원리로(세금과 시장규제로) 희년의 이념을 구현하려고 하고 있다.

⑥ 희년법은 시장원리이기 때문에 세금을 강조하지 않는다. 그러나 조지스트 희년 운동가들은 세금을 매우 중시하며, 특히 토지 사용에 대한 임대료와 세금을 혼동하고 있다. 그들은 토지의 사용과 지대의 공적 징수, 곧 시장가치에 따른 지대 거래를 세금이라고 생각한다. 이들은 보상 없이 강제로 거두는 세금과 가치의 자유로운 교환형태인 요금을 기초에서 식별하지 못한 것이다. 이러한 오류는 토지가치를 노동가치라고 우기는 노동가치설에 입각한 토지(지대)관에서 자연스럽게 유도되는 오류들이다.

⑦ 희년법 토지제도는 사유재산과 시장원리를 침해하지 않는다. 그러나 조지스트 희년 운동가들은 토지의 시장 임대제도를 토지 국유화로 오해한다. 그래서 필자가 말하는 지대시장제(토지의 시장임대제)를 '사회주의자'나 '빨갱이'로 오해를 받을 수 있다고 하며 수용할 수 없다고 한다. 그 대신 그들의 운동 슬로건은 "근로소득세는 면세, 토지가치세는 보상 없는 대폭 증세를 외치며, 심지어 땅값의 2~3%까지 보유세를 주장하고 있어서 사실상 지대 전액을 공수하자"는 '토지가치세(지대조세제)'를 그대로 제창하고 있다.

⑧ 한국 기독인 조지스트들은 지금까지 헨리 조지 사상에 심취하여서 희년법 이해는 상대적으로 미약하고, 그 대신 헨리 조지의 처방과 비기독인인 어느 조지스트 교수의 주장을 맹목적으로 신봉하면서 이를 희년법의 현대적 적용이라고 여기고 열심히 전해오고 있다. 조지스트 희년 운동가들은 희년의 이념과 결과만 중시하고, 희년의 실천 방식은 무시하고 있다.

이외에도 조지스트 희년 운동가들의 경제철학과 행동은 토지에만 너무 쏠려 있다. 토지와 같은 시장성질을 가진 주식이나 선물 등의 이해가 거의 없고 관심도 없다. 곧 지금은 토지문제보다 더 클 수도 있는 주식과 선물의 투기거래, 특히 국제 투기자본의 무차별 공격과 같은 헤지펀드의 폐단 등에 대하여 그들은 말이 없다.

조지스트들은 희년법으로 돌아오기를 바란다

그리고 조지스트들은 이념이 사유재산 원리이고 방법론은 시장원리인 희년법에 대하여 토지사유재산 무상 몰수와도 다름이 없는 지대 전액을 세금으로 거두는 무리한 방법과 정부의 시장개입 정책을 강하게 주문하여 소유자의 재산권 행사에 직접, 간접으로 피해를 주고 불안심리를 제공하여 왔다. 크게 보면 한국교회 전체, 정부, 경제계에 대해서도 희년법과 토지제도의 정책 수립에서 대해서도 상당한 오해를 불러오게 하였다. 그들은 희년법이 말하는 토지시장의 과학을 헨리 조지의 규범으로, 천연토지의 자생적 가치를 그들의 인본주의적 편견인 노동가치로, 값을 치르는 교환을 정부 중심의 세금과 무상몰수로 잘못 이해하고 전파하여 온 것들을 인정하고 수정해야 할 것이다. 그들이 앞으로 성경의 희년법을 그들의 이름으로 전하려면 희년법이 말하는 위의 일곱 가지 정도의 시장원리부터 먼저 알아야 할 것이다.

따라서 조지스트 희년 운동가들은 지금까지 성경의 희년법을 잘못 이해하거나 희년법 소개가 전혀 없는 헨리 조지의 사상을 성경의 희년법과 동일시한 것에 대한 과오를 인정하고 하루빨리 성경 본문이 말하는 희년법으로 돌아올 수 있기를 바란다.

지금까지 성경 희년법에 대한 조지스트 희년 운동가들이 오류에 대한 내용은 책 한권 정도의 방대한 내용을 그 요지만 뽑아서 지적한 것이다. 사람은 종교가 있든 없든, 남에게 존경을 받든 홀대를 받든 간에 자기 사상과 지식의 굴레를 벗어나지 못한다는 점이다. 필자와 조지스트 역시 그럴 것이다. 그러나 확실한 것은 희년법이 토지의 매매는 금하고 시장가치대로 임대하라고 말하고 있고, 성장토지에서 소유가격은 임대가격보다 항상 크고 그 차액은 가치로 실현되지 않는 값이라는 것이다. 필자는 이것을 조지스트들에게 전하려 했으나 조지스트들은 이것을 부정하거나 묵살하였다.

필자가 조지스트 희년 운동가에게 지적한 내용의 대부분은 토지의 물리적 성질과 문헌들을 통하여 진위검증이 가능한 부분들이고, 검증이 어려운 규범을 말하는 것이 아니다. 이에 대하여 희년 운동가들은 평소에 필자와 같이 동역하여 왔기 때문에 서로 그 주장, 배경, 과정 등을 잘 알고 있다. 따라서 필자는 이러한 조지스트 희년 운동가들의 오류에 대하여 공개토론으로 진위를 가리고 서로 오해를 풀자는 요청을 오래 전부터 하고 있다. 따라서 그들이 필자의 지적에 대하여 시시비비를 가리기 원한다면 필자는 언제라도 응할 수 있음을 밝혀둔다.

8. 희년법과 대속의 원리에 대한 논의를 원하는 분들에게

성경은 기독교라는 종교적 범주의 경전이기에 때문에 종교적 내용이 많은 것은 부인할 수 없다. 그러나 종교적 경전인 성경에도 희년법은 우리의 경제생활을 실천적인 면에서 다루고 있고, 특히 토지경제에 대한 내용은 토지의 물리적 성질과 시장의 현상을 과학적 측면에서 기술하고 있다. 그것은 지금까지 언급한 바와 같이 희년법이 노동과 투자가 정지된 조건에서의 토지의 안식과 자생가치의 인정, 토지의 자생가치에 대한 공경비 용도, 소유는 금하고 사용권 거래는 허용한 것, 매매한 토지 거래의 무르기 제도를 통한 자유회복, 자력으로 무르기가 불가능한 경우 타인이 대신해 주는 무르기, 땅값과 몸값이 0으로 소멸하여야 희년이 도래하는 것 등 특이하고 탁월한 내용들이 많이 수록되어 있다. 그리고 이러한 내용은 우리의 보편적 상식에 비교하여 특이하면서도 과학적 근거를 갖추고 있기 때문에 누구도 종교적 이유와 경제사상의 차이를 가지고, 섣불리 부정하지는 못할 것이다.

그래서 필자는 지금까지 언급한 성경의 희년법 내용에 이의가 있거나 상반된 내용을 주장하는 분들에게 진위를 가리는 토론 요청이 있으면 언제라도 할 수 있음을 밝혀 둔다. 그리고 희년법에 대한 객관적 검증과 토론을 위하여 학자들과 관련 전문가들에게 필자가 먼저 이런 질문과 요청을 하여 보기로 한다.

첫째, 자연과학은 (a) 토지와 (b) 토지생산물(토지와 분리하여 취할 수 있는 물질)의 물리적 성질 차이를 규명하고, 인간의 생활에서 사용이 가능한 것과 불가능한 것을 구별하여 왔는가 하는 것이다(예를 들어서 앞으로 계속하여 솟아오르는 샘물과 같이 미래에 발생하거나 커지는 자연력을 인간이 지금 당겨서 사용할 수 있는가 하는 주제). 자연과학은 사람이 생활에서 쓰면 쓸수록, 사용의 강도를 높이면 높일수록 오히려 커지는 물질(원본, 힘)이 있다면, 그 물질의 사용가능성에 대한 과학적 성질을 규명하고 있는가 하는 것이다. 이 주제는 지구와 지구의 에너지, 바다와 바다의 에너지, 샘과 계속 솟아나는 샘물 등에서 아주 크고 영구적인 힘을 가진 물질의 물리적 성질에는 모두 적용될 수 있다. 비현실적 견해 갖지만 이는 한 가마니의 쌀이 있는데 그 쌀을 먹으면 먹을수록 계속 자동으로 채워지거나 양이 더 많아지는 쌀을 사람이 다 먹을 수 있는가 하는주제와도 유사한 것이다. 그리고 이 말은 자연과학에서 오류가 있다는 뜻이 아니고, 자연과학이 이런 주제에 대하여 혹시 어떤 시사점을 사회과학에 줄 수 있을까 하는 바람이다. 그리고 이 주제는 실제로 경제학이나 사회과학이 해결해야 할 과제이지만, 이에 대해서는 관련 학자들이 묵묵부답이므로 자연과학자에게도 물어보는 것이니 오해가 없기를 바란다.

둘째, 정통 시장론자들이 주장하는 토지사유제 옹호론과 토지사유제를 부정하고 있는 희년법 중 어느 것이 더 과학적으로 정당하며 합리적 근거를 가지고 있는지에 대한 논의를 하고 싶다. 특히 시장론자들은 성장성 토지의 자본가격과 임대가격은 같다고 주장한다. 그런데 희년법은 사용권 자본가격과 임대가격은 거래를 허용하지만(레 25 : 14–16), 소유권의 자본가격은 거래를 금하고(레 25 : 23) 있는데 이에 대하여 시장론자들의 의견을 듣고 싶다.

셋째, 토지가치가 인간의 노동과 투자의 결과물(귀속물)이라고 하는 인공가치론자들, 곧 노동가치론자(진보)와 투자가치론자(보수)들의 토지가치에 대한 기본 입장과 솔직한 주장을 듣고 싶다. 이에는 안식년 산출물과 지주가 없는 토지에는 지대가 없다는 주장을 하고 있는 근본 조지스트들을 비롯하여 부동산에 대한 시민운동단체를 포함한다. 이들이 노동과 자본이 투입되기 전에 거래되는 광업권, 어업권, 산림 채취권, 송이버섯 채취권 등의 가격이 인공가치인지 천연토지(또는 천연바다)의 자생가치인지를 과학적으로 규명할 수 있기를 바란다.

넷째, ㅈ기업원 ㄱ원장님께 실례를 무릎서고 건의를 하고 싶다. ㄱ원장이 부동산시장에서 거래규제와 가격규제를 비판하고, 시장가격이 유일한 해결책임을 설파하고 있는데 필자 역시 이 견해를 지지한다. 그러나 토지시장과 부동산시장은 미래의 가치가 커지는 g가 있을 경우 균형이 성립하지 않기 때문에 온갖 문제가 발생한다. 그리고 이 문제를 해결하기 위하여 도입하고자 하는 지대시장제는 ㄱ원장이 생각하는 토지국공유제(집산제와 배급제)와는 패러다임이 아주 다르다는 것이다.

그래서 이 주제를 가지고 ㄱ원장과 필자가 함께 연구할 수 있기를 바란다. 이것은 작게는 부동산시장을 바꾸는 일이요, 크게는 온전한 자유시장을 추구하는 사회과학 전반에 대하여 획기적 변화를 줄 수도 있는 주제일 것이다. 필자는 이러한 연구를 한국 조지스트들에게 기대했으나 그들은 너무 관념적이고, 고집이 세어서 뜻을 이루지 못하였다.

다섯째, 구세주를 통한 인간구원의 방법과 희년법이 말하는 현실경제의 토지 무르기는 원리가 같다. 곧 기독교에서 성경이 말하는 인간구원의 유일수단인 '영적 代贖'과 경제구원 및 토지 자유회복의 필수수단이라고 할 수 있는 '토지 무르기'의 관계성을 현실적으로 검토하지 않고, 예수 그리스도의 영적 구원만을 치우쳐 강조하는 한국과 세계의 정통 기독교에 대한 약점을 지적하고 싶다.

여섯째, 최근에 성경의 요한복음에 대한 강의를 하면서 '구약 폐기론(또는 무용론)'을 주장한 김용옥 선생과의 대화도 하고 싶다. 필자는 김용옥 선생이 구약 성경에 있는 희년법의 과학성과 현실성을 그 일부만이라도 알았다면 지금처럼 구약 폐기론이 나오지 않았을 것으로 본다. 만약에 김용옥 선생과 대화할 기회가 주어진다면 이 분의 사회 경제적 철학에서 나타나는 토지 경제관의 약점과 이에 따른 민본사상(플레타르키아)의 한계도 지적할 수 있을 것이다.

참고문헌

김기호, 김대성(2002.10), "대규모 도시개발사업과 전략과 기법에 관한 연구", 『대한건축학회 논문집』, 18권 10호(통권 168호).

김병구(1998), "토지시장과 거시경제의 상호관련성 분석", 경북대학교대학원 박사학위논문.

김윤상(2001), 『토지정책론』, 한국학술정보사.

김정호(1992). 『토지세의 경제학』, 한국경제연구원.

김정호(2006), 『땅은 사유재산이다』, 나남출판사.

반영운(2006), "토지임대-건물분양의 방식의 주택정책활성화 방안", 대한국토 · 도시계획학회 주최 토지임대부 · 환매조건부 주택정책의 실현가능성 평가, 정책세미나 자료집.

박원석(1989), 『국토와 토지정책』, 범론사.

박헌주(1993. 3월), "스톡홀름 시유지 임대사업의 절차와 재원조달", 국토정보(국토개발원).

박헌주(2006. 12), "토지임대부 주택공급 정책", 수원대학교 특강 자료.

변창흠(2006.12), "환매조건부 주택분양제도의 도입타당성과 제도화 방안", 대한국토 · 도시계획학회 주최 토지임대부 · 환매조건부 주택정책의 실현가능성 평가, 정책세미나 자료집.

주택도시연구원a(2005), "싱가포르의 주택공급제도와 시사점", HURI FOCUS 제3호.

주택도시연구원b(2005), "공영개발 확대와 토지 및 주택공급 방식의 다양화", HURI FOCUS 제4호.

주택도시연구원c(2007), "최근 해외 공공 임대주택 임대료 개혁사례의 시사점", HURI FOCUS 제24호.

이건영 외 11인(2005), 『주택문제의 해법』, 삼성경제연구소.

이대환(1993), "토지시장의 특성과 운영방안", 『토지연구』, 3·4월호, 한국토지개발공사.

이대환(1994), "지가구조와 시장모순", 『토지연구』, 3·4, 5·6월호, 한국토지개발공사.

이대환(1995), "성경적 경제법과 땅세경제", 『통합연구』, 27·28권, 통합연구학회.

이대환(2001), "웨하아레쯔 로 티마케르 레짜미투드(레 25 : 23a)의 증명(레위기의 시장 3유형과 땅값 헛값의 과학적 이해)", 『통합연구』, 가을호, 통합연구학회.

이대환(2005), 『부동산시장의 과학과 미신』, 문예미학사.

이하형(1993), "부동산 문제의 딜레마와 전략적 행동", 『토지연구』, 9·10월호, 한국토지개발공사,

한종수(1996), "한국의 지가변동추이와 지가변동요인 분석", 『토지연구』, 3 · 4월호. 한국토지개발공사.

Bourassa, Steven. C and Yu-Hung, ed.(2003), *Leasing Public Land: Policy Debates and International Experience, Lincoln Institute of Land Policy*, Cambridge, Massachchusetts. pp. 18-19.

George, Henry(1981), *Progress and Poverty*, New York : Skelkenbach Foundation(rpt.).

Goldberg, Michael & Chinloy, Peter(1984), *Urban Land Economics*, New York : John Wiley & Sons.

Harrison, Fred.(1983), *The Power in the Land*, New York : Universe Books.

부록1 ››› 가치의 실현과 헛값의 이해

A : 어떤 재화나 증권에서 수익이 지속적으로 커지는 성질을 가진 자본재는 (a) 수익의 커짐 외에 (b) 원금(자본)도 계속하여 커지는 값을 가진다. 이 경우 (a)는 가치이나 (b)는 가치가 아니다. (b)는 외부요인으로 (a)와 무관하게 변한다. 곧 (b)의 커짐은 영구 헛값이다.

B : 시장에서 (c) 갑이 쌀집(쌀가게)을 차려서 쌀장사를 하고 있는데, (d) 을은 쌀집 옆에 가게를 내고 쌀의 실물거래는 전혀 하지 않고, 쌀의 가격만 매겨서 팔고 사고 있다. 이 경우 (c)는 가치이나 (d)는 가치가 아니다. 곧 영구 헛값이다.

여기서 A, B의 진술은 물질이 가진 기본 성질이고, 시장의 불변현상으로 누가 어떤 근거를 가지고서도 부정할 수가 없다. 현실시장에서 A 현상은 성장성 토지와 성장성 주식에서 발생하고, B 현상은 상품 선물(futures)과 통화 금융선물 등에서 발생하고 있다. 필자가 말하는 선물거래는 만기에 실물을 주고받는 先渡去來(forward trading)를 포함하지 않는다.

*****

지대시장제나 시장가치에 따른 토지의 공공임대제에서는 부동산 가격이 반값(혹은 값의 대폭 줄임)으로 떨어지게 되는데 그렇게 되는 이유는 땅값이 헛값이 되는 과학적 현상을 먼저 이해해야 한다. 이 책에서 이에 대하여 많이 언급하였지만, 독자들의 이해를 돕기 위하여 여기서 다시 보충 설명을 하기로 한다.

◪ 가치의 실현과 헛값의 용어 설명

이 책에서 자주 사용하는 헛값의 판별기준과 관련된 가치의 실현과 미실현의 개념을 정리하여 보자.

1. 가치의 실현이란

가치의 실현이란 실물 그 자체를 욕구 충족 수단으로 사용 소비한 것을 말한다. 가치 또는 가치의 실현이란 사람이 필요에 의하여 현재 먹고, 마시고, 입고, 타고, 듣고, 보고, 즐기는 행동 등의 생활에 사용하는 가치 또는 그 가능성을 말한다. 그러므로 이 말은 쉬운 개념에 속한다. 그러나 우리는 이미 이런 물질이 아닌 것도 가치라고 믿는 착각에 깊이 빠져 있기 때문에 이 말이 매우 혼란스럽게 느끼고, 개념에서부터 혼동을 하게 된다.

경제에서 가치란 재화나 용역을 본래의 용도에서 사용, 소비, 이전(재생산)하는 것을 말하고, 이러한 경제적 현상을 가치의 실현(realization)이라고 한다. 다시 말하면 실현이란 생산된 재화(서비스 포함)가 인간의 필요에 따라 쓰여져서 그 실체가 소멸하거나 다른 제품으로 가치가 이전되고 변형된 것을 뜻한다. 이에 대한 개념을 좀 더 구체적으로 살펴보기로 하자.

① 사람이 쌀을 먹어서(또는 사용하여서) 쌀이 가진 가치를 소비하면 가치는 실현된 것이다. 쌀이 가졌던 가치를 인간이 필요(욕구충족의 수단)를 따라 사용하였다는 것이다. 또 일정 기간 이내에 그 쌀을 소비할 수 있는 기대치도 현재의 물리적 실현은 아니지만 미래에 실현가능가치로 역시 가치에 포함한다.

② 쌀로 떡을 생산할 경우 어떻게 되는가? 쌀이 떡의 재료로 사용된 경우 쌀의 물리적 실체가 소멸하고, 떡이 되어 쌀이 변형되고 없으므로 그 쌀은 가치를 실현한 것이다. 그러나 떡은 엄밀히 말하여 아직 먹지 않았으므로 실현되지 않았다고 볼 수도 있으나 곧 먹을 음식이므로 가치로 실현될 가능성이 있는 물질이다. 여기서 쌀은 떡이 되는 것, 떡은 먹어서 소비되는 것

이 모두 가치의 실현이다.

③ 10년 수명을 가진 자동차를 10년 동안 타면 그 자동차 가격을 모두 가치로 실현하였다. 차의 정상수명(보통 내용연수)이 10년이라고 가정할 경우 10년이면 이미 그 자동차는 사용 목적에 모두 사용한 것과 같다는 의미이고, 10년이면 자동차 매입에 투자한 원금과 이자가 자동차 사용으로 모두 회수되었다는 뜻이다. 쌀은 보통 단용 소비재라고 보면 이자 개념이 없으나(쌀 자본은 분명히 기간 이자가 있지만 소비재로 보면 무시하고) 자동차는 내구재이므로 이자가 붙어서 자동차의 실체가 소멸(감가)하면서 원금과 이자까지 모두 사용수익(판매수익이 아님)으로 회수할 때 그 가치를 실현한 것이다.

④ 그러나 땅은 아무리 사용하여도 투자된 원금이 소멸하는 성질이 없으며, 그 원금은 늘 사용가치로 실현이 되지 않고 그대로 있다. 곧 땅은 현재에 실현된 가치도 아니고, 앞으로 언제인가 실현될 가치도 아니므로 영구미실현가격이 되고, 그러면서 가치물이 될 수가 없는 것이 자꾸 지속적으로 발생하므로 결국 헛값이 된다. 땅값은 매매가 아닌 사용으로는 수익이 1원도 회수되어 나오지 않는다. 이것이 가치의 미실현 현상이고 그 값은 영구미실현가격 또는 영구미래가격이다.

수명이 10년에 가격이 1천만원인 자동차는 10년 후 자기(자동차) 값이 0이고(0에 수렴), 그 원금은 모두 사용되고 회수한다. 아니면 자동차가 가치의 이전으로 전혀 다른 형태의 물질가치나 상품가치로 바뀌어 있다. 예를 들어서 쌀을 생산하는 농장용 자동차는 수명이 다하면 그 자동차 가치가 모두 쌀의 가치로 바뀌어 있다.(쌀로 자동차의 원금을 회수할 수 있다.) 그런데 수명이 없는 1천만원의 땅은 10년 후 자기(땅)의 값이 그대로 있고, 사용하지도 못했으므로 실현이 되지 않은 것이다. 1천만원의 땅값은 쌀의 가치로 1원도 바뀐 사실이 없다. 그런데 우리가 여기서 유의할 것이 있다.

가. 이자를 내는 영구 예금의 원금은 계속하여 이자만 내고 있어서 땅의 원금과 마찬가지로 원금이 이자(수익)로 실현되지 않고, 그대로 있는 것 같이

보인다. 그러나 이는 잘못이다. 예금은 원래 재화가 아니고, 사회적으로 출연된 특정 재화나 서비스의 대리물에 불과하기 때문이다. 예금의 원금 또는 자본가격이라는 용어는 사회에서 투자된 실물자본 또는 재화(쌀, 옷, 도구, 기계 등)를 대리하는 가격에 해당하고, 실물가치에 대한 추상적 표현이다.

자동차 사용의 예를 들면 균형상태에서 자동차를 구매하여 사용하고 생산한 가치물 중 원금 소모분인 감가상각비를 제하고 남은 것이 이자에 해당한다. 이것이 자금을 빌린 대가이며, 자동차를 빌려 사용한 가치나 대가는 이러한 이자에서 감가상각비를 더한 크기이다.

나. 필자가 말하는 실현은 회계학이 말하는 실현이라는 개념과 외형상 거의 같거나 비슷하지만 실제의 의미는 매우 다르다. 회계학에서 말하는 실현은 상품이 팔리는 경우를 말하고, 필자가 말하는 실현은 상품이 소유 목적대로 사용되는 것을 말한다. 회계학은 가치의 실현을 재화나 서비스를 판매하는 시점에 두나 필자는 사용하는 시점에 둔다. 전자는 화폐의 수입을 실현으로 보나 필자는 가치의 사용을 실현으로 본다. 이런 점이 서로 뚜렷하게 다르다. 개별기업 측면에서 생산된 제품이 팔리면 이미 기업의 활동은 끝이니까 실현 시점을 매각 시점에 두고 있다. 그러나 사회적 측면에서 보면 재화는 사용하고 소비되어야 가치를 비로소 쓰는 것이고 실현이라 할 수 있다. 회계학에서는 팔리면 그 값은 곧 사용 소비될 것으로 보지만, 이런 관점은 땅과 주식같이 비소멸성 자본 가격에는 적용할 수가 없다.

따라서 필자가 말하는 가치의 실현이란 말은 그 재화가 현재 또는 미래에 궁극적으로 목적에 사용되어 원금이 소멸하는가에 있다. 그러나 내구성 자본 곧 감가성 자산은 용도 폐기할 경우의 잔존가치가 쌀이 떡이 되듯이 물리적 이전과 변형이 되면 그것은 가치의 실현이다. 다시 말하여 감가나 부패하지 않는 비소멸성 재화 또는 원금은 가치의 실현성이 없다. 필자가 말하는 가치란 바로 이러한 재화의 실체가 사용으로 인한 소멸성이고 실현성이 있는 것이다.

그러나 어떤 재화와 원금이 실현성이 없다고 하여 모두 헛값은 아니다. 앞에서 말한 예금 또는 영구성 재화도 성장하지 않는 정액성 자본(원금)은 헛값이 아니다. 예를 들어서 영구성을 가진 다이아몬드가 있다고 하자. 그러면 이 영구성 귀금속은 원금이 가치로 소멸하는 성질은 없이 계속하여 사용가치만 추가로 생산한다(원금의 소모나 지출 없이 귀금속의 사용으로 추가효용을 누린다). 그러나 이러한 다이아몬드는 사람이 생산한 사실이 있고, 그 원금이 더 커지지 않으며, 특히 원금의 이자와 사용가치가 일치하기 때문에 가치물로 보고 있다.

다이아몬드 구입가격 원금이자(비용) =
다이아몬드 사용에서 얻은 추가효용(수익)

물론 여기서 다이아몬드가 성장성이 있어서 사용가치 이외에 원금이 계속하여 커진다면, 이 경우 원금 성장액은 토지와 같이 사용가치로 실현되는 성질이 없는 헛값이 발생한다. 다시 말하여 헛값이란 여기서 말하는 물질의 실현성(영구성)이 없고, 여기에 다시 성장성이라는 조건이 하나 더 들어간다. 이것이 바로 땅값과 주식의 성장가격이다.

그런데 실현성(소멸성)이 없는 자본재는 그 물질이 가진 고유의 성질을 생산하지 못하는 것이 원칙이다(특수한 경우 예외가 있을 수 있다). 따라서 사회에 지속적으로 헛값을 발생시키는 것은 ① 생산불가, ② 소비불가, 그러면서 값이 커지는 ③ 성장성, 이 세 가지를 갖추고 있는 물질이 영구적 미실현가치로 헛값이 된다. 여기서 ①과 ②는 헛값의 필수조건, ③은 충분조건이라고 할 수 있다.

2. 헛값이란

헛값이란 필자가 편의적으로 쓰는 용어이고, 생소한 단어이므로 모든 분들이 의구심을 가진다. 이것을 학문적으로 엄밀히 말하면 현재 투입된 가치물은 없고(또 투입한 가치물을 현저하게 초과하여 발생하고), 미래에 영구적으로 생산되면서 커지는 가치에 대한 현재시점의 할인가격을 말한다(여기서 학자들은 영구성과 성장성을 간과하기 때문에 오해가 발생함). 헛값은 영구적으로 미래가격이지 현재가치는 아닌 것으로 영구미실현가격을 말하고, 실물경제에서는 허구가격인 것을 말한다. 헛값은 인플레이션과 같이 값이 매겨지고 거래는 되고 있으나 그 가격의 실체는 영원히 없는 것이다. 곧 헛값은 영원히 없는 경제적 가치에 대하여 어떤 가치가 있는 것처럼 착각하며, 값을 매겨 팔고 사는 것(가격)에 대하여 필자가 편의상 붙인 이름이다.

헛값: 영구미실현가격 = 영구미래가격 = 영구선불가격 = 영구금융가격
　　= 영구시간부채

이러한 헛값은 가치라고 믿는 우리의 착각현상은 천체물리학에서 천동현상은 없는데 우리가 그것을 알지 못하여 겉보기로 나타나는 천동현상이 실제로 있다고 믿고 있는 것과 같은 오해라고 보면 될 것이다. 헛값에 대한 정의를 다시 구체적으로 하여보면 다음과 같다.

① 헛값은 사회적으로 헛되이 지불되거나 수입되는 가격이다.
② 사람이 영구적으로 먹고, 마시고, 쓰고, 듣고, 보고, 느끼지 못하는 가격이다(이런 행위가 가능하여도 굳이 그럴 필요가 없는 가격).
③ 인간의 욕구를 영구적으로 충족시키지 못하는 가격이다.
④ 영구적으로 실물(재화나 서비스)로 실현되는 성질이 없는 영구미실현가격이다.
⑤ 미래가치일 뿐 현재가치나 현재 실물가치로 영원히 바뀌지 않는 가격이다. (대상물이 실물로 변하는 물리적 이전성이나 가치적 교환성이 전혀 없다)
⑥ 사람이 생산할 수 없고, 소비할 수 없으면서 커지기만 하는 성질을 가진 가격이다. 생산비를 투입할 수도 없다.
⑦ 성장성 자본재의 성장가격(땅값, 땅값 성장액, 주식 성장액)을 말한다.
⑧ 대상물 자체가 실물로 바뀌는 물리적 성질이 없거나 교환성이 없는 선불가격이다.
⑨ 가치 흐름의 방향이 과거→현재→미래가 아니고, 과거←현재←미래로 역류만 하고 순방향으로 U턴이 없는 가격이다
⑩ 거시경제에서 화폐나 증권만 있고, 그 가격에 해당하는 실체물이 영원히 없는 것이다.
⑪ 천연 샘에서 길러놓은 물이 아니고, 천연 그대로 있는 물이나 그 생산력의 가격이다(마시고 또 마셔도 남아 있거나 새롭게 생산되는 그 물의 가격).
⑫ 기간가격이 아니라 시점가격으로 있는 것이다. 매년 0에서 시작하여 0보다 커지고 다시 0으로 소멸(또는 수렴) 하는 성질이 없는 가격이다.

헛값은 이렇게 정의하거나 개념을 지을 수 있다. 그리고 땅값 헛값은 땅이 가치(저량, 자연력)가 없다는 말이 아니고, 오히려 너무 크고 길어서 그 가치를 쓰지 못하는 것이라고 이해하여야 한다. 필자는 이에 대하여 태양과 햇볕은 예로 설명하였다. 태양은 분명히 가치이나 그 값을 쓰지 못하며 인간은 오직 그 태양이 내는 햇볕만 쓸 수 있다. 그래서 태양값은 매겨서 팔고 사면 이 값이 커지는 경우 헛값이 된다.

헛값은 그 값을 팔고 사면 값을 본래의 목적이나 용도인 사용가치로 실현하지 못하는 것을 말한다. 경제활동에서 생산의 3요소는 토지, 노동, 자본이지만, 가치는 그 요소소득인 발생지대, 발생임금, 발생이자(이윤, 배당 등), 그리고 이미 이러한 요소소득의 발생과정을 거친 후 남아 있는 잔존자본과 그 자본의 소멸분인 감가상각비(소멸자본의 수익물 변환) 뿐이다.

사회의 가치물 총계 = 요소소득(임금, 이자, 지대) + 자본의 감가상각비
+ 잔존 요소소득의 축적물

그리고 헛값은 지속적 또는 주기적으로 투기가 발생하고 시장이 불안정한 대상으로 주요 대상은 땅(건물은 아님), 주식, 선물 등에서만 발생하고 있다. 이외에 다른 재화나 서비스에도 투기가 있을 수 있지만, 이는 장기로 보면 시장 자체에서 스스로 소멸하는 성질이 있다. 그러나 헛값은 투기가 반복적이며, 지속적으로 발생한다. 그리고 그 값은 쓰지도 못하는 허구가격이라는 것이다. 헛값인 땅값의 계산식은 다음과 같다. 이 계산식의 상세한 내용은 5장을 참고하기 바란다.

(A) 땅값 = n기간 미래 지대수익의 현재 시점 할인가 합계 + n년 후의 땅값 할인가

(B) 땅값 = 미래 무한기간 지대수익의 현재 시점 할인가의 합계

(A) = (B)

이를 수리로 표현한 단순 계산식은 $P = R/(i-g)$이다.

< 참고> P : 1기초 땅값, R : 1기말 지대, i : 할인률(시장이자율), g : 성장률

3. 연금 흐름과 헛값의 이해

성장하는 성질을 가진 땅값은 초기 매입가격, 현재 소유비용, 미래 연금에서 모두 수익으로 실현되지 않는 헛값으로만 작용한다. 그런데 성장성 토지에서 지대는 계속하여 커지고 있고, 이자는 일정하므로 미래의 연금 총액은 그 격차가 줄어들고 있다. 그래서 이를 두고 우리는 현재의 지대수익이 이자비용보다 작지만 미래는 지대가 커져서 불로소득을 내고 있거나(주로 조지스트, 정부론자, 세금론자 등), 수익이 이자비용과 일치하는 것으로(주로 시장론자) 잘못 알고 있다. 따라서 여기서는 미래가치인 연금의 흐름을 살펴보기로 한다.

아래 표는 초기가격 4억 원인 자본이 감가, 일정, 성장하는 경우 50년간의 원리금과 연금 총액이 어떻게 되는가를 나타낸 것이다(초기가격은 5장 5번, 소유비용은 10장 3번 참고).

〈표〉 자본의 유형별 연금 흐름(단위 : 억)

구분 / 연도	원리금 (Ps)	정액연금 (Is)	감가연금 (Ds)	성장연금 (Rs)	성장연금	성장연금
1	4.2	0.2	0.4	0.1	0.12	0.08
2	4.41	0.41	0.8	0.2075	0.2484	0.1664
3	4.6304	0.6304	1.2008	0.3264	0.3856	0.2596
10	6.5156	2.5156	4.1208	1.3952	1.6396	1.1400
20	10.6132	6.6132	9.1792	4.0588	4.6696	2.2592
30	17.2876	13.2876	16.4292	8.8972	10.0420	5.0523
40	28.1600	24.1600	27.6460	17.4196	19.3280	15.1120
50	45.8696	41.8696	45.5620	32.1212	35.1032	28.3340
i, g	i : 5%	i : 5%	d : 5%	i : 5% g : 2.5%	i : 5% g : 2%	i : 5% g : 3%

주) i : 5%, g : (2%, 2.5%, 3%) d : 5%, P : 4억 원
I_1 : 0.2, R_1 : 0.1, D_1 : 0.4 ⇒ $P=I_1/i$, $P=R_1/(i-g)$, $P=D_1/(i+d)$

이를 그림으로 비교하면 다음과 같다(단, g는 2.5% 기준).

〈그림〉 자본의 유형별 연금 흐름 비교(성장률 2.5%, 단위 : 억)

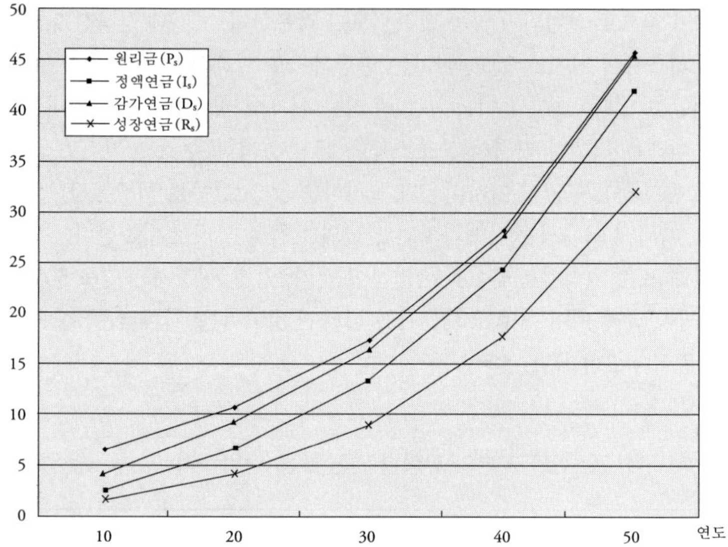

주) 10년 이전의 크기는 숫자가 작아서 그림에서 생략함

표와 그림에서 나타난 자본의 유형별 연금 흐름의 성질은 다음과 같다.

가 . 만기에 원금이 일정한 자본(정액성 자본)

① 만기에 원금이 그대로 있는 정액성 자본의 소유가격은 원리금이 수익연금 총액보다 원금의 크기만큼 크다.
② 정액성 자본의 전세가격은 원리금이 연금 총액보다 원금만큼 크다.
③ 성장성 자본의 전세가격도 원리금이 연금 총액보다 원금만큼 크다. 비용에 비하여 수익은 초기에 작고 후기에 커서 연금 총액으로 일치한다.
④ 곧 정액성 자본의 영구 소유가격과 한시 전세가격, 성장성 자본의 전세가격은 초기가격이 같다면 만기의 원리금은 모두 연금의 크기보다 크

고, 이자연금과 수익연금의 총액은 같다.

나. 만기(n기)에 원금이 소멸하는 자본(감가 소멸성 자본)

① 시간 흐름으로 수익이 작아지는 감가성 자본은 만기에 원리금과 수익연금의 총액이 수렴하거나 일치한다.
② 수익이 일정한 사글세 자본은 만기에 원리금과 수익연금의 총액이 일치한다.
③ 수익이 커지는 성장성 수익도 사글세 자본은 원금이 소멸하므로 만기에 원리금과 수익연금 총액이 일치한다. 수익이 초기는 이자보다 작고 후기는 이자보다 커서 총액으로 일치한다.
④ 곧 원금이 소멸하는 자본은 수익이 감가, 일정, 성장에 관계없이 만기(n)에 연금총액과 원리금은 일치한다.
⑤ 연금수익은 연금비용보다 원금만큼 크다.

다. 만기에 원금이 커지는 자본(성장성 자본)

① 만기에 원금이 커지는 성장성 자본은 원리금이 수익연금보다 원금의 총액(원금 + 성장액)만큼 크다.
② 성장성 자본은 이자가 수익보다 원금의 성장 크기만큼 크다.
③ 성장성 자본은 이자연금 총액이 수익연금 총액보다 자본의 성장연금의 총액만큼 크다.

〈그림〉에서 자본별 원리금과 수익의 흐름은 다음과 같다.

① 자본이 일정한 소유가격과 전세가격은 수익의 변동(감가, 일정, 성장)에 관계없이 연금 총액이 원리금보다 작으며, 그 선은 장기로 평행이다. 특히 성장성 전세가격은 만기의 크기가 정액성 자본과 같다(평행의 성질).
② 자본이 소멸하는 성질이 있는 감가성 자본과 사글세 자본은 수익의 변동(감가, 일정, 성장)에 관계없이 만기에 원리금과 연금 총액이 접근하거나 일치한다(수렴의 성질).

③ 자본이 성장하는 토지의 소유가격은 연금 총액이 원리금이나 이자연금 총액보다 항상 작으며, 그 차이는 계속하여 커진다(이탈의 성질).

⑤ 성장성 자본의 n기간 이자연금 총액은 원금의 원리금보다 원금과 원금 성장액만큼 작다.

⑥ 성장성 자본의 n기간 수익연금 총액은 이자연금 총액보다도 원금 성장액만큼 작다.

⑦ 곧 성장성 자본은 [원리금 > 연금비용 총액 > 연금수익 총액]이 영구로 계속된다.

⑧ 여기서 ⑦의 차액은 땅값 원금(P)과 성장액(Pg) 총계이며, 이는 영구 미실현가치로 헛값이다.

4. 연금에서 당기 비용과 수익의 계산

성장성 토지의 땅값 P = R/(i−g)이며, 이를 소득 흐름으로 바꾸면 Pi = R + Pg이다. 여기서 Pi는 이자인 소유비용, R은 지대수익, Pg는 땅값 상승액이다. 그런데 Pg는 미래의 기대가격이지 현재의 소득물이 아니므로 소유비용(Pi) > 지대수익(R)이다. 그런데 학자를 포함한 일반인들은 이자(Pi)는 일정하고 지대(R)는 g를 따라 성장하고 있기 때문에 언제인가 이자를 초과하거나 일치한다고 생각한다.

그러나 성장성 토지는 자본 자체의 성장으로 인한 가공수익이 발생하여 이 가공수익을 차감하면 이자가 지대수익보다 항상 크고, 그 현상은 영구적이다. 그래서 'i=2g' 조건에서 지대수익은 이자비용보다 영원히 반값으로 낮아진다. 이러한 현상은 미래의 복리이자를 감안한 연금의 총액에서도 변함이 없다. 이를 위하여 연금에서 매년 인식될 비용과 수익의 크기를 보기로 하자. 먼저 정액성 자본의 연금 흐름에서 매년 발생할 이자(비용)는 다음과 같다.

n기 이자 = n기간 이자연금 총액 − n기 이자를 제외한 연금 총액
= n기 이자 제외 연금 총액 = 직전기 연금 총액(1+이자율)

그런데 미래에 원금이 변하는 변액연금(감가와 성장)은 원금이 변하므로

위의 이자 계산에서 원금 변동액이 포함되어야 한다.

n기 이자 = n기간 이자연금 총액 − n기 수익과 원금 성장액을 제외한 연금 총계

감가성 자본 : n기 이자 = n기간 이자연금 총액 − {직전기간 감가연금 총액(1+이자율) − 직전기간 감가상각비 총액}

성장성 자본 : n기 이자 = n년도 이자연금 총액 − {직전기간 성장연금 총액(1+이자율) + 직전기간 원금 성장 총액}

n기 이자 = 초기이자(1+성장률)^n = n기 성장수익 + n기 원금 성장액
= n기 정액연금 총액 − (n기 성장연금 총액 − n기 성장수익 + 직전기간 성장 총액)

A : 이자연금 총액

B : 직전기간 감가연금(1+이자율) −직전기간 감가상각 총액 + n기 이자

C : 직전기간 감가연금(1+이자율) −n년 감가상각 총액 + n기 수익

D : 직전기간 성장연금(1+이자율) + 직전기간 원금상승 총액 + n기 이자

E : 직전기간 성장연금(1+이자율) +n년 원금상승 총액 + n기 수익

A = B = C = D = E

직전기간 원금변동 총액 + n기 이자 = n년간 원금변동 총액 + n년 수익

직전기간 원금변동 총액 < n년 원금변동 총액

원금변동이 감가(−) 인 경우 : n기 이자 < n기 수익

원금변동이 성장(+) 인 경우 : n기 이자 > n기 수익

* 계산 예 (i : 5%, g : 2.5%, n : 3, P : 4, I_1 : 0.2, R_1 : 0.1)

0.6305억 원 = 0.2075 (1+0.05) + 0.2025 + X (n기 이자)

$X = 0.210125 => 0.2(1+0.025)^2 = 4(1+0.025)^2 \times 0.05$

0.6305억 원 = 0.2075 (1+0.05) + 0.3075625 + Y (n기 수익)

$Y = 0.1050625 => 0.1(1+0.025)^2 = 0.1050625$

Pi = X (연금 총액으로 계산된 n기 이자)

R = Y (연금 총액으로 계산된 n기 수익)

〈결론〉

① 정액성 자본 : 수익이 매기 일정 또는 성장에 관계없이 수익연금 총액은 원리금보다 원금만큼 작으며, 만기에 수익연금과 이자연금이 일치한다. 초기가격이 같다면 정액소유와 성장전세도 만기에 연금 크기가 같다. 매기 발생하는 비용(이자)과 수익의 크기도 같다.

연금 흐름 : $P_s > I_s = R_s$ [원리금 > 이자연금 = 수익연금]
당기 가치 흐름 : $I_n = R_n$ [당기비용 = 당기수익]

② 감가성 자본 또는 사글세 자본 : 수익의 시간별 감가, 일정, 성장에 관계없이 수익연금 총액은 원리금에 일치(또는 접근)하며, 이자(비용) 연금에 일치한다. 매기 발생하는 수익은 자본의 수익 실현으로 비용보다 항상 크다.

연금 흐름 : 연금 흐름 : $P_s = R_s > I_s$, [원리금 = 수익연금 > 이자연금]
당기 가치 흐름 : $I_n < R_n$, [당기비용 < 당기수익]
단, 성장수익은 초기 [비용 > 수익], 후기 [비용 < 수익], 전체 [총비용 < 총수익]

③ 성장성 자본 : 수익연금의 총액은 소유가격의 원리금보다 작고, 이자연금보다도 작다. 시간이 흐름수록 연금 격차의 비율은 작아지지만, 절대값은 땅값의 성장액만큼 계속 커진다. 당기 비용은 수익보다 항상 크다. 그러므로 'i> 2g' 조건에서 매기 발생비용은 수익보다 2배 크다.

연금 흐름 : $P_s > I_s > R_s$, [원리금 > 이자연금 > 수익연금]
당기 가치 흐름 : $I_n > R_n$, [당기비용 < 당기수익]

부록2 ››› 한국 조지스트들에 대한 공개 질문과 토론 요청

조지스트 단체에 제기한 '1억원 내기 공개토론'에 대하여

1. 공개토론의 개요

성장성 토지에 성장률 g가 있을 경우, 땅값(P), 이자비용(Pi), 실제 운영수익(R)의 가치 흐름은 [토지비용(Pi)> 토지수익(R)]이 토지의 물리적 기본 성질이고, 시장의 불변현상이다. 그런데 이를 장기간, 그리고 끈질기게 부정하는 학자들과 그 추종자들이 있다. 그래서 이 글은 필자가 지난 2002년 9월 17일 이를 부정하고 있는 어느 학자와 그 추종 집단에 대하여 상호 책임을 지는 뜻에서 1억원을 걸고 공개토론을 실시하여 진위를 가리고, 틀린 쪽이 이 금액을 부담하여 토지시장 연구를 위한 기금으로 쓰자는 제안을 한 내용이다.

학문과 정책을 논하면서 '내기 토론'이란 바람직하지는 못하지만, 그래도 부정만 하고 공개토론은 기피하는 분들에게 필자는 궁여지책으로 제기한 것이며, 또 필자가 말하는 [비용 > 수익] 현상은 검증을 통한 진위판단이 가능하다고 보기 때문이다.

여기서 ***의 주장과 필자의 견해에 대한 서로의 진위 검증과 책임(1억원)을 지자는 제의는 지금도 유효하다. 그리고 경제학계와 일반 학계에서도 이 부분은 언제인가 검증이 필요한 부분이라고 보기에 여기서 밝혀 둔다. 이 주제는 이 책이 다룬 '반값주택(또는 전세가 주택)의 정책'에 대한 이론적 근거이고, 독자들에게 부동산시장의 근본 문제를 이해하며, 그 해법인 토지의 시장임대제 도입에 참고가 될 수 있을 것이다.

2. 공개토론의 주제

<***의 주장(2002. 9. 15)>

……(앞 부분 토론 내용은 생략하였고, '***'란 표시는 조지스트 어느 단체를 일컬음)

5) 이대환님의 땅값 헛값론 비판

아래 비판에 대해, 이대환님은 나름대로 반론을 편다고 하였으나, 이대환님에 대한 첫 번째 비판에 대해, 식(1)부터 식(6)까지의 수학적 논리 전개상에 대한 반론을 펴는 데 이대환님은 실패했고, 이대환님에 대한 두 번째 비판에 대해서도, 토지를 매입하는 시점이 저마다 다르기 때문에, 전국민의 토지 매입 시점을 동일한 시점으로 가정하는 이대환님의 가정은 비현실적이라는 비판 논점에 대해 이대환님은 정확한 해명과 반론을 제기하는 데도 실패했다.

먼저 아래 설명에서 두루 사용되는 기호를 정의하기로 한다. 아래 그림과 같이 시간을 동일한 간격으로 (1년 단위로) 나눈다.

시점	0	1	2		n−1	n	n+1
	----+	----+	----+	--- --- --- ---	-+	----+	----+---
지대	R_0	R_1	R_2		R_{n-1}	R_n	R_{n+1}
지가	P_0	P_1	P_2		P_{n-1}	P_n	P_{n+1}
이자율	i_0	i_1	i_2		i_{n-1}	i_n	i_{n+1}

위 그림의 각 기호는 다음과 같이 정의된다.

R_t: t년의 지대. 시점 t에 발생하는 지대로서 시점 (t−1)에서 시점 t 사이의 1년간의 지대.

P_t: 시점 t의 지가.

i_t: 시점 t의 이자율. 이자율은 다른 시점의 가치를 시점 t의 가치로 환산하는 데 사용된다.

또한 지대가 매년 동일한 비율로 상승한다고 가정한다.

g: 연간 지대상승률.

근본지가는 완전경쟁상태에서 형성될 지가를 말한다. 토지소유자가 부담하는 조세, 토지매매중개사 소개비, 정보수집비용 등 토지 소유에 부수하는 비용이 없다고 가정하면 근본지가는 모든 미래지대의 합이므로 다음과 같이 표현된다.

$$(1)\quad P_0 = \sum_{t=1}^{\infty} \frac{R_t}{(1+i_0)^t}$$

만일 지대가 매년 g의 비율로 상승한다고 하면

$$(2)\quad R_t = R_0(1+g)^t$$

이므로 근본지가를 다음과 같이 표시할 수도 있다.

$$(3)\quad P_0 = \sum_{t=1}^{\infty} R_0 \left(\frac{1+g}{1+i_0}\right)^t$$

$$= R_0 \frac{1+g}{i_0-g} = \frac{R_1}{i_0-g} \quad , g< i_0 \text{ 또는 }, g \geq i_0$$

$$\infty$$

위 식에서 지대상승률이 0보다 크고 이자율보다 작을 경우에는 다음과 같은 식이 도출된다.

$$(4)\quad P_0\, i_0 = R_1 + P_0\, g \quad \text{또는} \quad P_0\, i_0 > R_1,\ 0< g< i_0$$

이대환님은 흔히 아래 공식을 제시한다.

$$(5)\quad P\, i = R + Pg \text{ 또는 } P\, i > R$$

– 이대환님의 땅값헛값론에 대한 첫째 비판

이대환님의 이 식(5)와 그 위의 식(4)가 다른 점은, 이대환님의 식(5)에서는 좌변과 우변의 시점 차이가 무시되어 있다는 점이다.

만약 어느 토지소유자가 토지를 매입한 후 n년이 경과하였다고 생각해 보자. 그러면

$$\text{시점 n의 토지소유비용} = P_0\ i_n$$
$$\text{시점 n의 토지사용이익} = R_{n+1}$$

그러므로 아래 식(6)에서 셋 중에서 어떤 관계가 성립할지 아무도 모르는 것이다.

$$(6)\quad \begin{aligned} &P_0\ i_0 > R_{n+1}? \\ &P_0\ i_0 = R_{n+1}? \\ &P_0\ i_0 < R_{n+1}? \end{aligned}$$

즉 이대환님은 좌변과 우변의 시점 차이를 무시하기 때문에, 식(6)의 세가지 경우 중 항상 맨 위의 경우만 성립한다고 보고, 그 아래 두개의 다른 경우는 보지 못하는 것이다. 이대환님이 P의 시점과 R의 시점을 늘 동일한 것으로 보는 것은 그의 오류이다. P는 매입시점(0)의 지가이고, R은 그 후 일반적인 시점(n)의 지대인 것이다. 이것이 이대환님의 땅값 헛값론에 대한 첫째 비판이다.

〈필자의 견해(2002. 9. 20)〉

***는 필자에게 이 식을 자기 홈페이지 토론방에 게시하고, 이 식의 주장에 별로 책임이 없는 자(그 당시 토지경제 초보자)를 대리로 세워서 일방적 부정만 하게 하고는 홈페이지 출입도 차단하여서 반론의 기회를 주지 않았다. 그리고 5년이 지난 지금까지 이 토론 제의를 묵살해 오고 있다. 위 주장을 보면, A = B + C(A,B,C는 0보다 크다)이면, 반드시 A> B이지 A=B, A< B 현상이 있을 수 없다. 곧 5 = 3+2이면, 반드시 5는 3보다 크다. 따라서 정의된 식에서 땅값의 기회비용(P*i)은 항상 R보다 크다. 여기서 ***는 다음과 같은 결정적 오류가 있다(*는 곱셈 부호).

(1) 땅값과 지대는 같은 시점에 발생할 수가 없는데 같은 0의 시점 값으로 정의하고 있다.

(2) 땅값의 비용과 수익은 같은 시점에 발생하나 ***는 비용이 한 기 빠르다

고 말하는 오류를 범하고 있다.

(3) 위의 식에서 땅값 비용과 수익은 [비용 > 수익] 만 발생하는 데 "="와 "<" 부호를 들고 나오는 수학적 오류를 범하고 있다.

(4) 스스로 만든 공식에서 도출된 이론가격을 두고 현실가격을 들고 들어와서 이론가격을 부정하는 모순을 범하고 있다.

위 (6) 번 식, 곧 땅값의 비용(P*i) 과 수익(R) 의 시차 주장에 대한 오류를 밝히기 위하여 ***와 일부 추종자들에게 1억 원의 공탁금(내기) 을 걸고서라도 진실을 밝히자고 *** 자유토론방에서 제의했으나 한 달이 지나도록 답이 없었다. 이 제안 글을 ***는 한 마디 대응도 없이 2002년 9월 18일 이미 지워 버렸다. 비겁한 행동이 아닌가? 옳고 그름의 판단에 1억 원의 내기는 이상하지만 그만큼 확신을 한다는 뜻이다. 그런데 ***는 왜 반응을 못하고 있는가?

〈***의 주장〉

– 이대환님의 땅값 헛값론에 대한 둘째 비판

이대환님은 위의 식(5) 를 근거로 하여 인플레이션이 발생한다고 주장한다. 즉 토지소유비용 즉 (P * i) 가 토지사용이익 즉 R 보다 크기 때문에 초과수요가 발생하고 따라서 인플레이션이 필연적이라는 것이다.

지대상승률이 0보다 큰 사회에서 모든 토지소유자가 일제히 어느 시점에 동시에 토지를 매입한다면 당시의 전국의 총지대에 비해 총토지소유비용이 클 것이고 따라서 이를 감당하려면 이대환님 주장대로 인플레이션이 발생할 수도 있을 것이다. 그러나 토지를 취득하는 시점은 저마다 다르다. 토지를 오래 전에 헐값으로 매입해서 가지고 있는 사람도 있고 바로 그 시점에 비싸게 주고 매입하는 사람도 있을 것이다. 그러므로 어느 시점의 총지대와 총토지소유비용 간의 크기를 확실하게 알 수 없는 것이다.

현실시장에서라면 총지대가 총토지소유비용보다 훨씬 클 수 있는 것이다. 예를 들어 오래 전에 헐값으로 매입한 토지를 땅 주인이 팔지 않고 현재까지 소유해 온 경우, 토지매입시점부터 현재까지의 P*i의 합보다, 토지매입시점부터 현재까지의 지대 R의 합이 훨씬 더 클 것이다. 즉 이 경우 이대환님의 주장과 정반대로 P*i < R 이라는 식이 성립하는 것이다. 물론 지금 땅을 구입해야하는 사람도 있지만 과거에 헐값에 매입하여 소유하고 있는 사람들이 훨씬 많을 것이기 때문에, 이대환님의 주장이 항상 성립한다고 볼 수 없는 것이다. 이대환님이 보지 못하고 있는 것은, 토지를 매입하는 시점이 저마다 다르다는 사실이다. 이대환님은 전국민의 토지 매입 시점을 동일한 시점으로 가정하는 비현실적인 가정을 하고 있는 것이다.

〈필자의 견해〉

토지시장의 기본 성질을 구명하는 이론가격(균형이론)에 왜 '헐값 매입론'을 들고 나오는가? 아니면 Pi > R의 현상을 좌변은 일정, 우변은 성장률 g 때문에 장기로는 부등호가 반전한다는 누구의 94년 오류를 아직도 계속하고 있다. ***의 주장은 땅값이 전국 동시 매입이라야 비용이 수익보다 크다는 견해는 토지에서 자본 흐름과 소득 흐름을 구분도 못하고 있다. 전국의 토지를 동시 매입하여도 그것은 자본거래일 뿐이고, 그 자본에서 발생하는 수익과 비용은 시차부터 다른 개념인 소득거래이다. 이 견해도 이론인가? 참으로 기이하다.

이론적으로 [토지비용 > 토지수익] 현상이면 그 차이는 시장불균형을 뜻한다. 이 등식에서 시장불균형이 존재하는 사실이라면 그 불균형은 무엇으로 설명을 해야하나? 그 불균형은 거시경제에서 인플레이션, 빈부격차, 실업, 초과수요 등의 각종 요인으로 등장할 수밖에 없다. 왜 이를 전 국토의 동시 매입이 있어야 그런 현상이 있다고만 보는가?

자동차가 동시 매입이 있어야 자본비용이 감가하며, 토지가 동시 매입이 있어야 자본비용이 성장하는가? 자동차가 전국 동시 매입과는 상관없이 감가성 자본은 [자본비용(Pi) < 자본수익(R)]이라면, 토지도 동시 매입과는 전혀 관계없이 [자본비용 > 자본수익]이 된다. 감가성 자본인 자동차는 중고 자동차시장의 현실가격이 오르내리는 것과 관계없이 [비용 < 수익]이으로 그 차액은 자본 감가액이며, 성장성 토지도 현실가격과 이론가격이 다르더라도 [비용 > 수익]으로 그 차액은 자본 성장액(상승액)이 된다.

***는 인공물 가치인 자동차의 자본과 소득의 가치 흐름을 알고 있는지 몰라도 천연물이요, 성장성 자본인 토지는 그 흐름을 거의 모르고 있다. ***는 땅값의 매입원가는 매입시점에 고정되고, 땅값과 지대는 커져서 비용총액을 초과한다는 오류에 빠져 있는 것으로 보인다. 토지비용의 시차론, 동시 거래론, 현실

땅값론 등은 모두 땅값의 가치를 과학적으로 규명하지 못하고, 자기 정서가 만든 "토지 오류(땅값 착각)"에서 나온 말이다. 이 오류에 대하여 필자는 10년을 친절하게 설명하여 주어도 ***는 고집만 부리고 이해를 하지 않으려고 한다. 필자는 가족과도 같아야 할 동지이자, 친구들이 이런 실수를 하고 있으니 참으로 안타깝다.

한국 조지스트들에 대한 공개 질문

필자는 오랜 기간 한국의 조지스트 및 조지스트 학자들과 동역하여 왔고, 지금도 이들을 귀하게 생각하고 있다. 동역의 기간은 필자가 지대공수제에 관심을 가진 때부터이므로 어림잡아 10년이 넘었고, 헨리 조지의 연구모임이 발족하여 그들과 정규 연구모임 및 세미나를 같이 가진 기간만 하여도 7년(1995년~2001년) 이상의 장기간이었다. 이렇게 오랜 기간 동역을 하여 왔으나 필자가 [소유비용 > 소유(사용)수익]의 현상을 발견하고, 이를 조지스트들에게 보고를 하는 과정에서 조지스트들과는 본의 아니게 틈이 가기 시작하였다. 그동안 필자는 조지스트들에게 성장성 토지에서 [비용 > 수익]의 불변현상을 알리려 했으나 그들은 그 후 더 냉담하게 대했고, 이를 전제로 한 논문이나 토론은 발표의 기회도 주지 않고 있다가 결국 "서로 길이 다르다"라는 표현(ㄷㄱ대 ㅈ교수)으로 조지스트 모임 전체에서 공개적 거부를 선언하였다. 그 후에도 필자는 물리적 성질과 그에 따른 성장성 토지의 경제적 성질은 [비용 > 수익]이 불변현상임에 대하여 기도하는 마음으로 꾸준히 이들에게 전하려고 노력했으나 이들은 아직도 이를 강하게 부정하거나 아니면 부분적으로만 옳다는 변명을 하고 있다. 에 대하여 필자는 필자와 조지스트들의 이견 중 아직 옳고 그름에 대한 검증을 받지 못하고, 지금까지 덮여 있는 내용의 일부를 공개하고자 한다. 이것은 필자가 한국 조지스트들을 비난하려는 의도는 아니고, 그들이 공개검증을 기피하면서 필자의 의견은 부정하거나 묵살해 오고 있기 때문에 이렇게 내용을 공개하여서라도 시시비비를 가리고, 서로의 오해는 풀기 위한 것이다.

한국 조지스트들, 특히 ㄱ대 어느 교수를 비롯한 조지스트 주류들은 필자가 말하는 [토지비용 > 토지수익] 현상을 장기간 부정하여 왔다. 이에 대한 근거로 1994년 어느 조지스트 교수가 필자에게 보내온 편지를 소개하기로 한다. 참고로 이 분은 헨리 조지 토지시장 연구를 오래 한 분이며, 학계에서는 신망이 두터운 분이다. 그러나 이렇게 신망이 두터운 분이라도 토지시장의 [비용 > 수익] 의 기본 성질(불변현상) 에 대해서는 이렇게 오랜 기간 오류를 범하고 있다. 필자는 편지를 받고도 그동안 이 분과의 사적인 인간관계를 해치지 않기 위하여 그 오류를 그 분과 그 분의 추종자들에게 지적만 하고, 12년이 넘도록 내용을 공개하지는 않았다. 그러나 필자가 확인한 결과 이 분은 지금도(2007년 1월) 자기의 오류를 수정할 의사가 보이지 않으므로, 이제는 사적인 인간관계보다 공적인 시시비비의 판단이 꼭 필요하다고 보고, 부득이하게 공개를 하는 것이다.

1. 1차 견해(육필 편지, 1994년 12월 30일)

이대환 선생님

오랜만에 연락 주시어 반가웠습니다. 보내주신 논문 잘 읽었습니다. 그 전에 쓰신 논문에도 핵심내용을 보았었지요. *P.* 8 " $Pi > R$의 현상은 …… 영원히 입게 되는 손실"에 대해, 윗 식에 시간을 나타내는 하첨자를 부치면

$$P_0 > R_1$$

이 됩니다. 이때 P_0는 매입지가이므로 불변, i_0는 매입시점의 할인율(필자 ; 이자율)이므로 불변입니다. 따라서 "영원히" 손실을 입는다면 1 이상의 모든 t에 대해

$$P_0\, i_0 > R_t,\ t = 1, 2, 3 \cdots\cdots$$

이어야 합니다. 그러나 R_t는 자꾸 변하니까 즉

$$R_t = R(1+r)^{t-1}$$

이니까 언젠가는 $P_0\, i_0 < R_t$가 될 때가 있지 않을까요?

이상입니다. 어쨌든 조지 사상에 공감해 주시는 이선생님 같은 분이 계시므로 저도 더욱 연구에 보람을 느낍니다. 받으셨는지 모르지만 이번 2월에 열리는 토지학교 안내가 제게 도착했길래 한부 통보합니다. 亂筆을 용서하기 바라며…

1994. 12. 30

＊＊＊ 드림

참조 : 글 중 $(1+r)$에서 부호 r은 성장률로 필자의 g와 같음

이 분과 조지스트들은 이 편지 교환 후에도 7년 이상 계속하여 [$P_0 i_0 > R(1 + r)^{t-1}$]의 부등식은 좌변이 일정하고, 우변은 커지고 있으므로 언젠가는 [$P_0 i_0 < R_t$]로 바뀐다는 주장을 고수하면서 필자의 견해를 부정하거나 묵살하여 왔다. 그리고 필자는 이 부등식 의견 때문에 조지스트의 공동저술과 연구활동 등에서 제외되고 말았다. 이후에도 필자는 계속 필자의 견해가 맞고, 조지스트들의 주장이 잘못임을 지적하였다. 이에 조지스트 교수는 2차(공개로), 3차(비공개)의 답을 보내왔는데 그 내용은 아래와 같다.

2. 2차 견해

(Sat, 30 Mar 2002 10:54:33, 어느 홈페이지 게시판에 올린 조지스트 교수의 공개 답변)

1. 지대와 지가 (필자 ; 내용 중에 * 표시는 곱하기 부호임)

현재의 지가는 현재 이후 시점에 발생할 지대의 현재가치이기 때문에 (지가 * 이자율) 은 같은 시점의 지대보다 클 수도, 같을 수도, 작을 수도 있습니다. (앞으로 지대가 상승할 것으로 예상되는 사회에서는 큽니다.) 그러므로 (지가 * 이자율)이 지대보다 크다고 하는 이대환 선생님의 말씀은 부분적으로 옳습니다. 또 부분적으로만 옳습니다.

2. 문제?

이대환 선생님은 한 걸음 더 나아가서 (지가 * 이자율) > 지대이므로 인플레이션 등 문제를 일으킨다고 하십니다. 이 점에 대해서는 이해를 하는 사람이 거의 없는 듯합니다. ○ 교수님도 지적하셨듯이 (지가 * 이자율) 은 토지소유의 기회비용이고 지대는 토지사용의 기회비용인데 그 차이로 인해 이대환 선생님이 지적하시는 문제가 발생한다는 주장을 이해하지 못한다는 것입니다.

(3) 3차 견해(필자의 개인 메일로 온 편지, 2002. 4. 6.)

P*i > R 이라고 해도 P*i를 실제로 부담하는 사람은 P라는 지가를 지불하고 신규로 토지를 매입하는 사람뿐이며, 기존의 지주는 P*i 가 아니라 과거의 매입지가(Q) 에 대한 이자(Q*i) 를 비용으로 부담합니다. 과거에 토지를 매입한 지주의 입장에서는 P*i는 땅을 팔고 매각지가를 투자한다고 할 때 얻을 수 있는 이자수입일 뿐 이 금액을 직접 지출하는 것은 아닙니다.

그런데 지대가 상승할 것으로 예상되는 시기에는 P > Q입니다. 따라서 P*i > Q*i 이며 따라서 Q*i < R 이 될 수도 있습니다. 이 박사님은 Q*i < R일 경우에도 인플레이션이 발생한다고 보시는지요?

참고 : 시간을 나타내는 첨자(subscript) 를 사용하면 질문이 더 분명하겠지만 여기에서는 첨자가 안 되므로 설명을 덧붙인다면 P, R은 시점 t의 지가와 지대, g는 시점 t에서 예상하는 미래의 지대상승률, Q는 과거 토지매입시점, 예를 들면 t-n 시점의 지가입니다(※ = ×).

조지스트 주장에 대한 필자의 의견

여기서 독자들의 이해를 돕기 위하여 조지스트 교수의 1, 2, 3차 주장에 대하여 필자의 의견을 말하면 다음과 같다.

① 1차 편지에서 이 분은 성장성 토지에서 원금(P) 의 비용을 계산하는 이자(Pi) 는 일정하고, 지대 R만 성장한다고 보는 오류를 범하고 있다(R이 성장 또는 감소하면 Pi도 같이 변하는 자본가격의 흐름을 기초에서 오해함). 그래서 소유자의 [비용 > 수익] 현상은 초기에만 발생하는 현상이고, 후기에는 R이 커지므로 이자가 일정한 소유비용을 따라잡고 결국 [비용 < 수익] 으로 반전한다는 오해를 하고 있다. 조지스트들의 이러한 믿음은 토지소유자는 소유에서 불로소득의 수취가 일반 현상이므로 세금을 많이 거두어야 한다는 잘못된 사상이 기저에 깔려있기 때문이다.

② 2차 편지는 필자의 끈질긴 토론 요청에 마지못해 답을 준 것인데 여기서 비용과 수익은 클 수도 있고, 작을 수도 있다고 하여 처음보다 많이 누그러지기는 하였다. 그러나 여전히 사실을 왜곡시키고 있다. 곧 성장성 토지에서 [소유비용 > 소유수익]의 현상을 말하는 필자의 견해를 '부분적으로만 옳다' 라고 주장을 바꾸었다. 이 말은 "시장의 실제가격은 이론가격(균형가격)보다 높을 수도 있고, 낮을 수도 있으므로 이론가격은 없거나 부분적으로만 옳다"라는 말과 같이 아주 엉터리다. 이는 조지스트 교수가 성장성 토지에 성장성을 일반화해 놓고(이를 확실히 신봉하면서), 예외적 현상을 가지 들어와서 일반화한 자기 주장을 부분론(비일반적)이라고 뒤집어버리는 자기모순과도 같은 것이다. 이렇게 하여 조지스트 교수는 필자의 견해를 인정하지 않고 그의 저서에는 [비용 > 수익]은 완전경쟁에서나 있을 수 있는 특수 현상으로 왜곡하고, 현실의 토지시장은 [비용 < 수익]이 일반 현상이라고 하면서 그의 지론인 '토지불로소득론' 을 강하게 주장해 오고 있다. 그가 주장하는 토지불로소득이 일반 현상이면 그 성질은 이론시장이나 현실시장 구분 없이 토지의 성장가격만큼 [비용 > 수익]이 더 일반적 성질이 된다. 그러나 이 분은 평소 지론과 저서를 통하여 토지의 성장성은 일반 현상이라고 말하고 있으면서, 이에 따른 가치흐름의 성질은 일반 현상을 부정하고 부분 현상이라고 하는 자기모순을 계속하고 있다.

③ 3차 편지 역시 토지매입 원리금은 과거의 비용, 기회비용은 실제 지출하는 비용이 아니라고 하여, 성장성 토지의 [비용 > 수익]에서 발생하는 연체이자를 모르거나 알고도 의도적으로 은닉하는 과오를 범하고 있다. 그리고 성장성 토지는 Q 역시 [비용(P*i > Q*i) > 수익(R)]으로 [Q*i > R]

주) 예외적 조건이나 현상, 곧 성장률 g가 있는 땅값 [Pi(Qi) > R]가 조지스트 교수 주장과 같이 [Pi(Qi) < R]로 반전되기 위해서는 헐값 매입, 거래시 예상하지 못한 용도변경, 토지개발로 등으로 R이 급등할 경우에 국한되는 현상이다. 그러나 이는 이미 이론가격의 초기조건에 없는 상황을 가져 온 것으로 토지시장의 균형이론에서는 기각되어야 한다. 그리고 이런 예외적 경우도

의 연체이자를 빼거나 성장성 토지에 비성장 토지에서 발생하는 예외[주)] 조건을 붙여서 [비용(Q*i) < 수익(R)]에도 인플레이션이 발생하느냐는 식으로 일반성을 부정하거나 필자의 [비용 > 수익]을 교묘하게 축소, 왜곡시키고 있다. 이 분은 부동산 사용비용은 전세가격과 같은 자본거래액이 비용이 아니고 그 이자(전세가격 이자)에 해당하는 것이 비용이며, 또 이런 사실을 사람들이 잘 모르거나 혼동하고 있는 상태를 교묘하게 이용하여 이렇게 사실을 은폐, 왜곡시키고 있다. 이 말은 성장성 토지에 헐값으로 매입한 것도 인플레이션이 발생하느냐는 질문과 같이 난센스에 속한다(예외를 집어넣어 성장과 비성장, 헐값과 제값, 현재가격과 미래가격을 혼동하거나 착각한 주장이다).

④ 이 토론에서 조지스트 교수와 동료인 ㄱ대 ㅇ교수 역시 'Pi는 소유자비용, R은 사용자비용'이라고 하는데 이 주장이 맞기는 하지만, 이는 필자가 말하는 [소유비용 > 소유(사용)수익]의 현상을 스스로 인정한 것에 불과하다. 사용자비용이 소유자비용보다 작다면 토지는 처분하지 않고 사용하는 경우 항상 땅값 상승분(Pg) 크기만큼 [비용 > 수익] 현상으로 기회비용에서 적자가 계속된다는 필자의 말이 맞기 때문이다.

이렇게 조지스트 교수는 저술한 책에서 성장하는 토지의 [비용 > 수익] 현상은 완전경쟁시장에서만 발생하고, 현실의 토지시장은 [비용 < 수익]의 현상에서 발생하는 불로소득론을 일반화하고, 이러한 사상을 학생들과 토지 운동가들에게 전수시켜 오고 있다(그의 추종자들은 조지스트 교수의 참과 오류를 구분하지 못하고 그대로 신봉함). 땅은 팔아도 이론상 그동안의 기회비용에서 입은 손실에 대한 보상에 불과한 것이 원칙인데 이 분은 이에 대하여 기회비용을 초

●●● ───

[Qi> R]의 장기 누적적 적자를 보상하려면 앞으로 [Qi< R] 현상은 긴 기간이 필요하고, 소유자는 이러한 횡재에도 불구하고 소유에는 담보가치의 증대로 잠재적 구매력이 커지고, 거래의 경우 신규 거래는 Q와 P를 거래하므로 사회는 [Pi> R]의 불변현상을 계속한다고 보아야 한다(이 경우 토지소유자를 보지말고 커지는 토지, 땅값 구매력 그 자체를 생각하여야 한다).

과한 불로소득의 발생이 일반 현상이라고 말하고 싶고, 또 그렇게 장기간 잘못 주장하여 왔기 때문에 번복하기가 싫은 것이다. 왜 조지스트 교수는 토지에서 P와 R에 성장률 g'가 들어가야 발생하는 불로소득론(기회비용 초과소득론)까지 일반화하면서 필자가 불로소득보다 작은 기회비용 범위 안에 있는 g와 'Pi> R' 현상을 말하는데도 g가 '0' 이나 '−' 가 되는 예외 조건을 가지고 와서 이렇게 오래 동안 끈질기게 부정하여 왔고, 사실 왜곡을 계속하고 있는 것일까?

이와 같이 조지스트들은 그들의 불로소득론 주장과 필자의 소유비용 적자론을 부정하는 것은 3%의 예외를 가지고, 97%의 일반 성질을 왜곡하거나 은폐시킨 것과 같은 큰 오류다. 토지시장의 [비용 > 수익] 에 대한 이러한 오류는 토지시장을 한평생 연구한 한국 조지스트의 대부격인 조지스트 교수는 물론 학계와 일반인들까지 함께 가지는 것으로 너무 오래된 인간의 과학적 실수이고, 집단적 미신이라 할 수 있다.

이에 한국의 조지스트들에게 공개적으로 묻는다. 이 질문의 대상에는 한국 조지스트의 대부격인 어느 교수는 물론이고, 관련 조지스트 학자들, 그리고 성경의 희년법을 조지스트 주장과 동일시하고 있는 한국의 기독인 조지스트들까지 포함한다. 이들은 필자가 1993년부터 연구, 발표하여 온 토지문제의 해법으로 제시한 토지의 시장임대제 제의를 "사회주의(또는 빨갱이) 로 오해"를 받는다고 묵살하고, 그 대신 사유토지에 보상도 없는 헨리 조지의 토지수익 전액 공수제(토지가치세 = 토지단일세) 만 오랜 기간 강하게 주장하여 왔다. 그러다가 지금은 토지임대제를 조지스트들이 먼저 주장한 제도라고 말을 하고 있다.

이에 지금까지 성장성 토지에서 발생하는 소유 사용자의 [비용 > 수익] 일반 현상을 [비용 < 수익] 의 부분론으로 거부하거나 묵살한 조지스트들의 오류에 대하여 그들이 신앙적, 학문적 양심에서 나오는 솔직한 의견을 듣고 싶다. 그리고 지금까지 행한 것과 같이 비공개 공방이나 그들 집단 내에서만 하는 폐쇄적 대응과 비난이 아니라 학자와 대중들이 모인 공개장소에서 공개토론을 통하여 그 진위를 가리고, 토지시장 메커니즘 전반에 대한 충분한 논의도 함께 가질 것을 희망한다.

부록 3 ››› 대지임대부 분양주택 공급촉진을 위한 특별조치법안

(홍준표 의원 대표발의)
발의연월일 : 2006. 11. 21
발 의 자 : 이하 명단

홍준표 · 단병호 · 한광원 · 김영덕 · 권영길 · 이해봉 · 이혜훈 · 김정훈 · 김영선 · 김종률 · 박승환 · 서상기 · 안홍준 · 정갑윤 · 이명규 · 신상진 · 박재완 · 이원복 · 송영선 · 이재오 · 배일도 · 이성권 · 김용갑 · 이방호 · 조성래 · 정진섭 · 권오을 · 이인기 · 이인제 · 황우여 · 김정권 · 박세환 · 조경태 · 이상득 · 문 희 · 이목희 · 김영춘 · 원혜영 · 정희수 · 김양수 · 박종근 · 이윤성 · 한선교 · 안상수 · 황진하 · 나경원 · 고경화 · 문학진 · 차명진 · 엄호성 · 이화영 · 정병국 · 이경재 의원 (총53인)

토지와 건물 모두를 분양하는 민간 아파트는 주거환경이 쾌적한 반면 분양가가 높고 저소득층을 위한 임대주택은 임대비용은 낮으나 주거환경이 상대적으로 열악할 뿐만 아니라 소유의식 부재로 유지 · 관리 등에 많은 문제점을 노정하고 있음.

이런 두 가지 공급 방식을 절충하여 제3의 방식으로 대지의 소유권은 공공기관이 보유하면서 그 대지를 임대하고 건물만 소비자에게 분양하여 소유하도록 하는 방식을 도입함으로써 무주택 서민의 주거비 부담경감 및 주거안정에 기여함과 동시에 주택투기를 근절토록 하려는 것임.

주요 내용

가. 대지임대부 분양주택의 건물부분에 대한 구분소유권, 공용부분 · 부속건

물 및 복리시설, 대지의 소유관계를 정함(안 제3조).

나. 국가 및 지방자치단체는 행정중심복합도시 등 신도시에 주택이 건설되거나 도시재정비촉진사업 및 재개발 · 재건축을 수용의 방식으로 시행하는 경우에는 대지임대부 분양주택이 우선 건설되도록 필요한 시책을 강구하여야 함(안 제5조).

다. 대지임대부 분양주택의 건설에 연금 및 기금을 융자받을 수 있도록 함(안 제6조).

라. 공공기관이 조성한 택지는 대통령령이 정하는 비율 이상으로 대지임대부 분양주택을 건설하거나 대지임대부 분양주택을 건설하고자 하는 주택건설업자에게 분양 또는 임대하도록 함(안 제8조).

마. 대지임대부 분양주택은 1가구 1주택에 한하고 무주택자와 서민위주로 공급하도록 함(안 제10조).

바. 대지임대부 분양주택의 최초 분양받는 자로 선정된 날부터 10년의 기간이 경과하기 전에는 이를 전매할 수 없도록 하고 불법전매한 경우 환매하도록 함(안 제11조).

사. 대지임대부 분양주택 건설촉진을 위해 각종 부담금을 감면하도록 함(안 제17조).

아. 대지소유자의 부담 경감을 위해 용적률에 대한 특례조항을 둠(안 제18조).

자. 대지임대부 분양주택의 대지의 임대기간은 40년으로 하되 이를 수차 갱신할 수 있도록 하고, 갱신 후의 임대기간은 갱신일부터 40년으로 함(안 제19조).

차. 대지임대부 분양주택이 노후화 할 경우 재건축을 할 때는 대지소유자는 정당한 사유 없이 재건축을 거부 할 수 없도록 규정하여 항구적인 대지 사용권을 부여함(안 제20조).

카. 대지의 임대료는 당사자 간의 계약에 따라 보증금이나 월 임대료의 방법 또는 보증금과 월 임대료를 혼합한 방법으로 납부할 수 있도록 함(안 제21조).

법률 제 호

대지임대부 분양주택 공급촉진을 위한 특별조치법

제1조 (목적) 이 법은 대지임대부 분양주택의 공급촉진에 관하여 필요한 사항을 규정함으로써 대지임대부 분양주택 사업을 원활하게 추진하여 서민의 주거비 부담경감과 주거안정에 기여함을 목적으로 한다.

제2조 (정의) 이 법에서 사용하는 용어의 정의는 다음과 같다.

1. "주택"이라 함은 「주택법」 제2조제2호의 규정에 따른 공동주택을 말한다.
2. "대지"라 함은 주택이 소재하는 토지(통로 · 주차장 · 정원 · 부속건물 · 복리시설이 소재하는 토지 그 밖에 주택 및 주택이 소재하는 토지와 일체로 관리 또는 사용되는 토지로서 건설교통부령이 정하는 토지를 포함한다)를 말한다.
3. "구분소유권"이라 함은 「집합건물의 소유 및 관리에 관한 법률」 제2조제1호의 규정에 따른 구분소유권을 말한다.
4. "대지임대부 분양주택"이라 함은 대지의 소유권은 주택이 건설된 택지를 조성한 자가 가지고 건물부분에 대한 구분소유권은 주택을 분양받은 자가 가지도록 하여 분양하는 주택을 말한다.

제3조 (대지임대부 분양주택의 소유관계 등) ① 대지임대부 분양주택의 건물의 전유부분(「집합건물의 소유 및 관리에 관한 법률」 제2조제3호의 규정에 따른 전유부분을 말한다. 이하 같다)에 대한 구분소유권은 이를 분양받은 자가 가지고, 공용부분 · 부속건물 및 복리시설은 분양받은 자들이 공유하며, 대지는 주택을 분양한 자(분양한 자가 택지를 임대받아 대지임대부 분양주택을 건설 · 분양한 경우에는 택지를 조성하여 임대한 자)가 소유한다.

② 대지임대부 분양주택을 분양받은 자가 대지소유자와 이 법에 따라 임대차계약을 체결한 경우 해당 대지임대부 분양주택의 구분소유권을 목적으로 그 대지 위에 임대기간 동안 지상권이 설정된 것으로 본다.

제4조 (다른 법률과의 관계) ① 이 법은 공동주택의 건설 · 공급 및 소유 ·

관리에 관하여 다른 법률에 우선하여 적용한다.

② 대지임대부 분양주택의 건설·공급 및 소유·관리에 관하여 이 법에서 정하지 아니한 사항에 관하여는 「주택법」(제38조의2를 제외한다), 「집합건물의 소유 및 관리에 관한 법률」(제4조, 제20조 내지 제22조를 제외한다) 및 「민법」을 적용한다.

제5조 (대지임대부 분양주택의 우선건설 등) ①건설교통부장관 및 시·도지사는 「주택법」 제7조 및 제8조의 규정에 따른 주택종합계획을 수립함에 있어서 대지임대부 분양주택에 관한 사항을 포함시켜야 한다.

② 국가 및 지방자치단체는 「신행정수도 후속대책을 위한 연기·공주지역행정중심복합도시 건설을 위한 특별법」에 따른 행정중심복합도시, 「기업도시개발특별법」에 따른 기업도시, 「국가균형발전특별법」에 근거하여 개발되는 신도시 그 밖에 다른 법률에 따라 개발되는 신도시에 주택을 건설하거나 「도시재정비 촉진을 위한 특별법」에 따른 재정비촉진사업 및 재개발·재건축을 수용의 방식으로 시행하는 경우에는 대지임대부 분양주택이 우선 건설되도록 필요한 시책을 강구하여야 한다.

제6조 (대지임대부 분양주택의 건설재원 등) ① 건설교통부장관은 대지임대부 분양주택의 원활한 건설을 촉진하기 위하여 「주택법」의 규정에 따른 국민주택기금 중 대통령령이 정하는 재원을 대지임대부 분양주택의 건설에 우선 사용할 수 있다.

② 연금 또는 기금을 관리하는 자는 연금관련법 또는 기금관련법에 따라 연금 또는 기금을 대지임대부 분양주택의 건설의 재원으로 융자할 수 있다.

③ 정부는 매년 예산의 범위 안에서 대지임대부 분양주택의 건설의 촉진에 필요한 비용을 세출예산에 계상하여야 한다.

제7조 (대지임대부 분양주택 건설사업의 시행자) 대지임대부 분양주택건설사업은 국가·지방자치단체·대한토지주택공사·「지방공기업법」 제49조의 규정에 따라 주택사업을 목적으로 설립된 지방공사 또는 「주택법」 제10조의 규정에 따른 등록사업자가 시행한다.

제8조 (대지임대부 분양주택 건설사업의 시행) ① 대지임대부 분양주택 건설사업의 사업계획승인 등 사업시행에 관하여는 이 법에 특별한 규정

이 있는 것을 제외하고는 「주택법」이 정하는 바에 따른다.

② 제5조제2항의 규정에 따라 수립된 시책에 따라 시행되는 대지임대부 분양주택 건설사업의 시행에 관하여는 제1항의 규정에 불구하고 「신행정수도 후속대책을 위한 연기 · 공주지역 행정중심복합도시 건설을 위한 특별법」, 「기업도시개발특별법」, 「국가균형발전특별법」, 「도시재정비 촉진을 위한 특별법」 또는 그밖의 신도시 개발관련 법률이 정하는 바에 따른다. 다만 해당 개발관련 법률에 주택건설사업의 시행에 관한 규정이 없는 경우에는 「주택법」이 정하는 바에 따른다.

제9조 (대지임대부 분양주택 분양가 및 임대료 심의위원회의 설치 등) ①대지임대부 분양주택의 분양가 및 임대료의 적정성에 관하여 심의하기 위하여 건설교통부 · 특별시 · 광역시 · 도 및 특별자치도에 대지임대부 분양주택 분양가 및 임대료 심의위원회를 둔다.

② 건설교통부에 두는 대지임대부 분양주택 분양가 및 임대료 심의위원회(이하 "중앙분양가및임대료심의위원회"라 한다)는 다음 각호의 어느 하나에 해당되는 대지임대부 분양주택의 분양가 및 임대료에 관하여 심의한다.

1. 국가가 건설 · 공급하는 대지임대부 분양주택
2. 국가 외의 사업시행자가 건설 · 공급하는 대지임대부 분양주택 중 대통령령이 정하는 규모 이상의 대지임대부 분양주택
3. 2 이상의 특별시 · 광역시 또는 도의 행정구역에 걸쳐 건설 · 공급하는 대지임대부 분양주택

③ 특별시 · 광역시 · 도 및 특별자치도에 두는 대지임대부 분양주택분양가 및 임대료 심의위원회(이하 "지방분양가및임대료심의위원회"라 한다)는 제2항 외의 대지임대부 분양주택으로서 관할행정 구역 안에서 건설 · 공급되는 대지임대부 분양주택의 분양가 및 임대료에 관하여 심의한다.

④ 제7조의 규정에 따른 사업시행자는 대지임대부 분양주택의 입주자 모집 공고를 하기 전에 분양가 및 임대료의 적정성에 관하여 제2항 및 제3항의 심의 구분에 따라 중앙분양가및임대료심의위원회 또는 지방분양가 및 임대료심의위원회의 심의를 받아야 한다.

⑤ 제2항의 중앙분양가및임대료심의위원회의 구성 · 운영 그 밖의 필요한 사항은 대통령령으로 정하며, 제3항의 지방분양가및임대료심의위원회 구성 · 운영 그 밖의 필요한 사항은 대통령령이 정하는 바에 따라 해당 특별시 · 광역시 · 도 또는 특별자치도의 조례로 정한다.

제10조 (대지임대부 분양주택의 분양받는 자의 자격) ①대지임대부 분양주택을 청약할 수 있는 자의 자격은 무주택자와 서민을 우선 순위로 공급하되 대통령령이 정하는 자에 한한다.

② 대지임대부 분양주택은 1가구 1주택에 한하여 공급하여야 한다.

제11조 (대지임대부 분양주택의 전매행위 제한 등) ①대지임대부 분양주택은 최초 분양받는 자로 선정된 날부터 10년의 기간이 경과하기 전에는 이를 전매(매매 · 증여 그 밖의 권리의 변동을 수반하는 일체의 행위를 포함하되, 상속의 경우를 제외한다. 이하 같다)하거나 이의 전매를 알선할 수 없다.

② 대지임대부 분양주택의 최초 분양받는 자로 선정된 날부터 10년의 기간이 경과한 대지임대부 분양주택의 구분소유권자는 대지 소유권자의 동의 없이 타인에게 양도하거나 임대할 수 있다.

③ 제2항의 규정에 따라 대지임대부 분양주택을 양수한 자는 제19조의 규정에 따른 임대차계약을 승계한다.

④ 대지임대부 분양주택의 최초 분양받는 자로 선정된 자 또는 대지임대부 분양주택을 공급받은 자가 생업상의 사정 등으로 전매가 불가피하다고 인정되는 경우로서 대통령령이 정하는 경우에는 제1항을 적용하지 아니한다. 이 경우 대지임대부 분양주택을 공급받은 자에 대하여는 국가 또는 지방자치단체 · 대한토지주택공사 · 지방공사 · 주택건설업체가 해당 대지임대부 분양주택을 우선 매입한다.

⑤ 전항의 우선 매입에 관한 가격과 절차는 대통령령으로 정한다.

⑥ 제1항의 규정을 위반하여 대지임대부 분양주택의 분양받는 자로 선정된 자 및 공급받은 자가 전매를 한 경우에는 사업시행자는 납부된 분양대금 및 금리상당을 그에게 환급함으로써 사업시행자가 그 지위를 취득한 것으로 본다.

⑦ 이 경우 사업시행자가 분양받는 자 등에게 분양대금 및 금리상당을 환급한 것으로 증명하는 문서는「부동산등기법」제40조제1항제2호의 규정에 따른 등기원인을 증명하는 문서로 할 수 있다.

⑧ 사업시행자가 대지임대부 분양주택을 공급하는 경우에는 해당 대지임대부 분양주택의 소유권을 10년 동안 제3자에게 이전할 수 없음을 부기등기하여야 한다.

제12조 (택지의 우선공급) ① 국가 · 지방자치단체 · 대한토지주택공사 · 지방공사가 개발한 택지는 대통령령이 정하는 비율 이상을 대지임대부 분양주택의 건설에 사용하거나 대지임대부 분양주택을 건설하고자 하는 주택건설업자(「주택법」 제10조의 규정에 따른 등록사업자에 한한다)에게 분양 또는 임대하여야 한다.

② 제1항의 규정에 따라 택지를 분양 또는 임대받은 주택건설업자는 택지를 분양 또는 임대받은 날부터 2년 이내에 대지임대부 분양주택을 건설하여야 한다.

제13조 (택지의 환매 등) ① 제12조제1항의 규정에 따라 택지를 분양받은 주택건설업자가 같은 조 제2항의 규정에 따른 기간 내에 대지임대부 분양주택을 건설하지 아니한 때에는 택지의 분양금액에 대통령령이 정하는 이율에 따라 계산한 금액을 가산하여 해당 주택건설업자에게 지급하고 택지를 환매할 수 있다.

② 제12조제1항의 규정에 따라 택지를 임대받은 주택건설업자가 같은 조 제2항의 규정에 따른 기간 내에 대지임대부 분양주택을 건설하지 아니한 때에는 그 택지를 반환하여야 한다. 이 경우 주택건설업자는 대통령령이 정하는 바에 따라 임대일에서 반환일까지의 택지 임대료를 납부하여야 한다.

제14조 (분양되지 아니한 주택의 대지임대부 분양주택 전환) 「주택법」 제38조의 규정에 따라 주택을 공급하는 사업주체는 분양되지 아니한 주택이 있는 경우에는 「주택법」의 규정에 불구하고 대통령령이 정하는 바에 따라 이를 대지임대부 분양주택으로 전환하여 공급할 수 있다.

제15조 (간선시설의 우선설치) 「주택법」 제23조의 규정에 따라 간선시설을 설치하는 자는 대지임대부 분양주택의 건설사업 또는 대지임대부 분양주택의 건설을 위한 대지조성사업에 필요한 간선시설을 다른 주택

건설사업이나 대지조성사업에 우선하여 설치하여야 한다.

제16조 (대물보상) 대지임대부 분양주택 사업을 시행하는 자는 사업구역내 토지를 소유하는 자에 대하여 금전보상을 하지 아니하고 토지소유자의 선택에 따라 그 가액에 상당하는 대지임대부 분양주택을 제공 할 수 있다.

제17조 (조세 · 부담금 등의 감면) ① 국가 및 지방자치단체는 대지임대부 분양주택의 건설사업을 원활히 시행하기 위하여 필요한 경우에는 사업시행자에 대하여 「조세특례제한법」 및 「지방세법」이 정하는 바에 따라 법인세 · 소득세 · 취득세 · 등록세 · 재산세 및 종합토지세 등의 조세를 감면할 수 있다.

② 국가 및 지방자치단체는 대지임대부 분양주택의 건설사업을 원활히 시행하기 위하여 필요한 경우에는 대지임대부 분양주택의 건설사업에 대해서 대통령령이 정하는 바에 따라 다음 각호의 부담금을 감면할 수 있다.

1. 「개발이익환수에 관한 법률」제3조의 규정에 따른 개발부담금
2. 「농지법」 제40조의 규정에 따른 농지보전부담금
3. 「초지법」 제23조의 규정에 따른 대체초지조성비
4. 「산지관리법」 제19조의 규정에 따른 대체산림자원조성비
5. 「자연환경보전법」 제46조의 규정에 따른 생태계보전협력금
6. 「대도시권 광역교통관리에 관한 특별법」 제11조의 규정에 따른 광역교통시설부담금
7. 「개발제한구역의 지정 및 관리에 관한 특별조치법」 제20조의 규정에 따른 개발제한구역훼손부담금
8. 「수도권정비계획법」제12조의 규정에 따른 과밀부담금

③ 대지임대부 분양주택의 부동산등기(대지임대부 분양주택을 분양받은 자가 자기명의로 소유권이전 등기를 하는 경우에 한한다)를 하는 때에는 「주택법」 제68조의 규정에 따른 국민주택채권의 매입에 관한 규정은 적용하지 아니한다.

제18조 (용적률에 관한 특례 등) ① 대지임대부 분양주택의 용적률은 「국토의 계획 및 이용에 관한 법률」 제78조의 규정에 불구하고 400% 이상으로 한다. 다만, 같은 법 제78조 제1항 제1호 나목의 규정에 따른 용

적률의 상한을 초과할 수 없다.

② 사업시행자는 제1항의 규정에 따른 용적률을 적용하여 대지임대부 분양주택을 건설함에 있어 바람길 등 주변환경적 요인을 고려하여야 한다.

제19조 (대지의 임대기간 등) ① 대지임대부 분양주택의 대지의 임대차관계는 대지 소유권자와 주택을 분양받은 자 간의 임대차계약에 따르되, 그 임대기간은 40년으로 한다. 다만, 계약에서 이보다 긴 기간을 정한 때에는 그 기간으로 한다.

② 제1항의 임대기간은 대지임대부 분양주택을 분양받은 자의 60% 이상이 연대하여 계약갱신을 청구하는 경우 이를 갱신할 수 있다. 이 경우 갱신 후의 기간은 갱신일부터 40년으로 한다. 다만, 당사자가 이보다 더 긴 기간을 정한 때에는 그 기간으로 한다.

③ 제2항의 규정에 따른 임대기간의 갱신을 청구받은 대지의 소유권자는 정당한 사유가 없는 한 갱신을 거부할 수 없다.

제20조 (대지임대부 분양주택의 재건축) ① 대지임대부 분양주택의 소유자가 제19조의 규정에 따른 대지의 임대기간이 만료하기 전에 「도시 및 주거환경정비법」 등 도시개발 관련법령에 따라 대지임대부 분양주택을 철거하고 재건축을 하고자 하는 경우에는「집합건물의 소유 및 관리에 관한 법률」 제47조 내지 제50조의 규정에 따라 대지 소유권자의 동의를 얻어 재건축 할 수 있다. 이 경우 대지소유자는 정당한 사유 없이 이를 거부할 수 없고 재건축 주택도 대지임대부 분양주택으로 한다.

② 대지임대부 분양주택을 제1항의 규정에 따라 재건축함에 있어서는 대지임대부 분양주택의 소유자를「도시 및 주거환경정비법」제2조제9호나목의 규정에 따른 토지 등 소유자로 본다.

③ 재건축에 관하여 제1항의 규정에 따라 대지소유자의 동의를 얻은 때에는 재건축한 주택의 준공인가일부터 제19조제1항 본문의 기간 동안 대지의 소유권자와 재건축한 주택의 조합원 사이에 대지의 임대기간에 관한 계약이 성립된 것으로 본다.

제21조 (대지의 임대료) ① 주택을 분양받은 자는 대지사용지분에 상당하는 면적(대지의 면적을 주택의 점유부분의 비율로 나눈 면적을 말한다)에 대하여 대지의 임대료를 납부한다.

② 대지의 임대료는 대지의 소유권자와 대지임대부 분양주택을 분양받은 자 간의 계약에 따라 임대보증금의 방법으로 납부하거나 월 임대료의 방법 또는 임대보증금과 월 임대료를 혼합한 방법으로 납부한다.

③ 제3항의 규정에 따른 임대료 납입방법은 대지임대부 분양주택을 분양받은 자의 전환요청이 있거나 동의가 있는 경우 상호전환할 수 있다.

④ 제2항의 보증금 및 월 임대료에 관한 기준은 대통령령으로 정하며, 그 기준을 초과하여 대지임대부 분양주택을 분양받은 자에게 불리하게 정하여진 부분은 이를 무효로 한다.

⑤ 대지의 소유권자가 대지의 임대료를 보증금의 방법(보증금과 월 임대료를 혼합한 방법을 포함한다)으로 받는 경우 대통령령이 정하는 바에 따라 보증금에 관한 보증보험에 가입하여야 한다.

제22조 (표준임대차계약서 사용) 대지에 대한 임대차계약을 체결하고자 하는 자는 건설교통부령이 정하는 표준임대차계약서를 사용하여야 한다.

제23조 (감독) 건설교통부장관과 특별시장 · 광역시장 · 도지사 · 시장 · 군수 또는 구청장은 대지 소유권자와 대지임대부 분양주택을 건설하여 분양하는 자가 이 법 또는 이 법에 따른 명령이나 처분에 위반한 경우에는 시정명령 등 필요한 조치를 할 수 있다.

제24조 (권한의 위임 등) ① 건설교통부장관은 이 법에 따른 권한의 일부를 대통령령이 정하는 바에 따라 특별시장 · 광역시장 또는 도지사에게 위임하거나, 주택산업육성을 목적으로 설립된 법인에게 위임할 수 있다.

② 제1항의 규정에 따라 권한을 위임받은 특별시장 · 광역시장 또는 도지사는 그 권한의 일부를 건설교통부장관의 승인을 얻어 시장 · 군수 또는 구청장에게 재위임할 수 있다.

제25조 (벌칙) 제21조제4항의 규정에 따른 보증금 및 월 임대료에 관한 기준에 위반하여 대지를 임대한 자는 3년 이하의 징역 또는 1억 원 이하의 벌금에 처한다.

제26조 (과태료) ① 다음 각 호의 어느 하나에 해당하는 자는 5천만원 이하의 과태료에 처한다.

1. 제22조의 규정에 따른 표준임대차계약서를 사용하지 아니하거나 표준임대차계약서의 내용을 이행하지 아니한 대지의 소유권자
2. 제23조의 규정에 따른 건설교통부장관과 권한을 위임 · 재위임 받은 자의 명령을 위반한 자

부 칙

이 법은 공포 후 6월이 경과한 날부터 시행한다.

뒷풀이

저의 부족한 책을 읽어주신 독자분들에게 감사를 드립니다. 이 책의 내용은 토지는 소유제가 아니라 시장가치대로 사용료를 거래 징수하는 지대시장제(토지의 시장임대제)로 하여야 부동산 문제도 해결하고 우리에게 돌아오는 혜택도 크다는 것을 제 나름대로 입증하고, 이를 정책에 도입하는 방안을 탐색하여 본 것입니다. 토지소유제를 바탕으로 한 부동산시장은 현재가치와 영구 미래가치를 같이 팔고 사기 때문에 가격이 현재의 실제가치보다 항상 큽니다. 이는 현재의 샘물을 마시면서 값은 미래의 솟아날 샘물의 가격까지 미리 지급하면서 살아가는 것과 같습니다. 그래서 현재의 값은 [소유비용 > 사용수익]이 되어 이 부등식 불균형이 초래하는 온갖 경제문제를 발생시키고 있습니다.

그러나 토지시장을 소유제에서 임대제인 지대시장제로 바꾸면 토지와 주택시장 및 모든 부동산시장은 [비용 = 수익]의 균형이 성립하여 문제가 풀리고, 가격도 지금의 반값 또는 시장 전세가격 수준으로 떨어지게 됩니다. 물론 장기로는 토지 사용료가 내가 낼 세금까지 대신하여 주어 세금도 사라집니다. 우리는 다행스럽게도 시장 전세제도가 세계 어느 나라보다 발달하여 있고, 그래서 전세가격이 소유가격보다 항상 작다는 것을 잘 알고 있습니다. 따라서 지금 실시하고 있는 전세시장의 가격으로 영구 내집을 가지고 살 수 있다는 것이 이 책이 말하는 지대시장제입니다.

저는 1990년 초반기부터 이 사실을 알고 이를 세상에 알리려고 노력했습니다. 그러나 사람들은 소유제가 일으킨 [비용 > 수익]의 불변현상을 이해하기보다 오히려 이 견해를 괴변으로만 보았습니다. 저는 이게 사실이기에 사실을 밝히려고 하다 보니 본의 아니게 사람들에게 반목을 당하기까지 했습니다. 저는 이 사실을 학계나 사회에 알리려다가 사람들에게 따돌림은 받은 것은 물론 심지어 동지와 친구까지 잃어야 하는 아픔이 있었습니다. 그 대표적 사례가 이 책에서 무기명으로 지적한 단체와 그 구성원들이 해당합니다. 저는 이런 사태에 대하여 안타깝게 생각하며, 지금이라도 하루 빨리 오류가 있는 부분들은 서로 인정을 하고, 오해가 풀리기를 바라고 있습니다.

더구나 저는 여러 가지로 부족합니다. 이 책은 '반값아파트'에 대한 세간의 관심이 있을 때 책을 내려고 하다 보니 미숙한 부분들이 있을 것입니다. 독자들은 이 점을 감안하시어 고쳐야 할 곳을 알려주시면 고맙겠습니다.

끝으로 책을 출판하기까지 험하고 좁은 길에서 저를 붙들어 주시고 인도하여 주신 하나님께 감사를 올립니다. 아울러 출판에 수고하신 인간사랑 출판사 관계자들, 추천을 하여 주신 김진홍 목사님, 그리고 도움을 주신 모든 분들께 감사를 드립니다.

— 하느님은 믿어야 하고, 땅은 알아야 하고, 사람은 사랑해야 합니다. —

2007년 5월 이대환 올림

전화 : 010-9909-2069
이메일 : yobeland@hanmail.net

이대환

1951년생, 경영학 박사(토지시장 연구가), 대한예수교장로회 대구서광교회 장로
사단법인 기독학술교육동역회 · 유럽기독학술원 회원 및 교수
대구대학교 · 방송통신대학교 강사, 요벨(희년) 토지연구모임 운영

〈저서 및 논문〉
「지대공수론에 대한 회계정보적 접근방안모색」, 계명대학교대학원 박사학위논문, 1992.
「토지가치와 분배지향회계」, 대구경북경영학회, 1992.
「토지시장의 특성과 운영방안」, 토지연구, 토지개발공사, 1993.
「지가구조와 시장모순」, 토지연구, 토지개발공사, 1994.
「성경적 토지법과 땅세경제」, 통합연구, 기독학술교육동역회, 1995.
「"웨하아레쯔 로 티마케르 레짜미투드(레 25 : 23a)"의 증명(레위기의 시장 3유형과 땅값 헛값의 과학적 이해)」, 통합연구, 기독학술교육통역회, 2001.
『땅과 돈은 팔리지 않는다』, 매일출판사, 2001.
『부동산시장의 과학과 미신』, 문예미학사, 2005.

반갑주택의 이론과 정책

초판1쇄 / 2007년 6월 20일

지은이 **이대환**
펴낸이 **여국동**
펴낸곳 **도서출판 인간사랑**
인 쇄 **백왕인쇄**
제 본 **은정제책사**

출판등록 1983. 1. 26. / 제일-3호

정가 25,000원

ISBN 978-89-7418-219 9 93330

※ 잘못된 책은 교환해 드립니다.

(411- 815) 경기도 고양시 일산구 백석동 1178-1
TEL (031)901-8144, 907-2003
FAX (031)905-5815
e-mail/igsr@yahoo.co.kr
igsr@naver.com